국역 『淸季中日韓關係史料』 6

동북아역사 자료총서 41

국역 『淸季中日韓關係史料』

역자 서문

　이 책에서 번역하여 소개하는 자료는 원래 『淸季中日韓關係史料』라는 제목으로 편찬된 사료집의 일부이다. 이 분야의 전문 연구자들에게는 잘 알려져 있듯이, 이 사료집은 타이완(臺灣)의 중앙연구원(中央硏究院) 근대사연구소(近代史硏究所) 당안관(檔案館)에서 소장하고 있는 청말(淸末)의 외교 관계 문서(중국에서는 이러한 기록 문서를 보통 '檔案'이라고 부른다) 가운데 한중일 세 나라 사이의 외교 관계에 관련된 사료를 주제별로 골라 뽑아서 출판한 것이다. 좀 더 구체적으로 이야기하자면 1864년부터 1912년까지 청말의 외교를 담당한 부서인 총리각국사무아문(總理各國事務衙門)과 외무부(外務部, 1901년 이후), 그리고 중화민국 시기의 외교부(外交部, 1912년 이후) 문서 가운데 특히 조선·대한제국과 관련된 것을 중점적으로 선별하여 편찬한 것으로, 총 11권 7,300여 쪽(4,300건, 색인 1권 포함)의 방대한 분량이다.

　따라서 청말 또는 19세기 후반 20세기 초 중국과 한국 사이에 주고받은 외교 관계 문서(이것은 따로 朝鮮檔으로 분류되어 있다)가 대부분 모두 여기에 수록되어 있다고 할 수 있다. 이 시기 한중 관계나 동아시아사의 연구에서 이 사료집이 가지는 위치는 그야말로 독보적인 셈이다. 이러한 주제와 관련된 다양한 사료집의 출판이 최근까지도 계속 이어지고 있지만, 보충하는 자료는 몰라도 이 사료집을 대신할 정도의 비중을 갖춘 것은 아직까지 찾아볼 수 없다. 그러므로 이미 출간한 지 50년이 넘었지만, 이 사료집은 가장 중요한 기초자료로서의 위치를 변함없이 유지하고 있는 것이다.

　이 사료집의 전체적인 내용은 주로 『총리각국사무아문 당안』에 포함된 자료를 다음의 여덟 가지 주제로 분류한 것이다.

　(1) 朝·淸 통상 및 외교 교섭

(2) 朝·淸 국경 교섭
(3) 청일전쟁 이전 조선과 각국의 외교 교섭
(4) 임오군란과 갑신정변
(5) 청일전쟁
(6) 淸·日 통상 및 외교 교섭
(7) 러·일전쟁과 청의 입장
(8) 일본의 중국 동북 지역 침략

이 주제의 목록을 일별하면 알 수 있듯이, 여기에는 근대 동아시아 정세 변화와 관련된 모든 중요 사안들이 대부분 망라되어 있다. 따라서 이 사료집은 1972년에 처음 출간되자마자 곧 근대 한국과 중국·일본 등 동아시아(또는 동북아시아) 국제관계사 연구에 있어 필수적인 기초자료가 되었다. 특히 중앙연구원 근대사연구소 당안관에서 소장하고 있는 『총리각국사무아문 당안』가운데 「조선당(朝鮮檔)」부분은 거의 모두 여기에 수록되어 있으므로, 이 사료집의 출판은 근대 한국을 둘러싼 동아시아 국제관계 연구의 진전과 활성화에 하나의 획기적인 전환점이 되었다(오늘날에는 인터넷상으로도 이 「조선당」이 모두 공개되어 있다). 또한 이 사료집은 목차가 날짜별로 분류되어 있을 뿐만 아니라 주제별로도 분류되어 있어, 그간 편집된 편년체 위주의 자료집에 비하여 검색이 아주 용이하므로, 연구자에게 더욱 유용한 자료로서의 기능과 장점을 갖추고 있다. 또한 근대 시기를 포괄하는 다른 외교 관련 문서집과 비교해 볼 때, 해당 사료의 약 86%(3,600건)가 새롭게 공개된 내용이라는 점도 그 중요성을 더해 주고 있다. 그러므로 이러한 사료집을 더 쉽게 이용할 수 있는 『국역『淸季中日韓關係史料』』의 출간은 특히 다음 두 분야에서 더욱 적극적으로 활용의 가치가 클 것으로 예상한다.

첫째, 근대 (동아시아) 외교사 분야다. 조선은 1899년 「한청조약(韓淸條約)」이 체결되기까지 청과 불평등한 책봉·조공 체제를 유지하고 있었다. 서구 세력의 진출과 더불어 '만국공법(萬國公法)'이 주지하는 조약 체제로 전환되기 시작하였음에도 불구하고(청 자신도 여기에 편입되었다), 청은 기존의 불간섭 원칙을 버리고 적극적인 간섭주의를 채택하면서 기존 조공 체제 내의 '속방(屬邦)'이었던 조선을 근대적 외교 관계 속의 '속국(屬國)'으로 개편하고자 하였다. 이러한 점은 특히 외교 부분에서 두드러졌다. 1876년 일본과 조약을 맺은 것을 시작으로 조선에서 체결한 구미 각국과의 조약은 대부분이 청의 종용 또는 중계를 통해 이루어졌다. 조선은 적어도 형식적으로는 청과 협의하면서 외교권을 행사하였고, 다양한 외교 활동도 대부분 청에게 보고하는 방식을 취하였다. 따라서 조선의 외교 활동 및 이에 대한 청의 대응, 청의 요구와 조선의 대응 등에 대한 연구에서는 이 사료집을 더욱 적극적으로 이용할 필요가 있다. 또한 1880년대 이후가 되면 청은 외교 분야에서뿐만 아니라 직접 청의 군대를 주둔시키고 내정에까지 개입하는 적극적인 간섭주의로 나섰으므로, 이 사료집의 중요성은 더욱 커진다[마찬가지로 중앙연구원근대사연구소에서 최근 공개한 「주한사관당안(駐韓使館檔案)」도 이 사료집을 보완하는 자료로서도 가치가 높다는 점을 알려둘 필요가 있을 것이다].

둘째, 이 사료집은 근대 조선(그리고 대한제국)과 청의 변경 및 국경 문제와 관련한 연구에서도 활용할 여지가 아직 많이 남아 있다. 근대 시기는 주권이라는 개념과 함께 근대적 영토의 관념이 형성되는 시기다. 조선의 영토는 북으로 청의 봉금(封禁) 지역과 맞닿아 있었다. 봉금 지역에 대한 청의 관리는 아편전쟁 이후 급격히 무너져 갔고, 이에 따라 중국 본토의 한족(漢族)뿐만 아니라, 조선인까지 봉금 지역으로 이주하기 시작하였다. 이러한 활발한 이주 현상으로 인해 나타난 전통적 무주공간(無住空間)의 해체 과정에 대해서는 아직 충분한 해명이 이루어지지 않은 것이 현실이다. 이 점은 조선과 청 양국의 최초 경계 설정 과정 및 국경 관념의 형성, 그리고 양국의 분쟁이 나은 국경 조사·회담과도 밀접하게 관련되어 있다. 동북아역사재단에서도 이 분야에 관한 이미 상당한 분량의 자료집과 연구서를 출간하였지만, 이 사료집 역시 마찬가지로 이와 관련된 수많은 문서를 포함하고 있는 만큼, 이 분야 연구의 진전과 확장에 큰 도움이 될 수 있을 것이다.

하지만 이 사료집이 가지고 있는 질적·양적인 우수성에도 불구하고 연구자들이 이용하기에는 지금까지 몇가지 난점들이 존재해 왔다. 우선은 방대한 분량의 한문으로 이루어져 있는데다 외교 문서가 공문 형식에 맞추어 매우 미묘한 단어들을 사용하는 경우가 많기 때문에 이것을 정확히 읽어낼 수 있는 독법이 필요하였다. 그러나 문법 체계가 명확하지 않은 한문, 그것도 조선의 한문과는 차이가 있는 19세기 청대(淸代)의 한문을 미묘한 뉘앙스까지 파악하면서 분명하게 독해하는 것은 쉽지 않은 일이다. 이런 자료들을 우리말로 번역한 이 책이 그 점을 완벽하게 해결하였다고 할 수는 없겠지만, 적어도 관련 연구자들에게는 자료의 활용도와 접근성을 훨씬 더 높여줄 수 있는 계기를 제공할 수 있을 것이다.

다음으로 청대 공문서와 외교 문서의 형식[程式]이라는 문제를 들 수 있다. 이 사료집에 포함된 자료의 대부분은 청대 공문서와 외교 문서 양식에 따라 작성되어 주고받은 것들이다. 청대 공문서의 가장 중요한 특징 가운데 하나가 문서 작성 이전에 수신한 문서를 새로 작성하는 문서의 본문 속에서 거의 그대로 또는 줄여서 인용하는 방식으로 문서를 작성한다는 점이다. 문서의 주제가 간단한 경우라도 주고받은 정부 기관이 몇 군데가 되기 때문에 이것을 파악하는 일이 쉽지 않는데, 만약 해당 문서가 여러 기관을 거치면서 오르내리거나 회람될 경우, 문서 안에서 인용하는 화자(話者)의 수가 급속도로 늘어나게 된다. 각각의 화자들은 사건의 보고 및 처리 주체를 가리키며, 사건의 처리 시점도 아울러 여기에 반영된다. 따라서 상하 관계 또는 대등한 관계를 반영하는 화자의 구분은 공문서나 외교 문서를 정확히 이해하는 데 있어 가장 중요한 핵심이다. 당시 문서를 주고받은 당사자들에게는 자명한 사실이었겠지만, 오늘날의 한국 독자에게 낯선 청대 관료 체계의 다양한 직급에 걸쳐 존재하는 화자의 위치와 상하 관계, 직무와 역할을 정확하게 파악하도록 요구하는 것은 결코 쉬운 일이 아니다. 청대사나 외교사를 본업으로 삼는 전문 연구자에게도 이것은 마찬가지로 어려운 일이다.

그렇지만 이 사료집에 수록된 대부분의 문서는 화자를 구분하지 않고 작성되어 있었다. 따라서 독자의 편의를 위해 출판에 앞서 원 문서에 구두점을 찍는 작업이 이루어졌지만, 누가 화자이며, 그의 발언이나 문서 인용이 어디에서 시작되어 어디에서 끝나는지를 가리켜주는 부호는 여전히 존재하지 않기 때문에, 위에서 서술한 어려움이 모두 해소된 것은 아니다. 이러한 화자의 정확한 위상을 구분함으로써 본문 내용을 보다 정확하게 이해하려면 청대 공문서의 작성 방식과 관련 용어들에 대한 숙달이 필요하다. 따라서 이 책에서는 독해의 편의를 위해 형식이 복잡한 문건에 대해 먼저 구조 분석을 하여 가장 중요한 난제인 화자를 쉽게 파악할 수 있도록 단락을 구분하여 보여주는 번역을 실시하였다. 이 작업을 통해 사료 본문의 내용에 대해 보다 정확하고 용이한 접근과 이해가 이루어질 수 있기를 기대한다. 가능한 한 독자의 이해를 돕기 위한 주석을 추가하고자 하였지만, 제한된 시간과 인력, 그리고 원고의 분량 때문에 이러한 작업이 충분히 이루어졌다고 보기는 어려울 수도 있다.

참고로 『청계중일한관계사료』의 전체 및 시기별 자료 분량은 다음 표와 같다.

구분	기간	분량(쪽)	글자 수
조선(고종) 시기	1864.8~1987.8(33년)	5,042	2,541,000
대한 제국 시기	1897.8~1910.8(13년)	2,094	1,055,000
총독부 시기	1910.8~1912.3(2년)	121	60,900
합계	1864~1912(48년)	7,257	3,656,900

이것은 한쪽에 최대로 기입한 한문 글자 수를 20자(열)×18(행)×2(면)=720자로 파악하고, 한쪽당 평균 여백을 30%로 잡아 720자-216자(여백)=504자 정도를 한쪽 평균 글자 수로 추정한 것이다. 한문을 한글로 번역할 경우 한자 대 한글의 글자 수 분량 비율이 대략 1:3 정도가 되므로, 번역본의 경우 원본 사료집보다 크게 분량이 늘어난다.

그리고 위의 표에 정리된 바와 같이 『청계중일한관계사료』에서 다루는 시기는 1864년 8월부터 1912년까지로 약 48년에 이른다. 문서의 전체 분량은 7,257쪽(원 사료집)이며, 글자 수는 약 365만자이다. 이 분량은 200자 원고지로 약 18,250매에 해당하며, 한글로 번역하였을 때 약 54,780매 정도의 분량으로 추정된다.

이러한 사료를 번역하고 연구할 수 있는 인력의 사정 등을 고려해 볼 때, 이 거대한 분량을 짧은 시간 내에 번역하는 것은 현실적으로 불가능하므로, 이 책은 단계적으로 장기간에 걸쳐 체계적인 번역을 시도하는 것을 목표로 삼았다. 현재의 『국역 『청계중일한관계사료』』 제6권은 그러한 장기 번역 작업의 여섯 번째 성과이다(2년 동안 중단되었다가 다시 시작된 6년차를 뒤잇는 제7년차로, 제5년차와 제6년차의 작업은 제5권으로 통합되어 출간되었다).

그리고 이상의 요건들을 감안하여 본 연구진은 제7년차의 연구 목표를 전체적으로 다음과 같이 다시 조정하여 임오군란에 관한 사료를 편찬하는 것으로 변경하였다. 원래『청계중일한관계사료』의 두 번째 주제 항목인 Ⅱ. 청일전쟁 이전 조선과 각국의 관계(甲午戰前韓與各國關係)는 총 여덟 가지 소항목으로 구성되어 있었다. 즉 1. 조선과 각국 사이의 통상에 대한 중국의 권고(中國指導朝鮮與各國通商) 외에 2. 한영관계(英韓關係), 3. 한불관계(法韓關係), 4. 한일관계(日韓關係), 5. 한러관계(俄韓關係), 6. 한미관계(美韓關係), 7. 한독관계(德韓關係), 8. 한·오스트리아관계(奧韓關係)이다.

하지만 『국역 『청계중일한관계사료』』 제5권으로 출간된 2017년·2018년의 작업에서는 번역 분량 때문에 먼저 1. 조선과 각국 사이의 통상에 대한 중국의 권고(中國指導朝鮮與各國通商) 부분 전체를 나누어 두 해에 걸쳐 번역하는 것을 목표로 하지 않을 수 없었다. 다른 목차들과 비교해 보면 알 수 있지만, 이 부분이 가장 많은 분량을 차지하고 있고 가장 중요한 부분이기 때문에, 사실 이 부분만으로 2년에 걸쳐 작업을 진행하는 것이 불가피하였다. 그리고 조선과 미국이 최초로 맺은 「조미수호통상조약」에 관련된 이 부분에 비하면, 영국·프랑스·독일·러시아·미국·오스트리아와 관련된 부분은 그 분량도 훨씬 적고, 중국의 개입이 훨씬 줄어들기 때문에 그 사료적 중요성도 훨씬 줄어든다. 따라서 앞서 말한 대로 제5권의 출간 이후 전체 번역 계획과 일정의 재조정이 시도되어 이 뒷부분에 대한 번역은 일단 생략하고 임오군란, 갑신정변, 「중국·조선상민수륙무역장정」과 「한·청조약」 그리고 원세개의 조선 내 활동 등 근대 한중관계를 구성하는 가장 중요한 사건에 관련된 부분으로 번역 대상을 변경한 것이다. 지금까지 번역된, 그리고 이 책에서 번역될 부분의 목차는 다음과 같다.

[제1권]

I. 중국과 조선의 변경 방어와 국경 문제(中韓邊防界務)
  1. 월경벌목(越界伐木)
    1) 조선 지방관의 벌목 청구(韓地方官請求伐木)
    2) 조선 백성의 월경 벌목(韓民越界伐木)
  2. 조선 백성의 월경(韓民越界)
    1) 길림의 월경 조선 백성 송환(吉林遣回越界韓人)
    2) 러시아인의 조선 백성 개간 유인(俄人招引韓人開墾)
    3) 월경 조선 백성의 체포 및 저지(查拿及禁阻韓人越界)
    4) 월경 조선 백성 송환을 위한 중국·러시아 교섭(中·俄交涉逐回越界韓人)

[제2권]

  3. 감계(勘界)
    1) 감계에 관한 논의(商議勘界)
    2) 변경 답사(履勘邊界)
  4. 조선 백성의 월경 개간(韓民越墾)
    1) 조선 백성의 월경 개간과 쇄환(韓民越墾與刷還)
    2) 간민 호적 편입과 개간지 측량(墾民編籍與丈量墾地)
    3) 관청을 두어 다스리는 문제(設官撫治)
  5. 일본인이 동북 지역을 여행하기 위한 통행증을 신청한 문제(日人請照遊歷東北)
  6. 두만강 항행과 나루터 설치(圖們江航行及設渡)

[제3·4권]

Ⅱ. 청일전쟁 이전 조선과 각국의 관계(甲午戰前韓與各國關係)
   1. 조선과 각국 사이의 통상에 대한 중국의 지도(中國指導朝鮮與各國通商)
      1) 조선과 각국 사이의 조약 체결 및 통상 권도(勸導朝鮮與各國立約通商)

[제5권]

   2. 조선의 무비 강화 협조(協助朝鮮武備)
   3. 조선의 사절 파견과 체제 문제(朝鮮遣使與體制問題)
   4. 조선 국왕의 중국 사절에 대한 궤송 금지(禁韓王饋送華使)
   5. 기타(其他)

이상이 지금까지 출간된 내용이고, 이번에 출간될 제6권 임오군란 편의 목차는 다음과 같다.

[제6권]

Ⅲ. 임오군란(壬午事變)[1]
   1. 조선 난사에 대한 대책 논의(籌議朝鮮亂事)
   2. 중국의 출병(中國出兵)
   3. 반란 수괴의 체포와 처리(捕治亂首)
   4. 사후 처리(善後事宜)
   5. 조선 반란 진압과 각국 조회(平定朝亂照會各國)
   6. 조선과 일본의 조약 체결(韓日訂約)
   7. 대원군 석방·귀국 요청(請釋回大院君)
   8. 조선을 지원하는데 힘쓴 인원의 포상(奏獎援護朝鮮出力人員)

---

1 원 사료에서의 목차는 'Ⅳ'이지만, 앞 부분의 생략에 따른 전체 번역 계획의 변경으로 'Ⅲ'이란 목차로 바뀌게 되었다.

    9. 군사 원조(軍事援助)
    10. 중국군의 잔류(華軍留守)

  임오군란에 관한 사료 부족으로 연구 범위 확장이 어려운 상황에서, 이번 임오군란 편의 출간이 임오군란이라는 사건을 이해하는 데 일정한 도움을 줄 것으로 기대한다. 특히 당시 청 정부가 기존의 불간섭 정책을 포기하고 정식으로 군대를 조선에 파병하려는 의도를 드러낸 것은 근대 한중 관계 변화의 결정적 전환점이었다. 이와 관련하여 청 정부의 의도와 조선 정책 변화가 어떤 배경에서 이루어졌는지, 그로 인해 조선의 정국이 어떤 변화를 겪었는지를 이해하는 데 많은 시사점을 제공하는 이 자료의 번역과 출간은 상당한 의미를 지닌다고 할 수 있다. 제6권의 임오군란 편을 포함한 국역 『淸季中日韓關係史料』의 발간은 원래 근대 동아시아의 국제 관계 및 근대 한국의 역사에 대한 기초 자료로서 의도된 것이다. 단순한 한문 텍스트의 제공이 아니라 한글 번역 작업까지 수반된 것이므로, 이 사료집의 활용이 관련 분야 연구의 활성화와 심화에 조금이라도 기여할 수 있다면 이 작업을 맡은 연구진에게는 큰 기쁨이 될 수 있을 것이다. 이 임오군란 편의 번역 연구는 필자 및 조병식 교수, 주형준 박사 세 사람에 의한 공동 작업의 소산이다. 짧은 시간과 힘든 원문 번역 및 해설 작업에 본인의 연구 일정에 소요될 시간을 아껴 기꺼이 참가해 준 두 분, 그리고 이 책의 출간에 이르기까지 많은 도움을 주신 동북아역사재단의 박지향 이사장 및 편찬책임자로서 실무 작업을 담당해 준 이동욱 연구위원 그리고 출판 관계자 여러분께 깊은 감사의 뜻을 전달하고자 한다.

2024년 9월
연구진을 대표하여 김형종

국역 『淸季中日韓關係史料』

일러두기

1. 이 책은 『中國近代史資料彙編 淸季中日韓關係史料』(中央研究院近代史研究所 編, 1972)의 세 번째 주제 항목인 '壬午事變'의 열 가지 소항목으로 분류된 문서에 대한 표점과 번역으로 구성되어 있다. 각 문건은 문서정보와 원문, 번역문의 순서에 입각하여 정리 및 번역되었다.
2. 각 문건의 문서번호는 '가-나-다-라(마. 바)'의 양식으로 정리되어 있다. '가'·'나'·'다'의 숫자는 原書의 주제 분류에 입각한 번호체계를 표현한 것이며, '라'는 각 분류체계 내에서의 문서의 수록 순서를 나타낸다. 괄호 안의 '마'는 原書에서 각 문건에 부여한 번호이며, '바'는 해당 문서가 수록된 쪽수를 가리킨다.
3. 각 문건의 문서정보에는 문서번호 다음으로 '사안'과 '첨부문서', '날짜', '발신', '수신' 등에 관한 정보가 순서대로 정리되어 있다. '사안'은 原書의 '淸季中日韓關係史料分類目錄'에서 정리한 '事項'에 해당하는 내용으로, 해당 문건의 핵심 요지를 정리하고 있다. '첨부문서'는 原書에 수록된 문건 안에 附件이 포함되어 있는 경우에 그 '事項'을 정리하였다. '날짜'는 해당 문건의 발신일/수신일(문서에 따라 다름)을 의미하며, 음력 날짜와 양력 날짜를 함께 표기하였다. '발신'과 '수신'은 각각 해당 문건의 발신자와 수신자를 의미한다.
4. 본서의 표점과 번역은 문서 안에서 어디부터 어디까지가 누구의 진술인지 밝히는 것에 유의하였는데, 이를 위하여 『국역 『同文彙考』 疆界 史料』(배우성·구범진 역, 동북아역사재단, 2008)의 편집 양식을 활용하였다.
5. 원문 및 번역문을 작성함에 있어서 쉼표, 마침표, 따옴표 등 기본적인 부호만을 사용하여 표점을 하였다. 원본의 분명한 오류로 보이는 글자에 대해서는, '實據(→據實)'의 경우처럼 원문의 글자는 그대로 두고, 괄호 안에 화살표와 함께 바른 글자를 밝혀 두었다.
6. 번역문에서는 문장의 의미가 원활하게 통하도록 하기 위하여, 괄호를 사용하여 접속사나 단어 등을 추가하였다. 아울러 독자들의 이해를 돕기 위하여, 일부 명사들에 대해서는 괄호 안에 간단한 설명을 추가하기도 하였다. 유사한 맥락으로 독자의 이해를 돕고자 원문에서 '本部'·'本衙門' 등의 표현을 사용한 것을, 번역문에서는 경우에 따라 '禮部'·'總理衙門' 등으로 풀어서 번역하였다.

국역 『清季中日韓關係史料』

차례

- 역자 서문 ………………………………………………………… 3
- 일러두기 ………………………………………………………… 11

III. 임오군란(壬午事變)

1. 조선 난사에 대한 대책 논의(籌議朝鮮亂事)

(1) 문서번호 : 4-1-01(463, 734a-735a) ………………………………… 27

(2) 문서번호 : 4-1-02(464, 735b) ……………………………………… 33

(3) 문서번호 : 4-1-03(465, 736a) ……………………………………… 35

(4) 문서번호 : 4-1-04(466, 736b) ……………………………………… 36

(5) 문서번호 : 4-1-05(469, 747b) ……………………………………… 37

(6) 문서번호 : 4-1-06(470, 748a-751a) ………………………………… 39

(7) 문서번호 : 4-1-07(471, 751b-752a) ………………………………… 47

(8) 문서번호 : 4-1-08(472, 752b) ……………………………………… 49

(9) 문서번호 : 4-1-09(473, 753a) ……………………………………… 50

(10) 문서번호 : 4-1-10(474, 753b) ……………………………………… 51

(11) 문서번호 : 4-1-11(477, 764a) ……………………………………… 53

(12) 문서번호 : 4-1-12(485, 768b-772b) ·· 54
(13) 문서번호 : 4-1-13(487, 774a) ·· 65
(14) 문서번호 : 4-1-14(488, 774b) ·· 66

2. 중국의 출병(中國出兵)

(1) 문서번호 : 4-2-01(478, 764b) ··· 67
(2) 문서번호 : 4-2-02(479, 765a) ··· 69
(3) 문서번호 : 4-2-03(480, 765b) ··· 71
(4) 문서번호 : 4-2-04(481, 766a) ··· 73
(5) 문서번호 : 4-2-05(482, 766b) ··· 75
(6) 문서번호 : 4-2-06(485, 768b-772b) ·· 76
(7) 문서번호 : 4-2-07(484, 767b-768a) ·· 77
(8) 문서번호 : 4-2-08(486, 773a-773b) ·· 79
(9) 문서번호 : 4-2-09(489, 775a) ··· 82
(10) 문서번호 : 4-2-10(490, 775b) ··· 84
(11) 문서번호 : 4-2-11(491, 776a) ··· 85
(12) 문서번호 : 4-2-12(492, 776b) ··· 86

(13) 문서번호 : 4-2-13(493, 777a) ·· 88
(14) 문서번호 : 4-2-14(494, 777b) ·· 90
(15) 문서번호 : 4-2-15(495, 778a-778b) ··· 92
(16) 문서번호 : 4-2-16(498, 780b-783b) ··· 94
(17) 문서번호 : 4-2-17(500, 784b) ·· 102
(18) 문서번호 : 4-2-18(501, 785a) ·· 104
(19) 문서번호 : 4-2-19(502, 785b) ·· 105
(20) 문서번호 : 4-2-20(503, 786a-787b) ··· 106
(21) 문서번호 : 4-2-21(504, 788a) ·· 110
(22) 문서번호 : 4-2-22(506, 793a) ·· 112
(23) 문서번호 : 4-2-23(507, 793b-794a) ··· 113
(24) 문서번호 : 4-2-24(508, 794b-795a) ··· 115
(25) 문서번호 : 4-2-25(509, 795b) ·· 117
(26) 문서번호 : 4-2-26(510, 796a) ·· 118
(27) 문서번호 : 4-2-27(512, 805b) ·· 120
(28) 문서번호 : 4-2-28(513, 806a) ·· 121
(29) 문서번호 : 4-2-29(515, 807a-808a) ··· 123

(30) 문서번호 : 4-2-30(516, 808b) ·· 127

(31) 문서번호 : 4-2-31(517, 809a-820b) ··· 129

(32) 문서번호 : 4-2-32(518, 821a) ·· 139

(33) 문서번호 : 4-2-33(519, 822a-824a) ··· 140

(34) 문서번호 : 4-2-34(521, 828b-829b) ·· 145

(35) 문서번호 : 4-2-35(524, 834b) ·· 148

(36) 문서번호 : 4-2-36(526, 835b) ·· 149

(37) 문서번호 : 4-2-37(530, 840b-841a) ·· 151

(38) 문서번호 : 4-2-38(531, 841b)··· 153

(39) 문서번호 : 4-2-39 (533, 842b) ··· 155

(40) 문서번호 : 4-2-40(537, 866a-866b)··· 156

3. 반란 수괴의 체포와 처리(捕治亂首)

(1) 문서번호 : 4-3-01(505, 788b-792b) ·· 159

(2) 문서번호 : 4-3-02(511, 796b-805a) ·· 170

(3) 문서번호 : 4-3-03(514, 806b) ·· 191

(4) 문서번호 : 4-3-04(520, 824b-828a) ·· 193

(5) 문서번호 : 4-3-05(522, 830a-833a) ·· 203

(6) 문서번호 : 4-3-06(523, 833b-834a) ·· 207

(7) 문서번호 : 4-3-07(532, 842b) ·· 209

(8) 문서번호 : 4-3-08(534, 843a-862b) ·· 211

(9) 문서번호 : 4-3-09(535, 863a) ·· 255

(10) 문서번호 : 4-3-10(536, 863b-865b) ·· 257

(11) 문서번호 : 4-3-11(538, 867a-879b) ·· 262

(12) 문서번호 : 4-3-12(539, 880a) ·· 288

(13) 문서번호 : 4-3-13(540, 880b) ·· 289

(14) 문서번호 : 4-3-14(541, 881a) ·· 291

(15) 문서번호 : 4-3-15(542, 881b) ·· 293

(16) 문서번호 : 4-3-16(543, 882a) ·· 294

(17) 문서번호 : 4-3-17(544, 882b-884b) ·· 296

(18) 문서번호 : 4-3-18(545, 885ab) ·· 301

(19) 문서번호 : 4-3-19(547, 886b) ·· 304

(20) 문서번호 : 4-3-20(550, 888a-897b) ·· 305

(21) 문서번호 : 4-3-21(556, 918a-935a) ·· 326

(22) 문서번호 : 4-3-22(557, 935b) ··· 358

(23) 문서번호 : 4-3-23(558, 936a-939a) ·· 359

(24) 문서번호 : 4-3-24(559, 939b-940a) ·· 367

(25) 문서번호 : 4-3-25(562, 942a-944a) ·· 369

(26) 문서번호 : 4-3-26(572, 952a-952b) ·· 374

(27) 문서번호 : 4-3-27(599, 995a-1002a) ······································ 377

4. 사후 처리(善後事宜)

(1) 문서번호 : 4-4-01(527, 836a-838a) ·· 392

(2) 문서번호 : 4-4-02(529, 840a) ··· 400

(3) 문서번호 : 4-4-03(548, 887a) ··· 402

(4) 문서번호 : 4-4-04(549, 887b) ··· 403

(5) 문서번호 : 4-4-05(554, 910a-917a) ·· 404

(6) 문서번호 : 4-4-06(561, 941b) ··· 420

(7) 문서번호 : 4-4-07(565, 947a) ··· 421

(8) 문서번호 : 4-4-08(566, 947b) ··· 422

(9) 문서번호 : 4-4-09(568, 948b-949b) ·· 423

(10) 문서번호 : 4-4-10(581, 961b) ··· 426

(11) 문서번호 : 4-4-11(583, 967a) ··· 427

(12) 문서번호 : 4-4-12(588, 910a-917a) ································· 428

(13) 문서번호 : 4-4-13(590, 977a) ··· 430

(14) 문서번호 : 4-4-14(591, 977b) ··· 431

(15) 문서번호 : 4-4-15(592, 978a) ··· 433

(16) 문서번호 : 4-4-16(619, 1020a-1020b) ····························· 434

(17) 문서번호 : 4-4-17(624, 1030b-1041b) ····························· 438

(18) 문서번호 : 4-4-18(659, 910a-917a) ································· 460

(19) 문서번호 : 4-4-19(694, 910a-917a) ································· 462

(20) 문서번호 : 4-4-20(695, 1126b-1127b) ···························· 465

(21) 문서번호 : 4-4-21(763, 1199a-1203a) ····························· 466

(22) 문서번호 : 4-4-22(1493, 2713b) ····································· 476

5. 조선의 반란을 진압하고 각국에 조회함(平定朝亂, 照會各國)

  (1) 문서번호 : 4-5-01(546, 886a) ··· 478

  (2) 문서번호 : 4-5-02(563, 944b) ··· 480

(3) 문서번호 : 4-5-03(570, 950b) ·· 482

(4) 문서번호 : 4-5-04(571, 951a-951b) ······································ 483

(5) 문서번호 : 4-5-05(574, 957a) ·· 484

(6) 문서번호 : 4-5-06(575, 957b) ·· 485

(7) 문서번호 : 4-5-07(577, 910a-917a) ······································ 486

(8) 문서번호 : 4-5-08(605, 1006b) ·· 487

(9) 문서번호 : 4-5-09(637, 1058b-1061b) ·································· 488

(10) 문서번호 : 4-5-10(693, 910a-917a) ···································· 496

6. 조선과 일본의 조약 체결(韓日訂約)

(1) 문서번호 : 4-6-01(551, 898a-908b) ······································ 497

(2) 문서번호 : 4-6-02(564, 945a-946b) ······································ 502

(3) 문서번호 : 4-6-03(582, 962a-966b) ······································ 507

(4) 문서번호 : 4-6-04(585, 971a) ·· 514

(5) 문서번호 : 4-6-05(586, 971b) ·· 515

(6) 문서번호 : 4-6-06(592, 978a) ·· 516

(7) 문서번호 : 4-6-07(610, 1013b-1014a) ·································· 517

(8) 문서번호 : 4-6-08(611, 1014b-1015a) ·· 520

(9) 문서번호 : 4-6-09(621, 1021b-1028a) ·· 522

(10) 문서번호 : 4-6-10(622, 1028b-1029a) ··· 528

(11) 문서번호 : 4-6-11(624, 1030b-1041b) : ······································· 531

(12) 문서번호 : 4-6-12(637, 1058b-1061b) : ······································· 532

(13) 문서번호 : 4-6-13(657, 1082b-1083a) ··· 533

7. 대원군 석방·귀국 요청(請釋回大院君)

(1) 문서번호 : 4-7-01(560, 940b-941a) ··· 535

(2) 문서번호 : 4-7-02(572, 952) ·· 537

(3) 문서번호 : 4-7-03(573, 953a-956b) ··· 540

(4) 문서번호 : 4-7-04(576, 958a) ·· 548

(5) 문서번호 : 4-7-05(578, 959) ·· 550

(6) 문서번호 : 4-7-06(612, 949b-950a) ··· 552

(7) 문서번호 : 4-7-07(613, 1016a) ·· 553

(8) 문서번호 : 4-7-08(615, 1017b-1018a) ·· 555

(9) 문서번호 : 4-7-09(616, 1018b) ·· 557

(10) 문서번호 : 4-7-10(618, 1019b) ········· 559

(11) 문서번호 : 4-7-11(625, 1042a) ········· 560

(12) 문서번호 : 4-7-12(628, 1047a-1052a) ········· 561

(13) 문서번호 : 4-7-13(631, 1054b) ········· 569

(14) 문서번호 : 4-7-14(633, 1055b) ········· 570

(15) 문서번호 : 4-7-15(687, 1120) ········· 571

(16) 문서번호 : 4-7-16(902, 1509a-1513b) ········· 574

(17) 문서번호: 4-7-17(1016, 1864b) ········· 586

(18) 문서번호 : 4-7-18(1061, 1940a-1942b) ········· 588

(19) 문서번호 : 4-7-19(1064, 1945b) ········· 594

(20) 문서번호 : 4-7-20(1067, 1948a) ········· 596

8. 조선을 지원하는 데 힘쓴 인원의 포상(奏獎援護朝鮮出力人員)

(1) 문서번호 : 4-8-01(579, 960) ········· 598

(2) 문서번호 : 4-8-02(608, 1010b) ········· 601

(3) 문서번호 : 4-8-03(634, 949b-950a) ········· 603

(4) 문서번호 : 4-8-04(638, 949b-950a) ········· 604

(5) 문서번호 : 4-8-05(885, 1480b-1482a) ·················· 605

9. 군사원조(軍事援助)

   (1) 문서번호 : 4-9-01(589, 976a-976b) ·················· 609

   (2) 문서번호 : 4-9-02(614, 1016b-1017a) ·················· 610

   (3) 문서번호 : 4-9-03(617, 1019a) ·················· 612

   (4) 문서번호 : 4-9-04(628, 1047a-1052a) ·················· 613

   (5) 문서번호 : 4-9-05(662, 1088b-1090b) ·················· 614

   (6) 문서번호 : 4-9-06(833, 1348) ·················· 615

10. 중국군의 잔류(華軍留守)

   (1) 문서번호 : 4-10-01(711, 1140b~1143b) ·················· 616

   (2) 문서번호 : 4-10-02(712, 1143b) ·················· 618

   (3) 문서번호 : 4-10-03(713, 1144) ·················· 620

   (4) 문서번호 : 4-10-04(715, 1145b-1146a) ·················· 623

   (5) 문서번호 : 4-10-05(716, 1146b-1147b) ·················· 626

   (6) 문서번호 : 4-10-06(738, 1168a-1169b) ·················· 629

(7) 문서번호 : 4-10-07(856, 1398b-1399a) ··· 632

(8) 문서번호 : 4-10-08(859, 1405a) ··· 635

(9) 문서번호 : 4-10-09(860, 1405b-1407a) ·· 637

(10) 문서번호 : 4-10-10(861, 1407b-1408b) ·· 641

(11) 문서번호 : 4-10-11(863, 1410a) ··· 644

찾아보기 ··· 645

Ⅲ. 임오군란 (壬午軍亂)

국역 『淸季中日韓關係史料』

1. 조선 난사에 대한 대책 논의
(籌議朝鮮亂事)

(1) 문서번호 : 4-1-01(463, 734a-735a)[1]

사안 : 조선의 난당(亂黨)이 난동을 일으켜서 일본이 함대를 파견하여 죄를 물을 것이라고 하니, 중국도 마땅히 군함과 교섭에 능숙한 고위 관원을 보내서 변화에 대응해야 합니다(高麗亂黨滋事, 日將派艦問罪, 中國宜派兵船及熟悉交涉大員前往應變).[2]

첨부문서 : 1. 「주일본 공사[出仕日本大臣][3] 여서창이 직예총독 장수성에게 보낸 전보(出仕日本大臣黎庶昌發直督張樹聲電)」: 조선 난당이 일본 공사관을 포위 공격하여 소동을 부렸고, 일본은 군함을 파견하여 보낼 예정입니다(高麗亂黨圍攻日使館滋事, 日擬派兵船前往).

2. 「주일본 공사 여서창이 직예총독 장수성에게 보낸 전보(出仕日本黎庶昌大臣發直督張樹聲電)」: 일본 군함이 즉각 조선으로 향할 예정이니, 중국은 응당 군함을 파견하여 보내 사태의 변화를 관찰해야 합니다(日兵船卽赴高麗, 中國宜派兵

---

[1] 4-1-1(463, 734a-735a)에서 '4-1-1'은 각 공문의 구분을 위해 역자가 임의로 순서대로 붙인 것이고(Ⅳ. 임오군란 1. 조선 난사에 대한 대책 논의 첫 번째 문서라는 뜻이다) 뒤의 (463, 734a-735a) 부분은 원래의 문서번호 463과 수록 페이지(734a-735a), 즉 734쪽 상단에서 735쪽 상단까지를 가리킨다.

[2] 여기의 사안 제목은 원 자료집 제1권의 주제별 목차 밑 부분에 각 문서의 내용을 간략하게 설명한 부분을 옮겨 번역한 것이다. 본문의 제목이나 설명과 약간 다르기도 하나 실제로는 같은 내용이며, 때에 따라서는 실제 내용을 잘 드러내기 위해 본문의 제목·설명을 적용하였다.

[3] 출사대신(出使大臣)은 "흠명출사대신(欽命出使大臣)"을 가리킨다. 청 말 각국에 파견된 고위 외교 관료를 의미한다. 일본 출사대신은 주일본 중국 공사(公使)를 가리킨다.

船前往觀變).

날짜 : 光緒八年六月十九日 (1882년 8월 2일)
발신 : 署理北洋通商大臣 (이하 署理北洋大臣으로 약칭) 張樹聲[4]
수신 : 總理各國事務衙門 (이하 總理衙門으로 약칭)

六月十九日, 署北洋大臣張樹聲函稱:

本日疊接黎蒓齋星使十七·十八兩日來電.[5] 知高麗亂黨現向日本使館滋事. 謹將兩電錄呈鈞覽.[6] 高麗向爲日本所制, 近日徑與各國立約通商. 日人又屢議稅則而不能定, 其心不無觖望. 今高人圍打使館, 致有傷亡, 日本兵船駛往, 自係藉題咸嚇, 期遂其大欲. 何子莪星使項間過此,[7] 渠謂: "其外務大輔旣來相告, 亦未始無希冀調停之

---

4   장수성(張樹聲, 1824~1884)은 자가 진헌(振軒)으로 안휘성(安徽省) 합비(合肥) 출신이며 이홍장이 거느리는 회군(淮軍)의 장령(將領)이었다. 1882년 이홍장이 모친상을 당해 고향에 돌아가자 당시 양광총독이었던 장수성이 서리직예총독(署理直隷總督. 따라서 署理北洋通商大臣의 직함도 겸직)을 맡았는데, 조선이 임오군란을 맞자 회군 오장경(吳長慶)의 부대를 산동에서 조선으로 출병시켜 일본에 맞서게 하였다. 다음 해 그는 양광총독(兩廣總督)의 자리로 다시 돌아갔다. 한편 光緖 8년 3월 2일(1882년 4월 19일) 모친이 사망하자 이홍장은 예법에 따라 종제(終制)를 위해 관직에서 물러날 것을 청하였으나, 청 황실에서는 시국의 어려움과 북양대신 업무의 중요성을 이유로 100일의 휴가를 허가하였다. (「懇請終制摺」, 『李鴻章全集』10, 安徽敎育出版社, 2008, pp.66-67.)

5   여서창(黎庶昌, 1837~1896)은 자가 순재(蒓齋)로, 귀주성(貴州省) 준의현(遵義縣) 출신이다. 그는 태평천국의 반란 때에는 증국번(曾國藩)의 막우로 있으면서 설복성(薛福成), 오여륜(吳汝綸), 장유조(張裕釗)와 함께 증국번의 4대 제자(曾門四弟子)로 일컬어졌다. 광서(光緖) 연간에는 곽숭도(郭嵩燾)·증기택(曾紀澤) 등이 유럽으로 파견될 때 수행하여 영국·독일·프랑스·스페인 등지에서 참찬(參讚)으로 일하였고, 1881년 도원(道員)으로 승진한 다음, 초대 공사 하여장(何如璋)의 뒤를 이어 제2대 주일본 공사로 파견되었다. 3년간 일본에 머물렀다가, 모친상으로 귀국하여 3년간의 정우(丁憂) 기간을 보내고 1884년 다시 일본으로 파견되면서 총 6년간 주일본 공사를 지냈다. 성사(星使)는 천절팔성(天節八星)이 사신사(使臣事)를 주지한다고 생각해서 제왕의 사자를 가리켜 사성(使星)이나 성사(星使)라고 부른 데서 나온 명칭이다. 즉 황제의 명으로 외국에 파견된 외교관을 의미한다.

6   균람(鈞覽)에서 람(覽)은 검토하다, 열람한다는 뜻이고, 균(鈞)은 겸양어로서 수신자가 상급자인 경우 사용하여 상대방을 높이는 역할을 한다.

7   하여장(何如璋, 1838~1891)은 자가 자아(子峨)로 광동성(廣東省) 대포현(大埔縣) 출신의 외교관으로 중국과 일본이 정식으로 국교를 맺은 다음의 첫 번째 주일본 공사로 4년여를 근무하였다. 1880년 일본을 방문한 조선의 수신사 김홍집(金弘集)이 그를 방문하였을 때 참찬관(參贊官) 황준헌(黃遵憲)에게 쓰게 한 『사의조선책략(私擬朝鮮策略)』을 기증한 것은 유명한 사건이다. 1868년 진사(進士) 출신인 하여장은 1877년 일본으로 파견되기 전에 한림원시강(翰林院侍講)으로 승진한 상태였으므로 하시강(何侍講)으로 불리기도 한다.

意, 兵船雖往, 或未必遽開兵釁." 子我久習倭情, 自非無見. 惟高爲中國屬邦. 日人既經來告, 中國既知此事, 誼不可若罔聞知. 荺齋謂: "宜派船前往觀變," 似亦題中應有之義. 樹聲已飭統領北洋水師丁提督汝昌預備快船兩號,[8] 兵船一號, 在此伺候. 如須派往, 自可借籌議中·高商務爲名, 不必牽及此事. 惟高人之求助, 日人之以問罪高人, 相語皆在意中. 此時相機因應, 或竟可爲作調人. 必得熟習交涉事宜, 能達權變之文職大員同往, 方可期周旋得法. 馬道建忠堪勝是役,[9] 昨已乘輪赴皖, 屈計日內甫能抵滬, 項已電囑在滬守候. 應否飛飭該道刻日折回, 與丁提督乘輪同赴朝鮮相機觀變之處, 伏乞迅賜指示遵行. 除電復荺齋請將實在情形隨時電寄外, 專肅密達. 祗敬鈞祺.[10]

再,[11] 密肅者. 馬道建忠赴皖至少荃中堂處, 稟商「中·高通商章程」諸事,[12] 亦皆目前

---

8 정여창(丁汝昌, 1836~1895)은 청 말 북양해군의 제독을 지낸 군인으로 안휘성(安徽省) 노강(盧江) 출신으로 호는 차장(次章)이다. 자는 우정(禹亭)이다. 젊은 시절에 태평천국에 참여하였다가 상군(湘軍)에 투항하였고, 뒤이어 이홍장의 회군(淮軍)에 예속되어 태평천국과 염군(捻軍) 봉기 진압에 공을 세워 기명제독(記名提督)에 올랐다. 1879년 이홍장의 추천으로 북양수사(北洋水師)의 포함을 맡게 되면서 해군에 투신하여, 1881년에는 200명의 북양수사 관병을 이끌고 영국에 가서 초용(超勇), 양위(揚威) 순양함을 이끌고 귀국하였다. 1894년 청일전쟁 때 북양해군을 지휘하여 일본군과 싸웠으나, 북양함대의 기지인 위해위(威海衛)를 침범한 일본과 싸우다가 자결하였다.

9 마건충(馬建忠, 1845~1900)은 강소성(江蘇省) 단도(丹徒) 출신으로 자는 미숙(眉叔)이다. 1876년 이홍장에 의해 유학생으로 프랑스에 파견되어 변호사 등의 자격을 얻어 귀국하였다. 이홍장의 지휘 아래 인도와 조선에서 외교교섭(「조·미조약」 등의 체결)에 종사하였고 1882년 조선에서 임오군란 때에는 대원군(大院君)을 중국에 연행하는 일 등을 맡았다. 조선이 미국·영국·프랑스·독일 등과 조약을 맺는 일에도 관여하였으나, 관직은 도원(道員)에 그쳤다. 그는 철도 부설, 이금(釐金) 감면에 의한 상공업 발전을 주창한 양무파 관료로도 잘 알려져 있다. 저서로 『적가재기언기행(適可齋記言記行)』, 『동행삼록(東行三錄)』, 『마씨문통(馬氏文通)』 등이 있다.

10 '기(祺)'는 서신용어에서 자주 쓰이는데, 행복, 길상(吉祥)의 의미이다. 따라서 '안(安)'의 쓰임과 비슷하다. 다만, 일반적으로 연장자에게 '기(祺)'를 사용하지 않고, 동급자·동년배나 친속 관계가 없는 사람에게 사용한다. 보통 동급자·동년배에게 '태기(臺祺)'를 사용하고, 정치 관계에서 "훈기(勛祺)"를 사용한다. 상급자(실권자)에게는 "균기(鈞祺)"를 쓴다. "기"와 결합하는 동사는 보통 "송(頌)"이다.

11 이 내용은 『국역 淸季中日韓史料』 제4권에 실린 (27) 문서번호: 2-1-1-86(457, 728)과 (28) 문서번호: 2-1-1-87(458, 729a) 관련 첨부 내용이다. 재(再)는 역사 문서에서 보충 서술을 한다고 표시하는 용어로, 1) 청대 신하들이 황제에게 올리는 주접 문서에 덧붙이는 협편(夾片)의 첫머리에 써서 주접 본문 외에 다른 사정을 보충하여 서술한다고 표시하거나, 2) 일반 문서에서 관련 사정을 보충 서술할 필요가 있을 때 첫머리에 사용하고 뒤이어 보충하는 사정을 서술한다.

12 임오군란 이후인 1882년 가을 의정(議定)·반포된 이 장정의 정식 명칭은 「중국·조선상민수륙무역장정(中國·朝鮮商民水陸貿易章程)」이다.

要務. 倘鈞署以該道未便折回, 則現在子我星使指日回京復命. 渠於日人情僞, 旣所深知, 此次高麗與各國通商亦多得子我從中引導之力, 故高人亦頗感之. 如鈞署奏明派往, 似亦可以任此. 謹以附陳, 統候裁奪. 再叩崇祺.

照錄抄摺.
(1) 「出仕日本大臣黎庶昌發直督張樹聲電」.
外務大輔來告, 中六月初九, 高麗亂黨突圍日本使館, 打死一人, 傷數人, 日使花房等逃至仁川.[13] 又被高兵圍阻, 後得上英船載至長崎. 現擬派兵船三隻前往, 查辦此事. 特電知, 懇錄呈總署.
十七, 黎.
六月十八日下午兩點鐘到.

(2) 「出仕日本黎庶昌大臣發直督張樹聲電」.
日本兵船卽赴高麗, 中國似宜派兵船, 前往觀變.
十八, 黎.
六月十八日 下午二點四十分到.

(광서 8년) 6월 19일 서리 북양대신 장수성(張樹聲)이 다음과 같은 서신을 보내왔습니다.

17일과 18일 이틀에 걸쳐서 주일본 공사 여서창(黎庶昌)이 보낸 전보를 오늘 차례로 받았습니다. 조선[高麗]의 난당(亂黨)이 현재 일본 공사관에서 난동을 일으킨 사건을 알리는 내용이었습니다. 삼가 두 건의 전보를 베껴 옮겨서 올리니, 살펴봐 주십시오. 조선은 이전에 일본에게 제어당했는데, 최근에 각국과 조약을 체결하고 통상을 하였습니다. 또한 일본인이 (조선과) 누차 세칙을 의논하였으나 확정하지 못하여, 그로 인해 분개하는 마음을 품지 않을 수 없었습니

---

13 하나부사 요시모토(花房義質, 1842~1917)는 공사관 서기생(書記生)으로 1871년 내한하여 한일교역 교섭에 종사하였다. 그해 9월 대리공사로 부임하고, 1880년 변리공사(辨理公使)에 승진, 인천·원산의 개항을 꾀하였으며, 1882년 임오군란을 만나 스스로 공사관 건물을 불태우고 서울을 탈출하여 귀국하였으나, 다시 돌아와서 제물포조약을 체결하였다. 1911년 자작(子爵)을 받고 그해 추밀원 고문으로 임명되었다.

다. 현재 조선인이 (일본) 공사관을 포위 공격해서 사상자가 발생하자 일본 군함이 (조선으로) 간 것은 실로 이를 빌미로 내세워 위협하여 그들의 큰 욕심을 채우길 기대하기 때문입니다. 하여장 (전임 일본) 공사를 최근 이곳에서 만났는데, 그는 "일본의 외무대보(外務大輔)가 와서 알렸다고 하니, 조정해 주길 바라는 의사가 없다고 할 수 없을 것이고, 비록 군함이 출항하였지만 반드시 갑작스런 군사적 다툼을 일으키려는 것은 아닐 것입니다."라는 의견이었습니다. 하여장 공사는 일본 사정에 익숙하니 나름 근거가 있는 식견일 것입니다. 다만 조선은 중국의 속방입니다. 일본이 이미 알려왔는데 중국이 이 사건을 알게 된 이상 못 본 체해서는 안 될 것입니다. 여서창은 "군함을 파견해서 사태 변화를 관찰해야 한다."고 하였는데, 이것이 이 사안에서 응당 당연한 원칙이라고 할 것입니다. 저는 이미 통령북양수사제독(統領北洋水師提督) 정여창(丁汝昌)에게 쾌속선 두 척과 군함 한 척을 준비하여 이곳에서 대기하도록 하였습니다. 만약 파견할 필요가 있으면 중국과 조선이 상무(商務)를 논의한다는 것을 명분으로 삼을 수 있어, 이 사건을 끌어들일 필요가 없습니다. 다만, 조선인이 도움을 요청해 오거나 일본인이 조선인의 죄를 따져 묻겠다고 알려오는 것은 모두 예상할 수 있는 일입니다. 이때 상황을 살펴 적절히 대응하면 중재자 역할을 맡게 될 수도 있으니, 반드시 교섭 사무에 익숙하고 임기응변에 능한 문직(文職) 고위 관원이 함께 가야만 일 처리가 순조로울 것입니다. 도대(道臺) 마건충(馬建忠)이 이 역할을 충분히 감당할 만한데, 어제 이미 윤선(輪船)을 타고 안휘성(安徽省)으로 떠났으며, 계산해 보면 곧 상해에 도착할 것으로 예상되어 상해에서 대기하게 하도록 이미 전보로 지시하였습니다. 해당 도대에게 즉각 복귀해서 제독 정여창과 함께 윤선을 타고 조선으로 가서 사태를 살피고 변화를 관찰하게 해도 될지, 신속하게 지시를 내려주셔서 따를 수 있도록 해주시길 엎드려 빕니다. 여서창 공사에게 회신 전보를 보내 실제 상황을 수시로 전보로 알려 달라고 요청하는 것 외에, 삼가 비밀리에 서신을 전달합니다. 편안하시길 빕니다.

추가합니다. 삼가 비밀리에 알립니다. 마건충이 안휘성의 이홍장 중당에게 가서 「중·조통상장정(中·朝通商章程)」의 여러 사안을 보고하여 상의하는 일 역시 모두 현재의 중요한 업무입니다. 만약 총리아문에서 해당 도대를 중간에 복귀시키기 어렵다고 판단하신다면, 현재 하여장 공사가 며칠 안에 경사로 돌아와 복명할 예정입니다. 그는 일본인의 거짓됨과 진실됨에 대해 훤히 잘 알고 있으며, 이번에 조선이 각국과 통상하면서 또한 하여장의 중재에 많은 도움을 받았습니다. 그러한 까닭에 조선인도 자못 이를 감사해하고 있습니다. 만약 총리아문에서 상주하여 파견하신다면, 그 임무를 감당해 낼 수 있을 것 같습니다. 삼가 이를 추가로 설명드리며, 결정해 주시기를 간절히 기다립니다. 재삼 엎드려 편안하시길 빕니다.

(1) 「주일본 공사 여서창이 직예총독 장수성에게 보낸 전보(出仕日本大臣黎庶昌發直督張樹聲電)」

(일본) 외무대보가 와서 소식을 알렸습니다. 6월 9일 조선 난당이 돌연 일본 공사관을 포위해서 한 명을 때려죽이고, 여러 명을 다치게 하였으며, 일본 공사 하나부사 요시모토(花房義質) 등이 인천으로 달아났습니다. 그곳에서 다시 조선 병사들에게 포위되었다가, 나중에 겨우 영국 선박에 탑승해서 나가사키(長崎)에 돌아올 수 있었다고 합니다. 현재 일본은 군함 세 척을 (조선으로) 파견해서 이 사안을 조사하려고 합니다. 이에 특별 전보로 알리니, 이를 베껴서 총리아문에 올려주시길 간청합니다.

  17일 여서창 올림.

  6월 18일 오후 2시 (총리아문) 수신.

(2) 「주일본 공사 여서창이 직예총독 장수성에게 보낸 전보(出仕日本黎庶昌大臣發直督張樹聲電)」

일본 군함이 이미 조선으로 향하였습니다. 중국도 마땅히 군함을 파견해서 사태의 변화를 관찰해야 할 것 같습니다.

  18일 여서창 올림.

  6월 18일 오후 2시 40분 (총리아문) 수신.

(2) 문서번호 : 4-1-02(464, 735b)

사안: 조선 난민(亂民)이 일본 공사관을 포위 공격해서 난동을 일으켰습니다(朝鮮亂民圍攻日使館滋事).
날짜: 光緒八年六月十九日(1882년 8월 2일)
발신: 독일 공사 브란트(德國公使 巴蘭德)[14]
수신: 總理衙門

六月十九日, 德國公使巴蘭德函稱:

茲接日本都京六月十七日電報內云:
　朝鮮都城亂民突將在彼駐劄日本大臣公館圍擾滋事. 該欽差等逃往海岸, 乘駕小舟行抵海面. 偶遇英國兵船, 當即改乘, 仍回日本地方.
又六月十六日, 由日本發來電報, 所稱與以上大畧相同. 竝稱:
　圍擾之際, 日本人猶行看守多時, 後因亂民縱大, 始行逃避. 而欽差服役人等被難不下數名. 現在日本已派兵船數隻, 前往保護.
至公館被圍何日, 兩次電信均未提及. 本大臣聆悉之餘, 自當函達一切, 諒貴大臣當必異常驚駭也. 此佈. 順頌日祉.

6월 19일 독일 공사 브란트가 다음과 같은 서신을 보내왔습니다.

6월 17일 일본 도쿄(東京)에서 보낸 다음과 같은 전보(電報)를 받았습니다.

조선 도성의 난민이 돌연 일본 공사가 주재하는 공관을 둘러싸고 난동을 일으켰습니다.

---

14 브란트(Max August Scipio von Brandt, 巴蘭德, 1835~1920)는 독일 외교관으로 동아시아에서 33년을 보냈는데, 일본에서 지낸 10년을 제외하고는 나머지를 모두 중국에서 보냈다. 그는 1861년 프로이센과 중국의 우호통상조약을 체결하였고, 나중에 주일공사를 지내다 1875년부터 주중국 공사를 지냈다.

해당 공사 등은 해안으로 도망쳐서 작은 배를 타고 바다에 이르렀습니다. 그곳에서 우연히 영국 군함을 만나서 즉각 바꿔타고 일본으로 돌아오게 되었습니다.

또 6월 16일 일본에서 보내 온 전보를 받았는데, 그 내용은 위에서 말한 것과 대략 같았습니다. 아울러 다음과 같이 말하였습니다.

포위하고 난동을 일으켰을 때, 일본인은 장시간 감시하며 지키다가 후에 난민들이 느슨해진 틈에 비로소 도피할 수 있었습니다. 공사, 근무자 등 피해를 입은 자가 수 명 이상입니다. 현재 일본은 이미 군함 수 척을 그들을 보호하기 위해 파견하였습니다.

공사관이 언제 포위되었는지, 전보 두 건에서 모두 언급하지 않았습니다. 본 대신이 잘 살펴보는 것 외에, 마땅히 일체의 사항을 서신으로 알려야 할 것입니다. 귀 대신께서 반드시 대단히 놀라실 것이라 짐작됩니다. 이처럼 알립니다. 날마다 편안하시길 빕니다.

(3) 문서번호 : 4-1-03(465, 736a)

사안 : 도대 마건충 등을 조선으로 보내는 사안에 대해 서신으로 답장합니다(函覆派馬道等赴朝鮮).

날짜 : 光緒八年六月二十日(1882년 8월 3일)

발신 : 署理北洋大臣 張樹聲

수신 : 總理衙門

> 六月二十日, 致署北洋大臣張樹聲函.[詳見密啓]
>
> 草目 : 函覆派馬道等赴朝鮮.

6월 20일 서리 북양대신 장수성에게 다음과 같은 서신을 보냈습니다[자세한 내용은 密啓를 참조할 것].

내용 요약 : 도대 마건충 등을 조선에 파견하는 사안에 대한 답장 서신.

(4) 문서번호 : 4-1-04(466, 736b)

사안: 듣기에 조선이 일본 공사를 몰아냈다고 하는데, 대국(大局)에 영향을 끼칠까 우려됩니다(聞高麗將日使驅逐, 恐關大局).

날짜: 光緒八年六月二十日(1882년 8월 3일)

발신: 總稅務司 하트(赫德)[15]

수신: 總理衙門

六月二十日, 總稅務司赫德函稱:

適得聞日本有電報到京云:
　　高麗國已將日本國駐高麗大臣等驅逐出境.
等語. 其事之詳細尚未續聞. 惟此舉與大局恐關繫匪輕矣. 特此佈聞, 竝候升祉.

6월 20일 총세무사 하트가 다음과 같은 서신을 보내왔습니다.

일본에서 보낸 전보가 경사에 도착해서 마침 그 소식을 접할 수 있었는데, 다음과 같은 내용이었습니다.

　　조선국은 이미 일본국 주조선 공사 등을 쫓아서 국경 밖으로 몰아냈습니다.

그 사건의 상세한 소식은 아직 이어듣지 못하였습니다. 다만, 이 거동이 대국과 관련된 바가 가볍지 않을 것입니다. 이에 특별히 알려드립니다. 날마다 편안하시길 빕니다.

---

[15] 로버트 하트(Sir Robert Hart, 1835~1911. 赫德)는 영국인으로 북아일랜드에서 태어났으며, 1853년 영국 외무성에 들어갔다가 다음 해 중국에 파견되었다. 1863년부터 죽을 때까지 40여 년 동안 중국 해관의 총세무사로 일하면서 외국인에 의한 중국해관 관리 제도를 확립시켰다.

(5) 문서번호 : 4-1-05(469, 747b)

사안 : 일본과 조선 간의 분쟁을 편지로 알려주신 것을 통해 관심을 가지고 보살펴 주심을 잘 알 수 있었습니다(函告日韓起釁事足徵關照).
날짜 : 光緖八年六月二十一日(1882년 8월 4일)
발신 : 總理衙門
수신 : 독일 공사 브란트(德國公使 巴蘭德)

六月二十一日, 致德國公使巴蘭德函稱:

本月十九日, 接貴大臣來函內稱:
　茲接日本京都六月十七日電報云:
　　朝鮮都城亂民, 將在彼駐劄日本大臣公館圍擾滋事. 該欽差等逃往海岸, 改乘英國兵船, 仍回日本地方.
又十六日, 由日本發來電報竝稱:
　欽差, 服役人等被難不下數名. 現在日本已派兵船數隻, 前往保護.
等情. 足徵貴大臣遇事關照之意. 適接北洋張大臣來信, 告知此事, 與貴大臣所述各節, 大致相同. 真意外事也. 專此佈覆. 順頌日祉.

6월 21일 독일 공사 브란트에게 다음과 같은 서신을 보냈다.

이번 달 19일 귀 대신께서 보낸 다음과 같은 서신을 받았습니다.
　일본 도쿄(東京)에서 보내온 6월 17일 전보를 받았는데, 그 내용은 다음과 같습니다.

　　조선 도성의 난민이 일본 공사가 주재하는 공사관을 둘러싸고 난동을 일으켰습니다. 해당 공사 등은 해안으로 도망쳤다가, 영국 군함으로 갈아타고 일본으로 돌아왔습니다.

또 16일 일본에서 온 전보도 아울러 다음과 같은 내용이었습니다.

> 공사, 근무자 등 피해를 입은 자가 수 명 이상입니다. 현재 일본은 이미 군함 수 척을 그들을 보호하기 위해 파견하였습니다.

귀 대신께서 이 사건에 관심을 가지고 돌봐주신 것을 충분히 알 수 있습니다. 마침 북양대신 장수성이 보낸 서신을 받았는데, 이 일을 알리는 것이었습니다. 귀 대신께서 서술하신 여러 내용과 대부분 일치합니다. 진실로 뜻밖의 일이라 하겠습니다. 삼가 서신을 보내 답장을 드립니다. 날마다 편안하시길 빕니다.

(6) 문서번호: 4-1-06(470, 748a-751a)

사안: 조선의 내란에 일본이 기회를 틈타 문제를 일으키지 못하게 막으려면 응당 군함을 파견해 보내야 합니다(朝鮮內亂, 防日乘機生事, 應派兵船前往).

첨부문서: 1.「장수성이 받은 주일본 공사 여서창의 전보(張樹聲收出使日本大臣黎庶昌電)」: 일본 군함이 이미 조선으로 향하였으니, 응당 우리 군함을 신속하게 파견하여 만일을 대비해야 합니다(日船已赴高麗, 我兵船宜從速派往以備萬一). 2.「진해관도 주복과 조선 영선사의 필담(津海關道周馥與朝鮮領選使筆談)」: 일본인이 구실을 빌어 협박하는 것을 우려하지 않을 수 없고, 중국이 일이 있을 때마다 보호해 주지만, 그래도 그때그때 방법을 마련하기는 어렵습니다(日人藉端要挾不無可慮, 中國隨事庇護, 尙難造次設法). 3.「광서 8년 6월 19일, 진해관도 주복과 조선 배신 김윤식, 어윤중의 문답 필담(光緒八年六月十九日津海關道周馥與朝鮮陪臣金允植·魚允中問答筆談)」: 일본이 구실을 빌어 협박하게 될지 모르니, 중국이 군함을 파견하여 통제해 주시기를 간청합니다(恐日本藉端要挾, 乞中國派兵船前往鎭壓).

날짜: 光緖八年六月二十一日(1882년 8월 4일)
발신: 署理北洋大臣 張樹聲
수신: 總理衙門

六月二十一日, 署北洋大臣張樹聲函稱:

十八日錄黎蒓齋星使電報, 函呈鈞覽, 計已馳達. 今午復接蒓齋本日來電, 謹再抄錄呈閱. 連日竝屬津海關道周馥, 與朝鮮在津陪臣金允植·魚允中晤詢一切, 所有筆談, 一併錄上察覈. 竊惟日本兵船往朝, 大抵恐嚇要挾之意多, 未必遽欲稱兵搆怨. 朝鮮國王方力謀外交, 其臣如金宏集等, 亦皆明達事機. 此次圍館逐使, 可決其非該國君臣之意. 若辦理得法, 或尙不致成難了之局. 惟其國內亂黨果如金允植等所言, 則亦不無可慮. 日人夙謀專制朝鮮, 朝臣陰附日人者亦復不少. 幸該國王依漢如天, 中國近又導以通商各國. 故日人無所施其伎倆. 今使朝鮮內亂蜂起, 而日兵適至, 彼或先以問罪之師, 代爲除亂之事, 附日之人, 又乘機左右之, 日之兵力, 雖僅千餘, 以平朝鮮烏合亂黨, 固自有餘. 日有大功於朝, 又重以圍館逐使之案, 酬報爲難, 將貽後患. 而以我之屬邦, 令日得代平其亂, 亦恐益長朝人附日者之氣, 而於中國字小之義有關, 日人愈得肆其簧鼓之謀. 樹聲擬俟十八日所上書, 接奉賜復, 准令派船前往, 即令丁提督汝昌先帶兩船東駛, 借巡洋爲名, 確探日船到朝後如何舉動, 朝鮮亂黨如何情形, 立時馳報. 至或令馬道建忠自滬折回, 或由鈞署奏派何子我一行, 即隨後另坐一船繼去. 如朝鮮國內綏謐, 井上馨到彼, 不過虛聲挾制.[16] 有中國兵船在朝, 該國君臣自不至惟命是聽, 尚可相機因應. 日人遇事向不肯爽快了結, 茲事恐非旦夕所能就緒. 我之兵船係陸續而去, 亦可隨時抽調往來, 以徐俟其定. 萬一亂黨猖獗, 朝鮮不能自定, 求助中國. 情勢迫切, 應如何辦理之處, 即乞密定指揮, 以便預爲部署, 用備不虞. 肅此密布. 祇敬崇安.[17]

照鈔抄單.
(1) 「日本黎大臣來電」.
日船於十七‧八先後赴高. 水兵七百餘, 另有步兵七百, 外務井上馨親往督辦, 已於昨日動身. 日廷雖非決策用兵, 然衆情甚囂, 實在準備. 我兵船之去, 似宜從速.
昌復. 廿.
六月二十 上午十点三十分到.

---

16 이노우에 가오루(井上馨, 1836~1915)는 조슈(長州)번(藩) 출신의 무사로 메이지 유신에 참여, 메이지유신의 원훈(元勳)이자 구원로(九元老) 가운데 한 사람이 되었다. 정치가이자 실업가로 메이지 시대에 외무경(外務卿)·참의(參議)·농상무대신(農商務大臣)·내무대신(內務大臣) 등의 요직을 역임하였다. 1876년에는 부사(副使)로 강화도조약의 체결에 참여하였고, 1879년부터 외무경(外務卿)으로 일하면서 임오군란·갑신정변과 관련된 조선과의 외교 사무를 처리하였고, 1885년부터 1887년까지는 외무대신을 지냈다. 1894년 제2차 이토 내각의 내무대신, 주중국 공사, 제3차 이토 내각의 대장대신(大藏大臣) 등을 지냈다. 근대일본의 '탈아입구(脫亞入歐)' 전략의 주도자 가운데 한 명이기도 하다.
17 '안(安)'은 편안하다는 뜻이다. 서신 말미에서 축원의 의미로 사용하기 때문에, 동사로 보통 '청(請)', '후(候)'를 사용하며, '송(頌)'과 함께 쓰지는 않는다. 연장자에게는 '존안(尊安)', '복안(福安)' 등을, 동급자에게는 '대안(大安)', '대안(臺安)', 업무상 상급자에게 '균안(鈞安)'을 쓸 수 있다.

(2) 「光緒八年六月十八日, 津海關道周馥與朝鮮領選使金允植筆談問答」.

周: "朱湛然別駕,[18] 項往日本領事處探詢情形, 大略與電報同. 但死傷幾人, 不得知耳. 惟亂黨係何人, 圖何起釁, 無從探悉. 逐日本使臣, 似非貴國王之意. 此事如何結局, 據高見能料得幾分否?"

金: "逐隣使生釁, 萬萬非寡君之意. 想不逞喜亂之徒, 藉斥和以啟釁禍. 但亂黨爲誰, 在此無緣知得. 雖日本人諒必不致疑於敝朝廷. 如自敝邦捕得亂首, 正法以謝, 庶幾解其慍, 而遠外事未可知也. 不勝憧憧憂慮."

周: "所論近是, 第恐日人藉端要挾, 而貴國樞府不嫺外交, 致受虧累. 現甫聞電報, 故速奉告應如何處置之法. 想貴國已有條理, 此間無從設法, 亦無從援手也."

金: "藉端要挾, 不無是慮. 但日本與各國相通之時, 亦屢經此難, 未聞西人藉端尋事. 然情形各殊, 實未可一定也. 此事雖有形跡, 未必張大. 中國雖欲隨事庇護, 亦難造次設法. 恨隔海而無電線之信, 向後事不能續聞, 甚欝欝."

(3) 「光緒八年六月十九日, 津海關道周馥與朝鮮陪臣金允植·魚允中問答筆談」[19]

周: "項見制軍,[20] 知已將昨日黎星使電報飛告總署矣. 二十一日當有回信, 此時派人前去, 無可著手, 或就丁軍門巡洋之便, 東往探視, 師艦行時, 如制軍屬執事派人偕往, 亦可就搭至鴨綠江等處上岸回國, 問訊一切也."

金允植: "昨夜歸寓, 終夜思量. 今又與魚一齋面商此事, 非係一時亂黨之所爲. 去年李載先·安驥泳之謀逆也, 亦欲先逐日本之人, 今聞逐使之事, 與昨年事相符. 既已聚黨逐使, 而蔽朝廷不能禁, 則嗣後事必不止於此而已. 想國內不能無事, 慮無所不到, 此將奈何? 若國內有事, 而不能自定, 日本人藉端入干預要挾, 則局面終難挽回. 想到於此, 一時爲急, 弟等之意煩乞中國飭派兵船幾隻, 陸軍千名, 戒嚴以待. 更乞快輪一隻派行中人先往探回, 如事機不至張大則幸矣. 如或不幸而如所料, 則伐叛討逆, 扶危定亂, 竝自中國主之, 即敝邦之深願也, 至幸也. 毋使日人乘

---

18 본문의 '朱'자는 아마 衍字인 것 같다.
19 이 부분은 아마도 필사의 오류가 섞인 듯, 문맥이 통하지 않는 부분이 있어 정확한 해석이 곤란한 부분이 있다.
20 제군(制軍)은 명·청대 지방 장관인 총독(總督)의 별칭이다. 여기서는 북양통상대신을 겸직하고 있는 직예총독(直隸總督, 원래는 이홍장이 맡고 있었으나 그가 모친상으로 자리를 비워 장수성이 서리 직예총독으로 있었다.)을 가리킨다.

> 機取便焉. 敝邦如今斷斷不能無事, 惟願深思方便, 陸軍亦載水艦以往, 不必從旱
> 路而進, 且但平內亂, 不過亂黨幾名, 不須多發."
>
> 周: "總俟師船東發探明, 再作商量."
>
> 魚: "現本國情形, 雖未的確滋事之由, 醞釀久矣. 彼旣逐日人, 則不當如此罷手而止,
> 必有難言之危機. 今請上國之調停者, 不特制日人而已. 兵機尙速, 乞賜預算, 恐
> 無能爲消弭之術致有此擧耳."
>
> 周: "亂黨將逐日人, 而繼以拒西洋各盟耶?"
>
> 魚: "以昨年亂黨設計論, 不特絶倭·洋, 將謀不軌之變云云耳. 此黨亦必師其餘智
> 矣."
>
> 周: "欲平內亂而禦外侮, 非水陸竝發不可, 果爾則事大不易."
>
> 魚: "請於總署回信之前, 前往哨探, 待回信卽發師艦, 恐宜陸師亦不必從陸, 從水駛
> 往亦宜, 雖少亦可有勘定之道耳."
>
> 周: "滋事必有由來, 想此時貴國必謀所以消弭之術, 而日人似亦不能到岸動兵, 現宜
> 從容聽日船抵岸以後情形, 再爲商辦."

6월 21일 서리 북양대신 장수성이 다음과 같은 서신을 보내왔습니다.

18일 여서창 주일 공사의 전보를 베껴서 살펴보실 수 있게 서신으로 올렸고, 이미 도착하였을 것으로 생각합니다. 오늘 오후 여서창이 다시 보내온 전보를 받았으니, 삼가 재차 초록하여 열람하실 수 있게 올립니다. 아울러 연일 진해관도 주복에게 천진에 체류 중인 조선 배신 김윤식(金允植), 어윤중(魚允中)과 면담하라고 분부하였는데, 주고받은 필담을 함께 베껴 올리니 살펴보십시오. 삼가 생각건대, 일본의 군함이 조선에 온 것은 대저 위협하고 협박하려는 뜻이 크지, 전쟁을 일으켜 원한을 맺으려는 것은 아닙니다. 조선 국왕은 바야흐로 외교를 힘써 도모하고 있으며 김홍집과 같은 신하 등은 또한 모두 정세에 훤합니다. 이번에 공사관을 포위하고 공사를 쫓아낸 것은 결코 조선 군신(君臣)의 뜻이 아니라고 할 수 있습니다. 만약 처리 방식이 적절하면, 해결하기 어려운 국면에 이르지는 않을 것입니다. 다만 조선 난당이 진실로 김윤식 등이 말한 것과 같다면, 또한 우려할 점이 없지는 않습니다. 일본인은 조선을 제멋대로 조종하려고 일찍부터 꾀하였고, 조선 신하 가운데 일본인에게 은밀히 동조하는 사람 역시 적지 않습니다. 다행히 조선 국왕은 중국[漢]에 마치 하늘처럼 의지하며, 또한 중국은 최근 조선이 각국과 통상할 수 있도록 이끌었습니다. 이 때문에 일본인이 그러한 농간을 부릴 수 없었습니다. 현재 조선 내 반란이 일어났는데 마침 일본 군대가 이른다면, 저들은 앞서서 죄를 묻기 위한 군대로써 반란을 제거하는 일을 대신할 것이고, 그러면 일본에 동조하는 사람들 역시 기회를 타서 이를 좌지우지할 것입니다. 일본 병력이 비록 천여 명에 불과하나, 조선의 오합지졸 난당을 평정하는 데에는 진실로 충분한 여유가 있습니다. 일본이 조선에서 큰 공을 세우는데, 다시 공사관을 포위해서 공사를 쫓아낸 사안이 더해진다면, 그 보상이 굉장히 어렵고, 장차 후환을 남길 것입니다. 그렇지만 조선은 우리 속방으로써, 일본으로 하여금 조선의 반란을 대신 평정하게 한다면, 조선인 가운데 일본에 동조하는 사람의 기세를 더욱 늘려줄까 염려되고, 또한 이것은 중국의 자소(字小)의 원칙과도 관련된 것으로, 일본인이 제멋대로 꼬드기는 모략을 더욱 쓸 수 있게 됩니다. 저는 18일 올린 상서에 내려주시는 회신을 기다려서 군함 파견이 승인된다면, 즉각 제독 정여창을 선발대로 삼아 두 척을 이끌고 조선에 가도록 하고, 순양(巡洋)의 명목을 빌려서 일본 군함이 조선에 도착한 다음 어떤 움직임을 보이는지, 조선 난당이 어떠한 상황인지를 확인하여 즉시 신속하게 보고하고자 합니다. 그리고 도대 마건충이 상해에서 복귀하거나 혹은 총리아문에서 상주하여 하여장의 파견을 승인받는다면, 이후 따로 다른 배에 태워 보내고자 합니다. 만약 조선 국내 사정이 평온하다면 이노우에 가오루(井上馨)가 조선에 도착하더라도, 헛된 소리로 협박하는 데 지나지 않습니다. 중국 군함이 조선에 있다면, 조선 군신이 당연히 일본의 요구에 그대로 따르는 데 이르지 않고, 오히려 상황을 살펴서 대응할 수 있을 것입니다. 일본인은 일이 생기면 종래 결코 말끔하게 매듭지으려 하지 않으니, 이번 일은 아마 하루 이틀 안에 해결의 실마리가 잡히지는 않을 것입니다. 우리 군함이 계속 파견될 것이고, 또한 수시로 차출해서 왕래시킬 수 있으니 서서히 마무리를 기다려야 할 것입니다. 만일이라도 난당이 창궐하게 되면 조선은 스스로 안정시킬 수 없어서 중국에 도움을 요청할 것입니다. 사태가 급박하니 응당 이를 어떻게 처리할지 즉시 비밀리에 지휘해 주셔서 사전에 준비함으로써 예측하지 못한 사태에 대비할 수 있게 해주시길 바랍니다. 이에 비밀 편지를 보냅니다. 편안하시길 빕니다.

(1) 「장수성이 받은 주일본 공사 여서창의 전보(日本黎大臣來電)」

일본 군함이 17·18일 연이어 조선으로 출발하였습니다. 수병 700여 명 외에 보병 700여 명

규모이고, 외무경(外務卿) 이노우에 가오루가 직접 가서 감독한다고 처리한다고 하며, 이미 어제 출발하였습니다. 일본 조정은 비록 전쟁을 결정하지는 않았지만, 여론이 매우 떠들썩하여, 실제로는 그 준비를 하고 있습니다. 우리 군함의 파견은 응당 신속해야 할 것 같습니다. 여서창이 20일 답장을 보냅니다.

　　6월 20일 오전 10시 30분 (총리아문) 수신.

(2) 「광서 8년 6월 18일, 진해관도 주복과 조선 영선사 김윤식의 문답 필담(光緒八年六月十八日, 津海關道周馥與朝鮮領選使金允植筆談問答)」

주복: "즐겁게 헤어진 다음, 바로 일본 영사관에 가서 정황을 상세하게 물었는데, 그 대략의 내용은 전보와 같습니다. 하지만 몇 명의 사상자가 발생하였는지 알아내지 못하였습니다. 난당이 누구이며 무슨 목적으로 소란을 일으켰는지 정확하게 알아낼 순 없었습니다. 일본 공사를 쫓아낸 것은 아마 귀 국왕의 뜻은 아닌 것 같습니다. 이 사건이 어떻게 마무리될 것인지, 고견을 조금이라도 들어볼 수 있겠습니까?"

김윤식: "이웃 나라의 공사를 쫓아내서 분란을 일으키는 것은 결코 우리 군주의 뜻이 아닙니다. 불만을 품고 반역을 좋아하는 무리가 척화(斥和)를 구실로 분쟁의 발단을 연 것입니다. 다만 난당이 누구인지, 이곳에서 알 수는 없습니다. 비록 일본인이 우리 정부를 의심하는 데 이르진 않겠지만, 만약 조선에서 반란 수괴를 체포하여 처벌하고 사과한다면 아마 그 분노를 풀어줄 수 있을 것입니다. 멀리 떨어져 있어서 그 일을 알기는 어렵습니다. 마음이 갈팡질팡하여 걱정하는 마음을 이길 수 없습니다."

주복: "말씀하신 것 거의 그대롭니다. 다만 일본인이 이를 빌미로 삼아서 협박하게 되면, 조선의 집권층이 외교에 익숙하지 않아서 피해를 볼까 염려됩니다. 지금 막 전보를 받았는데, 신속히 응당 어떻게 처리하겠다는 방안을 보고해야 합니다. 조선에서 이미 대책을 마련하였다면 여기서는 방법을 마련할 수 없겠지만, 그렇다고 손을 늦출 수도 없습니다."

김윤식: "빌미를 잡아 협박하는 것이 우려되지 않는 것은 아닙니다. 다만 일본과 각국이 서로 외교를 시작할 무렵에도 역시 누차 그러한 어려움을 겪었습니다만, 서양인이 그것을 빌미로 일을 벌였다는 것은 들어보지 못하였습니다. 그러나 상황은 각기 다르고, 실제로 한결같다고 단정할 수 없을 것입니다. 이 일은 비록 형적(形跡)은 있지만, 확대해서는

안 될 것입니다. 중국이 비록 일이 있을 때마다 조선을 보호해 주지만, 그래도 그때그때 방안을 마련해 주기는 쉽지 않습니다. 바다를 사이에 두고 떨어져 있고, 전보가 없어서 정말 안타깝습니다. 이후 사건의 경과를 뒤이어 들어볼 수 없으니, 몹시 답답합니다."

(3) 「광서 8년 6월 19일 진해관도 주복과 조선 배신 김윤식·어윤중의 문답 필담(光緒八年六月十九日, 津海関道周馥與朝鮮陪臣金允植,魚允中問答筆談)」

주복: "방금 서리 북양대신을 뵙고, 어제 여서창 공사의 전보를 총리아문에 바로 보고하였음을 알게 되었습니다. 21일이면 회신이 있을 것입니다. 지금 사람을 파견해 보내는 일은 착수할 수 없으니, 아마 정여창 제독이 순양(巡洋)하는 김에 조선에 가서 탐방할 것인데, 군함이 출항할 때 만약 서리 북양대신께서 귀하에게 파견 인원과 함께 가달라고 요청한다면, 그 배를 타고 압록강 근처에서 상륙해 귀국하고, 모든 것을 물어볼 수 있게 될 것입니다."

김윤식: "어젯밤 숙소로 돌아와서 밤새 생각해 보았습니다. 오늘 다시 어윤중과 만나 이 일을 의논하였는데, 이 일은 난당의 일시적인 소동은 아닌 것 같습니다. 작년 이재선(李載先)과 안기영(安驥泳)의 역모 사건에서도 역시 먼저 일본인을 쫓아내려고 하였습니다. 지금 일본 공사를 쫓아낸 일을 들으니, 작년의 사건과 서로 딱 들어맞습니다. 이미 패거리를 모아 공사를 몰아냈고, 조선 조정이 이를 막을 수 없었는데, 앞으로의 일은 반드시 여기에만 멈추지 않을 것입니다. 생각건대 조선 국내에서 아무 일도 없을 수 없으니,[21] 무슨 일이 벌어질지도 몰라 장차 이를 어떻게 할지 염려합니다. 만약 국내에서 무슨 일이 발생한다면 조선 스스로 진정시킬 수는 없을 것이고, 일본인이 빌미를 잡아 간여하고 협박한다면, 국면은 결국 만회하기 힘들어질 것입니다. 여기까지 생각하면 일시적으로 마음이 급해져, 저희의 뜻은 중국에서 군함 몇 척과 육군 천 명에게 지시하여 계엄 상태로 대기하도록 지시해 주시길 간청합니다. 나아가 쾌륜(快輪) 한 척을 파견하여 중국인이 먼저 가서 탐방하여 돌아오게 하는데, 사태가 더욱 확대되지 않는다면 그나마 다행일 것입니다. 그렇지 않고 만약 혹시 불행하게도 앞서 예상한 바와 같다면, 반역의 무

---

21 여기서 국내의 일이 없을 수도 없다고 하는 것은 김윤식이 아마도 국왕의 폐립과 대원군의 정권 재장악을 염려하였기 때문인 것 같다.

리를 토벌하고 위기를 지탱하여 반란을 진압하는 일은 아울러 중국에서 주지해야 할 것이고, 이는 조선이 깊이 바라는 바이기도 하고, 지극한 행운이기도 합니다. 또한 일본이 기회를 틈타 이익을 취하는 일도 막아야 합니다. 조선은 지금 단연코 아무런 일도 없을 수 없으니, 오로지 적절한 방안을 생각해 주시길 바라며, 육군 또한 군함에 같이 타고 가면 되지 육로로 전진할 필요는 없습니다. 또 난당은 몇 사람이 되지 않으므로, 많은 수를 파견할 필요는 없습니다."

주복: "결국 군함이 조선에서 가서 탐문하여 확인하기를 기다려, 다시 논의해 보도록 해야 할 것 같습니다."

어윤중: "현재 조선의 상황은 비록 정확한 반란의 원인을 알 수는 없지만, 이러한 상황이 무르익은 지는 꽤 되었습니다. 그들이 이미 일본인을 쫓아냈으니, 당연히 여기에서 손을 멈추지 않을 것이며, 반드시 말하기 어려운 위기가 있을 것입니다. 지금 상국의 조정을 간청하는 것은 단지 일본인을 제압하기 위해서만은 아닙니다. 군사적 기회는 신속함이 필요하니, 미리 예상하여 조치해 주신다면 아마 해소할 방안이 없어 이런 일이 생기게 되지는 않을 것입니다."

주복: "난당이 일본인을 축출한 다음, 계속해서 서양 각국과의 외교도 거절할 것 같습니까?"

어윤중: "작년 난당이 계획한 것으로 따진다면, 일본과 서양을 거부할 뿐만 아니라 장차 불궤의 변고를 도모할 것입니다. 지금의 난당 역시 그 반드시 작년 난당의 계획을 답습할 것입니다."

주복: "내란을 평정하고 외국의 간섭을 막고자 한다면, 수륙 양군을 동시에 동원하지 않으면 안 됩니다. 과연 그렇게 된다면 일이 커져 쉽지 않을 것입니다."

어윤중: "총리아문에서 회신하기 전에 먼저 가서 탐방하고, 회신을 기다려 즉각 군함을 출동시키면 아마 육군 역시 반드시 육로로 이동할 필요는 없고, 바다를 통해 가는 것이 적당할 것입니다. 비록 적더라도 반란을 진압하는 방안이 될 것입니다."

주복: "반란에는 반드시 유래가 있으니, 생각건대 지금 조선은 반드시 이를 해소할 방안을 찾아야 할 것이고, 그렇게 되면 아마도 일본 역시 도착하자마자 군대를 움직일 수는 없을 것입니다. 지금은 응당 차분히 일본 군함이 조선에 도착한 다음의 상황을 들어보고, 다시 논의해야 할 것 같습니다."

(7) 문서번호 : 4-1-07(471, 751b-752a)

사안: 조선 난당이 왕궁을 습격하였으니, 마땅히 신속히 군함을 파견해 보내 진압해야 합니다(朝鮮亂黨襲擊王宮, 應速派兵船前往鎭壓).

첨부문서: 1.「주일본 공사 여서창이 보내온 전보(出使日本大臣黎來電)」: 일본 외무성이 서신으로 군대를 조선에 보낸 것은 보호하기 위해 마땅히 해야 할 사권(事權)으로, 결코 전쟁에 뜻이 있는 것이 아니라고 알려 왔습니다(日外務函, 派兵赴韓係保護應辦事權, 竝非意在打仗).

날짜: 光緒八年六月二十二日(1882년 8월 5일)
발신: 北洋大臣 張樹聲
수신: 總理衙門

六月二十二日, 署北洋大臣張樹聲函稱:

昨接黎蒓齋二十日電, 已照錄馳達, 竝將津海關周道與金允植等筆談附呈鈞察. 項續接蒓齋本日來電, 有王宮同日被擊之語, 則朝鮮亂黨欲謀不軌, 果不出該陪臣金允植等所慮, 中國兵船尤不可不速往鎭壓. 適奉直字六百八十三號鈞函, 遵已電飭馬道建忠刻日折回, 一面即令丁提督汝昌酌帶兩船先發, 留一船在此, 俟馬道乘坐, 趕赴相機妥辦. 王宮既同被擊, 但期亂黨即平, 查明認真懲辦, 館一案, 或稍易了結也. 肅此, 祇叩崇祺,
再, 蒓齋處亦遵將派員調停情形, 即日電告矣.

照錄抄單:
(1) 照錄「出使日本大臣黎來電」.
外務來英文信一件. 大意表明王宮, 使館同日被擊, 此次派兵赴高, 係保護應辦事權, 竝非意在打仗, 屬爲轉達政府. 詞尚平正, 容譯寄呈. 然則中國亦應派兵鎭壓, 責高麗懲辦兇徒, 以謝日本. 懷遠船已抵橫濱, 竝及.

> 卄一, 黎.
> 六月卄一 一點鐘到.

6월 22일, 서리 북양대신 장수성이 다음과 같은 서신을 보내왔습니다.

어제 여서창 공사가 21일 보낸 전보를 받았고, 이미 초록해서 올렸습니다. 아울러 진해관도 주복과 김윤식 등의 필담을 첨부해 올렸으니 살펴보시길 바랍니다. 방금 여서창 공사가 오늘 보낸 전보를 받았는데, 왕궁이 같은 날 공격을 받았다는 이야기가 있으니, 조선의 난당이 반역을 꾀하려는 것으로, 과연 해당 배신 김윤식 등이 우려한 바에서 벗어나지 않았습니다. 중국 군함을 더욱 속히 파견해서 진압해야 할 것입니다. 마침 직자(直字) 683호 서신을 받았고, 이에 따라 마건충에게 즉각 복귀할 것을 이미 지시하였고, 한편으로 제독 정여창에게 두 척을 이끌고 우선 출발하고, 한 척을 이곳에 남겼다가 도대 마건충이 도착해서 승선하는 것을 기다린 후 속히 출발해서 기회를 보아 적절하게 처리하라고 지시하였습니다. 왕궁이 이미 함께 습격당하였지만, 다만 난당을 평정하고 조사하여 철저하게 처벌한다면, 일본 공사관 문제도 혹시 좀 더 쉽게 마무리될 수 있기를 기대해야 할 것 같습니다. 삼가 이상의 내용을 보냅니다. 편안하시길 빕니다.

추가합니다. 여서창의 공사관에도 지시에 따라 인원을 파견하여 조정하는 상황에 대해 오늘 전보로 알리겠습니다.

(1) 「주일본 공사 여서창이 보내온 전보(出使日本大臣黎來電)」

(日本)외무성(外務省)에서 영문 서신 한 건을 받았습니다. 취지는 왕궁과 공사관이 같은 날 공격을 받았으며, 이번에 일본이 병력을 파견해 조선에 보내는 것은 보호하기 위해 마땅히 해야 할 사권(事權)으로, 결코 전쟁에 뜻이 있는 것이 아니라는 점을 중국 정부에 전달해 달라고 부탁하는 것이었습니다. 어투가 평정한데, 번역이 완성되면 올리겠습니다. 그러므로 중국 역시 응당 군대를 보내 진압하고, 조선을 독촉하여 흉도를 처벌하여 일본에 사과하도록 해야 할 것입니다. 회원선(懷遠船)은 이미 요코하마(橫濱)에 도착하였다는 것도 아울러 전합니다.

21일 여서창.
6월 21일 1시 (총리아문) 수신.

(8) 문서번호 : 4-1-08(472, 752b)

사안 : 일본의 군함이 조선으로 출발하였는데, 그 뜻은 사건 상황의 조사에 있습니다(日兵船 赴韓, 意在查詢情形).
날짜 : 光緒八年六月二十二日(1882년 8월 5일)
발신 : 독일 공사 브란트(德國公使 巴蘭德)
수신 : 總理衙門

> 六月二十二日, 德國公使巴蘭德函稱:
>
> 玆又接到日本電報內稱:
> 日本現派兵船二隻, 上載前駐朝鮮因亂逃往之大臣及兵丁五百名, 同赴朝鮮, 並非突欲搆釁, 意在查詢情形, 理論一切. 其日本外務大臣暫寓距近朝鮮西莫訥塞其地方, 以便遇有失和, 易於調度.
> 等因. 相應函知貴大臣查照可也. 此佈. 順頌日祉.

6월 22일 독일 공사 브란트가 다음과 같은 서신을 보내왔습니다.

지금 일본으로부터 다시 전보를 받았는데, 그 내용은 다음과 같습니다.

일본은 현재 군함 2척을 파견하는데, 앞서 말씀드린 조선에 주재하다가 반란 때문에 도망쳐 온 공사 및 병사 500명이 함께 조선으로 출발하였습니다. 결코 돌발적으로 싸움을 걸려고 하는 것이 아니며, 사건 상황을 조사하여 모든 문제를 이치로 따져보는 데 뜻이 있습니다. 일본 외무대신은 잠시 조선에서 거리가 가까운 시모노세키(西莫訥塞其) 지방에 체류하면서, 우호 관계에 문제가 생기면 동원을 쉽게 하고자 한다고 합니다.

마땅히 서신으로 귀 대신에게 알려야 하니, 살펴보시길 바랍니다. 이에 알립니다. 날마다 편안하시길 빕니다.

(9) 문서번호 : 4-1-09(473, 753a)

사안 : 응당 군대를 파견해서 조선을 도와야 합니다(應派兵援護朝鮮).
날짜 : 光緒八年六月二十三日(1882년 8월 6일)
발신 : 總理衙門
수신 : 署理北洋大臣 張樹聲

六月二十三日, 致署北洋大臣張樹聲函.[詳見密檔]
浮籤 : 函覆日高近事, 應派兵搜護由.

6월 23일, 서리 북양대신 장수성에게 서신을 보냈습니다[상세한 내용은 密檔을 참조].

첨부 내용 : 일본과 조선 사이의 최근 사건에 대해 응당 군대를 파견해서 보호해야 한다는 내용의 회신을 보냈습니다.

(10) 문서번호 : 4-1-10(474, 753b)

사안 : 일본에서 보내온 전보의 각 내용을 서신으로 알려주신 것에 대해 감사드립니다(致謝函告日本來電各情).
날짜 : 光緖八年六月二十三日(1882년 8월 6일)
발신 : 總理衙門
수신 : 독일 공사 브란트(德國公使 巴蘭德)

> 六月二十三日, 致德國公使巴蘭德函稱:
>
> 適准貴大臣來函內稱:
> > 玆又接到日本電報云:
> > > 日本現派兵船二隻. 上載前駐朝鮮因亂逃往之大臣及兵丁五百名, 同赴朝鮮. 竝非突欲搆釁, 意在查詢情形, 理論一切. 其日本外務大臣暫寓距近朝鮮西莫納塞其地方, 以便遇有失和, 易於調度.
> > 等情. 具徵貴大臣隨事隨時關切之意. 專泐布謝, 順頌日祉.

6월 23일 독일 공사 브란트에게 다음과 같은 서신을 보냈습니다.

마침 귀 대신께서 보내주신 다음과 같은 서신을 받았습니다.
　지금 일본으로부터 다시 전보를 받았는데, 그 내용은 다음과 같습니다.

　　일본은 현재 군함 2척을 파견하는데, 앞서 말씀드린 조선에 주재하다가 반란 때문에 도망쳐 온 공사와 병사 500명이 함께 조선으로 출발하였습니다. 결코 돌발적으로 싸움을 걸려고 하는 것이 아니며, 사건 상황을 조사하여 모든 문제를 이치로 따져보는 데 뜻이 있습니다. 일본 외무대신은 잠시 조선에서 거리가 가까운 시모노세키 지방에 체류하면

서, 우호 관계에 문제가 생기면 동원을 쉽게 하고자 한다고 합니다.[22]

이상의 통보는 귀 대신께서 매사에 대해 항상 신경을 써주시는 뜻을 증명하는 데 충분합니다. 이에 서신을 보내 감사의 뜻을 전달합니다. 날마다 편하시길 빕니다.

---

[22] 일본에서 보낸 전보의 내용은 위의 (8) 문서 번호 4-1-1-08과 동일하다. 다만, 서막납(西莫納)과 서막눌(西莫訥)로 자구의 차이는 있다.

(11) 문서번호 : 4-1-11(477, 764a)

사안 : 조선의 난당이 소동을 일으켰으니, 병력을 파견해서 도울 수 있게 해주시길 요청합니다(朝鮮亂黨滋事, 請派兵前往援護).

날짜 : 光緖八年六月二十四日(1882년 8월 7일)

발신 : 總理衙門

수신 : 軍機處

六月二十四日, 本衙門遞正摺.[詳見密奏]

草目 : 密奏朝鮮亂党滋事, 請派兵前往援護由.

6월 24일, 총리아문은 주접을 상주하였습니다.[상세한 내용은 密奏를 참조]

내용 요약 : 조선 난당이 반란을 일으켜, 군대를 파견해 보호해야 한다고 요청합니다.

(12) 문서번호: 4·1·12(485, 768b-772b)

사안: 조선 난당은 국왕의 생부인 이하응이 수괴이며, 또한 일본은 교활하여 반드시 병력이 거기에 맞서는 수준이어야 비로소 쉽게 막아낼 수 있습니다(朝鮮亂黨以國王本生父李昰應爲首, 又日本狡展, 必須兵力相當, 始易就範).

첨부문서: 1. 「광서 8년 6월 22일, 진해관도 주복과 조선 영선사 김윤식의 문답 필담(光緒八年六月二十二日, 津海關道周馥與朝鮮領選使金允植問答筆談)」: 이하응은 통상·수호를 반대한다는 구실로 도당을 불러모아 반란을 일으켰으며, 중국은 속히 1천 명을 파견해야만, 반란을 진압하고 아울러 일본의 협박과 간섭을 막을 수 있습니다(李昰應藉口反對通商修好, 嘯聚黨徒滋事, 中國速派千人, 卽可鎭壓竝防杜日人要挾干預).

2. 「광서 8년 6월 22일, 조선 영선사 김윤식이 진해관도 주복에게 보낸 서신(光緒八年六月二十二日, 朝鮮領選使金允植致津海關道周馥書)」: 이하응은 일찍부터 권력을 찬탈하려는 음모를 꾸며왔습니다(李昰應早有篡奪權柄陰謀).

날짜: 光緒八年六月二十五日(1882년 8월 8일)
발신: 署理北洋大臣 張樹聲
수신: 總理衙門

六月二十五日, 署北洋大臣張樹聲函稱:

本日接奉廿三日直字六百八十四號密函, 訓示一一, 祗誦之下, 欽佩莫名. 朝鮮際此危亂, 中國不能不以天討·天誅爲代謀伐交之擧. 丁提督汝昌於昨早出口, 至煙臺東渡, 接馬道建忠復電, 亦於是日北行, 取道煙臺. 樹聲以該道旣可與丁提督在煙臺相遇, 再來津門, 殊多迂折, 當將一切機宜指示丁提督領悉, 竝詳細函告馬道, 囑其徑由煙臺與丁提督迅速東行矣. 中國之於朝鮮, 誼難膜視, 此次之事, 樹聲先以調派陸兵,恐勢不能已, 淮軍慶字各營,[23] 駐紮登州, 下船渡海, 一日夜可抵朝鮮. 當於二十一日 專函約該軍統領吳筱軒提軍長慶,[24] 刻日來津晤商, 日內計當可到. 然其時猶但知朝 鮮內有亂黨, 慮日本借端干預居功而已. 惟閱該國陪臣金允植·魚允中與津海關周道 筆談, 詞意甚危, 似有難言之隱. 比屬周道與金允植往復追詢, 始據盡露底蘊, 知其國 向日亂黨實李昰應爲首, 即該國王本生之父, 患在蕭牆,[25] 釀禍已久, 煽黨亦衆, 辦理 較爲費手. 謹將周道與金允植筆談, 竝金允植復周道書, 錄呈鈞鑒.[26] 竊惟李昰應如 果顯爲悖逆, 勢焰方張, 諒非該國遽能自定. 如猶在暗中主持布置, 則朝鮮不去此人, 後患終無底止, 亦非該國王所能自了. 即便亂黨暫平, 而日本一邊, 誠如來諭, 必不免 一番狡展, 亦必須有兵力相當, 始易調停就範. 綜籌統計, 是續調陸師, 事無可止. 至 李昰應一節, 事關君臣父子之間, 辦理之宜, 尤須折衷禮意, 以伸天朝討逆助順大義, 免爲亂黨藉口煽惑. 吳筱軒尚有經緯, 非僅有勇猛爲長, 必可相機妥辦. 現在此間祇 有新購兩快船及揚威一練船, 實恐不敷調撥, 鎮海一船方入隖修理, 操江船本較小, 又送少荃中堂歸皖未回, 此外蚊船, 則船小礮大, 且一船祇有一礮, 係屬守口之用. 樹

---

23 영(營, battalion)은 군대의 편제 단위로, 연(連)의 상급이다. 회군(淮軍)의 1개 영은 약 500명 정도의 규모이다. 회군(淮軍 또는 淮勇)은 태평천국 토벌을 위해 이홍장이 1862년 증국번이 창설한 상군(湘軍)의 편제에 따라 안휘성 남부(淮南) 지방에서 조직한 향용(鄕勇)이었다. 회군은 상해에서 태평천국군을 격파한 후 화북의 염군과 섬서 회교도 반란 진압에도 투입되었다. 이홍장이 직예총독에 취임하자 함께 직예로 이동하였다. 회군은 서구식 무장을 갖춘 강력한 군대로서 이홍장의 사적 군대로서의 성격을 가지며 그의 세력을 지탱하는 기반이 되었다.

24 오장경(吳長慶, 1829~1884)은 자가 소헌(筱軒)으로 안휘성 노강현(盧江縣) 출신이다. 시호(諡號)는 무장(武壯)이다. 부친 오정향(吳廷香)은 우공(優貢) 출신으로 교직에 있었는데, 태평천국군이 안휘성에 침입하자 단련을 창설하여 이에 대항하다 순직하였고, 오장경은 그 뒤를 이어받아 태평천국과 염군(捻軍) 봉기의 진압에 큰 공을 세웠다. 함풍(咸豊) 11년 증국번의 지시를 받아 노강(盧江)을 수복하자, 그가 이끄는 5백 명의 부하로 회군(淮軍)의 경자영(慶字營)을 창립하도록 허락받았다. 이후 태평천국과의 전투에서 계속 공을 세워 출세길을 달렸으며, 태평천국이 진압된 다음 염군이 기세를 떨치자 이홍장을 따라 이를 진압하고 강남에 주둔하였다. 광서 6년에 절강제독(浙江提督), 뒤이어 광동수사제독(廣東水師提督)으로 발령받았으나, 청불전쟁 때문에 산동 군무를 방판(幫辦)하라는 지시를 받아 등주(登州)에 주둔하게 되었다. 때마침 광서 8년 조선에 임오군란이 발생하자 오장경은 군대 3천 명을 이끌고 조선에 파견되었다. 임오군란의 평정에 공을 세운 오장경은 계속 한성에 주둔하다가 2년 후 귀환하였다. 이후 광서 10년 금주(金州)로 이동하라는 지시를 받았지만, 곧 병사하였다. 그는 그의 부대를 따라 들어온 상인들이 조선에 진출하게 되면서 조선 화교의 시조로 떠받들어지게 되며, 이후 고종이 그의 업적을 기리는 사당(吳武壯公祠)을 세워주기도 하였다.

25 소장(蕭墻)은 울타리가 되는 작은 담벼락을 말한다. 즉 내부를 비유하는 것이다.

26 대감(大鑒), 대감(臺鑒), 아감(雅鑒), 균감(鈞鑒)에서 감(鑒)은 "자세히 살펴본다."는 뜻으로, 앞의 글자는 경어다. 보통 동급자·동년배는 대감(臺鑒)을 쓰고, 업무와 정치 관련해서 상급자 혹은 실권자에게는 균감(鈞鑒)을 쓴다.

聲已電囑江海關邵道,²⁷ 稟明南洋,²⁸ 預備登瀛洲馭遣兵輪兩號, 一俟筱軒到津商妥, 即電咨南洋調赴煙臺, 竝飭招商局亦預備輪船裝運, 以防不敷, 屆時即當一面照辦, 一面具摺奏明. 黎蒓齋處亦遵示電囑, 隨時發電知照矣. 肅復, 祗敬鈞祺.

照錄清摺.
(1)「光緖八年六月二十二日, 津海關道周馥與朝鮮領選使金允植問答筆談」
周: "昨黎星使電報, 接日本外務卿井上馨來信,²⁹ 言彼日王宮同時被擊, 此去非意在打仗, 不過保自有權利, 屬告中國, 語氣甚平正云云. 然倭人之計, 固難測也. 丁雨亭軍門現已預備師船多號, 分佈海洋島·煙臺各處, 自帶三船先發, 一齊到岸, 即可得詳細情形, 回告制軍, 當有辦法."
金: "自有權利, 是自護之權利耶. 語雖平正, 計固難測, 師船已預備在各處, 探細後即發甚快, 不勝感幸."
周: "權利在勢, 亦無窮盡. 惟李某向與日人密好, 若此舉陽逐日人, 陰謀篡奪, 借日人之力, 以遂其攘位之私, 我兵聲罪致討, 濟弱扶傾義也. 而牽涉日人, 日人或以李黨爲傀儡, 誣正爲邪, 昵仇爲恩, 使我師不能撒手討賊. 日人與李黨是非淆亂, 彼時必得有貴國臣民伸大義者, 裏助一切, 更易爲力也."
金: "李黨之與日人相好, 斷無是理, 通商修好之擧, 惟寡君力主, 故日人亦嘗善待之. 擧國愚見皆以外務爲非, 故李某藉此爲嘯聚徒黨, 收拾人心之資, 恐未暇與日人陰謀也. 其爲人狠戾自用, 亦有才幹, 既已逆取權柄, 更思媚結隣好, 以固其權, 未可知也. 但現雖得志於國中, 以四海觀之, 實爲獨夫, 不足畏也. 苟自上國聲罪致討, 不患無辭, 彼烏合亂黨, 何敢攖鋒, 日人亦應同憤, 必無助彼之理."
周: "聞李山響與日人親密,³⁰ 然耶?"

---

27 강해관(江海關)은 강소성 해관(江蘇省海關)으로 1685년 설치되었으며, 원래 강소성 연운항(連運港)에 설치되었다가 나중에 상해(上海)의 송장(松江)으로 옮겨진 청대 4대 해관의 하나였다. 소(邵) 도대는 소우렴(邵友濂, 1841~1901)으로 당시 소송태도(蘇松太道)의 도대로 강해관 업무를 겸직하고 있었다.
28 여기서 남양(南洋)은 남양통상대신(南洋通商大臣)을 가리키는데, 장강(長江) 남쪽 지역의 통상과 사무를 관할하므로, 그 직무는 장강 이북의 통상과 사무를 관할하는 북양통상대신과 마찬가지이다.
29 원문은 '日本外務卿接井上馨來信'인데, 아마 착오인 것 같아, '接日本外務卿井上馨來信'으로 수정하였다.
30 이산향(李山響)은 홍인군 이최응(李最應, 1815~1882)을 말한다. 홍인군은 홍선대원군의 바로 윗 형으로 산향(山

金: "此人沒主張, 其子載兢, 年少有識見, 頗諳外務, 其子存時亦善待日人. 此所以有與日人親密之語, 今其子已亡, 山響莫適所從, 惟以斥倭, 斥洋爲主, 蓋亦顧畏其弟之威焰也."

周: "平內亂非陸師不可, 約用精旅, 幾何能了?"

金: "以愚所見, 彼方新得柄, 人心未定, 不過一千足以辦事, 亦不必打仗, 以彈壓亂黨·鎭守王京爲辭, 先致書於政府曉諭勿驚, 則必不敢動. 旣入京城, 便可圍住其第, 以康穆王妃命數其罪, 而賜之死, 則名正言順, 爲國除害, 此一機會也."

周: "俟探回, 當密陳制軍, 知會統兵大員, 照此意行之. 惟此十餘日中, 日人兵船已去, 且載陸兵, 未知日人能爲除亂黨否也. 抑將干預貴國篡奪事也."

金: "若李某得柄, 日人之來, 必不肯先行乞和. 或恐有些少打仗之事, 繼此以往, 日人所爲, 實難預料. 因以上岸直進, 藉名討亂, 以至干預國事, 誰能保其必無耶? 所以願中國速派兵丁, 毋在日人之後者也. 雖以賠給之言, 敝邦不曾經慣此等事務, 若任其所求, 將不知限紀, 兵船出去時, 邀往識解此務之人, 從旁調停似好, 此則雖洋人, 似無不可耳."

彼若有廢立之擧, 則必立其十三歲幼孫, 入承莊肅王嗣, 往年逆黨所招, 亦有此言.

(2)「光緖八年六月二十二日, 朝鮮領選使金允植致津海關道周馥書」

來教謹悉. 興宣君李昰[古夏字]應是寡君之本生父也. 寡君奉康穆王妃命入承康穆王統, 興宣君乃私親也. 興寅君乃興宣之兄也. 素日詭謀, 卽圖奪權柄之計, 而自甲戌以來, 結黨蓄謀, 形跡屢著, 再次放火於王宮, 或使人衝火於國戚·信臣之家, 指目皆歸, 而以其處不死之地, 且十年秉政之餘, 氣焰尚畏, 不敢誰何. 而不逞趨附之徒, 實繁有黨, 顯然擁護與國爲敵. 昨年逆魁李載先, 卽興宣之子也. 諸囚供案屢發興宣之陰謀, 而寡君置之不欲聞, 止誅餘黨. 蓋昨年逆黨私立三號, 一天字號, 犯宮廢立之事也. 一地字號, 芟滅國王信臣及干涉外務之人也. 其一蜂字號, 卽逐出日人之事也. 因事機先泄, 不得遂意, 今聞逐使之擧, 與犯宮同時竝作, 是其去年餘謀皎然易知. 若亂

響)은 그의 호이다. 민씨 정권의 주요 인물이었으며, 대원군 정권에서는 요직에 등용되지 못하다가, 1873년 대원군이 실각한 뒤에 좌의정, 영의정을 지냈고, 1881년 영돈녕부사, 1882년 잠시 광주부유수를 지낸 뒤 다시 영돈녕부사가 되었는데, 이해 6월 10일 임오군란 때 폭동군인들에 의해 민겸호 등과 함께 살해되었다.

> 黨不卽散滅, 嗣後事將無所不至矣. 寡君自嗣位以來, 至誠事大, 小心寅畏, 失德未有彰聞. 惟以時局大變, 外交難拒, 禀天朝之命, 成議約之事, 實爲保宗社·安生民之苦心. 而彼乃以斥和爲義理, 修好爲賣國, 昌言討罪, 鼓煽衆心, 醸成今日之變故. 三號之目, 一則逐隣使也. 一則滅干涉外務之臣也, 此其聲罪廢置, 濟其私欲之欛柄也. 且伏念李中堂體天朝字小之仁, 庇護小邦, 無異內服. 凡有人心宜當感激銘骨, 而顧此凶黨, 無端詬罵, 嗾其群不逞之徒, 屢疏毀斥寡君, 隨發嚴懲, 怨毒愈深. 盖其意欲閉海一隅, 流毒生民無所顧憚之計也. 萬有一若至廢置之變, 必卽遣使奏請, 搆揑成文, 歸吾君於不仁不孝之科, 言念及此, 尤所以痛心而疾首者也. 伏願大人預陳此意, 以明寡君之無罪, 不幸處此人倫之變也. 猶以爲君之私親也. 故諱不敢言, 今形迹大露, 國事至此, 尚何懷隱, 而不盡暴寃乎? 探信回來之前, 尚祈默覽勿宣是望.

6월 25일, 서리 북양대신 장수성이 다음과 같은 서신을 보내왔습니다.

23일 보내신 직자(直字) 제684호 비밀 서신을 오늘 받고, 훈시 하나하나를 읽어보니, 정말이지 탄복하지 않을 수 없었습니다. 조선이 지금 위난 중에 있어 중국에서 군대를 보내 토벌하고, 조선을 대신해서 외교로 해결하기 위한 노력을 하지 않을 수 없습니다. 제독 정여창은 어제 일찍 출항해서 연대(煙臺)에서 동쪽으로 바다를 건널 것입니다. 도대 마건충의 답장 전보를 받았는데, 이날 북행해서 연대로 가는 여정에 오른다고 합니다. 저는 해당 도대가 제독 정여창과 연대에서 만날 수 있으니, 다시 천진으로 오면 길을 돌게 되는 일이 많다고 생각하여, 당장 모든 방침을 제독 정여창이 확실히 파악하도록 지시한 다음, 아울러 마건충에게 상세하게 서신으로 알려, 직접 연대로 가서 정여창과 함께 신속하게 조선으로 가도록 지시하였습니다. 중국은 조선의 관계에서 그 어려움을 모른 채 넘어갈 수 없습니다. 이번 사건에 대해, 저는 먼저 육군을 동원하여 파견하는 것이 지금 형세로 보아 부득이한 것으로 보았습니다. 회군(淮軍) 경자영(慶字營)이 등주(登州)에 주둔하고 있어 배를 타고 바다를 건너면 하룻밤이면 조선에 도달할 수 있습니다. 그래서 당장 21일 경군통령제독(慶軍統領提督) 오장경(吳長慶)에게 서신을 보내 즉각 천진으로 와서 만나서 상의하자고 약속하였는데, 오늘 안에 도착할 수 있을 것으로 생각합니다. 그러나 그때는 조선 내부에 난당이 있다는 것만 알고 일본이 이를 구실로 개입해서 공을 차지하는 것을 우려하였을 뿐입니다. 그런데 조선 배신 김윤식, 어윤중과 진해관도 주복의 필담 문답을 보니, 그 어조와 뜻이 매우 기이하여, 선뜻 말하기 어려운 숨겨진 내막이 있는 것 같았습니다. 그래서 주복에게 김윤식과 필담을 주고받으며 추궁하도록 누차 지시하였더니, 비로소 감추어오던 내막이 모두 드러났습니다. 즉 그 나라의 난당은 실제로는 이하응이 수괴였으니, 즉 조선 국왕의 생부로서 집안 내부에서 변고가 발생한 것이고, 이 화근이 양성된 것이 이미 오래였고, 그를 선동하는 무리도 역시 많아, 처리가 비교적 까다롭다는 것이었습니다. 삼가 주복과 김윤식의 필담, 그리고 김윤식이 주복에게 보낸 서신을 함께 초록하여 올리니 살펴봐 주시길 바랍니다.

　삼가 생각건대, 이하응이 만약 뚜렷하게 반역을 저질렀고, 그 기세가 바야흐로 크게 늘어나고 있다면, 진실로 조선이 스스로 해결할 수 있는 문제가 아닙니다. 만약 그가 암중에 모든 국면을 조종하고 있다면, 조선은 이 사람을 제거하지 않고서는 후환이 도무지 그칠 날이 없으며, 또한 조선 국왕이 스스로 마무리할 수도 없습니다. 설사 난당이 잠시 평정되더라도, 전에 보내주신 지시처럼 일본 쪽에서 한바탕 교활한 수작을 부리는 것을 피할 수도 없으니, 또한 반드시 일본과 맞먹는 병력을 가지고 있어야만 비로소 쉽사리 조정하고 우리의 뜻에 따르게 할 수 있습니다. 전반적인 계책을 마련하자면, 계속 육군을 동원하는 일을 멈출 수 없습니다. 이하응 문제의 경우, 군신·부자의 관계에 관련된 것이라서 적절한 처리를 하자면 특별히 예의(禮意)를 절충하여 중국에서 반역의 무리를 토벌하여 순리의 편을 들어주는 대의(大義)를 제대로 펼쳐야만 난당이 구실을 삼아 선동하는 것을 피할 수 있을 것입니다. 오장경 제독은 그래도 상당한 식견을 갖추고 있어 단지 용맹함을 장기로 삼는 경우가 아니니, 반드시 상황을 보아가면서 적절히 처리할 수 있을 것입니다. 현재 이곳에는 단지 새로 구입한 두 척의 쾌선(快船)과 연선(練船)인 양위호(揚威號)만 있어 실로 동원하는 데 부족할까 염려됩니다. 진해호(鎭海號)는 바야흐로 선창에 들어가 수리중이고, 조강선(操江船)은 본래 비교적 작은 데다가 또한 이홍장 중당을 안휘성으로 호송하러 갔다가 아직 돌아오지 않았으며, 이외에 문선(蚊船)이 있는데, 크기가 작고 대포만 큰데다가 한 척에 겨우 대포 1문뿐으로 항구를 지키는데 쓰이는 용도입니다. 장수성은 이미 강해관(江海關)의 소우렴(邵友濂) 도대(道臺)에게 전보로 부탁하여 남양대신(南洋大臣)에게 보고를 올려 등영주(登瀛洲), 어견(馭遣) 군함 두 척을 준비해 달라고 요청하였고, 오장경이 천진에 와서 협의를 마치면 즉시 남양대신에게 연대로 보내달라고 전보 자문을 보내고, 아울러 초상국(招商局)에도 지시하여 윤선(輪船)의 적재를 준비하여 모자랄 경우 대비할 수 있도록 하였습니다. 때가 되면 한편으로는 계획대로 처리하고, 다른 한편으로는 주접을 갖추어 상주하도록 하겠습니다. 주일 공사관의 여서창에게도 역시 지시에 따라 전보로 부탁하여 수시로 전보를 보내 알려달라고 요청하였습니다. 삼가 답장을 보내며, 편안하시길 빕니다.

(1) 「광서 8년 6월 22일, 진해관도 주복과 조선 영선사 김윤식의 문답 필담(光緖八年六月二十二日, 津海關道周馥與朝鮮領選使金允植問答筆談)」

주복: "어제 여서창 공사가 전보로 알리길 일본 외무경 이노우에 가오루가 보낸 서신을 받았는데, 그날 왕궁도 동시에 습격당하였다고 하며, 이번 조선에 가는 것은 전쟁에 뜻이 있는 것이 아니고 단지 스스로 가진 권리를 보호하는 데 있다는 점을 중국 정부에 전달해달라고 요청하였으며, 어조가 매우 평정하였다고 합니다. 하지만 일본인의 계책은 확실히 예측하기 어렵습니다. 정여창 제독은 현재 이미 다수의 군함을 준비하고 있는데 해양도(海洋島)나 연대(煙臺) 등 각처에 분포하고 있으며, 스스로 세 척을 먼저 이끌고 출발하여 일제히 조선에 도착하면 즉각 상세한 상황을 얻고 돌아와서 총독에게 보고하면 당연히 방법이 생길 것이라고 합니다."

김윤식: "스스로 권리를 가지고 있다는 것은 즉 스스로를 지키는 권리입니까? 말은 비록 차분하지만, 그 계책은 확실히 예측하기 어려우니, 군함이 이미 각처에서 준비하고 있어 세부 상황을 파악하면 즉각 신속하게 출발할 수 있다고 하여 정말로 다행이라고 느끼지 않을 수 없습니다."

주복: "권리는 세력에 달려 있으며, 또한 무궁무진합니다. 다만 이모(李某)[31]가 종래 일본인과 몰래 좋은 관계에 있었다는 것 같은데, 이번 거동에서는 공개적으로 일본인을 축출하면서, 은밀히 권력을 찬탈하고자 꾀하니, 일본인의 힘을 빌려 그 사사로이 양위를 받으려는 욕심을 채우는 것으로, 우리 군대가 가서 그 죄를 밝히고 토벌하는 것은 약자를 돕고 올바름을 지탱하는 정의로운 행동이 될 것입니다. 그런데 일본과 관련하여, 일본이 혹시라도 이(李)의 무리를 괴뢰로 삼고, 정의를 간사함으로 무고(誣告)하고, 원수를 은인으로 여기게 하여 우리 군대가 손을 써서 역적을 토벌하는 것을 불가능하게 만들

---

31 여기서는 흥선대원군 이하응을 직접 언급하기 어려워서 이렇게 호칭한 것으로 보인다.

수도 있습니다. 일본과 이(李)의 무리가 시비를 뒤섞어 버린다면, 그때 조선의 신민 가운데 정의를 펼치고자 하는 사람들이 모든 것을 도와준다면 훨씬 쉽게 성과를 거둘 수 있을 것입니다."

김윤식: "이(李)의 무리와 일본인이 사이가 좋다는 것은 절대 그럴 리가 없습니다. 통상·수호의 조치는 오로지 조선 국왕이 힘써 주장한 것이며, 따라서 일본인 역시 일찍이 호의로 대응하였습니다. 그런데 전국의 어리석은 사람들이 외교를 잘못된 것이라고 생각하였기에, 이모(李某)가 이를 빌미로 삼아 도당을 불러 모으고 인심을 끌어들이는 바탕으로 삼았으니, 아마도 일본과 음모를 꾸밀 겨를은 없었을 것입니다. 그 사람됨은 몹시 사납고 어그러졌지만, 또한 재간이 있으며, 이미 권력을 반역으로 찬탈하였다면 나아가 이웃나라에 아첨하여 호의를 얻고 자기 권력을 굳히려 할지도 모릅니다. 그렇지만 현재는 조선에서 득세하였지만, 각국에서 본다면 실로 잔폭하고 무도한 민적(民賊[獨夫])에 지나지 않아, 두려워할 만한 존재는 아닙니다. 만약 상국에서 그 죄를 드러내어 토벌하려 한다면, 명분이 없는 것을 염려할 필요는 없으며, 오합지졸인 그의 무리들이 어찌 감히 맞설 수 있겠습니까? 일본 역시 마찬가지로 분노를 느끼고 있으니, 결코 그를 도울 리 없습니다."

주복: "듣기에 이최응(李最應)은 일본과 친밀하다는데, 그렇습니까?"

김윤식: "이 사람은 아무런 주장도 없으며 그의 아들 이재긍(李載兢)은 나이는 적지만 식견을 갖추고 있으며 외무에도 자못 밝습니다. 그의 아들이 살아 있을 때는 물론 일본인을 좋게 대하였고, 여기서 그가 일본과 친밀하다는 이야기가 나왔겠지만, 지금 그 아들은 이미 죽었고, 이최응은 어디를 따를지 몰라 오로지 척외·척양만을 주장할 뿐인데, 아마 이것은 그 동생(대원군)의 위세를 보고 두려워하였기 때문일 것입니다."

주복: "내란을 평정하려면 육군이 있어야만 하는데, 대략 어느 정도의 정예 부대가 있으면 가능하겠습니까?"

김윤식: "제가 본 바로는 저쪽은 새로 권력을 잡았으나 인심이 아직 안정되지 않았으므로, 다만 1천명 정도면 충분히 처리할 수 있으며, 또 실제 싸울 필요도 없으니, 난당을 탄압하고 왕경(王京)에 주둔하면서 지킨다는 명분을 내세워 우선 정부에 문서를 보내 놀라지 말라고 깨우쳐주면, 반드시 감히 움직이지 못할 것입니다. 일단 한성(漢城)에 들어가면 곧바로 그의 저택을 포위하고, 강목왕비(康穆王妃)의 명으로 그 죄를 들어 지목하여

죽음을 내린다면, 명분이 올바르고 언사도 순리에 맞으니, 나라를 위해 해악을 제거하는 하나의 기회가 될 것입니다."

주복: "탐방해서 돌아오길 기다려 직예총독에게 비밀리에 보고하고, 군대를 통솔하는 고위 장령에게 알려 이런 취지로 진행하고자 합니다. 다만 최근 10여 일 가운데, 일본 군함은 이미 육군을 탑승시킨 다음 출발하였는데 과연 일본이 능히 반란을 진압할 수 있는지는 잘 모르겠습니다. 아니면 장차 조선에서 권력을 찬탈하는데도 간여할지도 모릅니다."

김윤식: "만약 이모(李某)가 권력을 잡았다면, 일본인이 온다고 해도 반드시 먼저 화해를 요청하려고는 하지 않을 것입니다. 혹은 아마도 소규모 전투도 있을지 모릅니다. 그다음에는 일본이 어떻게 나올지는 실로 예측하기 어렵습니다. 왜냐하면 상륙하자마자 직접 한성에 들어가 반란을 토벌한다는 명분을 빌어 국사가 간여하게 되는 일은 반드시 없을 것이라고 누가 보증할 수 있겠습니까? 따라서 중국이 신속하게 군대를 파견하여 일본인의 뒤에 서 있게 되는 일이 없기를 바랍니다. 비록 배상금을 물더라도, 조선은 일찍이 이런 사무를 겪어본 적이 없기 때문에, 만약 일본인의 요구에 따르면 장차 그 한계가 어떻게 될지 모릅니다. 그래서 군함이 출발할 때 이런 사무를 잘 아는 사람을 초빙하여 옆에서 도와줄 수 있으면 좋을 것 같습니다. 이 경우 비록 서양인이라고 해도 상관이 없을 것입니다."

김윤식은 만약 국왕을 폐위하는 일이 있게 되면, 반드시 그 13세의 어린 손자를 내세워 장숙왕(莊肅王[憲宗])의 계보를 잇게 할 것이며, 이것은 작년에 반역의 무리가 심문을 받을 때 털어놓은 공초(供招)에서도 나온 이야기라고 하였습니다.

(2) 「광서 8년 6월 22일, 조선 영선사 김윤식이 진해관도 주복에게 보낸 서신(光緖八年六月二十二日, 朝鮮領選使金允植致津海關道周馥書)」

보내주신 글을 잘 받았습니다. 흥선군 이하응(李昰應[昰는 夏의 古字입니다])은 조선 국왕의 본생부(本生父)입니다. 국왕께서 강목왕비의 명을 받아 강목왕통(康穆王統)을 입승(入承)하였는데, 흥선군은 그 부친입니다. 흥인군(興寅君)은 흥선군(興宣君)의 형입니다. 흥선군은 평소에 음모를 꾸며 권력을 되찾으려는 계획을 시도하였는데, (권력을 내놓은 1873년) 갑술년 이래 무리를 모아 음모를 쌓았고 그 형적이 누차 뚜렷하게 드러났습니다. 두 차례 왕궁에 불을 질렀고, 혹은 사람을 시켜 국척신신(國戚信臣)의 집에 불을 놓기도 하였는데, 모두가 그가 시킨 것이라 지목하였지만, (국왕의 생부로) 죽을 수 없는 위치에 있는 데다가 또한 10년 동안 권력을 휘둘렀던 여파가 그대로 남아 있어 아무도 이를 언급할 수 없었습니다. 그리고 그를 추종하는 못된 무리들은 그 수가 아주 많은데, 뚜렷하게 그를 옹호하면서 조정을 적시하고 있습니다. 작년에 역적의 수괴가 된 이재선(李載先)은 바로 그의 아들입니다. 여러 범인이 공초에서 누차 홍선군의 음모를 드러냈지만, 국왕께서는 이를 듣고자 하지 않으셨고 단지 잔당만을 주살하였을 뿐입니다. 생각건대, 작년 반역의 무리를 몰래 세 무리를 나눴는데, 천자호(天字號) 무리는 왕궁을 침범하고 국왕을 폐위하는 일을 맡았으며, 지자호(地字號) 무리는 국왕이 믿는 신하 및 외교에 관련된 관료들을 모두 죽이는 일을 맡았습니다. 그리고 봉자호(蜂字號) 무리는 일본인을 쫓아내는 일을 맡았습니다. 일의 기밀이 미리 누설되어 그 뜻을 이룰 수 없었지만, 지금 일본 공사를 내쫓은 거동을 보니, 작년에 세웠던 계획을 그대로 이어받았다는 것을 쉽게 알아챌 정도로 분명합니다. 만약 난당을 곧바로 흐트려 말살하지 않으면 앞으로의 일은 도대체 어떤 일이 벌어질지도 모릅니다. 국왕께서는 왕위를 계승한 이래 지성으로 사대(事大)하였고, 조심스럽게 마음으로 삼가고 두려워하여, 뚜렷하게 드러난 실덕(失德)도 없습니다. 다만 시국이 크게 변해 외교를 거부하기 어려워졌으므로, 천조의 명을 받들어 조약 체결을 성사시켰으니, 이는 실로 종사를 보전하고 백성을 안정시키려는 고심에서 나온 것입니다. 그런데 홍선군은 척화를 의리(義理)로 삼고, 수호(修好)를 매국(賣國)이라 비난하여, 큰 소리로 이를 성토하면서 민심을 선동하여 오늘날의 변고를 낳았습니다. 세 번째 무리의 목표는 이웃 나라 사신의 축출이었고, 첫 번째 무리의 목표는 외교와 관련된 관료를 말살하는 것이었습니다. 이것은 국왕의 죄상을 밝혀 폐위하고, 자신의 사욕을 채우려는 칼자루입니다. 또한 엎드려 이홍장 중당께서 천조(天朝)의 자소지인(字小之仁)을 체현하여 조선을 보호하면서 내지와 다름없이 대우해 주신 것에 대해 무릇 사람의 마음을 가진 경우라면 응당 감격하여 그 은혜를 뼈에 새길 터인데, 이 흉악한 무리를 돌아보면 이유없이 모욕하고 무리를 지은 못된 무리를 사주하여 누차 국왕을 비난하는 상소를 올렸으니, 그럴 때마다 엄격히 징벌하자 원독(怨毒)은 더욱 깊어졌습니다. 아마도 그들은 해내의 한 모퉁이에서 문을 닫아걸고 살면서, 이것이 백성에게 해를 끼치는 점에 대해서는 전혀 꺼려하지 않는 속셈 같습니다. 만약이라도 일단 국왕을 폐위하는 변고가 생긴다면, 설사 곧장 사신을 파견하여 주청하면서 거짓을 날조하여 우리 국왕을 불인불효(不仁不孝)의 죄목으로 얽어

맬 것이니, 이를 말하고 생각함에 이르러 정말로 가슴이 미어질 정도로 고통스럽습니다. 엎드려 바라건대 대인께서 이런 뜻을 미리 아뢰어 조선 국왕은 아무런 죄가 없지만 불행하게도 이러한 인륜의 변고를 당하게 되었음을 밝혀주십시오. 그래도 흥선군은 국왕의 생부입니다. 그래서 꺼리면서 감히 이야기할 수 없었지만, 지금 그의 형적이 크게 드러나고 나랏일이 이 지경에 이르렀는데도, 어찌 여전히 몰래 품고 숨기면서 모든 원망을 드러내지 않을 수 있겠습니까? 탐방 소식이 돌아오기 전에는 그래도 몰래 읽어보시고 공개하지 않아 주시길 바랍니다.

(13) 문서번호 : 4-1-13(487, 774a)

사안 : 조선 난민이 반란을 일으켰으니, 조속히 병력을 파견해서 진압해 주시길 바랍니다(朝鮮亂民滋事, 望早派兵彈壓).
날짜 : 光緒八年六月二十六日(1882년 8월 9일)
발신 : 독일 공사 브란트(德國公使 巴蘭德)
수신 : 總理衙門

> 六月二十六日, 德國公使巴蘭德函稱:
>
> 接到來函, 知朝鮮亂民滋事一事. 貴衙門現已奏請飭令南·北洋師船前往援護, 閱悉之餘, 頗承關注. 惟望師船到時, 早爲彈壓底定, 未非該國之大幸耳. 專此佈覆. 順頌日祉.

6월 26일, 독일 공사 브란트가 다음과 같은 서신을 보내왔습니다.

조선의 난민이 반란을 일으킨 사안을 알리는 서신을 받았습니다. 귀 아문은 현재 이미 남·북양 군함을 출동해서 보호하라는 지시를 내려달라고 주청하였는데, 이를 살펴보면서 자못 관심을 유지하고 있습니다. 다만 군함이 도착하고 나서 조속히 반란을 평정할 수 있다면 해당 국가의 큰 행운이 아닐 수 없습니다. 이 때문에 답장을 보냅니다. 날마다 편안하시길 빕니다.

(14) 문서번호: 4-1-14(488, 774b)

사안: 조선 난당의 상황(朝鮮亂黨情形).
날짜: 光緒八年六月二十七日(1882년 8월 10일)
발신: 독일 공사 브란트(德國公使 巴蘭德)
수신: 總理衙門

六月二十七日, 德國公使巴蘭德函稱:

茲又接到日本電報內稱:
　朝鮮亂黨, 現將該國王后竝宰相數人及在朝鮮辦公之日本七人, 盡皆誅戮, 現在該國[王]之父暫行攝政.
等因. 查電報內所稱, 該國王之父, 恐係該國王叔父之誤稱也. 閱悉之餘, 相應函知貴大臣查照. 此佈, 順頌日祉.

6월 27일, 독일 공사 브란트가 다음과 같은 서신을 보내왔습니다.

지금 다시 일본에서 보낸 전보를 받았는데, 그 내용은 다음과 같습니다.

　조선 난당은 현재 조선 왕후과 재상(宰相) 몇 사람 및 조선에서 공무를 수행 중이던 일본인 7명 등을 살해하였습니다. 현재 조선 국왕의 부친이 잠시 섭정을 맡고 있습니다.

조사해 보건대, 전보에서 말하는 조선 국왕의 부친이라는 말은 아마도 조선 국왕의 숙부를 잘못 가리킨 것 같습니다. 이 전보를 읽고, 마땅히 귀 대신께서 살펴보실 수 있도록 서신을 보내 알려야 할 것입니다. 이에 서신으로 알리니, 귀 대신께서 살펴보시길 바랍니다. 이와 같이 알립니다. 날마다 편안하시길 빕니다.

국역 『淸季中日韓關係史料』

2. 중국의 출병
(中國出兵)

(1) 문서번호 : 4-2-01(478, 764b)

사안 : 조선의 난당이 반란을 일으켜, 이미 수·륙군을 파견하여 진압하고 보호하게 하였습니다(朝鮮亂黨滋事, 已派水陸軍鎭壓護持).

날짜 : 光緖八年六月二十四日(1882년 8월 7일)

발신 : 總理衙門

수신 : 日本 署理公使 田邊太一[1]

六月二十四日, 給日本國署公使田邊太一照會稱:

現接出使貴國黎大臣電報內稱:

准貴國外務大輔函稱:

中國六月初九日, 高麗亂黨突圍貴國使館, 致有傷亡. 高麗王宮亦同日被擊, 貴國

---

1 다나베 다이치(田邊太一, 1831~1915)는 에도(江戶) 시대 말기에서 메이지(明治) 연간에 활동한 막신(幕臣)이자 외교관이다. 1863, 1867년 프랑스에 파견되었고, 메이신 유신 이후에는 외무성의 요청을 받아 외교관으로 활동하게 된다. 1877년에 외무성 대서기관이 되었고, 1879년에는 청국 공사관에서 근무하였고, 1882년 9월 귀국하였다.

> 欽差花房等避至長崎. 現擬派兵船三隻, 前往查辦, 竝聲明派兵赴高係保護應辦事權, 竝非意在打仗, 屬爲轉達中國政府
> 等情. 查中國與貴國爲盟好鄰邦, 誼應休戚相關. 况高麗爲中國屬國, 遇有此等情形, 尤應實力護持, 盡我應辦之事. 現已由本衙門奏明, 請由北洋大臣調派水師, 竝陸軍即日東駛, 以資鎭壓調護. 除電知出使黎大臣外, 相應照會貴署大臣, 即希將此意達知貴國外務衙門可也.

6월 24일 일본 서리 공사 다나베 다이치(田邊太一)에게 다음과 같은 조회를 보냈습니다.

현재 일본 출사대신 여서창이 보낸 다음과 같은 전보를 받았습니다.

일본의 외무대보가 보낸 다음과 같은 서신을 받았습니다.

중국(의 날짜로) 6월 9일(1882년 7월 23일)[2] 고려의 난당이 돌연히 일본의 공사관을 포위해서 사상자가 발생하는 데 이르렀습니다. 고려의 왕궁 역시 같은 날 공격을 받았고, 일본의 주한 공사 하나부사(花房) 등이 나가사키(長崎)로 피신하였습니다. 현재 군함 세 척을 파견하여 가서 조사·처리하려는 것은 조선에 군대를 파견하는 것은 마땅히 (일본 정부의) 사권(事權)을 보호하려는 것이지, 결코 (중국과) 전쟁하려는 뜻이 아님을 아울러 밝힙니다. 이 점을 중국 정부에 전달해 줄 것을 부탁드립니다.

살펴보건대, 중국과 일본이 이웃 나라와 우호 관계를 맺었으니, 우의가 서로 함께 연결되어 있다고 하겠습니다. 하물며 고려는 중국의 속국으로, 이러한 상황을 맞이하여 (중국은) 최선을 다해서 보호해야 할 것이고, 우리가 응당 해야 할 일에 힘써야 할 것입니다. 현재 이미 총리아문에서 주명(奏明)하여 북양대신이 수사(水師)를 파견하고, 아울러 육군이 그날 조선으로 이동해서 진압과 보호에 도움이 되도록 청하였습니다. 출사대신 여서창에게 전보로 알리는 것 외에 응당 귀 서리 공사에게 조회를 보내니, 이러한 뜻을 곧장 귀국 외무성에 전달해 주시길 바랍니다.

---

2 메이지(明治) 정부는 1872년 11월부터 양력을 채택하였다.

(2) 문서번호 : 4-2-02(479, 765a)

사안 : 조선의 난당이 반란을 일으켜, 장수성에게 수·륙군을 파견하라고 지시하고, 아울러 마건충과 정여창에서 조선에 가서 상황을 참작하여 처리하도록 지시하였다(朝鮮亂黨滋事, 著張樹聲酌派水陸兩軍, 竝飭馬建忠·丁汝昌前往相機辦理).
날짜 : 光緒八年六月二十四日(1882년 8월 7일)
발신 : 光緒帝
수신 : 總理衙門

光緒八年六月二十四日, 奉上諭:

總理各國事務衙門奏, 朝鮮亂黨滋事, 籌議派兵援護一摺. 據稱:
　張樹聲函報, 疊接黎庶昌電信. 朝鮮亂黨滋事, 突圍日本使館, 竝劫朝鮮王宮. 日本現有水兵七百餘, 步兵七百前往朝鮮, 中國似宜派兵前往觀變, 張樹聲擬提督丁汝昌, 道員馬建忠前往察看情形, 相機辦理.
等語. 朝鮮亂黨起滋事, 旣圍日本使館, 兼劫朝鮮王宮. 其意不但與日本爲難, 日本現在派兵前往, 其情尙難測度. 朝鮮久隷藩封, 論朝廷字小之義, 本應派兵前往保護. 日本爲中國有約之國, 旣在朝鮮受警, 亦應一幷護持, 庶師出有名, 兼可代其隱謀. 著張樹聲酌派水·陸兩軍, 迅赴事機. 如兵船不敷調派, 卽咨南洋大臣添撥應用, 竝調招商局輪船, 運載陸師, 以期迅速. 該督務當悉心調度, 竝飭丁汝昌·馬建忠相度機宜, 隨時禀商辦理, 以冀有禆時局.
欽此.

광서 8년 6월 24일, 다음과 같은 상유를 받았습니다.

총리아문이 조선의 난당이 반란을 일으킨 사안으로, 군대를 파견해서 원조하는 문제를 논의하겠다는 다음과 같은 주접을 상주하였다.

장수성이 서신으로 알려 오길, 여서창이 보내온 전보를 누차 받았는데, 조선의 난당이 반란을 일으켜서 돌연 일본 공사관을 포위하였고, 아울러 조선의 왕궁을 습격하였습니다. 일본이 현재 수병 700명과 보병 700명 정도를 조선으로 보냈으니, 중국은 마땅히 군대를 파견해서 사태의 변화를 살펴야 할 것으로 보입니다. 장수성은 정여창 제독과 도대 마건충을 보내서 상황을 관찰하여 참작하고 처리하고자 합니다.

조선의 난당이 반란을 일으켜 이미 일본 공사관을 포위하였고, 아울러 조선의 왕궁을 급습하였다. 그 뜻은 일본과 싸워보겠다는 것일 뿐만은 아닌데, 일본도 현재 군대를 파견해 보냈으니, 그 상황이 오히려 예측하기 어렵다. 조선은 오랫동안 번봉(藩封)으로 조정의 자소지의(字小之義)로 따진다면 본디 응당 군대를 파견해서 보호해야 한다. 일본은 중국과 조약을 맺은 국가로, 이미 조선에서 피해를 입었으니, 응당 아울러 보호해야만 병사를 파견하는 명분을 얻을 수 있고, 아울러 그 음모를 대신할 수 있을 것이다. 장수성에게 수·륙군을 동원하여 신속하게 처리하도록 하라. 만약 파견할 군함이 부족하면 바로 남양대신(南洋大臣)에게 자문을 보내어 이용할 수 있는 한 군함을 추가로 배치하고, 아울러 초상국의 윤선을 선발해서 육군 병력을 승선시켜서 신속하게 운반할 수 있게 해야 한다. 해당 독무는 마땅히 마음을 다해 배치해야 할 것이고, 아울러 정여창, 마건충에게 상황을 살펴 적절하게 처리하도록 지시하고, 수시로 처리 상황을 보고해서 상의하여 처리함으로써 시국에 도움이 될 수 있게 해야 할 것이다.
 이상.

(3) 문서번호: 4-2-03(480, 765b)

사안: 조선의 난당이 반란을 일으켜, 이미 수사·육군을 원조하기 위해 파견하였습니다(朝鮮 亂黨滋事, 已派水陸師援護).
날짜: 光緒八年六月二十四日(1882년 8월 7일)
발신: 總理衙門
수신: 德國公使 브란트

> 六月二十四日, 致德國公使巴蘭德函稱:
>
> 朝鮮亂黨滋事各情, 承貴大臣隨時函知, 良深佩謝. 本處亦屢接出使大臣黎電報, 竝稱:
>
> 　朝鮮王宮同日被擊
>
> 等語. 又准署北洋大臣函述朝鮮陪臣金允植等稱:
>
> 　該亂黨旣逐日使, 必不如此罷手, 乞中國飭派水師·陸軍赴援.
>
> 各等因前來. 現已由本衙門奏明, 請由南北洋大臣調撥師船, 迅往援護. 因承關注, 用以佈聞. 卽頌日祉.

6월 24일 독일 공사 브란트에게 다음과 같은 서신을 보냈습니다.

조선의 난당이 반란을 일으킨 여러 상황에 관해서는 귀 대신께서 수시로 알려주시는 서신을 받았고, 참으로 깊이 감사하고 있습니다. 총리아문에서는 출사대신 여서창으로부터 여러 차례 다음과 같은 전보를 아울러 받기도 하였습니다.

　조선의 왕궁이 같은 날 습격당하였습니다.

또 서리 북양대신으로부터 조선의 신하 김윤식 등의 다음과 같은 보고를 알리는 서신을 받았습니다.

난당이 이미 일본 공사를 쫓아냈고, 분명 여기서 그만두지 않을 것이니, 중국이 수군(水師)과 육군(陸軍)을 파견해서 도우러 가도록 지시해 주시기를 바랍니다.

현재 이미 총리아문에서 남양대신과 북양대신에게 군함을 배치해서 신속하게 원조하러 갈 수 있도록 해달라고 상주하였습니다. 이 문제에 관심을 보여주셨기에 이러한 사실을 알려드립니다. 날마다 평안하시길 빕니다.

(4) 문서번호 : 4-2-04(481, 766a)

사안 : 이미 마건충과 정여창을 조선에 가서 난당을 조사·처리하라고 파견하였습니다(已派 馬建忠·丁汝昌赴朝鮮, 査辦亂黨).

날짜 : 光緖八年六月二十五日(1882년 8월 8일)

발신 : 署理北洋大臣 張樹聲

수신 : 總理衙門

六月二十五日, 署北洋大臣張樹聲文稱:

現准出使日本國大臣黎信內開:

　　本月初九日, 朝鮮國亂黨突圍日本使館滋事, 王宮亦同日被擊, 請派兵船前往鎭壓.

等因. 當經本署大臣函商總理各國事務衙門, 復准派委二品銜候選道馬建忠·統領北洋水師提督丁汝昌, 酌帶兵船, 駛赴朝鮮査探. 該亂黨膽敢聚衆圍打使館, 竝擊王宮, 實屬奸亂犯上. 亟應由朝鮮嚴拏爲首, 滋事各犯, 究明懲辦. 如再拒捕玩抗, 肆其猖獗, 卽行飛速馳報. 本署大臣當奏明調撥大兵, 乘輪東渡, 討除群醜, 以綏藩服. 除飭馬道建忠·丁提督汝昌駛赴朝鮮, 査明辦理, 隨時馳報竝咨行外, 相應咨呈貴衙門, 謹請査照施行.

6월 25일 서리 북양대신 장수성이 다음과 같은 문서를 보내왔습니다.

지금 일본 출사대신 여서창로부터 다음과 같은 서신을 받았습니다.

　　이번 달 9일 조선의 난당이 일본 공사관을 돌연 포위하여 반란을 일으키고, 왕궁 역시 같은 날 습격당하였습니다. 군함을 파견해서 진압해 주시길 요청합니다.

이미 본 서리 북양대신은 총리아문과 서신으로 상의하여 이품함후선도(二品銜候選道) 마건충, 통령북양수사제독 정여창을 파견하여 군함을 대동하고 조선에 가서 조사하도록 다시 승인을 받았습니다. 그 난당은 대담하게도 무리를 지어 공사관을 포위공격하고, 아울러 왕궁까지 습격하였으니, 실로 반란을 즐기고 윗사람을 범한 행위라고 하겠습니다. 응당 서둘러 조선에서 수뇌를 체포하고 반란을 일으킨 범인들을 추적해서 처벌해야 하며, 만일 또다시 체포에 저항하거나 업신여기면서 멋대로 날뛴다면 즉시 신속하게 보고하도록 하였습니다. 본 서리 대신이 마땅히 상주하여 대규모 군대를 선발해서 윤선에 태워 조선으로 보내 흉악한 무리를 토벌하여 번복(藩服)을 편안하게 하도록 하겠습니다. 도대 마건충, 제독 정여창에게 조선으로 가서 조사해서 처리하고 수시로 보고하고 또한 자문을 보내도록 지시하는 것 외에 마땅히 귀 아문에 자문을 보내야 하니, 삼가 살펴보시길 바랍니다.

(5) 문서번호 : 4-2-05(482, 766b)

사안 : 조선의 난당이 난동을 일으켰으니 군대를 파견해서 원호할 것을 요청하는 주접 초안을 베껴서 보냅니다(抄送朝鮮亂黨滋事, 請派兵援護奏稿).
날짜 : 光緖八年六月二十五日(1882년 8월 8일)
발신 : 總理衙門
수신 : 署理北洋大臣 張樹聲

六月二十五日, 致北洋大臣張樹聲函[詳見密啟].

草目 : 派兵前往朝鮮應相機辦理, 抄送奏底各件由

6월 25일 북양대신 장수성에게 보낸 서신[상세한 내용은 密啟를 보라].

초목 : 군대를 조선으로 파견해서 응당 기회를 살펴 처리해야 하는데, 주접의 초고 각 건을 베껴서 보냅니다.

(6) 문서번호: 4-2-06(485, 768b-772b)[3]

사안: 조선 난당은 국왕의 생부인 이하응이 수괴이며, 또한 일본은 교활하여 반드시 병력이 거기에 맞서는 수준이어야 비로소 쉽게 막아낼 수 있습니다(朝鮮亂黨以國王本生父李昰應爲首, 又日本狡展, 必須兵力相當, 始易就範).

첨부문서: 1.「광서 8년 6월 22일, 진해관도 주복과 조선 영선사 김윤식의 문답 필담(光緖八年六月二十二日, 津海關道周馥與朝鮮領選使金允植問答筆談)」: 이하응은 통상·수호를 반대한다는 구실로 도당을 불러 모아 반란을 일으켰으며, 중국은 속히 1천 명을 파견해야만, 반란을 진압하고 아울러 일본의 협박과 간섭을 막을 수 있습니다(李昰應藉口反對通商修好, 嘯聚黨徒滋事, 中國速派千人, 卽可鎭壓竝防杜日人要挾干預).

2.「광서 8년 6월 22일, 조선 영선사 김윤식이 진해관도 주복에게 보낸 서신(光緖八年六月二十二日, 朝鮮領選使金允植致津海關道周馥書)」: 이하응은 일찍부터 권력을 찬탈하려는 음모를 꾸며왔습니다(李昰應早有簒奪權柄陰謀).

날짜: 光緖八年六月二十五日(1882년 8월 8일)
발신: 署理北洋大臣 張樹聲
수신: 總理衙門

[생략]

---

3 이 책의 4-1-12(485, 768b-772b) 문서와 동일한 것이라, 생략한다.

(7) 문서번호: 4-2-07(484, 767b-768a)

사안: 조선의 난당이 반란을 일으켰고, 군대를 파견해서 원호하길 요청하는 주접 초고 및 아울러 받은 유지를 자문으로 보냅니다(咨送朝鮮亂黨滋事, 請派兵援護摺稿及所奉諭旨).
날짜: 光緖八年六月二十五日(1882년 8월 8일)
발신: 南洋大臣 左宗棠
수신: 總理衙門

六月二十五日, 行南洋大臣左宗棠文稱:

光緖八年六月二十四日, 本衙門密奏, 朝鮮亂黨滋事, 圍攻日本使館, 竝劫王宮, 亟應派兵援護等因. 一摺. 本日由軍機處交出, 奉上諭:
  總理各國事務衙門奏, 朝鮮亂黨滋事, 籌議派兵援護一摺, 據稱:
    張樹聲函報, 迭接黎庶昌電信, 朝鮮亂黨滋事, 突圍日本使館, 竝劫朝鮮王宮, 日本現有水兵七百餘, 步兵七百前往朝鮮, 中國似宜派兵前往觀變, 張樹聲擬派提督丁汝昌, 道員馬建忠前往察看情形, 相機辦理.
  等語. 朝鮮亂黨突起滋事, 旣圍日本使館, 兼劫朝鮮王宮. 其意不但與日本爲難, 日本現在派兵前往, 其情尙難測度. 朝鮮久隸藩封, 論朝廷字小之義, 本應派兵前往保護, 日本爲中國有約之國, 旣在朝鮮受警, 亦應一倂護持, 庶師出有名, 兼可伐其隱謀. 著張樹聲酌派水陸兩軍, 迅赴事機. 如兵船不敷調派, 卽咨南洋大臣添撥應用, 竝調招商局輪船, 運載陸師, 以期迅速. 該督務當悉心調度, 竝飭丁汝昌·馬建忠相度機宜, 隨時稟商辦理, 以冀有裨時局.
欽此. 相應恭錄諭旨, 抄錄原奏, 咨行貴大臣欽遵査照可也.

6월 25일 남양대신 좌종당(左宗棠)에게 다음과 같은 문건을 보냈습니다.

광서 8년 6월 24일 본 아문은 다음과 같은 비밀 주접을 올렸습니다.

광서 8년 6월 24일 본 아문은 조선의 난당이 난동을 일으켜서 일본 공사관을 포위 공격하고, 왕궁을 습격했으니, 응당 신속히 군대를 파견해서 원조해야 한다는 비밀 주접을 올렸습니다. 이에 대해 오늘 군기처에서 다음과 같은 상유를 받아서 전달해 왔습니다.

총리아문이 조선의 난당이 난동을 일으킨 사안으로 군대를 파견해서 원조하는 문제를 논의하겠다는 다음과 같은 주접을 상주했다.

장수성이 서신으로 알리길, 여서창이 보내온 전보를 누차 받았는데, 조선의 난당이 난동을 일으켜 돌연 일본 공사관을 포위했고, 아울러 조선의 왕궁을 습격했습니다. 일본이 현재 수병 700명과 보병 700명 정도를 조선으로 보냈으니, 중국은 마땅히 군대를 파견해서 사태의 변화를 살펴야 할 것으로 보입니다. 장수성은 정여창 제독과 도대 마건충을 보내서 상황을 살펴보게 하여 시기를 참작하여 처리하고자 합니다.

조선의 난당이 난동을 일으켰고, 이미 일본 공사관을 포위했고, 아울러 조선의 왕궁을 급습하였다. 그 뜻은 일본을 곤란하게 만들려는 것일 뿐 아니라, 일본도 현재 군대를 파견해 보냈으니 그 상황이 오히려 예측하기 어려워졌다. 조선은 오랫동안 번봉(藩封)으로, 조정의 자소지의(字小之義)로 논하면 본디 응당 군대를 파견해서 보호해야 한다. 일본은 중국과 조약을 맺은 국가로, 조선에서 중국의 보호를 받아야 하니, 응당 함께 보호해야만 병사를 출병하는 명분을 얻을 수 있고, 아울러 그 음모를 대신할 수 있을 것이다. 장수성에게 수·륙군을 차출해서 신속히 기회를 잡게 하라. 만약 군함이 파견하는 데 부족하면 바로 남양대신에게 자문을 보내어 사용해야 할 군함을 추가로 배채하고, 아울러 초상국의 윤선을 선발해서 육군 병력을 승선시켜서 신속할 수 있게 해야 한다. 해당 독무는 마땅히 마음을 다해 배치해야 할 것이고, 아울러 정여창, 마건충에게 시기적절함을 잘 헤아려 처리하도록 지시하고, 수시로 처리 상황을 보고해서 상의하여 시국에 도움이 될 수 있게 해야 할 것이다.

이상. 응당 삼가 유지를 받아 적고, 원주를 초록해서, 귀 대신께서 참조하실 수 있도록 자문으로 보내야 할 것입니다.

(8) 문서번호: 4-2-08(486, 773a-773b)

사안: 조선 사건은 이미 유지에 따라 타당하고 신속한 대책을 마련하고 있습니다(韓事已欽遵諭旨妥速籌辦).
날짜: 光緒八年六月二十六日(1882년 8월 9일)
발신: 署理北洋大臣 張樹聲
수신: 總理衙門

六月二十六日, 署北洋大臣張樹聲函稱:

廿四日肅復直字二十號密函, 度已邀鑒, 及廿五日三鼓, 接蒓齋星使來電, 照錄呈上. 李昰應果爲亂首, 欲壞通商之局. 王雖無恙, 勢無能爲, 本日欽奉寄諭, 已欽遵分別咨行, 妥速籌辦. 一面電調南洋登瀛洲, 馭遠兩船, 駛至煙臺, 聽候應用, 竝飭招商局預備數船, 以備運載. 一面專派輪船探迎吳筱軒提軍, 來津晤商, 以期迅速矣. 至此次高麗之亂, 悉如其在津陪臣金允植所料. 該國局勢已變, 日兵又占我先著, 辦理尤未易措手. 軍情變化瞬息, 全在呼應靈捷, 庶免延誤. 現與蒓齋來往電報, 均關機要, 正議與商加字密法, 今其來電謂, 可向鈞署詢明, 以便一電兩送. 樹聲處存有電信新法, 如鈞署與蒓齋來往電信, 亦用此書, 卽乞專得加字法迅賜開示爲盼. 至高事定後, 一切自應由中國主持, 庶鎭撫內外, 乃能順手也. 專肅. 祗叩崇祺.

照錄清摺:
(1) 「出使日本大臣黎來電」.
昨接三電均悉, 卽日照會外部, 高麗亂黨殺王妃及閔氏大臣等十三人, 王無恙, 王父大院廳執政,[4] 兵宜速往, 爲無日人所先聞. 美約有不批準之議, 高事定後, 應由我主持國事, 庶交涉順手, 釜山·元山官吏尙厚遇日人. 以後發電, 請向總署索一書, 詢明

---

4   대원청(大院廳)은 대원군(大院君)의 誤記로 보인다.

> 昌處加字法則, 一電兩送可密悉, 廿五. 黎.
> 六月二十五日 下午十一點二十五分到

6월 26일 서리 북양대신 장수성이 다음과 같은 서신을 보내왔습니다.

24일 직자(直字) 20호 비밀 서신으로 답장을 보냈으니 이미 받아보셨을 것으로 생각합니다. 또한 25일 삼경(三更, 오후 11시~새벽 1시) 여서창이 보낸 전보를 받았으니, 이를 옮겨 적어서 올립니다. 이하응은 과연 반란의 수괴로 통상(通商)의 정국을 무너뜨리고자 합니다. 조선 국왕은 비록 무탈하였지만, 아무것도 할 수 없습니다. 오늘 기신상유를 받아서 이미 자문을 나누어 보내고 신속하고 적절하게 준비를 하였습니다. 한편으로 남양의 등영주(登瀛洲), 어원(馭遠) 두 척의 군함을 전보로 조달해서 연대(煙臺)로 이동해서 동원에 대기하도록 하였고, 아울러 초상국(招商局)에 몇 척의 선박을 미리 준비해서 병력 수송에 대비하라고 지시하였습니다. 한편으로 윤선 한 척을 특별히 파견해서 오장경 제독을 맞이하여, 천진에 와서 상의함으로써 신속함을 꾀하였습니다. 이번 조선의 반란은 천진에 있는 조선 배신 김윤식이 예상한 그대로입니다. 조선의 정세가 이미 변하였고, 일본군 또한 우리보다 먼저 움직였으니, 사태의 처리는 더욱 손 쓰기 어려워졌습니다. 군사 상황은 순식간에 변화하니, 전적으로 민첩하게 대응해야만 지연되는 잘못을 면할 수 있습니다. 현재 여서창과 전보를 주고받는 것은 모두 기밀과 관련된 사항이라, 암호 해독법에 관해 논의를 하고 있는데, 현재 그가 보내온 전보에 따르면 총리아문에 문의하여 확인할 수 있으며, 한 건의 전보를 두 곳에 보낼 수 있다고 합니다. 제가 있는 이곳에 전신의 새로운 방식이 있는데, 만약 총리아문에서 여서창이 전보를 주고 받을 때 또한 이 방법을 사용할 수 있으니, 그 해독법을 신속하게 전달해 주시길 몹시 기대합니다. 조선 사무가 진정된 다음에는 일체의 사안을 마땅히 중국이 주관해야 내외(內外)를 진무(鎭撫)할 수 있고, 순조로울 수 있습니다. 이에 특별히 서신을 보냅니다. 편안하시길 빕니다.

첨부문서:
(1) 「출사 일본대신 여서창이 보내온 전보(出使日本大臣黎來電)」

어제 세 편의 전보를 모두 확인하였고, 그날 바로 외무성에 조회하였습니다. 조선 난당이 왕비를 죽이고, 민씨 대신 등 13명을 죽였습니다. 왕은 무탈하나 왕의 생부 대원군이 집정하였으니, 마땅히 신속히 군대를 파견해서 일본인이 (중국보다) 먼저 개입하게 해서는 안 됩니다. 「조·미조약」을 비준하지 않는다는 논의가 있다고 하는데, 조선 사건이 안정된 후 우리가 조선의 국사를 주관해야만 교섭이 순조로울 것입니다. 부산, 원산 관리들이 일본인을 후하게 대우하는 일은 드뭅니다. 이후 발신하는 전신은 총리아문에 암호를 요청하시고, 저희 측 암호 해독법을 문의하시면, 전보 한 건을 두 곳에 보내면서 기밀을 유지할 수 있을 것입니다. 25일. 여서창.

6월 25일 오후 11시 25분 (총리아문) 도착.

(9) 문서번호 : 4-2-09(489, 775a)

사안: 중국이 군대를 파견해서 조선의 반란을 진압하는 사안은 이미 본국의 외무성에 전보로 알렸습니다(中國派兵彈壓朝鮮亂事, 已電知本國外務衙門).
날짜: 光緖八年六月二十七日(1882년 8월 10일)
발신: 日本 署公使 田邊太一
수신: 總理衙門

六月二十七日, 日本署公使田邊太一照會稱:

明治十五年八月七日, 准貴王大臣照稱:
　現接出使敝國欽差黎大臣電信內開:
　　准外務大輔函稱:
　　　高麗亂黨圍敝國使館, 致有傷亡, 花房等避至長崎, 現擬派兵赴高查辦.
等情前來. 卽由貴衙門奏明, 現已請由北洋大臣調派水師竝陸軍東駛, 以資鎭壓調護.
等因. 本署大臣准此, 除電知本國外務衙門外, 相應照復貴王大臣可也.

6월 27일 일본 서리 공사 다나베 다이치(田邊太一)가 다음과 같은 조회(照會)를 보내왔습니다.

메이지(明治) 15년 8월 7일, 귀 왕대신에게서 다음과 같은 조회를 받았습니다.
　지금 출사일본흠차 여서창이 보낸 다음과 같은 전보를 받았습니다.
　　외무대보가 보낸 다음과 같은 서신을 받았습니다.

　　　고려의 난당이 우리나라 공사관을 포위해서 사상자가 발생하는 데 이르렀고, 하나부사 등이 나가사키로 피신하였고, 현재 병력을 조선에 파병해서 조사·처리하고자 합니다.

그리하여 총리아문이 이를 상주하여, 현재 북양대신이 수·륙군을 차출·파견하고 조선으로 이동해서 진압과 보호를 돕게 하겠다고 이미 주청하였습니다.

본 서리 대신이 이러한 조회를 받았으므로, 본국 외무아문에 전보로 알리는 것 외에 응당 귀 왕대신에게 답장 조회를 보내야 할 것입니다.

(10) 문서번호 : 4-2-10(490, 775b)

사안: 오장경이 바다를 건너 출병하였으며, 인원을 파견해서 군대의 군량 관리와 문서 수발을 관리하도록 하겠다는 편문의 원고를 자문으로 보냅니다(咨送具奏吳長慶渡海出師, 派員管理糧臺·文報事宜片稿).
날짜: 光緒八年六月二十九日(1882년 8월 12일)
발신: 署理北洋大臣 張樹聲
수신: 總理衙門

六月二十九日, 署北洋大臣張樹聲文稱:

竊照本署大臣於光緒八年六月二十八日, 在天津行館由驛附奏, 吳長慶渡海出師, 派員管理該軍糧臺·文報·嚮導·營務各事宜一片, 相應抄片咨呈. 爲此咨呈貴衙門, 謹請查照施行.

6월 29일 서리 북양대신 장수성이 다음과 같은 문서를 보내왔습니다.

본 서리 북양대신은 광서 8년 6월 28일 천진행관(天津行館)에서 역참을 통해 오장경이 바다를 건너 출병하였으며, 인원을 파견해서 군대의 군량, 문서 수발, 길 안내, 병영 등 각 사무를 관리하겠다는 부편(附片)을 상주하였습니다. 응당 부편을 초록하여 자문으로 올려야 하니, 이에 총리아문에 자문을 올립니다. 삼가 검토해 주시길 바랍니다.

(11) 문서번호 : 4-2-11(491, 776a)

사안 : 조선의 난당이 난동을 일으켜 유지에 따라 군대를 파견해서 보호하겠다는 주접의 원고를 베껴 보냅니다(抄送朝鮮亂黨滋事, 遵旨派兵保護摺稿).
날짜 : 光緖八年六月二十九日(1882년 8월 12일)
발신 : 署理北洋大臣 張樹聲
수신 : 總理衙門

六月二十九日, 署北洋大臣張樹聲文稱:

光緖八年六月二十八日, 在天津行館由驛具奏, 朝鮮亂黨滋事, 遵旨派兵保護一摺. 相應抄摺咨呈, 爲此咨呈貴衙門, 謹請查核施行.

計: 奏摺稿[詳見軍機處交出抄摺]

6월 29일 서리 북양대신 장수성이 다음과 같은 문서를 보내왔습니다.

광서 8년 6월 28일 천진행관에서 역참을 통해 조선의 난당이 난동을 일으켰으니 유지에 따라 군대를 파견해서 보호하겠다는 주접을 상주했습니다. 응당 주접을 베껴서 자문으로 알려야 할 것입니다. 이에 귀 아문에 자문을 올리니 삼가 검토해서 시행해 주시길 바랍니다.

첨부 : 주접의 원고.[상세한 내용은 군기처에서 전달한 抄摺을 볼 것]

(12) 문서번호 : 4-2-12(492, 776b)

사안: 수·륙 양군을 조선에 보내 반란을 진압하는데, 김윤식·어윤중을 파견하여 향도관으로 삼고자 합니다(水陸兩軍赴朝平亂, 請即派金允植·魚允中充嚮導官).
날짜: 光緒八年六月二十九日(1882년 8월 12일)
발신: 署理北洋大臣 張樹聲
수신: 總理衙門

六月二十九日, 署北洋大臣張樹聲文稱:

欽奉六月二十四日寄諭:
　　總理各國事務衙門奏, 朝鮮亂黨滋事, 籌議派兵援護一摺. 著張樹聲酌派水·陸兩軍, 迅赴事機, 並調招商局輪船, 裝載陸師以期迅速.
等因. 欽此. 本署大臣業經飭派統領北洋水師提督丁汝昌, 酌帶快船兩號, 兵船一號先行, 偕同道員馬建忠, 駛往朝鮮查探. 現又添撥南洋兵船兩號, 奏調駐紮山東廣東水師吳軍門, 督帶所部之陸師六營, 即日乘招商局輪船, 由登州開駛東渡. 查行軍以嚮導爲先, 朝鮮領選使金允植·主事魚允中, 應派隨軍前往, 暫充大營嚮導官, 以昭周妥. 除分飭遵照外, 相應咨呈, 爲此咨呈貴衙門, 謹請查照.

6월 29일 서리 북양대신 장수성이 다음과 같은 문서를 보내왔습니다.

6월 24일 다음과 같은 기신상유를 받았습니다.

총리아문이 조선의 난당이 반란을 일으켰으니 군대를 파견해서 원조할 것을 준비하자는 주접을 올렸다. 장수성에게 수사와 육군을 차출해서 신속히 일 처리에 나서고, 아울러 초상국 윤선을 배정해서 육군 병력을 수송하여 신속을 도모할 수 있게 하라.

이상과 같은 상유를 받았으므로, 본 서리 대신은 이미 통령북양수사제독 정여창을 파견해서 쾌선 두 척과 군함 한 척을 대동해서 우선 출발하고, 도대 마건충을 함께 조선으로 데려가 상황을 살펴보라고 지시하였습니다. 또한 현재 남양 해군의 군함 두 척을 추가로 선발하고, 산동에 주둔하는 광동수사제독 오장경을 상주하여 동원해서 그가 통솔하는 육군 6개 영(營)을 며칠 안에 초상국 윤선에 실어 등주(登州)에서 바다를 건너 조선으로 보내고자 합니다. 생각건대, 행군은 길 안내자를 정하는 것이 우선이니, 조선 영선사 김윤식, 주사 어윤중을 선발해서 응당 군대를 따라가도록 하여, 임시로 본진의 향도관으로 충원하여 치밀하고 타당함을 보여야 할 것입니다. 각각 지시를 내려 이에 따라 처리하도록 하는 것 외에 응당 자문을 보내야 할 것이므로, 이에 총리아문에 자문을 보내니 삼가 검토해 주시길 바랍니다.

(13) 문서번호 : 4-2-13(493, 777a)

사안 : 이홍장이 신속히 천진으로 가서 수·륙 각 군을 배치하고 조선 반란을 조사·처리하게 하여 시기를 놓치는 일이 없도록 지시한다(命李鴻章速赴天津部署水陸各軍, 查辦韓亂, 無誤機宜).
날짜 : 光緒八年六月二十九日(1882년 8월 12일)
발신 : 光緒帝
수신 : 總理衙門

> 光緒八年六月二十九日, 奉上諭:
> 前因越南·朝鮮事變迭出, 疊經諭令李鴻章迅速赴津籌辦一切. 茲據總理各國事務衙門疊接張樹聲函稱:
>> 朝鮮之亂, 係該國王之本生父李昱應爲首, 戕害王妃及大臣多人, 情形危急, 非該國所能自定.
>
> 等語. 朝鮮久列藩封, 密邇陪都. 現值中外多事之際, 該國忽生內變, 日本已有兵船前往. 恐將乘隙蹈瑕, 借端逞志, 後患不可勝言. 雖經張樹聲派令丁汝昌·馬建忠等前往, 恐亦無濟於事. 著李鴻章接奉此旨, 卽行起程, 馳赴天津, 部署水陸各軍, 前往查辦, 以期無誤機宜. 該大臣素性公忠, 必能迅赴事機, 顧全大局, 不致稍涉遲回也.
> 欽此.

광서 8년 6월 29일 다음과 같은 상유를 받았습니다.

전에 베트남과 조선에서 사변이 연이어 일어나서 이홍장에게 신속히 천진으로 돌아가서 모든 문제를 논의하라고 이미 누차 명령하였다. 총리아문은 다음과 같은 장수성의 서신을 여러 차례 받았다.

조선의 반란은 해당 국왕의 생부 이하응이 우두머리이며 왕비 및 대신 여러 명을 해쳤고, 상황이 위급하며 조선국이 스스로 안정시킬 수 있는 능력이 없습니다.

조선은 번봉(藩封)으로서 오랫동안 자리하였고, 배도(陪都, 심양[瀋陽])와 매우 가깝다. 현재 중외에서 많은 일이 일어나는 시기로, 조선에서 갑자기 국내의 변고가 발생하자 일본은 이미 군함을 파견해 보냈다. 장래에 빈틈을 타서 말썽을 부릴 것이 염려되며 빌미를 잡아서 제멋대로 하면 후환은 이루 말할 수도 없다. 비록 장수성에게 정여창, 마건충 등을 파견하라고 명령하였지만, 사태에 도움이 될지 염려된다. 이홍장에게 이 상유를 받으면 즉시 출발해서 천진으로 향하고, 수·륙 각 부대를 배치하고 조선에 가서 조사·처리하게 하여 시기를 놓치지 않도록 하라. 해당 대신은 본디 성품이 충공(忠公)하니 필히 신속하게 일 처리를 하여 전체의 큰 형세를 유지함으로써. 조금도 지체가 발생하게 해서는 안 될 것이다.

이상.

(14) 문서번호 : 4-2-14(494, 777b)

사안 : 자문을 보내 남양의 각 선박을 동원하여, 오장경을 파견하는 업무로 넘겨주시길 바랍니다(咨調南洋各船隻, 撥交吳長慶調遣).
날짜 : 光緒八年六月二十九日(1882년 8월 12일)
발신 : 署理北洋大臣 張樹聲
수신 : 總理衙門

六月二十九日, 署北洋大臣張樹聲文稱:

爲照本署大臣欽奉六月二十四日寄諭:
　總理各國事務衙門奏朝鮮亂黨滋事, 籌議派兵援護一摺. 著張樹聲酌派水陸兩軍, 迅赴事機. 如兵船不敷調派, 卽咨南洋大臣添撥應用.
等因. 欽此. 查現在奏調幇辦山東海防, 廣東水師提督吳軍門, 親率所部援護朝鮮, 北洋兵船不敷調遣, 業經咨請南洋大臣, 卽飭登瀛洲馭遠兩船, 駛赴煙臺, 應卽聽候調遣, 所有駐防營口之湄雲輪船, 亦應留聽差遣, 其駐防煙臺之泰安輪船, 竝飭聽候吳軍門調遣, 除分別咨行外, 相應咨呈, 爲此咨呈貴衙門, 謹請査核.

6월 29일 서리 북양대신 장수성이 다음과 같은 문서를 보내왔습니다.

본 서리 대신은 6월 24일 다음과 같은 기신상유를 받았습니다.

총리아문에서 조선의 난당이 반란을 일으켰으니, 군대를 파견해서 원조할 것을 준비해야 한다는 주접을 상주하였다. 장수성에게 수·륙 양군을 파견해서 신속하게 처리하도록 하라. 만약 군함이 파견하기에 부족하다면 즉각 남양대신에게 써야 할 선박을 추가 배치하도록 자문을 보내 요청하고, 사용해야 할 군함을 추가로 넘겨받아 이용하라.

조사해 보건대, 현재 상주한 대로 방판산동해방 광동수사제독 오장경을 차출해서 직접 통솔 부대를 이끌고 조선을 원조하게 하였고, 북양의 군함이 파견하기 부족해서 이미 남양대신에게 등영주, 어원 두 척을 연대(煙臺)로 보내 파견에 대기하도록 지시해 줄 것을 자문으로 요청하였습니다. 영구(營口)에 주방(駐防)하는 윤선 미운(湄雲)은 응당 남겨서 파견을 대기해야 하며, 연대(煙臺)에 주방(駐防)하는 윤선 태안(泰安)도 아울러 오장경 부대의 파견을 대기하라고 지시하였습니다. 각각 나누어 자문을 보내는 것 외에, 응당 총리아문에도 자문을 올려야 하니, 이에 귀 아문에 자문을 올립니다. 삼가 검토해 주시길 청합니다.

(15) 문서번호 : 4-2-15(495, 778a-778b)

사안: 동해관(東海關) 도대(道臺)를 파견해서 오장경 부대의 군량, 군수품 및 문서 수발을 가까운 곳에서 관리하게 하였습니다(派東海關道, 就近管理吳長慶糧臺·軍火·文報轉運事宜).
날짜: 光緒八年六月二十九日(1882년 8월 12일)
발신: 署理北洋大臣 張樹聲
수신: 總理衙門

六月二十九日, 署北洋大臣張樹聲文稱:

竊照本署大臣欽奉六月二十四日寄諭:
　　總理各國事衙門奏朝鮮亂黨滋事一摺. 著張樹聲酌派水·陸兩軍, 迅赴事機. 如兵船不敷調派, 即咨請南洋大臣添撥應用, 竝調招商局輪船運載陸師, 以期迅速. 等因. 欽此. 欽遵恭錄咨行在案. 查添派陸軍援護朝鮮, 業經本署大臣咨請幫辦山東防務廣東水師提督吳軍門, 酌帶所部迅赴事機. 現在吳軍門來津晤商, 已議定親率所部步隊六營, 即日乘輪東渡. 由招商局酌派輪船四隻, 於七月初一·初二·初三等日, 駛抵登州海口, 以備裝載兵勇. 該軍東渡後, 所需糧餉·軍火·若再分赴山東·天津請領, 道途窵遠, 往返需時. 應飭東海關方道, 就近管理吳軍門行營後路糧餉, 竝兼理朝鮮文報·轉運一切事宜. 竝飭行營銀錢所委員同知劉篤慶, 馳赴煙臺, 隨同方道妥愼籌辦. 所有東省月撥該軍餉項, 竝請山東撫部院, 轉飭提前籌撥, 逕行解交東海關方道查收轉解, 以資接濟. 除分別咨行, 竝恭摺馳奏外, 相應咨呈, 爲此咨呈貴衙門, 謹請查核.

6월 29일 서리북양대신 장수성(署北洋大臣 張樹聲)이 다음과 같은 문서를 보내왔습니다.

본 서리 대신은 6월 24일 다음과 같은 군기대신의 기신상유(寄信上諭)를 받았습니다.

총리아문에서 조선의 난당이 반란을 일으킨 사안으로 주접을 상주하였다. 장수성에게 수·육 군대를 파견해서 신속하게 처리하게 하라. 만약 군함이 파견하기에 부족하다면 즉각 남양대신에게 써야 할 선박을 추가 배치하도록 자문을 보내 요청하고, 아울러 초상국의 윤선을 배치하여 육군 병력을 수송해서 신속할 수 있도록 하라.

이상과 같은 유지를 받고 삼가 베껴서 자문으로 보낸 바 있습니다. 조사해 보건대, 육군을 추가 파견해서 조선을 원조하는 사안은 본 서리 대신이 방판산동방무 광동수사제독 오장경에게 인솔 부대를 이끌고 신속히 처리하도록 자문으로 이미 요청하였습니다. 현재 오장경이 이미 천진에 도착하여 만나서 상의하였고, 인솔 부대 보병 6개 영을 직접 이끌고 며칠안에 윤선을 타고 조선으로 건너가고, 초상국(招商局)에서 파견한 윤선 네 척은 7월 1·2·3일 등주의 해구에 도착하면 병력을 탑승시키기로 의논하여 결정하였습니다. 해당 부대가 동쪽으로 건너간 후 필요한 군량과 군수품을 만약 다시 산동과 천진에서 나누어 수령하도록 하면 이동 거리가 너무 멀어서 왕복할 때 시간이 필요하게 됩니다. 응당 동해관도 방우민(方佑民)에게 가까운 곳에서 오장경 행영의 군량 보급을 관리하고, 아울러 조선 쪽과의 공문 전달 및 물품 운반에 관한 모든 사무를 겸임해서 처리하도록 명령해야 합니다. 또한 행영 금전소(金錢所) 위원인 동지(同知) 유독경(劉篤慶)이 연대(煙臺)로 가서 동해관도 방우민과 함께 타당하고 신중하게 처리하도록 지시하였습니다. 산동성에서 매월 지출하는 해당 부대의 군량 항목에 대해서는 아울러 산동순무(山東巡撫)에게 요청하여 앞당겨 지출하고 곧바로 동해관도 방우민에게 넘겨, 그가 검토 후 수령해서 조선에 운반함으로써 보급에 도움이 될 수 있도록 지시를 전달하게 하였습니다. 각 관련 부분에 자문을 보내고 아울러 삼가 주접을 갖춰 상주하는 것 외에, 응당 자문을 올려야 하니, 이에 귀 아문에 자문을 올립니다. 삼가 검토해 주시길 바랍니다.

(16) 문서번호: 4-2-16(498, 780b-783b)

사안: 조선의 정국이 다시 한번 변하여 추가로 2개 영을 대동하여 불의의 사태에 대비하고자 합니다(朝鮮局勢又變, 添帶兩營, 以備不虞).
첨부문서: 1.「광서 8년 6월 26일, 진해관도 주복과 조선 영선사 김윤식의 문답 필담(光緒八年六月二十六日, 津海關道周馥與朝鮮領選使金允植問答筆談)」: 조선 난사에 대한 용병 문제를 상담하였습니다(商談朝鮮亂事用兵事宜).
날짜: 光緒八年六月二十九日(1882년 8월 12일)
발신: 署理北洋大臣 張樹聲
수신: 總理衙門

六月二十九日, 署北洋大臣張樹聲函稱:

本月廿四日肅上直字二十號一函, 廿六日又發直字廿一號一函, 諒皆馳達. 是日續奉直字六百八十五號密函, 仰承指示機宜, 感幸無似. 吳筱軒提督於廿六日晚間抵津, 商定一切. 本日午刻由津啟輪, 趕回登州. 南洋所調登瀛洲·馭遠兩船, 已據上海道電報起椗北來[上海道朱電, 馭遠船杋, 已改調登瀛], 大約出月初二三, 吳軍可拔隊登輪. 樹聲已將派兵援護籌辦情形, 於今日具摺奏聞, 竝咨達鈞署. 原擬令吳筱軒酌帶二千人東行, 嗣因廿五日接蒓齋星使來電, 王妃·大臣被戕, 李昰應秉政. 局勢又變, 不能不稍重聲威. 故與筱軒再三酌議, 添帶兩營. 竊惟國王無恙, 李昰應未敢顯爲廢立, 度亦不無遙懾天威之意. 此次水·陸大兵迅速東去, 或未必悍然旅拒, 亦未可知. 日人到彼後, 亦未聞如何干預消息, 惟不備不虞, 不可以師. 津海關周道又與金允植筆談, 照錄附呈察核. 專此密肅. 祗敬鈞綏.

照錄清摺
(1)「光緒八年六月二十六日, 津海關道周馥與朝鮮領選使金允植問答筆談」.
周: "昨二十五日, 黎星使由日本來電言, '貴國王妃恙, 殺王妃·閔氏大臣等十三人,現大權歸興宣大廳把持, 聞有不批准美約之意, 釜山·元山官吏欸(尚)厚遇日人.'[5] 等語. 現制憲已接准總理衙門奏稿, 欽奉諭旨, 速調將弁前往查辦, 兵艦約今日可到仁川. 陸師現已准備, 候信即發. 但此中情形與用兵機宜, 須相應合, 方能有濟. 請將亂黨若干人, 興宣與興寅·載冕等, 是否一氣, 欲倡廢立之議, 貴國和者幾人, 用兵先以糧餉·柴草爲要, 不得不取辦本地, 臨時發銀, 能購否, 山路隱伏, 進兵須分幾路, 以何路爲穩, 若將亂黨聚殲, 其善後之策如何籌備, 望趁此時, 一一詳細見告. 將書與統兵大員, 臨時採用也.

金: "國事蒼茫至此, 國王雖不廢, 與廢同, 亦不久矣. 彼雖一時以威力驅使在廷之臣, 恐無心服而和者, 自初陰結之兇黨, 必爲之盡死矣. 興宣一門, 斷不可貸, 糧餉·柴草, 寡君方束手, 擁虛位而坐, 誰爲之代辦, 須攻破京城, 然後號令乃可行也. 自仁川進京之路有數處, 一路稍平, 而迤行幾里, 一路險而稍近, 須得本國人鄕導, 乃可進兵. 仁川港淺, 兵船立於二十里外 云, 須得小船多隻, 載兵而渡. 想此時浦港無一船隻, 是所悶慮. 如有小船, 船可以行淺港者則甚好, 而岸上守兵, 須以砲火制之, 此等小船亦能載小砲否?"

周: "聞關係王妃族, 有官尚書者, 然耶? 所殺大臣, 或即申櫶·金宏集·趙寧夏換約諸人耶? 魚允中·李應浚等回有驚否耶? 執事亦爲興宣所惡耶?"

金: "王妃閔氏力主外交之議, 故毒禍先及. 且自甲戌以來, 興宣常欲作變, 國王雖知之而無奈, 宮中夜不息火者, 九年於玆. 閔氏慮孤弱難保, 常事巫覡祈禳, 又常思結近侍, 賞賜頗多, 以是取怨於國. 然其實皆畏禍自護之計也. 痛矣! 痛矣! 閔氏中先死者, 必閔叅判泳翊也. 此人公忠爲國, 於外務事, 終始力擔. 其次官尚書者, 泳翊之叔父謙鎬, 生父臺鎬. 然臺鎬素能媚事興宣, 力排外務之議, 尚冀得免. 中則老人, 未嘗力主和議, 禍必不及. 金宏集·洪英植等必死. 卞元圭·李祖淵等必死. 魚允中若在國, 則必死, 弟亦同然. 妻子則想已爲魚肉. 凡干涉外交者, 必百無一免. 李應浚想中路聞變, 必不敢入城矣."

周: "全國不能皆變, 即亂黨固守海口, 我兵可節節進攻, 但不知實係精旅若干也. 王

---

[5] 원건의 추가 설명에서 電報의 문자 번호(碼號)에 한 글자가 다르다고 적었다. "尙" 아니라 "欸"이라고 한다.『朝鮮檔』01-25-008-02-028

未死, 或興宣不忍之故歟? 抑畏天朝冊封, 不敢遽加毒手耶? 將來進兵之日, 有無另有變動, 王能保無虞焉否耶?"

金: "此爲最難處, 變處, 彼不弒王者, 亦有譎計. 蓋一則畏天朝, 一則禦國人之口, 使不敢向上而攻也. 若一直進兵, 不無變動之慮, 此事宜如何處置, 愚意則先爲下諭, 飭興宣前來軍前, 面問事狀, 若來則不死, 不來則舉兵討滅, 玉石俱焚, 若天威震疊, 則彼亦知所畏憚, 或當不敢加害國王耶!"

周: "軍米及火葯, 皆可自帶, 柴草亦可臨時自取, 若我兵入王京, 計仁川距京八十里, 此途應駐營, 以防亂黨抄襲否耶? 國兵能爲亂黨用命否耶? 駐營須扼要害, 得踞高臨下之勢, 而有柴水足供, 斯妙矣. 從仁川距京, 似此地有幾處."

金: "行軍之際, 四面哨探必無疑, 然後乃可進兵, 然敝邦到處險阻, 可防者甚多, 雖國兵不習攻戰. 然或向前者一敗, 則不可復振. 若得上岸, 而節節進兵, 則保無他慮, 仁川距京可以屯軍之處, 弟未嘗經過, 不敢臆對, 大抵柴水比此地處處頗饒."

周: "君才識可贊助軍前, 將啓制軍派往何如?"

金: "才識則萬萬無有, 但欲隨行軍中, 須得一微銜, 以便出入戎帳, 且於到國之後, 須有自護之權, 似可防患. 弟與魚允中并願權借一微職, 以便從軍是仰."

周: "此次軍去, 必有剿擊, 恐不能以一紙書諭伏也. 君累世仕族, 彼亂黨知君在軍中, 恐斧鉞所指, 將歸怨於君一人矣. 貴國危急若此, 正臣子報効之日, 第恐事後怨深, 於君有不利也. 或制軍許去, 可匿身師艦, 參謀畫, 勿上岸可也."

金: "大人曲軫孤臣之情, 節節感結肺腑, 而現今國亂君危, 家室已亡, 尙復何怨之可避第一? 依所敎, 依庇丁軍門帳下, 如有所詢, 當竭知而對. 且吾君若已遇廢立之變, 則雖布檄聲討可也. 今則爲臣子者, 難以處義, 只宜.[6][原文 未完]"

6월 29일 서리 북양대신 장수성이 다음과 같은 서신을 보내왔습니다.

이번 달 24일 직자(直字) 20호 서신 한 건을 보냈고, 또한 26일 직자 21호 서신 한 건을 올렸으니, 모두 도착하였을 것으로 생각합니다. 그날 이어서 직자 685호 비밀 서신을 받았는데, 적

---

6 이 다음은 원본 자체에 문서 내용이 누락되어 수록되어 있지 않다.

절한 대책과 지시를 받으니 감사하고 다행스러운 마음이 비할 데가 없습니다. 오장경 제독은 26일 저녁에 천진에 도착해서 모든 사안을 논의하였고, 오늘 정오에 천진에서 윤선을 타고 등주로 돌아갔습니다. 남양대신이 파견한 등영주(登瀛洲)·어원(馭遠) 두 척은, 상해도대가 보낸 전신 보고에 따르면 이미 북쪽으로 출항하였고, [상해도대 주(朱)의 전보에 따르면 어원(馭遠)은 선박이 이미 노후하며 등영주(登瀛洲)로 바꾸어 동원하였다고 합니다] 대략 다음 달 2, 3일 오장경 부대가 배를 탈 수 있을 것이라고 합니다. 장수성은 조선 원조를 위해 군대를 파병하고, 대책을 마련한 상황을 오늘 이미 주접을 갖춰서 상주하였으니, 아울러 총리아문에 자문을 보냅니다. 본래 오장경이 2천 명을 이끌고 동쪽으로 가도록 지시하려고 하였는데, 뒤이어 25일 여서창이 보내온 전보를 받아보니, 왕비와 대신이 살해당하였고, 이하응이 정권을 잡았다고 하므로, 국면이 다시 한번 변하여 위엄을 보이는 것을 매우 신중히 하지 않을 수 없겠습니다. 이 때문에 오장경과 다시 논의하여 2개 영(營)을 추가로 파견하기로 논의하였습니다. 삼가 생각건대, 국왕이 무탈하여 이하응이 감히 폐위하려는 뜻을 드러내지 못하니, 천자의 뜻을 멀리서 두려워하지 않을 수 없을 것으로 생각됩니다. 이번에 수·륙의 대군이 신속히 동쪽으로 이동할 때 혹 서슴없이 사람들이 저항할 것으로 생각되지는 않으나, 그 또한 알 수는 없습니다. 일본인이 그곳에 도착한 후 어떻게 간여하고 있는지 소식을 아직 듣지 못하였는데, 생각건대 준비하지 않고 우려하지 않으면 군대를 제대로 움직일 수 없습니다. 진해관도 주복이 또한 김윤식과 필담을 주고받았고, 이를 그대로 베껴 첨부해서 올리니 살펴봐 주십시오. 이에 삼가 특별히 비밀리에 서신을 보냅니다. 편안하시길 빕니다.

첨부문서:

(1) 「광서 8년 6월 26일, 진해관도 주복과 조선 영선사 김윤식이 나눈 문답 필담(光緒八年六月二十六日, 津海關道周馥與朝鮮領選使金允植問答筆談)」

주복: "어제 25일 여서창이 일본에서 전보를 보내왔습니다. '귀국 왕비의 변고를 이야기하며 왕비와 민씨 대신 13명이 살해당하고 현재 대권이 홍선대원군 손으로 돌아갔는데, 「조·미조약」을 비준하지 않으려는 뜻이 있으며, 부산(釜山)·원산(元山) 등 관리가 일본인을 후대하는 일은 드물다'는 내용이었습니다. 현재 직예총독께서 총리아문의 주접 원고를 받았는데, 유지를 받들어서 신속히 고급·하급 무관을 파견해서 조사하도록 보냈다고 하

니, 군함은 대략 오늘쯤 인천에 도착할 수 있을 것입니다. 육군 병력은 현재 이미 준비를 마친 상황으로, 소식을 들으면 즉시 출발할 예정입니다. 다만 그러한 상황과 병력을 움직이는 시기가 마땅히 서로 부합해야만 결국 효과를 발휘할 수 있습니다. 난당이 몇 명인지, 홍선군과 홍인군, 이재면이 한패인지 아닌지, 국왕 폐립의 논의를 주창하려고 하는지, 조선에서 동조하는 자가 몇인지, 병력을 움직이려면 우선 식량과 말먹이가 중요하여 현지에서 취득하지 않을 수 없는데 임시로 백은(白銀)을 주면 구매할 수 있는지, 산길로 은복(隱伏)하여 병력이 진군하면 몇 개 부대로 나누어야 하는데 어떤 경로가 안정적인지, 만일 난당을 모두 섬멸하면 선후의 대책은 어떻게 마련할지, 이번 기회에 하나하나 상세하게 알려주시길 청합니다. 장차 서신으로 적어서 부대의 대원에게 전달하여 그 때에 맞춰 채용하게 하겠습니다."

김윤식: "국사(國事)의 창망(蒼茫)함이 이 지경에 이르러, 국왕이 폐위되지 않았으나 폐위된 것이나 마찬가지며, 또한 오래가지 못할 것입니다. 대원군이 비록 잠시 위력(威力)으로 조정의 신하를 몰아세우겠지만, 심복하여 호응하는 사람이 없을지도 모릅니다. 최초로 은밀히 결집한 흉당은 반드시 모두 죽여야 합니다. 홍선군의 일문은 결코 군량과 말먹이를 내주지 않을 것입니다. 우리 국왕께서는 손이 묶인 상황이라 빈 자리를 지킬 뿐 다른 누군가 대신해서 다스리니, 반드시 한양을 공략한 다음에 가서야 호령이 실행될 수 있을 것입니다. 인천에서 한양으로 이동하는 경로는 몇 개가 있는데, 하나는 다소 평탄하나 몇 리를 돌아가고 하나는 험하나 다소 빠릅니다. 반드시 조선 사람의 길 안내를 받아야만 진군할 수 있습니다. 인천항은 수심이 얕아 군함이 20리 밖에서 정박하고 작은 배 여러 척을 구해서 병사를 싣고 건널 수 있습니다. 아마 현재 항구에 한 척의 배도 보이지 않을 수 있는데, 이것이 염려되는 바입니다. 만일 작은 배가 있다면, 배는 얕은 항구를 운항할 수 있는 것이 가장 좋고, 해안의 수비 병력은 반드시 포화(砲火)로 이들을 저지할 것입니다. 이러한 소선(小船)도 역시 소포(小砲)를 실을 수 있는지?"

주복: "듣기에 왕비 일족과 관련된 사람 가운데 상서 직을 맡은 사람이 있다던데, 그렇습니까? 살해당한 대신이 혹시 신헌(申櫶), 김홍집, 조영하처럼 같이 조약을 체결한 사람들입니까? 어윤중, 이응준(李應浚) 등이 돌아가다 변고를 당하지는 않았습니까? 귀하는 홍선군과 사이가 나쁩니까?"

김윤식: "왕비 민씨는 외교의 논의를 힘써 주장한 까닭에 독화(毒禍)가 먼저 미쳤습니다. 또

갑술(甲戌) 이래 홍선군이 항상 변고를 일으키고자 하였고, 국왕께서는 비록 이를 아셨지만 어찌할 수 없어서, 궁중은 밤에도 불이 끌 수 없었던 것이 지금까지 9년째입니다. 민씨는 항상 사안마다 무당과 박수에게 빌었고, 항상 근신들과 결탁할 것을 생각하여 포상을 내림이 자못 많았으므로, 이 때문에 나라의 원망을 많이 들었습니다. 그러나 실제는 모두 화를 두려워해 스스로 보호하려는 계책이었습니다. 정말 슬픕니다! 정말 슬픕니다! 민씨 가운데 먼저 죽을 사람으로는 참판(參判) 민영익(閔泳翊)이 있습니다. 이 사람은 공정하고 충실하게 나라를 위하고, 외교 업무를 처음부터 끝까지 힘써 맡았습니다. 그다음으로 상서 자리를 맡은 사람은 민영익의 숙부 민겸호(閔謙鎬)이고, 민영익의 생부는 민태호(閔臺鎬)입니다. 하지만 민태호는 본디 홍선군에 아첨하는 데 능하여 힘써 외교를 배격하는 논의에 힘을 썼으니 오히려 화를 면할 수 있을 것입니다. 모범이 되는 노인으로 그는 화의를 힘써서 주장한 적이 없기에 반드시 화가 미치지 않았을 것입니다. 김홍집, 홍영식 등은 분명히 죽었을 겁니다. 변원규, 이조연 등도 분명 죽었을 겁니다. 어윤중이 만약 나라 안에 있었다면 분명히 죽었을 것이고, 나도 그렇고, 처자식들 역시 이미 피해자가 되었을 것입니다. 무릇 외교에 관계된 사람은 백에 하나라도 피할 수 없었을 것입니다. 이응준은 귀국 도중에 변란의 소식을 들었다면, 필시 감히 성에 들어가지 않았을 겁니다."

주복: "전국이 모두 반란을 일으킬 수는 없습니다. 난당이 해구(海口)를 굳게 지키고 있더라도, 우리 병력이 차근차근 진공하는 것이 가능한데, 실제 정예 병력이 얼마나 되는지 알 수 없습니다. 국왕이 아직 죽지 않았음은 혹 홍선군이 차마 하지 못하는 것입니까? 아니면 천조의 책봉이 두려워 감히 독수를 뻗지 못한 것일 뿐입니까? 장래에 진군하는 날에 그 밖의 변동이 발생하지 않을지, 국왕은 과연 아무런 걱정 없이 안전할 수 있을지?"

김윤식: "그 부분이 가장 어렵고, 별다른 부분입니다. 그가 국왕을 시해하지 않은 것은 역시 간사한 계책이 있습니다. 하나는 천조를 두려워하는 것이고, 하나는 조선 백성의 입을 막아, 감히 위를 향해 공격할 수 없게 하는 것입니다. 만약 줄곧 군대를 진군시키면 변동의 움직임이 일어날 우려도 없지는 않습니다. 이 일은 의당 어떻게 처리해야 할 것인지, 제 생각으로는 먼저 지시를 내려 홍선군이 중국군의 군영으로 오게 해서 일의 사정을 묻는 것입니다. 만약 그가 오면 죽이지 않고, 오지 않으면 군대를 일으켜 토벌하는데, 좋고 나쁜 사람 모두가 함께 희생될 것입니다. 그런데 만약 천조의 위엄이 진동하면 그 역

시 두려움을 알아서 당연히 국왕에게 해를 가할 생각을 하지 못할 것입니다!"

주복 : "군량미나 화약은 모두 휴대할 수 있고, 말먹이 역시 임시로 스스로 구할 수 있다면. 우리 군대가 한양에 들어갈 경우 인천과의 거리가 80리로, 그 도중에 마땅히 주둔해야 할 텐데, 난당의 습격을 방어할 수 있겠습니까? 조선 군대가 과연 난당을 위해 목숨을 바쳐 싸울가요? 주둔지는 요충지여야만 하고, 높은 곳에서 낮은 곳을 내려볼 수 있는 형세여야 하는데, 말먹이와 식수가 충분히 공급된다면 더욱 좋습니다. 인천에서 수도까지 거리에 몇 곳의 후보지가 있을 것 같습니다."

김윤식 : "행군할 때는 사방을 정탐하여 의심할 것이 없은 다음에야 진군이 가능할 것입니다. 그러나 저희나라는 곳곳이 험준하여 방어할 만한 곳은 매우 많습니다. 비록 조선의 군대가 공격 전투에 익숙하진 않지만, 전방에서 한번 패배하면 다시 분발하지는 못할 것입니다. 만약 상륙해서 차츰차츰 진군하면 다른 우려가 없다는 점을 보증할 수 있겠습니다. 인천과 수도 사이에 군대를 주둔시킬 만한 곳은, 제가 직접 지나다녀본 적이 없어서 감히 추측하기는 어려울 것 같습니다. 대저 땔감과 식수는 이곳 여기저기에 자못 풍부합니다."

주복 : "그대의 재식(才識)이면 충분히 군대를 도울만한 것 같습니다. 장차 총독께 보고해서 함께 파견할까 하는데 어떻습니까?"

김윤식 : "제게 그럴만한 재식은 결코 있지 않습니다. 다만, 군을 수행하려면 하찮은 직위라도 있어야 군영에 출입하기 편할 것이고, 또한 조선에 도착한 후에 저 스스로 보호할 권력이 있어야만 훗날의 재앙을 방지할 수 있을 것으로 보입니다. 김윤식과 어윤중은 잠시 하찮은 직위라도 빌려 종군하기 편하게 해주시길 원합니다."

주복 : "이번의 군사 행동은 반드시 토벌 전투가 있을 것이고, 한 장의 포고문만으로 타일러 복종시킬 수 없을까 염려됩니다. 그대는 누대로 벼슬을 한 집안의 사람으로, 저 난당은 그대가 우리 군영에 있는 것을 알게 된다면, 창끝이 그대를 가리켜 장차 원망이 그대 한 사람에게 돌아갈 것이 염려됩니다. 귀국이 위급한 상황에서, 이렇게 정직한 신하가 충성을 바치는데, 다만, 사후에 원망이 깊어져서 그대에게 불리함이 있을까 염려됩니다. 총독께서 허락하셔서 함께 가게 되면, 군함에 몸을 숨기고 있어도 좋습니다. 작전 회의에 참가하되, 상륙하지 않아도 좋습니다."

김윤식 : "대인께서 고신(孤臣)의 정절(情節)을 살펴주셔서 마음속 깊이 은혜에 감사드립니

다. 현재 조선은 나라가 어지럽고 군주가 위태로우며, 집안 사람은 이미 모두 죽었으니, 또 더 이상 원망을 피하는 것을 첫 번째로 삼겠습니까? 가르침에 따라 정여창 제독의 보호를 받고자 하니, 만일 물으실 것이 있다면 당연히 아는 모든 것으로 답해드릴 것입니다. 또 우리 군주께서 만약 폐립당하는 변고가 생기면 즉, 비록 격문을 포고해서 성토하는 것이 가능하겠으나, 현재 신하된 자로서 처신하기는 어렵습니다. 다만 의당(원문은 여기서 중단되고 그 뒷부분의 내용은 실려 있지 않다)."

(17) 문서번호 : 4-2-17(500, 784b)

사안 : 일본은 중국이 조선을 보호하는 것을 속으로 못마땅해하는데, 이미 오장경 군영에 은밀히 알려서 각별히 유의하도록 하였습니다(日本陰忌中國保護朝鮮, 已密致吳長慶軍門, 格外留意).
날짜 : 光緒八年六月三十日(1882년 8월 13일)
발신 : 署理北洋大臣 張樹聲
수신 : 總理衙門

六月三十日, 署北洋大臣張樹聲函稱

本日接荔齋星使即日電信, 照錄呈鑒. 查鈞署前寄荔齋密電, 所言援朝護日, 原以示中國師出有名, 以釋其疑. 今日本不欲中國代護使館. 繹該外部詞意, 或因自知不能干預朝鮮之事, 又生陰忌中國保護朝鮮之情, 除抄電轉致吳筱軒提軍, 格外留意外, 專肅密布, 祗敬鈞祺.

照錄清摺
(1)「出使日本國大臣黎來電」.
外部來文. 大意言朝鮮立約, 待以自主, 須據約照辦, 使館國各自護. 如派兵護持, 恐滋葛藤. 希轉致總署再思. 特電. 廿九.
又電資太費, 能改三碼方好. 六月廿九日 十一點四十五分到.

6월 30일 서리 북양대신 장수성이 다음과 같은 서신을 보내왔습니다.

오늘 여서창이 같은 날 보낸 전신을 받았고, 이를 옮겨적어 살펴보실 수 있도록 올립니다. 살펴보건대, 총리아문은 이전에 여서창에게 비밀 서신을 보내 조선을 원조하고, 일본을 보호할 것이라고 전한 것은 원래 중국이 군대를 출병시키는 명분을 보여 일본의 의심을 풀려는 것이었습니다. 현재 일본은 중국이 일본 공사관을 대신 보호해 주길 원하지 않습니다. 일본 외무성의 언급한 의미를 풀어보면 스스로 조선의 일에 간여할 수 없음을 알고 있고, 또한 중국이 조선을 보호하는 상황을 속으로 꺼리는 것으로 보입니다. 전보를 베껴서 제독 오장경에게 보내서 각별히 유의하라고 전달하는 것 외에, 삼가 서신으로 비밀리에 알려 드립니다. 편안하시길 빕니다.

첨부문서:
(1) 「출사 일본대신 여서창이 보내온 전신(出使日本國大臣黎來電)」

일본 외무성에서 문서를 보내왔는데, 그 대체적인 내용은 일본이 조선과 조약을 맺었기에 조선은 자주(自主) 국가로서 대우하며, 반드시 조약에 의거하여 일을 처리해야 하므로 공사관은 각국이 스스로 보호해야 한다는 것입니다. 만약 중국 군대를 보내서 보호한다면 도리어 갈등을 부풀리게 될까 염려되니, 총리아문이 다시 생각하도록 이런 뜻을 대신 전달해 주시길 바란다는 것입니다. 이에 특별히 전보를 보냅니다. 29일.

또 전신 비용이 너무 비쌉니다. 3번 암호를 바꾸면 좋을 것입니다.

6월 29일 11시 45분 받음.

(18) 문서번호 : 4-2-18(501, 785a)

사안 : 조선 사정에 대한 대책을 마련하는 답신을 보냅니다(函復籌畫朝鮮情形).
날짜 : 光緒八年六月三十日 (1882년 8월 13일)
발신 : 總理衙門
수신 : 署理北洋大臣 張樹聲

> 七月初一日, 致署北洋大臣張樹聲函.[詳見密啟]
>
> 草目 : 函覆籌劃朝鮮情形由

7월 1일 서리 북양대신 장수성에게 다음과 같은 서신을 보냈습니다.[상세한 것은 密啟를 참조].

내용 요약 : 조선 사정의 대책 마련의 답신.

(19) 문서번호 : 4-2-19(502, 785b)

사안 : 정여창, 오장경을 조선에 파견해서 조사·처벌하게 하였는데 난당 처리가 매우 시의적
절하였다(籌派丁汝昌·吳長慶, 赴韓查辦, 亂黨辦理, 甚合機宜).

날짜 : 光緖八年七月一日(1882년 8월 14일)

발신 : 軍機處

수신 : 總理衙門

> 七月初一日, 軍機處交出光緖八年六月三十日奉上諭:
>
> 張樹聲奏 籌派水陸官軍保護朝鮮一摺. 朝鮮亂黨滋事, 張樹聲已派提督丁汝昌等, 酌帶兵船馳往查探, 並添派提督吳長慶統率所部六營, 剋期拔隊東渡, 所籌甚合機宜, 即著飭令吳長慶等相機因應, 妥籌辦理. 昨已有旨諭令李鴻章迅速北來, 前往查辦. 近日朝鮮亂黨若何情形及日本兵船到後作何舉動, 該督務當確探消息, 審度事機, 俟李鴻章抵津後, 妥商辦法, 仍隨時奏聞, 以紓廑系.
> 欽此.

7월 1일 군기처는 광서 8년 6월 30일 받은 상유를 전달하였습니다.

장수성이 수·륙 관군을 파견해서 조선을 보호하겠다는 계획을 상주하였다. 조선 난당이 반란을 일으켜, 장수성이 이미 제독 정여창 등을 파견해 군함을 이끌고 가서 살피게 하고, 아울러 제독 오장경이 통솔하는 부대 6개 영을 추가로 파견해 기한 내에 부대를 선발해서 조선으로 보내겠다고 마련한 계획은 매우 시의적절하였다. 즉 오장경 등에게 기회를 보면서 대응하여 적절하게 처리할 수 있도록 지시하라. 어제 이미 이홍장에게 신속히 북상해서 조사·처리하도록 지시하였다. 최근 조선 난당이 어떤 상황인지, 또 일본 군함이 도착한 다음 어떤 움직임을 보이는지, 해당 독무는 정보를 확실히 탐색하고 상황을 자세히 조사하여, 이홍장이 천진에 도착하기를 기다린 다음 함께 적절하게 처리 방법을 논의하되, 수시로 상주해서 근심을 풀 수 있도록 하라.

이상.

(20) 문서번호 : 4-2-20(503, 786a-787b)

사안 : 수·륙 관군을 조선으로 파견하고 반란을 평정하여, 일본이 구실을 삼아 엿보는 마음을 갖지 못하도록 막아야 합니다(籌派水陸官軍, 赴韓平亂, 潛杜日本藉口窺伺之心).
날짜 : 光緒八年七月一日(1882년 8월 14일)
발신 : 署理北洋大臣 張樹聲
수신 : 總理衙門

七月初一日, 軍機處交出張樹聲抄摺稱 :

爲朝鮮亂黨滋事, 遵旨派兵保護, 恭摺馳陳, 仰祈聖鑒事.
竊臣於六月二十五日, 承准軍機大臣字寄, 光緒八年六月二十四日, 奉上諭 :
　　總理各國事務衙門奏, 朝鮮亂黨滋事, 籌議派兵援護一摺.
等因. 欽此. 仰見廟謨遠燭, 懷保東藩, 曷勝欽服? 伏查近年朝鮮外患日殷, 經中國導以外交. 該國王奮發有爲, 與一二通知時務之臣, 深惟大計, 聽命惟謹. 方與泰西各國次第立約通商, 而該國風氣未開, 士夫多墨守常經, 惡談洋務. 其失職怨望之徒, 卽持閉關絶交之說, 陰結黨類, 煽惑國人, 萌蘖有年, 久思蠢動. 竊冀其通商事定, 籌餉練兵, 自强有漸, 邦本旣固, 反側自消. 今變起倉卒, 臣疊接黎庶昌電信. 卽深慮該國未能定亂. 朝廷不能不盡匡植屬藩之義, 潛杜日本藉口伺間之心. 當卽密函馳商總理各國事務衙門, 先飭派統領北洋水師記名提督丁汝昌, 酌帶快兵船三號, 偕候選道馬建忠馳赴朝鮮查探情形, 已於本月二十五日由煙臺開行. 又慮水師之外, 必當添派陸兵, 北洋防軍惟廣東水師提督吳長慶所部淮勇六營, 駐紮山東登州, 由輪船拔隊東渡, 最爲迅捷. 復飛函密約吳長慶, 刻日東渡晤商, 旋接准總理衙門函復, 正在籌備間, 欽奉寄諭前因. 適吳長慶亦於二十六日到津, 將一切事宜面爲妥商. 惟連日飭據津海關道周馥向朝鮮陪臣金允植等詳詢亂黨根由, 實係禍起蕭牆, 事關骨肉. 續接黎庶昌二十五日電信 :
　　亂黨殺王妃及閔氏大臣等十三人, 王無恙, 聞美約有不批准之議.

> 等因. 是該國政令已太阿倒持, 朝臣之向與國王同心任事者, 慮以盡遭荼毒. 現在秉政之人, 方挾王以令國中, 欲敗通商之局. 官軍前往, 雖不能專恃撻伐, 亦必需震以先聲. 若兵力太單, 加以日人眈眈其旁, 誠如總理衙門所慮, 不獨援救無以助其威, 即排解亦難壯其氣. 臣已電咨南洋大臣添撥兵船兩號, 竝飭招商局輪船數號, 駛赴登州. 臣與吳長慶商定, 屬其即日回防, 先行統率所部六營, 迅速拔隊, 乘輪船駛往朝鮮, 與丁汝昌·馬建忠晤詢各事, 妥籌辦理. 以期宣播皇威, 早日耆定. 惟兵事無常, 倘如總理衙門所慮, 另起波瀾, 或亂黨員固不服, 再當酌量情形, 奏明續調, 以厚兵力. 該軍粮餉軍火, 即以煙臺爲後路, 統由臣飭派委員, 源源運濟, 不令絲毫擾累朝鮮. 吳長慶紀律嚴明, 夙諳權略, 當能隨機因應, 以仰副聖主字小御遠之至意. 至朝鮮事局多艱, 靖亂扶危, 尤在乘時審勢, 取決當幾. 吳長慶到朝後, 凡緊要機宜, 應請由該提督相度籌辦, 仍一面咨商臣處, 隨時奏陳, 以應事機, 而紓宵旰. 所有籌派水陸官軍保護朝鮮緣由, 恭摺由驛馳陳, 伏乞皇太后·皇上聖鑒訓示. 謹奏.
>
> 光緒八年六月三十日, 軍機大臣奉旨:
> [내용 없음]
> 欽此.

7월 초1일, 군기처에서 장수성이 올린 주접의 초록을 보내왔습니다.

조선의 난당이 반란을 일으켰고, 유지에 따라 군대를 파견해서 보호할 것을 삼가 주접을 갖추어 신속히 아뢰오니, 살펴봐 주시길 우러러 바랍니다.

6월 25일 신 장수성은 6월 24일 다음과 같은 상유를 받았다는 군기대신의 기신상유를 전해 받았습니다.

> 총리아문이 조선의 난당이 반란을 일으켰고, 군대를 보내 원조할 대책을 마련하겠다는 주접을 상주하였다.

먼 곳까지 밝히시는 조정의 대책과 동쪽의 번국(藩國)을 품어 보살피심을 우러러 어찌 감복하지 않을 수 있겠습니까? 엎드려 살피건대, 최근 조선의 외환이 나날이 깊어져 중국이 외교 분야를 이끌어 주었습니다. 조선 국왕은 분발하여 무언가를 해보고자 한두 명의 시무에 밝은 신하와 큰 계획을 깊이 고민하며 지시를 받아 엄격히 준수하였습니다. 마침내 유럽의 각국과 차례로 통상 조약을 체결하였으나, 그 나라의 기풍이 아직 열리지 않아서 사대부의 많은 수가 옛 도리만을 묵수하고 양무(洋務)를 헐뜯습니다. 직위를 잃고 원망하는 무리는 곧바로 폐관(閉關)과 외교 단절 주장을 지지하며, 무리를 몰래 맺고 백성을 선동해서 일을 꾸밈이 여러 해이며, 오랫동안 준동을 생각해 왔습니다. 저는 통상 사안이 정해지고 군비를 마련하고 병사를 훈련하여 점차 자강(自强)이 이루어지면서 나라의 근본이 견고해지면 불만이 자연히 사라질 것이라고 기대하였습니다. 그런데 현재 변고가 갑자기 일어나, 저는 여서창이 보낸 전보를 누차 받았습니다. 그 내용은 바로 조선이 반란을 평정할 능력이 없다는 깊은 우려였습니다. 우리 조정은 속번(屬藩)의 도리를 바로잡지 않을 수 없으며, 일본이 핑계를 삼아 틈을 엿보려는 마음을 차단하지 않을 수 없습니다. 마땅히 즉각 비밀 서신을 보내서 총리아문에 상의하였고, 먼저 통령북양수사 기명제독 정여창에게 쾌선 3척을 대동해서 가도록 파견하고, 후선도 마건충과 함께 조선으로 서둘러 가서 상황을 조사할 것을 지시하였고, 이미 이번 달 25일 연대(煙臺)에서 출항하였습니다. 또한 수군(水師) 외에 당연히 육군을 반드시 파견해야 하나, 북양 수비군에서 광동수사제독 오장경이 통솔하는 회군(淮軍) 병력 6개 영은 산동의 등주에 주둔하고 있어, 윤선을 통해 차출한 병력을 조선으로 보내는 것이 가장 빠른 방법이었습니다. 그래서 바로 오장경에게 만날 것을 약속하는 서신을 신속히 보내, 당일로 바다를 건너 천진에 와서 만나 논의하기로 비밀리에 정하였고, 바로 그 즈음 앞서 언급한 기신상유를 받았습니다. 때마침 오장경이 26일 천진에 도착하여 일체의 사안을 적절히 상의하였습니다. 다만, 연일 진해관도 주복에게 조선의 신하 김윤식 등에게 난당의 주동자에 대해 상세히 물으라고 지시한 결과에 따르면, 실제로 반란은 재앙이 내부에서 일어난 것으로 혈육 간의 분쟁이었습니다. 이어서 여서창이 25일 보낸 다음과 같은 내용의 전신을 받았습니다.

    난당이 왕비 및 민씨 대신 등 13명을 살해하였고, 국왕은 무탈하나 조선과 미국의 조약은 비준하지 않겠다는 논의가 있습니다.

    이것은 해당 국가의 정령(政令)이 이미 국왕이 실권을 신하에게 빼앗긴 상태이고, 국왕과 같은 마음으로 일을 맡은 조정의 신하들은 피해를 당했을 것으로 염려됩니다. 현재 정권을 잡은 사람은 결국 국왕을 위협함으로써 국중에 명하여 통상의 국면을 그르치고자 합니다. 관군이 조선에 가서 비록 전적으로 징벌에 의지할 순 없더라도 반드시 기선을 제압함으로써 위세를 떨칠 필요가 있겠습니다. 만약 병력이 단출하여 일본인이 주변부에서 시시탐탐 엿보게 한다면 진실로 총리아문에서 걱정하는 바와 같이 구원하려해도 그 위세를 떨칠 수 없고 즉각 중재에 나서더라도 그 기세를 키우기 어렵습니다. 신은 이미 남양대신에게 군함 두 척을 차출하고, 초상국 윤선 여러 척을 등주에 보내도록 전신으로 자문을 보냈습니다. 신과 오장경이 상의해서 그 날로 그가 부대의 근무지로 복귀하여 인솔 부대 6개 영을 지휘해서 신속하게 부대를 옮겨 윤선에 실어 조선으로 수송하고, 정여창, 마건충과 만나서 각 사안을 문의해서 적절하게 처리하도록 정하였으므로, 빠른 시일안에 황상의 위엄을 떨쳐 조만간 반란이 평정할 수 있게 되기를 기대합니다. 다만, 군사 사안은 수시로 변합니다. 만약 총리아문에서 걱정하는 것과 같다면, 또다른 파란이 일어나거나 혹은 난당의 일당이 진정으로 복종하지 않아서 재차 난동을 일으킬 수 있습니다. 후속 동원 병력의 규모를 상주하여 허락을 받아 병력을 두텁게 하고, 해당 군대의 군량, 군수품은 즉시 연대(煙臺)를 후방 보급로로 삼아, 신이 파견한 위원이 계속 운송을 담당하도록 지시하여, 조선에 조금의 피해도 주는 일이 없도록 하겠습니다. 오장경은 기강이 엄명(嚴明)하고, 임기 응변의 모략을 일찍 깨우쳐 마땅히 상황에 따라 적절하게 대응할 수 있으니 성주(聖主)의 자소어원(字小御遠)의 지극한 뜻에 부합합니다. 조선의 상황은 많은 어려움이 있어 어지러움을 평정하고 위기를 도와주려면 더욱 더 기회를 잡고 세력을 살펴야 할 필요가 있고, 현장에서 즉각적인 결정을 내릴 수 있어야 합니다. 오장경이 조선에 도착한 후 무릇 긴요하고 기밀된 사항은 해당 제독이 상황을 판단해서 처리 방법을 모색하되, 한편으로 신이 있는 곳과 자문으로 의논하며 수시로 상주하여 알려서 정세에 대응함으로써 황상의 근심을 풀어드릴 수 있게 해 주시길 청합니다. 수·륙 관군을 파견해서 조선을 보호하는 모든 대책에 대해 삼가 주접을 작성해서 역참을 통해 보고를 올리니, 황태후와 황상께서 살펴보시고 훈시를 내려주시기를 엎드려 빕니다. 삼가 주를 올립니다.

광서 8년 6월 30일 군기대신은 다음과 같은 유지를 받았습니다.
[내용 없음]
이상.

(21) 문서번호: 4-2-21(504, 788a)

사안: 송경(宋慶)이 통솔하는 의군(毅軍)을 동원·파견하여, 여순(旅順)에 옮겨 주둔하게 하겠습니다(調派宋慶所部毅軍, 移紮旅順).
날짜: 光緒八年七月一日(1882년 8월 14일)
발신: 軍機處
수신: 署理北洋大臣 張樹聲

七月初一日, 軍機處交出張樹聲抄片稱:

再, 奉天旅順海口, 爲北海第一重捍衛. 前經李鴻章委員修築礮臺, 挖濬口內兩灣, 經營局廠·船塢, 爲水師兵船駐泊之所. 上年於驗收訂購快船, 乘往旅順巡閱案內, 奏明俟礮臺告竣, 再酌調陸軍防護在案. 本年四月, 臣來津接篆李鴻章, 竝商定將來卽調奉旨仍駐營口之統領毅軍四川提督宋慶所部數營, 移紮旅順. 現查該口黃金山礮臺工程, 指日告竣, 自應照案酌調, 用資防護. 臣已咨請宋慶, 先行酌撥步隊四營, 拔赴旅順, 其餘馬步五營, 仍駐紮營口. 惟旅順礮臺船塢, 各項工作尙繁, 如須添隊幫同修濬, 再由宋慶隨時咨商添調, 以重要防. 謹附片陳明, 伏乞聖鑒. 謹奏.

光緖八年六月三十日, 軍機大臣奉旨:
　　知道了.
欽此.

7월 1일 군기처에서 다음과 같은 장수성의 부편(附片)을 베껴서 보내왔습니다.

추가합니다. 봉천과 여순의 해구는 북해(北海)의 가장 중요한 방어 지역입니다. 전에 일찍이 이홍장이 임명한 위원이 포대를 건설하였고, 항구의 양쪽 만(灣)을 깎아내서 공장과 선창으로 운영하여, 수사의 군함이 정박하는 장소로 삼았습니다. 작년에 구매한 쾌선을 점검하고 나아가 여순 지역을 순찰한 사안에서, 포루가 완공되기를 기다려 재차 육군을 배치해서 방호한다고 상주해서 밝힌 바 있습니다. 올해 4월 신이 천진에 와서 이홍장에게 (직예총독 겸 북양대신의) 관방을 넘겨받았고, 아울러 유지를 받들어서 영구에 주둔하는 의군(毅軍)을 통솔하고 있는 사천제독 송경의 부대 몇 개 영(營)을 장래 여순으로 이동해 주둔시키기로 상의해서 정하였습니다. 현재 해당 항구의 황금산 포대 공사를 살펴보니, 얼마 안 있어 완공이 될 것이므로, 마땅히 기왕의 결정에 비추어 배치함으로써 방호에 도움이 되도록 하겠습니다. 신은 이미 송경에게 우선 보병(步兵) 4개 영을 우선적으로 선발하여 여순으로 보내고, 그 나머지 마(馬)·보(步) 5개 영은 그대로 영구에 주둔하게 하였습니다. 다만, 여순의 포대와 선창의 각 공정은 여전히 복잡하니, 만약 부대를 추가 파견해서 함께 공사를 진행해야 한다면, 재차 송경이 수시로 추가 배치를 자문으로 요청하도록 하여 요충지의 방어를 중시하도록 하겠습니다. 삼가 부편으로 밝히니, 살펴봐 주시기를 엎드려 바랍니다. 삼가 주를 올립니다.

광서 8년 6월 30일, 군기대신은 다음과 같은 유지를 받았습니다.
    알았다.
이상.

(22) 문서번호 : 4-2-22(506, 793a)

사안 : 조선 사안은 오장경 등에게 상황을 살펴 신속히 처리하도록 지시하였습니다(朝鮮事即 飭吳軍門等相機速辦).

날짜 : 光緖八年七月四日(1882년 8월 17일)

발신 : 總理衙門

수신 : 署理北洋大臣 張樹聲

七月初四日, 致署北洋大臣張樹聲函.[詳見密啟].

草目 : 函覆朝事即飭吳軍等相機速辦, 不必專候李中堂由

7월 4일 북양대신 장수성에게 다음과 같은 편지를 보냈습니다.[상세한 내용은 密啟를 보라].

내용 요약 : 조선 사안은 즉시 오장경 등에게 상황을 보아 신속하게 처리하라고 지시하고, 이홍장을 무조건 기다릴 필요는 없다는 사안의 답장 서신.

(23) 문서번호 : 4-2-23(507, 793b-794a)

사안 : 일본과 조선은 조약을 체결하였고, 이것은 즉 조선이 자주의 나라임을 인정한 것이니 조선 문제는 일본이 조약에 따라 조사·처리할 것으로, 중국과 전혀 관련이 없습니다 (日韓締約, 即認其爲自主之邦, 韓亂事日本據約查辦, 與中國絶無干涉).

날짜 : 光緒八年七月四日(1882년 8월 17일)
발신 : 日本國署公使 田邊太一
수신 : 總理衙門

七月初四日, 日本國署公使田邊大一照會稱 :

明治十五年八月七日, 准貴王大臣照會內開 :
　接出使敝國黎大臣電報, 知高麗亂党突圍敝國使館, 致有傷亡, 敝國欽差花房等避至長崎. 敝國現擬派兵船前往查辦. 等情. 因爲貴國與敝國爲盟好隣朋, 高麗又爲貴國屬國, 遇有此等情形, 應實力護持. 現由貴衙門奏明, 調派水師陸軍東駛, 以資鎭護.
等因. 本署大臣. 准此. 即將來意電知敝國外務衙門, 業經照復在案. 昨接敝國外務大輔來咨電文稱 :
　貴欽差黎大臣知照敝國外務衙門亦如來意, 外務大輔函復明敝國與高麗締約之初, 彼自認以爲自主之邦, 我亦隨認其爲自主, 固不視以爲中國屬國, 則今日之事, 應據約查辦, 亦惟高麗之問, 蓋國各護其權, 衛其使臣是公法之所許, 而有國者應盡之務, 於貴國絶無干涉, 今貴國派往水師·陸兵, 或恐節外生枝, 却致不虞, 囑黎大臣特轉達貴王大臣, 請再思.
等因前來. 本署大臣即將此意相應照會貴王大臣查照可也.

7월 4일 일본국 서리 일본공사 다나베 다이치(田邊大一)가 다음과 같은 조회를 보내왔습니다.

메이지 15년 8월 7일 귀 왕대신이 보낸 다음과 같은 조회를 받았습니다.

> 출사 일본대신 여서창이 보낸 전보를 받았는데, 고려의 난당이 돌연 일본 공사관을 포위하여 사상자가 발생하는 데 이르렀고, 일본 공사 하나부사 등이 나가사키로 도피하였고, 일본이 현재 군함을 파견해서 조사·처리하려고 한다고 합니다. 중국과 일본은 우호 관계를 맺은 이웃 나라이고, 또한 고려는 중국의 속국으로 이러한 상황에 마주하였기에 응당 힘을 다하여 보호해야 할 것이므로, 현재 총리아문은 수사와 육군을 동쪽으로 보내서 진압하는 일을 돕는다는 상주하였습니다.

본 서리 공사는 이러한 통보를 받았으니, 곧장 일본 외무아문에 전보로 알렸고, 이미 답장 조회를 보낸 바 있습니다. 어제 일본 외무대보가 보낸 다음과 같은 자문을 전보로 받았습니다.

> 귀 흠차 여서창이 일본 외무아문에 조회를 통해 알린 내용은 역시 전에 보낸 뜻과 같았습니다. 외무대보가 답장 서신을 보내 일본과 조선이 조약을 체결한 즈음에 조선이 스스로 자주의 나라라고 인정하여, 우리도 그에 따라 조선의 자주를 인정하여 진실로 중국의 속국으로 간주하지 않았습니다. 따라서 지금의 사건은 응당 조약에 따라 조사·처리해야 하고, 오직 조선에게만 물어야 할 것입니다. 대저 국가는 각각 그 권리를 보호하고, 그 사신(使臣)을 지키는 것은 공법(公法)이 허용하는 바입니다. 국가가 당연히 다해야 할 임무가 있으니, 귀국은 아무런 관련이 없으며, 지금 귀국이 수사와 육군을 파견하는 것은 혹시 생각지 못한 충돌이 발생하여 오히려 뜻밖의 상황에 이르게 될 것으로 우려됩니다. 여서창이 귀 왕대신에게 특별히 전달해서 다시 생각해 주시길 요청합니다.

본 서리 공사는 곧장 이러한 뜻을 마땅히 귀 왕대신에게 조회해서 살펴보실 수 있게 해야 할 것입니다.

(24) 문서번호: 4-2-24(508, 794b-795a)

사안: 조선이 중국의 속방이라는 점은 각국이 모두 아는 사실입니다. 이번 군대의 파견은 속방을 위해 반란을 진압하는 것으로 일본과는 무관합니다(朝鮮爲中國屬邦, 各國皆知, 此次派兵爲屬邦戡亂, 與日本無涉).

날짜: 光緖八年七月六日(1882년 8월 19일)

발신: 總理衙門

수신: 日本國署公使 田邊太一

七月初六日, 給日本國署公使田邊太一照會稱:

光緖八年七月初四日, 准貴署大臣照會內開:
　接貴國外務大輔來電稱:
　　曾函復本國黎大臣. 聲明與高麗締約之初, 彼自認爲自主之邦, 我亦隨認其爲自主, 固不視爲中國屬國, 則今日之事, 據約查辦, 有國者應盡之務, 於中國絶無干涉, 中國派往水師陸兵, 或恐節外生枝. 囑爲轉達.
等因. 本衙門先經黎大臣來電, 亦同前由. 查中國屬邦所有一切政事, 向由各屬邦自主. 所以高麗近日與西洋各國立約通商, 均經聲明約內各款, 必按自主公例, 認真照辦. 至爲中國屬邦, 一切分內應行各節, 均與各國毫無干涉. 是朝鮮爲中國屬邦, 各國皆知. 獨貴國不視爲中國屬邦, 殊不可解. 至中國發兵前往, 因高麗內亂已極, 理應爲之戡定, 蓋本國恤小扶危之擧, 與貴國絶無干涉, 至貴國衛其使臣, 係各辦各事, 又何致節外生枝耶? 卽望貴署大臣將此意轉達貴國外務大輔爲荷, 除電致黎大臣外, 相應照復貴署大臣查照可也.

7월 6일 일본 서리 공사 다나베 다이치(田邊大一)에게 다음과 같은 조회를 보냈습니다.

광서 8년 7월 4일 귀 서리 공사가 보내온 다음과 같은 조회를 받았습니다.

일본 외무대보가 보내온 다음과 같은 전보를 받았습니다.

> 외무대보가 (여서창 공사에게) 답장 서신을 보내 일본과 조선이 조약을 체결한 즈음에 조선이 스스로 자주의 나라라고 인정하여, 우리도 그에 따라 조선의 자주를 인정하여 진실로 중국의 속국으로 간주하지 않았습니다. 따라서 지금의 사건은 응당 조약에 따라 조사·처리해야 하고, 오직 조선에게만 물어야 할 것입니다. 대저 국가는 각각 그 권리를 보호하고, 그 사신을 보호하는 것은 공법이 허용하는 바입니다. 국가가 당연히 다해야 할 임무가 있으니, 귀국은 아무런 관련이 없으며, 지금 귀국이 수사와 육군을 파견하는 것은 혹시 생각지 못한 충돌이 발생하여 오히려 뜻밖의 상황에 이르게 될 것으로 우려됩니다. 여서창이 귀 왕대신에게 특별히 전달해서 다시 생각해 주시길 요청합니다.

본 아문은 일전에 여서창의 전보를 받았는데 역시 위의 것과 같은 내용이었습니다. 생각건대, 중국은 속방의 모든 정치를 지금까지 각 속방이 자주하게 하였습니다. 그래서 조선이 최근 서양 각국과 통상 조약을 체결하면서 조약 내 각 항목은 반드시 자주의 공례에 따라서 진진하게 시행할 것임을 이미 밝힌 바 있습니다. 중국의 속방으로서 조선이 본분 내에서 응당 행해야 하는 모든 사항은 각국과 조금도 관련이 없습니다.

조선은 중국의 속방이며 각국이 모두 이를 알고 있습니다. 오직 귀국만이 중국의 속방으로 보지 않으니, 정말 이해하기 어렵습니다. 중국이 군대를 파견하는 것에 관해서는 조선 내부의 혼란이 이미 극에 달하였기 때문으로, 응당 이를 평정해야 하며, 대저 본국이 작은 나라를 어여삐 여겨 위기에서 부축하는 행위는 귀국과 조금도 관련이 없습니다. 귀국이 그 사신을 보호하는 사안에 대해서는 각각 처리해야 하는 문제인데, 어찌 예상치 못한 충돌이 발생할 수 있겠습니까? 귀 서리 공사는 이러한 뜻을 귀국의 외무대보에게 전달해 주면 고맙겠습니다. 여서창 대신에게 전보를 보내는 것 외에, 마땅히 귀 서리 공사에게 답변 조회를 보내어 참고할 수 있도록 해야 할 것입니다.

(25) 문서번호: 4-2-25(509, 795b)

사안: 일본은 해군 출신의 에노모토 다케아키(榎本武揚)를 중국 사신으로 보냈습니다(日本派海軍榎本使華).

날짜: 光緒八年七月六日(1882년 8월 19일)

발신: 橫濱理事 陳養源

수신: 總理各國事務衙門大臣 周家楣

> 七月初六日, 周堂交橫濱理事陳養源電報稱:[7]
>   接日本橫濱電報, 看是日廷放海軍榎本爲中使,[8] 速報府尹周. 云云.
>   刻因看明, 又及.

7월 6일 주가미(周家楣)가 요코하마 이사(橫濱 理事) 진양원(陳養源)에게 받은 다음과 같은 전보를 전달해 왔습니다.

일본 요코하마에서 보내온 전보를 받았는데, 일본 조정이 해군 출신 에노모토 다케아키(榎本武揚)를 주중 일본 공사로 임명한 것으로 판단되며, 신속하게 순천부(順天府) 부윤(府尹) 주가미(周家楣)에게 보고한다고 합니다. 방금 확인하였기에 다시 언급하는 바입니다.

---

7 여기서 주당(周堂)은 주가미(周家楣)를 가리킨다. 그는 광서 4(1878)년 순천부 부윤(順天府府尹)으로 임명되었는데, 총리아문의 대신직을 겸하였다.

8 에노모토 다케아키(榎本武揚, 1836~1908)는 전직 무사(武士, 幕臣) 출신의 정치가, 외교관으로, 네덜란드에 유학한 다음 귀국하여 막부의 해군 지휘관이 되었고, 메이지 유신 때에는 막부군(幕府軍)을 이끌고 싸웠다가 패배한 다음 도쿄의 감옥에서 2년 반 동안 투옥되었는데, 석방 후 메이지 정부에 봉사하게 되었다. 개척사로 북해도(北海道)의 자원 조사를 하고 러시아 주재 특명전권공사로 근무하였으며, 외무대신, 해군경, 주중 특명전권공사 등을 지냈고, 내각제도 개시 이후에는 여러 대신 직을 역임하였다.

(26) 문서번호 : 4-2-26(510, 796a)

사안 : 조선의 난당이 반란을 일으켜, 이미 장수성에게 정여창과 오장경을 군대와 함께 파견해서 적절하게 처리하라고 지시하였는데, 아울러 숭기(崇綺)로 하여금 가까이에서 은밀히 정보를 탐색해서 수시로 상주하도록 지시하라(朝鮮亂黨滋事, 已飭張樹聲派丁汝昌·吳長慶帶兵馳往妥辦, 竝著崇綺就近密探消息隨時奏聞).
날짜 : 光緖八年七月六日(1882년 8월 19일)
발신 : 軍機處
수신 : 總理衙門

七月初六日, 軍機處交出光緖八年七月初五日奉上諭 :

前據總理各國事務衙門曁張樹聲先後奏稱 :
  朝鮮亂黨滋事, 突圍日本使館, 傷斃人命, 朝鮮王宮同時被劫, 係該國王之本生父李昰應爲首, 竝有戕害王妃及大臣多人情事.
日本已有兵船前往, 朝廷顧念藩封, 當飭張樹聲派提督丁汝昌, 道員馬建忠酌帶兵船. 又添派提督吳長慶, 統率所部六營, 馳往相機, 因應妥籌辦理, 竝諭令李鴻章剋日赴津, 部署水陸各軍, 前往查辦. 朝鮮密邇陪都, 特將該國變亂情形, 諭令崇綺知悉. 該將軍接奉此旨, 毋得稍涉張皇, 就近探有消息, 卽著隨時奏聞.
欽此.

7월 6일 군기처는 광서 8년 7월 5일 받은 다음과 같은 상유를 전해 왔습니다.

이전에 총리아문 및 장수성이 선후로 다음과 같이 상주하였다.

조선의 난당이 반란을 일으켜 갑자기 일본 공사관을 포위하여 인명을 다치거나 사망케 하고, 조선 왕궁도 동시에 습격하였는데, 이는 조선 국왕의 생부인 이하응이 수괴이며,

아울러 왕비 및 대신 여러 명을 해친 정황도 있습니다.

일본이 이미 군함을 파견하였고, 조정은 조선이 번봉(藩封)임을 고려하여 당연히 장수성에게 제독 정여창, 도대 마건충에게 군함을 이끌고 가도록 지시하였다. 또한 제독 오장경을 추가로 파견해서 그가 거느리는 6개 영을 통솔해서 가서 상황을 살피고 그에 맞춰 처리를 적절히 모색하게 하고, 아울러 이홍장에게 기한 내에 천진으로 가서 수·륙군을 배치해서 조사·처리하도록 지시하였다. 그리고 조선은 배도(陪都) 심양(瀋陽)과 가까우니 특별히 조선 변란의 상황을 성경장군(盛京將軍) 숭기(崇綺)에게 전해 알도록 하라. 성경장군은 이 유지(諭旨)를 받은 후 조금도 허둥대지 말고, 인근에서 얻은 정보를 즉각 수시로 상주하도록 하라.
이상.

(27) 문서번호 : 4-2-27(512, 805b)

사안 : 조선을 원호하기 위해 육군 병력이 이미 출발하였습니다(援護朝鮮, 陸師已拔隊起程).
날짜 : 光緖八年七月九日(1882년 8월 22일)
발신 : 署理北洋大臣 張樹聲
수신 : 總理衙門

七月初九日, 署北洋大臣張樹聲文稱:

於光緖八年七月初八日, 在天津行館由驛具奏, 援護朝鮮陸師拔隊起程, 竝查探情形一摺, 相應抄摺咨呈. 爲此咨呈貴衙門, 謹請查核施行.

計: 抄摺[計見七月 ○日軍機處交出抄摺內]

7월 9일 서리 북양대신 장수성이 다음과 같은 자문을 보내왔습니다.

광서 8년 7월 8일 조선을 원호(援護)하기 위한 육군 병력을 뽑아 출발하였고, 아울러 상황을 탐문하여 조사하겠다는 주접을 갖추어 천진행관에서 역참을 통해 상주하였으니, 응당 이 주접을 베껴서 자문으로 보내야 할 것입니다. 이에 귀 아문에 자문을 보내니 검토해 보시길 바랍니다.

첨부 : 주접의 초록.[첨부문서는 7월 ○일 군기처에서 전달한 주접 초록을 보라]

(28) 문서번호 : 4-2-28(513, 806a)

사안: 오장경의 부대는 이미 조선에 병력을 파견하였는데, 만약 병력이 부족하면 마땅히 추가 파견을 준비해야 할 것입니다(吳軍已東渡兵力, 如不敷布置, 當籌續發).

날짜: 光緒八年七月九日(1882년 8월 22일)

발신: 署理北洋大臣 張樹聲

수신: 總理衙門

七月初九日, 署北洋大臣張樹聲函稱:

本月初五日肅上直字二十五號函, 竝呈鈔件, 度邀鈞察. 初五日奉直字六百八十八號密函, 發蹤攬要, 無遠不燭. 樹聲初五日函內所陳蠡管撥明, 差幸上符指示. 此皆風承方暑, 故有塗轍可循, 欽仰何極? 吳軍東渡, 項已奏報, 當即咨呈冰案. 六營足敷布置與否, 須俟吳筱軒到彼察度情形, 如果必須厚集兵力, 一俟筱軒等信到, 即當相繼續發. 行軍利鈍之機, 間不容髮. 少荃中堂計當指日出山, 樹聲與提督吳等面商函議, 至再至三. 均屬其迅赴事機, 不敢株守貽誤. 何天爵所言一節,[9] 亦遵已密諭馬道領會矣. 電報局稟稱, 昨由稅務司交到鈞署寄日本使署電信, 現在由滬至日電線中斷, 一俟修好即行發寄, 謹先附陳. 肅復, 祗敬鈞綏.

7월 9일 서리 북양대신 장수성이 다음과 같은 서신을 보내왔습니다.

이번 달 5일 직자 25호 서신을 보냈고, 아울러 초록한 문서를 올렸으니, 살펴보셨을 것이라고 짐작됩니다. 5일 직자 688호 비밀 서신을 받았는데, 요점을 찍어서 지시하심에 정말 멀리서도 비추지 못함이 없습니다. 저는 5일 서신에서 제 의견을 펼쳐 밝혔는데, 다행스럽게도 상부

---

9 홀콤브(Chester Holcombe, 何天爵, 1844~1912)는 미국 선교사·외교관으로 1869년 이후 중국에서 활동하였다. 1871년부터 1등 참찬으로 일하면서 1875~1876, 1876~1879, 1881~1882년 서리공사직을 맡았다. 1882년 조미조약의 체결에 참여하기도 하였다.

의 지시와도 부합합니다. 이는 모두 이전에 주신 대책을 받았기 때문으로, 앞선 길을 따르는 듯 순조로울 수 있으니 흠앙함이 얼마나 크겠습니까? 오장경의 군대가 바다를 건넜고, 지금 이미 이를 상주하였는데, 마땅히 바로 총리아문에도 자문을 올려야 할 것입니다. 오장경의 6개 영이 배치하기에 충분한 병력인지 여부는 반드시 오장경이 그곳에 도착하여 살피는 것을 기다려야 하며, 만약 병력을 반드시 두텁게 늘려야 한다면, 오장경의 서신이 도착하기를 기다려 즉각 마땅히 이어서 후속 병력을 파견해야 할 것입니다. 군대를 보냄에 있어 유리함과 불리함의 기회는 그야말로 머리카락 하나 정도의 차이입니다. 이홍장 중당은 며칠 안에 출산(出山)할 것으로 생각되는데, 장수성과 제독 오장경 등과 직접 만나서 의논하고, 서신으로 논의하기를 계속 거듭하겠습니다. 이는 모두 신속히 처리해야 할 사무에 속하므로, 감히 융통성 없이 지연하여 잘못을 남기지 않아야 할 것입니다. 홀콤브 미국 서리 공사가 언급한 구절은 이미 비밀리에 지시를 내려 도대 마건충이 받도록 하였습니다. 전보국이 보낸 보고에 따르면 어제 세무사가 총리아문에서 일본 공사관에 보낸 전보가 있다고 하는데, 현재 상해-일본의 전선이 중단되었으니, 복구될 때를 기다려서 바로 보내겠다는 점을 삼가 추가로 알립니다. 삼가 답장 서신을 보냅니다. 복되시길 빕니다.

(29) 문서번호 : 4-2-29(515, 807a-808a)

사안 : 정여창이 조선의 변란 상황 및 일본 군대가 조선에 도착한 상황을 직접 보고하였습니다(丁汝昌面稟朝鮮亂事及日本兵船到韓情形).
날짜 : 光緖八年七月十日(1882년 8월 23일)
발신 : 軍機處
수신 : 署理北洋大臣 張樹聲

七月初十日, 軍機處交出張樹聲抄摺稱:

爲援護朝鮮陸師拔隊起程, 竝查探情形, 恭摺馳報, 仰祈聖鑒事.
竊臣於六月二十八日馳奏, 籌派水陸官軍援護朝鮮緣由, 欽奉寄諭:
　　即著飭令吳長慶等相機因應, 妥籌辦理. 昨已有旨諭令李鴻章迅速北來, 前往查辦. 近日朝鮮亂黨若何情形及日本兵船到後作何擧動, 該督務當確探消息, 審度事機. 俟李鴻章抵津後, 妥商辦法, 仍隨時奏聞, 以紓廑系.
等因. 欽此. 經卽欽遵咨行籌辦, 適提督丁汝昌於七月初一日酉刻, 由朝鮮駛回天津, 面稟一切. 查亂黨之起, 藉兵粮失時減斛爲端, 而鼓動主持者, 則該國所稱興宣大院君李昰應也. 該國王以李昰應之子入承國統, 昰應秉政多年, 悖戾貪饕, 不恤國事. 近年該國王深憂國勢艱危, 秉承天朝, 締交各國, 簡用忠良, 共圖時政, 其王妃閔氏亦能力贊大計. 李昰應意趣不同, 旣以失權爲憾, 謬附屛絶外交之議, 陰結黨類, 乘間鴟張. 故王妃閔氏首罹其殃. 該國王任用諸臣幾無能免者, 而日本人之被害者, 亦十有三名. 今國王幽居宮禁, 與外朝聲息不通. 李昰應方遍引私人爲內外各官, 以樹羽翼. 丁汝昌與馬建忠於六月二十七日帶快兵船三艘, 行抵朝鮮仁川口. 日本兵船一艘, 亦於是日到口. 日船海軍官將, 與丁汝昌等, 皆以禮往來. 二十八九日, 日本續到兵商船三艘, 計三日到過四船, 共載水陸兵一千數百名, 尙未離船登岸. 此目前朝鮮亂黨及日本兵船到後實在情形也.
臣奏明咨調南洋兩兵船, 固須修理, 復經改派. 據江海關道電報登瀛洲 · 威靖兩船日

> 內陸續可抵煙臺. 臣令丁汝昌於本月初二日, 仍乘威遠兵船駛赴登州, 竝函屬吳長慶將所部六營, 分起東行, 以取迅速. 現接吳長慶等函報, 已先親帶弁勇兩營四哨, 以三哨與丁汝昌同坐威遠兵船, 以兩營一哨, 分坐商局鎭東, 日新兩船, 竝以泰安兵船, 裝載粮械·軍火等項. 於本月初四日, 由登州開行, 抵朝後, 即堅登岸, 先就海口附近地方, 擇要扎紮, 與我兵輪水陸相依. 其餘各營哨, 即相繼東渡, 層遞而進, 一面安撫百姓, 竝傳檄王京, 使勿驚擾. 俟後起兵勇抵岸, 吳長慶即親將數營, 向王京一路進紮. 李昰應甫經專國, 衆志未一, 大軍驟臨, 皇威赫濯, 度其下不無震悚. 倘能乘機獲致, 歸政國王, 除其凶頑, 撫其良善, 庶幾轉危爲安, 善後事宜, 乃可措手. 至日本兵船均泊仁川, 我兵駐營之地, 不宜與之錯處. 一切應行密防各節, 已由臣詳致吳長慶與馬建忠等, 隨宜因應. 除仍隨時函咨李鴻章籌度商辦外, 所有陸師拔隊赴朝, 竝查探情形, 理合恭摺, 由驛馳報. 伏乞皇太后·皇上聖鑒訓示. 謹奏.

7월 10일 군기처에서 다음과 같은 장수성의 주접 초록을 보내왔습니다.

조선을 원조하기 위해 육군 부대를 뽑아 파견하고, 아울러 상황을 탐문·조사한 것을 삼가 주접을 갖추어 아뢰니, 황상께서 살펴봐 주시길 우러러 빕니다.

신 장수성은 6월 28일 수·륙 관군을 파견해서 조선을 원조하는 사안으로 주접을 올렸고, 삼가 다음과 같은 기신상유를 받았습니다.

> 오장경 등에게 기회를 보면서 대응하여 적절하게 처리할 수 있도록 지시하라. 어제 이미 이홍장에게 신속히 북상해서 조사·처리하도록 지시하였다. 최근 조선 난당이 어떤 상황인지, 또 일본 군함이 도착한 다음 어떤 움직임을 보이는지, 해당 독무는 정보를 확실히 탐색하고 상황을 자세히 조사하여, 이홍장이 천진에 도착하기를 기다린 다음 함께 적절하게 처리 방법을 논의하되, 수시로 상주해서 근심을 풀 수 있도록 하라.

이미 유지에 따라 자문을 보내어 처리하였는데, 마침 정여창이 7월 1일 유시(酉時, 오후 5~7시)에 조선에서 천진으로 돌아와서 모든 사안을 저와 직접 만나서 보고하였습니다. 살펴보건대, 난당의 봉기는 병량 지급이 늦어지고 되의 크기를 줄인 것이 발단이었고, 선동을 주도한 자는 조선의 흥선대원군 이하응이라고 불리는 사람이었습니다. 조선 국왕은 이하응의 친아들로서 국통을 입승(入承)하였고, 이하응은 정권을 잡은 지 수년에 정도에서 어긋나고 탐욕을 부리며 국사를 제대로 돌보지 않았습니다. 최근 조선 국왕은 국세가 위난한 것을 깊이 우려하여 천조(天朝)의 뜻을 받들어 각국과 외교 관계를 맺었고, 충량한 인재를 선발해서 함께 정사를 도모하였고, 그 왕비 민씨 역시 큰 계획에 힘을 써서 도울 수 있었습니다. 이하응의 뜻은 이와 같지 않아서 권력을 잃은 것에 원한을 품고, 외교의 뜻을 절대 거부하는 쪽으로 잘못 붙어서 무리를 몰래 이루며 틈을 타서 위세를 펼쳤습니다. 그런 까닭으로 왕비 민씨는 이 재앙의 첫 희생이 되었습니다. 조선 국왕이 선발한 여러 신하는 거의 이런 재앙을 피할 수 있는 사람이 없었고, 일본인 가운데 피해를 입은 자가 13명입니다. 현재 국왕은 궁중에 은거하며 외조(外朝)와 소식이 통하지 않습니다. 이하응은 결국 자기 사람을 내정과 외조의 각 관직에 심어서 우익(羽翼)으로 삼았습니다. 정여창과 마건충은 6월 27일 쾌선과 군함 3척을 대동해서 조선의 인천항에 도착하였고, 일본 군함 한 척이 역시 같은 날 인천항에 도착하였는데, 일본 군함의 군관은 정여창 등을 모두 예의를 갖춰서 방문하였습니다. 28일과 29일 일본 측은 군함과 상선 세 척이 연이어 도착하였는데, 3일 동안 모두 4척이 넘게 도착하였고, 모두 수·륙 병사 1천여 명을 실었으며, 아직 하선해서 상륙하지 않았습니다. 이것이 현재 조선의 난당 및 일본 군대가 도착한 후의 상황입니다.

 신(臣)은 남양의 군함 두 척을 차출하고, 만약 반드시 수리해야 한다면 다른 선박으로 바꿔서 보내줄 것을 자문으로 요청하겠다고 주접에서 밝혔습니다. 강해관도(江海關道)의 전보에 따르면 등영주(登瀛洲), 위정(威靖) 두 척은 하루 안에 연대(煙臺)에 도달할 수 있다고 합니다. 신은 정여창에게 이번 달 2일 군함 위원(威遠)을 타고 등주에 가도록 지시하였고, 아울러 오장경에게 인솔 부대 6개 영을 나누어 조선으로 이동하는 일을 신속히 해달라고 서신으로 부탁하였습니다. 현재 오장경 등의 보고를 서신으로 받았는데, 이미 오장경이 2개 영 4개 초를 직접 이끌고, 3개 초는 정여창과 함께 군함 위원(威遠)에 탔고, 2개 영 1개 초는 초상국의 진동(鎮東), 일신(日新) 두 척에 탔으며, 아울러 군함 태안(泰安)에 식량과 무기 등을 실었습니다. 이번 달 4일 등주에서 출발해 조선에 도착한 후 무사히 상륙해서 우선 해구 부근의 지역으로 이동해서 군사적 요충지를 골라 주둔하고, 우리 병력과 선박이 수륙으로 서로 이어지게 하였습니다. 그 나머지 각 영과 초가 서로 이어서 동쪽으로 건너오자 순차적으로 진군하면서, 한편으로 백성을 안심시키고, 아울러 왕경(王京)에 격문을 돌려서 깜짝 놀라 소란을 피우지 못하도록 하였습니다. 병력이 해안에 도달하기를 기다린 다음 오장경이 직접 몇 개의 영을 이끌고 왕경으로 향하는 경로로 진군하겠습니다. 이세응(李昰應)이 막 정국을 장악하고 무리의 뜻이 아직 통일되지 않은 상황에 대군이 갑자기 들이닥쳐서 황상의 위엄을 빛내면 그 아랫사람들이 놀라서 두려워하지 않을 수 없을 것입니다. 만약 기회를 타서 대원군을 획치(獲致)할 수 있다면 국왕에게 정권을 돌려주고, 그 흉악한 자들을 제거하고 선량한 자는 회유해 위기를 안정으로 바꾸고 뒷수습에 바로 착수할 수 있을 것입니다.

일본 군함은 모두 인천에 정박하였는데, 우리 병력이 주둔한 지역이 그들과 뒤섞이는 것은 적당하지 않습니다. 응당 비밀리에 방비해야 하는 각 사안 모두는 신이 이미 오장경과 마건충 등에게 상황에 따라 적절하게 대응하라고 상세하게 지시하였습니다. 수시로 이홍장에게 서신으로 자문을 보내서 처리 대책을 모색하는 것 외에, 육군을 선발해서 조선으로 보내고, 아울러 정세를 조사한 것에 대해서 응당 삼가 주접을 작성해서 역참을 통해 보고드려야 할 것입니다. 황태후, 황상께서 살펴보시고 훈시를 내려주실 것을 엎드려 바라옵니다. 삼가 주를 올립니다.

(30) 문서번호: 4-2-30(516, 808b)

사안: 이홍장이 여정의 출발 및 천진에 도착하는 일자에 관한 답장 전신을 보냈습니다(李鴻章電覆起程及赴津日期).
날짜: 光緖八年七月十二日(1882년 8월 25일)
발신: 署理北洋大臣 張樹聲
수신: 總理衙門

七月十二日, 署北洋通商大臣張樹聲函稱:

項接江海關邵道電寄少荃中堂覆鈞署電信四十八字. 屬爲轉寄, 特照錄呈上. 項聞樹聲, 亦接到少荃中堂來電. 言將於十二日登舟, 計二十左右當可抵津門矣. 吳筱軒提軍到朝後尙有來信,[10] 前日又專派一船, 駛往探問, 日內當有回報, 容再馳陳. 專肅, 祗叩鈞綏.

照錄淸摺
(1) 「少荃中堂覆電」
滬道轉寄密電敬悉, 朝事已聞大畧. 十九廿四廷寄奉到, 趕緊料理起程. 寧滬有應商事件, 遵卽乘輪北來. 鴻章謹覆. 初五日.
　十一日下晚到.

7월 12일 서리 북양통상대신 장수성이 다음과 같은 서신을 보내왔습니다.

　방금 강해관도(江海關道) 소우렴이 전신으로 보내온 총리아문에 답장하는 이홍장 중당의 전보 48자를 받았습니다. 대신 발신해 줄 것을 부탁하였기에, 특별히 베껴서 올립니다. 또한 방금

10　아마 탈자가 있는 듯하다. 아직 소식이 없다는 뜻이어야 하는데, 이대로는 뜻이 통하지 않는다.

장수성 역시 이홍장 중당이 보내온 전보를 받았습니다. 12일에 배에 탈 것이고, 20일 전후로 천진에 도착할 수 있을 것 같다고 합니다. 오장경은 조선에 도착한 후 아직 보내온 서신이 없는데(?), 어제 다시 배 한 척을 단독으로 파견하여 가서 탐문하게 하였으니, 며칠 안으로 답장 보고가 있을 것인데, 그때 다시 보고를 올리도록 하겠습니다. 특별히 편지를 보냅니다. 평안하시길 바랍니다.

첨부문서
(1) 「이홍장의 답장 전보(少荃中堂覆電)」

강해관도가 대신 전달해 준 비밀 전보를 확인하였습니다. 조선의 일은 대략적인 내용을 이미 들었습니다. 19일과 24일 기신상유를 받았고, 서둘러 출발 준비를 하겠습니다. 남경(南京)과 상해(上海)에 응당 상의해야 할 사건이 있는데, 지시에 따라 바로 윤선을 타고 북상하겠습니다. 이홍장이 삼가 답장을 보냅니다. 초5일.

11일 오후 도착.

(31) 문서번호: 4-2-31(517, 809a-820b)

사안: 조선에 병변(兵變)이 발생하였고, 일본은 반란 수괴를 징벌하러 군대를 파견하였습니다. 현재 조선 국왕은 무탈하며, 대원군이 권력을 장악하였습니다(朝鮮兵變, 日本出兵在 懲辦亂首. 現朝鮮國王無事, 由大院君執政).

첨부문서: 1. 「일본 외무경 이노우에 가오루(井上馨)가 출사 일본대신 여서창에게 보낸 영문 서신(日本外務卿井上馨發出仕日本大臣黎庶昌英文函)」: 일본이 군함을 조선에 파견한 것은 호위를 위함이고, 파견되어 하는 일은 국체(國體)를 보전하는 일입니다(日本派兵艦赴朝鮮係爲護衛, 遣辦之事, 保全國體).

2. 「주조선 공사 하나부사가 외무경 이노우에 가오루에게 보낸 전보(高使花房發外務 井上電)」: 조선의 난사로 일본이 피해를 입은 상황(朝鮮亂事日本受害情形).

3. 「출사 일본대신 여서창이 일본 외무경 이노우에 가오루에게 보낸 서신(出仕日 本大臣黎庶昌發日本外務卿井上馨函)」; 조선 흉도가 난동을 일으켜 일본 공사관이 피해를 입은 것은 조선 정부의 의도에서 나온 것이 아니므로, 신속하게 난당을 사로잡아 처리함으로써 화목한 우의를 보전하기를 희망합니다(朝鮮凶徒滋事, 日 館受害, 惟非出韓廷之意, 希能早將亂黨拏辦, 以全睦誼).

4. 「출사 일본대신 여서창이 일본 서리 외무경 요시다 기요나리(吉田淸成)에게 보 낸 서신(出仕日本大臣黎庶昌發日本署外務卿吉田淸成函)」: 조선 난당이 난동을 일 으켜 일본 공사관이 피해를 입었으므로, 중국은 마건충으로 하여금 군함을 이 끌고 가서 조정하도록 파견하였습니다(朝鮮亂黨滋事, 日館受害, 中國派馬建忠率艦 前往調停).

5. 「일본 서리 외무경 요시다 기요나리가 출사 일본대신 여서창에게 보낸 서신(日 本署外務卿吉田淸成發出仕日本大臣黎庶昌函)」: 일본은 조선의 난사에 대해 이 미 대책을 마련하였으며, 중국의 조정이 필요하지 않습니다(日本對朝鮮亂事, 已 有對策, 不勞中國調停).

6·7·8.「일본통상시말 번역(譯日本通商始末)」[11] : [생략]

날짜 : 光緒八年七月十三日(1882년 8월 26일)

발신 : 出使日本國大臣 黎庶昌

수신 : 總理衙門

七月十三日, 出使日本國大臣黎庶昌函稱:

六月初四日肅上一函, 諒邀均察, 十三日接奉本字第六十六號鈞函, [중략] 神戶理事馬中書建常兼任繙譯,[12] 自可勝任愉快, 惟現因胞兄病重, 三次乞假赴滬省視, 情詞甚悲, 不得已暫准一月往返. [중략]. 十七日, 外務省遣大輔吉田清成來署, 面告日本駐高公使花房義質來電:

西曆七月二十三日, 突有高麗亂黨數百人, 圍攻使館, 抗禦七時之久, 未能援兵到來, 該公使等二十餘人, 奪圍而出, 逃至仁川, 又被該處兵丁圍擊, 死者二人, 傷者數人, 又逃至海邊, 得一小船, 行至南陽, 遇英國測海船救吿.

等語. 庶昌以好言慰之而去. 次日外務卿井上馨, 卽離東京, 親往督辦此事, 是數日內群議紛紜, 有滅此朝食之意,[13] 派兵調餉, 舉國囂然, 幸而政府以此次倡亂之徒, 不但與日人爲難, 幷及王宮執政, 非出自高廷之意, 其意祇欲懲辦得體而止, 似尚可言. 然

---

[11] 첨부문서 (6)과 (7), (8)은 책의 주제와 관련이 없는 내용이라 생략한다.

[12] 마건상(馬建常, 1840~1939)은 청 말의 문관으로 원명은 마지덕(馬志德)이고 약슬(若瑟)·흠선(欽善)·건상(建常)·량(良)이란 이름도 사용하였다. 자는 사장(斯藏) 또는 상백(相伯) 등인데, 마상백, 또는 마량이란 이름으로 더 잘 알려져 있다. 청 말의 저명한 외교관 마건충(馬建忠)의 형이기도 하다. 주일 영사를 지낸 다음 1882년에 정부 기구가 개편된 후 이홍장의 추천으로 조선에 와 통리군국사무아문의 참의(參議)가 되고, 후에 참찬으로 승진하여 나라의 기무(機務)와 권리를 장악하고 내정을 간여하였다. 이후에는 복단대학(復旦大學) 등의 창시자 등 교육가로 이름을 떨쳤으며 천주회 신부이자 신학박사로도 잘 알려져 있다. 중서(中書)는 여기서는 내각중서(內閣中書)의 직함(종7품)을 말하는데, 마건상(馬建常)은 과거 출신자가 아니고 천주교 신학박사(神學博士)의 학위만을 가졌다. 산동기기국총판, 일본 고베(神戶) 영사 등을 거치는데 그때 후선내각중서(候選內閣中書)의 직함이었다. 이홍장에 의해 조선에 파견되었을 때도 마찬가지였는데, 『고종실록』19권, 고종 19년 11월 17일 기해 1번째 기사에는 "中國舍人 마건상과 전 청나라주재 독일 영사관 밀렌도르프를 접견하다."라고 기록되어 있다. '中國舍人'은 '中書舍人'의 오기로 보인다.

[13] 멸차조식(滅此朝食)은 『좌전(左傳)』에서 나온 교사로, 적군을 소멸한 다음에야 아침을 먹겠다는 것으로 신속한 승리를 바라는 군은 투지를 비유한다.

其預備軍械之屬, 刻未停止. 二十日外務送來英文信函一件, 即詳言此事原委, 當經節次電聞大畧. 二十一日接到衙門擬派馬道建忠督帶兵船前往調停之電報, 即經函告外務卿, 外務亦有復函, 今一并錄呈鈞覽. 自高麗與美英立約, 論者咸以爲中國屬邦可幸無事, 然觀其國人, 黨與不和, 亂機方始, 亦頗聞美·英條約, 該二國尙難批准之議, 則是朝鮮一隅, 尚煩廟堂籌畫, 似宜催請傅相假滿即出, 東方之事, 以後尚費經營, 正未能固守禮經也. 本日新聞紙載花房義質發來電報, 高都之變, 國王無事, 王妃及世子妃大臣等死者十三人, 現歸大院君執政, 又日本學生死者二人, 巡捕死者三人, 可謂大亂. 然尙未聞該國王作何辦法, 招商局派來迎載難民之懷遠輪船, 於二十日抵橫濱, 二十三日開赴箱館, 除有要聞隨時電知外, 伏乞代回堂憲爲禱. 耑肅, 祗請勛安.

照錄清摺
(1) 「譯外務卿英文信函」
啟者:
茲將我國駐高麗公使館近日被擊之情形送覽, 其大畧情形, 諒貴公使已經知悉. 現在我政府已舉行之事, 竝酌量欲行之件, 均已奉聞. 其攻擊之事, 所關甚重, 請看付來電信之譯文便知. 今花房所報之事, 若果確實, 不獨我國公使署被擊, 并悦與外國通好之廷臣, 亦被此亂黨攻擊, 連及於王宮, 如此可知事之有關涉於各國也. 現所知者祗如此, 其餘實在情形如何, 則未知之也. 此次不料之事, 諒我國公使館及高廷皆未及預知. 日後無論如何解釋其事, 惟我國公使與員役不僅受頑民之兇擊, 伊等退走至海濱, 且屢被兵士亦攻擊之後, 只得逃避於大海等, 幸得遇英國測海船扶賴煙斐士, 蒙救帶來長崎. 除公使館官員逃脫之外, 連千總堀本尙有九名, 我國人不知所在. 因防伊等遇害, 及難保居留釜山我國人不再有事, 故我政府擬即派軍艦三艘, 經已前赴高麗. 花房公使經已奉命再往高麗京都, 俾得向高廷討釋, 明其民人行此兇暴之舉, 竝保護我國交涉利益事, 及伊自身, 又與我國之民人也. 另派陸軍一隊, 計三百名前往高麗, 我政府想此事不能不如此辦理. 此小隊兵之管帶官及艦長等, 均已奉命不能行對敵之舉, 祗係護衛遣辦之事, 竝我國居留人民, 及爲此高人干犯, 而欲保全國體之意也. 此事之擧動, 我政府全以敦睦和好屬念, 竝無二心. 故特爲實告, 今所派軍艦及小隊陸軍毫無伴爲之事, 恐外人有未悉我政府之實意, 悮解其事. 應請貴公使早日將此函內之意, 移知貴政府爲禱. 或有何事欲知者, 如本大臣可代勞之時, 自當泐布. 欽差黎庶昌閣下.

　　井上馨. 東京外務省, 一千八百二十八年八月初二,[14] 即光緒八年六月十九日.

(2)「高使花房電報」.
本月二十三日午後五點鐘, 有高麗人數百名, 突然到來, 攻擊公使館, 擲石射矢放槍, 放火燒公館. 與之抗拒七時之久, 竝未有官兵到來援救. 即向頑民之中, 突圍穿過, 奔至王宮, 而城門又閉, 不得已即退回仁川, 正在停歇之際, 城邑之兵忽然又攻擊我等. 彼時我巡捕被擊死者二人, 傷者三人, 諒我國人死傷者還不止此. 於是盡力打破出國, 出奔至西撥治[所日本音], 得一艇即開身, 於二十六日駛至南陽地方, 適遇英測海船扶賴煙斐士, 蒙該船現載來長崎. 雖有受傷, 尙無大碍. 竝聞二十三日王宮及閔太后閔憲邸亦被攻擊. 至仁川又有此暴舉, 諒釜山及元山難免無其事也. 護船磐城艦現灣泊在仁川, 惟釜山亦要派軍艦一艘前往, 除設法保護外, 今高麗京都政府如何情形, 及高王無事否, 亦須查及. 至日後之事, 必要多派護船護兵. 本公使企候回音, 書記官近大尉水野等共有二十四人皆抵崎, 中尉堀本及外八名不知所在. 由長崎西七月三十日華六月十六日, 半夜十二點鐘半發, 外務卿井上馨殿. 花房義質.

(3)「覆外務卿井上馨函」.
敬復者:
昨准貴外務卿英文信函一封, 當即譯出, 本大臣已閱悉矣. 此次高麗兇徒猝然滋事, 攻擊貴國使館, 不及預防, 實於和好大有關碍. 此等擧動, 在我政府亦必不謂然, 然此非出自高廷之意, 尙可原諒. 本大臣已將來函美意轉報我政府. 但願高麗速日將此亂黨嚴拏懲辦, 以全友睦, 是本大臣之所深盼也. 此復, 順頌日祉.
光緒八年六月二十一日, 欽差大臣黎庶昌.

外務卿井上馨閣下.

14　원건의 "一千八百二十八年"는 오기가 분명하다.

(4)「致署外務卿吉田淸成函」.

敬啓者:

本大臣昨接北洋大臣電報, 准總理衙門來函. 高麗現有此等暴舉, 擬派馬道臺建忠乘坐兵船二三號前往, 爲貴國調停此事. 屬卽轉告貴政府請勿見疑. 相應函達貴外務卿可也. 順頌日祉.

光緖八年六月二十一日. 欽差大臣黎庶昌.

署外務卿吉田淸成閣下.

(5)「署外務卿吉田淸成覆函」.[15]

敬復者:

頃接貴大臣來函. 以昨接北洋大臣電報. 准總理衙門來函:

　　高麗現有此等暴舉, 擬派馬道臺建忠乘坐兵船二三艘, 前往爲貴國調停此事.

等因. 業已閱悉. 具徵貴政府友誼之厚. 惟於此事, 本處已有成見, 妥愼籌辦, 想不至煩貴政府及他國爲費神也. 耑此卽復. 順頌日祉.

明治十五年八月六日.

署外務卿吉田淸成. 欽差大臣黎庶昌閣下.

(6)「譯日本通商始末」續前卷. 幕府許米國入下田函館二港通商.
(7)「英艦入各港」.
(8)「米使巴耳利西登營」: [생략]

7월 13일 출사 일본대신 여서창이 다음과 같은 서신을 보내왔습니다.

6월 4일 삼가 서신 한 통을 보냈는데, 이미 모두 살펴보셨을 것으로 생각합니다. [중략][16] 고

---

15 요시다 기요나리(吉田 淸成, 1845~1891)는 일본의 외교관이자 재정가로, 1865년 영국·미국에 유학하였으며, 1870년 귀국한 다음 대장성(大藏省)에 근무하였고, 1874년 미국 체재중 주미공사로 임명되어 외교관의 길을 걷게 되었다. 1882년 외무대보(外務大輔)에 임명되어 귀국하였고, 1886년에는 농상무대보(農商務大輔) 및 초대차관(初代次官)으로 옮겼다.

16 이하 일본 공사관의 문제에 대한 서술은 주제와 관련이 없어, 생략하였다.

베(神戶)에서 일을 맡은 중서(中書) 마건상은 통역 업무를 겸임하고 있는데, 스스로 기쁘게 업무를 감당해 내고 있습니다. 다만, 현재 포형(胞兄)의 병세가 위중하여 세 차례 휴가를 청하여 상해로 가서 살필 수 있게 해주시길 요청하였는데, 그 말속에 슬픈 마음이 절절하여 부득이하게 한 달 동안 다녀오도록 허락하였습니다. [중략] 17일 외무성은 외무대보 요시다 기요나리(吉田淸成)를 보냈는데, 일본 주조선 공사 하나부사 요시모토(花房義質)가 보내온 다음과 같은 전신을 가지고 와서 알려주었습니다.

> 서력 7월 13일 조선의 난당 수백 명이 갑자기 공사관을 포위해서 공격하였고, 7시간 동안 저항하는 동안에도 구원 병력이 도착할 수 없었습니다. 해당 공사 등 20여 명이 포위를 뚫고 탈출해서 도망쳐 인천에 도달하였고, 또다시 그곳에서 병사들에게 포위 공격을 받았습니다. 죽은 사람이 2명, 다친 사람이 여러 명입니다. 다시 도망쳐 해변에 이르러 작은 배 하나를 구해서 남양(南陽)에 이르렀고, 그곳에서 영국 측 해선을 만나서 목숨을 구하였습니다.

여서창은 좋은 말로 그를 위로하고 돌려보냈습니다. 다음 날 외무경 이노우에 가오루는 즉시 도쿄를 떠나 직접 현장에 가서 이 일의 처리를 독려하게 되었습니다. (일본에서는) 며칠 동안 여론이 분분하여 신속한 처리를 바라는 뜻으로 군대를 파견하고 군량을 조달해야 한다는 등 전국적으로 떠들썩합니다. 다행히 (일본) 정부로서는 이번 난을 주창한 무리가 일본인들만 곤경에 처하게 한 것은 아니고, 왕궁과 집정에게도 미쳤으니, 그 뜻이 조선 조정의 뜻에서 나온 것은 아니라는 점에서, 다만 적절한 징벌 처리만을 원하는 뜻을 보인다는 것은 그래도 말할 수 있을 것 같습니다. 그러나 미리 무기 등을 준비하는 것은 결코 조금도 멈추고 있지 않습니다. 20일 외무성은 영문 서신 한 건을 보내왔는데, 이 사건의 경위를 상세히 설명하고 있으며, 이전에 누차 보고드린 대략과 같습니다. 21일 총리아문에서 도원 마건충을 파견하여 군함을 이끌고 가서 조정한다는 정보를 받았습니다. 바로 외무경에게 서신으로 알렸고, 외무성에서 답장 서신이 있었으니, 살펴보실 수 있도록 지금 함께 옮겨적어 올립니다. 조선과 미국·영국이 조약을 체결한 것에 대해 논자들은 모두 중국의 속방으로 별 탈이 없는 것을 다행이라 할만하다고 여겼습니다. 그러나 그 나라 사람을 살펴보니, 당파(黨派)가 화합하지 못하고, 어지러운 조짐이 바야흐로 시작되고 있어 미국·영국과 체결한 조약이 비준되기 어려울 것이라는 예측이 자못 나오고 있습니다. 즉 한 구석에 있는 조선이 우리 조정에서 대책을 마련하는데 번거롭게 하고 있으니, 응당 이홍장 중당이 휴가가 끝나면 즉각 출발하도록 독촉해서만 동방의 사무는 비로소 그래도 경영할 여지가 있을 것이고, 바야흐로 옛날 법도만을 곧이곧대로 지킬 수는 없을 것입니다. 오늘 신문지에 하나부사 요시모토가 전보로 보내 알려 온 내용을 실었는데, 조선 수도의 변란으로 국왕은 무사하지만, 왕비와 세자비, 대신 등 13인이 죽었고, 현재 대원군 집정으로 돌아갔으며, 또 일본 학생 두 명이 죽었고, 체포되어 죽은 사람이 세 명이라고 하니 정말 대란(大亂)이라고 할 만하겠습니다. 그러나 아직 조선 국왕이 어떤 대처방안을 내놓았는지 듣지 못하였고, 초상국(招商局)에서 파견한 윤선 회원(懷遠)호는 난민(難民)을 싣고 20일 요코하마에 도착해서 23일 하코다테(箱館)로 출발하였습니다. 중요한 소식이 있으면 수시로 전보로 알리는 것 외에, 대신께 대신 안부를 전해 주시길 엎드려 빕니다. 이상입니다. 편안하시길 빕니다.

첨부문서:
(1) 「일본 외무경 이노우에 가오루가 출사일본대신 여서창에게 보낸 영문 서신(譯外務卿英文信函)」

알립니다.
지금 일본의 주조선 공사관이 최근 습격받은 상황을 살펴보실 수 있도록 보내는데, 그 대략의 상황은 귀 공사께서 이미 알고 계실 것으로 생각합니다. 현재 우리 정부가 이미 착수한 사안과 아울러 실행하고자 계획하는 사항에 대해 모두 알려드리도록 하겠습니다. 이번 습격은 매우 중대한 사안으로, 이해의 편의를 위해 부친 전보의 번역을 보시길 바랍니다. 현재 하나부사가 보고한 바가 만약 확실하다면, 일본 공사관이 공격받았을 뿐만 아니라 외국과 통호(通好)에 우호적인 조정의 신하도 난당의 공격을 받았고 왕궁에도 이어졌으니, 이것이 각국과의 이해와도 관계된 사안임을 알 수 있습니다. 현재 확인된 바는 겨우 이 정도이지만, 그 나머지 실상은 상황이 어떻게 진행될지에 달려 있으니 아직 알 수 없습니다. 이번 뜻밖의 사건은 일본 공사관 및 조선 조정 모두 예상치 못한 것으로 생각합니다. 이후에 이 일이 어떻게 해석되든지 여부와 상관 없이 우리 공사와 직원이 백성들의 흉폭한 공격을 받았을 뿐만 아니라 그들이 도망쳐서 해안가에 이르러서도 다시 누차 조선의 병사에게 공격을 받았고, 어쩔 수 없이 바다로 도망쳤습니다. 다행히 영국의 측량선 플라잉 피시호(號)를 만나서 나가사키로 수송해 주는 도움을 받았습니다. 공사관 관원이 도망쳐 화를 피한 것 외에 호리모토(堀本) 중위 등 일본인 9명의 소재를 알 수 없습니다. 이 때문에 이들이 해를 입는 것을 막기 위해 그리고 부산에 거류하는 일본인들이 재차 이러한 사건을 당하는 것을 막기 위해 일본 정부는 군함 세 척을 파견하려고 하였고, 이미 조선으로 출발하였습니다. 하나부사 공사는 이미 다시 지시를 받고 조선 수도로 복귀해서 조선 조정에게 그들의 백성이 이렇게 흉폭한 난동을 피운 것에 대한 해명을 요구하고, 아울러 일본의 교섭 이익, 그 자신 및 일본 백성을 보호하는 역할을 맡게 되었습니다. 별도로 육군 부대 약 300명을 조선에 파견하는데, 일본 정부는 이러한 조치를 취하지 않을 수 없다고 생각합니다. 이 작은 부대 병력의 관리관 및 함장 등은 이미 모두 적대적인 행위를 할 수 없다는 지시를 받았고, 단지 보호 업무와 일본 거류민만 맡고, 아울러 조선인의 침범으로부터 국체를 보전하려는 뜻입니다. 이러한 조치는 우리 정부가 전적으로 우호를 돈독히 하려는 것을 염두에 두고 있으며, 절대 다른 마음이 없습니다. 이런 까닭으로 특별히 실상을 알려드립니다. 현재 군함 파견 및 소규모 육군 부대의 파견은 거짓으로 꾸밀 일이 아니며, 외국인이 일본 정부의 실제 뜻을 깨우치지 못해서 이 조치를 오해할까 걱정됩니다. 응당 귀 공사께서 조속히 이 서신에 담긴 뜻을 귀 정부에 전달해 주시기를 바랍니다. 혹 그 외에 알고자 하는 것은 본 대신이 대신 처리할 수 있다면 마땅히 설명해 드리겠습니다.

여서창 흠차대신 각하.

이노우에 가오루. 도쿄외무성(東京外務省). 1882년 8월 2일, 즉 광서 8년 6월 19일.

(2) 「주조선 공사 하나부사가 외무경 이노우에 가오루에게 보낸 전보(高使花房電報)」

이번 달 23일 오후 5시, 조선인 수백 명이 돌연히 몰려와서 공사관을 공격하여 화살을 쏘고, 돌을 던지고, 총을 쏘며 불을 질러 공사관을 태웠습니다. 그들에게 저항한 지 7시간이 지났지만, 결코 조선 관군은 구하러 오지 않았습니다. 백성들 속으로 뚫고 돌파해서 왕궁으로 달렸지만, 성문은 닫혀있어서 하는 수 없이 인천으로 후퇴해서 휴식을 취하던 중 인천부(仁川府)의 병사가 돌연히 다시 들이닥쳐서 우리를 공격하였습니다. 이때 체포되어 2명이 즉사하고, 3명이 부상을 입었으며, 일본인 사상자는 또한 여기에 그치지 않았습니다. 그래서 온 힘을 다해 저항하며 포위를 뚫고 제물포(濟物浦)에 도달하여 배 한 척을 구해서 떠났고, 26일 남양(南陽) 앞바다에서 영국 측량선 플라잉 피시호를 만나 그 배로 나가사키까지 태워주는 대접을 받았습니다. 비록 부상자는 있었지만, 아직은 크게 지장은 없습니다. 아울러 23일 왕궁 및 민태후(閔太

后), 민씨 대감의 저택을 습격하였다고 합니다. 인천에 이러한 폭거가 있었으므로, 부산 및 원산도 이런 일이 없을 것이라 하긴 어렵다고 생각합니다. 호위함 이와키(磐城)호가 현재 인천에 정착하고 있는데, 생각건대 부산 역시 군함 한 척을 파견해서 보호 방안을 마련하는 것 외에, 현재 조선 수도의 정부가 어떤 상황인지 조선 국왕에게 일은 없는지를 조사해야 할 것입니다. 이후의 일은 많은 수의 호위함과 호위병을 파견하는 것이 반드시 필요합니다. 본 공사는 회신을 기다리고 있으며, 곤도(近藤) 서기관, 미즈노(水野) 대위 등 24명은 모두 나가사키에 대기하고 있으며 호리모토(堀本) 중위 외 8명의 소재는 알지 못합니다.

 나가사키에서 7월 30일(음력 6월 16일) 오후 12시 30분, 하나부사 요시모토.
 외무경 이노우에 가오루 전(殿).

(3)「출사 일본대신 여서창이 일본 외무경 이노우에 가오루에게 보낸 서신(覆外務卿井上馨函)」

 답장을 보냅니다.
 어제 귀 외무경이 보낸 영문 서신 한 통을 받아서 바로 번역해 본 대신이 모두 살펴보았습니다. 이번에 조선의 흉도가 갑자기 반란을 일으켜서 귀국의 공사관을 공격하였으나 미리 막아내지 못하였으니, 실로 우호 관계에 큰 장애가 생겼습니다. 이러한 거동은 우리 정부 역시 결코 옳다고 하는 것은 아니나, 이것이 조선 조정의 뜻에서 나온 것도 아니니 헤아려 주시길 바랍니다. 본 대신은 이미 보내온 서신의 좋은 뜻을 우리 정부에 전달해 보고하였습니다. 다만 조선이 신속하게 장차 이 난당을 철저히 체포·처벌해서 우의를 온전히 할 수 있기를 바랍니다. 이것이 본 대신이 깊이 바라는 바입니다. 이상으로 회신을 마칩니다. 복되시길 바랍니다.
 광서 8년 6월 21일, 흠차대신 여서창.
 외무경 이노우에 가오루 각하.

(4)「출사 일본대신 여서창이 일본 서리 외무경 요시다 기요나리에게 보낸 서신(致署外務卿吉田淸成函)」

 삼가 올립니다.

본 대신은 어제 다음과 같은 북양대신의 전보를 받았습니다. 총리아문으로부터 서신을 받았는데, 조선에서 현재 이러한 폭거가 있어서 군함 2~3척을 대동해서 도대 마건충을 파견해서 귀국을 위해 이 일을 조정할 것이라고 합니다. 귀 정부에 전달해서 의심을 품지 않게 해주시길 부탁합니다. 이때문에 응당 귀 외무경에게 서신을 전달해야 할 것입니다. 복되시길 빕니다.

광서 8년 6월 21일, 흠차대신 여서창.

서리 외무경 요시다 기요나리 각하.

(5) 「일본 서리 외무경 요시다 기요나리가 출사 일본대신 여서창에게 보낸 서신(署外務卿吉田淸成覆函)」

답장을 보냅니다. 방금 귀 대신이 보낸 서신을 받았습니다. 어제 북양대신이 보낸 전보를 받았습니다.

총리아문이 보내온 다음과 같은 서신을 받았습니다.

조선에서 현재 이러한 폭거가 있어서 군함 2~3척을 대동해서 도대 마건충을 파견해서 귀국을 위해 이 일을 조정할 것이라고 합니다.

이미 모두 살펴보았습니다. 귀 정부의 우의의 두터움에 감사드립니다. 그런데 이 사건에 있어서 우리 쪽은 이미 결정된 입장이 있고, 타당하고 신중하게 처분할 것이므로, 귀 정부를 번거롭게 하고, 다른 나라를 위해 신경 쓰게 할 정도에 이르지 않는다고 생각합니다. 이러한 사안으로 답장을 보냅니다. 복되시길 바랍니다.

메이지(明治) 15년 8월 6일, 서리 외무경 요시다 기요나리.

흠차대신 여서창 각하.

(6)·(7)·(8) : 『일본통상시말』의 번역. [생략]

(32) 문서번호 : 4-2-32(518, 821a)

사안: 이홍장이 본적지에서 출발하여 천진에 도착할 날짜에 관해 상주한 주접 초고를 비밀리에 자문으로 보냅니다(密咨具奏由籍起程赴津日期摺稿).
날짜: 光緒八年七月十四日(1882년 8월 27일)
발신: 署理北洋大臣 李鴻章
수신: 總理衙門

> 七月十四日, 署北洋大臣李鴻章文稱:
>
> 光緒八年七月初八日, 在合肥縣原籍藉由驛覆奏, 遵旨起程赴津日期一摺. 除俟奉到諭旨恭錄另咨外, 相應抄摺密咨貴衙門, 請煩查照.
>
> 計: 奏摺稿[詳見十五日軍機處交出抄摺]

7월 14일 서리 북양대신 이홍장이 다음과 같은 문서를 보내왔습니다.

광서 8년 7월 8일 합비현(合肥縣) 원적(原籍)에서 역참을 통해 유지(諭旨)에 따라 출발하여 천진으로 향하는 날짜를 알리는 답장 주접을 상주하였습니다. 이에 대해 유지를 받으면 따로 베껴 자문으로 보내는 것 외에 응당 주접을 베껴서 귀 아문에 비밀자문으로 보내니, 번거로우시겠지만 살펴봐 주시길 바랍니다.

첨부: 주접의 원고[상세한 내용은 15일 군기처에서 보내온 주접의 초록을 보라]

(33) 문서번호 : 4-2-33(519, 822a-824a)

사안: 조선 국왕의 자문에 대해 적당하게 답장하고 육군 부대가 조선에 도착하여 상륙한 상황을 상주한 주접·편문의 원고를 베껴 보냅니다(錄送接朝鮮國王咨乘機答復, 及陸師抵朝登岸情形摺片稿).
첨부문서: 1. 「조선 국왕이 보낸 자문(朝鮮國來咨)」: 조선 난사 상황(朝鮮亂事情形).
2. 「북양대신 장수성이 조선 국왕에게 보낸 답장 자문(北洋大臣張樹聲覆朝鮮國王咨)」: 조선의 난사에 대해 중국은 이미 수·륙 양군을 파견하여 보내 원호(援護)하기로 하였습니다(朝鮮亂事, 中國已派水·陸兩軍, 前往呼冤).
날짜: 光緖八年七月十四日(1882년 8월 27일)
발신: 署理北洋大臣 張樹聲
수신: 總理衙門

七月十四日, 署北洋大臣張樹聲文稱:

於光緖八年七月十三日, 在天津行館, 由驛馳奏, 接到朝鮮國王咨文乘機答復一摺. 又附奏陸師抵朝登岸大略情形一片, 相應抄錄咨送, 爲此咨呈貴衙門. 謹請査核施行.

計: 奏摺附片稿[詳見十五日軍機處交出抄摺片].

照錄淸單:
(1) 「朝鮮國王來咨」.
朝鮮國王爲咨報事.
竊念敝邦往年與日本立約通商, 今年丁·馬兩大人駕船委到, 美·英·德諸國條款次第准完, 此莫非制軍大人牖迷開竅之盛意, 則曷敢不冒陳愚衷, 獲遂徵願也. 日本人留駐淸水館六七年,[17] 懇敦友睦, 互講交聘敎藝學技, 自無釁孼. 不幸本月初九日, 敝邦兵民始由小端忽然肆怒, 前唱後和, 動以萬計, 破家毀舍, 無分崇卑, 潮至之氣, 有不可遏, 乃至突入敎場, 殺死日本敎師以下三人, 在路又殺四人. 敝邦民人之被殺者, 數甚夥多, 繼刦淸水館, 因風縱火, 館中之人, 奮力殺出, 砲劍所到, 無不立斃. 敝邦死民至爲二十餘名矣. 初十日諸軍刦害相臣李最應, 仍犯王宮, 豕突咆哮, 王妃不幸薨逝, 宰臣金輔鉉, 閔謙鎬同時遇害.[18] 伊日光景, 鎭撫爲急, 實賴國太公親冒銃稍, 責以大義, 諭以至意, 遂使無知兵丁皆懷感戢, 俯首縮伏, 登卽解散. 禍雖起於倉卒事, 猶幸其帖服, 敢竭必陳之懷, 庸寓不諱之義, 謹將來由臚開如右, 冀制軍大人燭諒敝邦事情, 轉奏天陛, 仍報總理各國事務衙門, 不勝幸甚. 爲此合行移咨, 請照驗轉奏施行. 須至咨者.

(2)「咨復朝鮮國王文稿」.

爲咨復事.

本月十一日, 准貴國王六月十九日咨:

　　[생략. 바로 앞 1의 내용과 동일]

等因. 到本署大臣. 准此. 査貴國六月初九日之事, 本署大臣早聞大署, 不勝懸系, 當卽奏明朝廷, 先派統領北洋水師提督丁汝昌·二品銜道員馬建忠, 酌帶兵輪船, 於六月二十五日駛赴仁川, 査探一切. 旋蒙大皇帝軫念藩服變出非常, 諭派水·陸兩軍前往援護. 本署大臣已欽遵調集兵輪, 奏派廣東水師提督吳軍門先行統率勁旅, 尅期東渡. 現已先後行抵貴國. 玆准來咨, 國太公當日親冒銃稍, 定亂俄頃, 解散兇徒. 本署大臣實深佩慰, 卽當轉奏天聽, 亦必仰邀聖鑒. 貴國王受天朝封植, 保守東土, 此次亂由內起, 上犯王宮, 加以擾害日人, 自宜分別査辦, 整飭紀綱, 以無替帶礪河山之寵. 今吳軍門等奉天子之命, 前往鎭撫, 師次郊坰, 貴國王禮應出拜朝命, 國太公休戚與同, 竭誠匡輔, 亦當親赴大營, 將善後事宜與吳軍門等詳晰商達, 以副大皇帝字小

---

[17] 앞서도 나왔지만, 도성 밖 옛 경기중군영 자리(淸水館)를 말하는데, 현재의 서대문역과 독립문 사이의 중간쯤이다. 즉 여기서는 일본 공사관을 말하는데, 강화도 조약 이후 한성 성내가 아닌 서대문 밖의 이 지역을 일본 측에 제공하였지만, 일본 공사관이 개설된 것은 1880년이 되어서였다.

[18] 상신(相臣)은 영의정·좌의정·우의정을 통칭하는 말이며, 재신(宰臣)은 2품 이상의 고위 관료를 말한다.

恤患之至意也. 除據情轉奏, 竝咨達總理各國事務衙門外, 相應咨復貴國王, 請煩查照. 須至咨者.
　光緒八年七月十三日 咨復.

7월 14일 서리 북양대신 장수성이 다음과 같은 문서를 보내왔습니다.

광서 8년 7월 13일 천진의 해관에서 조선 국왕으로부터 받은 자문을 받아서 적당하게 상황에 맞춰서 답장 자문을 보냈다는 주접을 역참을 통해 상주하였습니다. 또한 육군이 조선에 도착해서 상륙한 대략의 정황을 부주(附奏)로 올렸습니다. 응당 베껴써서 자문으로 보내야 할 것이니, 이에 귀 아문에 자문을 보냅니다. 삼가 검토해서 시행해 주시길 바랍니다.

첨부: 주접과 부편의 초고[상세한 내용은 15일 군기처에서 전달한 문서를 보라].

첨부문서:
(1) 「조선국왕이 보내온 자문(朝鮮國王來咨)」

삼가 생각건대, 조선은 왕년에 일본과 조약을 맺어 통상을 시작하였고, 올해 정여창, 마건창 두 대인이 임무를 맡아 배를 이끌고 도착하여, 미국·영국·독일 등과 차례차례 조약을 체결하였습니다. 이것은 미혹함에서 벗어나 생각이 탁 트이게 하는 북양대신의 큰 성의가 아님이 없으니, 어찌 감히 제 마음을 애써 털어놓아 원하는 바를 이루려 하지 않을 수 있겠습니까? 일본인이 청수관(淸水館)에 머문 지 6, 7년으로 우애를 돈독히 쌓고 서로 교예(敎藝)와 학기(學技)를 교류하면서 당연히 아무런 흠이나 틈이 없었습니다. (그런데) 불행히도 이번 달 9일 조선 병민(兵民)이 처음에는 사소한 다툼에서 시작하였다가 갑작스럽게 분노를 터트려, 앞뒤로 선동하고 호응하며 1만 명이 움직여 주택을 파괴하면서 존귀하고 비천함을 가리지 않았으며, 그 기세의 흐름이 도저히 막을 수 없을 정도로 커지면서 마침내는 (별기군의) 군사 훈련장[敎場]에 난입하여 일본군 교관 이하 3명을 살해하고, 길 위에서 다시 4명을 더 살해하였습니다. 조선 백성 가운데 피살된 사람의 숫자도 아주 많았고, 청수관을 겁략한 다음, 바람을 타고 불을 질러, 건물 안의 사람들을 악착같이 살해하여 총칼이 이르는 곳에 즉시 죽임을 당하지 않는 경우가 없었습니다. 조선 백성 가운데 사망한 사람이 20여 명에 이르렀습니다. 10일에는 뭇 군인들이 상신(相臣) 이최응(李最應)을 덮쳐 살해하고, 나아가 왕궁을 침범하여 곳곳에서 함성을 지르고 돌격하여, 왕비가 불행하게도 세상을 떠났고, 재신(宰臣) 김보현(金輔鉉), 민겸호(閔謙鎬)가 동시에 피살당하였습니다. 그날의 상황에서는 난당을 진휘(鎭撫)하는 것이 시급하였는데, 실로 국태공이 친히 총칼을 무릅쓰고 대의로 질책하고 지극한 뜻으로 깨우친 것에 힘입어, 마침내 무지한 병정들이 모두 감동하여 머리를 조아리며 엎드려 곧장 해산하였습니다. 재앙은 비록 창졸간의 일에서 비롯되었지만, 그래도 다행스럽게 이렇게 모두 순종하였으니, 어찌 감히 반드시 아뢰는 생각 속에 아무것도 숨기지 않는 의리를 깃들이지 않을 수 있겠습니까? 이런 사유를 이상과 같이 늘어놓아 알리면서, 총독 대인이 조선의 사정을 제대로 살펴 황상께 대신 상주해 주시길 기대합니다. 아울러 총리아문에도 알려주신다면 대단히 다행이겠습니다. 이 때문에 자문을 보내면서, 대신 상주해 주시길 요청합니다.

(2) 「조선국왕에게 보내는 자문의 초고(咨復朝鮮國王文稿)」

답장 자문을 보냅니다.
6월 11일, 다음과 같은 귀 국왕의 6월 19일의 자문을 받았습니다.

    [생략. 바로 앞 1의 내용과 동일]

본 서리 북양대신은 이상과 같은 자문을 전달받았습니다. 조사해 보건대, 조선의 6월 초9일 사건은 본 서리 북양대신이 일찍이 그 대강의 상황을 듣고 계속 염려하지 않을 수 없어, 바로 조정에 상주하여 알리고 우선 북양수사(北洋水師)를 통령(統領)하는 제독 정여창과 이품함 도원 마건충을 파견하여 군대를 이끌고 윤선 군함을 운행하여 6월 25일 인천에 도착하여 모든 사정을 조사하도록 하였습니다. 이윽고 황상께서 번복에 대단히 심각한 변란이 발생한 것을 염려하셔서 육군과 수군을 보내 지원하도록 지시를 내리셨습니다. (그래서) 본 서리 대신은 이미 이에 따라 군함을 불러 모으고 광동수사제독 오장경을 상주·파견하여 먼저 정예 부대를 통솔하여 신속하게 조선에 건너가도록 하였으며, 현재 선후하여 이미 귀국에 도착하였습니다. 지금 보내주신 자문을 받아보건대, 국태공이 당일 스스로 총칼을 무릅쓰고 순식간에 반란을 진압하고 흉도를 해산하였다고 합니다. 본 서리 대신은 몹시 이에 감탄하고 위안을 느껴 바로 황상께 대신 상주를 올려 전달하였으니 또한 반드시 황상께서 살펴보셨을 것입니다. 귀 국왕은 천조(天

朝)의 봉식(封植)을 받아 동쪽 영토를 지켜왔는데, 이번에 내란이 일어나 위로는 왕궁을 침범하고 게다가 일본인을 해치기까지 하였으니 응당 스스로 분별하여 조사·처리하고 기강을 바로잡아, 영원히 강산을 분봉한 천조의 은총이 바뀌는 일이 없어야 할 것입니다. 지금 오장경 제독 등이 천자(天子)의 명을 받아 가서 진무(鎭撫)하려 하니, 그 부대가 한성의 교외에 도착하면 귀 국왕은 응당 나와서 조명(朝命)을 받들어야 할 것이며, 국태공 역시 환락과 우환을 같이 하는 처지로 정성을 다해 보조해야 하므로, 역시 응당 몸소 중국 군부대에 와서 사후 처리 문제를 오장경 제독 등과 함께 상세하게 상의하여, 작은 나라를 어여삐 여겨 환난을 구휼하는 황상의 지극한 뜻에 부응해야 할 것입니다. 지금까지의 사정을 대신 상주하고, 아울러 총리아문에도 자문으로 통지하는 것 외에, 응당 귀 국왕에게 답장 자문을 보내야 하니, 번거롭더라도 살펴보시길 바랍니다.

광서 8년 7월 13일 답장 자문을 보냅니다.

(34) 문서번호: 4-2-34(521, 828b-829b)

사안: 본적지에서 출발하여 천진에 도착하는 날짜를 알립니다(由籍起程赴津日期).
날짜: 光緒八年七月十五日(1882년 8월 28일)
발신: 軍機處
수신: 總理衙門

七月十五日, 軍機處交出李鴻章抄摺稱:

爲疊奉寄諭, 遵卽起程, 馳赴天津, 恭摺覆陳, 仰祈聖鑒事.
竊臣於四月十四日, 自津起程奔喪之先, 恭奉四月十一日寄諭:

　著俟百日假滿後, 仍遵前旨, 駐紮天津, 辦理通商事務.

等因. 欽此. 是月二十六日, 迎扶母柩到籍, 呈由安徽撫臣裕祿據情代奏在案. 六月三十, 七月初五日, 疊奉六月二十四·二十九等日上諭:

　朝鮮內亂情形危急, 日本已有兵船前往, 著卽行起程, 馳赴天津, 部署水陸各軍, 前往查辦, 以期無誤機宜.

等因. 欽此. 竝經裕祿咨送六月十九日寄諭, 傳知函催起程前來. 跪讀之下, 仰見聖謨廣運, 宵旰焦勞. 微臣雖在苫塊之中, 瞻懷君國, 默念時局, 憂煎踧踖, 不能自安. 本擬籲懇展假, 妥營葬事. 惟金革無避, 禮有明訓. 當此中外多事之際, 朝鮮密邇東邊, 關係大局, 何敢顧恤其私, 遷延推諉, 致負聖明倚任之重? 屢接署督臣張樹聲函報, 已派丁汝昌·馬建忠酌帶兵船前赴朝鮮, 訪查確情, 竝擬調提督吳長慶所部陸軍, 乘輪繼進, 少助聲勢. 該將領等智慮穩愼, 當能相機妥商彈壓調停之法, 臣僻處鄕隅, 勢難遙度, 聞命以來, 遵卽趕緊部署, 定於七月十二日起程, 由巢湖出江, 順過金陵, 與兩江督臣左宗棠, 籌商水·陸兵餉·後路接濟各事宜, 竝至上海查探近日洋情, 卽乘輪船航海北上, 抵津後, 仍照例素服辦事, 殫竭庸愚, 力圖安攘, 以期稍紓慈廑於萬一. 俟卜葬有期, 再求賞假回籍, 以裏大事. 所有遵旨起程赴津日期, 繕摺由驛五百里馳奏, 摺封借用合肥縣印, 合併聲明, 伏乞皇太后·皇上聖鑒. 謹奏.

> 光緒八年七月十五日, 軍機大臣奉旨:
> 李鴻章聞命即行力顧大局, 覽奏實深欣慰, 該大臣抵津後, 著將籌辦情形, 即行具奏.
> 欽此.

7월 15일 군기처에서 다음과 같은 이홍장 주접의 초록을 전달해 왔습니다.

누차 기신상유를 받아 이에 따라 즉각 일정에 올라 천진으로 향하며, 삼가 주접을 갖추어 답장으로 아뢰니 황상께서 살펴봐 주시길 바랍니다.
신 이홍장은 4월 14일 천진에서 모친상 소식을 듣고 집으로 돌아가려는 여정에 앞서 삼가 4월 11일에 내려진 기신상유를 받았습니다.

100일의 휴가가 끝나기를 기다려 여전히 이전 내린 유지에 따라 천진에 머무르며 통상 사무를 처리하도록 하라.

그달 26일 어머니의 영구를 모시고 고향에 도착하였고, 안휘무신(安徽撫臣) 유록(裕祿)이 대신 상주를 올려 청원서를 전달한 바 있습니다. 6월 30일과 7월 5일에 6월 24일, 29일 등에 내리신 상유를 연이어 받았습니다.

조선의 내란 상황이 위급하고, 일본이 이미 군함을 파견으니, 이홍장에게 즉각 출발해서 천진으로 가서 수·륙 각 부대를 조직해 보내 조사·처리함으로써, 시기를 놓치는 잘못이 없게 하도록 지시하라.

아울러 유록이 6월 19일 기신상유를 자문으로 전달해 왔고, 서신을 통해 일정을 재촉해 왔습니다. 삼가 무릎을 꿇고 유지를 읽으니, 정사에 매진하시며 애쓰신 황상의 계획을 우러러 살펴볼 수 있었습니다. 미천한 신이 비록 모친상 중이긴 하나 시국을 가만히 생각하니 근심으로 안절부절하면서 저 자신도 편안할 수 없었습니다. 본래 휴가 연기를 청하여 어머니의 장례를 제대로 치루려고 하였습니다. 하지만 전쟁은 피할 수 없고, 예법은 분명한 훈계가 있습니다. 중외의 많은 사건이 일어난 이때 조선은 동쪽 변경으로 접해 있어서 대국과 관계가 있으니, 어찌 감히 개인의 일을 우선하여 책임을 전가하며 질질 시간을 끌어 황상께서 맡기신 무거운 직임을 저버리겠습니까? 저는 누차 서리 북양대신 장수성의 보고 서신을 받았는데, 정여창과 마건충에게 군함을 대동하고 조선으로 가서 사정을 조사하도록 파견하였고, 아울러 제독 오장경이 통솔하는 부대 육군을 배치하여 윤선을 타고 계속 보내어 그 위세에 조금이라도 도움이 되게 하였다고 들었습니다. 해당 장령 등은 지혜와 생각이 점잖고 신중하니, 기회를 살피고 적절히 논의하며, 때론 윽박지르거나 조정하는 방법을 능히 해낼 수 있습니다. 신은 궁벽진 향촌 구석에 있으니 진행되는 분위기를 먼 곳에서 헤아리기 어렵습니다. 지시를 받은 이후 그에 따라 즉각 서둘러서 일을 마무리하였는데, 7월 12일 출발을 정해서 초호(巢湖)에서 장강(長江)으로 나와 금릉(金陵)을 지나며 양강총독(兩江總督) 좌종당과 수·륙 군량과 후방의 군수 보급 문제 등을 상의하여 대책을 마련하고, 아울러 상해에 이르러 최근의 서양 정황을 탐문한 다음, 바로 윤선을 타고 항해해서 북상하였습니다. 천진에 도착한 후, 여전히 상례(喪例)에 따라 소복을 입고 일을 처리하였습니다. 어리석은 제 지식을 모두 동원하고 힘을 다해 도모하여 황상의 근심을 만에 하나라도 풀어드리고자 합니다. 장례 기간을 고려해서 기다린 다음, 다시 휴가를 청하여 고향으로 돌아가서 장례를 마무리하겠습니다. 유지에 따라 일정을 출발하고, 천진 도착 일자를 주접으로 갖춰서 500리 속도로 상주하고, 주접은 합비현(合肥縣) 정인(正印)을 빌려 밀봉하여 함께 올리니, 황태후·황상께서 살펴봐 주시기를 엎드려 빕니다. 삼가 주를 올립니다.

광서 8년 7월 15일 군기대신이 다음과 같은 유지를 받았습니다.
　이홍장이 지시를 접하자 즉각 힘써 대국을 고려하였다고 하니, 상주를 보고 실로 큰 위안을 받았다. 해당 대신은 천진에 도착한 다음 일 처리 상황을 즉각 상주하도록 하라.
　이상.

(35) 문서번호 : 4-2-35(524, 834b)

사안 : 오장경에게 상황을 잘 살펴서 적절하게 처리할 대책을 마련하고, 아울러 일본 병력의 움직임을 확실히 정탐하도록 지시하라(命吳長慶斟酌機宜妥籌辦理, 並確探日兵擧動).
날짜 : 光緖八年七月十五日(1882년 8월 28일)
발신 : 軍機處
수신 : 總理衙門

七月十五日, 軍機處交出光緖八年七月十五日奉上諭 :

張樹聲奏, 接到朝鮮國王咨文曁官軍行抵該國大略情形各摺片. 覽奏均悉. 提督吳長慶統帶各營, 於本月初七日行抵朝鮮, 向該國都進發. 著張樹聲飭令吳長慶, 將該國現在情形探明確實, 斟酌機宜, 妥籌辦理, 一面約束部伍, 毋任稍有擾累, 日本之兵作何擧動, 並著隨時探明具奏.
欽此.

7월 15일 군기처에서 광서 8년 7월 15일 받은 상유을 전달해 왔습니다.

장수성은 조선 국왕이 보낸 자문 및 관군(官軍)이 조선에 도착한 대략의 사정을 받아서 각각 주접과 부편을 상주하였다. 주접은 모두 읽어보았다. 제독 오장경이 각 영을 통솔해서 이번 달 7일 조선에 도착해서, 조선의 수도를 향해 진군하였는데, 장수성에게 오장경이 조선의 현재 사정을 탐문하여 확인하고, 대책을 마련해서 적절하게 처리하도록 지시하라. 한편으로 부대를 단속해서 조금의 소란도 제멋대로 일으키지 않아야 한다. 일본의 군대가 어떠한 움직임을 보이면 아울러 수시로 탐문해서 상주하게 하라.
이상.

(36) 문서번호 : 4-2-36(526, 835b)

사안: 조선을 원호하는 일로 이미 군함을 연대(煙臺)로 보내 동원과 파견을 대기하도록 하였습니다(援護朝鮮事, 已派撥兵輪, 駛往煙臺, 聽候調遣).
날짜: 光緒八年七月十八日(1882년 8월 31일)
발신: 南洋大臣 左宗棠
수신: 總理衙門

七月十八日, 南洋大臣左宗棠文稱:

光緒八年七月初二日, 准兵部火票遞到貴衙門咨:[19]
　奏朝鮮亂黨滋事. 圍攻日本使館, 竝劫王宮, 亟應派兵援護一摺. 奉旨咨行, 欽遵查照.
等因. 到本爵閣督大臣. 准此. 查此案昨於六月二十五六等日連據江海關邵道轉奉北洋電報, 當卽飭令登瀛洲兵船於六月二十九日由崇明徑赴煙臺, 竝咨江南提督李飭令馭遠兵輪速赴煙臺,[20] 聽調. 頃據江海關道電稟, 改派威靖兵船, 定於七月初三日駛赴煙臺, 玆准前因除分咨外, 相應咨復. 爲此合咨總理衙門, 請煩查照施行.

7월 18일 남양대신 좌종당이 다음과 같은 문서를 보내왔습니다.

광서 8년 7월 2일 병부(兵部) 화표(火票)를 통해 보내온 다음과 같은 귀 아문의 자문을 받았습니다.

---

[19] 병부화표(兵部火票)는 역참을 관리하는 병부(兵部)에서 발행한 화표(火票)로 줄여서 병표(兵票)라고도 한다. 화표는 역참(驛站, 驛傳)을 이용하여 긴급한 공문을 전달할 때 발행하는 증빙서로, 역참에서는 이를 기초로 하루에 3·4·5·6백리(百里) 등 그 속도의 한계를 설정한다.
[20] 강남제독(江南提督)은 1645년 설립되어, 소주(蘇州), 송강(松江), 상주(常州), 진강(鎭江) 등 강남 4부(府)의 각종 녹영병(綠營兵)의 군무를 관할하였다.

조선 난당이 반란을 일으켜 일본 공사관을 포위해서 공격하고, 아울러 왕궁을 급습하였으니, 신속히 군대를 파견해서 원조해야 한다는 주접을 올렸습니다. 유지를 받아서 자문으로 알리니, 참조해 주십시오.

이러한 내용의 자문을 본 남양대신은 전달받았습니다. 조사해 보니, 이 안건은 지난 6월 25일과 26일 연이어 강해관도(江海關道) 소우렴이 '즉각 군함 등영주호(登瀛洲號)를 6월 29일 숭명(崇明)에서 바로 연대(煙臺)로 가도록 지시하고, 아울러 강남제독(江南提督) 이(李)에게 어원(馭遠) 군함을 이끌고 신속히 연대로 가 파견을 대기하도록 지시해야 한다.'는 북양대신의 전보를 전달받은 바 있습니다. 얼마 전 강해관도가 전보로 올린 보고에 따르면 군함 위정호(威靖號)로 교체해서 파견하고, 7월 3일 연대(煙臺)로 출발하기로 정하였다고 합니다. 이러한 문서를 받았으므로, 각각 자문을 보내는 것 외에, 마땅히 답장 자문을 보내야 할 것입니다. 이 때문에 마땅히 귀 아문에 자문을 보내니, 삼가 참고해 주시길 바랍니다.

(37) 문서번호 : 4-2-37(530, 840b-841a)

사안: 남양에서 군함 징경(澄慶)을 파견하여 수리를 마치고 연대(煙臺)에 왔으니, 함께 이곳에 잠시 남겨 파견을 기다리게 해주십시오(南洋派撥澄慶兵輪, 修復來煙, 請准一併留用, 聽候差遣).
날짜: 光緒八年七月二十日(1882년 9월 2일)
발신: 署理北洋大臣 張樹聲
수신: 總理衙門

七月二十日, 署北洋大臣張樹聲文稱:

竊照前因朝鮮亂黨滋事, 遵旨添調南洋兵輪, 其派定之澄慶兵輪, 當據江海關邵道電稟:

修理未竣, 改派威靖兵船北來, 同赴朝鮮在案. 玆據海防營務處津海關周道等詳:

准登萊青方道來函:

以澄慶兵船已於十一日未刻, 由滬到煙, 據管駕該船之蔣起英面稱, 船甫修好, 卽行遵調北上.

等因. 准此. 伏查現値派兵由海道援護朝鮮, 轉運粮餉·軍火以及文報往來, 均非藉輪船駛遞, 不能迅速, 雖經奉調登瀛洲·威靖兩船, 尚不敷用. 玆澄慶兵船, 業已到煙, 仰懇轉咨南洋通商大臣·江南提督李軍門, 飭令該船暫行留煙, 以備差遣.

等情前來. 查派援朝鮮官軍所需糧餉·軍火以及往來緊要文報, 均需輪船轉運接遞, 北洋現有各兵輪多已調赴朝鮮, 正慮不敷分撥. 今澄慶輪船旣到煙臺, 應請與登瀛洲·威靖兩船均暫留北洋, 聽候轉運文報局東海關方道, 與幫辦山東海防吳軍門, 暨統領北洋水師丁提督商派差遣, 除札管帶官蔣起英幷札轉運局方道等遵照辦理外, 相應咨呈貴衙門, 謹請查照.

7월 20일 서리 북양대신 장수성이 다음과 같은 문서를 보내왔습니다.

이전에 조선 난당이 반란을 일으켰으므로 유지에 따라서 남양 군함을 추가 배치하여 군함 징경을 파견하기로 하였습니다만, 강해관도(江海關道) 소우렴이 다음과 같은 내용을 전보로 보고하였습니다.

　　수리가 완료되지 않아서 군함 위정(威靖)으로 바꿔서 대신해서 북쪽으로 파견해서 함께 조선으로 향하도록 한 바 있습니다. 이번에 해방영무처(海防營務處) 진해관도(津海關道) 주복 등이 보고한 바에 따르면 동해관도(東海關道) 방우민(方佑民)이 보낸 다음과 같은 서신을 받았습니다.

　　　군함 징경은 이미 11일 미각(未刻, 오후 1~3시)에 상해에서 연대에 도착하였고, 해당 선박 선장 장기영(蔣起英)과 면담하니, 선박은 막 수리를 마치고 지시에 따라 즉각 북상하였다고 합니다.

　　엎드려 조사해 보건대, 현재 파병하는 상황에서 바다를 통해 조선을 원조하여 군량, 군수품, 문서가 왕래함에 모두 윤선이 운송하지 않으면 신속할 수 없습니다. 비록 지시를 받아 군함 등영주(登瀛洲), 위정(威靖) 두 척을 배치하였지만, 그것으로 충분하지 않을 것입니다. 이번에 징경이 이미 연대에 도착하였으니, 남양통상대신과 강남제독에게 해당 선박을 잠시 연대에 머무르게 해서 파견에 대비하게 지시해 주도록 자문을 전달해 주십시오.

　이상의 문서를 받았습니다. 조선을 원조하기 위해 파견하는 관군에 필요한 군량과 군수품 및 주고받는 긴급 문서는 모두 윤선에 의한 운반과 접속이 필요합니다. 북양은 현재 군함과 윤선이 이미 많은 수가 조선에 파견되어, 보내기에 부족할 것이 우려됩니다. 현재 윤선 징경이 이미 연대에 도착하였다고 하니, 응당 군함 등영주, 위정 두 척과 함께 모두 잠시 북양에 머물게 하고, 전운문보국(轉運文報局) 동해관도(東海關道) 방우민, 방판산동해방 오장경 및 통령북양수사제독 정여창에게 맡겨 그들이 함께 파견을 상의하도록 해주시길 요청합니다. 선장 장기영에게 지시하고, 아울러 전운국(轉運局) 도대 방우민에게 지시에 따라 처리하게 하는 것 외에, 응당 귀 아문에 자문으로 올리니 삼가 참조해 주시길 바랍니다.

(38) 문서번호: 4-2-38(531, 841b)

사안: 오장경이 육군을 추가 파견해서 조선을 원호하길 청하였고, 이미 황금지 등이 3개 영을 통솔하여 윤선을 타고 가도록 파견하였습니다(吳長慶請添調陸兵, 援護朝鮮, 已派黃金志等統帶三營, 乘輪前往).

날짜: 光緒八年七月二十二日(1882년 9월 4일)
발신: 署理北洋大臣 張樹聲
수신: 總理衙門

七月二十二日, 署北洋大臣張樹聲文稱:

爲照朝鮮亂黨滋事, 前經遵旨奏派廣東水師提督吳軍門, 酌帶所部親慶六營前往援護. 嗣奉七月初十日寄諭:

  如須添調援師, 該督隨時酌辦.

等因. 欽此. 恭錄咨行在案. 玆准吳軍門函商:

  以所部六營兵力尚單, 請速添調陸兵.

等因前來. 應即添調記名總兵黃鎭金志統領所帶新軍護衛一營, 并副將鄭明保管帶之練軍左營, 叅將趙喜義管帶之練軍後營, 乘坐輪船, 刻日前赴朝鮮, 聽候吳軍門節制調遣, 并飭招商局速備輪船, 裝載兵勇, 迅速東渡. 其餘黃鎭所統練軍留津各營哨, 即交中營管帶官阮炳福暫爲代統, 除分別咨行外, 相應咨呈, 爲此咨呈貴衙門, 謹請查照.

7월 22일 서리 북양대신 장수성이 다음과 같은 문서를 보내왔습니다.

조선의 난당이 반란을 일으켰고, 이전에 이미 유지에 따라 광동수사제독 오장경이 통솔하는 부대를 이끌고 가서 원조할 것을 상주하였습니다. 이어서 7월 10일 다음과 같은 군기대신의 기신상유를 받았습니다.

만약 지원 병력을 추가로 파견해야 한다면, 해당 독무가 수시로 적절히 판단하라.

이를 삼가 베껴서 자문으로 알린 바 있습니다. 이번에는 오장경으로부터 다음과 같은 서신을 받았습니다.

제가 통솔하는 6개 영의 병력이 아직 충분하지 못하니, 신속히 육상 부대를 파견해 줄 것을 요청합니다.

응당 즉시 기명총병(記名總兵) 황금지가 통솔하는 신군 호위일영(護衛一營)을 차출하고, 아울러 부장(副將) 정명보(鄭明保)가 지휘하는 연군(練軍) 좌영(左營), 참장(參將) 조희의(趙喜義)가 지휘하는 연군(練軍) 후영(後營)이 윤선을 타고 며칠 안에 조선으로 향하여, 거기에서 오장경의 지휘를 받도록 할 예정이며, 아울러 병력을 운송할 윤선을 신속히 준비해서 신속히 조선으로 운반하도록 초상국에 지시하였습니다. 그 나머지 황금지가 통솔하는 천진에 남아 있는 연군(練軍)의 각 영초(營哨)는 즉각 중영(中營)의 지휘관 완병복(阮炳福)에게 넘겨 그가 잠시 대신 지휘하도록 하고자 합니다. 각각 나누어 자문을 보내는 것 외에 응당 자문을 올려야 하니 이에 귀 아문에 자문을 올립니다. 삼가 검토해 주시길 바랍니다.

(39) 문서번호 : 4-2-39 (533, 842b)

사안 : 조선 문제 처리에 대한 답장 서신을 보냅니다(函覆辦理朝鮮事宜).
날짜 : 光緒八年七月二十二日 (1882년 9월 4일)
발신 : 總理衙門
수신 : 署理北洋大臣 張樹聲

> 七月二十二日, 致署北洋大臣張樹聲函.[詳見密啓]
>
> 草目 : 函覆辦理朝鮮事宜.

7월 22일, 서리 북양대신 장수성에게 서신을 보냈습니다.[상세한 것은 密啓를 참조]

내용 요약 : 조선 문제의 처리에 대한 답장 서신.

(40) 문서번호 : 4-2-40(537, 866a-866b)

사안 : 일본이 조선에 병력을 추가하였고, 미리 준비해야 후환이 없을 것이니 황금지가 통솔하는 천진의 연군(練軍)을 추가로 동원하여 보낼까 합니다(日本添兵赴鮮, 爲有備無患, 計增調黃金志所統天津練軍前往).

날짜 : 光緒八年七月二十三日(1882년 9월 5일)

발신 : 署理北洋大臣 張樹聲

수신 : 總理衙門

七月二十三日, 軍機處交出張樹聲抄片稱:

再, 臣於本月初八日馳奏, 援護朝鮮, 陸師拔隊起程, 暨附片請暫留鄂軍四營各緣由, 欽奉諭旨:

將來如需添調援師, 宋慶一軍素稱得力, 堪以調往. 著該督隨時酌辦.

等因. 欽此. 仰見聖明, 選將簡兵, 訓示周至, 曷勝欽服? 現在李昰應業經就獲, 而其亂黨皆宿衛之軍, 所居枉尋·利泰兩村, 又皆與王京密邇, 人數衆多. 吳長慶撥派各營, 守護京城, 分捕亂黨, 所部六營, 僅餘兩哨留駐南陽海口, 其餘已全數進紮王京內外. 惟海口至京百數十里, 其間踰山過江, 頗多險要, 中權後勁,[21] 均涉空虛, 現兵不敷分布. 玆准吳長慶咨請添調陸兵前來. 臣查李昰應既獲, 朝鮮戡亂之事, 有國王爲政, 雖漸可措手, 而越境遠討, 備預亦不可不嚴. 大軍後路尚虛, 且登瀛洲兵船, 由南陽開行時, 據稱又見有日本來船一艘, 添載陸兵赴朝, 自應酌量增調, 以期有備無患. 宋慶一軍多百戰之將, 誠爲勁旅. 惟目前朝鮮事務, 但須與吳長慶各營稍助聲勢, 宋

---

[21] 춘추시대 명렬전모(名列前茅)의 고사와 관련된 표현이다.(『左傳』宣公12年條) 초(楚)가 정(鄭)을 공격하자, 진(晉)은 정(鄭)을 도우러 군대를 파견하였지만, 곧 정이 항복하였고, 초가 물러났다. 이때 초를 추격할 것인지 논의가 벌어졌고, 철수를 주장한 사회(士會)는 '초의 선봉은 띠풀로 기를 삼아 신호하여 만일에 대비하고, 중군은 경중을 가늠하고, 후군은 대열의 끝을 굳게 지킨다."라고 하였다. 즉 띠풀로 만든 깃발에 따라 중군과 후군이 제각각의 임무를 하며 작전을 수행한다는 것이다.

> 慶所部人數較多, 似可暫緩調往. 記名總兵黃金志所統天津練軍, 鎗械精利, 操練整齊, 臣已飭調三營. 今黃金志統帶乘坐招商局輪船, 即日東渡, 仍聽吳長慶節制調遣, 俟李鴻章到津察看情形, 如須添調重兵, 再令宋慶一軍前往, 以資得力, 謹附片陳明. 伏乞聖鑒. 謹奏.

7월 23일 군기처에서 장수성이 올린 다음과 같은 부편(附片)의 초록을 보내왔습니다.

추가합니다. 신은 이번 달 8일 조선을 원조하여 육군 부대를 선발해 이동시키고, 아울러 악군(鄂軍) 4개 영을 잠시 남겨둘 것을 청하는 부편을 상주하였습니다. 그리고 삼가 다음과 같은 상유를 삼가 받았습니다.

장래에 만약 지원 부대의 추가 파견이 필요하다면, 송경(宋慶)이 이끄는 군대가 전투력이 강하다고 평소에 이야기되므로 파견하기에 충분할 것이다. 해당 총독이 상황에 맞게 처리하라.

장수를 선발하고 병사를 뽑음에 빈틈없는 훈시(訓示)를 내려주신 황상의 밝음을 우러러보건대, 어찌 탄복하지 않을 수 있겠습니까? 현재 이하응을 이미 사로잡았고, 그 난당은 모두 숙위군(宿衛軍)으로 왕심리(枉尋里), 이태리(利泰里) 두 마을에 거주하며, 또한 모두 왕경(王京)과 가깝고 인원수가 많습니다. 오장경이 각 영을 보내 경성(京城)을 지키고 난당을 나누어 체포하였습니다. 통솔하는 부대 6개 영은 겨우 두 초(哨)만 남양(南陽) 해구(海口)에 주둔하고 그 나머지는 이미 모두가 왕경(王京)의 내외에 주둔하고 있습니다. 다만 해구에서 경성까지 수백 리이고, 그 사이 산을 넘고, 물을 건너는 험준한 지형이 자못 많아서 중군은 경중을 가늠하고, 후군은 대열의 끝을 굳게 지킨다는 것이 모두 공허(空虛)해서 현재 병사가 배치되기에 충분하지 않습니다. 지금 이번에 오장경이 육군을 추가로 파병해 줄 것을 요청하는 자문을 받았습니다.

신이 살펴보건대, 이하응은 이미 사로잡았고, 조선의 반란을 평정하는 사안은 국왕이 정사를 돌보기에 차츰 손을 쓸 수 있겠지만, 국경 넘어 먼 곳을 토벌함에 미리 준비하는 것 역시 치밀하지 않으면 안 될 것입니다. 대군의 후방이 아직 부실하며, 또한 등영주 군함이 남양에서 출항할 때 보고에 따르면 일본에서 온 선박 1척을 확인하였다고 하는데, 육상 병력을 조선에 추가로 파견해서 즉각 병력 배치를 증가해야 유비무환을 기대할 수 있을 것입니다. 송경의 군대는 수백 번의 전투를 한 병사이니 진실로 강군이라고 하겠습니다. 그렇지만 현재 조선의 사무는 오장경의 각 영이 위세를 더하도록 해야 할 것이고, 송경이 통솔하는 부대의 규모가 비교적 크니, 잠시 파견을 늦추어도 될 것 같습니다. 대신 기명총병(記名總兵) 황금지(黃金志)가 통솔하는 천진(天津)의 연군(練軍)은 병기가 예리하며 훈련이 잘 되어 군기가 정연하기에 신이 이미 세 영에 파견을 지시하였습니다. 현재 황금지가 통솔해서 초상국의 윤선을 타고 바로 조선에 건너가 오장경의 지휘를 받게 하고, 이홍장이 천진에 도착하길 기다려 상황을 살펴서 추가 병력을 추가로 파견해야 한다면 송경(宋慶)의 군대가 이동하도록 재차 지시하여 병력을 보태도록 하겠습니다. 삼가 부편으로 아뢰니, 살펴봐 주시기를 엎드려 간청합니다. 삼가 주를 올립니다.

국역 『淸季中日韓關係史料』

3. 반란 수괴의 체포와 처리
   (捕治亂首)

(1) 문서번호 : 4-3-01(505, 788b-792b)

사안 : 정여창이 조선의 내란 및 일본의 조선 출병 사실을 직접 보고하였습니다(丁汝昌面稟朝
   鮮內亂及日本出師朝鮮情形).
첨부문서 : 1.「마건충 도대가 조선에서 보내온 보고(馬道建忠自朝鮮來稟)」. 2.「정여창 제독이
   구두로 보고한 일본 군함이 선후하여 조선에 도착한 시기와 인원수 목록(丁提
   督面呈日本兵船先後到朝日期, 人數淸摺)」.
날짜 : 光緖八年七月初二日 (1882년 8월 15일)
발신 : 署理北洋大臣 張樹聲
수신 : 總理衙門

七月初二日, 署北洋大臣張樹聲函稱:

上月廿八·廿九等日肅寄直字廿二號·廿三號兩函, 諒已先後仰邀鈞鑒.[1] 本日酉刻,

---

1 앙(仰)은 공경의 뜻을 나타내는 경사(敬辭)이고, 요(邀)는 맞이하다, 만나다, 기다린다, 요구하다, 청구한다는 뜻
   이다. 균(鈞)은 상대방을 높이는 경사이고, 감(鑒)은 살펴본다는 뜻이다. 따라서 '仰邀鈞鑒'은 귀하(상사)께서 이미

丁提督汝昌, 自朝鮮乘威達船, 駛回津門, 面禀一切. 該提督與馬道建忠, 於六月廿七日行抵朝鮮, 其時日本僅有兵船一隻亦於是日先到口內耳. 亂黨起事之由, 李昰應藉減餉事爲端, 率衆倡亂, 戕殺王妃, 相臣被戕者五人, 凡文武官紳之案涉外交者, 均與於難, 國王幽囚宮禁, 內外不通聲息, 日人同日受禍, 戕斃於王京者七人, 逼殺於仁川者六人. 民人皆奔避山谷. 登岸探訪, 就近官署及近浦各官來船所訴, 大略相符. 李昰應假淸君側之名, 竊據大柄, 猶未敢悍然不顧於國王者, 蓋以新攘國政, 外懼天朝問罪之師, 內防各道建義之擧. 現方調用私人, 爲各處守臣, 以樹羽翼. 今及其未固, 臨以大軍, 衆心不無二三, 但期有隙可乘, 能致昰應, 則朝事方可措手. 日船先後共到過三隻, 水陸兵千二百名, 陸兵亦尙未登岸. 丁提督等到時, 日船提督先遣使通誠, 升礮爲禮, 彼此拜候, 察其情形, 尙不致公然與中國生釁. 目前亂黨, 亦未必能合於日, 此時全在我兵先聲奪人, 爲建威銷萌之計. 幸鈞署速定大計, 仰承廟謨垂示, 俾得速赴事機, 當不至竟落後. 著丁提督明晨卽展輪迤發, 與吳筱軒一軍迅速東渡.² 井上馨尙未到朝, 丁提督回時所見來船, 或卽井上馨所乘未可知也. 馬道來禀竝丁提督開呈, 日本現在朝鮮兵商船·水師·官兵淸摺, 均照錄呈覽. 專肅,³ 祗叩鈞安.⁴

照錄淸摺
(1)「馬道建忠自朝鮮來禀」(六月二十八日發, 七月初一晩到).
敬禀者:
竊職道前於二十五日, 由煙臺舟次肅上一禀, 諒塵鈞鑒.⁵ 旋於次日三點鐘, 展輪東渡, 至二十七日晩九點鐘, 駛抵漢江口月尾島下椗, 見日本兵船一艘, 已先於口內停泊. 時魚允中在超勇快船, 卽傳請來舟, 令派人至近岸花島別將處, 探訪確實情形, 俾便相機措置. 尋據回報各節, 似事勢尙未十分吃緊. 嗣於次早復接允中來信云:

살펴보셨을 것이라는 뜻을 나타낸다.
2 소헌(筱軒)은 오장경의 호이다.
3 전숙(專肅)은 특별히 공경하게 이 편지를 쓴다는 뜻으로 사용하는 서신 용어이다.
4 지고(祗叩)는 공경하게 인사를 드린다는 뜻의 서신 용어, 인사말(問候語)이다. 균안(鈞安)는 상대방(상사, 귀하)의 편안함을 뜻한다. 지고균안(祗叩鈞安)은 따라서 상대방(또는 상사, 윗사람)의 편안함을 기원한다는 뜻이 인사말이다.
5 진(塵)은 먼지나 더럽힌다는 뜻인데, 서신 용어에서 진감(塵鑑)은 당신의 눈을 더럽힌다는 것, 즉 남이 열람하는 것을 겸손하게 표현하는 겸사(謙辭)로서 사용한다.

更探本邦情形, 則國勢一翻, 有堪痛哭者, 刱亂另有其人, 朝臣之涉於外交者, 殆無孑遺. 至仁川府使亦仰藥而死, 其他可知.

等語. 旋據新任仁川府使遣派軍校及花島別將, 先後來舟筆談. 該軍將等皆被服縞素, 問答之際, 雖未敢直斥倡亂之人與其王妃及各大臣被害之實, 而其吞吐之言, 已有與允中函詞脗合者. 因復傳請允中來舟筆談, 則據稱:

項復著人探訪, 署得大槪. 初九日之事, 係國王生父與宣君李昰應率衆倡亂, 直入王宮刼殺王妃, 逼歸太王妃,[6] 國王雖未見廢, 已幽囚不與外朝相接, 搜殺大小文武之異趣, 而涉外交者殆盡. 人民率奔走山谷以避.

等因. 而日本參贊近藤眞鋤來謁, 亦謂:

李昰應因兵作亂, 往見王妃, 進酖以弑. 現在大權獨攬, 極爲猖獗.

云云. 職道伏查本月二十一二等日, 朝鮮領選使金允植致津海關道周馥書函及筆談等件內稱:"昰應結聯與黨,[7] 圖危宗社, 逆跡久著." 茲復據允中及該軍將等與近藤眞鋤之言, 則初九日之變, 其爲昰應借淸君側之名, 翦除國王羽翼, 徐以窺伺藩位無疑. 夫朝鮮國王李熙者,[8] 固我中國大皇帝冊封以爲該國之主者也. 今昰應乃敢恃私親之貴, 殺其王妃, 而幽囚之, 其肆無忌憚之心, 已可槪見. 所不敢遽廢國王者, 度以人心未定, 兵力未集故, 稍事遲廻耳. 設中國署加觀望, 不爲急圖戡定, 則其害將有不可言者. 惟今之計, 莫如仰懇憲臺權衡獨斷, 一面出奏, 一面檄調陸軍六營, 卽趁威遠·滿雲·泰安及招商局輪船之在津者東來, 乘迅雷之勢, 直趣王京, 掩執逆首, 則該亂黨等布置未定, 防禦難周, 摧枯拉朽. 當可逆計, 若須得其國王璽書, 或臣民公狀, 乃可奏請發兵, 則內外隔絶, 出入難通, 欲作一書致趙寗夏等, 金宏集等令糾左袒臣民, 具一乞後公狀, 則寗夏等旣存亡莫卜, 而現在昰應大權獨攬, 沿途關隘及城門內外, 諒無不遍布私人, 脫事機走泄, 不特速諸臣之死, 而使該逆黨等知風豫防, 則將來辦理

---

[6] 대왕대비는 익종(翼宗, 효명세자, 순조의 아들)의 부인으로 고종을 왕위에 오르게 하였던 신정왕후 조 씨를 가리키는 것으로 보인다.

[7] 주복(周馥, 1837~1921)은 자(字) 산계(山溪)로 안휘성(安徽省) 건덕(建德) 출신으로 동치 연간 이홍장이 회군을 조직할 때 문안(文案)으로 참가한 다음 30여 년을 그와 같이 일하면서 깊은 신임을 받았다. 1882년부터 진해관도[津海關道]로 근무하여 대외교섭이나 해방(海防) 사무를 맡았고 조선 관계 업무도 직접 그가 주관하였다. 1904년 이후에는 양강총독겸남양대신(兩江總督兼南洋大臣)에 오르기도 하였다.

[8] 고종(高宗)의 아명은 명복(命福), 초명은 재황(載晃), 휘(諱)는 형(㷗)과 희(熙)이다.

必且益難得手. 故不揣冒昧, 亟請濟師. 惟仁川南陽等口, 距王京雖僅百里, 而遍地皆山, 亂黨易於伏匿, 進兵之際, 必步步爲營, 節節遞進, 使後顧不至貽憂, 斯前驅乃能深入. 故兵數至少須以六營爲率. 如六營不可促調, 則請於就近無論何軍, 擇其可速發者, 先派槍砲隊各一營, 飭令即速前來, 先占海岸, 庶隨後各營來集, 乃可有路進取. 此外仍請函商總署, 電調南洋兵船二艘, 裝運粮餉, 兼壯聲威. 其各營所用子藥, 亦請飭軍械所分別撥運前來, 以便接濟. 職道所以爲此亟亟者, 一則恐亂黨日久蔓延, 驟難撲滅, 一則以日本花房義質及井上馨等不日將率領兵舶, 大集漢江, 設其時中國仍無擧動, 彼必以重兵先赴漢城, 自行查辦, 則朝鮮國內必至受其荼毒, 而此後日本定亂有功, 將益逞强鄰之燄, 中國相援弗及, 或頓寒屬國之心, 藩服將由此逾衰. 國威亦因之小損, 事機之失有深可惜者. 職道本擬趁舶來津, 親承訓誨, 以花房義質等不日將至, 擬留此相機因應萁誘, 令稍從延宕, 以待我師, 且可續探國內詳細情形. 茲丁提督乘輪西渡稟商壹是, 不盡之言, 統當由其面陳. 所有朝鮮國事危殆亟應濟師定亂情形, 謹縷悉稟陳, 不勝迫切待命之至. 至各營東渡後, 職道應仍留軍中襄助, 抑當即行回津, 統俟鈞示祗遵.

再, 繕稟未竟, 日本兵舶二艘又至, 上載軍士多名, 計丁提督回津往返至速必須六日, 此間僅兵舶二艘, 聲勢甚單, 恐花房來時或至意存輕挾, 乞飭各營即速東渡. 總之, 今日之事, 早一日則多收一日之功, 遲一日則重受一日之弊, 職道爲顧卹藩封, 保全國體起見, 故不覺言之過迫, 伏乞鑒原. 專肅具稟, 恭請崇安, 伏惟鈞鑒.

再稟者:
晩六點鐘新任仁川府使任榮鎬來舟筆談. 詢稱十年山野之人, 爲國太公起用者, 乃知爲李昰應黨, 因諭令派人星夜至王京, 密告執政, 令速派大員來此, 會議日本事宜. 夫今之執政, 即昰應也. 如肯派人前來, 必其心腹, 刻下王京消息不通, 得其黨與前來亦可微覘動靜, 而借調停日本之說, 啗以甘言, 示以嘉惠, 或遂使之不疑, 則將來辦理當亦較易得手也. 謹此附稟, 再請崇安.

(2)「丁提督面呈日本兵船先後到朝日期・人數淸摺」.
日本現至朝鮮仁川駐泊兵・商船竝水師官,
計開:
金剛兵船. [四頓半大砲一尊, 兩頓邊砲六尊, 水兵二百餘名. 六月二十七日到仁川. 水師官二員 東海鎮守府司令長官 海軍少將 正五位勳三等 仁禮景範. 船主 海軍大佐 從五位勳五等 相浦紀道].
乃申兵船[砲位同金剛船, 水兵二百名. 六月二十八日到仁川. 水師官一員, 船主提守備 西孥盖阿].
馬路商船[載陸兵八百名, 二十八日到仁川].
二十九日, 威遠駛回時遙見, 有日本船一隻將進口.

7월 2일 서리 북양대신 장수성이 다음과 같은 서신을 보내왔습니다.

지난달 28·29일 삼가 직자 22·23호 서신 두 통을 (총리아문에) 보냈는데, 분명 이미 선후하여 받아보셨을 줄 압니다. 오늘 저녁 무렵 정여창 제독이 조선에서 위달호(威達號) 군함을 타고 천진으로 항해하여 돌아와 모든 것을 직접 구두보고를 하였습니다. 정여창 제독과 마건충 도대는 6월 27일 조선에 도착하였는데, 그때 일본은 단지 군함 1척만 (우리 측보다) 앞서 항구 안에 미리 도착해 있을 뿐이었습니다. 난당(亂黨)이 일을 일으킨 이유는 이하응(李昰應)이 군대의 봉급 삭감을 구실로 삼아 무리를 이끌고 반란을 제창하였기 때문으로, 왕비를 독살하고, 상신(相臣)과 재신(宰臣)으로 피살된 사람이 5명이고, 외교 사무에 관련된 문무 관신(官紳)이 모두 피해를 입었으며, 국왕은 궁내에 감금되어 내외로 소식을 주고받지 못하고 있습니다. 일본인은 같은 날 피해를 당해 한양에서 피살된 사람이 7명, 인천에서 피살된 사람이 6명이며, 조선 백성들은 모두 산속으로 도피하였습니다.

항구에 상륙하여 소식을 탐방해 보니, 가까운 관청이나 항구 근처의 각 관리가 배에 몰려와서 호소하는 것이 대략 서로 들어맞았습니다. 이하응은 군주의 측근을 깨끗이 한다는 명문으로 대권을 훔쳐잡았지만 그래도 감히 사나운 모습으로 국왕을 돌아보지 못하는 것은 새로 국정을 넘겨받아 밖으로는 중국에서 문책하는 군사를 보낼까 두려워하고, 안으로는 각 도에서 일어나는 의거(義擧)를 막기 위함으로, 지금은 바야흐로 심복들을 불러들여 등용하고 각처의 수신(守

臣)으로 삼아 그 지원 세력을 세우려 하고 있습니다. 지금 그 세력이 아직 굳건하지 못한 틈을 타서 대규모 병력으로 군림하면 뭇사람의 마음은 십중팔구 돌아설 것입니다만, 넘볼 수 있는 틈을 찾아 이하응을 사로잡은 다음에야 조정의 일에 비로소 착수할 수 있을 것으로 기대하고 있습니다.

일본 군함은 앞뒤로 모두 3척이 도착하였고 육·해군 병사가 1,200명으로 육군은 아직 상륙하지 않았습니다. 정여창 제독이 도착하였을 때 일본 군함의 제독은 먼저 사절을 보내 성의를 보이고 대포의 포신을 올려 예의를 표시하였으며, 피차간에 인사를 나눈 다음 그 상황을 살펴보니 아직은 공공연하게 중국과 충돌을 낳을 것으로는 보이지 않습니다. 현재 난당 역시 반드시 일본과 소통하고 있지 않은 것으로 보이니, 지금 이때 우리 군사가 먼저 기선을 제압하고 위엄을 세워 잠재적인 우환을 미리 제거하는 계책으로 삼는 데 모든 게 달려 있습니다. 다행히 총리아문에서 신속하게 대계를 세우고 조정에서 내려주는 군사 지시를 받들어 신속하게 일 처리에 나선다면 당연히 남에게 뒤처지지 않을 것입니다. 정여창 제독으로 하여금 내일 아침 즉시 윤선(輪船)을 출발시켜 오장경의 군대와 함께 동쪽으로 건너가게 해주십시오.

이노우에 가오루는 아직 조선에 도착하지 않았으며, 정여창 제독이 돌아올 때 본 선박에 혹시 그가 타고 있었을지도 모릅니다. 마건충 도대의 보고와 정여창 제독이 올린 「일본이 현재 조선에 보낸 군함·상선 및 육·해군 병력 목록」은 모두 그대로 베껴 참고하시도록 올립니다. 이만 마칩니다. 편안하시길 빕니다.

(1) 「마건충 도대가 조선에서 보내온 보고(馬道建忠自朝鮮來稟)」(6월 28일 발송, 7월 1일 저녁 도착)

삼가 보고를 올립니다.

저[도대 마건충]는 전 25일 연대의 배 위에서 삼가 보고서를 한 번 올렸는데, 이미 살펴보셨을 줄 압니다. 곧바로 다음 날 세 시쯤 윤선이 출발하여 동쪽으로 향하였고, 27일 밤 9시쯤 한강의 월미도(月尾島)에 도착하여 닻을 내렸는데, 일본 군함 1척이 이미 항구 안에 정박하고 있는 것을 보았습니다. 그때 어윤중이 초용(超勇) 쾌선(快船)에 타고 있어 즉시 사람을 보내 우리 배로 오게 한 다음 사람을 파견하여 연안 근처 화도(花島)의 별장(別將)이 있는 곳에 보내 확실한 상황을 탐방하게 함으로써, 기회를 살펴 조치하도록 하였습니다. 이윽고 돌아와 보고한 각 내용에 의하면 아마도 사세(事勢)가 아직은 몹시 급박하지는 않은 것 같았습니다. 뒤이어 다음 날 아침 다시 어윤중이 보낸 다음과 같은 편지를 받았습니다.

> 조선의 상황을 더욱 탐색해 보니 국세가 한번 뒤집혀 정말로 통곡할 만한 일이고, 반란을 창도한 사람은 따로 있으며, 외교에 관련된 조정의 신하는 거의 아무도 남지 않았습니다. 인천 부사 역시 약을 받아먹고 죽었으니, 나머지는 말할 필요도 없습니다.

뒤이어 신임 인천 부사가 군교(軍校) 및 화도별장(花島別將)을 파견하여, 선후하여 제 배에 와서 필담을 나누었습니다. 이들 군장(軍將)은 모두 흰색 소복을 입고 있었으며 문답을 나눌 때 비록 반란을 창도한 사람이나 왕비와 각 대신이 피해를 당한 사실을 직접 지적하지는 못하였지만, 그들이 토해놓는 말에는 이미 어윤중이 서신에서 보내온 말과 딱 들어맞는 것이 있었습니다. 그 때문에 다시 어윤중에게 전달하여 배로 와서 필담을 나누자고 요청하였습니다. 그랬더니 그는 다음과 같이 이야기하였습니다.

> 요새 다시 사람을 시켜 탐방하여 대강의 윤곽을 파악하였습니다. 초9일의 일은 국왕의 생부 흥선군 이하응이 무리를 이끌고 난을 주도하여 직접 왕궁에 들어가 왕비를 겁살하고, 대왕대비[太王妃]를 핍박하였습니다. 국왕은 비록 폐위되지는 않았지만 이미 감금되어 외부와 접촉하지 못하며, 취향이 다른 대소 문무 관원을 수색하여 죽이는데, 외교에 관련된 사람은 거의 몰살당하였습니다. 백성들은 산속으로 도망쳐 피난하였습니다.

그리고 일본 공사관의 참찬 곤도 마스키(近籐真鋤)[9]가 와서 방문하였는데, 또한 이렇게 이야

---

9 곤도 마스키(近藤眞鋤, 1839~1892)는 1870년 영국에서 외교관 생활을 시작하였으며, 5년 후에는 관리관(管理官)으로서 부산관리청(釜山管理廳)에 부임하고, 다음 해 부산영사보(釜山領事補)가 되었다. 그다음 해에는 부산항 재류영사 겸 판사(在留領事兼判事)가 되었다. 1882년에는 경성재근서기관겸판사보(京城在勤書記官兼判事補)가 되었는데, 임오군란을 만나 하나부사(花房義質) 공사 등과 함께 인천으로 도피하고 영국 측량선의 구조를 받아 일본으로 돌아갔다. 다음 해 8월 다시 조선에 온 곤도는 하나부사와 함께 제물포조약(濟物浦條約)을 체결하였다. 이후 갑신정변 때에는 교섭을 위해 외무권대서기관(外務權大書記官)이 되어 이노우에 가오루 전권대사와 함께 조선에 와서 한성조약(漢城條約)을 체결하였다. 1888년 조선 주재 대리공사가 되었으며, 1891년 신병으로 귀국하였다가 다음 해 사망하였다.

기하였습니다.

이하응은 병사들로 하여금 반란을 일으키게 하고 왕비를 보러 가서 독약을 먹여 시해하였습니다. 지금은 대권을 홀로 틀어잡고 극히 위세를 떨치고 있습니다.

제가 엎드려 조사해 보건대, 이번 달 21일 등에 조선 영선사 김윤식이 진해관도 주복에게 보낸 서신 및 필담 등에서 이르기를 "이하응이 무리와 결탁하여 종사를 위태롭게 하려 도모하여 반역의 흔적이 오랫동안 뚜렷하였다."라고 하였는데, 지금 다시 어윤중이나 군장 및 곤도의 말을 들어보면, 초9일의 변란은 이하응이 군주의 측근을 깨끗이 한다는 명분을 빌어 국왕의 지지 세력을 제거하고 서서히 국왕의 지위[藩位]를 엿보고 있다는 점이 의심할 여지가 없습니다. 무릇 조선 국왕 이희(李熙)는 분명히 우리 중국 대황제에서 책봉하여 조선의 주인으로 삼은 사람입니다. 지금 이하응이 감히 국왕이 사사로이 모시는 귀한 신분이라는 점을 믿고, 왕비를 죽이고, 국왕을 감금하였으니, 그 방자하게 아무것도 꺼리지 않는 마음을 이미 대략 살필 수 있습니다. 감히 급작스레 국왕을 폐위하지 못하는 것은 인심이 아직 가라앉지 않았고 병력을 모이지 않았음을 헤아려 조금 일이 지체되고 있을 뿐입니다. 만약 중국이 대략 관망하는 모습을 보여주면서 신속하게 쳐서 진압하지 않는다면, 그 폐해는 장차 이루 말할 수 없을 정도가 될 것입니다.

다만 지금으로서는 총독께서 지닌 권력으로 독단을 내려, 한편으로는 상주를 올리고, 다른 한편으로는 육군 6개 영을 동원하도록 지시하시도록 제가 간청하는 것이 최선일 것 같습니다. 즉 천진에 있는 위원(威遠), 누운(漏雲), 태안(泰安) 군함 및 초상국 윤선을 동쪽으로 보내 신속한 우레와 같은 기세를 타고 직접 왕경인 한양으로 치달아 반역의 우두머리를 사로잡으면, 저들 반란의 무리는 제대로 배치가 정해지지 않아 두루 방어하기 어려워서 마치 썩은 마른나무처럼 부러질 것입니다. 당연히 거꾸로 계산해 보아, 만약 반드시 국왕의 옥새가 찍힌 문서나 신민(臣民)의 연명 고발장[公狀]이 있어야만 군사를 파견하도록 황상께 주청할 수 있다고 한다면, 즉 내외가 격절(隔絶)되어 있고 출입이 거의 불가능하여 조영하(趙甯夏) 등에게 편지를 보내고, 김홍집(金宏集) 등으로 하여금 지지하는 신민(臣民)을 모아 후원을 요청하는 연명 고발장을 갖추도록 해야 한다는 이야기라면, 조영하 등은 이미 존망(存亡)을 점치기 어려운 상태이고, 현재 이하응은 대권을 독차지하여 연도의 관문이나 성문 내외에 진실로 그 심복들을 두루 배치하지 않음이 없으니, 기밀이 누설되어 여러 신하의 죽음을 재촉하게 될 뿐 아니라 반란의 무리가 미리 소문을 듣고 미리 방비하게 될 것이므로, 장래 문제 처리는 반드시 더욱 성과를 거두기 어려워질 것입니다.

따라서 제 어리석음을 헤아리지 않고 신속한 군사의 파견을 간청하는 바입니다. 다만 인천, 남양 등의 항구는 한성과의 거리가 겨우 100리이고, 도처가 모두 산이라서 난당이 쉽게 잠복할 수 있으니, 진군할 때 반드시 걸음걸음마다 영루(營壘)를 만드는 것처럼 신중하게 차근차근 전진하여 뒤를 돌아볼 염려가 없게 하면, 선발대가 능히 깊숙이 들어갈 수 있을 것입니다. 따라서 병력의 숫자는 적어도 6개 영이 기준이 되어야 합니다. 만약 6개 영을 급히 조달할 수 없다면, 가까이에 있는 어떤 군대에든 요청하여 신속하게 출발할 수 있는 부대를 골라 먼저 창·포대(槍·砲隊)를 각 1개 영씩 신속하게 조선에 보내도록 지시하여 먼저 해안을 점령하게 하면, 이후에 각 영이 모두 집합하였을 때 나아갈 수 있는 거점을 마련할 수 있을 것입니다.

이 밖에도 또한 총리아문과 서신으로 상의하여 남양(南洋)의 군함 2척을 전보로 조달함으로써 군량을 운반하게 하고 아울러 위세를 부풀리게 해야 할 것입니다. 각 부대에서 사용할 탄약 역시 군계소(軍械所)에 지시하여 각기 뽑아서 운반하게 해 옴으로써 군수 지원을 편하게 해야 할 것입니다.

제가 이 일이 아주 다급하다고 생각하는 것은 첫째는 난당이 날로 늘어나 신속한 박멸이 어려워질까 걱정해서이고, 둘째는 일본의 하나부사 요시모토나 이노우에 가오루가 며칠 안에 군함을 이끌고 한강에 대규모로 집합하게 되는데, 만약 그때 중국이 아무런 거동도 보이지 않는다면 저들은 반드시 대규모 병력을 한성으로 먼저 보내 스스로 조사와 처벌을 실행하게 될 터입니다. 그렇게 되면 조선 국내는 반드시 먼저 그 피해를 입고 앞으로도 일본이 반란 진압에 공을 세워 사나운 이웃 국가의 모습을 더욱 강하게 드러낼 것이며, 중국의 지원이 미치지 못해 혹시라도 속국이 이를 한심(寒心)하게 여기게 되면 번복(藩服)은 장차 이로부터 더욱 쇠락하게 될 것입니다. 중국의 위세 역시 이 때문에 조금은 훼손될 터이니, 시기를 놓치는 것은 정말로 안타까운 일이 될 것입니다.

저는 본래 군함을 타고 천진으로 돌아가 직접 훈시와 가르침을 받고자 하였으나, 하나부사 요시모토 등이 곧장 도착할 것이라 여기에 머무르면서 기회를 엿보아 대응하고 유도하여 조금이라도 시간을 끌게 하면서 우리 군대를 기다리고, 또한 계속하여 조선 국내의 상세한 상황을 염탐하고자 합니다. 이에 정여창 제독이 윤선을 타고 중국으로 돌아가 총독께 개괄적으로 보고를 올리고 상의할 터이며, 이 보고서에서 다하지 못한 말은 모두 그가 대신 직접 구두로 아뢸 것입니다. 이상으로 조선국 사정이 위급하여 응당 신속하게 군사를 파견하여 반란을 진압해야 하는 이러한 상황에 대해 삼가 보고서를 갖추어 아뢰면서, 정말로 절박하게 지시를 내려주시기를 기다립니다. 각 부대가 조선에 도착한 다음에도 제가 여전히 군중에 남아 도울지 아니면 곧장 천진으로 돌아갈지에 대해서도 모두 총독의 지시를 기다려 삼가 따르고자 합니다.

첨부합니다.

보고서를 마치기도 전에 일본 군함 2척이 다시 도착하였는데, 위에 많은 수의 군인을 싣고 있으며, 계산해 보면 정여창 제독이 천진에 갔다가 돌아오는데 아무리 빨라도 반드시 6일이 걸리니, 이 동안 단지 두 척의 (중국) 군함만 정박하고 있는 것은 성세(聲勢)가 몹시 단촐하여 하나 부사 요시모토가 도착할 때 혹시라도 우리를 가볍게 협박할 뜻을 가지게 될지도 모르니, 각 부대에게 신속하게 조선에 도착하도록 지시해 주시길 간청합니다. 요컨대, 오늘날의 일은 하루가 빠르면 하루의 공로를 더욱 거두고, 하루가 늦어지면 하루의 폐해를 거듭 입게 됩니다. 제가 번봉을 고휼(顧恤)하고 국체를 보전하기 위한 시각에서 부지불식간에 너무 말을 급박하게 하였으니, 엎드려 살펴 양해해 주시기를 빕니다. 이에 삼가 보고서를 올리면서 편안하시길 청하면서 엎드려 살펴봐 주시기를 빕니다.

다시 첨부하여 보고합니다.

저녁 6시 무렵 신임 인천 부사 임영호(任榮鎬)가 배에 와서 필담을 나누었습니다. 물어보니 십년 동안 산야에 머물다가 대원군[國太公]에게 기용된 사람이라 이하응의 무리임을 알았으므로, 사람을 파견하여 밤을 도와 한성으로 가서 집정(執政)에게 비밀리에 고하여 신속하게 고위 관원을 이곳으로 파견하여 일본 문제를 함께 논의하자고 지시하였습니다. 지금의 집정은 바로 이하응입니다. 만약 사람을 파견하여 보내겠다면 반드시 그 심복일 것이고, 지금 한성의 소식이 불통인데 그 무리가 오게 되면 조금이라도 그 동정을 엿볼 수 있고, 또한 일본과의 문제를 조정한다는 구실을 빌어 달콤한 말로 속여 은혜를 베푸는 척하면 혹시라도 의심하지 않도록 할 수 있을 것이며, 장래에 일 처리도 역시 좀 더 쉬워질 것입니다. 이 때문에 또 보고를 올리며, 다시 편안하시길 빕니다.

(2) 「정여창 제독이 구두로 보고한 일본 군함이 선후하여 조선에 도착한 시기와 인원수 목록(丁提督面呈日本兵船先後到朝日期·人數淸摺)」

일본이 현재 조선의 인천에 보내 정박시킨 군함과 상선 및 육·해군 병력은 다음과 같습니다.

군함 곤고(金剛)[4톤반 大砲 1문, 2톤 邊砲 6문. 수병 200명. 6월 27일 인천 도착]. 해군 장교 2명[東海鎭守府 司令長官, 海軍少將 正五位勳三等 仁禮景範. 船主 海軍大佐 從五位勳五等 相浦紀道]

군함 나이신(乃申)[砲位는 金剛 함과 같음. 수병 200명. 6월 28일 인천 도착]. 해군 장교 1명[船主 提守備 西挐盖阿]

상선(商船) 우마지(馬路)[육군 800명 탑승. 28일 인천 도착]

29일, 위원(威遠)함이 회항할 때 멀리서 일본 함선 1척이 다시 항구에 들어오고 있는 것을 보았습니다.

(2) 문서번호: 4-3-02(511, 796b-805a)

사안: 응당 방법을 마련하여 이하응을 유금(誘擒)하여, 신속하게 조선의 반란을 진압해야 합니다(宜說法誘擒李昰應, 速敉韓亂).

첨부문서: 1. 「주일본 공사 여서창이 보내온 전보(出仕日本黎大臣來電)」: 1) 대원군을 사로잡고 난당을 주살(誅殺)한 다음 일본인과의 교섭을 처리해야 합니다(執大院君, 誅亂黨而後, 與日人辦理交涉). 2) 일본이 이미 에노모토 다케아키(夏本武揚)를 주중국 공사로 파견하였습니다(日本已派夏本武揚爲駐華公使).

2. 「마건충과 어윤중이 위원 함에서 나눈 필담(馬建忠與魚允中威遠筆談)」: 인원을 파견하여 화도의 소식을 염탐하게 하였습니다(派員往探花島消息).

3. 「마건충과 어윤중이 위원 함에서 나눈 필담(馬建忠與魚允中威遠筆談)」: 인원을 화도에 파견하여 염탐한 조선의 내란 및 일본의 출병 상황(派員往花島所探朝鮮亂事及日本出兵情形).

4. 「28일 6시쯤 어윤중이 초용함에서 보내온 서신(二十八日六点鐘, 魚允中自超勇來函)」: 조선의 내란에는 그 반란을 제창한 사람이 따로 있으며, 외교에 관련된 조정의 신하가 거의 피살당하였습니다(朝鮮亂事刱亂另有其人, 朝臣涉於外交者全被殺戮).

5. 「28일 7시쯤 인천부 장교(將校) 성기연(成箕連)이 배에 와서 필담을 나누었습니다(二十八日七点鐘, 仁川府將校成箕連來船筆談)」: 조선의 내란 및 인천부 상황(朝鮮亂事與仁川府情形).

6. 「28일 열 시 반쯤 화도의 별장(別將) 김굉신(金宏臣)이 소복을 입고 방문하여 나눈 필담(二十八日十点鐘二刻, 花島別將金宏臣素服來謁筆談)」: 조선 내란 및 왕비와 집정 등의 서거 상황(朝鮮亂事, 王妃·執政等逝世各情形).

7. 「28일 아침 11시, 곤도 마스키(近籐真鋤)가 찾아와서 만나 나눈 담화 절략(二十八日晨十一点鐘, 近籐真鋤來謁晤談節畧)」: 내란의 원인 및 일본 사신의 조선 도착에 대해 먼저 탐방하고 나서 다시 논의하겠습니다(朝鮮亂事起因及日使至韓, 欲先探明, 再行議事).

8. 「28일 밤 12시, 어윤중을 배로 불러서 나눈 필담(二十八日十二点鐘, 招魚允中來船筆談)」: 대원군은 권력을 잃은 것에 분노가 쌓여 몰래 무뢰배를 양성하여 반란의 주모자로 삼았습니다(大院君因失權積憾, 隱養無賴爲亂事主謀).

9. 「28일 오후 6시, 마건충이 신임 인천부사 임영호(任榮鎬)와 위원함에서 나눈 필담(二十八日午後六点鐘, 馬建忠與新任仁川府使任榮鎬威遠舟次筆談)」: 조선 정부에 신속하게 심복 고위 관원을 인천에 파견하여 모든 것을 상의하자고 요청하였습니다(朝鮮速派心腹大員前來仁川, 籌商一切).

날짜: 光緒八年七月初六日(1882년 8월 19일)
발신: 署理北洋大臣 張樹聲
수신: 總理衙門

七月初六日, 署北洋大臣張樹聲函稱:

本月初一夜肅寄直字二十四號一函, 諒達鈞鑒. 初二日奉直字六百八十七號密函. 仰承籌度朝事, 垂示機宜至周, 且悉欽服, 非可言喩. 李昰應身爲戎首, 罪不容誅, 第朝鮮經此內變, 幹濟人材, 芟夷殆盡, 一線國脈, 惟在國王尚存. 若操之過蹙, 以其恣睢之性, 或將激生他變, 屆時縱可別爲興繼, 而如今王之賢, 既不易得, 亦慮元氣愈傷, 愈費扶植. 吳·丁兩提督東行, 樹聲與之熟思審處, 審竊料大軍抵境, 震以天威, 李昰應或不敢肆其頑梗, 即宜設法誘捨, 奏請聖裁. 昰應既得, 其黨易渙, 國王藉天朝鎭撫之力, 庶可徐圖善後. 萬一李昰應深閉固拒, 則天戈所指, 義不旋踵. 至於進兵機要, 手揮目送, 尤當旁矚日人, 總須紮住江口, 與水軍聯爲一氣. 然後或節節進紮, 以立不敗之地, 或鼓行而前, 以取迅雷之勢, 是在相機而行, 非可遙爲控制. 日兵既在彼岸, 見我軍前進, 或橫生議論, 或亦步亦趨, 皆難保其必無. 惟朝鮮爲中國屬邦, 政治雖向由自主, 而國亂理當爲之代平, 日本不能干預, 並經詳細函囑馬道與吳筱軒等, 妥商因應. 昨又抄錄鈞函, 飛致該提督等遵照. 目下部勒一切, 猶幸遵循指畫, 未致背馳, 而事機得失, 所關者大, 自審庸劣無狀, 又復衰病侵尋, 縱竭蹶勉交, 日深履薄臨深之懼. 所有關係茲事各件及凡百調度, 雖經隨時抄錄馳達少荃中堂,[10] 請其核復, 惟相距過遠, 呼應不及, 隕越時虞, 今蒙朝命促行, 實爲大局之幸. 此後接到軍前稟報, 遵當一面密呈鈞署, 一面函達少荃中堂也. 賜示蒓齋密電加字法,[11] 謹即密存照辦, 昨接蒓齋來電, 因碼號未明, 不能查悉. 復由電詢今晚始接復. 謹照錄呈閱馬道由朝鮮寄到筆談一册竝錄上察覽. 肅復, 祗叩鈞綏.

照錄
(1) 「出使日本黎大臣來電(七月初三日到)」.
總相送眞.[12] 日兵計早到仁川, 其擧動與添調未聞, 數日當有信. 毒殺王妃及世子妃, 皆大院君之謀, 此爲父篡其子. 我陸兵直當執大院君, 誅亂黨而後, 與日人辦理. 日廷已派海軍中將夏武揚爲駐華公使, 昌復查第一第四兩字, 原來碼號有誤, 第七十三碼照新法空碼無字, 亦當係碼號舛錯, 合竝聲明.

(2) 「馬建忠與魚允中威遠筆談. 二十七日夜十點鐘, 舟至漢江口下椗後, 魚允中來威遠筆談」.
忠曰: "今晚姑泊於此, 祈即遣人登岸, 至花島, 將所開各節, 打探着實, 連夜回報."
魚曰: "謹當依敎打探, 而花島不過一堡, 其管領亦屬微人, 恐難探實, 欲派一人入王京直探爲計."
忠曰: "至花島打探者不過知其大署, 俾僕等有所準備. 至其詳則當入王京探聽爲是. 現已飭備舢板, 即請派人星夜, 至花島一行."
魚曰: "本邦人外, 另有中國一人恐好."

---

10 소전(少荃)은 이홍장의 호(號)이다. 앞서도 나왔지만 이홍장(李鴻章, 1823~1901)은 안휘성(安徽省) 합비(合肥) 출신으로 이중당(李中堂) 또는 이합비(李合肥)로도 불리며, 자는 잠보(漸甫) 또는 자불(子黻)이고, 시호는 문충(文忠)이다.
11 순재(蒓齋)는 여서창(黎庶昌, 1837~1898)의 자이다.
12 총상(總相)은 불교 용어로 공상(共相)을 가리킨다. 즉 총상은 생명과 관련된 모든 것과 그 배후를 포괄하는 시량(矢量. vector=向量)으로, 그 개별적인 성질을 가리키는 별상(別相)과 대조되는 개념이다. 치(眞)는 치(置)와 같은 뜻이다. 전보의 맨 앞부분에 왜 이러한 표현이 들어가고, 그 정확한 뜻이 무엇인지를 파악하기는 어렵지만, 여기서는 아마 사태의 진상을 알린다는 뜻으로 보아야 할 것 같다.

忠曰:"自然不消說得,閣下不必親去,可遣李某先去,舢板即留浦口相候,今晚務必回報爲妥."

魚曰:"往囑李君,即圖走探,而舢板外小火輪恐好. 離岸稍遠,去來必遲."

忠曰:"花島離岸不過五里,小火輪聲氣太大,遠聞數里,易啟驚疑,仍乘舢板往探爲妥."

(3)「馬建忠與魚允中威遠筆談. 二十七日夜兩點鐘, 魚允中遣人至花島探悉各節後來威遠筆談」.

忠曰:"國王現次何處? 無恙否?"

魚曰:"國王在京安, 王妃薨逝."

忠曰:"朝臣主政者誰? 與國王意見何若?"

魚曰:"朝臣主政之爲誰,未詳明,當探明."

忠曰:"初九日亂黨作亂情景如何,倡亂者誰,以後他處有無蠢動?"

魚曰:"亂黨即兵卒之作亂,而爲兵糧失時而起鬧,殺相臣李最應,宰臣金輔鉉,閔謙鎬等五人,[13] 繼以游民衝火天然亭日本使館,殺日本六人,日人奔避至仁川,兵卒追至,又殺日本六人後,乃鎮定. 更無他處之蠢動."

---

13 민겸호(閔謙鎬, 1838~1882)는 대원군의 부인인 여흥부대부인의 친동생으로, 대원군의 처남이고, 고종의 외삼촌이며, 민비의 친척 오라버니이자, 민영환(閔泳煥)·민영찬(閔泳瓚) 형제의 아버지였다. 형조판서, 이조판서, 어영대장, 병조판서, 판돈녕부사 등을 지냈으며 민씨 세도의 지도자였다. 선혜청 제조 겸 병조판서로 재직 중 1881년 4월 일본 육군소위 호리모토(堀本禮造)를 초빙해 신식 군대인 별기군(別技軍)을 창설하였다. 그러나 차별 대우를 받던 구식 군인의 급료 지급을 미루다가 14개월만에 지급하였는데 모래섞인 쌀을 급여로 지급하여 군인들의 불만을 야기, 임오군란 때 난병에 의해 살해되었다. 민겸호 집안의 하인이 혜청 창고지기가 되어 지출을 담당하였었다. 그 하인은 겨를 섞어서 미곡을 지급하면서 개인적으로 많은 이익을 남겼는데 이것을 눈치 챈 사람들이 크게 노하여 그를 구타하였던 것이다. 민겸호는 주동자인 김춘영(金春永) 등을 잡아 포도청으로 넘겨 형살(刑殺)시키려 하였으나, 이 문제로 집을 습격당하였으며, 난의 진상이 밝혀지자 파직되었다. 김보현(金輔鉉, 1826~1882)은 조선 말기의 문신으로 1848년 증광별시 문과에 을과로 급제하여 1859년(철종 10) 이조참의·부제학을 거쳐 그 이듬해 규장각직, 예방승지(禮房承旨)·개성부유수 등을 지냈으나, 1864년 흥선대원군에 의해 관직에서 축출되었다. 그러나 다시 척족 민씨의 일파가 되어 형조판서·이조판서·선혜청당상을 지냈다. 선혜청당상 재임 중에는 모리행위가 심하여 원성을 사기도 하였다. 임오군란 당시 군인들은 선혜청당상이던 민겸호와 당시 경기도관찰사이던 김보현에게 그 책임을 돌렸고, 대궐 안에 난입한 난군들에 의하여 민겸호와 함께 중희당(重熙堂)에서 피살되었다.

忠曰: "日本兵舶何日入港? 現泊何處? 兵數若干, 已登岸否? 國王曾派人與之商論否? 日使井上馨至否? 其指名查辦者何事?"

魚曰: "日本兵舶一隻, 於二十四日來到, 而旋去. 今日又一隻入港, 兵九十餘名, 分二處[花島, 甲串津]登陸, 見鎭將. 以王京城內外俱設使館之意要請而外, 他情形未及詳知, 尚無查辦之擧云."

忠曰: "兵卒因兵糧失時作亂, 其詳細究曾探悉否?"

魚曰: "兵卒因減斛與倉吏口角, 吏訴于倉堂,[14] 捉囚兵士, 兵士乃群起作鬧, 而被殺宰臣, 則果非人望. 然此事必有根委, 想現未妥帖, 一鎭吏所傳不可準信, 明當派心腹至王京親友處, 密探耳."

忠曰: "明日派誰入京, 由僕作書與前日大副官, 何如?"[15]

魚曰: "大人有書, 則必公諸時人而後爲答, 實狀難得矣."

忠曰: "然則僕不作書. 所派之人必須探明着實起亂根由, 與現在貴國辦理情形, 卽速回浦, 以便稟報於北洋大臣."

魚曰: "謹當依敎. 頃者派人至花島探信, 使之聲言大人領兵舶來港, 爲本邦遮護調處云云. 彼鎭吏皆歡呼, 卽欲走告地方, 令明日來調船. 上咨文之事, 可對伊說及若何?"

忠曰: "此事俟地方官來時再行斟酌. 惟現在亂黨, 貴朝廷已查辦否?"

魚曰: "兵士之殺日人, 果如所傳, 則殺人者死, 亦當懲辦而後, 可與日人辦理事宜. 此尚未擧, 尤是大失着也."

忠曰: "日人辦理事, 須俟貴國查辦之後, 再行斟酌. 所以明日僕卽欲請貴國王親派一妥當大員前來, 計議此事, 不可再行遲緩."

魚曰: "明日派人送王京後, 再有奉議, 而日人許請亦示調處無妨."

忠曰: "自應相機應答."

---

14 여기서 창당(倉堂)은 선혜청(宣惠廳)을 가리킨다. 선혜청은 조선 후기의 관청으로 대동법의 시행에 따라 대동미(大同米)와 대동포(大同布)·대동전(大同錢)의 출납을 맡아 보았는데, 1608년 경기지방의 대동법 실시와 더불어 처음 설치되었다. 임오군란 당시 선혜청의 책임자는 흥선대원군의 처남이었던 당상 민겸호(閔謙鎬, 1838~1882)였다.

15 전일대부관(前日大副官)은 아마 이전에 마건충과 협력하여 「조·미조약」을 체결하면서 전권부관(全權副官)으로 서명하였던 경리통리기무아문사(經理統理機務衙門事) 김홍집을 가리키는 것으로 보인다.

魚曰: "兩國相持, 必賴從中調處而後, 乃無齟齬失當之機."

(4)「魚允中超勇來函」.
二十八日六點鐘, 魚允中自超勇來函, 更探本邦情形, 則國勢一翻, 有堪痛哭者, 挐亂之人另有其人, 朝臣之涉於外交者, 殆無孑遺. 至仁川府使鄭君亦飮藥而死, 其他可知, 卽當往謁而拘于耳目, 未克遂. 誠乘暮當晉叙, 亦乞飭三艦, 俾勿露允中聲息若何, 方使人下陸哨探計耳. 此白.

(5)「二十八日七點鐘, 仁川府將校成箕連來船筆談」.
忠曰: "仁川府鄭君現在何處?"
成曰: "猝得身病而死, 已八日矣."
忠曰: "現在仁川府新派何人?"
成曰: "新官任榮鎬."
忠曰: "任君是否國王派來與李興宣君相識否?"
成曰: "府使今日來到, 聞與興宣君相親云."
忠曰: "國王現在王京否? 王妃爲何而薨?"
成曰: "朝鮮有民撓事."
忠曰: "東洋人死若干名?"
成曰: "京中死者七名, 仁川死者六名."
忠曰: "東洋兵已登陸否?"
成曰: "昨日百名入仁川府, 見其死埋處, 還爲入船."
忠曰: "卽速回仁川, 請府使來舟一晤."
成曰: "府使知得貴船有何事來臨啓聞, 後來."
忠曰: "兵船三艘, 巡洋至此耳."

(6)「二十八日十點鐘二刻, 花島別將金宏臣素服來謁筆談」.
忠曰: "君素服爲誰?"
金曰: "王妃卒逝."

忠曰:"王妃因病薨乎?抑爲人所逼乎?須以實對."

全曰:"今月初十日,亂民大作,驚怕而薨."

忠曰:"亂民之作共有多少?"

金曰:"在鎭其多少不知."

忠曰:"假如現着人送信於國王可能達到否?"

金曰:"少旋地方官仁川府使來到矣.下問伏望."

忠曰:"仁川府使姓任向來可爲國王信任否?"

金曰:"仁川府使以地方官應行之事,信任未可知."

忠曰:"王京城門可任人出入否?"

全曰:"此事問於仁川官,則庶可下燭."

忠曰:"李興宣君現在何處?聞興寅君已卒然否?"

金曰:"興宣君在本宅,興寅君果卒逝."

忠曰:"興寅君卒於何日?病乎?"

金曰:"興寅君今月初十日,以民亂驚愕卒."

忠曰:"他人皆驚懼至死,國王何以獨能無恙?"

金曰:"亂民不犯國王."

(7)「二十八日晨十一點,近藤眞鋤來謁晤談節畧」.

忠曰:"初九日執事可與其事乎?"

近藤曰:"朝鮮亂兵突然衝入使館,我兵捍護死者七人,復偕花房公使走奔至仁川,則亂兵又來.我兵捍護死者六人,因即乘間避入朝鮮民船,行至次日,幸遇英國量水船,即乘回日本."

忠曰:"吃驚不少,但亂兵因何起事?"

近藤曰:"昨日訪聞謂減糧起事,但未得其詳."

忠曰:"王妃何故暴卒?大臣死者數人,究因何故?"

近藤曰:"聞李昰應因兵作亂,往見王妃,進以酖酒,謂:'必飮此方保無亂.'其大臣之死未知何故.現李昰應大權獨攬,其爲猖獗."

忠曰:"如此國王且恐不能自主.花房公使來否?"

近藤曰:"花房公使今明可至,後即往王京,探明緣由,再行議事.昨日已由僕發信至王京,告以公使不日可至云."

忠曰:"我北洋大臣曾接我駐紮東京公使來電.因即派船至此,探訪一切,細觀作亂之由,適在各國議和之後,甚爲可疑,擬即派人探明起事根由,再行查辦.現在最急者,當設法將國王脫於亂黨之手爲要耳.俟花房公使來此,僕當往顧一商耳."

(8)「二十八日十二點,招魚允中來船筆談」.

忠曰:"亂黨起事之由,可略知一二否?"

魚曰:"當不避煩猥而陳之.國王由支派入承正統,其私父曰:'大院君',素是悖戾爲怪,貪財好色,及於國王入承之時,攬國權專恣,奪人貨,嗜殺人,又與日本無端拒絕,幾有搆兵之事.伊時國王不過坐擁虛位,且紳者亦皆袖手聽命,而一種趨附之徒,實繁其數.及國王年長,總攬朝綱,一二臣亦協贊之,奪其權,而一切弊政亦有存革,與日本尋舊好,屢欲聯各國,以維繫國脈.彼大院君憾於失權,隱養無賴,期尋禍亂者久矣.或密藏火藥於王宮而放火者數次.又以暴發藥焚殺藎臣,國王以事涉倫常,不欲處之予法,只剪其黨與,誘之威之者屢矣.於昨年秋果嘯聚黨與,刻日舉事,有告之者.幸得收捕亂黨,而亦不窮覈.彼大院君恃其處於不死之地,期欲舉事,而其誘惑衆心者曰:'斥邪也.絕外交也.'無知小民妄相恃爲前茅者亦有之.昨年逆謀之舉,欲分三號,一號直擊王宮也,一號殺一切異趣之朝臣也,一號殺日人也.今日之事,即昨年之餘智,一言以蔽,今日即本邦興亡之秋也.大院君若在,則人誰敢擧論外交?聞今者,亂黨先殺大臣,宰臣之國王素信任者,繼入王宮,國王及妃嬪皆奔避,而彼大院君乃刼殺王妃,逼返太王妃,國王則雖不見廢,幽閉不與外朝相接,搜殺大小文武之異趣,而涉於外交者無遺.人民皆奔避山谷,國中一變.若於今日不亟亟調處,日人必大發報復,生民塗炭,宗社將覆,彼大院君又必廣招砲兵,必欲決計扼守,而國內生靈不保,將何以則國可存,而亂可熄乎?"

忠曰:"此等情節,執事從何訪聞確實?"

魚曰:"前說係在本國耳聞者.後論更着人探訪,畧得大槪."

忠曰: "現人入京何時可返?"

魚曰: "明天可還."

忠曰: "似較遲耳. 明日僕等擬派威遠前往天津, 將所有情節稟明北洋大臣, 火速調兵前來, 撲滅亂黨, 如何?"

魚曰: "感德, 感德."

忠曰: "但無貴國王親筆, 並無臣民哀懇公狀, 特恐師出無名, 則若之何?"

魚曰: "國王親筆不可得. 現在幽閉中, 臣民公狀亦難猝辦. 現任職行走者必皆儷眼, 一切輔諸國王之臣民, 非死則逃何以能寫公狀?"

(9)「二十八日午後六點鐘, 與新任仁川府使任榮鎬威遠舟次筆談」.

忠曰: "執事何日出自王京? 情景何若?"

任曰: "二十二日夜除本職, 二十六陛辭, 昨日向暮到邑, 息閒已久."

忠曰: "執事可知日本現派大兵來此? 貴國將何以處之?"

任曰: "府使十年山野起廢之人, 姑未聞小邦之政, 而令此兩大人遠臨, 感悚如何如何."

忠曰: "執事山居十年, 何以一旦起用, 果爲何人起用?"

任曰: "壬申春以後, 三遭內外艱, 昨秋始闋服, 今忽爲小邦國太公所起用."

忠曰: "日本已派兵舶來, 此我國亦陸續起兵到此, 以觀變動. 執事即宜派人星夜至王京密告執政, 謂: 其作速從長計議, 派一妥當心腹大員至此, 與僕等籌商一切, 或可先事預防未可知也."

任曰: "大人之教甚感, 甚感. 小邦何以有此洪福, 下官當報于朝廷, 火速下來."

忠曰: "此官須爲朝廷心腹之人, 方可辦事. 限明晚當至."

任曰: "不可不三晝夜後, 似可得抵. 北去王京八十里強."

忠曰: "前者委派大副官來此議約, 往返不過一晝夜, 三晝夜太遲, 遲則恐失事機, 以後有不可言者."

任曰: "不意今日有此機會, 而何可坐失. 府使今夜水出去分, 鷄鳴似可登岸, 然則再明似可下來, 豈非三晝夜耶?"

忠曰: "今即派小火輪, 送至浦頭, 作速派人. 今晚走至王京, 明晨可到, 趕即派人下來.

> 明日傍晚可至浦頭矣."
> 任曰: "謹奉教. 日人屢次問府使之來, 今回路暫訪如何?"
> 忠曰: "明晨去訪未晚也."

7월 6일 서리 북양대신 장수성이 다음과 같은 서신을 보내왔습니다.

이번 달 1일 밤 삼가 직자 24호 서신을 보냈는데, 이미 받아보셨을 줄 압니다. 2일에는 직자 687호 비밀 서신을 받았습니다. 조정의 일을 헤아려 준비하고 지극히 주도면밀한 지시를 내려주시는 것을 우러러 받들면서, 말로 표현할 수 없을 정도로 탄복하는 바입니다.

이하응은 몸소 반군의 우두머리가 되어 그 죄는 죽음을 피할 수 없지만, 다만 조선이 이번 내란을 겪으면서 기둥이 될 인재들이 거의 모두 제거되어 한 가닥의 국맥(國脈)은 오로지 국왕이 여전히 존재한다는 것에 있습니다. 만약 지나치게 압박을 가하면 멋대로 눈을 부라리는 그 성격으로 보아 혹시라도 다른 변고[즉 국왕 시해]를 자극할 지도 모르며, 그때 가서 설사 따로 후계자를 세우더라도 지금처럼 현명한 국왕을 얻기는 쉽지 않으며, 또한 원기(元氣)가 더욱 손상되어 떠받치는 데 더욱 큰 힘이 들어갈 수도 있습니다.

오장경, 정여창 두 제독이 조선에 갈 때 저[장수성]는 이들과 심사숙고해 보니, 예상컨대 대규모 병력이 조선에 도착하여 중국의 위엄으로 뒤흔든다면 이하응은 아마 감히 그 완강함을 멋대로 하지 못할 것이니, 즉각 방법을 마련하여 그를 유인하고 감금하는 문제에 대해 황상의 결정을 주청하고자 합니다. 일단 이하응을 잡게 되면 그 무리는 쉽사리 흩어지고 국왕이 중국이 진무(鎭撫)해 주는 힘을 빌려 서서히 사후 대책을 꾀할 수 있을 것으로 기대합니다. 만일 이하응이 깊이 틀어박혀 굳게 저항한다면 중국 군대의 전진은 결코 움추려들지 않을 것입니다. 진군할 때의 요령은 능숙하게 두루 살피면서 특히 일본인의 동향을 옆으로 살펴보아야 하므로, 결국 반드시 강 하구에 주둔하여 수군과 함께 하나로 연결되는 것이 필요하며, 그런 다음 차츰차츰 진군·주둔하면서 확실한 승리의 기반을 세우는 것입니다. 혹은 북을 치면서 진군하여 신속한 우레와 같은 기세를 취할 수도 있는데, 이것은 현장에서 상황을 헤아려 실행하는 것이지 멀리서 통제할 수 있는 것은 아닙니다.

일본군이 이미 저쪽에 상륙해 있어 우리 군대가 전진하는 것을 보면 혹은 멋대로 의론(議論)으로 시비를 걸거나, 아니면 사사건건 우리를 따르거나 모방할 수도 있는데, 모두 반드시 그런 일은 없다고 보장하기 어렵습니다. 다만 조선은 중국의 속방으로, 정치는 비록 종래 자주(自主)해 왔지만, 국가의 내란은 당연히 이를 위해 중국이 대신 평정해 주어야 하며 일본이 간여할 수는 없으니, 아울러 이미 도대 마건충과 제독 오장경에게 서신으로 상세하게 당부하여 적절하게 상의하여 대응하도록 하였습니다. 어제는 또한 총리아문의 서신을 베껴 그들에게 신속하게 전달하여 그대로 따르도록 하였습니다.

현재 이렇게 모든 문제에 대처하도록 준비하고, 또한 다행히 총리아문의 지휘를 받아 거기서 어긋나지 않게 하였으나, 사기(事機)의 득실(得失)이 관련된 바가 큰데 스스로 돌아보면 몹시 용렬(庸劣)한 데다가 또한 다시 쇠병(衰病)이 점차 진행되어 온 힘을 다해 버텨보지만 마치 깊은 연못을 앞두고 얇은 얼음을 밟고 있는 것처럼 두려움이 날로 깊어집니다.

이상의 모든 관련 사무 각 건과 온갖 조치에 대해서는 비록 수시로 베껴서 이홍장 중당(中堂)에게 신속하게 전달하여 그 검토와 답장을 요청하고 있지만, 서로 너무 멀리 떨어져 있어[16] 호응이 미치지 않고 제대로 되지 않을까 때로 우려하였는데, 지금 조정의 지시를 받아 신속하게 움직이게 되었으니 실로 대국(大局)을 위해 큰 행운이라 하겠습니다. 앞으로 조선에 진출한 부대의 보고를 받으면 응당 한편으로는 총리아문에 비밀 서신으로 알리고 다른 한편으로는 이홍장 중당에게도 알리겠습니다. 주일 공사 여서창이 보낸 비밀전보의 암호해독법[加字法]을 알려주시면 삼가 비밀리에 보존하면서 사용하겠습니다. 어제 여서창 공사가 보낸 비밀전보를 받았는데, 암호를 알지 못해 그 내용을 해독할 수 없었습니다. 그래서 다시 전보로 물어서 오늘 저녁에 와서야 다시 답장을 받을 수 있었습니다. 삼가 마건충 도대가 조선에서 부쳐온 필담 1책을 열어보고 베껴서 살펴보실 수 있도록 올리는 바입니다. 삼가 답장을 드립니다. 편안하시길 빕니다.

---

16 당시 이홍장은 모친상으로 직예총독의 자리를 장수성에게 넘겨주고 고향인 안휘성 합비로 돌아가 상을 치르고 있었다. 광서 8년 3월 2일(1882년 4월 19일) 모친이 사망하자 이홍장은 예법에 따라 종제(終制)를 위해 관직에서 물러날 것을 청하였으나, 청 황실에서는 시국의 어려움과 북양대신 업무의 중요성을 이유로 100일의 휴가를 허가하였다.(「懇請終制摺」, 『李鴻章全集』 10, pp.66-67.) 이홍장의 휴가 동안 양광총독(兩廣總督) 장수성(張樹聲)이 서리북양대신(署理北洋大臣)을 맡았다.

(1) 「주일본 공사 여서창이 보내온 전보(出使日本黎大臣來電)」(7월 3일 도착)

사태의 진상을 알립니다. 일본군은 계산해 보건대 일찌감치 인천에 도착할 것인데, 그 거동이나 추가 파견은 아직 들어보지 못하였습니다만, 며칠 내에 당연히 소식이 있을 것입니다. 왕비와 세자비 독살은 모두 대원군의 음모이니, 이것은 아버지가 아들의 권력을 찬탈한 것입니다. 우리 육군이 곧바로 대원군을 사로잡고, 난당을 주멸한 이후에 일본과 (사후 처리 문제를) 처리해야 할 것입니다. 일본 정부는 이미 해군 중장 에노모토 다케아키를 주중국 공사로 파견하였습니다. 제가 다시 [지난번 직예총독께 보낸 전보를] 조사해 보니 제1·제4 두 글자가 원래 암호[碼號]에 착오가 있었고, 제73번 글자는 새 방법에 따르면 비어 있어 글자가 없는 것인데, 역시 암호의 착오가 있었음을 아울러 밝힙니다.

(2) 「마건충과 어윤중이 위원 함에서 나눈 필담. 27일 밤 10시쯤, 배가 한강 하구에 닻을 내린 다음 어윤중이 와서 필담을 나누었습니다(馬建忠與魚允中威遠筆談. 二十七日夜十點鐘, 舟至漢江口下椗後, 魚允中來威遠筆談)」

마건충: "오늘 저녁 여기에 정박하였는데, 사람을 보내 상륙시켜 화도(花島)에 가서 다음 사항에 대해 착실하게 탐문하고, 밤을 새더라도 돌아와 보고하게 하였으면 합니다."

어윤중: "삼가 당연히 지시한 대로 탐문하겠습니다. 다만 화도는 일개 보(堡)에 지나지 않아 그곳을 관장하는 사람 역시 지위가 낮은 사람이고 아마 사실을 탐문하기 어려울 터이므로, 한 사람을 한성으로 보내 직접 탐문할 생각입니다."

마건충: "화도에 가서 염탐하는 것은 그 대략을 알려줄 뿐이지만, 우리가 미리 준비할 수 있게 해줍니다. 상세한 것은 당연히 한성에 들어가 탐문하는 쪽이 옳을 것입니다. 현재 이미 삼판선[舢板]을 갖추라고 지시하였으니, 밤낮을 가리지 말고 즉시 한 사람을 화도에 보냈으면 합니다."

어윤중: "조선 사람 외에 따로 중국 사람이 한 명 있으면 더욱 좋겠습니다."

마건충: "자연히 이 점은 말할 필요도 없습니다. 각하(어윤중)께서 직접 가실 필요도 없고, 이(李) 모를 먼저 보낼 수도 있는데, 삼판선은 포구에서 머무르며 기다리고 있을 터이니 반드시 오늘 밤에 돌아와서 보고하는 것이 적절할 것입니다."

어윤중: "이(李) 모군에게 곧장 가서 탐문하라고 부탁하겠지만, 삼판선보다는 소화륜(小火輪)이 더 나을 것 같습니다. 연안에서 조금 멀리 떨어져 있어 오가는 것이 반드시 지체될 것입니다."

마건충: "화도는 연안에서 불과 5리밖에 떨어져 있지 않고, 소화륜은 소리가 너무 커서 몇 리 밖에서도 들리니 쉽사리 놀람과 의심을 낳기 쉽습니다. 그래도 삼판선을 타고 가서 탐문하는 것이 나을 것입니다."

(3) 「마건충과 어윤중이 위원 함에서 나눈 필담. 27일 밤 두시, 어윤중이 화도에 사람을 보내 각 사항을 탐문한 다음 위원함에 와서 나눈 필담(馬建忠與魚允中威遠筆談. 二十七日夜兩點鐘, 魚允中遣人至花島探悉各節後來威遠筆談)」

마건충: "국왕은 현재 어디에 계십니까? 무고하십니까?"

어윤중: "국왕은 현재 한성에서 안전하게 계십니다만, 왕비께서는 돌아가셨습니다."

마건충: "정세를 주도하는 신하는 누구입니까? 국왕과는 의견 차이가 어떻습니까?"

어윤중: "누가 정세를 주도하는 신하인지는 아직 상세하게 확인할 수 없으며, 응당 탐문해야 할 것입니다."

마건충: "초9일 난당이 반란을 일으킨 상황은 어떠하며, 그것을 주도한 사람은 누구이고, 이후 다른 곳에서도 좋지 않은 움직임이 있었습니까?"

어윤중: "난당은 병졸들이 반란을 일으킨 것이며, 병량(兵糧)을 제때 지급하지 않아 일어난 것으로, 상신(相臣) 이최응(李最應), 재신(宰臣) 김보현(金輔鉉)과 민겸호(閔謙鎬) 등 5명을 살해하고, 뒤이어 유민(游民)들이 천연정(天然亭) 부근 일본 공사관에 불을 지르고,[17] 일본인 6명을 살해하였으며, 일본인이 인천으로 도피하자 병졸들이 쫓아가 다시 6명을 살해한 다음에야 진정이 되었습니다. 다른 곳의 좋지 못한 움직임은 더 이상 없었습니다."

마건충: "일본 군함은 언제 입항하였습니까? 지금 어디에 정박하고 있습니까? 병력의 수는

---

[17] 1880년 개설된 일본 공사관이 설치된 곳은 도성 밖 옛 경기중군영(淸水館) 자리로 현재의 서대문역과 독립문 사이의 중간쯤이다. 인근에는 무악재를 오가던 관원의 휴식 공간으로 서지(西池)라는 연못과 그 부속 건물로 천연정(天然亭)이 있었다. 따라서 여기서 천연정은 일본 공사관을 가리키는데, 반란군이 불을 지른 것이 아니라 이들이 몰려오자 하나부사 일본 공사가 스스로 불을 지르고 인천으로 탈출하였다.

얼마고, 이미 상륙하였습니까? 국왕이 사람을 파견하여 이들과 논의한 적이 있습니까? 일본 사신 이노우에 가오루는 도착하였습니까? 지명해서 조사·처리하는 일은 무엇입니까?"

어윤중: "일본 군함 1척은 24일에 도착하였다가 곧 돌아갔습니다. 오늘 다시 1척이 입항하였는데, 병력은 90여 명으로 두 군데[花島와 甲串津]에 상륙하였고, 진장(鎭將)을 만났습니다. 한성 성 내외에 모두 사관(使館)을 설치하겠다는 뜻을 요청한 것 외에 다른 상황은 아직 상세하게 알 수 없으며, 아직 조사·처리하겠다는 거동은 없다고 합니다."

마건충: "병졸들이 병량(兵糧)을 제때 수령하지 못해 반란을 일으켰다고 하는데, 그 상세한 내막을 결국 탐지해냈습니까?"

어윤중: "병졸들이 작은 되로 미곡을 지급하는 문제[減斛]로 창리(倉吏)와 말다툼을 벌였는데, 창리가 창당(倉堂)에 호소하자 병사들을 잡아 가두었고, 이에 병사들이 무리를 지어 들고 일어나 소동을 피웠습니다. 피살된 재신(宰臣)은 분명 사람들의 여론이 좋지 않았지만, 이 일은 반드시 따로 근본 원인이 있을 터인데, 생각건대 현재로서는 아직 분명한 것은 모릅니다. 일개 진리(鎭吏)가 전하는 것은 그대로 믿기 어려우니 내일 다시 심복을 한성의 친우가 있는 곳에 파견하여 비밀리에 탐문해 보고자 합니다."

마건충: "내일 누구를 한성에 파견한다면, 제가 서신을 써서 전일(前日)의 대부관(大副官, 김홍집)에게 전달하는 게 어떤지?"

어윤중: "대인께서 서신을 써주시면 반드시 현재의 실세에게 공개해서 그런 다음에야 답변을 얻게 되는데, 그러면 실상을 파악하기 어려울 것입니다."

마건충: "그렇다면 서신을 쓰지는 않겠습니다. 파견된 사람은 반드시 반란이 일어난 근본 원인과 현재 조선에서의 처리 상황을 탐문하고 신속하게 항구로 돌아와서 북양대신에게 곧장 보고할 수 있게 해야 합니다."

어윤중: "삼가 당연히 지시대로 하겠습니다. 얼마 전 화도에 파견하여 소식을 탐문하게 한 사람에게 대인이 군함을 이끌고 내항한 것은 조선을 보호하려는 조치라고 분명히 밝히게 하였습니다. 진리(鎭吏)들은 모두 환호하고 즉시 지방관에게 달려가 알리고자 하였으므로, 그에게 내일 배로 와서 방문하라고 지시하였습니다. 자문(咨文)을 올리는 일은 그에게 이야기해도 되겠습니까?"

마건충: "이 일은 지방관이 왔을 때 다시 상황을 보아 처리하겠습니다. 그런데 현재 난당에

대해 귀 조정에서는 이미 조사·처리하였습니까?"

어윤중: "병사들이 일본인을 살해한 일은 과연 소문대로이니, 살인한 사람은 죽여야 하는데 물론 당연히 징벌 처리를 받은 다음이겠고, 일본인과 이 문제의 처리를 논의할 수 있을 것입니다. 이 일을 아직 처리하지 않은 것은 특히 큰 잘못입니다."

마건충: "일본인 문제의 처리는 반드시 조선에서 조사·처리한 다음에 가서야 다시 사정을 봐서 처리해야 할 것입니다. 그래서 내일 제가 귀 국왕께 적당한 고위 관원을 파견해 보내 이 일을 논의하자고 요청할 생각이며, 더 이상 지체되어서는 안 됩니다."

어윤중: "내일 한성으로 사람을 파견해 보낸 다음, 다시 의논을 받들겠습니다만, 일본의 허락 요청에 대해서 조치를 보여주어도 될 것 같습니다."

마건충: "당연히 상황을 보아서 응답하면 될 것입니다."

어윤중: "양국이 서로 대치한다면 반드시 중간에서 중재한 다음에야 비로소 서로 어긋나서 좋지 못한 경우가 없을 것입니다."

(4) 「28일 저녁 6시쯤 어윤중이 초용함(超勇艦)에서 보내온 서신(二十八日六點鐘, 魚允中超勇來函)」

조선의 상황을 더욱 탐색해 보니 국세가 한번 뒤집혀 정말로 통곡할 만한 일이고, 반란을 창도한 사람은 따로 있으며, 외교에 관련된 조정의 신하는 거의 아무도 남지 않았습니다. 인천 부사 정지용(鄭[志鎔]) 역시 약을 먹고 죽었으니,[18] 나머지는 말할 필요도 없습니다. 그래서 즉시 가서 방문하려다 남의 이목이 피하고자 가지 못하였습니다. 해가 진 다음 찾아뵙겠습니다만, 또한 세 척 군함에서 제 움직임이 어떤지를 노출하지 않도록 지시해 주시길 바랍니다. 사람을 시켜 상륙하여 소식을 염탐하기 위해서입니다. 이상입니다.

---

18 당시 인천 부사는 정지용(鄭志鎔)인데, 임오군란을 소식을 알지 못한 채 한성에서 탈출해온 일본 공사 하나부사가 인천도호부를 찾아오자 환대하였는데, 이 때문에 이후 대원군의 소환을 받자 자결하였다고 일컬어진다. 『고종실록』 19권, 고종 19년 6월 22일 7번째 기사에는 "인천 부사 정지용이 일본과의 화통을 반대하여 장계를 올리고 자살하다."라는 기사가 있다. 1934년에 일본 당국에 의해 인천도호부의 옛 자리(현재의 문학초등학교)에 "花房公使一行遭難之碑"가 세워졌는데, 해방 이후 매몰되었다가 2002년 발견되어 인천광역시립박물관으로 옮겨졌다.

(5) 「28일 7시쯤 인천부 장교 성기연(成箕連)이 배에 와서 필담을 나누었습니다 (二十八日七點鐘, 仁川府將校成箕連來船筆談)」

마건충: "인천 부사 정[지용]은 현재 어디에 있습니까?"
성기련: "갑작스레 신병을 얻어 죽은지 이미 8일이 지났습니다."
마건충: "현재 인천부에는 새로 누가 파견되었습니까?"
성기련: "신임 관원은 임영호(任榮鎬)입니다."
마건충: "임영호 군은 국왕이 파견한 것입니까? 대원군[李興宣]과 서로 아는 사이입니까?
성기련: "부사께서는 오늘 도착하였는데, 듣기에 대원군[興宣君]과 서로 친하다고 합니다."
마건충: "국왕은 현재 한성에 있습니까? 왕비는 무엇 때문에 돌아가셨습니까?"
성기련: "조선에 백성의 소동이 있었기 때문입니다."
마건충: "일본인[東洋人]은 몇 명이 죽었습니까?"
성기련: "한성에서 죽은 사람이 7명이고, 인천에서 죽은 사람이 6명입니다."
마건충: "일본군[東洋兵]이 이미 상륙하였습니까?"
성기련: "어제 1백 명이 인천에 들어왔는데, 일본인이 죽어 묻힌 곳을 찾아본 다음 다시 배로 돌아갔습니다."
마건충: "즉시 인천으로 돌아가 부사에게 배로 와서 만나자고 요청해 주십시오."
성기련: "부사께서는 귀 함선이 무엇 때문에 왔는지 보고를 들어 안 다음에 오실 것입니다."
마건충: "군함 3척이 순양하다가 여기에 이르렀을 뿐입니다."

(6) 「28일 열 시 반쯤 화도(花島)의 별장 김굉신(金宏臣)이 소복을 입고 방문하여 나눈 필담(二十八日十點鐘二刻, 花島別將金宏臣素服來謁筆談)」

마건충: "소복을 입은 것은 누구 때문입니까?"
김굉신: "왕비께서 갑작스레 서거하셨습니다."
마건충: "왕비는 병으로 서거하였습니까? 아니면 남의 핍박을 받아서입니까? 반드시 사실대로 답하십시오."
김굉신: "이달 초 10일 난민(亂民)이 크게 일어났을 때 놀랍고 두려워서 서거하신 것입니다."

마건충: "난민들의 소동은 모두 몇 사람이 참여하였습니까?"

김굉신: "이곳 진에 있어 얼마나 되는지는 알 수 없습니다."

마건충: "가령 지금 사람을 시켜 국왕에서 소식을 보내면 능히 전달될 수 있습니까?"

김굉신: "조금 있으면 지방관 인천 부사가 도착하실 것입니다. 그때 질문하시길 바랍니다."

마건충: "인천 부사 임영호는 종래 국왕의 신임을 받았습니까?"

김굉신: "인천 부사는 지방관이 응당 해야 될 일을 할뿐, 신임에 대해서는 알 수 없습니다."

마건충: "한성의 성문은 아무나 출입할 수 있습니까?"

김굉신: "이 일을 인천의 관리에게 물으시니, (답변할 수 있는 일이 아니니) 양해하여 주시길 바랍니다."

마건충: "대원군[李興宣君]은 현재 어디에 있습니까? 듣기에 홍인군(興寅君)은 이미 사망하였다고 하는데?"

김굉신: "대원군은 본택에 있고, 홍인군은 확실히 갑작스레 서거하였습니다."

마건충: "홍인군은 갑작스레 언제 서거하였습니까? 병이 있었습니까?"

김굉신: "홍인군은 이번 달 10일 민란으로 놀라 갑작스레 서거하였습니다."

마건충: "다른 사람은 모두 놀랍고 두려워 사망에 이르렀다고 하는데, 국왕께서는 왜 홀로 무고하였습니까?"

김굉신: "난민은 국왕(國王)을 침범하지 않았습니다."

(7) 「28일 아침 11시, 곤도 마스키(近藤真鋤)가 찾아와서 만나 나눈 담화 절략 (二十八日晨十一點, 近藤真鋤來謁晤談節畧)」

마건충: "초9일 귀하께서는 그 일에 같이하고 있었습니까?"

곤도(近藤真鋤): "조선 난병(亂兵)이 갑작스레 공사관에 쳐들어와서, 우리 병사가 막다가 사망한 사람이 7명, 다시 하나부사 공사와 함께 인천으로 도피하였는데 난병이 다시 쫓아와 우리 병사가 막다가 사망한 사람이 6명이었고, 이 때문에 틈을 타서 조선 백성의 배를 타고 움직이다가 다음 날 다행히 영국의 측량선[量水船]을 만나, 얻어 타고 일본으로 돌아갈 수 있었습니다."

마건충: "적지 않게 놀랐을 터인데, 난병들은 도대체 무엇 때문에 일을 일으켰습니까?"

곤도: "어제 탐문하여 들어보니 병량 삭감 때문에 일으켰다고 하는데 자세한 것은 알지 못합니다."

마건충: "왕비는 무슨 연고로 갑작스레 서거하였습니까? 대신도 여러 명 죽었다는데, 도대체 무슨 연고입니까?"

곤도: "듣기에 이하응은 병사들로 하여금 반란을 일으키게 하고, 왕비를 보러 가서 독주[酖酒]를 내놓고 "반드시 이것을 마셔야만 비로소 반란이 없음을 보증할 수 있다."고 하였다고 합니다. 대신의 죽음이 무슨 연고 때문인지는 알지 못합니다. 현재 이하응은 대권을 홀로 틀어잡고 극히 위세를 떨치고 있습니다."

마건충: "이렇다면 국왕 또한 아마 자주(自主)할 수 없을 것 같습니다. 하나부사 공사는 도착하였습니까?"

곤도: "하나부사 공사는 오늘내일이면 도착할 수 있을 터인데, 그다음에는 한성에 가서 (군란의) 연유를 탐색한 다음 다시 논의를 진행할 것입니다. 어제 이미 제가 한성에 서신을 보내, 공사가 며칠 안에 도착할 것이라고 알렸습니다."

마건충: "우리 북양대신께서는 이미 도쿄에 주재하는 공사가 보낸 전보를 받아보았습니다. 그래서 여기까지 군함을 파견하여 모든 것을 탐방하게 하였는데, 반란의 연유를 세밀히 살펴보니 마침 각국과 조약을 맺은 다음이라 (혹시 그것을 방해하기 위함이 아닌지) 몹시 의심스럽습니다. 그래서 사람을 보내 반란이 발생한 근본 이유를 찾아보고, 다시 조사·처리하고자 합니다. 현재 가장 시급한 일은 응당 방법을 강구하여 국왕을 난당의 손아귀에서 벗어나게 하는 게 핵심입니다. 하나부사 공사가 여기에 도착하면 제가 응당 가서 만나보고 상의하겠습니다."

(8) 「28일 밤 12시, 어윤중을 배로 불러 필담을 나누었습니다(二十八日十二點, 招魚允中來船筆談)」

마건충: "난당이 반란을 일으킨 이유에 대해 대략 한두 가지라도 알아냈습니까?"

어윤중: "응당 번쇄함을 피하지 않고 아뢰겠습니다. 국왕께서는 방계[支派] 출신으로 왕위를 계승하여 그 생부[私父]를 대원군이라 부르는데, 평소 성품이 어긋나고 모질며, 재물과 여색을 탐하였는데, 국왕의 대통을 잇게 되자 국권을 독람하여 전횡하면서 제멋대로 남

의 재물을 빼앗고 살인을 좋아하며, 또한 일본을 아무 이유 없이 거절하여 거의 전쟁이 날 뻔하기도 하였습니다. 그때 국왕께서는 단지 빈 자리를 차지하고 앉아 있는데 지나지 않았고, 신기(紳耆)들 역시 모두 수수방관하며 그 명을 받들어, 그를 추종하는 무리가 크게 늘었습니다. 국왕이 성년이 되어 조정의 정치를 총괄하게 되자 한두 신하가 역시 국왕을 도와서 그 권력을 빼앗고, 모든 폐정(弊政) 역시 남기거나 제거하는 바가 있었으며, 일본과도 옛 화호(和好)를 복구하고, 누차 각국과 연락하여 국맥(國脈)을 유지하고자 하셨습니다. (그러자) 저 대원군은 권력을 잃은 것에 분노가 쌓여 무뢰배들을 몰래 키워 화란(禍亂)을 꾀한 지 이미 오래되었습니다. 혹은 왕궁에 몰래 화약(火藥)을 감추어 방화한 일도 여러 차례나 있었습니다. 또한 폭발약으로 충성스러운 신하를 분살(焚殺)하였지만, 국왕께서는 윤상(倫常)에 관련된 일이라, 그를 법으로 처단하고자 하지 않으셨습니다. 단지 그 무리만 제거하거나 유도하고 위압한 일도 여러 차례였습니다. 작년 가을에는 과연 무리를 불러 모아 곧장 거사하려 하였으나, 이를 밀고한 사람이 있어, 다행히 난당을 잡아들일 수 있었지만, 역시 이 문제를 끝까지 추궁하지는 않았습니다. 저 대원군은 자신이 죽지 않는 지위를 차지하고 있음을 믿고 거사를 벌리려고 하면서 뭇사람을 유혹하여 말하길, "척사(斥邪)를 위해서, 외교(外交)를 끊기 위해서"라고 하였습니다. 무지한 백성 가운데 망령되이 이를 믿고 그 앞잡이가 되려는 사람 또한 있습니다. 작년의 역모 사건 같은 경우는 세 무리로 나누어, 한 무리는 왕궁을 직접 습격하고, 다른 한 무리는 자신과 경향이 다른 조정의 신하를 모두 죽이고, 또 다른 한 무리는 일본인을 죽이고자 하였습니다. 이번의 거사 역시 작년의 것을 그대로 본받았으니, 한마디로 말하자면 지금은 바로 조선의 흥망이 달린 시기입니다. 만약 저 대원군이 계속 존재한다면 누가 감히 외교를 거론할 수 있겠습니까? 듣기에 지금 난당은 먼저 국왕이 평소 신임하는 대신(大臣), 재신(宰臣)을 죽이고, 뒤이어 왕궁으로 쳐들어가, 국왕(國王)과 비빈(妃嬪)은 모두 도피하였는데, 대원군은 왕비를 겁살(刼殺)하고, 대왕대비가 돌아오도록 핍박하였으며, 국왕은 비록 폐위되지는 않았지만 이미 감금되어 외조(外朝)와 접촉하지 못하며, 취향이 다른 대소(大小)의 문무 관원을 수색하여 죽이는데, 외교에 관련된 사람은 거의 몰살당하였습니다. 백성들은 산속으로 도망쳐 피난하여, 나라가 크게 뒤바뀌었습니다, 만약 당장 신속하게 조치하지 않는다면 일본인이 반드시 크게 보복하여, 백성은 도탄에 떨어지고 종사가 무너질 것입니다. 저 대원군 또한 반드시 널리 소총수[砲兵]를 불러 모아 결사적으로 막아내려 할 것인데, 국내의 생령(生靈)이 보전되지 않으면 장차 어찌 나라가 존속될 수 있고 반란을 그치게 할 수 있겠습니까?"

마건충: "이러한 사정에 대해 귀하께서는 어디서 확실하게 탐방하였습니까?"

어윤중: "앞의 이야기는 여기서 귀로 들은 바이고, 뒤의 이야기는 더욱 사람을 시켜 탐방한 결과 대체적인 윤곽을 얻었습니다."

마건충: "지금 사람을 한성에 보내면 언제 다시 돌아올 수 있습니까?"

어윤중: "내일이면 돌아올 수 있습니다."

마건충: "아마 조금 늦는 것 같습니다. 내일 제가 위원함을 천진(天津)으로 보내, 모든 사정을 북양대신에게 보고하고, 조속히 군대를 출동시켜 난당을 박멸하고자 하는데, 어떻게 생각하십니까?"

어윤중: "은덕에 정말 감동할 뿐입니다."

마건충: "하지만 국왕의 친필이나 신민이 간절하게 요구하는 연명 고발장이 없어 특히 군대 파견에 명분이 없을까 두려우니, 이를 어떻게 하면 좋겠습니까?"

어윤중: "국왕의 친필은 얻을 수 없습니다. 현재 유폐 중이고, 신민의 연명 고발장 역시 갑작스레 처리하기 어렵습니다. 현재 행주(行走)를 맡고 있는 사람이 반드시 매서운 눈으로 쳐다보고 있을 터이니, 국왕을 돕고자 하는 신민이라도 죽을 각오가 아니면 어찌 연명 고발장을 쓸 수 있겠습니까?"

(9) 「28일 오후 6시, 마건충이 신임 인천부사 임영호와 위원함에서 나눈 필담(二十八日午後六點鐘, 馬建忠與新任仁川府使任榮鎬威遠舟次筆談)」

마건충: "귀하는 언제 한성에서 출발하였습니까? 상황은 어떻습니까?

임영호: "22일 밤 본직(本職)을 제수받았고, 26일 폐사(陛辭)를 한 다음, 어제저녁 무렵 인천에 도착하였으며, 한성은 소동이 멈춘 지 오래되었습니다."

마건충: "귀하는 일본이 현재 대규모 병력을 여기로 파견한 것을 알고 있습니까? 귀국에서는 이에 대해 어떻게 대처할 것입니까?"

임영호: "저는 10년 동안 산야에서 지새던 사람으로, 그동안 조선의 정치에 대해서는 들은 적이 없는데, 이번에 두 대인께서 멀리서 왕림하시게 하였으니, 정말 정말 송구스럽습니다."

마건충: "귀하께서는 산야에 10년 동안 머물렀다고 하는데, 어찌 하루아침에 기용되었으며, 과연 누가 기용하였습니까?"

임영호: "임신(壬申. 1872)년 봄 이후 세 차례 내외의 큰 어려움을 겪었고, 저는 지난가을에야 비로소 상복을 벗었는데, 지금 갑자기 대원군[國太公]에게 기용되었습니다."

마건충: "일본이 이미 군함을 파견하였고, 이제 중국 역시 계속해서 군사를 여기로 파견하여 변동 상황을 지켜볼 것입니다. 귀하께서는 즉시 사람을 파견하여 밤을 도와 한성에 들어가 집정에게 다음과 같이 비밀리에 알려야 할 것입니다. 신속하게 장기적인 대책을 논의하기 위해 응당 한 사람의 고위 심복 관리를 이곳으로 파견하여, 나와 함께 모든 것을 상의할 수 있게 한다면, 혹은 미리 사전에 우환을 예방할 수 있을지도 모릅니다."

임영호: "대인의 지시는 몹시 감격스럽습니다. 조선이 어찌 이런 큰 복을 누릴 수 있는지, 제가 당장 조정에 화급하게 사람을 내려보내도록 보고하겠습니다."

마건충: "올 사람은 반드시 조정이 심복이어야 비로소 제대로 일을 처리할 수 있습니다. 내일 저녁까지 도착해야 할 것입니다."

임영호: "아무래도 3주야는 되어야 아마 도착할 수 있을 것입니다. 북쪽으로 한성은 80리 넘어 떨어져 있습니다."

마건충: "전번에 (조·미조약을 체결할 때) 대부관(大副官)을 위임·파견하여 이곳에 와서 조약 문제를 논의하였는데, 오가는 데 1주야 밖에 걸리지 않았습니다. 3주야는 너무 늦고, 늦으면 기회를 놓치게 되니 그 이후의 결과는 정말 말로 하기 힘듭니다."

임영호: "뜻하지 않게 오늘 이런 기회를 얻었으니, 어찌 앉아서 그르치겠습니까? 오늘 밤 썰물 때를 지나 제가 아침 닭 무렵이면 해안에 도착할 수 있으니, 그렇게 되면 모래 아마 내려올 수 있을 터이니, 어찌 3주야가 아니겠습니까?"

마건충: "지금 소화륜(小火輪)을 파견하여 포두(浦頭)로 보내줄 터이니, 신속하게 사람을 보내 오늘 밤에 한성으로 달려가서 내일 아침 도착한 다음, 조속하게 사람을 파견하면 될 것입니다. 그렇게 하면 내일 저녁 무렵이면 포두에 도착할 수 있을 것입니다."

임영호: "삼가 지시대로 하겠습니다. 일본인이 누차 제 도착을 물어왔는데, 지금 돌아가는 길에 잠시 방문해도 괜찮겠습니까?"

마건충: "내일 새벽에 방문해도 늦지 않을 것입니다."

(3) 문서번호: 4-3-03(514, 806b)

사안: 즉각 이하응을 체포하여 조선이 위기를 안정으로 바꿀 수 있도록 하라(即將李昰應拘捕,
　　　使朝鮮轉危爲安).
날짜: 光緒八年七月初十日(1882년 8월 23일)
발신: 光緒帝
수신: 總理衙門

> 七月初十日, 軍機處交出光緒八年七月初十日奉上諭:
>
> 張樹聲奏, 援護朝鮮, 陸師拔隊趕程, 並查探情形, 暨請暫留鄂軍四營各摺片, 覽奏均悉. 吳長慶督率所部各營, 分起東行, 俟抵朝鮮後, 扼紮海口附近地方. 該提督即親統數營, 向王京進紮. 擬將李昰應獲致, 除其凶頑, 以期轉危爲安, 所籌尙合機宜. 即著該督飭令吳長慶, 酌度情形, 穩愼進紮, 務將李昰應獲致, 庶該國之亂自平. 該提督當相機因應, 妥爲辦理. 張樹聲以朝鮮事勢應否續調陸師, 尙難豫定, 請將鄂軍步隊四營, 暫緩撤回, 著照所請行. 本日已諭令涂宗瀛·彭祖賢, 將該營月餉照舊解濟矣. 至將來如需添調援師, 宋慶一軍, 素稱得力, 堪以調往者. 該督隨時酌辦, 並仍將該國情形探明, 迅速具奏.
> 欽此.

7월 10일 군기처(軍機處)에서 광서 8년 7월 10일 받든 다음과 같은 상유(上諭)를 보내왔습니다.

장수성이 조선을 원조하기 위해 육군부대를 선발하여 신속하게 이동시킨 것과 조사·탐문한 상황을 상주한 주접(奏摺)과, 아울러 악군(鄂軍) 4영을 그대로 머무르게 하자고 첨부하여 요청한 부편(附片)은 모두 읽어보았다. 오장경은 통할하는 각 부대를 이끌고 여러 차례로 나누어 조선에 도착한 다음 해구(海口) 부근 지방을 장악하여 주둔하였다. 오장경 제독으로 하여금 친히 몇 개 영을 이끌고 한성으로 진격·주둔하게 하여 이하응을 획치(獲

致)함으로써 흉악하고 완고한 무리를 제거하고 위기를 안정으로 전환하겠다고 마련한 계획은 그래도 시의적절한 것으로 보인다. 즉시 장수성이 오장경에게 지시하여 상황을 적절하게 헤아리면서 차분하게 진격·주둔하여 힘써 이하응을 획치한다면, 아마 조선의 내란은 저절로 가라앉을 것이다. 오장경은 응당 기회를 보면서 대응하여 적절하게 처리하도록 하라. 장수성이 조선의 사정을 보면서 계속 육군 부대를 증강할 것인지에 대해서는 아직 미리 정하기 어려우므로 악군(鄂軍) 보대(步隊) 4영의 철수를 잠시 늦추자고 요청한 것은 그대로 행하도록 하라. 오늘 이미 도종영(徐宗瀛), 팽조현(彭祖賢)에게 지시하여 해당 부대의 월봉[月餉]을 종전대로 지급하게 하였다. 장래 만약 지원 부대의 추가 파견이 필요하게 된다면 송경(宋慶)이 이끄는 일군(一軍)이 평소 전투력이 강해 충분히 동원·파견될 수 있을 것이다. 장수성은 수시로 상황을 보아가며 처리하고, 아울러 조선의 사정을 파악하게 되면 신속하게 상주하도록 하라.

이상

(4) 문서번호 : 4-3-04(520, 824b-828a)

사안: 반드시 신속하게 이하응을 획치하여 국왕이 권력을 되찾고 반란을 진압하게 해야만, 비로소 일본인이 따로 문제를 파생시키는 것을 막을 수 있습니다(須速致李昰應, 使國王復權定亂, 方可免日人別生枝節).

첨부문서: 1.「조선의 조영하(趙寧夏)가 정여창 제독, 마건창 도대에게 보낸 서신(朝鮮國趙寧夏致丁提督汝昌·馬道建忠書)」: 조선 난병의 봉기 및 이하응의 난병 해산 상황(朝鮮亂兵滋事及李昰應退散亂兵各情形).

2.「김윤식이 어윤중이 탐문한 각 사정에 대해 진술한 절략(金允植述魚允中所探各情節畧)」: 중국이 반란 국면을 진무(鎭撫)하려면 오로지 군사적 위력으로 임해야만 자연스럽게 해결될 수 있습니다(中國鎭撫亂局, 只以兵威臨之, 自可迎刃而解)

3.「오장경 제독이 조선에서 장수성에게 보낸 서신(吳長慶自朝鮮發張樹聲函)」:
　　1) 군함을 조선에 보내고 탐색하게 하였는데 일본이 아직 반격하는 상황은 보이지 않습니다(兵船赴朝竝探悉日本, 尙無反側情形). 2) 만약 대원군을 사로잡을 수 있다면, 반란은 쉽게 진정되고 또한 일본인의 협박을 막을 수도 있습니다(若拘得李昰應, 則亂易定, 且可杜日人要挾).

날짜: 光緖八年七月初十四日(1882년 8월 27일)
발신: 署理北洋大臣 張樹聲
수신: 總理衙門

七月十四日, 署北洋大臣張樹聲函稱:

昨接朝鮮國王來咨, 已奏陳御覽, 竝咨呈鈞署, 齎文通事又帶到該國趙寗夏前議約大官致馬道建忠·丁提督汝昌一書, 謹照錄呈聞. 原書已卽日寄交津海關周道, 面問該通事, 據稱義州府官亦趙姓, 確知趙寗夏尙在, 函內另具云云, 當亦迫於李昰應之命. 詢之在津之朝鮮司譯奉事崔性學, 言該國王尙有咨禮部公文一角. 該通事已於十二日進京投遞, 竝聞將續派三品文職. 於七月十五日, 由該國起程來報王妃之訃,亦崔性學聞諸通事者也. 專肅, 祗請鈞綏.

敬再密肅者:
正封發間, 接吳筱軒初八日來函, 竝附到金允植·魚允中所探各情, 謹照錄呈覽. 樹聲亦已附奏陳明, 我軍到入朝鮮人情向附, 而趙寧夏·金宏集均幸無恙, 已來大營, 玆事漸得要領, 李昰應勢力已孤, 其情可見. 花房義質旣在王京, 勢實相逼, 魚允中所探花房義質之言, 雖尙近情, 究未可深信, 總須速致昰應使國王復權定亂, 方可免日人窺伺, 醞釀別生枝節, 以致愈難措手. 樹聲已詳切函致筱軒等, 妥速籌辦, 務應事機, 俟馬道前至王京, 筱軒繼進, 從如何情形, 一有報到, 再行馳達. 肅此, 再叩鈞祺.

照錄
(1)「朝鮮國趙寧夏致丁提督汝昌·馬道建忠書」.
丁禹亭提督, 馬眉叔觀察兩大人閣下:
舵樓執別, 追維黯然, 海月正圓, 遑仰芝宇, 殊切葭忱. 鄙國近有不幸之事, 兵民起譟, 戕害宰樞, 毁破室屋, 俄忽之頃, 幾令蕩殘, 忽復移怒, 先殺日本人, 仍犯王宮, 咆哮備至, 寡小君不幸薨逝,[19] 此古往今來之宙所無之大變也. 尙忍言哉. 尙忍言哉. 伊時光景, 宗社爲重, 先行鎭撫, 遂就帖服, 如寧夏者, 卽未死之餘生也. 何敢把筆以道其萬一哉. 不可不以汲汲咨稱, 自達事情而外, 尙有一二可陳者. 錄在另具, 幸賜察納焉. 臨風附毛, 容俟續布. 恭詢勛祺辰要. 不莊. 不備.[20]
壬午六月十九日. 趙寧夏頓首.

另具者:
變起之初, 勢不可遏, 幸賴國太公不避鋒鏑, 親入重圍, 曉喩分義, 遂令頑蠢感戢退散. 此實宗社生靈之福也. 仍念各國條約, 不可不永修和好, 務存國體, 而他日者. 閣

---

19 과소군(寡小君)은 다른 나라 사람에게 본국 군주의 부인을 겸칭하여 부르는 명칭이다.
20 여기서 장(莊)은 여기서 공경(恭敬)한다는 뜻, 따라서 부장(不莊)은 공경하지 못하다고, 스스로를 낮추는 말이다. 비(備)는 완수하다, 완전하다는 뜻으로, 불비(不備)는 상세하지 못하다고 이르는 서신 용어이다.

下委臨, 無以我國太公之未經面譚, 或致拘碍, 困廩相側,[21] 輔車互依, 呼吸痛痒, 莫隱纖毫, 俾也中外一體, 苟利於國, 則當執敦槃而從事也.[22] 書非盡言之具, 言非盡意之物, 惟執事諒之. 光緖八年七月十二日到.

(2)「金允植述魚允中所探各情節畧」.
亂之初起, 由於興宣激變軍心爲之, 寫主自稱國太公, 攬執國權, 迫送日本使之後, 或恐滋事, 遣人解說, 歸罪於亂民. 及日本兵入城, 興宣屢通好意, 日人不應, 自覺勢孤, 聞中國派兵致護, 似有傾心親附之意. 現派大官趙寧夏·副官金宏集, 依舊迎接, 甚示願款之意. 且其意欲藉中國兵勢, 攻退日人, 其愚若此. 目下定鎭亂局, 應不必用兵, 只以兵威臨之, 自可迎刃而解也. 日本軍中亦有敝邦人金玉均·徐光範二人, 此人皆同志之友, 在彼調停, 必不致格外滋事. 魚一齋亦見花房義質,[23] 其言云, 日本初聞是事, 欲大擧來侵, 岩倉久視·井上馨力持不可, 只帶一千三百名爲自護之權. 日本之意亦惟在還權於國王而已, 無干涉內政之意. 中國乘此撫定, 事面正大, 不煩兵力, 不搆爭端, 抑亦敝邦之至幸也. 縉紳殺者興寅君·閔謙鎬·金輔鉉·閔昌植等數人以外, 如閔泳翊, 洪英植等幸而逃免, 金宏集亦當場逃避, 毁破家舍, 事後稍稍還家. 此數人得免於禍, 幸甚, 幸甚. 所在民散家空, 軍前所用, 無處可買. 聞興宣奪政後, 勒奪富民之米錢, 積置京城, 其數不少, 蓋爲散給亂黨兵丁, 爲收拾軍心之計也. 挪此充餉, 未爲不可, 見今彼勢孤危, 盼望中國, 允等若一向藏在船中, 或被猜著, 反爲見疑之端, 故欲與魚一齋, 隨軍入京, 以示無疑, 相機周旋兩家眷屬, 亦免於禍, 尤無自外之嫌耳.

(3)「吳提督長慶自朝鮮來函. 七月十三日到」.
初四日煙臺排遞一械, 計早蒙覽. 是日各營登船, 緣登州海灘極寬, 輪船離岸四五里,

---

21 이 부분은 '困廩相倒'라고 볼 수 있다면 곡물 창고의 내용물을 서로 쏟아낸다는 뜻으로 해석할 수 있다. 균늠(囷廩)은 곡물 창고(糧倉)이며, 도(倒)는 위아래 앞뒤를 뒤집는다. 용기를 거꾸로 들거나 기울여 안의 내용물을 쏟아낸다. 또는 정반대로 한다, 거꾸로 한다, 반격한다는 뜻도 있다. 하지만 글자체가 흐려 정확한 판독이 곤란하다.
22 돈반(敦槃)은 옥돈(玉敦)과 주반(珠槃), 고대의 회맹(會盟)에서 사용하던 예기(禮器)로, 돈은 음식을 받은 피를 담으며, 모두 나무로 만들고 옥으로 장식하였다.
23 어일재(魚一齋)는 어윤중(魚允中, 1848~1896)을 가리킨다. 그의 호가 일재(一齋)이다.

駁船僅載十餘人, 數十人不等, 一切搬運軍資·器械, 尤費周折, 直至未刻開行. 是日因添煤小住煙臺, 署與方佑民觀察商署後路事宜.[24] 初五日辰刻開行, 風濤大作, 兵勇之暈船者十居八九, 墊椗威海衛避風. 初六日辰刻, 風殺展輪, 傍晚始見海定, 繼至初七日辰刻, 抵朝鮮仁川. 已駐日本船七艘, 陸兵一營, 我師若同處, 其地有所未便. 因泊於相距六七十里之南陽界內, 離岸馬山約三十里. 民船無多, 潮勢長落相懸率三丈許. 往返皆以潮爲候, 懸計一潮汐, 祇可載一兩營登陸. 本日即飭各輪舢板, 乘潮先載一營登岸權札, 爲節節前進地步. 聞南陽府備船十數號聽差, 以所見民船計之, 想亦不大, 似此周折, 殊甚費事, 大沽現有廣艇, 乞擇其堅固可用者數號, 添派水手, 刻日東來, 以資轉運, 盼待之至. 至朝日情形, 據魚允中密切探得證之, 馬眉叔所說無異, 日兵於初三日便入王京, 國王及李昰應均未接見, 意蓋恃中國之援, 而待我師之至. 國人聞大兵入境, 無不躍躍, 情事如此, 實爲可乘之機. 但日兵既已入城, 雖據魚允中所探, 花房義質別無反側情形, 而我師遠來, 不得不稍持重, 以防其變. 頃與眉叔商定, 明早即派兵兩哨, 偕眉叔馳赴王京, 微觀動靜, 長慶俟部署畧定, 即行進發, 李昰應勢孤力竭之時, 當易得手. 但處置此人, 則亂定, 而亦可杜日人之要挾矣. 魚允中所探各情, 別錄奉覽. 長慶不敢迂緩以失事機, 亦不敢輕舉以誤事理也.

再, 長慶今日午刻登岸進扎南陽, 彼處有渠大官趙寧夏·副官金宏集, 國王所派令料理軍前各事者, 亦可藉悉該國近事, 相機應付也. 長慶再行. 初八日辰刻.

7월 14일 서리 북양대신 장수성이 다음과 같은 서신을 보내왔습니다.

어제 조선 국왕이 보내온 자문을 받았는데, 이미 상주하여 황상께 올리고, 아울러 총리아문에도 보냈습니다만, 자문을 가져온 통사(通事)가 또한 조선의 전(前) 의약대관(議約大官) 조영하(趙甯夏)가 마건충 도대와 정여창 제독에게 보내는 서신도 전달하여 삼가 베껴 올립니다. 원

---

24 방우민(方佑民)은 당시 동해관도(東海關道)를 맡고 있었는데, 이 직함은 원래 등래청도(登萊靑道)의 별칭이다. 관찰(觀察)은 당대(唐代)의 관찰사를 가리켰지만, 청대에는 도대(도원)에 대한 존칭으로 쓰였다. 등래청도는 원래 산동 동부의 3부(府) 28현(縣)을 관할하는 도대였는데, 1860년대 양무 사무가 증가하자, 동해관 해관(東海關 海關)의 사무를 등래청도대가 겸관하면서, 그 관청도 연대로 옮기게 되었다. 따라서 그 직무는 해관(海關)의 세수(稅收)를 관리하면서 아울러 통상항구의 교섭사무를 담당하는 것이 되었다.

서신은 이미 그날로 진해관도 주복(周馥)에게 부쳐 넘겨주어, 해당 통사에게 질문하도록 하였는데, 그의 진술에 따르면 의주부(義州府)의 관리 역시 조(趙) 씨이며, 조영하가 여전히 생존하고 있음을 확실히 알고 있으며, 서신에서도 그것을 따로 갖추었다고 하였는데, 응당 역시 이하응의 지시에 따른 것으로 보입니다. 천진에 있던 조선 사역원(司譯院)의 봉사(奉事) 최성학(崔性學)에게 물어보니, 조선 국왕이 예부(禮部)에 보내는 공문 한 통이 따로 있어. 이미 12일에 북경에 들어가 직접 전달하였고, 아울러 뒤이어 조선에서 3품 문직(文職) 관원을 파견할 것이라고 들었다고 이야기하였습니다. 7월 15일에는 조선에서 출발하여 왕비의 부고(訃告)를 알려 온다고 하는데, 역시 최성학이 여러 통사로부터 들은 이야기라고 합니다. 이상입니다. 편안하시길 빕니다.

 삼가 다시 비밀리에 알립니다.
 마침 편지를 밀봉하여 발송하려는 순간 오장경이 초8일에 보낸 서신과 더불어 김윤식과 어윤중이 탐색한 각 사정에 대한 첨부 보고를 받았기에, 살펴보시도록 삼가 베껴 올립니다. 장수성 역시 이미 부주(附奏)에서 우리 군대가 조선에 도착한 다음 조선의 인정(人情)이 우리 쪽으로 기울어지는 모습을 아뢴 바 있는데, 조영하와 김홍집이 모두 다행히 무고하여 이미 중국 부대의 주둔지를 방문하였으며, 반란의 소동은 점차 줄어드니 이하응은 이미 세력이 고립되었음을 알 수 있습니다. 하나부사 요시모토는 마침 한성에 있어 기세가 실로 서로를 압박하는 모양새인데, 어윤중이 탐문한 하나부사 요시모토의 발언은 비록 실제에 가까운 것 같지만 결국 깊이 믿기는 곤란할 것입니다. 결국 반드시 이하응을 신속하게 획치(獲致)하여 국왕이 권력을 되찾고 반란을 진압하게 해야만, 비로소 일본인이 엿보거나 따로 다른 문제를 파생시켜 대처가 더욱 어려워지는 일을 피할 수 있을 것입니다. 장수성은 이미 오장경 등에게 상세하게 서신을 보내 신속하고 적절하게 처리하여 상황 변화에 대응하되, 마건충 도대가 한성에 먼저 들어가고 오장경 부대가 뒤를 이어 진군하게 하였습니다. 만약 상황에 대한 새로운 보고가 있으면 그때 다시 신속하게 알리도록 하겠습니다. 이상입니다. 다시 편안하시길 빕니다.

(1) 「조선의 조영하가 정여창 제독, 마건창 도대에게 보낸 서신(朝鮮國趙寧夏致丁提督汝昌·馬道建忠書)」[25]

정여창(丁禹亭) 제독, 마건창 관찰 두 분 대인께.

배 위에서 이별한 추억이 그윽한데, 바다의 달이 마침 둥글어질 때 황급하게 보내주신 서신을 받으니, 그리운 마음이 더욱 간절해집니다. 조선은 최근 불행한 일이 있어 병졸과 백성이 반란을 일으켜 재상과 고위 관료를 살해하고 그 집을 파괴하여 순식간에 거의 아무것도 남지 않게 한데다가, 홀연히 다시 분노의 감정을 옮겨 먼저 일본인을 살해하고 나아가서는 왕궁을 침범하였습니다. 곳곳에 소리를 지르면서 들이닥쳐, 왕비께서 불행하게 서거하셨으니, 이것은 고금 이래의 세계에서 있어 본 적이 없는 큰 변고입니다. 차마 어찌 이를 말할 수 있겠습니까! 그때의 상황에서 종사가 중요하므로 먼저 진무(鎭撫)를 행하여 마침내 차츰 수그러들기는 하였지만, 지금 저 조영하 같은 경우는 죽지 못해 남은 여생(餘生)으로 어찌 감히 붓을 들어 그 만에 하나라도 이야기할 수 있겠습니까? 불가불 분주하게 자문을 보내 자연스럽게 사정을 전달하는 것에, 그래도 한두 가지 아뢸 것이 있어 따로 갖추었으니, 받아 살펴주시면 다행이겠습니다. 거센 바람을 맞고도 간신히 붙어 있는 것 같은 느낌이지만, 이윽고 좀 더 기다려 계속 소식을 전하도록 하겠습니다. 삼가 편안하시기를 여쭙니다. 공경하지 못한 글을 드렸습니다. 제대로 상세히 다루지는 못하였습니다.

임오년 6월 19일. 조영하가 인사드립니다.

---

[25] 조영하(趙寧夏, 1845~1884)는 자가 기삼(箕三), 호가 혜인(惠人)으로 신정왕후(神貞王后) 조대비의 조카이다. 1863년(철종 14) 정시문과에 병과로 급제한 이후 통리기무아문당상, 독판군국사무, 공조판서, 지중추부사 등을 지냈다. 민씨 척족과 결탁하여 대원군 세력 축출에 앞장섰으며, 1874년 대원군이 실각하고 고종의 친정이 선포되자 금위대장에 발탁되고, 이어 무위도통사(武衛都統使)를 겸하였다. 1875년 훈련대장이 되고, 1876년 지경연사(知經筵事)·공조판서, 예조판서, 공조판서를 지내고, 1880년 이조판서·한성부판윤·예조판서 등을 역임하였다. 같은 해 통리기무아문(統理機務衙門)이 신설되자 통리기무아문당상이 되고, 1882년 전권대관(全權大官)으로 일본의 변리공사(辨理公使) 하나부사(花房義質)와 그리고「조·미수호조약」체결 예비교섭차 인천에 도착한 마건충(馬建忠)과도 접견하였다. 그 뒤 같은 해 임오군란으로 대원군이 다시 집권하자 지삼군부사로 좌천되었다가, 다시 대청 외교의 사무를 전담함으로써 국왕과 민씨 척족의 신임을 받았다. 이후 관세·외교 담당 고문으로 독일인 묄렌도르프(P. G. von. Mollendorf)를 초빙, 입국하게 하였고, 청과「중국·조선상민수륙무역장정(中國·朝鮮商民水陸貿易章程)」을 의정(議定)하였는데, 갑신정변 때 피살당하였다.

다시 갖춥니다.

변란이 일어났을 초기에는 그 기세를 막기 어려웠으나, 다행히 대원군이 날카로운 칼끝을 피하지 않고 몸소 거듭된 포위를 뚫고 안에 들어가 명분으로 이들을 깨우치자 마침내 완고한 무리가 감동하여 물러나 흩어지게 되었습니다. 이는 실로 종사와 백성의 큰 복입니다. 하지만 각국과의 조약을 염두에 둘 때 영원히 화호(和好)의 관계를 닦고, 힘써 장래에도 국체를 보존해야 합니다. 각하께서 임무를 맡아 왕림하였는데 우리 대원군과 면담을 갖지 못해 혹은 구애받거나 할 수도 있지만, 창고의 곡식을 쏟아부어 서로 돕고, 광대뼈와 턱처럼 서로 의존하는 관계라 숨을 들이마시고 내뱉고 아프고 가려운 것까지 조금도 서로에게 숨김이 없어야 비로소 중외일체(中外一體)가 될 수 있으니, 만약 나라에 이롭다면 응당 예의를 갖추면서 일을 처리할 것입니다. 편지는 말을 다 할 수 있는 도구가 아니고, 말은 모든 뜻을 다 전달할 수 있는 물건이 아니니, 귀하께서 양해하여 주시길 바랍니다.

광서 8년 7월 12일 도착.

(2) 「김윤식이 어윤중이 탐문한 각 사정에 대해 진술한 절략(金允植述魚允中所探各情節畧)」

반란이 처음 일어난 것은 흥선군이 군심을 격변시킨 데서 비롯되었고, 이 반란의 우두머리[窩主]가 자칭 국태공을 칭하면서, 국권을 장악하고 일본 공사를 강박하여 쫓아낸 다음, 혹은 물의가 커질까 두려워 사람을 보내 해명하면서 난민에게 죄를 돌렸습니다. 일본 군대가 한성에 들어오자 흥선군은 누차 통호(通好)의 뜻을 비치었으나, 일본인이 응하지 않자 세력이 고립되어 있음을 자각하게 되었으며, 중국이 군대를 파견하여 지원하여 보호한다고 하자, 이쪽으로 마음을 기울여 친부(親附)하려는 뜻을 보이게 되었습니다. 지금 대관(大官) 조영하와 부관(副官) 김홍집을 파견하여 종전처럼 영접하면서 몹시 원만한 관계를 원하는 성의를 보이고 있습니다. 또한 그 뜻은 중국의 군사력 위세를 빌어 일본군을 공격하여 물리치려는 것이니, 정말 이렇게 어리석습니다. 현재 난국의 정돈은 반드시 용병(用兵)할 필요는 없고 단지 군사적 위협으로만 임하면 자연스럽게 해결될 수 있을 것입니다. 일본군 쪽에도 역시 조선의 김옥균(金玉均), 서광범(徐光範) 두 사람이 있는데, 이 두 사람은 뜻을 같이하는 친구로 그들이 조정하면 반드시 의외의 말썽이 생기지는 않을 것입니다. 어윤중 또한 하나부사를 가서 만났는데, 그 말에

의하면, 일본은 처음 이 일을 들었을 때 대규모의 병력으로 내침(來侵)하고자 하였는데, 이와쿠라 도모미(岩倉具視)[26]나 이노우에 가오루가 힘껏 안 된다고 반대하여, 단지 1,300명의 병력을 이끌고 와 스스로 지킬 권리로 삼게 되었다고 합니다. 일본의 뜻 역시 오로지 국왕에 권력을 돌려주는 데 있으며, 내정에 간섭할 생각은 없다는 것입니다. 중국이 이를 틈 타 사태를 진정시키면 정상적이고 올바른 일 처리로 병력을 이용할 필요도 없고 다툼의 구실도 주지도 않을 수 있으니 혹시 또한 우리에게 아주 다행스러운 일이 될 수도 있겠습니다. 진신(縉紳) 가운데 피살된 사람은 홍인군(興寅君), 민겸호(閔謙鎬), 김보현(金輔鉉), 민창식(閔昌植) 등 몇 사람이 이외에 민영익(閔泳翊)이나 홍영식(洪英植) 등은 다행히 화를 피할 수 있었으며, 김홍집 역시 그 자리에서 도피하여 집 건물이 파괴되기는 하였지만, 나중에 슬슬 집으로 돌아올 수 있었습니다. 이 여러 사람이 모두 화를 면한 것은 정말로, 정말로 다행입니다. 이곳 백성들은 흩어지고 집이 비어 있어 군대에 필요한 물품도 사들일 곳이 없습니다. 듣기에 대원군은 정권을 탈취한 다음 부민(富民)의 쌀과 돈을 강제로 빼앗아 한성에 쌓아 두고 있는데, 그 물량이 적지 않으며, 아마 난당의 병정들에게 나누어주어 군심을 수습하려는 생각이 아닌가 싶습니다. 이렇게 군량을 옮겨 충당하는 것은 안 될 일은 아니지만, 지금 그 세력이 고립되어 위태로운 것을 염려하여 중국을 흘겨보고 있으니, 제(김윤식)가 줄곧 배 안에 숨어 있다가 혹시라도 정탐당하면 도리어 의심을 살 수 있는 빌미가 될 것입니다. 그래서 어윤중 등과 함께 군대를 따라 입경하여 의심할 여지가 없게 하고, 기회를 보아 양가의 권속을 돌보아 역시 화를 피하게 하는 것이, 특히 스스로 외부 인사로 보아 그들과 거리를 둔다는 혐의도 없앨 것입니다.

(3) 「오장경 제독이 조선에서 장수성에게 보낸 서신(吳提督長慶自朝鮮來函)」(7월 13일 도착)

초4일 연대에서 보낸 서신 한 통은 일찌감치 받아보셨을 줄 압니다. 이날 각 부대가 배에 오르는데, 등주(登州)의 해탄(海灘)이 아주 넓어 윤선이 해안에서 4, 5리 떨어져 있는 데다가, 병력

---

[26] 이와쿠라 도모미(岩倉具視, 1825~1883)는 일본의 정치가로 유신 10걸 가운데 한 사람이다. 메이지 정부의 외무경(外務卿)으로 조약개정을 위해 스스로 특명전권대사가 되어 기토 다카요시(木戸孝允)·오쿠보 도시미치(大久保利通)·이토 히로부미(伊藤博文) 등과 함께 1871년부터 1월 10개월에 걸쳐 구미 각국을 방문한 이와쿠라 사절단(岩倉使節團)을 이끈 것으로 잘 알려져 있다.

을 옮겨 나르는 박선(駁船)은 겨우 십여 명, 수십 명이 탈 수 있을 뿐이고, 모든 군수 물자와 기계를 싣는 게 더욱 곡절이 많아, 미각(未刻, 오후 1~3시)이 돼서야 배가 움직일 수 있었습니다. 이날 석탄을 추가로 싣고자 연대에 잠시 머무를 때, 동해관도(東海關道) 방우민(方佑民) 도대와 후속 군수 지원 문제를 대략 상의하였습니다. 초5일 진각(辰刻, 오전 7~9시)에 출발하였는데, 바람과 파도가 크게 일어, 병용(兵勇) 가운데 배에 쓰러진 사람이 십중팔구여서, 잠시 위해위(威海衛)에 닻을 내리고 바람을 피하였습니다. 초6일 진각에 바람이 가라앉자 윤선이 출발하였으므로, 저녁 무렵에야 바다가 잔잔해졌고, 뒤이어 초7일 진각에 조선의 인천에 도착하였습니다. 이때 이미 일본 선박 7척, 육군 1개 영이 주둔해 있었으므로 우리 부대가 만약 같은 곳에 머무르면 불편한 점이 있었습니다. 그래서 약 60~70리 떨어진 남양(南陽)의 경계 내에 머물렀는데, 마산포(馬山浦)와 약 30리 떨어진 곳이었습니다. 민간 선박이 많지 않고 밀물과 썰물의 차이가 대체로 약 3장[27]쯤 되었습니다. 따라서 왕복하려면 모두 조수의 흐름을 기다려야 하는데, 계산해 보면 조수가 한번 바뀔 때 겨우 1~2개 영 정도의 병력을 싣고 상륙할 수 있었습니다. 오늘은 즉시 각 윤선의 삼판(舢板)을 준비하게 하여, 조수를 틈타 먼저 1개 영을 상륙시켜 잠시 주둔케 함으로써 차근차근 전진하는 기지로 삼게 하였습니다. 듣기에 남양부(南陽府)에서는 십여 척의 선박을 준비하여 이용할 수 있게 하였는데, 제가 본 민간 선박으로 계산하건대 역시 아마 그리 크지 않을 것입니다. 이러한 불편함은 특히 몹시 수고롭게 하므로, 대고(大沽)에 현재 있는 광정(廣艇) 가운데 견고하여 쓸만한 배 몇 척과 수수(水手)를 추가하여 빠른 시간 내로 조선에 보내주어 병력 등을 옮기는 데 도움을 줄 수 있기를 간절하게 기다리고 있습니다.

조선과 일본의 상황은 어윤중이 비밀리에 탐문하여 확인한 바에 의하면, 마건충 도대가 이야기한 것과 다르지 않아, 일본군은 초3일 한성에 들어갔고, 국왕과 이하응이 모두 접견하지 않았는데, 아마 중국의 지원을 믿고 우리 부대의 도착을 기다리는 것으로 보입니다. 조선 사람들은 우리 대군의 도착 소식을 듣고 환호하지 않음이 없으니, 이런 사정을 볼 때 실로 우리가 이용할 수 있는 시기입니다. 하지만 일본군이 이미 입성하였으므로, 비록 어윤중이 탐문한 바에 의해 하나부사가 따로 무슨 반격의 상황을 보이지는 않는다고는 하지만, 우리 부대는 멀리서 이동해 왔으므로, 부득불 조금은 신중한 태도를 통해 변고를 막아야 할 것입니다. 마침 마건충 도대와 상의하여 결정하길, 내일 아침 2개 초(哨)의 부대를 보내, 마건충과 함께 한성으로 달

---

[27] 1丈은 10척인데, 오늘날 기준으로 하면 약 3.3m정도이다.

려가 자세하게 동정을 살펴보고, 오장경 부대는 배치가 대략 정해지면 즉시 진격하여 이하응이 세력이 고립되고 힘이 다한 때에 쉽게 기세를 제압하자고 하였습니다. 다만 이 사람을 처치하면 반란이 진정되고 또한 일본인의 협박을 막을 수 있을 것입니다. 어윤중이 탐문한 각 사정에 대해서는 따로 기록해 올려서 살펴보실 수 있도록 하겠습니다. 오장경은 감히 우완(迂緩)함으로 기회를 놓치고자 하지 않으며, 또한 경솔함으로 일 처리를 그르치고자 하지 않습니다.

첨부합니다. 오장경은 오늘 오각(午刻, 정오, 또는 11~1시)에 남양에 상륙하여 주둔하는데, 그곳에는 조선의 대관 조영하와 부관 김홍집이 와 있으며, 국왕이 각종 군사 업무를 처리하도록 파견하였으니 또한 이들을 통해 조선의 최근 사정을 알아보고 상황에 따라 대응하도록 하겠습니다. 오장경이 다시 알립니다.

초8일 진각.

(5) 문서번호: 4-3-05(522, 830a-833a)

사안: 박영기(朴永祈) 등이 조선 국왕이 난당의 반란 경위를 설명하는 자문을 직접 전달하였는데, 분명히 이하응이 시킨 일로, 상황을 살피면서 답장하여 우리의 의도대로 끌려 들어오게 해야 합니다(朴永祈等投遞朝王聲敍亂黨滋事咨文, 顯係李昰應所爲, 已相機答覆, 期能就我範圍).

첨부문서: 1. 「조선 국왕이 보내온 자문(朝鮮國王咨文)」: 조선 반란의 상황 및 대원군의 반란 진압 공적(朝鮮亂事情形及國太公定亂之功).[28]

2. 「장수성이 조선 국왕에게 보낸 답장 자문의 원고(張樹聲咨覆朝鮮國王原稿)」: 조선의 반란에 대해 조정에서는 이미 오장경을 파견하여 진무하게 하였으니, 친히 중국군 군영을 방문하여 앞으로의 사후 대책을 상세하기 마련하길 바랍니다(朝鮮亂事, 朝庭已派吳長慶前往鎭撫, 希親赴大營, 詳籌善後事宜).[29]

날짜: 光緖八年七月初十五日(1882년 8월 28일)
발신: 署理北洋大臣 張樹聲
수신: 總理衙門

七月十五日, 軍機處交出張樹聲抄摺稱:

爲接到朝鮮國王咨文, 乘機答覆, 恭摺馳奏, 仰祈聖鑒事.
竊據津海關道周馥面禀:
　　七月十一日有朝鮮義州小通事朴永祈, 白文彬到關, 投遞該國王咨北洋通[商]大臣衙門公文一角, 面問該通事, 皆居義州府, 該國王咨文由驛路遞至義州, 復派該通事等齋送來津. 問以王京情事, 均不甚悉.
等情. 竝據將咨文呈送前來. 臣當即折閱, 查文內聲敍六月初九日亂党滋事大畧情

---

[28] 앞의 문서번호: 4-2-33(519, 822a-824a)에 실린 첨부 문서 1과 같은 내용이라, 생략하였다.
[29] 앞의 문서번호: 4-2-33(519, 822a-824a)에 실린 첨부 문서 2와 같은 내용이라, 생략하였다.

形, 於起事之端, 則含混其語, 委之兵民忽然肆怒, 而以定亂之功, 專歸國太公一人. 國太公者, 即所稱大院君李昰應也. 李昰應初以拒絶外交之議, 煽動徒黨, 以逞其私. 一旦大權獨攬, 陰懼朝廷聲罪致討, 爲此粉飾之詞, 以求自固之計. 此次咨文, 自即係李昰應所爲. 惟來文旣託於國王, 又未便驟加斥絶, 臣當即備文答覆, 乘機措辭, 藉以姑釋其懼, 萬一能行就範圍, 或冀不勞而獲, 謹將該國王來文及臣答覆文稿, 照錄清單恭呈御覽. 除密致廣東水師提督吳長慶等知照, 斟酌布置外, 所有接到朝鮮國咨文乘機答覆緣由, 謹恭摺馳奏. 是否有當, 伏乞皇太后, 皇上聖鑒訓示.

再, 朝鮮齎文通事係由陸路往還, 行程稽滯, 臣答覆文件已逕寄吳長慶等就近遞交, 以便迅速相機辦理, 合並陳明僅奏.

光緖八年七月十五日, 軍機大臣奉旨:
    [내용 없음]
欽此.

照錄清單: 謹將朝鮮國王來咨照錄恭呈御覽.

(1)「朝鮮國王來咨」.

[생략]

(2)「張樹聲咨覆朝鮮國王原稿」.

[생략]

7월 15일, 군기처에서 장수성의 다음과 같은 주접을 베껴서 보내왔습니다.

조선 국왕의 자문(咨文)을 받아, 상황을 살펴보면서 답장 자문을 보내면서 삼가 신속하게 주접으로 알리니, 살펴봐 주시길 바랍니다.

진해관도 주복(周馥)이 다음과 같이 구두보고를 하였습니다.

7월 11일 조선 의주(義州)의 소통사(小通事) 박영기(朴永祈), 백문빈(白文彬)이 해관에 도착해서, 조선 국왕이 북양통상대신 아문에 보내는 공문 1통을 직접 전달하였는데, 그들에게 직접 물어보니 모두 의주부(義州府)에 거주하며, 조선 국왕의 자문은 역로(驛路)를 통해 의주로 전달되었기에, 다시 이 통사(通事)들이 천진으로 가지고 왔다고 합니다. 한성의 상황을 물어보니, 모두 잘 모르는 듯하였습니다.

아울러 자문을 올려보내 왔습니다. 신은 바로 열어 읽어보니 그 안에서 6월 초9일 난당이 반란을 일으킨 대략의 상황을 서술하였지만, 사건이 일어난 발단에 대해서는 그 말을 얼버무려 병사와 백성이 갑작스럽게 분노를 터트렸다고 하면서, 반란을 진압한 공로는 모두 대원군 한 사람에게 돌리는 내용이었습니다. 국태공은 바로 이른바 대원군 이하응입니다. 이하응은 처음에는 외교를 거절하는 주장으로 무리를 선동하여 그 사사로움을 드러내고, 일단 대권을 독람하게 되자, 은근히 우리 조정이 죄를 밝혀 토벌할까 두려워 이렇게 꾸며낸 말로 자기 지위를 굳히려는 계책을 모색하는 것처럼 보입니다. 이번 자문은 당연히 이하응이 보낸 것이 분명합니다. 다만 보내온 자문은 국왕이 보낸 것으로 내세우고 있어, 또한 갑작스레 매정하게 거절하기 어려웠습니다. 신은 당장 자문을 갖추어 답장하면서 기회를 틈타 문구를 조절하여 잠시나마 그들이 두려움을 풀게 하였으니, 만일이라도 그들이 우리 의도대로 끌려오게 할 수 있다면 혹은 애써 힘쓰지 않아도 획치할 수 있을 것입니다. 삼가 조선 국왕이 보낸 온 자문과 신의 답장 자문 원고를 그대로 베껴 목록과 함께 살펴보실 수 있도록 올립니다. 광동수사제독 오장경 등에게 몰래 알려 상황을 참작하면서 배치하도록 한 것 외에, 삼가 주접을 갖추어 신속하게 상주합니다. 제 처리가 타당한지 아닌지 황태후와 황상께서 살펴보시고 훈시를 내려주시기를 간청합니다.

첨부합니다. 자문을 가져온 조선 통사는 육로로 돌아가야 하므로 일정이 지체되니, 신은 당장 자문을 이미 곧장 (군함을 통해) 오장경 등에게 부쳐 가까이에서 받아볼 수 있게 함으로써, 신속하게 상황을 참작하면서 처리할 수 있게 하였다는 점을 아울러 아뢰면서 상주합니다.

광서 8년 7월 15일, 군기대신은 다음과 같은 상유를 받았습니다.

[내용 없음]

이상.

조록: 삼가 조선 국왕이 보내 온 자문을 그대로 베껴 살펴보실 수 있도록 올립니다.

(1) 「조선 국왕이 보내온 자문(朝鮮國王來咨)」

[생략]

(2) 「장수성이 조선 국왕에게 보낸 답장 자문의 원고(張樹聲咨覆朝鮮國王原稿)」

[생략]

(6) 문서번호: 4-3-06(523, 833b-834a)

사안: 조선을 지원하러 보낸 육·해군 장령이 반란 수괴 이하응을 획치하여 신속하게 천진으로 보내려는 계획을 상주하는 주접과 부편 원고를 자문으로 알려 왔습니다(咨送援護朝鮮水陸將領獲致亂首李昰應飛送來津摺稿).

날짜: 光緒八年七月十五日(1882년 8월 28일)

발신: 署理北洋大臣 張樹聲

수신: 總理衙門

> 再, 臣正在具奏間, 接據吳長慶七月初八日朝鮮來函. 該提督親帶頭起營勇, 於初七日辰刻行抵朝鮮. 因仁川駐日本兵船七艘·陸兵一營, 我師未便同處, 遂泊船相距六七十里之南陽地方, 即日登岸紮營, 爲節節前進地步. 道員馬建忠與派充嚮導之朝鮮陪臣金允植·魚允中密切查探, 日本駐朝公使花房義質於初三日帶兵前入王京, 該國王及李昰應均未接見. 花房義質亦未有反側情形, 國人聞大兵入境, 無不歡躍. 南陽府備船十數號, 在海口聽差, 前充議約大副官趙寧夏·金宏集亦幸而尚存, 現經國王派至南陽, 料理軍前各事. 吳長慶與馬建忠商定, 初八日由馬建忠先帶兵勇兩哨, 馳赴王京, 相機辦理, 吳長慶部署略定, 亦即進發. 提督丁汝昌留駐海口, 以顧後路. 該國人心嚮順, 趙寧夏·金宏集既來, 李昰應勢力漸孤, 事機或能相應, 但期速致此人, 則國王得以行政, 而內亂可定, 庶不遷延時日. 今日人多生變計, 枝蔓橫生, 除密切飛屬吳長慶等妥速應機籌辦, 竝俟續報到日, 隨時馳奏外, 所有陸師抵朝登岸大略情形, 謹附片具陳, 伏乞聖鑒. 謹奏.

7월 15일, 군기처에서 장수성의 다음과 같은 부편(附片)을 베껴서 보내왔습니다.

첨부합니다. 신이 마침 상주하려는 참에 오장경이 7월 8일 조선에서 보내온 서신을 받았습니다. 오장경은 몸소 처음 파견된 부대 병사들을 이끌고 7일 진각(辰刻) 조선에 도착하였습니다. 인천에 일본 군함 7척과 육군부대 1개 영이 주둔하고 있어, 같은 곳에 머무르기 불편하여 마침내 약 60~70리 떨어진 남양 지방에 그날로 상륙하여 주둔함으로써 차츰차츰 진격하는 기지로 삼았습니다. 도대 마건충은 향도(嚮導) 역할을 맡은 조선 배신(陪臣) 김윤식, 어윤중이 비밀리에 탐문하도록 하였는데, 일본의 주조선 공사 하나부사 요시모토는 초3일 군대를 이끌고 한성에 들어갔으며, 조선 국왕과 이하응은 아직 그를 접견하지 않았다고 합니다. 하나부사 또한 아무런 반격의 상황을 보이지 않고, 조선 백성은 중국의 대규모 부대가 입국한 것을 알고 환호하지 않음이 없다고 합니다. 남양부(南陽府)는 선박 십수 척을 준비하여 항구에서 도움을 주고자 하였으며, 종전에 의약대·부관(議約大·副官)을 맡았던 조영하와 김홍집 역시 다행히 여전히 생존하고 있었으며, 지금은 국왕의 파견으로 남양에 와서 군사 지원 문제를 처리하고 있습니다. 정여창 제독은 마건충 도대와 상의하여 결정하길, 초8일 2개 초(哨)의 부대를 보내, 마건충 도대와 함께 한성으로 달려가 자세하게 동정을 살펴보고 처리하며, 오장경의 부대는 배치가 대략 정해지면 역시 즉시 진격하기로 하였습니다. 정여창 제독은 해구(海口)에 머무르면서 후방을 돌보기로 하였습니다. 조선 인심이 우리에게 호응하여 따르고, 조영하와 김홍집이 이미 도착하였으므로, 이하응은 세력이 점차 고립되어, 혹시 능히 이용할 수 있는 시기가 된 것으로 보입니다. 다만 신속하게 이 사람을 획치하여 국왕이 다시 정치를 할 수 있게 한다면, 내란은 진압되어 아마 그다지 시일을 끌지 않을 것입니다. 지금 일본인들이 다양한 변칙적 계획을 꾸미며 여러 문제를 파생시킬 수도 있으므로, 오장경에게 비밀리에 신속 지시를 내려 적절하게 상황을 보면서 대처하라고 지시하고, 아울러 이후의 소식이 전해지기를 기다려 수시로 속히 상주하는 것 외에, 지금까지 육군이 조선에 도착하여 상륙한 대체적인 상황을 삼가 부편을 통해 아뢰면서, 황상께서 살펴봐 주시길 간청합니다. 삼가 주를 올립니다.

광서 8년 7월 15일, 군기대신은 다음과 같은 상유를 받았습니다.
    [내용 없음]
이상.

(7) 문서번호: 4-3-07(532, 842b)

사안: 조선을 지원하러 보낸 육·해군 장령이 반란 수괴 이하응을 획치하여 신속하게 천진으로 보내려는 계획을 상주하는 주접과 부편 원고를 자문으로 알려 왔습니다(咨送援護朝鮮水陸將領獲致亂首李昰應飛送來津摺稿).

날짜: 光緒八年七月二十二日(1882년 9월 4일)

발신: 署理北洋大臣 張樹聲

수신: 總理衙門

七月十五日, 軍機處交出張樹聲抄片稱:

光緒八年七月二十一日, 在天津行館, 由驛馳奏, 援護朝鮮水陸將領率隊逕入王京, 獲致亂首李昰應, 飛送來津一摺. 又附奏飭調天津練軍三營,[30] 令黃金志統帶乘輪船馳赴朝鮮一片, 相應抄錄摺片咨送. 爲此咨呈貴衙門, 謹請查照.

計: 奏摺附片稿. 詳見二十三日軍機處交出抄摺.

7월 15일, 군기처에서 장수성이 올린 다음과 같은 부편을 베껴서 보내왔습니다.

광서 8년 7월 21일, 천진의 행관(行館)에서 조선을 지원하러 보낸 육·해군 장령(將領)이 부대를 이끌고 한성에 곧장 진입하여, 난당의 우두머리 이하응을 획치하여 신속하게 천진으로 보내왔다는 것을 알리는 주접을 역참을 통해 신속하게 상주하였습니다. 또한 천진의 연군(練軍) 3개 영(營)에 지시하여, 황금지(黃金志)가 통솔하여 윤선을 타고 조선으로 향하게 지시하였다

---

30 연군(練軍)은 청말 직예성에서 가장 먼저 만들어진 군부대로, 기존의 녹영(綠營) 부대 외에 따로 규제를 세워 영오(營伍)를 만든 것이다. 1863년 직예총독 유장우(劉長佑)가 상군(湘軍)·회군(淮軍)의 편제를 모방하여 직예의 녹영 용병을 개조한 것으로 6軍(1軍은 5營. 營의 병력은 500명), 1만 5천 명으로 구성되었다. 이후 이 연군은 다른 성에서도 편성되었다.

는 부편을 아울러 상주하였으므로, 응당 이 주접과 부편을 베껴서 자문으로 알려야 할 것입니다. 이에 귀 아문에 자문을 올리면서 삼가 살펴보시기를 요청합니다.

첨부[計] : 주접과 부편의 원고.[자세한 내용은 23일 군기처에서 내려보낸 抄摺을 볼 것]

(8) 문서번호 : 4-3-08(534, 843a-862b)

사안: 1) 이하응을 영원히 중국에 감금하고, 조선 국왕이 해마다 봉양(奉養)에 필요한 물품을 보내도록 해야 합니다(將李昰應永遠羈禁中國, 由朝鮮國王歲致奉養之需). 2) 조선이 내란에 이르고 중국이 이를 대신 진압한 연유를 포고하여, 공의(公議)를 빌어 일본인의 추가적인 가혹한 요구를 막아야 합니다(布告朝鮮致亂與中國代爲戡定緣由, 藉公議以杜日人格外誅求).[31]

첨부문서: 1.「일본 공사 하나부사 요시모3토가 내건 7개 조 요구(日使花房義質所議七款)」: 조선은 흉수를 징벌하고 사상자를 무휼(撫恤)하고 배상금을 내며, 아울러 일본인의 내지 유력(遊曆)과 공사관 주둔군의 배치를 허용한다(朝鮮懲凶, 撫恤傷亡, 賠款, 竝准日人遊曆內地與使館駐兵).

2.「호송위원 반청조(潘靑照)와 조선 이하응의 필담(獲解委員潘靑照與朝鮮李昰應筆談)」: 조정은 급히 함께 논의해야 할 중요한 공무가 있습니다(朝庭有機要公事, 急待相商).

3.「마건충 도대가 보낸 보고(馬道建忠來稟)」: 먼저 내란을 진압하여 조선 국왕이 자주(自主)할 수 있게 한 다음 일본과 담판하며, 아울러 중국이 대신 반란을 진압한 연유를 각국에 공고(公告)하여 일본의 가혹한 추가 요구를 막아야 합니다(先除內亂, 使朝鮮王得以自主, 再與日本談判, 竝中國代爲戡亂緣由公告各國, 杜日本格誅求).

4.「조선 국왕의 친필 고시(朝鮮國王告示手書)」: 왕심리 백성에게 반란의 수괴와

---

[31] 여기서 마건충이 조정에 보고한 내용에서는 대원군이 사절이나 편지를 보내 연락을 주고받았다는 점이 철저하게 서술·보고에서 배제되어 있다. 이것은 이와 관련된 부분을 번역·정리한 연구와 비교해 보면 아주 두드러지게 나타나는데, [岡本隆司, 『馬建忠の中國近代』(京都大學出版會, 2007)의 第II部 6章「東行三錄」, pp.87-164를 참조] 이를테면 조영하·김홍집이 마건충을 만났을 때 대원군이 보낸 편지를 전달하였는데, 이 보고에서는 그런 부분이 전혀 언급되어 있지 않다. 대원군이 그와 연락한 다른 경우도 마찬가지로 이 보고는 생략하고 있는 것으로 보아, 대원군을 반란의 주동자, 수괴로 몰아 아예 협상·논의의 대상에서 제외하고, 임오군란 이후 조선의 정국에 대한 청조의 정책을 관철하려는 의도에서 이런 방향으로 몰고 가려 하였던 것으로 볼 수 있을 것이다. 대원군의 배제에 대해서는 또한 국왕이나 민씨 척족, 그리고 김윤식, 어윤중, 김홍집 등 개화파 역시 마찬가지의 입장이었을 것이다.

난당을 체포하여, 마을 전체가 도살당하는 것을 피하라고 알리는 칙유(諭枉尋里人民, 拘縛亂首,亂黨, 以免全村屠戮).

5. 「오장경과 마건충이 받은 조선 국왕의 친필 서신(吳長慶·馬建忠收朝鮮國王手書)」: 왕심리(枉尋里)·이태리(利泰里) 두 마을의 반란 진압을 요청합니다(請戡定枉尋·利泰兩村亂兵).

6. 「마건충이 보내온 하나부사 요시모토와의 필담 문답. 6월 29일 하오 5시 반 일본 군함에 가서 하나부사와 나눈 문답 절략(馬道建忠寄到筆談問答. 二十九日午後五點二刻至日艦,晤花房義質問答節署)」: 일본은 즉각 진군해서는 안 되며, 조선이 응당 먼저 방법을 마련하여 국왕이 자주할 수 있게 하는 것이 비교적 일 처리를 쉽게 만들 것입니다(日本不宜立卽進兵朝鮮, 應先設法使國王自主, 較易辦事).

7. 「6월 30일 10시 무렵 하나부사 요시모토와 마건충이 만나서 나눈 담화 절략(三十日晨十點鐘,花房來舟晤談節署)」: 일본의 조선에 대한 요구(日本之對韓要求).

8. 「6월 30일 오후 3시 양위함(揚威艦)에서 조영하, 김홍집과 나눈 필담. 조영하 주필(主筆).(三十日午後三點鐘, 揚威舟次與趙甯夏·金宏集筆談. 趙甯夏主筆)」: 조선은 응당 신속하게 일본과 마무리를 지어 일본군을 조속히 철수하게 해야 합니다(朝鮮應與日本速結, 早退日兵).

9. 「7월 초1일 1시 반 어윤중이 찾아와서 마건충과 나눈 필담 절략(初一日一點二刻, 魚允中來舟筆談節略)」: 대원군은 현재 비록 병권을 장악하고 있지만, 군대는 쓸만한 것이 아니며, 그 무리 이유원(李裕元) 등도 대부분 취임하고 있지 않습니다(大院君現雖握有握兵權, 但軍隊皆不堪用, 其黨李裕元等多未執政).

10. 「7월 초2일 밤 10시 조영하, 김홍집이 배로 찾아와 마건충과 나눈 필담(初二日夜十點鐘, 趙甯夏·金宏集來舟筆談. 趙甯夏主筆)」: 1) 이미 하나부사 요시모토에게 한성에 원조하러 들어가지 않도록 권고하여 저지하였으며, 2) 조선은 중국 장령이 계속 한성에 들어와 주둔하기를 갈망하고 있습니다(勸阻花房幾入朝京, 朝鮮盼望中國弁兵速入京駐紮).

11. 「7월 초3일 오후 9시 어윤중이 배로 와서 나눈 필담(初三日午後九點鐘, 魚允中來舟筆談)」: 1) 외척을 살해하고 공사관을 포위하였을 뿐만 아니라 대신(大臣)을 겁살한 것은 모두 이하응이 사주한 일이며, 2) 각국의 힘을 빌려 일본인의

기세를 빼앗기를 희망합니다(戕害外戚, 圍使館, 劫殺大臣, 皆爲李昰應所使, 藉各國之力以奪日人氣焰).[32]

12. 「7월 초3일 밤 9시 일본 외무대서기관(外務大書紀官) 다케조에 신이치로(竹添進一郎)가 배로 와서 마건충과 나눈 필담(初三日夜九點鐘, 日本外務大書紀官竹添進一郎來舟筆談)」: 1) 일본군의 조선 진출은 난당 우두머리의 징벌과 사후 조치 강구를 위해서입니다. 2) 난당이 일본 공사관을 습격한 것은 조정의 논의에서 나온 것이 아니며, 일본은 단지 배상과 위로금[恤銀]을 요구할 뿐입니다(日兵到朝在懲辦亂首, 竝設法善後. 亂黨攻擊日使館, 非出自朝議, 日祇要求賠償與恤銀).

13. 「7월 11일 7시, 인천 부사의 관서에서 마건충이 일본 공사 하나부사 요시모토와 나눈 문답 절략(十一日七點鐘, 至仁川府署與日使花房義質問答節略)」: 1) 반드시 조선 국왕이 자주할 수 있게 해야 조선과 일본의 논의가 공담(空談)이 되지 않습니다. 2) 중국이 출병하여 조선의 난당을 처벌한 것은 오로지 조선이 그 나라를 지키고 영토를 보전하길 바라기 때문입니다(必使朝鮮國王自主, 日韓之議始不成空談, 中國出兵懲辦亂黨, 惟欲朝鮮保有其國, 不失寸土).

14. 「7월 12일 9시 하나부사 요시모토가 近籐眞鋤과 함께 화도를 방문하여 나눈 문답 절략(十二日九點鐘, 花房偕近籐至花島來訪問答節畧)」: 일본은 조선은 조약을 맺은 우방[與國]으로,[33] 그 내정에 함부로 간섭해서는 안 되며, 중국이 만약 거동이 있다면 그것은 조선 국왕이 다시 자주할 수 있게 하려는 데 지나지 않습니다(日本與朝鮮爲與國, 不應擾越其內政, 中國若有擧動, 不過欲朝鮮國王得以自主).

날짜: 光緖八年七月二十二日(1882년 9월 4일)

---

[32] 이 부분은 뒤에 나오는 문서번호 4-3-8(534, 843a-862b)의 첨부문서 11, 「7월 초3일 오후 9시 어윤중이 배로 와서 나눈 필담(初三日午後九點鐘, 魚允中來舟筆談)」과 앞부분은 같으나, 뒷부분은 약간 다른 내용이라 중복된다. 약간 다른 내용이 있는 부분은 어윤중의 대원군에 대한 발언 부분인데, 두 문서를 함께 읽어야만 보다 정확한 문맥의 파악이 가능한 것으로 보인다.

[33] 여국(與國)은 동맹국, 우방을 말하는 전통적 용어이다. 한편 적국(敵國) 또한 적대하는 국가라는 뜻 외에도 지위나 세력이 서로 대등한 국가라는 뜻이나 한 나라에 버금간다[相當], 한 나라와 필적한다는 뜻도 있다.

발신 : 署理北洋大臣 張樹聲
수신 : 總理衙門

七月二十二日, 署北洋大臣張樹聲函稱:

本月二十日, 登瀛洲兵船解送朝鮮李昰應到津, 一切辦理情形, 樹聲已具疏馳奏, 毋庸贅陳. 此次亂事, 李昰應陰爲禍首, 幾危該國宗社, 實爲罪在不赦. 惟彼在國中與國王居父子之親, 無君臣之分, 禮絶百僚, 瞻仰者衆, 且平日持拒絶外交之議, 其稱先述古之士庶, 亦不免意存左袒. 疊接吳‧丁兩提督及馬道函牘, 均言李昰應地屬尊親, 設竟按罪行法, 該國王將無以自處, 亦無以止該國悠悠之口, 而盡喩其心. 然使復能反國, 不特將來醞釀依附, 威勢所積, 又盧再起亂萌, 不可收拾, 即目前彼國人心, 仍不免觀望徘徊, 從違莫定. 樹聲前曾竊議, 如能生致昰應, 莫如永遠羈禁中國, 由該國王歲致奉養之需, 以恩義兩盡. 現據馬道來稟, 接該國王函告, 欲親至馬道館中, 爲昰應緩頰, 竝令趙甯夏‧金宏集等附輪至津, 籲乞天恩, 寬宥昰應. 揆諸情理, 亦事所應有. 李昰應署加調養, 即可就道, 解送到京, 仰惟朝廷仁至義盡, 如何處置, 自有權衡. 第既據吳‧丁兩提督及馬道稱述各節, 不敢不附陳聰聽. 馬道另稟, 請將朝鮮致亂與中國代爲戡定緣由, 布告日本及曾與朝鮮立約各國, 期藉公議, 以杜日人格外誅求之志, 似不爲無見. 原稟錄上, 伏候鈞裁. 又馬道寄到筆談及花房義質所開七款, 朝鮮國王告示, 竝致吳提督手書, 潘靑照與李昰應筆談均可備鑒核. 謹照錄附呈. 專肅, 祗叩鈞綏.

照錄淸摺
(1)「日使花房義質所議七欵」.
一. 自今十五日內, 捕獲凶徒巨魁及其黨與, 從重懲辦事.
二. 遭害者優禮瘞葬, 以厚其終事.
三. 撥支五萬元, 給與遭害者遺族竝負傷者, 以加體恤事.
四. 凡因凶徒暴擧, 日本國所受損害及準備出兵等一切需費, 照數賠償事.

五. 擴元山·釜山·仁川各港間行里程,[34] 爲方百里[朝鮮里數]. 新以楊花鎭爲開市場. 咸興·大坵等處爲往來通商事.

六. 任聽日本公使, 領事及隨員, 眷從等遊曆內地各處事.

七. 自今五年間, 置日本陸軍兵一大隊, 以獲衛日本公使館事. 但設置·修繕兵營, 朝鮮政府任之.

(2)「護解委員潘靑照與朝鮮李昰筆談」.
潘: "本官刺史潘靑照, 奉制臺派來, 伴送大駕入都."
李: "謝謝. 但病勢甚害, 爲悶悶."
潘: "當轉稟制臺, 似可從緩, 即請安息, 不必多談有勞淸神. 聞此來甚倉卒, 未免勞頓. 此次入都, 水程三日, 舟上頗爲安逸, 又陸路半日, 共計三日, 即達京師. 即轉稟制臺, 商改明日起程何如?"
李: "鯫生年今七十, 纔經亂離, 心神靡定, 今已七八日, 竝不安睡, 又沮食多日, 勢將嬰病也. 收神調病, 乃可隨問應辦, 可以妥商, 乞以此狀詳報制臺. 若再明開輪, 實是公私仝幸, 十分惠諒."
潘: "承示各節, 皆屬實情, 自當轉達. 但中朝盼駕甚殷, 有機要公事, 急欲待商, 恐制臺不敢久留大駕."
李: "機要公事, 未審何件辦理, 鯫生非但年老, 鄙邦機務一無料理, 遽當民亂, 大小事務, 皆屬於家生. 鯫生則山慇(憁?)閒日, 只以敎孫爲生涯者耳. 然天朝旣有召命, 機務, 商務爲要, 則此時尤可收拾精神, 望代另圖, 以便一二日調將焉."

---

34 간행이정(間行里程)은 강화도조약 이후 일본인들의 개항장에서의 자유통행과 상업행위를 인정한 활동 구역을 말하는데, 1876년 강화도조약(조일수호조규) 이후 8월 24일에 조인된 「조일수호조규부록」 제4조에 의하면 일본인들의 활동 지역은 방파제로부터 동서남북 각 지름 10리로 한정되었다. 1882년 8월 30일에 조인된 「조일수호조규속약」에서 간행이정을 사방 50리로 확대하기로 하고, 2년 후에 다시 100리로 확대할 것을 약정하였으나, 1883년 「조일통상장정(朝日通商章程)」이 체결되면서 대폭 간행이정이 확장되고 위법자에 대해서는 일본의 치외법권을 적용하는 협약이 1883년 7월 25일 체결되었다.(「인천·원산·부산 세 항구에서의 일본인 활동 범위에 관한 약정」)

(3)「馬道建忠來稟」.
敬稟者.
朝鮮時事, 內患與外憂竝亟, 而外憂之生, 旣由於內患. 斯內患之去, 尤急於外憂. 今日之計, 莫若爲朝鮮先除內患, 使其國王得以自主. 然後召日使告以前日之事, 皆亂黨所爲, 國王一無開罪, 茲仰上國之力, 悉與屛黜, 事權反正, 願爲和好如初, 因以所請各條, 與之從容商榷. 如此則名義旣正, 事理亦順. 故於次日, 一面函商筱帥進兵, 一面馳赴仁川, 將此意告知花房, 令勿錯認題目. 惟至仁川後, 爲花房反復開陳, 雖決裂之意稍回, 而要挾之心猶甚. 擬請函商總署, 請將朝鮮致亂與中國代爲戡定緣由, 布告日本政府, 竝泰西諸國之曾與朝鮮立約者, 俾群曉然於前日之事, 非出國王之意. 義難遇事誅求, 則日人或將屈於公議, 不至始終堅執. 至此後辦理, 能否應手, 尚難預知. 職道惟有勉竭駑駘, 相機因應, 旣不敢激烈, 以傷友誼, 亦不敢詭隨, 以累藩封, 以期仰副憲臺委任之意於萬一而已.

(4)「朝鮮國王告示手書」.
爲曉諭枉尋里人民事.
嗚呼! 六月初十日之事, 卽千古所未有之變也. 惟爾枉尋一村, 密邇京城, 爪牙心腹之所在, 而倡亂行凶者多出其中, 叛君犯上, 瞖不知畏, 天理昭然, 豈能覆載於天地之間乎? 今將大兵四面全圍, 宜一擧屠滅, 無有孑遺, 而猶有不忍之心, 或慮無辜之罹, 茲先曉諭. 惟爾一村之內, 未必盡化逆腸, 雖怵威勉從, 非其本心. 今大軍列布, 禍色迫至, 能縛亂首者, 賞錢一千兩, 縛致亂黨者賞錢一百兩, 獻其首級者, 各減半. 首惡旣伏其罪, 脅從自歸勿論, 全村之民, 可免屠戮. 如或執迷不悟, 敢思拒捕, 又或疑畏伏匿, 不遵王命, 則槍砲交加, 玉石俱焚, 是自取之禍. 雖悔何及? 爾等詳視諭文, 各思保身, 予言不謬, 想宜知悉.
七月十五日示.

(5)「朝鮮國王手書」.
啓者:
小邦不幸綱紀頹圮, 乃於六月上旬亂軍作逆, 入宮犯上, 戕害公卿, 打破人家, 圍逐鄰使, 殺其從人, 造下彌天大惡, 自知罔赦, 悍然讐國. 此皆宿衛腹心之卒, 勢逼地近, 難以圖滅. 何幸天朝諸大人, 仗皇靈, 提雄兵, 鎮靖藩服. 此正敧器復整之秋, 逆徒就殱之日也. 亂軍所居, 多在枉尋·利泰兩村, 幸須整飭部伍, 掩其不備, 執訊獲醜, 夬正典刑, 以洩神人之憤, 以懲梟獍之習, 不勝幸甚. 此上吳·馬兩大人麾下勛鑒.

 七月十五夜到.

(6)「馬道建忠寄到筆談問答. 二十九日午後五點二刻至日艦, 晤花房義質問答節署」.
寒喧畢.
忠曰: "初九日亂黨之起, 究屬何人主使, 執事可明知否?"
花房曰: "此亦不得其詳, 因出朝鮮執政前由釜山遞到咨文一通, 相示內稱亂黨之起, 不特戕害日人, 亦且戕害在朝鮮臣若干名. 此禍實屬兩國不幸, 幸國太公威望素著, 刻已出鎮, 人心已定云云."
又曰: "此咨內竝無一言道及朝人不是處, 殊爲悶悶."
忠曰: "余四面打探, 深知此事實係亂黨所爲, 與去歲謀, 而未發之黨與相同, 旣非出自彼國朝廷之意, 似難刻意誅求. 亂黨之興, 何國蔑有, 不幸貴公使適逢其際耳. 但此事如何辨理, 可得聞否?"
花房曰: "此來將欲勘明起事根由, 然後再行定議."
因出其外務省致各國公使咨文一通云, "此外竝無他辨法."
忠曰: "咨文之意, 極是平和, 想見貴國辦事持平, 不勝佩服. 貴國調來之兵, 現已登陸否?"
花房曰: "已飭登陸一二百名, 明日余將親往仁川駐紮."
忠曰: "用兵之事, 似宜稍緩. 聞閤下不日遲赴王京然否?"
花房曰: "若高廷遣一大員, 來此辦理, 則王京之行, 似可稍緩."
忠曰: "昨已由仁川府使遣人入京, 催其速派大員, 前來商議, 明日想有回復. 如有大員派來, 卽行知會執事. 但余聞國王幽閉, 不得自主, 若執事卒然進兵, 國王恐難保全, 國王不保, 則大院君素嫉外交, 一旦大權獨攬, 此事恐難速結, 而貴國兵艦遠出過久, 似亦非計. 惟今之計, 宜設法令國王得以自主, 而后辦事自易易也."

花房曰: "此意甚善. 余聞貴國派君來此查辦, 甚爲欣喜. 但不知有何妙策, 可令國王復行自主乎?"

忠曰: "此事所係甚重, 必須詳探明白, 方可定計. 總之, 此行惟僕與君當同心共濟, 陽分陰合, 庶得之耳."

(7) 「三十日晨十點鐘, 花房來舟晤談節署」.

花房曰: "項接來函, 知趙·金二人已至. 深感."

忠曰: "彼二人午刻來舟. 晤彼, 當令彼往訪, 何如?"

花房曰: "甚善. 余已定於午後登路. 若趙·金二人不及在舟相見, 余當往訪於花島也."

忠曰: "二人旣由執政遣來定議此事. 不識貴國究竟所欲者何事, 敢乞下示, 可先告於彼, 作速了結此事, 不更妙乎?"

花房曰: "所欲之事, 亦視其來意何如耳. 若彼以好來, 則謝罪, 懲辦亂首, 賠兵費, 給卹銀, 與日後得保日人安居無事而已. 否則事有難以預料者."

(8) 「三十日午後三點鐘, 揚威舟次與趙寗夏·金宏集筆談. 趙寗夏主筆」.

趙曰: "渴望之餘, 又拜尊顏. 不知仰敝邦間遭無前之變, 僕等不死, 痛恨何極."

忠曰: "僕正首塗南旋, 冀見伯相稟承一切, 行至上海, 忽接我駐日本欽差來電, 傳聞初九日之事. 我北洋大臣函商總署, 飭僕等迅速前來, 察看一切. 丁軍門已於昨日回津, 不日從來. 此事便有眉目, 但叠晤花房公使, 意甚怏怏辦理, 恐多棘手. 務望二公將此事顚末, 推誠以告. 總之, 僕此行爲貴國計, 亦爲大局計, 關係匪淺."

趙曰: "敝邦經用甚絀, 年來軍餉不敷, 且頻與外國來往, 故亂卒·莠民緣以爲此爲弊, 激而成亂. 初九日亂軍先入宰相, 幾家毀破, 翌日仍向王宮, 咆哮以至. 蒼黃罔措之中, 大院君聞變而赴, 曉飭撫戢, 幸而解散. 數日之間, 上自公卿, 下至象胥, 毀破其家, 至於致命甚多. 初九日夕, 方亂軍之作鬧也. 莠民謂此時可乘, 成群作黨, 欲殺盡日人云. 故國家先爲秘通于花房, 以爲準備避禍之計, 以是公使及隨率兵隊, 得以免禍. 與者間遊未返幾人, 當日路上遇害. 亂軍聞花房已去, 追到仁川, 又殺幾人矣. 事實如此, 我國家無所負于日人, 而至于當場自救不暇, 先機指示以開生路, 則日人之含憾於我國之理, 恐不當然. 日前伴接官尹成鎭見近籐眞鋤, 亦言顚末, 而渠亦詳知稍解云. 小邦有事, 動貽上國之憂, 萬萬痛恨, 大人之此來勞神, 感極, 感極, 無以仰達."

忠曰: "二公來此, 想出國王之命. 不知有何見諭否?"

趙曰: "當日勘定內亂以後, 國家大小事務, 暫決于大院君. 今於大人之臨, 以爲僕等屢奉大誨, 特令來拜請敎."

忠曰: "大院君之遣派二公也, 曾言及處置日人之道乎?"

趙曰: "日人日前書報政府, 將率兵隊五百名, 前駐京城內爲請云矣. 今日見日人, 已千名下陸, 以有政府如何爲答處置, 日人有何道理乎? 書幣亂意, 備言事變顚末, 仍及如前和好諸條, 然彼之怏怏, 終難釋然. 望乞大人如何指敎."

忠曰: "花房公使已知二君之來, 晨間來訪, 特請僕轉請執事往晤, 不識執事能果往否?"

趙曰: "所敎甚當. 俄已委員送帖, 而回路欲爲暫訪爲計矣. 今若蒙敎示, 當惟命是從."

忠曰: "日廷調集兵艦, 業已移咨各國, 此事了結, 有非可口舌爭者. 故中國亦擬調兵艦來此, 以觀動靜. 但此事遲結一日, 則多受一日之累, 姑無論懲辦亂首, 優卹已死日兵家屬銀兩, 已屬不貲, 而此次日艦往來, 與日兵之費, 多駐一日則異日貴國多賠一日之費. 故此事總以速結爲要, 而速結之法, 莫若由執政先派心腹大員, 誘以好言, 以謝罪爲名, 而後僕再從旁解勸, 或可易結. 顧花房謂此事總須國王出面, 否則大院君自來辦理, 方可了結. 僕思日人此次師出有名, 有非他國所可解勸, 而揆之情理, 則萬無國君自行出面辦事之理. 計莫若二公內一位, 于明日作速回京, 私稟大院君權衡獨斷, 親來浦口, 與花房計議. 好在大院君威望素著, 且有僕等在此保護, 日人必不敢無禮. 此事保管在僕身上, 必令貴國不致甚爲吃虧. 若或遲疑, 則錯過事機, 以後情形, 有難逆料矣."

趙曰: "所敎切至感極. 僕來時, 國王有命, 兼承大院君旨意. 若蒙大人如何指敎, 則飛告商辦爲定. 謹當依敎回京稟遵. 而來若未敢臆揣耳. 花房如今時馳往京城, 將何以爲之耶. 亦惟在大人忘勞啓駕, 未知何如?"

忠曰: "花房本擬馳往王京, 經僕再三勸諭, 謂京亂黨尙未平復, 若驟然馳入, 恐生不測. 茲花房已定在仁川守候數日, 故僕急欲大院君出京辦理, 則花房之行可阻, 遲則僕不敢知矣."

趙曰: "先事勸諭爲拜感銘. 謹當具由回達."

筆談內另有三條, 隨問隨答, 即被趙·金二人撕去, 不肯留抄, 而此筆談亦堅請, 以親筆回稟.

忠曰: "王宮受驚, 何以王妃獨薨, 傳聞謂王妃之薨, 有使之者乎?"

趙曰: "此非臣子所敢言, 亦臣子所不忍道."

忠曰: "現在魚允中·金玉均皆在超勇,[35] 思欲晤二公, 如何?"

趙曰: "今日國事, 極爲危險, 僕等若非素蒙大人眷顧, 亦斷無生理, 而道園家破,[36] 人之欲捉道園者屢矣. 皆以與大人相知故得脫免."

金曰: "魚·金皆余相知, 本擬一見, 惟處此極險之地, 不見爲佳耳."

忠曰: "今有密事一詢, 想二公素爲國王信任, 而僕與二公共事有日, 不可謂交淺言深, 吾想國王此時斷難自主."

趙曰: "誠如卓見."

(9)「初一日一點二刻, 魚允中來舟筆談」.

忠曰: "余見趙大官, 其人尚屬忠誠. 昨日筆談中, 頗願吐實."

魚曰: "可幸. 此人亦見忤於某人者, 於今亂有翊護太王妃, 幾遭不保."

忠曰: "現在朝內黨太公者, 共有幾人?"

魚曰: "實不多. 以不能下手之故, 皆惴惴若不保."

忠曰: "約有幾人, 能舉其姓名否?"

魚曰: "現多退處而李裕元·鄭顯德·李載完·趙秉昌·姜浅·韓章錫·李建昌等幾個人."

---

35 '金玉均'은 아마 '金允植'을 마건충이 착각한 것으로 보인다. 마건충은 하나부사 요시모토가 돌아가고 어윤중(마건충은 金允中으로 기록하고 있다)이 다시 왔는데, 조선 관원은 두 명이 함께였고, 한 명은 교리(校理) 김옥균(金玉均), 다른 한 명은 사관(史館) 기주(記注) 서광범(徐光範)이었다고 기록하고 있다. 이들은 일본에 있다가 국란 소식을 듣고 花房義質과 함께 돌아왔으며, 마건충은 이들과 오래 이야기를 나누었다고 기록하고 있다. 馬建忠,「東行三錄」,「適可齋記行 卷六」, 王夢珂 點校,『馬建忠集』(中華書局, 2013), p.177.

36 도원(道園)은 김홍집(金宏集)의 호이다. 김홍집은 또한 이정학재(以政學齋)라는 호도 있다. 자는 경능(景能)이다.

忠曰: "其子載冕爲何如人?"

魚曰: "碌碌之人, 現新爲訓練大將, 握兵柄."

忠曰: "前列諸人, 有新秉柄在顯要者否?"

魚曰: "現未及部署, 故只先收兵柄而已. 皆未及枋用."

忠曰: "京內兵共有多名? 足以禦外侮否? 又前者兵鬧之事, 果爲減粮耶, 抑太公陰使之耶?"

魚曰: "兵數約爲萬餘, 兵未鍊, 器甚鈍, 何以禦外? 兵鬧始也, 陰約之. 中也, 激之.[有通文, 倭人見之] 末也, 指使之."

(10)「初二日夜十點鐘, 趙甯夏·金宏集來舟筆談. 趙甯夏主筆」.

忠曰: "頃見花房云何?"

趙曰: "早率兵隊赴京云. 幾次勸阻不聽. 故看其如何, 下回晚後, 附日出小輪船委告."

忠曰: "頃接彼函, 亦以明晨率兵赴京爲言. 僕意太公前來, 尚可阻其前往, 今則無可挽回. 惟至京後, 須由政府善爲款之. 冀四五日後, 我兵渡至, 他國兵船亦來, 或可漸奪其氣."

趙曰: "丁軍門雖未至, 望大人先爲忘勞赴京, 千萬, 千萬. 敝邦之仰倚上國, 雖至愚之婦孺亦浹髓感激者也. 望乞忘勞先爲赴京若何? 國王敎意亦如是耳."

忠曰: "貴國人心尚在惶亂, 兼之日兵坌至, 僕須俟我兵之至, 列隊前往以壯我聲威. 兼以牽掣日人, 方可辦事. 且他國兵船來此, 不可無人酬答. 美舶船主大不滿意於花房, 暨其提督, 而與僕甚善. 若乘間聯結他國, 亦未始非制勝日人之道."

忠曰: "明晨二公返王京否? 若不返王京, 請午前九點鐘來舟. 當先飭舢板在浦頭相候. 午後奉陪同赴美舶. 彼船主意甚殷殷, 謂前在釜山曾承貴國東萊觀察使之召, 至今猶感紉無旣."

趙曰: "方欲此事, 先請之, 承此垂敎, 尤極感紉. 謹當如敎."

忠曰: "午後曾修函, 以飭南陽府使採辦柴草一事相潰. 不識能先期知照否?"

趙曰: "依敎指揮該府使. 尊函在濟物奉覽."

忠曰: "花房曾否提及入京擬辦何事, 竝擬與何人辦理? 太公聞日兵入京亦胸有成算否?"

趙曰: "花房率兵入京之旨意, 彼云交友之國有內亂, 則義當相爲保護, 且亂軍·亂民不可不懲辦云云. 竝不欲與太公辦事, 只欲國王引見告訴. 太公知日兵入京, 無可如何. 僕等之憧憧, 恨不早爲溘然."

忠曰: "僕恨未親率數營同來, 不然則我軍先至, 已早奪日人之氣矣. 然不出三日, 丁軍門定能帥兵東渡. 惟我兵須在南陽登陸, 以免與日兵糾轕."

趙曰: "俄見花房, 僕已言貴兵若入京, 則中國亦當顧念敝邦, 現在兩位大人, 又應率兵入京云云, 彼旣知之矣. 不必南陽入京駐紮, 則我國大小臣民, 如早遇雨矣. 更多垂諒."

忠曰: "南陽不過爲上岸地步, 登陸後定即逕行入京. 惟我兵之來, 凡柴草食物, 須令民人送至營內, 照價給付, 當嚴飭我軍不得秋毫有犯."

趙曰: "依敎. 僕等亦願同行, 性命在大人之手."

忠曰: "自然僕當請二公偕行, 國王聞僕等之至, 想亦欣然. 但此時不可太露風聲, 屆時自有區處. 務望二公此後以實情相告."

趙曰: "國王感激, 不敢形狀, 敎意敢不銘肺?"

(11) 「初三日午後九點鐘, 魚允中來舟筆談」.

忠曰: "現在有何消息?"

魚曰: "惟探得情形, 在日船一晝夜, 而現必生梗乃已. 彼人拗戾漸痼, 不離國王之側, 人不敢以外務說及. 惟引用同黨, 睚眦必報, 死人日積, 於日人議和議戰, 終無定見. 惟激亂軍, 使之尋事, 彼人不袪, 國必亡乃已. 痛哭, 痛哭."

忠曰: "君知王妃爲彼人酖死乎? 是何情景?"

魚曰: "王妃有內助之端, 故彼人入闕, 以亂軍脅之, 迫以飮藥."

忠曰: "亂軍之起, 傳聞減粮之故, 但所減之粮, 歸國帑乎? 抑飽私囊乎?"

魚曰: "此皆激而成此變也. 本邦近因財政窘竭, 掌賦之臣籌劃不善, 軍餉屢朔未給, 月初頒餼之時, 倉吏以陳腐散給, 且不準斛量, 因與倉吏口角, 格殺倉吏數人, 倉堂執軍人致之法, 軍人以無罪橫孥訴之, 而不聽放釋. 彼軍人因四處奔訴, 及到某人之處, 彼乃投以一通文字, 乃 '入闕作梗殺閔哥, 乃殺倭人與外交之人, 國家可安' 之意也. 乃彼軍及無賴乃行此無前變怪, 彼若無指授, 何敢有此變乎?"

忠曰: "然則, 戕害外戚, 攻圍使館, 刼殺曾與外交之臣, 皆彼所使矣."

魚曰: "是矣."

忠曰: "明日超勇開往南陽, 專候丁軍門之至, 閣下想可同行趙·金二人, 亦與僕偕行, 約初五六日開往南陽, 我軍一至, 卽行登岸, 直入王京, 但彼人之罪, 雖已可指, 奈無實據, 礙難下手, 則如之何?"

魚曰: "憑據卽與定後對他人說明者也. 然則趙·金與中亦連速著作據, 下陸後可使國民作據, 亦可聞國民起公憤, 發文八道, 約以七月十七日會擊此賊, 而未知果能如期否也. 其聲明罪狀, 明白於通文中, '此賊若有一分人理, 向誰敢奪其權, 其奪權之由, 專由虜殺國民之無罪者, 掠奪民之富有者, 奸淫人之婦女, 辱僇士夫, 故國人切齒, 而失權非人之奪之也'."

忠曰: "下陸後, 檄民作一公狀甚善. 未幾趙·金卽來, 僕當與之偕往美舶, 亦以固結外交. 美人聞貴國起亂之由, 甚爲切齒, 且憤日使躁進, 不願見彼一商行止, 是亦可爲之機也. 若三四日間, 英·法·德各國兵舶來此, 僕自有法, 藉各國之力, 以奪日人氣惱. 但君在日艦, 可知花房入京有何主見?"

魚曰: "嘗見伊緩進, 而伊見本邦大臣書, 促發向王京, 想有鬧事, 囑彼勿譽, 國人只譽亂首, 彼亦以爲然, 而彼國右大臣岩倉及外務卿井上, 亦主和議. 今欲入見國王, 請令國王信臣議事, 不欲與某人爲議云耳. 先進兵者, 爲六百人耳. 與各國相議, 甚是好道理耳."

(12) 「初三日夜九點鐘, 日本外務大書紀官竹添進一郎來舟筆談」.

竹添曰: "花房托弟敬謝厚意."

忠曰: "本擬趨訪花房, 星夜緣艦上無人, 未克如願, 實深歉及. 不日亦擬前抵王京, 當可相晤, 還乞執事函致花房星使, 將此意先容焉."

竹添曰: "今次事件, 其初事情不明, 敝國人心動搖, 幸我廟堂察朝鮮開國未久, 外交之事不能習熟, 猶我國二十年前情況, 不敢兵革爭曲直, 原之公法, 欲妥愼結局. 但聞暴徒之餘焰尙熾, 故以兵員充護衛, 乘坐軍艦而來矣. 弟亦承命來觀動靜, 以仁川情狀察之, 朝鮮政府亦似少侮暴擧者. 故弟以明後回國, 欲陳事情, 以安我政府之憂. 敢問高見何如? 若閣下尙爲有可慮者, 則弟亦延眈數日可也. 幸勿吝教."

忠曰: "初九之亂, 甚爲猖獗, 以致酖死王妃, 毒斃重臣, 誅殺諸臣之有外交者. 目今亂勢雖平, 而死灰未熄, 辦理此事, 甚爲棘手. 緣執政之人, 非出國王之命, 欲與執政辦理, 則執政之名不正, 欲與國王商議, 則國王不能自主, 不識花房星使此去漢城, 先從何處下手. 至於亂黨滋事, 攻擊使館, 決非出自該國朝議, 想亦不辯自明."

竹添曰: "辦理此事, 實爲棘手. 然斷其曲直, 欲以鎭定朝鮮, 則殆乎干涉. 花房之意, 則弟不知也. 然以弟考之, 彼政府果以王命爲名, 以議及此事, 則自我觀之, 猶是名正也. 若夫國情則政黨之爭, 而非開鑕之事, 故苟得速結局, 徐徐察其曲直, 亦似無不可. 不知高見何如?"

忠曰: "所論極是. 貴國與朝鮮爲與國, 自不得議其內政. 但辦理此事, 似宜懲辦亂首之攻擊使館者, 竝宜設法爲善後之計. 若亂黨不除, 善後終無善法. 在花房星使與朝鮮政府自宜以速結爲妙, 而弟爲大局起見, 故汲汲焉以朝鮮內政爲慮耳."

竹添曰: "敝國之意, 專在重交誼, 非乘人之亂, 以謀掠奪者. 故所求於朝鮮者, 不過懲辦亂首, 竝設法以爲善後之計. 弟所切望者, 只有速結局耳. 若遷延時日, 朝鮮亂民再有暴動, 則我國不已以兵革責其罪, 果然則與國之交絶, 而亞細亞全局更岌岌矣."

忠曰: "誠如高見. 善後之策, 何以措置, 想執事已有成竹矣."

竹添曰: "至求償損害及兵備之費, 則萬國所同, 不得不遵之. 但敝國之出此, 非敢貪財也. 故欲從實算之, 決不以過當處之也. 至善後之策, 則想當不出於公使, 領事及其眷屬得遊內地各處, 以親其人民等項也. 朝鮮之所以深惡外人者, 其原不過少見外人, 故多怪疑耳. 彼已疑我, 故我商民亦激之, 交怨交疑, 果然, 則歐洲諸國乘通之日, 亦如此. 萬一不幸朝鮮暴徒有攻擊歐人之事, 則朝鮮之憂更大. 故今日爲彼之謀, 似狎見外人, 尤爲先著."

忠曰: "朝鮮貧瘠實甚, 國帑空虛, 民生匱乏, 將來此事結局, 優卹銀兩亦情理之常, 然索之過多, 恐朝鮮亦不堪命. 至於兵備之費, 弟則難贊一辭, 緣朝鮮賦出無多, 即使貴國實算以求, 不知朝鮮何日償了. 至內地游歷, 使朝民狎見外人, 此論甚確. 但甫亂之後, 似不可行之太驟, 不識尊意云何?"

竹添曰: "我國內人心甚囂, 故借此名以慰其心耳. 朝鮮之貧窶, 敝國知之熟矣. 決無不堪之事. 若使敝國果有貪利之意, 則責彼陵辱我國旗之罪, 以求過當之償, 或求割島嶼亦非難事. 然而我政府之無此心, 弟此百口保之. 抑朝鮮之於我常挾猜疑之心, 以爲曰: '今之日本猶是昔日之日本, 而必有奪我土地之心, 又有攫取我財寶之心.' 故今日事, 我政府務以公平處之, 治之以萬國之公法. 閣下若疑弟之言, 請待花房與朝鮮結局之日, 以證弟之言不欺."

忠曰: "旣如來敎, 則專以優給爲名足矣. 猶憶我國於雲南之役,[37] 英人亦曾調集兵艦, 但結局之時, 惟以爲名耳. 且按之公法, 各國交爭, 亦有不給兵費者. 黑海之戰, 俄之求成也, 英·法未曾索給兵備之費, 意大利屢戰屢屈, 亦未嘗稍給兵費.[38] 其戰而屈, 猶且不給兵備之費, 而況貴國以優待與國爲心, 所調兵艦, 專爲保護與國起見. 若藉此有所需索, 弟恐以仁始者, 他國未必不笑其以利終也. 區區之見, 伏希鑒察."

竹添曰: "請試畧言敝國人心動搖之故也. 朝鮮人之來敝國者, 敝國待之極優. 客年

---

[37] 이것은 영국 영사관의 서기 마가리(A. R. Margary, 馬嘉理)가 운남(雲南)으로 가던 중 살해된 사건을 말한다. 1874년 6월, 영국은 조사단을 조직하여, 버마를 거쳐 육로로 운남에 들어가서 통상을 위한 준비작업을 하고자 하였다. 조사단의 언어 문제를 위하여, 영국 주중 공사 토마스 프란시스 웨이드(Thomas Francis Wade, 威妥瑪)는 청 총리아문의 허가를 받고 번역관 마가리를 중국-미얀마 경계선으로 보내어 맞이하게 하였는데, 그가 운남 등월(騰越)에서 피살당하는 일이 벌어진다. 이것이 바로 '마가리 사건'인데, 일명 '운남사건[滇案]'이라고도 한다. 마가리가 지방관에 의해 피살되었는지, 아니면 소수민족이나 다른 야인(野人)에게 피살되었는지는 분명하지 않지만, 영국의 '무휼(撫恤)', '배상', '흉수 징벌'의 요구를 받아들여 청은 「연대조약」을 체결하여 의창(宜昌), 무호(蕪湖), 온주(溫州), 북해(北海) 등 4곳을 통상항구로 추가로 개방하고, 흠차대신(欽差大臣)을 영국에 보내어 '사죄'하고, 주영공사(駐英公使)를 맡기로 약속한다. 이때 최초의 주영 주재 공사로 파견된 것이 양무파 관료 곽숭도(郭崇燾)였다.

[38] 이것은 1853년 10월~1856년 3월 러시아 제국과 오스만 제국, 영국과 프랑스, 이탈리아(사르데냐-피에몬테 왕국) 간에 벌어진 전쟁으로, 플로렌스 나이팅게일 같은 간호사가 활약하였으며, 보통 크름(크림) 전쟁이라고도 한다. 러시아는 1771년 흑해를 지배하고 있던 오스만 제국과의 전쟁에서 승리한 이래로 크름반도를 거점 삼아 흑해에서 세력 확대에 나섰다.(남하정책) 크름반도를 확보한 러시아가 이 지역에 요새와 항구를 건설하고 해군을 양성하며 본격적인 남하를 시작하자 영국·프랑스 등이 오스만 제국과 함께 이를 저지하려 하였다. 결국 1853년 7월, 러시아가 오스만에 예속된 도나우강 연안을 공격·점령하는 사태가 벌어지자, 1853년 10월 4일, 오스만 제국은 러시아에 전쟁을 선포하였다. 영국·프랑스는 다음 해 3월 28일, 정식으로 러시아 제국에 선전포고하고 대규모 병력을 파견하였다. 4월 22일, 영·프 해군 연합 함대가 러시아의 흑해 함대를 제압하고, 9월 영·프·오 3국 연합군 20만이 크름반도에 상륙하여 전쟁이 더욱 확산되었다. 1855년 1월에는 이탈리아가 러시아에 선전포고, 연합국에 가담하였다. 1856년이 되자 러시아는 전쟁 수행 의지를 상실하였고, 결국 3월 30일, 파리 강화조약이 체결되면서 전쟁이 끝났다.

朝鮮人毆殺我國民三名, 今年又有圍擊京城公使館. 至公使脫至仁川, 仁川
府使欺之, 乘其眠, 奪我兵器, 殺我數人矣. 故國人之唱征韓說者, 攘臂而起,
我政府之鎭壓之, 借償金之名, 以慰國人之心, 非有他意也. 所謂軍費者, 海
陸兵在內國亦給俸祿, 船艦亦各有經費, 以實算之, 固非多費. 此等事亦係
政署, 其實非自求償起見者. 至其卹銀, 亦決無廹之以難堪之巨費. 以仁始
以利終, 尙似未察敝國之情."

忠曰: "所謂以仁始以利終者, 乃謂外人妄擬之意耳. 至貴國民心, 初聞滋事之起, 自
然激於公憤, 假如執事將所探實情歸告政府, 謂亂黨起事, 不徒攻擊使館, 戕殺
貴國人民, 而朝鮮臣民均受其禍, 竝且毒及王妃, 國人聞之, 當亦渙然氷釋矣."

竹添曰: "弟亦嘗讀聖賢之書, 知義利之辨. 若使敝國有貪利之心, 則弟亦不爲之航海
奔走也. 弟在中國之日, 屢與中堂及諸公言及國事, 弟之所言, 弟自信其不
欺, 今回之事, 弟回國報之廟堂, 則渙然氷釋, 蓋無疑也. 切請者, 閣下亦以
敝國用心之何如, 速稟之中堂. 則弟之幸大矣."

忠曰: "不日有便, 謹當以此數紙之呈上憲. 但有一事密詢者, 所求之費, 約計多少?"

竹添曰: "不必論多少, 只是以此爲名耳. 速結局, 則敝國不揭此議, 亦不可知."

忠曰: "可以此紙抄示朝鮮政府乎?"

竹添曰: "可也. 黎公使在東京見人心囂囂, 或抱猜疑, 亦不可知, 雖然至今日, 則信敝
國政府之言也. 貴政府亦以海路阻絶, 或有疑於敝國, 亦不可知. 請閣下以
其所見, 竝弟之所言, 以解其疑心, 則兩國之幸也."

忠曰: "謹當如敎, 函致黎蒓齋, 至轉報我國總署, 此乃弟分內之事耳."

竹添曰: "朝鮮若再有暴擧, 則弟之言亦畫餠矣."

忠曰: "弟已諄諄言於朝鮮政府, 貴國兵至, 當以鎭壓爲先務, 不至復有意外事也."

(13) 「十一日七點鐘, 至仁川府署與日使花房義質問答節略」.

忠曰: "君在王京議事, 其大旨已聞之近籐矣. 第原委可詳示否?"

花房曰: "本月初三日, 余率兵隊前至楊花津, 朝鮮政府派員至津口, 阻我入城. 余以
城外議事不便, 逕行入城, 卽奏請國王訂引見期, 韓人又固固不從. 直至初
七日, 始見國王, 進呈摺子七款, 請派員相議, 於三日內回復. 國王當派首相

洪純穆爲議事全權大官, 乃至初八日接洪相來函, 謂: "復派令往勘山陵吉地, 須三四日後方可回京.' 且云: '山陵爲朝鮮重事, 我國之款當俟歸時再議.' 夫國王明知限期三日, 當面派定洪相爲議事全權大官, 而初八日猝將所派之人差往他處, 豈非自相矛盾? 且以其國山陵爲重, 是明明以吾國之事爲輕矣. 彼既絶我商辦之路, 故余俟限滿, 即將此意奏明國王出京矣."

忠曰: "初七日君亦既見大院君矣. 大院君爲何官執事, 亦嘗面詢之乎?"

花房曰: "彼言雖無指名官職, 然國政亦可參預."

忠曰: "君想國王願修和好否? 金宏集等諸人意指何如?"

花房曰: "國王精明願修和好, 金宏集等雖爲講修官, 實無權議事. 彼嘗密語近藤, 謂: '該國近事, 實堪痛哭'."

忠曰: "然則自君視之, 亦知其國王甚欲與貴公使議事, 大小臣工亦同此意, 徒以有志未逮, 致成此局. 君謂: '朝鮮尚有政府乎?' 猶憶前在舟中, 語君以朝鮮事勢, 必以能使國王自主爲先務, 國王一日不能自主, 他國即一日不可與之議事. 以主議者非執政之人也. 証之公法, 則土爾其, 埃及每有乱党殺傷各國之人之事, 各國必俟其君能自主, 乃與計議. 吾已四面探訪, 知國王諸事不得與聞, 即如君前瀨行呈奏國王一摺, 國王尚未及見, 已有他人拆封示我矣."

花房曰: "此人必大院君也."

忠曰: "何必説明. 昨接君函謂: '函欲候晤, 以朝鮮政府絶我商辦之路, 不得久留爲歉.' 云云. 今我來此, 非爲朝鮮居間調停, 不過與君言明朝鮮事勢, 勢俾君免至錯認題目耳. 朝鮮國王現既不能自主, 而貴公使貿貿然與之議事, 無論所論不成, 即令已有成議, 他日國王自主, 則所議者, 仍屬空談, 且若於此時與之決裂, 則將來恐不獨朝鮮有所借口. 吾國此次以兵前來, 惟在懲辦乱黨, 貴國政府想亦聞知, 君倘不審可否, 亟與亂党定議, 吾恐日後自此多事矣. 故吾不得不先爲言之."

花房曰: "貴國兵來, 原爲懲辦亂党, 吾亦深信不疑. 顧吾水陸軍弁皆謂: '貴國調兵來此, 藉以生釁, 否則乘機奪取朝鮮?' 云云."

忠曰: "余亦頗聞之矣. 軍士無知, 其疑何足深怪. 吾國軍士亦有謂: '調兵來此, 將爲與貴國構釁之故', 且謂: '盛京亦調兵,[39] 入朝鮮境, 以助後路.' 此皆傳聞失實, 即使盛京調兵境上, 亦惟以防亂而已. 至論奪取朝鮮土地, 則吾可決吾政府之必無是心. 吾政府之意不過欲朝鮮保有其國, 不失寸土, 且願其內政, 外交得以自主耳."

花房曰: "吾政府之意, 亦願朝鮮內政得以自主, 且吾亦奉命矣. 但此事甚難, 不知君擬如何辦理."

忠曰: "吾軍方至, 未能猝然定計."

花房曰: "意或以力取乎?"

忠曰: "吾軍之來, 不過衛身耳. 亦猶貴國調兵來此之意, 倘或未能計賺, 則不得已當以力取耳."

花房曰: "若需力取, 吾軍亦可相助."

忠曰: "此事未必至於用力, 萬一有然, 屆時再當與君熟商耳."

(14) 「十二日九點鐘, 花房偕近藤至花島來訪問答節署」.

花房曰: "昨勞君遠道相訪, 議談我國之事, 甚感."

忠曰: "此行相訪, 專欲言明朝鮮國勢, 以爲後日辦理地步耳. 但貴公使現在有何主意?"

花房曰: "尙在仁川守候二三日, 若朝鮮政府不派大員來此相商, 則以後事亦難言矣."

忠曰: "昨已與君言明朝鮮政府有名無實, 卽派大員亦無事權議事, 若因此決裂, 豈非乘人之亂耶?"

花房曰: "朝鮮若無政府, 則勢必更其內政, 若猶不可, 必至以兵戎從事. 敢問吾國出此, 他國有何阻難乎?"

忠曰: "貴國與朝鮮爲與國, 未便擾越內政, 予已前言之矣. 若以兵戎從事, 他國有否

---

[39] 성경(盛京)은 후금(後金)과 청(淸)의 도성으로 오늘날의 요녕성(遼寧省) 선양시(瀋陽市)이다. 1625년 태조 누르하치가 도성을 이곳으로 옮겨 황성을 건설하기 시작하였고, 1634년 태종 홍타이지(皇太極)가 성경이라 이름을 바꾸었다. 순치 원년(1644) 북경으로 수도를 옮김에 따라 성경은 유도(留都) 또는 배도(陪都)가 되었다. 호(戶)·예(禮)·병(兵)·형(刑)·공(工) 등의 5부 및 각부 시랑(侍郞), 총관(總管)인 내대신(內大臣, 乾隆 12년 盛京將軍으로, 光緒 33년 奉天巡撫로 바뀌었다.)을 두어 유수(留守)하게 하였으며, 봉천(奉天)이라는 이름도 추가되었다.

>   阻難, 是在其國與朝鮮所繫何如耳."
> 花房曰: "然則, 貴國將變更朝鮮內政乎?"
> 忠曰: 若"有擧動, 不過還其固有, 令國王得以自主, 不得謂之變更耳. 若朝鮮政府終
>   不派員商議, 究竟貴公使尚住幾日?"
> 花房曰: "不過三四日."

7월 22일 서리 북양대신 장수성이 다음과 같은 서신을 보내왔습니다.

이달 20일 등영주(登瀛洲) 군함이 조선의 이하응을 압송하여 천진에 도착하였는데, 이 모든 처리 상황은 이미 상주하여 알린 바 있으므로, 다시 되풀할 필요는 없을 것입니다. 이번 반란에서 이하응은 뒤에서 화란의 우두머리가 되어 조선의 종사를 거의 위태롭게 할 뻔하였으므로 실로 그 죄는 용서받을 수 없습니다. 다만 그는 조선에서 국왕과 부자 관계에 있고 군주와 신하라는 명분이 없어, 모든 관료보다 앞선 예우를 받고 우러러보는 사람도 많은 데다가, 또한 평시에 외교를 거절하는 주장을 고집하여 조상과 옛 전통을 따르는 사대부와 백성들 사이에서 그들 비호하는 뜻을 가진 사람도 많습니다. 누차 오장경, 정여창 제독과 마건충 도대의 서신을 받았는데, 모두 다 이하응은 국왕의 존친으로 만약 그 죄에 따라 법대로 처리한다면, 국왕이 스스로 체통을 세울 수도 없고, 또한 조선 사람들의 입을 막아버리고 그 마음을 모두 깨우쳐주는 것도 불가능합니다. 그렇지만 만약 그가 다시 귀국하게 된다면, 장래 그에게 의존하는 세력을 키워주어 그 위세가 더욱 강해질 뿐만 아니라, 또다시 난리의 싹을 끼워 도저히 수습할 수 없게 될 우려도 있습니다. 즉 현재 조선의 인심은 여전히 관망하면서 배회하는 데서 벗어나지 못해 어느 쪽을 따를지 거스를지 결정하지 못하고 있습니다. 저는 종전에 이하응을 살려서 돌려보내는 것보다는 차라리 영원히 중국에 감금하고, 조선 국왕이 매년 그를 봉양할 물자를 보내오도록 함으로써 은혜와 의리 두 가지 모두를 지킬 수 있게 하는 편이 차라리 낫다고 주장한 적이 있습니다. 지금 마건충의 보고에 의하면 조선 국왕이 서신으로 알려왔는데, 이하응을 위해 대신 변호하기 위해 직접 마건충의 숙소로 이르고자 하며, 아울러 조영하, 김홍집 등을 보내 윤선을 함께 타고 천진에 이르러 관대하게 이하응을 용서해달라고 황상의 은혜를 간청하겠다는 것이었습니다. 이는 정리(情理)에 비추어 보면 응당 있을 수 있는 일입니다. 이하응은 약간 휴식을 취하게 한 다음에 즉시 길에 나서 북경으로 압송하려는데, 조정의 지극한 인의(仁義)를 우러러보건대 어떻게 처리할 것인지 당연히 결정할 법도가 있을 것입니다. 다만 이미 오장경, 정여창 두 제독과 마건충이 보고한 각 사정에 따라 감히 좀 더 황상께 덧붙여 아뢸 것이 있습니다. 마건충이 또 다른 보고에서 조선의 반란 발생 경위와 중국이 대신 반란을 진압한 연유를 일본과 조선과 조약을 맺은 각국에 보고하여 그 공의(公議)를 빌어 추가적인 가혹한 요구를 하려는 일본인의 뜻을 막아야 한다고 건의하였는데, 아마도 상당히 그럴듯한 주장으로 보입니다. 원래의 보고를 베껴 올려 엎드려 결정해 주시기를 기다리겠습니다. 또한 마건충이 천진에 보낸 필담과 하나부사 요시모토가 제시한 7개 조 요구, 조선 국왕의 고시 및 오장경 제독에게 보낸 친필 서신, 압송위원 반청조(潘靑照)가 이하응과 나눈 필담 등은 모두 검토하실 수 있도록 삼가 그대로 베껴 첨부하여 올립니다. 이상입니다. 다만 편안하시길 빕니다.

(1) 「일본 공사 하나부사 요시모토가 내건 7개 조의 요구(日使花房義質所議七欵)」

(1) 오늘부터 15일 이내에 흉도의 우두머리와 그 무리를 포획하여 무겁게 처벌할 것.
(2) 피해자는 예우를 우대하여 매장함으로써 그 장례를 후하게 치를 것.
(3) 5만 원(5萬圓)을 지급하여 피해자 유족, 부상자에게 지급하여 체휼(體恤)할 것.
(4) 흉도의 폭거로 인해 일본이 받은 손해 및 출병 준비 등의 일체 비용은 그 액수대로 배상할 것.
(5) 원산·부산·인천 각항의 간행이정(間行里程)을 사방 1백리(조선 리)로 하고, 새로 양화진(楊花鎭)을 개항시장으로 삼고, 함흥(咸興)과 대구(大坵) 등지도 통상왕래를 할 수 있게 할 것.
(6) 일본 공사, 영사 및 수행원과 권속이 내지 각처를 유력(遊歷)할 수 있게 할 것.
(7) 앞으로 5년 동안 일본 육군 병사 1개 대대(大隊)를 두어 일본 공사관을 보호하게 할 것. 단 설치와 병영 수선 등의 비용은 조선 정부가 책임질 것.

(2) 「호송위원[護鮮委員] 반청조가 조선의 이하응과 나눈 필담(護鮮委員潘靑照與朝鮮李昰筆談)」

반청조[潘]: "본관은 지주(知州) 반청조(潘靑照)입니다, 직예총독의 지시로 파견되어 북경으로 가시는 길에 동반할 것입니다."

대원군[李]: "감사합니다. 하지만 지금 병세가 아주 심해, 몹시 힘듭니다."
반청조: "당장 총독에게 보고를 전달하여 조금 늦출 수 있을 것 같습니다. 편안하게 쉬십시오. 이야기를 오래 끌어 정신을 힘드시게 할 필요는 없을 것입니다. 듣기에 창졸간에 이리로 오시게 되었으니 힘들고 피곤하실 수밖에 없습니다. 이번에 북경으로 들어가는 데 물길로 사흘이 걸리며, 배 위에서는 자못 편안하며, 그다음 다시 육로로 반나절이 걸리니 모두 사흘이면 경사에 도착할 수 있습니다. 즉시 총독에게 보고를 전달하여 내일 출발하는 것으로 상의하여 바꾸는 게 어떻겠습니까?"
대원군: "본인은 지금 나이가 일흔이고 방금 난리를 겪어 심신이 불안한데, 이런지 이미 7~8일로 결코 편안한 잠을 자지 못하고 또한 며칠 동안 제대로 먹지 못해 아마 곧 병으로 쓰러질 듯합니다. 정신을 가다듬고 병 조리를 할 수 있게 해 준다면 묻는 대로 응대하여 적절하게 논의할 수 있을 것입니다. 청컨대 이런 사정을 총독께 상세하게 알려주십시오. 만약 내일 다시 출발한다면 실로 공사 모두 행운이라고 하겠습니다. 충분히 양해해 주시길 바랍니다."
반청조: "부탁하신 일은 모두 실정에 속하니 당연히 전달하겠습니다. 다만 조정에서는 기다리는 것이 몹시 간절해서 중요한 공무가 있어 급히 상의할 필요가 있으니, 아마 총독께서는 감히 귀하를 오래 머무르게 하지는 못할 것입니다."
대원군: "중요한 공무가 무엇을 처리하는 것인지는 모르겠습니다. 본인은 비단 나이가 들었을 뿐 아니라 조선의 중요 정무를 전혀 처리한 적이 없다가 갑작스레 민란을 만나기까지 크고 작은 사무가 모두 자식[家生]에게 속하였습니다. 본인은 산속에 은거하여 세월을 보내며, 단지 손주를 가르치는 것만을 일삼고 있었을 뿐입니다. 그런데 천조(天朝)에서 소환 명령을 내리고 기무(機務), 상무(商務)가 중요하다고 하니, 지금으로선 특히 정신을 수습해야 하므로 대신 다른 방법을 마련하여 하루 이틀 몸조리를 할 수 있게 해주십시오."

(3) 「마건충 도대가 올린 보고(馬道建忠來稟)」

삼가 보고합니다.
조선의 현재 사정은 내환(內患)과 외우(外憂)가 함께 기승을 부리고 있는데, 외우의 발생은 내환에서 비롯되었습니다. 이 내환을 제거하는 일은 외우보다 훨씬 더 급합니다. 오늘날을 위한 계책으로는 조선을 위해 먼저 내환을 제거하여 국왕이 자주(自主)할 수 있게 하는 것이 최선입니다. 그런 다음 일본 공사를 불러 이전의 일은 모두 난당이 저지른 일로 국왕은 아무런 잘못을 저지르지도 않았으며, 지금 상국(上國)의 힘을 빌려 (난당의 무리를) 모두 내쫓고, 권력을 제자리로 되돌린 다음 이전처럼 화호(和好)의 관계를 원하기 때문에, 요청한 각 사항에 대해서 차분하게 협상해 보자고 알리는 것입니다. 이렇게 한다면 명의(名義)가 이미 올바른데다가 사리(事理) 역시 순조로울 것입니다. 따라서 다음 날 한편으로는 오장경 제독과 서신으로 논의하여 진군을 요청하면서도 다른 한편으로는 인천으로 달려가 이런 뜻을 하나부사 요시모토에게 주제를 잘못 파악하지 말라고 알렸습니다. 그렇지만 인천에 도착한 다음 하나부사에게 거듭 되풀이하였지만, 비록 결렬하겠다는 뜻은 조금 되돌린 듯하지만, 협박하겠다는 마음은 더욱 심해진 것 같아, 총독께서 총리아문에 서신으로 논의하여 조선이 반란에 이른 상황과 중국이 대신 이를 진압하게 된 연유를 일본 정부에 포고하고, 아울러 일찍이 조선과 조약을 체결한 서양 각국에도 알려주시도록 요청하고자 합니다. 이렇게 해서 모두가 종전 조선에서 벌어진 일이 국왕의 뜻에서 나온 것이 아님을 알게 하면, 도리상 이런 일에 대해 가혹한 요구를 하기 어려우니 일본 또한 혹은 공의(公議)에 굴복하여 종전처럼 완강하게 고집할 수 없게 될지도 모릅니다. 그 다음의 처리는 어떻게 응수해야 할지 아직은 예측하기는 어렵습니다. 마건충은 오로지 못난 재주라도 최선을 다하여 상황에 따라 대응하면서, 너무 격렬해서 우의를 손상하지도 않고, 그렇다고 감히 저들의 수에 넘어가 번봉(藩封)에 피해를 주지도 않음으로써, 총독께서 일을 맡겨주신 뜻에 조금이라도 부응하기를 기대할 뿐입니다.

(4) 「조선 국왕의 친필 고시(朝鮮國王告示手書)」

왕심리[枉尋里] 백성에게 효유(曉諭)한다.

오호라! 6월 10일의 사건은 천고에 있어 본 적이 없는 변고였다. 다만 너희 왕심리 마을은 경성(京城)에 바짝 붙어 있고, (관청의) 조아(爪牙)·심복(心腹)이 거주하는 곳으로 바로 반란을 창도하고 범행을 저지른 사람들도 대부분 거기에서 나와, 군주에게 반란을 일으키고 윗사람을 범하면서 두려움을 모르고 사납게 날뛰었지만, 천리(天理)가 명백한데 어찌 천지 사이에 포용될 곳이 있겠는가? 지금 대규모 병력이 사방에서 전면으로 포위하여 응당 일거에 아무도 남기지 않고 모조리 도살해야 할 터이지만, 차마 어쩌지 못하는 마음[不忍之心]이 있어 혹시라도 무고한 사람이 피해를 받을까 염려하여 먼저 효유하는 바이다. 너희 마을 사람들이 모두 다 반란을 찬성한 것은 아닐 터이고, 비록 위세에 눌려 억지로 따랐다고 하더라도 그 본심에서 나온 것이 아닐 터이다. 지금 대규모 병력이 배치되어 있어 재앙이 눈앞에 닥쳐 있으니, 난당의 우두머리를 사로잡아 오는 사람에게는 1천 냥의 상금을 내리며, 난당을 사로잡아 오는 사람에게는 1백 냥의 상금을 내릴 것이고, 그 수급을 바치는 사람에게는 각기 절반씩 지급할 것이다. 악의 우두머리가 이미 그 죗값을 치르게 되면 협박당해 어쩔 수 없이 따른 사람의 죄는 자연스레 따지지 않게 될 것이고, 마을 전체의 백성이 도륙당하는 일도 피할 수 있다. 만약 여전히 어리석음에 사로잡혀 깨닫지 못하고, 감히 체포에 저항하거나 아니면 죄를 두려워하여 몰래 숨어서 왕명을 지키지 않겠다고 한다면, 총포가 번갈아 들이닥쳐 좋고 나쁜 사람 구별 없이 모조리 죽임을 당하더라도 그것은 스스로 불러들인 재앙이 될 터이니 뒤늦게 후회한들 무슨 소용이 있겠는가? 너희들은 이 효유문을 상세히 읽어보고 각자 몸을 지킬 것을 생각하라. 내 말이 그릇되지 않음을 응당 알아야 할 것이다.

7월 15일 고시.

(5) 「조선 국왕의 친필 편지(朝鮮國王手書)」

알립니다.

조선은 불행하게도 기강이 무너져, 6월 상순에 난군(亂軍)이 반역하여 왕궁을 쳐들어와 군주를 침범하고, 공경(公卿)을 살해하고, 인가(人家)를 파괴하고, 이웃 나라의 공사관을 포위 공격하여 공사의 부하들을 죽이는 하늘에 미치는 큰 악행을 저질렀으면서도, 스스로 죄를 용서받을 수 없음을 알고 사납게 조정을 원수로 삼고 있습니다. 이들은 모두 숙위(宿衛)하던 복심(腹心)의 병졸로, 아주 강력하고 아주 가까운 곳에 자리 잡아 소멸시키기 어려운데, 다행스럽게도 천조의 여러 대인이 황상(皇上)에 의지하여, 대규모 병력을 이끌고 와서 번복(藩服)을 진정(鎭靖)해 주셨으니, 이것은 그야말로 바로 조정이 기강을 되세우는 시기이자 역도가 박멸되는 날이기도 합니다. 난군이 거점으로 하는 곳은 대부분 왕심리(枉尋里), 이태리(利泰里) 두 마을로, 다행히 부대를 정비하고 그들이 방비하지 않는 틈을 타 우두머리를 잡아 신문하여 형벌에 처함으로써 신인(神人)의 분노를 풀고 배은망덕한 못된 습속을 징벌할 수 있다면 정말 다행이겠습니다. 이 서신을 오장경, 마건충 두 대인께서 살펴보시도록 보냅니다.

7월 15일 밤 도착.

(6) 「마건충이 보내온 하나부사 요시모토와의 필담 문답. 6월 29일 오후 일본 군함에 가서 하나부사 요시모토와 나눈 문답 절략(馬道建忠寄到筆談問答. 二十九日午後五點二刻至日艦, 晤花房義質問答節畧)」

먼저 인사 주고받기가 끝났다.

마건충: "초9일 난당의 봉기는 도대체 누가 사주한 것입니까? 귀하는 분명하게 알고 계시는지?"

하나부사 요시모토: "이것은 또한 그 상세한 내막을 알지 못합니다. 조선 집정이 전에 부산에서 자문을 한 통 보내왔는데, 난당이 봉기하여 일본인을 해쳤을 뿐만 아니라 또한 조선의 신하 여러 명을 해쳤다고 알려 왔습니다. 이 재앙은 실로 양국의 불행인데, 다행히 국태공의 위망이 평소 현저해서 신속하게 진압하여 인심이 가라앉았다고 합니다. 또한 말하길, 이 자문 내에서 조선인의 잘못은 한마디도 언급하지 않아 몹시 불쾌하다고 하였습니다."

마건충: "제가 사방으로 탐문해 보니 이 일은 실로 난당이 저지른 것임을 확신하게 되었습니다. 이들은 지난해 음모를 꾸몄다가 발동하지 못하였던 무리와 같은 세력으로, 조선 조정의 뜻에서 나온 것이 아님을 알게 되었으니, 지나치게 가혹한 요구를 하기는 곤란할 것 같습니다. 어느 나라라고 난당이 없겠습니까만, 불행히도 귀 공사께서 그들과 충돌하게 되었을 뿐입니다. 하지만 이 일을 어떻게 처리하실 것인지 들을 수 있겠습니까?"

하나부사: "이번에 온 것은 반란의 근본 원인을 확인하려는 것이고, 그다음에 가서야 다시 논의를 정할 수 있을 것입니다."

그러면서 외무성에서 각국 공사에게 보내는 자문 1통을 꺼내면서, 이외에는 다른 방법이 없다고 이야기하였다.

마건충: "자문의 취지는 아주 평화적인 것인데, 일본이 일 처리를 공정하게 하는 것을 보니

탄복하지 않을 수 없습니다. 일본에서 동원한 부대는 현재 이미 상륙하였습니까?"

하나부사: "이미 100~200명이 상륙하도록 지시하였으며, 내일 제가 직접 인천에 가서 주둔할 것입니다.".

마건충: "군대를 동원하는 일은 응당 조금 늦추어야 할 것 같습니다. 듣기에 각하께서는 머지않아 한성에 직접 들어가신다고 하는데?"

하나부사: "만약 조선 조정이 고위 관원 한 사람을 파견하여 여기 와서 처리하겠다고 하면, 한성에 들어가는 일은 조금 늦출 수 있을 것입니다."

마건충: "어제 이미 인천 부사로 하여금 사람을 한성에 보내 빨리 고위 관원을 파견하여 여기 와서 상의하도록 재촉하였으니, 내일쯤이면 답장이 있을 것입니다. 만약 고위 관원이 파견되어 오면 즉시 귀하에게 알릴 것입니다. 다만 내가 듣기에 국왕이 유폐되어 있어 자주할 수 없으므로, 만약 귀하께서 결국 군대를 보낸다면 국왕은 아마 자신을 보전하기 어려울 것이고, 국왕이 보전하지 못한다면 대원군은 평소에 외교를 몹시 싫어하는 데다가 일단 대권을 독람하게 되면 아마 이 일은 신속한 해결이 어려울 것이니, 귀국의 군함과 병사가 멀리서 와서 오랫동안 지내는 것도 좋은 방법은 아닐 것입니다. 오로지 지금으로서는 응당 방법을 마련하여 국왕이 자주할 수 있게 하는 것이 가장 일 처리를 쉽게 할 것입니다."

하나부사: "그 뜻은 아주 좋습니다. 내가 듣기에 중국에서 귀하를 이리로 파견하여 조사·처리하게 하였다고 하니 대단히 기쁩니다. 하지만 어떤 묘책이 있어 국왕이 다시 자주할 수 있겠습니까?"

마건충: "이 일은 관계된 바가 아주 무거워 반드시 분명하게 자세한 탐문을 한 다음에야 방침을 정할 수 있습니다. 요컨대, 이 일은 오로지 저와 귀하가 같은 마음으로 협력해서 겉으로는 나눠진 것처럼 보이지만 안으로는 합쳐져야 좋은 결과를 얻을 수 있을 것입니다."

(7) 「6월 30일 10시 무렵 하나부사 요시모토와 만나서 나눈 담화 절략(三十日晨十點鐘, 花房來舟晤談節畧)」

하나부사: "아까 보내주신 서신으로 조영하, 김홍집이 이미 도착하였음을 알게 되었습니다.

대단히 감사합니다."

마건충: "그들 두 사람은 정오에 배로 왔습니다. 그들과 만나, 귀하를 방문하도록 하려는데, 어떠십니까?"

하나부사: "아주 좋습니다. 저는 이미 오후에 길을 떠나고자 결정하였습니다. 만약 조영하·김홍집 두 사람이 현재 배에 없어 만날 수 없다면, 제가 화도로 방문하겠습니다."

마건충: "두 사람은 집정이 파견하여 보내 이 문제를 논의·결정하도록 하였습니다. 귀국이 도대체 바라는 게 무엇인지 알지 못하니, 알려주신다면 먼저 그들에게 알려 신속하게 이 문제를 마무리 짓도록 하는 편이 훨씬 낫지 않겠습니까?"

하나부사: "바라는 일은 또한 그들이 어떤 의도로 왔는지를 보아야만 합니다. 만약 좋은 뜻으로 왔다면 사죄, 난당의 우두머리 처벌, 군사 비용 배상, 위로금[卹銀] 지급, 그리고 앞으로 일본인이 편안하게 지낼 수 있도록 보장하는 것입니다. 그렇지 않다면, 일은 예측하기 어렵게 될 것입니다."

(8) 「6월 30일 오후 3시 양위함에서 조영하, 김홍집과 나눈 필담. 조영하 주필(三十日午後三點鐘, 揚威舟次與趙甯夏, 金宏集筆談. 趙甯夏主筆)」

조영하: "쭉 뵙기를 갈망하였는데 가까스로 만나보게 되었습니다. 뜻밖에 저희 조선이 최근 전례 없는 변고를 당하게 되었는데, 죽지 못한 것이 정말 통한스럽습니다."

마건충: "저는 마침 남쪽으로 출발하여 이홍장 중당을 만나 모든 문제에 대한 지시 받기를 기대하였는데, 상해(上海)에 이르렀을 때 갑자기 주일본 공사가 보내온 전보를 받아 초9일 일을 전해 듣게 되었습니다. 우리 북양대신께서 총리아문과 서신으로 논의해서 제가 신속하게 조선에 와서 모든 것을 살펴보라고 지시하셨습니다. 정여창 제독은 어제 천진으로 돌아갔고 머지않아 다시 돌아올 것입니다. 이 일은 당연히 실마리가 있을 터이지만, 누차 하나부사 공사를 만나보니, 아주 신속하게 일을 처리하고자 하는 것 같아 아마 상당히 까다로울 것입니다. 두 분께서 힘써 이번 사건의 전말을 성의껏 알려주시길 바랍니다. 요컨대, 제가 이번 온 것은 조선을 위해서이자, 또한 대국(大局)을 위한 것이기도 하니 관계되는 바가 결코 가벼운 것이 아닙니다."

조영하: "조선의 재정은 몹시 곤궁하여, 몇 년 사이 군대의 봉급이 모자란 데다가 또한 누차

외국과 왕래하다 보니, 난졸(亂卒)과 못된 백성이 이것을 폐해로 여겨 반란을 일으키게 되었습니다. 초9일 난군(亂軍)이 먼저 재상(宰相)의 집에 쳐들어가 거의 모든 것을 때려 부수었고, 다음 날에는 다시 왕궁으로 향하여 큰 고함을 지르면서 도착하였습니다. 당황하여 아무런 대처도 하지 못하는 가운데 대원군이 변고의 소식을 듣고 찾아와 이들을 깨우치고 지시하여 무마함으로써 다행스럽게 해산하였습니다. 며칠 사이에 위로는 공경(公卿)으로부터 아래로는 번역원[象胥]에 이르기까지, 그 집이 부서지거나 목숨을 잃은 사람이 매우 많았습니다. 초9일 저녁 바야흐로 난군이 난동을 시작할 무렵, 못된 백성들도 이때를 틈타겠다고 하면서 무리를 지어 행동하여 일본인을 모두 죽여버리겠다고 하였습니다. 따라서 조정에서는 먼지 비밀리에 하나부사 공사에게 소식을 전해 화란(禍亂)을 피할 준비를 하라고 하였으므로, 공사와 수행 병사들은 화란을 피할 수 있었습니다. 하지만 이들 가운데 아직 공사관으로 돌아오지 않은 사람들이 있어 그날 길 위에서 목숨을 잃었습니다. 난군은 하나부사가 도피하였다는 것을 알고 인천까지 추적하여 또 몇 사람을 죽였습니다. 사실이 이와 같으니 우리 조정은 일본인에게 빚진 것은 없고, 당장 스스로 구할 틈도 없는데도 그들에게 미리 도피를 지시하여 살길을 열어주었으니 일본인이 우리 조정에 분노를 느끼는 것은 아마 당연한 일은 아닐 것입니다. 며칠 전 반접관(伴接官) 윤성진(尹成鎭)이 가서 곤도 마스키(近籐眞鋤)를 만나 역시 그 전말을 이야기하였으므로 그 역시 상세하게 알고 조금은 풀렸다고 합니다. 조선에 일이 생겨 끄떡하면 상국(上國)에 근심을 끼치니 정말로 통한스러운 일이며, 대인께서 여기 오셔서 이렇게 신경을 써주시는 데 대해 정말로 이루 말할 수 없을 정도로 감동하고 있습니다."

마건충: "두 분이 여기 온 것은 국왕의 지시에서 나왔을 터인데, 무슨 지시를 받았는지 모르겠습니다."

조영하: "당일 내란을 진압한 이후 국가의 크고 작은 사무는 잠시 대원군께서 결정하게 되었습니다. 지금 대인이 왕림하셨으니, 저희는 누차 큰 지시를 받고 특별하여 대인을 만나 가르침을 받고자 합니다."

마건충: "대원군께서 두 분을 파견하셨군요. 일본인을 처리하는 방법에 대해서는 말씀이 있었습니까?"

조영하: "일본은 전에 조선 정부에 서신을 보내 알리길 군대 500명을 이끌고 한성 내에 들어와 주둔하겠다고 요청하였습니다. 지금 이미 1천 명이 상륙하였고, 정부에서 어떻게 답

장하느냐에 따라 대응하겠다고 하니, 일본인에게 무슨 도리가 있습니까? 문서와 예물을 보내면서 우리 반란의 경과를 밝히고, 사변의 전말을 상세히 알리고, 또한 이전과 같은 화호(和好)의 조건을 언급하였지만, 저들의 불만은 여전하여 도무지 풀기 어렵습니다. 대인께서 어떻게 하면 좋을지 지시해 주길 바랍니다."

마건충: "하나부사 공사가 이미 두 분이 온 것을 알고 새벽에 방문하여, 특별히 제가 귀하께서 자기를 만나러 오길 요청한다는 뜻을 전해달라고 하였는데, 과연 가서 만나실 수 있는지 모르겠습니다."

조영하: "당연히 그대로 해야겠습니다. 아까 이미 위원에게 배첩을 보냈으니 돌아가는 길에 잠시 방문할까 합니다. 지금 만약 지시해 주시면 응당 거기에 따르겠습니다."

마건충: "일본 정부는 군함을 동원하고 이미 각국에 통보도 하였으므로 이 일의 타결은 결코 입으로 다툴 수 있는 것은 아닙니다. 따라서 중국 역시 이곳으로 군함을 동원해 와서, 동정을 살피는 것입니다. 그러나 이 일이 하루 늦게 타결되면 곧 하루만큼의 피해가 늘어날 뿐이니, 잠시 난당의 우두머리 징벌이나 이미 사망한 일본 병사와 가족을 우휼(優卹)하는 은량이 이미 적지 않은 것을 따지지 않더라도, 또한 이번에 일본 군함의 왕래와 일본 군대 이동의 비용 역시 하루를 더 주둔하면 장래 귀국은 하루의 비용을 더 배상해야 할 것입니다. 따라서 이 일은 결국 신속한 타결이 가장 중요하며, 속히 이를 마무리하는 최선책은 집정이 우선 심복 고위 관료를 파견하여 좋은 말로 유인하고 사죄를 명분으로 삼은 다음, 이후에 내가 옆에서 권고한다면 혹은 쉽게 마무리할 수 있을지도 모릅니다. 하나부사는 이번 일은 반드시 국왕이 나서야 하며, 그렇지 않으면 대원군이 직접 와서 처리해야 비로소 타결될 것이라고 하였습니다. 내가 생각건대, 일본의 이번 출병은 나름 명분을 갖추고 있어 다른 나라에서 풀어주거나 권고할 수 있는 일이 아니며, 정리에 비추어보면 국가의 군주가 직접 나서서 처리해야 하는 도리는 전혀 없습니다. 그러니 두 분 가운데 한 분이 내일 조속히 한성으로 돌아가 대원군에게 개인적으로 결단을 내리도록 보고하여 그가 직접 항구로 와서 하나부사와 논의하게 하는 게 최선일 것 같습니다. 마침 대원군은 평소 위망(威望)이 현저하고, 또한 내가 여기서 보호하고 있으니 일본인들은 반드시 감히 무례하지는 못할 것입니다. 이번 일은 내가 보증하건대, 반드시 귀국이 큰 손해를 보도록 하지는 않을 것입니다. 만약 지체하거나 의심한다면 시기를 놓치게 되어 이후의 상황은 예측하기 어려울 점이 있을 것입니다."

조영하: "아주 감탄스러운 지시입니다. 제가 내려올 때 국왕께서 대원군의 지시에 따르라고 하신 바 있습니다. 만약 대인께서 어떤 분부가 있으시다면 신속하게 알리고 논의해서 결정하겠습니다. 삼가 지시대로 한성에 돌아가 보고를 올리도록 하겠습니다만, 언제 돌아올지는 감히 헤아릴 수는 없습니다. 하나부사가 만약 지금 한성으로 달려간다면 장차 어찌해야 하겠습니까? 역시 오로지 대인께서 피로함을 무릎쓰고 몸을 움직이셔야 할 것 같은데, 어떠신지?"

마건충: "하나부사는 본래 한성으로 달려가려 하였는데, 내가 재삼 권고하면서 한성의 난당은 아직 평정되지 않았으니 만약 갑작스레 쳐들어가면 예측하지 못할 일이 발생할 것이라고 깨우쳐주었습니다. 지금 하나부사가 이미 인천에 며칠 동안 기다리겠다고 결정하였으니, 나는 급히 대원군이 한성에서 나와 처리하기를 바라는 것이고, 그렇게 되면 하나부사의 한성행을 막을 수 있으나, 지체되면 어찌 될지 알 수 없습니다."

조영하: "먼저 권고하고 깨우쳐주신 것에 대해 감사드립니다. 삼가 이것을 돌아가 잘 보고하겠습니다."[40]

필담 내에 다른 세 가지 문제가 있었는데, 묻고 답할 때마다 조영하, 김홍집이 모두 종이를 찢어버려 남겨서 베끼지 못하게 하였습니다. 이 필담도 역시 자신들의 친필로 보고해야 한다고 굳게 요청하였습니다.

마건충: "왕궁이 습격받았는데, 어찌 왕비만 홀로 서거하였습니까? 전해 듣기에 왕비의 서거는 사주한 사람이 있다고 하는데?"

조영하: "이 문제는 신하로서 감히 말할 수 있는 바가 아니며, 차마 말할 수 있는 바도 아닙니다."

마건충: "현재 어윤중, 김윤식이 모두 초용함(超勇艦)에 있는데, 두 사람을 만나시겠습니까?"

조영하: "오늘의 나랏일은 아주 위험한 일이라서, 저희가 평소 대인의 돌보심을 입지 않았다면 단연코 살아남을 수 없었을 터입니다. 김홍집은 가옥이 파괴되었고, 사람들이 누차 그를 잡아가려 하였습니다. 모두 대인께서 알려주셔서 화를 피할 수 있었습니다."

---

40 아마 여기까지가 조영하가 붓을 잡고 쓴 부분이고, 뒷부분은 아마 마건충이 친필로 '다른 세 가지 문제'를 보고하기 위해 추가한 것으로 보인다.

김홍집: "어윤중과 김윤식은 제가 아는 사이니, 본래 한번 볼 생각이었습니다. 하지만 이렇게 험한 처지에서는 만나지 않는 것이 나을 것 같습니다."

마건충: "지금 비밀스러운 일을 하나 묻고자 하는데, 생각건대 두 분은 평소 국왕의 신임을 받고, 저와 함께 일한 지도 꽤 되었으니 잘 알지도 못하는 사람과 깊은 이야기를 나누는 셈은 아닐 터입니다. 저는 국왕이 지금 결코 자주(自主)할 수 없다고 생각합니다."

조영하: "실로 생각하신 그대로입니다."

(9) 「7월 초1일 1시 반 어윤중이 찾아와서 마건충과 나눈 필담 절략(初一日一點二刻, 魚允中來舟筆談)」

마건충: "조영하 대관을 보니 그 사람됨이 그래도 충성스럽습니다. 어제 필담을 나누는 도중 자못 사실을 털어놓고자 하였습니다."

어윤중: "다행입니다. 그 역시 어떤 사람의 뜻을 거슬러 이번 난리 속에서 대왕대비[太王妃]를 지키려다가 하마터면 목숨을 지키지 못할 정도였습니다."

마건충: "지금 조정에서 태공(太公)의 편에 선 사람은 모두 몇 사람이나 됩니까?"

어윤중: "실로 많지는 않습니다. 손을 쓸 수 없는 것 때문에 모두가 마치 자신의 목숨을 유지할 수 없는 것처럼 두려워하고 있습니다."

마건충: "대략 몇 사람이고, 그 성명을 들 수 있습니까?"

어윤중: "지금 대부분 은퇴하였는데, 이유원(李裕元), 정현덕(鄭顯德), 이재완(李載完), 조병창(趙秉昌), 강천(姜淺), 한장석(韓章錫), 이건창(李建昌) 등 몇 사람입니다."

마건충: "태공의 아들 이재면(李載冕)은 사람됨이 어떻습니까?"

어윤중: "평범한 사람으로 지금 새로 훈련대장(訓練大將)이 되어 군사권을 잡고 있습니다."

마건충: "앞에 든 여러 사람 가운데 새로 권력을 잡고 실세가 된 사람이 있습니까?"

어윤중: "아직 배치가 이루어지기 이전입니다. 따라서 단지 먼저 군사권만 장악하였을 분입니다. 모두가 아직은 중용되기 이전입니다."

마건충: "한성 내에 병력은 얼마나 됩니까? 외국의 공격[外侮]을 막아내기에 충분합니까? 또 전에 군란이 있었는데, 확실히 군량 감축 때문입니까, 아니면 태공의 사주 때문입니까?"

어윤중: "병력의 수는 대략 1만 정도인데, 훈련받지 못하고 무기가 몹시 열악하니, 어찌 외국

의 공격을 막을 수 있겠습니까? 군란은 처음에 은근하게 통제하였고, 중간에는 격발하였으며[通文이 있었는데, 倭人이 이를 보았습니다], 끝에 가서는 지시하여 부렸습니다."

(10) 「7월 초2일 밤 10시 조영하, 김홍집이 배로 찾아와 마건충과 나눈 필담. 조영하 주필(初二日夜十點鐘, 趙甯夏, 金宏集來舟筆談. 趙甯夏主筆)」

마건충: "하나부사를 만나러 갔는데, 그가 무슨 말을 하였습니까?"

조영하: "일찌감치 병력을 이끌고 한성으로 가겠다고 합니다. 여러 차례 권고하여 막았지만 듣지 않았습니다. 그래서 어떻게 하는지를 보고자 바로 저녁때 일본 측에서 보내는 소륜선(小輪船)을 타고 가서 만나보았습니다."

마건충: "얼마 전 그의 서신을 받았는데, 역시 내일 아침 병력을 이끌고 한성으로 간다는 말이었습니다. 내가 보기에 태공이 왔다면 그래도 그가 가는 것을 막을 수 있었을 텐데, 이제는 돌이킬 수 없습니다. 다만 한성에 이른 다음 반드시 정부가 잘 무마해야 할 뿐입니다. 4~5일 지나 중국 병력이 건너오고, 다른 나라의 군함도 역시 도착하면, 혹 그 기세를 점차 누그러뜨릴 수 있기를 기대합니다."

조영하: "정여창 제독이 아직 도착하지 않았지만, 대인께서 먼저 피로를 무릅쓰고 한성으로 가주시길 간절하게 바랍니다. 조선은 상국을 우러러보며 의지하니, 비록 아주 어리석은 촌부나 아이들 역시 골수에 미치도록 감격하는 바입니다. 대인께서 먼저 피로를 무릅쓰고 한성으로 가주시길 간청하는데, 어떠십니까? 국왕께서 지시한 바도 이와 같습니다."

마건충: "조선의 인심은 아직 두려움과 어지러움 속에 있는 데다가, 일본 군대가 모여드니, 저는 반드시 우리 병력이 도착하기를 기다린 다음, 대열을 지어 진군함으로써 우리 위세를 크게 과시할까 합니다. 겸하여 일본인을 견제할 수 있고, 또한 일도 제대로 처리할 수 있습니다. 또한 다른 나라의 군함도 여기에 도착하니, 그들과 대화를 나눌 수 있는 사람이 없어서는 안 됩니다. 미국 군함의 함장은 하나부사에게 크게 불만을 품고 있고, 아울러 그 제독과 저는 사이가 아주 좋습니다. 이때를 틈타 다른 나라와 연락하는 것 또한 일본인을 제압하는 길이 될 수 있을 것입니다."[41]

---

41 여기의 미국 군함은 중국 연대(煙臺) 쪽에서 온 모노카시(磨那哥; Monocacy)호였다. 이때 인천에 들어온 함장 코

마건충: "내일 아침 두 분은 한성으로 돌아가십니까? 만약 한성으로 돌아가지 않는다면, 오전 9시쯤 제 배로 오십시오. 우선 삼판선에 지시하여 항구서 대기하게 하겠습니다. 오후에 저와 함께 미국 군함을 방문하는데, 그 함장의 뜻은 매우 긍정적입니다. 즉 이전 부산에서 조선 동래관찰사(東萊觀察使)의 초대를 받은 적이 있는데, 지금도 감개무량하다고 이야기합니다."

조영하: "마침 이 일에 대해 먼저 요청하고 하였는데, 이렇게 지시를 주시니 더욱 감격스럽습니다. 응당 그대로 따르겠습니다."

마건충: "오후에 서신을 써서 남양 부사에게 선박 연료 확보를 요청하였습니다. 혹시 미리 통지해 주실 수 있겠습니까?"

조영하: "요청하신 대로 해당 부사를 지휘하겠습니다. 보내신 편지는 제물포에서 받아보았습니다."

마건충: "하나부사가 한성에 들어가서 어떤 일을 처리할지, 누구와 함께 처리하고자 하는지 언급한 적이 있습니까? 태공은 일본군의 한성 진입 소식을 듣고 또한 어떤 대책이 있습니까?"

조영하: "하나부사는 병력을 이끌고 한성에 들어오겠다는 의도에 대해서 우방국에 내란이 있으니 의리상 서로 보호해야 하며, 또한 난군과 난민을 징벌하지 않으면 안 된다고 이야기하고 있습니다. 결코 태공과 함께 일을 처리하고자 하지는 않으며, 오로지 국왕을 알현하여 호소하는 것을 바랄 뿐입니다. 태공은 일본군의 한성 진입 소식을 듣더라도, 아무것도 할 수 없습니다. 저희가 질질 끌면서 일찌감치 신속하게 결정하지 못한 것이 정말 한스럽습니다."

마건충: "나 역시 직접 수 개 영의 부대를 끌고 오지 못한 것이 한스럽습니다. 그렇지 않았다면 우리 부대가 먼저 도착하여 이미 일찌감치 일본의 기세를 빼앗았을 것입니다. 그렇지만 사흘 이내에 정여창 제독이 부대를 이끌고 조선에 도착할 것입니다. 다만 우리 부대는 반드시 남양에 상륙해야만 일본군과의 마찰을 피할 수 있습니다."

조영하: "아까 하나부사를 만났을 때 저는 이미 일본 부대가 한성에 들어간다면 중국 역시

튼(C. S. Cotton)은 부함장에게 지시하여 다음 날 아침 마건충을 방문하겠다고 통보하였다. 이 윤선 군함(sidewheel gunboat)은 유명한 남북전쟁 때의 모노카시에서의 전투를 기념하여 건조된 것이었으며, 미국 아시아함대(Asiatic Squadron)에 배치되어 1903년까지 운행되었다.

응당 조선을 염려하여 돌아볼 것이라고 이야기하였습니다. 지금 두 분 대인께서 또다시 응당 부대를 이끌고 한성에 들어갈 것이라고 이야기하셨는데, 그 역시 이미 알고 있을 것입니다. 반드시 남양으로부터 입경하여 주둔할 필요는 없을 것이며, 조선의 모든 신민은 마치 오랜 가뭄에 단비를 만난 것처럼 환영할 것입니다. 이점을 좀 더 양해해 주셨으면 합니다."

마건충: "남양은 단지 상륙하기 위한 발판일 뿐이며, 상륙한 다음에는 곧바로 한성으로 향할 것입니다. 다만 우리 부대가 도착하면 무릇 연료나 식량 문제에 대해서는 반드시 백성들이 부대 내로 운송하고 가격에 맞추어 그 값을 받도록 해야 하며, 응당 우리 부대가 조금이라도 민폐를 끼치지 않도록 지시할 것입니다."

조영하: "그대로 따르겠습니다. 저희 역시 동행하길 원하며, 대인의 손에 목숨을 맡기겠습니다."

마건충: "당연히 저는 두 분과 함께 갈 것이며, 국왕께서는 우리가 도착한다는 소식을 들으면 아마 또한 기뻐하실 것입니다. 하지만 지금은 너무 우리 소식을 지나치게 밖으로 드러내서는 안 되며, 때가 되면 당연히 계획된 안배가 있을 것입니다. 두 분께서는 이후 실제 상황을 제대로 알려주시길 바랍니다."

조영하: "국왕께서 감격하실 것을 어떻게 표현할지 모르겠습니다. 어찌 지시를 폐부에 깊숙이 새기지 않을 수 있겠습니까?"

(11) 「7월 초3일 오후 9시 어윤중이 배로 와서 나눈 필담(初三日午後九點鐘, 魚允中來舟筆談)」[42]

마건충: "현재 어떤 소식이 있습니까?"
어윤중: "다만 상황을 탐문하였을 뿐입니다. 일본 선박에서 하루 밤낮을 보냈는데, 지금은 반드시 무언가 마찰이 생겼을 것입니다. 그 사람[彼人. 즉 대원군]은 비뚤어지고 사나움이 점차 고질병이 되었고, 국왕의 옆을 떠나지 않으니, 사람들이 감히 외무(外務)를 가지고

---

42 이 부분은 뒤에 나오는 문서번호 4-3-8(534, 843a-862b)의 첨부문서 11, 「7월 초3일 오후 9시 어윤중이 배로 와서 나눈 필담(初三日午後九點鐘, 魚允中來舟筆談)」과 앞부분은 같으나, 뒷부분은 약간 다른 내용이라 중복된다. 약간 다른 내용이 있는 부분은 어윤중의 대원군에 대한 발언 부분인데, 두 문서를 함께 읽어야만 보다 정확한 문맥의 파악이 가능한 것으로 보인다.

그와 이야기하지 못합니다. 오로지 같은 무리를 끌어모으고 흘겨보는 사람은 반드시 보복하여 죽는 사람이 날로 쌓일 뿐, 일본과 화해하느냐 싸우냐에 대해서도 도무지 정해진 결론이 없습니다. 그저 난군(亂軍)을 자극하여 문젯거리를 찾아내게 할 뿐이니, 그 사람이 제거되지 않으면 나라가 반드시 망할 것입니다. 정말 통곡할 뿐입니다."

마건충: "왕비가 이미 그에게 독살당한 것은 알고 있습니까? 도대체 어떤 사정이었습니까?"

어윤중: "왕비께서는 이미 상당히 내조에 공이 있었으므로, 그래서 그 사람은 입궐하자마자 난군을 시켜 협박하여 독약을 마시도록 강요하였습니다."

마건충: "난군이 봉기한 것은 전해 듣기에 군량 삭감 때문이라던데, 삭감된 군량은 국고에 들어갔습니까, 아니면 개인의 호주머니를 불렸을 뿐입니까?"

어윤중: "이 모두가 (일부러) 자극하여 이런 변고가 이루어지게 만든 것입니다. 조선은 근래 재정이 곤궁하고, 재정을 담당한 신하의 준비·대책이 좋지 못해 군대의 봉급이 몇 개월 동안이나 지급되지 않았습니다. 6월 초 오랜만에 봉급을 지급할 때 창리(倉吏)가 묵고 썩은 곡식으로 지급한 데다가, 분량도 제대로 채우지 않았습니다. 이 때문에 군졸들과 창리가 말다툼을 벌이게 되었는데, 창리 몇 사람이 피살되자 창당(倉堂)[즉 선혜청당상 민겸호]이 이들 군인을 붙잡아 처벌하려 하였고, 군인들은 죄가 없는데 억지로 잡아간다고 항의하였습니다. 석방 요구를 들어주지 않아 저 군인들이 사방에 돌아다니면서 호소하였고, 어떤 사람[某人. 즉 대원군]의 집에 이르렀을 때, 그가 한 통의 문서를 내던졌는데, 바로 "궁궐로 들어가 문제를 일으킨 민비의 오빠[閔哥. 즉 민겸호]를 죽이고, 일본인과 외교를 맡은 사람들을 죽이면, 나라가 안정될 것이다."는 취지였습니다. 이에 저 군인들과 무뢰배들이 이 전에 없는 변고를 저지른 것입니다. 그가 만약 지시를 내리지 않았다면, 어찌 감히 이런 변고가 있었겠습니까?"

마건충: "그렇다면 외척을 해치고, 공사관을 포위 공격하고, 일찍이 외교에 참여한 신하들을 죽인 것은 모두 그가 사주한 일이겠습니다."

어윤중: "그렇습니다."

마건충: "내일 초용함(超勇艦)이 남양(南陽)으로 가서 정여창 제독의 도착을 기다릴 터인데, 귀하도 조영하, 김홍집 두 사람과 함께 같이 가시겠습니까? 나 또한 동행할 터인데, 약 초5일이나 초6일 남양으로 가면 중국 부대가 도착하여 곧장 상륙한 다음 바로 한성으로 진격할 것입니다. 그렇지만 그 사람의 죄는 이미 지목 할 수 있지만, 전혀 실질적 근

거가 없으니 착수하기 곤란합니다. 어떻게 할까요?"

어윤중: "증거라는 것은 여론이 정해진 다음 남에게 설명하기 위한 것입니다. 그러므로 조영하, 김홍집과 제가 연속으로 증거를 만들고, 상륙한 다음 국민(國民)으로 하여금 증거를 만들게 할 수도 있습니다. 또한 국민이 듣고 공분을 일으켜 팔도에 격문을 돌리면 대략 7월 17일 정도면 이 역적[此賊]을 함께 공격할 수 있겠지만, 과연 그렇게 시간을 맞출 수 있을지는 모르겠습니다. 그 죄상을 밝히는 것을 격문 속에서 이렇게 분명하게 해야 할 것입니다. '이 역적이 한 푼이라도 사람의 도리를 가지고 있다면, 누가 감히 그 권력을 빼앗으려 하겠습니까? 그로부터 권력을 빼앗아야 하는 이유는 전적으로 그가 죄 없는 국민을 학살하고, 부유한 국민의 재물을 약탈하고, 남의 부녀자를 간음하고 사대부를 모욕하여 온 나라 사람들이 그에게 이를 갈기 때문입니다. 그가 권력을 잃는 것은 결코 남이 빼앗는 것이 아닙니다'."

마건충: "상륙한 다음, 백성들에게 격문으로 돌리는 연명 고발장을 만드는 것이 참 좋겠습니다. 머지않아 조영하, 김홍집이 오면 나와 함께 미국 군함을 방문할 터인데, 이 또한 외국과의 우의를 더욱 굳히기 위해서입니다. 미국[함장]은 귀국 내란의 경위를 듣고 몹시 분노하고 있습니다. 또한 일본 공사가 성급하게 행동하여 그를 만나 행동 방침(즉 한성 진입 여부)에 대해서도 상의하지 않은 것에 불쾌함을 느끼고 있으니, 이 또한 좋은 기회라고 하겠습니다. 만약 3~4일 사이에 영국, 프랑스, 독일 각국의 군함이 이리로 오게 되면 제게는 각국의 힘을 빌려 일본인의 기염을 꺾을 방법이 있습니다. 다만 귀하는 일본 군함에 있었으니 하나부사가 한성에 들어간 것이 어떤 생각이었는지 아시겠지요?"

어윤중: "종전에 그는 천천히 움직일 것으로 보였는데, 본국 대신이 보내온 문서를 보더니 다급하게 한성으로 출발하였습니다. 생각건대, (일본 정부 내부에서 대책을 둘러싸고) 갈등이 있었던 모양인데, 그에게 복수할 생각을 하지 말라, 일본 국민은 단지 내란의 수괴에 대해서만 복수하기를 원한다는 지시가 내려왔고, 그 역시 거기에 동의한 것 같습니다. 또한 일본의 우대신(右大臣) 이와쿠라 도모미(岩倉[具視]) 및 외무경(外務卿) 이노우에 가오루(井上[馨]) 역시 화의(和議)를 주장하였습니다. 지금 한성에 들어가 국왕을 알현하려는 것은 국왕이 신임하는 신하와 마무리를 논의하겠다고 요청하려는 것이고, 대원군[某人]과 협의하는 것을 바라지 않기 때문일 것입니다. 먼저 파견한 부대는 600명입니다. 각국과 상의하는 것은 정말 좋은 방안입니다."

(12) 「7월 초3일 밤 9시 일본 외무대서기관(外務大書紀官) 다케조에 신이치로(竹添進一郎)가 배로 와서 마건충과 나눈 필담(初三日夜九點鐘, 日本外務大書紀官竹添進一郎來舟筆談)」

다케조에 신이치로: "하나부사 공사가 제게 부탁해서 후의에 삼가 감사드린다고 전하라고 하였습니다."

마건충: "본래 하나부사 공사를 찾아가 방문하려 하였는데, 밤중에 배 위에 사람이 없어 뜻을 이룰 수 없었으니 실로 대단히 송구합니다. 며칠 안에 또한 한성에 들어갈 예정이니 그때 당연히 만날 수 있을 것입니다. 귀하께서 서신으로 하나부사 공사께 이 뜻을 먼저 받아주시기를 서신으로 전해 주셨으면 합니다."

다케조에: "이번 사건에서 그 초기 사정은 잘 모르지만, 일본 국민의 인심이 크게 동요하였습니다. 다행히 일본 정부는 조선이 개국한 지 얼마 되지 않아 외교 문제에 대해서는 익숙하지 않으니, 마치 20년 전 일본의 상황과 비슷하다는 점을 고려하여, 감히 군사력으로 시비곡직을 따질 생각은 없으며, 공법에 기초하여 적절하고 신중하게 마무리할 작정입니다. 다만 폭도들의 기세가 여전히 맹렬하다고 들었기 때문에 병력으로 호위를 충원하여 군함을 타고 왔을 뿐입니다. 저는 단지 지시를 받고 와서 동정을 관찰할 뿐인데, 인천의 상황으로 보건대 조선 정부 역시 조금은 폭거(暴擧)를 후회하고 있는 것 같습니다. 따라서 저는 내일 이후 귀국하여 사정을 보고함으로써 우리 정부의 근심을 가라앉히고자 합니다. 귀하께서는 어떻게 생각하시는지 물어봐도 되겠습니까? 만약 귀하께서 여전히 염려하시는 일이 있다면 제가 며칠 늦추어도 상관없습니다. 다행히 가르침을 주시는데 인색하지 않으셨으면 합니다."

마건충: "초9일의 난은 몹시 기세가 흉흉하여 왕비를 독살하고 중신(重臣)을 해쳤으며, 외교에 관련된 여러 신하를 주살하였습니다. 지금 반란의 기세가 비록 가라앉았으나 남은 불씨가 아직 꺼지지 않았으므로 이 일을 처리하는 것은 대단히 힘이 듭니다. 그런데 집정하고 있는 사람이 국왕의 지시로 권력을 잡은 것이 아니므로, 그와 함께 처리하고자 하면 집정의 명분이 올바르지 못하고, 국왕과 상의하고자 하면, 국왕이 자주할 수 없으니, 하나부사 공사가 이번에 한성에 가면 먼저 어디에서부터 착수할지 모르겠습니다. 난당이 폭동을 일으키고 공사관을 공격한 것은 결코 조선 조정의 논의에서 나온 것이

아님은 생각건대 따져보지 않아도 자명한 일입니다."

다케조에: "이 일의 해결은 정말로 어렵습니다. 하지만 그 시비곡직을 따지면서 조선을 진정시키고자 한다면 거의 간섭이나 마찬가지가 됩니다. 하나부사 공사의 의견을 저는 알지 못합니다. 하지만 제 생각으로 조선 정부가 과연 국왕의 지시를 명분으로 삼아 이를 논의하겠다고 하면, 그래도 명분은 있는 셈입니다. 그런데 조선의 정세를 보면 지금 문제는 정파(政派)끼리의 싸움이지, 개국과 쇄국의 싸움은 아니므로, 일단 신속한 마무리만 할 수 있다면 서서히 그 시비곡직을 가리는 것도 안될 것은 없습니다. 귀하께서는 어떻게 보시는지?"

마건충: "아주 옳으신 말씀입니다. 일본과 조선은 우방으로 당연히 그 내정을 논의할 수는 없습니다. 하지만 이 일을 처리할 때 응당 공사관을 공격한 반란의 우두머리를 징벌하고, 아울러 사후 처리를 할 방법을 마련해야 할 것 같습니다. 만약 난당이 제거되지 않는다면 제대로 사후 처리를 할 방법이 없습니다. 하나부사 공사와 조선 정부가 당연히 신속하게 타결하는 것이 최선이지만, 저는 대국(大局)을 위한 입장에서 조선 내정에 대해 불안을 느끼면서 염려하는 것입니다."

다케조에: "일본의 뜻은 오로지 교의(交誼)를 돈독하게 하는 데 있으며, 남의 어지러움을 틈타 약탈을 꾀하려는 게 아닙니다. 따라서 조선에 요구하는 것은 단지 난당의 우두머리를 징벌하고 아울러 사후 처리의 방법을 마련하려는 것입니다. 제가 간절히 원하는 것은 다만 신속한 해결뿐입니다. 만약 시일을 지체하여 조선 난민이 다시 폭동이라도 일으키면 일본은 병력으로 그 죄를 책망하지 않을 수 없고, 과연 그렇게 되면 우방 사이의 국교가 단절되고 아시아의 전체 국면이 위태로워질 것입니다."

마건충: "진실로 귀하의 의견에 동의합니다. 사후 대책을 어떻게 조치할 것인지, 귀하께서는 이미 계산이 있을 것 같습니다."

다케조에: 손해 및 군사 비용의 배상을 요구하는 것은 어느 나라든 마찬가지이니 부득불 이에 따르지 않을 수 없습니다. 그렇지만 일본이 이렇게 하는 것은 재물을 탐해서가 아닙니다. 따라서 실제적인 피해에 따라 계산하려는 것이지, 결코 지나친 요구를 하려는 것은 아닙니다. 사후 대책의 경우 아마 공사, 영사 및 그 권속이 내지 각처를 유력(遊歷)하도록 허용하여 그 백성들과 친숙해지게 하는 것 등일 것입니다. 조선이 외국인을 혐오하는 것은 원래 외국인을 본 적이 거의 없어서이고, 그래서 불편하게 여기는 것입니다.

그들이 이미 우리를 의심하니, 우리 상인들도 역시 이들을 자극하고, 이렇게 원망과 의심이 교차하게 됩니다. 과연 유럽 각국에 문호를 개방하였을 때도 이와 같다면, 만일 불행하게도 조선의 폭도가 유럽인을 공격하는 일이 발생하게 될 때는 조선의 근심이 더욱 커질 것입니다. 그래서 지금 그때를 미리 대비하기 위해서는 질리도록 외국인을 보게 하는 것이 우선 필요합니다."

마건충: "조선은 실로 몹시 빈척하고, 국고는 텅 비어 있고, 민생 또한 위축되어 있는데, 장래 이 일을 마무리하자면 위로금을 지급해야 하는 것 또한 당연한 일이 됩니다. 만약 이를 너무 많이 요구하면 아마 조선은 감당할 수 없을 것입니다. 군사 비용 배상의 경우도 제가 찬성하기는 어렵지만, 조선 정부의 세입이 그렇게 많지 않으니 일본이 실제적인 비용만을 청구하더라도 조선이 언제 다 갚을 수 있을지 모릅니다. 내지 유력과 같은 경우는 조선 백성이 외국인을 보는 데 익숙해지도록 한다는 것인데, 이 말씀은 정말 타당합니다. 하지만 방금 난리를 겪은 터라, 너무 급하게 추진해서는 안 될 것 같습니다. 귀하께서는 어떻게 보시는지?"

다케조에: "일본 국내의 인심이 매우 소란스러워 그 때문에 이러한 명분을 빌어 그 마음을 위로하고자 하는 것입니다. 조선의 빈곤에 대해서는 일본도 잘 알고 있습니다. 결코 감당하지 못할 요구는 없을 것입니다. 만약 일본에 과연 이익을 탐하는 마음이 있다면 저들이 우리 국기를 능욕한 죄를 문책하여 분에 넘친 보상을 요구하거나, 아니면 도서(島嶼)의 분할을 요구하는 일도 어렵지 않습니다. 그렇지만 일본 정부에는 결코 이런 마음이 없다는 점을 제가 확실하게 보장합니다. 그런데 조선은 우리에게 항상 의심하는 마음을 품고 있어, '오늘날의 일본은 옛적의 일본과 같아 반드시 우리 토지를 빼앗을 마음을 가지고 있으며, 또한 우리 재보를 가로챌 마음을 품고 있다'고 이야기합니다. 따라서 오늘날의 일은 우리 정부가 공평하게 만국공법에 의해 처리하고 다스릴 것입니다. 귀하께서 만약 제 말이 의심스럽다면 하나부사 공사와 조선이 마무리하는 날을 기다려 제 말이 거짓이 아님을 검증해 보시면 될 것입니다."

마건충: "만약 말씀하신 대로라면 오로지 위로금을 넉넉하게 지급하는 것을 명문으로 해도 충분할 것입니다. 그렇지만 중국 운남의 마가리 사건을 회고해 보면, 영국 역시 군함을 동원하였으나, 마무리할 때는 다만 위로금만을 명분으로 삼았습니다. 또한 공법에 비추어보면 각국이 서로 전쟁할 때는 또한 그 군사 비용을 물어주지 않습니다. 흑해 전쟁(크

름 전쟁)에서 패배한 러시아가 화의를 요구하였을 때 영국과 프랑스는 군사 비용을 내놓으라고 추궁하지 않았으며, 이탈리아도 누차 싸워 누차 패배하였지만, 역시 군사 비용을 배상한 적이 없습니다. 전쟁에서 패배하더라도 군사 비용을 지급하지 않는데, 하물며 일본은 우방을 우대한다는 마음을 가지고 있으니, 이른바 군함의 동원은 오로지 우방을 보호하기 위한 의도였습니다. 만약 이것을 구실로 요구하는 바가 있다면, 저는 아마 시작은 인의[仁]를 명분으로 삼았지만 다른 나라에서는 그 마무리는 이익 추구[利]로 끝났다고 모두 비웃지 않을까 염려합니다. 제 의견에 대해 살펴주시길 바랍니다."

다케조에: "일본의 인심이 동요하고 있는 이유에 대해 잠깐 이야기하고자 합니다. 조선인이 일본에 오면 일본에서는 극히 우대하는데, 지난해 조선인이 우리 국민 3명을 구살(毆殺)하였고, 올해는 또다시 한성의 공사관을 공격하는 일이 있었습니다. 공사가 인천으로 도피하였는데, 인천 부사가 그를 속이고 잠을 자는 틈을 타서 병기를 빼앗고 몇 사람을 죽였습니다. 그래서 일본인 가운데 조선 정벌을 제창하는 사람들이 어깨를 밀치며 일어났는데, 일본 정부는 이를 진압하고 배상금의 명분을 빌어 국민의 마음을 위로하고자 하는 것이지, 다른 뜻은 없습니다. 이른바 군비라는 것은 육·해군은 국내에서도 봉급을 받고, 함선 역시 각각 경비가 있으니, 실제 조선 파견 비용만 계산한 것으로, 결코 과다한 청구는 아닙니다. 이런 일들은 또한 정치적 계산에서 나온 것이지, 기실 스스로 보상을 얻기 위한 것 자체가 목적은 아닙니다. 위로금이라는 것은 역시 결코 감당할 수 없는 거액의 비용을 강요한 적이 없습니다. 인의에서 시작하여 이익으로 끝난다고 하는 지적은 아직 일본의 사정을 제대로 살피지 못한 이야기입니다."

마건충: "이른바 인의에서 시작하여 이익으로 끝난다고 하는 것은 바로 외국인들이 마구잡이로 만들어낸 뜻입니다. 일본 민심의 경우 처음 폭동의 발생을 들었을 때 당연히 공분을 일으켰겠지만, 가령 귀하께서 파악한 실제 사정을 돌아가 정부에 알리면서 '난당이 봉기하여 공사관을 공격하고 일본 백성을 살해였을 뿐만 아니라 조선의 신하와 백성들 역시 모두 그 피해를 입었고, 아울러 왕비까지 독살하였다.'고 이야기하신다면, 일본 백성이 듣고 당연히 그 분노가 얼음 녹듯이 사라질 것입니다."

다케조에: "저 역시 대략 성현의 책을 읽어 의리(義利)에 대한 변론은 좀 알고 있습니다. 만약 일본에 이익을 탐하는 마음이 있었다면, 저 역시 이를 위해 항해하고 분주하게 움직이지 않았을 것입니다. 제가 중국에 있었을 때 누차 이홍장 중당 및 여러분들과 국사를 논

의하였는데, 제가 말하는 바는 속이지 않는다는 점을 자신하고 있습니다. 이번 일은 제가 돌아가 정부에 보고하면 얼음 녹듯이 풀릴 것이라는 것은 전혀 의심하지 않습니다. 간절히 청하건대, 귀하께서도 역시 일본의 마음가짐이 어떤가를 신속하게 이홍장 중당에게 보고해 주시면 대단히 감사하겠습니다."

마건충: "며칠 안에 연락할 일이 있으니, 삼가 지금까지의 내용을 이홍장 중당에게 보고할 것입니다. 다만 한 가지 비밀리에 물어볼 것이 있는데, 청구하는 비용은 대략 얼마로 계산하고 있습니까?"

다케조에: "얼마인지를 따질 필요는 없고, 다만 이것을 명분으로 삼을 뿐입니다. 신속하게 일을 마무리한다면, 잘 알지는 못하지만 일본은 이런 논의를 제기하지 않을 수도 있습니다."

마건충: "이 필담의 내용을 베껴서 조선 정부에 보여주어도 됩니까?"

다케조에: "됩니다. 여서창 공사가 동경에서 인심이 흉흉한 것을 보면서 혹은 의심할지 모르지만, 오늘에 이르기까지 일본 정부의 말을 믿고 있습니다. 중국 정부 역시 해로가 단절되어 있어 혹은 일본을 의심할지 모르겠습니다. 귀하께서 본 바와 제가 말한 바로 그 의심을 풀어주신다면 양국에 모두 다행이겠습니다."

마건충: "삼가 분부하신 대로 여서창 공사에게 서신을 보내, 우리 총리아문에 대신 전달하도록 요청하겠습니다. 이것은 또한 제 직분 내의 일이기도 합니다."

다케조에: "조선에서 만약 다시 폭동이 일어난다면, 제 말은 모두 그림의 떡이 되어 버릴 것입니다."

마건충: "저 역시 조선 정부에 일본군의 출동은 응당 진압을 선무로 삼는 것이지 다른 의외의 일이 있지는 않을 것이라고 차분하게 설명하겠습니다."

(13) 「7월 11일 7시, 인천 부사의 관서에서 일본 공사 하나부사 요시모토와 나눈 문답 절략(十一日七點鐘, 至仁川府署與日使花房義質問答節略)」

마건충: "한성에서 논의하신 일은 대강 이미 곤도(近籐)로부터 들었습니다. 다만 보다 상세한 경과를 알 수 있겠습니까?"

하나부사 요시모토: "7월 초3일 저는 부대를 이끌고 양화진까지 전진하였는데, 조선 정부가 그 입구에 관원을 파견하여 제 한성 입성을 막았습니다. 저는 성외(城外)에서 일을 논의하기는 불편하여 곧바로 한성에 입성하였고, 국왕이 인견(引見) 일기를 정해 달라고 주청하였으나, 조선인[韓人]은 또한 완강하게 따르지 않았습니다. 초7일에 이르러서야 처음 국왕을 알현할 수 있었는데 7개 조의 요구를 적은 문서를 올리고, 관원을 파견하여 상의하자고 요청하면서 3일 이내에 답장을 달라고 하였습니다. 국왕은 당장 영의정[首相] 홍순목(洪純穆)을 의사전권대관(議事全權大官)으로 삼았는데, 8일에 이르러서 그가 보내온 서신에서 말하길, '다시 산릉(山陵)의 길지(吉地)를 가서 살펴보라 지시받아, 반드시 3~4일 후에야 한성에 돌아올 수 있습니다.'라는 내용이었습니다. 또한 말하길 '[왕비 능묘를 위한] 산릉은 조선의 중대한 일로, 일본이 내건 조건은 자신이 돌아올 때를 기다려 다시 논의하겠다.'고 하였습니다. 국왕은 분명히 3일 기한을 알면서도 그 자리에서 홍순목을 의사전권대관으로 임명하였는데, 다음 날 갑자기 전날 임명하였던 사람에게 다른 임무를 주어 다른 곳으로 파견하였으니, 어찌 스스로 모순된 일이 아니겠습니까? 또한 산릉의 선택이 중대한 일이라고 주장하는 것은 분명하게 일본의 일이 가벼운 일이라고 말하는 것입니다. 그가 이미 우리와 협상할 수 있는 길을 끊었으니, 그에 따라 나는 기한이 만료되면 이 뜻을 국왕에게 상주하고 한성을 나설 것입니다."

마건충: "초7일에 또한 대원군을 만나셨는데, 대원군은 무슨 관직으로 일을 처리하는지 혹은 일찍이 직접 물어본 적이 있습니까?"

하나부사: "그의 말은 비록 관직을 지명하지는 않지만, 국정에는 참여할 수 있다는 것이었습니다."

마건충: "귀하는 국왕께서 화호(和好)를 원한다고 생각하십니까? 김홍집 등 여러 사람의 의견은 어떤지?"

하나부사: "국왕은 정명(精明)하여 화호(和好)의 복구를 원합니다. 김홍집 등은 비록 강수관

(講修官)이지만, 실로 이 문제를 논의할 권한은 없습니다. 그가 일찍이 곤도(近藤)에게 비밀리에 말하길, '조선의 근래 일은 정말 통곡스럽다.'고 하였습니다."

마건충: "그렇다면 귀하의 시각으로 보더라도 역시 조선 국왕이 몹시 귀 공사와 함께 사후 처리 문제를 논의하기를 원하고 대소 신료들도 역시 이에 동의한다고 알고 있는데도, 헛되이 뜻은 있지만 미치지 못한다는 이유로 이러한 국면을 만들어낸 것입니다. 귀하는 '조선에 여전히 정부가 있습니까?'라고 이야기하지만, 제가 기억하길 전에 배 위에서 귀하에게 조선의 정세를 이야기하면서 '반드시 국왕이 자주하는 것을 선무로 삼아야 하며, 국왕이 하루라도 자주하지 못하면 일본 역시 하루라도 함께 일을 논의하지 못한다.'고 말씀드린 적 있습니다. 사후 처리 문제를 논의하는 사람이 정부의 사람이 아니기 때문입니다. 만국공법에 비추어보면 터키나 이집트에서 매번 반란군이 외국인을 살상하는 일이 발생할 때마다, 각국은 반드시 그 군주가 자주할 수 있게 됨을 기다려서야 비로소 사후 처리 문제를 논의하였습니다. 제가 이미 사방으로 탐방해 보니, 국왕은 모든 일에 대해 개입할 수 없다는 것을 알았는데, 그러므로 지난번 귀하께서 오기 전에 올린 주접 역시 국왕은 아직 보지 못하였습니다. 이미 다른 사람이 봉투를 열어 제게 보여주었습니다."

하나부사: "그 사람은 반드시 대원군이겠지요."

마건충: "굳이 설명할 필요가 있겠습니까? 어제 저녁 귀하의 편지를 보니, '서신으로 만나서 이야기를 나누자고 할 참이었으나, 조선 정부가 이미 우리와 협상할 수 있는 길을 끊었으니, 오래 머무를 수 없어 송구스럽다.'고 하였는데, 지금 제가 여기 온 것은 조선을 위해 중간에 서서 조정하려는 것이 아니라, 단지 귀하에게 조선 정세를 분명하게 설명하여, 귀하께서 잘못된 방안을 선택하는 것을 막기 위해서입니다. 조선 국왕이 지금 이미 자주할 수 없는데, 귀 공사는 느닷없이 함께 사후 처리를 논의하겠다고 하니, 그런 제의가 이루어지지도 않을 것은 말할 것도 없고, 된다고 해도 언젠가 국왕이 자주하게 되면, 지금 논의한 일이 모두 공담(空談)이 되어 버릴 것입니다. 또한 만약 지금 결별의 방안을 선택한다면 장래에는 아마 조선 정부만 이를 구실로 삼게 되지는 않을 것입니다. 중국에서 이번에 부대를 파견한 것은 오로지 난당을 징벌하기 위해서임을 일본 정부도 아마 들어서 알고 있을 터인데, 만약 귀하께서 가부를 따지지 않고 다급하게 난당과 사후 처리를 협의한다면, 아마 이후 일이 더 늘어나게 될 것입니다. 그래서 부득불 미리 말씀드

리는 것입니다."

하나부사: "중국의 부대가 파견된 것이 원래 난당을 징벌하기 위함임은 저 역시 깊이 믿고 의심하지 않습니다. 다만 일본의 육·해군 장병은 모두 이렇게 말합니다. '중국이 부대를 여기로 보낸 것은 이를 빌미로 싸움을 벌이거나, 아니면 기회를 틈타 조선을 탈취하려는 것인가?'"

마건충: "저 역시 많이 들은 바 있습니다. 군대의 장병들이 무지하니 의심한다고 해서 이상할 것은 없습니다. 우리 부대의 장병들 역시 이야기합니다. '부대를 이리로 동원한 것은 장차 일본과 싸우기 위한 것'이라거나, '성경(盛京)에서도 부대를 동원하여 조선 경내로 들어와 후방을 도울 것이다.' 하지만 이 모든 것은 잘못 전달된 소문일 뿐이고, 설사 성경에서 부대를 동원하여 조선 경내로 들어오더라고 그 목적은 역시 난당을 막기 위해서입니다. 우리가 조선의 토지를 탈취할 속셈이라고 하는 문제에 대해서는 제가 우리 정부는 반드시 이런 마음이 없다고 단언할 수 있습니다. 우리 정부의 뜻은 단지 조선이 그 나라를 지키고 한치라도 영토를 잃지 않기를 바라는 것이고, 또한 그 내정과 외교를 자주할 수 있기를 바랄 뿐입니다."

하나부사: "일본 정부의 뜻 역시 조선이 내정을 자주할 수 있기를 바라는 것이며, 또한 저 역시 이런 지시를 받았습니다. 다만 이 일 처리는 굉장히 어려우니, 귀하께서는 어떻게 처리할지 모르겠습니다."

마건충: "우리 부대는 방금 도착해서 갑작스레 계획을 결정하지는 못합니다."

하나부사: "혹시 무력으로 목표를 달성하겠다는 뜻입니까?"

마건충: "우리 부대가 온 것은 몸을 지키기 위한 것일 뿐입니다. 일본이 부대를 동원해 여기에 온 것과 같은 취지입니다. 만약 혹시 계략으로 속일 수 없다면, 부득이하게 무력을 사용할 수도 있을 터입니다."

하나부사: "만약 무력을 사용한다면 우리 군대 역시 도와줄 수 있습니다."

마건충: "이 일은 반드시 무력을 사용하는 데까지 이르지는 않을 것입니다. 만일 그렇게 된다면 그때 가서 귀하와 충분히 협의할 것입니다."

(14)「7월 12일 9시 하나부사가 곤도와 함께 화도를 방문하여 나눈 문답 절략(十二日九點鐘, 花房偕近籐至花島來訪問答節署)」

하나부사: "어제 귀하께서 멀리 찾아와 주셔서 일본의 일을 논의해 주신 것에 대해 대단히 감사드립니다."

마건충: "이번에 서로 예방하는 것은 오로지 조선의 국세(國勢)를 분명하게 밝혀 이후 처리하기 위한 발판으로 삼기 위해서입니다. 다만 귀 공사께서는 지금 어떤 생각을 하고 계시는지?"

하나부사: "여전히 인천에서 2~3일 지키며 기다릴 셈인데, 만약 조선 정부가 고위 관원을 이리로 파견하여 상의하지 않는다면, 이후의 일은 말하기 어려울 것입니다."

마건충: "어제 이미 귀하에게 조선 정부는 유명무실하니, 고위 관원을 파견하더라도 논의할 권한이 없다고 말씀드렸는데, 만약 이 때문에 결렬된다면, 어찌 남의 어지러움을 틈타는 게 아니겠습니까?"

하나부사: "조선에 만약 정부가 없다면 반드시 그 내정을 개혁해야 할 것입니다. 만약 그렇게는 안 된다고 반드시 전쟁으로 번질 것입니다. 감히 묻건대 일본이 이렇게 나오는데 다른 나라가 무슨 근거로 막을 수 있겠습니까?"

마건충: "일본과 조선은 우방[與國]이니, 그 내정에 함부로 간섭하기는 곤란하다는 점은 제가 전에 말씀드린 바 있습니다. 만약 전쟁으로 해결하고자 한다면 다른 나라가 저지하는가 아닌가는 그 나라와 조선이 어떤 연계를 가졌는가에 달려 있습니다."

하나부사: "그렇다면, 중국은 장차 조선의 내정을 변경(變更)하고자 합니까?"

마건충: "만약 거동이 있더라도, 원래 그대로의 상태로 되돌려 국왕이 자주할 수 있게 하는 데 지나지 않으니, 변경이라고 할 수는 없습니다. 만약 조선 정부가 고위 관료를 파견하여 상의하지 않는다면, 대체 귀 공사는 며칠 동안이나 여기에 머무를 것입니까?

하나부사: "3, 4일을 넘기지 않을 것입니다."

(9) 문서번호 : 4-3-09(535, 863a)

사안: 장수성에게 이하응을 잠시 안치하고, 이홍장이 천진에 도착하길 기다려 함께 조사·처리하도록 지시하고, 아울러 오장경에게 신속하게 난당의 우두머리를 체포·제거하라고 지시하라(命張樹聲將李昰應暫行安置, 俟李鴻章到津會同查辦, 竝命吳長慶迅將亂黨渠首捕除).

날짜: 光緒八年七月二十三日(1882년 9월 5일)
발신: 光緒帝
수신: 總理衙門

七月二十三日, 奉上諭:

張樹聲奏獲致朝鮮亂首李昰應, 曁添調練軍東渡各摺片, 覽奏均悉. 吳長慶等統領官軍, 馳至朝鮮國都, 將李昰應獲致, 現已解送到津. 此次援護朝鮮, 張樹聲督飭吳長慶等迅赴事機, 獲致亂首, 俾該國王得以復其政權, 徐圖善後之策, 辦理深合機宜, 殊堪嘉尙. 著將李昰應暫行妥爲安置, 俟李鴻章到津後, 會同張樹聲向李昰應究出該國變亂緣由及著名亂党, 詳細具奏, 候旨遵行. 吳長慶現派隊伍, 圍攻枉尋·利泰兩村, 著飭令該提督穩愼進攻, 將亂党渠首迅速捕除, 一面妥籌防範, 鎭定人心, 以安反側. 所有出力文武員弁, 俟事竣後, 准其擇尤保奏. 吳長慶所統各營不敷分布, 現已添調總兵黃金志帶隊前往, 將來應否添調重兵, 著李鴻章等隨時體察情形, 酌量辦理.
欽此.

7월 23일 다음과 같은 상유를 받았습니다.

장수성이 조선 내란의 우두머리 이하응을 획치하였으며. 아울러 연군(練軍)을 추가 동원하여 조선에 보내겠다고 상주한 주접과 부편을 받아, 모두 읽어보았다. 오장경 등은 관군을 통솔하여 조선의 한성으로 신속하게 이동하여 이하응을 획치하고 현재 이미 천진으로 압송하였다. 이번에 조선을 지원하면서 장수성은 오장경 등을 지휘하여 신속하게 기회를 장악하여 내란의 수괴를 획치하고 조선 국왕이 그 정권을 다시 되찾아 서서히 사후 대책을 꾀할 수 있도록 하였는데, 그 처리가 매우 시기적절한 것이라 특히 칭찬받을 만하다. 이하응을 잠시 적절하게 안치하고, 이홍장이 천진에 도착하기를 기다려, 장수성과 함께 이하응을 심문하여 조선의 변란 연유와 저명한 난당의 수괴를 찾아내고, 상세히 상주한 다음, 지시를 받아 따르도록 하라. 오장경은 지금 부대를 파견하여 왕심·이태 두 마을을 포위 공격한다고 하는데, 오장경에게 지시하여 신중하게 공격을 진행하여 난당의 수괴를 신속하게 체포·제거하되, 다른 한편으로는 적절하게 방범(防範) 대책을 마련하여 인심을 가라앉히고 반란군 측을 안심시키도록 하라. 이 진압에 공을 세운 모든 문무 관원·장령은 사후 처리가 마무리된 다음 그 가운데 뛰어난 사람을 골라 추천 상주를 하도록 하라. 오장경이 통솔하는 각 부대가 군사적 배치 인원이 불충분하다면 현재 이미 총병(總兵) 황금지(黃金志)가 부대를 이끌고 추가로 파병될 수도 있으니, 장차 추가로 대규모의 병력을 파견할지에 대해서는 이홍장이 수시로 상황을 살펴 적절하게 처리하도록 하라.

이상.

(10) 문서번호: 4-3-10(536, 863b-865b)

사안: 조선 난당의 우두머리 이하응을 획치하여, 이미 천진으로 압송하였음을 상주합니다
　　　(具奏獲致朝鮮亂首李昰應, 已解送來津).
날짜: 光緒八年七月二十三日(1882년 9월 5일)
발신: 署理北洋大臣 張樹聲
수신: 總理衙門

七月二十三日, 軍機處交出張樹聲鈔摺稱:

爲援獲朝鮮水陸將領, 率隊徑入王京, 獲致亂首李昰應, 飛送來津, 恭摺馳陳, 仰祈聖鑒事.

竊朝鮮亂黨滋事, 臣遵旨派兵保護, 調集水陸各軍, 先後東渡, 及抵朝登岸情形, 業經節次奏陳在案. 本月二十日登瀛洲兵船回津, 接據廣東水師提督吳長慶, 統領北洋水師記名提督丁汝昌·二品銜候選道馬建忠咨報, 函稟各件前來. 查馬建忠於初八日至南陽府, 吳長慶派副將張光前率隊從往時, 聞日本使臣花房義質方開列多款要挾朝鮮, 馬建忠因約張光前簡鎗隊二百名, 於初九日午後輕裝疾馳, 初十日入其京城. 花房義質以所要未遂, 已悻悻出京, 回駐仁川. 馬建忠晤李昰應, 先以好言相接, 釋其疑慮. 馬建忠又慮花房義質, 或遽決裂致掣大局, 十一日馳至仁川, 告以中國爲朝鮮先除內患, 使國王得以自主, 再與日本商辦各事, 反復陳說. 花房義質意稍遲回, 十二日馬建忠折回王京, 吳長慶已率大軍馳至城外駐紮. 丁汝昌亦將後路部署妥帖, 率水師百人前入王京. 吳長慶竝令調赴軍營之河南候補道魏綸光·副將何增珠帶勇三哨繼進, 先隨馬建忠進城之張光前所帶一營, 同駐城內. 彼此密切籌議, 證以嚮導陪臣金允植·魚允中等所探, 李昰應與日使齟齬, 勢孤氣懾, 本爲可乘之隙, 日兵已盡數出城, 不慮擾越. 而其亂黨皆聚於宿衛之都監, 一營有五千人之多, 蟠踞心腹, 伺察王朝動靜, 日夜營造兵器, 禍未可測. 若稍事遼緩, 難保不洩漏事機, 別生變故. 馬建忠·丁汝昌乘夜至吳長慶大營, 密定機宜. 十三日巳刻, 吳長慶率隊親入王京, 先晤李昰應, 以禮周旋. 申刻李昰應來營答拜. 丁汝昌·馬建忠皆先集城外, 往復筆談, 延至日暮. 先以計遣其護從, 丁汝昌親率小隊, 以肩輿擁李昰應就道, 連夜冒雨遄行. 十四日清晨至南陽海口, 卽上登瀛洲兵船, 派該船管駕官葉伯鋆妥愼解送至津. 吳長慶現飭魏綸光·張光前·何增珠等申嚴紀律, 守護王京, 彈壓巡查, 晝夜防範, 一面出示安撫人心, 一面以討治亂黨渠首. 及善後之策, 商之國王. 該國王手書抵吳長慶云: '亂軍所居多在枉尋·利泰兩村, 此皆努逼近地, 悍然讐國, 非仗天朝雄兵, 難以圖滅, 請整飭部伍, 掩其不備, 執訊獲醜以洩神人之憤.' 吳長慶已分派隊伍, 親督攻圍, 分別捕治. 此據報七月初十至十五, 謀致李昰應及布置究捕亂黨之實在情形也.

臣惟比次朝鮮內亂, 禍蘊蕭牆, 擧國鼎沸, 兵鋒肆於宮寢, 荼毒遍於衣冠. 李昰應結衛士之心, 居尊親之地, 積威有漸, 臣庶惕息,[43] 卽如金允植等素懷忠憤, 迨近王京, 吳長慶等與言李昰應首亂, 亦不免回護其辭. 重以日本之兵, 從傍窺伺, 又多牽制之患, 疊接總理各國事務衙門王大臣來函及李鴻章電信, 均謂: '必須先獲李昰應, 使國王復其政權, 此事始有辦法.' 臣欽承聖謨, 總日與吳長慶等手書往復, 悉心籌度, 猶恐惴惴焉, 未敢竟期卽得. 今吳長慶·丁汝昌·馬建忠等, 當該國危疑震憾之際, 均能不避艱險, 迅速赴機, 徒御不驚, 亂首期得, 皆由廟算周詳, 將領竭力所致. 實爲該國安危絶續之機, 此後捕治亂黨, 與日人商辦各事, 李鴻章指日到津, 主持籌辦, 必可綏定藩服, 仰慰聖廑. 該文武員弁等, 渡海遠征, 卓著勞勛, 其功良有可紀, 應俟亂黨大定, 由李鴻章核明奏懇恩施. 李昰應航海勞乏, 精神委頓, 俟調養數日,[44] 卽行派員解送進京, 其應如何處置之處, 伏候諭旨, 飭下遵行. 所有獲致朝鮮亂首李昰應, 解送來津緣由, 謹恭摺由驛馳陳, 伏乞皇太后·皇上聖鑒訓示. 謹奏.

7월 23일 군기처에서 장수성의 다음과 같은 주접을 베껴서 보내왔습니다.

조선을 지원하기 위한 육·해군 장병을 이끌고 한성에 진입하여 반란의 우두머리 이하응을 획치하고, 신속하게 천진으로 압송하였음을 주접을 갖추어 아뢰니, 황상께서 살펴보시길 바랍니다.

---

43 척식(惕息)은 재채기한다. 심장이 뛰고 숨이 막힌다는 것으로 몹시 두려워하는 것을 형용한다.
44 위돈(委頓)은 쇠약하다, 피곤하다, 힘들다는 뜻이다.

조선 난당이 폭동을 일으켜서, 신은 황상의 유지에 따라 조선을 보호하기 위해 육·해군 각 부대를 동원하여 앞뒤로 조선에 파견하고, 거기에 도착하여 상륙한 상황에 대해서는 이미 누차 상주하여 아뢴 바 있습니다. 6월 20일 등영주(登瀛洲) 군함이 천진으로 돌아왔는데, 광동수사 제독 오장경, 통령북양수사기명제독 정여창, 이품함 후선도 마건충의 자문과 보고 등 각 건을 전달해 왔습니다. 조사컨대, 마건충은 7월 8일 남양부에 도착하였고, 오장경은 부장(副將) 장광전(張光前)을 보내 부대를 이끌고 그를 따라가게 하였습니다. 일본 공사 하나부사 요시모토가 바야흐로 다양한 조건을 내걸어 조선을 협박하였다는 것을 듣고, 마건충은 장광전에게 소총수 200명을 선발하도록 약속하고, 초9일 오후 가벼운 무장으로 신속하게 진군케 하여 10일 한성에 진입하였습니다. 하나부사 요시모토는 요구가 받아들여지지 않자 이미 화를 내면서 한성을 벗어나 인천으로 돌아갔습니다. 마건충은 이하응을 만나, 먼저 좋은 말로 상대하여 그 의심과 근심을 풀었습니다. 또한 마건충은 하나부사 요시모토가 갑작스레 결렬을 선택하여 혹시 대국에 장애를 줄까 봐, 11일 인천으로 달려가서 중국은 조선을 위해 먼저 내환(內患)을 제거하여 국왕이 자주할 수 있게 한 다음, 다시 일본과 연락하여 각 문제를 협의할 것이라고 거듭하여 설득하였는데, 하나부사 요시모토는 조금 지체하였다가 돌아올 생각인 것 같습니다.

7월 12일 마건충은 한성으로 되돌아갔고, 오장경은 이미 대군을 이끌고 한성 성외에 주둔하고 있었으며, 정여창 역시 후방에서 배치를 적절하게 한 다음 해군 병사 100명을 이끌고 한성에 진입하였습니다. 오장경은 아울러 군영(軍營) 이동을 위해 파견된 하남후보도(河南候補道) 위륜광(魏綸光), 부장(副將) 하증주(何增珠)가 병용(兵勇) 3개 초를 이끌고 뒤를 이어 진입하게 한 다음, 마건충을 따라 먼저 한성에 진입한 장광전(張光前)이 이끄는 1개 영과 함께 성내에 주둔하였습니다. 피차 밀접하게 논의하고 준비하고, 향도(嚮導) 역할을 맡은 조선 배신(陪臣) 김윤식과 어윤중 등이 탐방하여 확인해 보니, 이하응은 일본 공사와 마찰을 일으켜 세력이 고립되고 기세가 누그러들어 본래 이틈을 탈만 하였고, 또한 일본군이 이미 모두 한성 밖으로 나가 간섭할 염려도 없었습니다. 그렇지만 난당은 모두 숙위(宿衛)하는 도감(都監) 옆에 모여 있었던 데다가, 1개 영에 5천 명의 인원이고 심복들이 대거 웅크리고 있으면서 조정의 동정을 엿보고 있었고, 밤낮으로 무기를 만들고 있어서 그 재앙을 추측할 수 없었습니다. 만약 조금이라도 느슨하게 진행한다면, 기밀이 누설되어 또 다른 변고가 발생하지 않는다고 보장하기 어려운 상태였습니다. 마건충과 정여창은 밤을 타서 오장경의 군영에 도착한 다음 비밀리에 기밀 사항을 결정하였습니다. 13일 사각(巳刻, 오전 9~11시), 오장경은 부대를 이끌고 직접 한성에 들어가 먼저 이하응과 만나 예로써 응대하였고, 신각(申刻, 오후 3~5시)에 이하응이 답방(答訪)을 위해 군영에 찾아왔습니다. 정여창과 마건충은 모두 먼저 성외(城外)에 모여 필담(筆談)으로 왕복하면서 해질 무렵까지 시간을 끌다가, 먼저 계책을 부려 이하응을 지키며 따르던 사람들을 내보내고, 정여창이 직접 소대(小隊)를 이끌고 가마에 이하응을 태우고 길에 나서서, 밤을 도와 비를 무릅쓰고 급하게 움직였습니다. 그리하여 14일 새벽 무렵 남양 해구에 도착하였고, 즉시 등영주 군함을 태운 뒤 해당 군함의 선장[管駕官] 엽백윤(葉伯鋆)으로 하여금 조심스럽게 천진으로 호송하게 하였습니다. 오장경은 위륜광, 장광전, 하증주 등에게 기율을 엄격히 유지하여 한성을 지키도록 지시하여, 순찰을 돌면서 진압하고 주야로 방범 활동을 유지하였으며, 한편으로는 고시를 붙여 인심을 가라앉히고, 다른 한편으로는 난당의 수괴들을 토벌하였습니다. 사후 대책의 경우 국왕과 상의하였는데, 조선 국왕은 오장경에게 서신을 보내, '난군(亂軍)이 머무는 곳은 주로 왕심리·이태리 두 마을로 모두 궁궐과 가까운 데다가, 사납게 조정을 원수로 삼고 있어, 천조(天朝)의 대규모 병력에 의지하지 않는다면 도저히 박멸할 수 없으니, 청컨대 부대를 정비하고 그들이 방비하지 않는 틈을 타서 우두머리를 잡아 신인(神人)의 분노를 풀어달라'고 요청하였습니다. 오장경은 이미 병력을 나누어 파견하고 친히 포위 공격을 주도하여 난당을 각기 체포·처리하였습니다. 이것은 7월 10일에서 15일 사이의 보고에 의한 것으로, 이하응의 획치를 계획하고, 난당의 체포를 배치한 실제 상황입니다.

　신이 생각건대, 이번 조선의 내란은 재앙이 내부에서 싹터 전국이 들끓어 오르게 되었고, 병사들이 궁정에서 멋대로 난동을 부려 관료·사대부들에게 두루 피해가 미쳤습니다. 이하응은 위사(衛士)들의 마음을 얻어내고, 국왕의 존친이라는 지위를 이용하면서 점차 권세를 강화하여 신하들과 백성들이 두려워하고 있으니, 이를테면 평소 충분(忠憤)을 품고 있던 김윤식(金允植)과 같은 경우도 한성에 가까이 접근하였을 때 오장경 등이 이하응이 내란의 수괴라고 하자 그래도 그를 감싸려는 말을 하였을 정도입니다. 게다가 일본의 병력이 옆에서 틈을 보고 있어 견제가 많다는 우려가 있었는데, 누차 총리아문 왕대신의 서신과 이홍장의 전보 서신을 받았을 때 모두 '반드시 먼저 이하응을 사로잡고 국왕이 그 정권을 되찾게 해야만 이 일은 해결될 수 있다.'고 지적하였습니다. 신은 황상의 계획을 이어받아 결국 날마다 오장경 등과 서신을 주고받으면서 전력으로 준비하면서도 여전히 감히 기대한 성과를 얻지 못할까 두려워하였습니다. 지금 오장경, 정여창, 마건창 등은 조선이 위기 속에서 놀라고 의심하는 가운데 모두 어려움과 힘듦을 피하지 않고 신속하게 일 처리에 나서 그 무리가 놀라 동요하지 않게 하면서도 반란 수괴를 제대로 확보할 수 있었으니, 모두 조정의 대책이 주도면밀하고 장령 등이 최선을 다한 결과로서, 실로 조선의 위기가 사라지고 안정으로 전환하는 계기가 될 것입니다. 앞으로 난당의 체포·처리 및 일본과 각종 사무를 협의하는 일은 이홍장이 천진에 도착하면 그 일을 주지함으로써 반드시 번복을 편안하게 안정시킴으로써 우러러 황상의 근심을 위로해 드릴 수 있을 것입니다. 반란 진압에 종사한 문무 관원·장령 등은 바다 건너 원정을 가서 탁월한 공적을 세웠으니 그 공적을 기록하여 표창할 만합니다. 응당 난당이 크게 진압되기를 기다려 이홍장이 검토하고 상주하여 은혜를 베풀어주실 것을 간청할 것입니다. 이하응은 배를 타고 건너오면서 힘들고 지친 데다가 정신적으로 쇠약해져 며칠간 조리를 한 다음 즉시 관원을 파견하여 북경으로 압송하겠습니다만, 구체적으로 어떻게 처치해야 할지는 엎드려 황상의 유지를 기다려서 지시가 내려오면 그에 따르겠습니다. 조선 난당 수괴 이하응을 획치하여 천진으로 압송한 지금까지의 사정에 대해 삼가 주접을 갖추어 역참을 통해 신속하게 상주하오니, 황태후·황상께서 살펴보시고 지시를 내려주시길 바랍니다. 삼가 주를 올립니다.

(11) 문서번호 : 4-3-11(538, 867a-879b)

사안: 이하응을 구금하여 귀국을 허용하지 않음으로써 후환을 피하기를 요청합니다(請將李昰應拘禁, 不令回國, 以遺後患).

첨부문서: 1.「마건충의 보고 절략. 7월 10일 한성에 도착하여 이조연과 나눈 필담 보록(馬建忠鈔呈節署. 補錄初十日捕抵王京, 與李祖淵筆談)」: 일본 공사 하나부사 요시모토가 7개 조 요구를 제출하였습니다(日使花房提出七件要求).

2.「7월 14일 오후 호조상서(戶曹尚書) 김병시(金炳始)가 국왕의 지시로 숙소에 찾아와 마건충과 일본 문제에 대해 나눈 필담(十四日午後, 戶曹尚書金炳始, 以國王命來館筆談日本事宜)」: 일본 공사가 제시한 7개 조 요구에 대한 마건충의 평론(馬建忠評論日使所提七件要求).

3.「7월 14일 저녁 의사부관(議事副官)으로 파견된 김홍집이 인천 숙소로 찾아와 각종 문제에 대해 묻고 마건충과 나눈 필담(十四日晚間, 金宏集以奉派議事副官, 前往仁川來館, 面詢各款筆談)」: 일본에 배상하는 군사 비용 및 양화진(楊花津) 개항 문제를 상담하였습니다(商談賠日兵費及楊花津開埠問題).

4.「7월 17일 김홍집이 인천에서 마건충에게 보낸 서신(七月十七日金宏集仁川來函)」: 일본 공사가 7개 조 요구를 제시하면서 시종일관 협박하고 조금도 양보하지 않았습니다(日使所求七款, 始終要挾, 肆然不少讓).

5.「7월 17일 김홍집이 인천에서 마건충에게 보낸 서신에 첨부한 일본 공사와의 담판 대략(七月十七日金宏集函附鈔與日使談判大槪)」: 조선은 일본 군사 비용을 배상하고 항구를 개방하고 일본 공사관의 군대 주둔을 허용한다는 내용이었습니다(朝鮮賠日兵費, 開埠, 及日使館駐兵等).

6.「7월 18일 밤 8시 김홍집이 인천에서 돌아와 남별궁(南別宮) 숙소를 방문하여 나눈 필담(十八日晚八點鐘, 金宏集歸自仁川, 來謁南別宮筆談)」: 일본은 광산을 엿보고 있으므로 조선은 응당 일찌감치 일본인의 희망을 꺾고 부국(富國)의 기초를 닦아야 합니다(日本覬視礦山, 朝鮮應早爲計, 絶日人之望, 立富國之基).

7.「조선과 일본이 의정한 조약 6개 조(日朝議定條約六款)」: 조선은 내란의 흉수

를 징벌하고, 사상자에게 위로금을 지급하고, 군사 비용을 배상(賠償[塡補])하며, 일본 공사관 군대 주둔을 허용하고, 관원을 파견하여 국서를 지참하게 사죄한다(朝鮮亂事, 懲凶, 撫恤傷亡, 賠償[塡補], 日本公使館駐兵, 朝鮮派員修國書謝罪).[45]

8. 「조선과 일본이 의정한 속약 2개 조(日朝議定續約二款)」: 각 항구의 간행이정을 확대하고 일본 공사 등의 내지 유력을 허용한다(擴大各港間行里程, 允日公使等員內地遊歷).

9. 「정여창 제독과 마건충 도대의 보고(丁提督汝昌, 馬道建忠來稟)」: 조선 내란 발생의 경과, 이하응 획치와 폭동 진압의 경과를 알리면서, 아울러 반란 진압에 공을 세운 인원을 상주하여 장려해 주시길 요청합니다(朝鮮釀亂原委, 及獲致李昰應平亂經過, 併請奏獎定亂有功人員).

10. 「마건충 도대의 보고(馬道建忠來稟)」: 김홍집과 조선 전권 이유원이 일본 공사와 약정을 한 경과 및 조선 정부에서 관원을 천진에 파견하여 사후 대책을 함께 논의하고자 한다는 보고(金宏集與朝鮮全權李裕元與日使約定經過, 及韓廷派員來津稟商善後事宜).

날짜: 光緒八年七月二十五日(1882년 9월 7일)
발신: 北洋大臣 李鴻章
수신: 總理衙門

七月二十五日, 北洋大臣李鴻章函稱:

在籍接奉鈞署電信, 竝欽奉寄諭催促起程, 當以事關大局, 未敢藉故遷延, 業將啓行日期專疏馳報在案. 七月十九日, 行次吳淞, 英國威使來晤, 出示駐日英使巴夏禮近日密信,[46] 詳述日本政府之意: '亦知朝鮮亂黨滋事, 由於大院君李昰應主使, 甚不願

---

45 원문은 '七款'으로 되어 있으나, 실제로는 '六款'의 오류라서, 바로잡았다.
46 파크스(Sir Harry Smith Parkes, 巴夏禮, 1828~1885)는 영국 외교관으로 13세에 중국에 와서 일하기 시작하여 1863년 상해 영사를 지낸 뒤 1865년부터 1883년 주중국 공사로 옮길 때까지 18년 동안 주일본 영국 공사로 근무하였다.

與李昰應交結, 中國派兵前往, 如勘辦內亂, 非日人所可擾越, 若欲爲朝鮮主持日本交涉之案, 日人必不甘受. 若將所索條款, 大畧開陳.' 等語. 是夜接振軒制軍電報, 馬道等誘獲李昰應, 解送到津, 正喜辦法深合機宜, 告知威使, 同爲稱快. 然猶應餘黨未遽捕散, 朝日約款未就, 或生變端. 廿一晚抵燕臺, 接據提督丁汝昌·道員馬建忠十六·十八日稟報. 該國亂軍業經剿散, 分別究治, 日本約款亦經朝鮮大臣李裕元等定議簽押, 交涉辦理已畢, 該道即帶趙寗夏·金宏集等來津, 謁商善後事宜. 謹照鈔丁提督等稟單二件, 馬道錄寄筆談及朝日約款奉呈察核. 鴻章因事機甫定, 續捕亂黨, 應與朝鮮會訊明確, 其有渠魁應照約由朝鮮知照倭使, 酌予懲辦, 日本兵船·陸軍未撤之先, 我軍應暫留該處, 彈壓坐鎮, 俾朝王有隱然可恃之資, 當即緘屬吳·丁兩提督·馬道等相機妥辦. 廿三馳抵天津, 晤商振軒, 以朝鮮大致就緒, 續撥兵隊自可暫緩前往, 藉省煩費. 惟李昰應已解赴京都, 請旨辦理. 竊謂李昰應藉不樂外交爲名, 爭權內閣, 肆毒宮闈, 實爲禍首罪魁, 其人奸狡梟傑, 勢能扶衆以逞, 第處人父子之間, 誠恐殺之不當, 囚之不可, 縱令回國, 則後患滋大. 似宜仿照元朝至元年間, 高麗忠宣王·忠惠王父子相爭, 將忠惠流竄揭陽故事,[47] 設法拘禁安置, 勿令私自走脫, 或潛通消息, 煽惑其黨, 以致死灰復燃之處, 尚祈卓裁, 密陳妥辦施行. 朝鮮善後各事, 頭緒繁多, 關係重要, 鴻章既經抵津, 俟馬道同趙寗夏等至後, 當悉心商度, 次第請示酌辦, 除擇期接辦通商纂務, 再行詳晰具奏外, 謹先馳佈大槪, 用慰懸廑. 專肅, 敬敬鈞祺.

照錄
(1)「馬道建忠鈔呈節畧. 補錄初十日捕抵王京, 與李祖淵筆談」.
忠曰: "請將花房至此, 所有各事顚末一一詳示."
李曰: "花房到此後, 即要引見, 果於初七日引見. 渠有一摺子, 即七件請也. 自國王以

---

47 충혜왕(忠惠王, 1315~1344)은 고려 27대 충숙왕(忠肅王, 1294~1339)의 장남으로 31대 공민왕(恭愍王, 1330~1374)의 친형이다. 그의 아버지 충숙왕도 1330년 원에 의해 사실상 왕위를 빼앗기고, 그 양위를 받아 충혜왕이 재위하게 되었지만, 2년간의 짧은 1차 재위 이후 폐위되고, 원(元)으로 압송되어 투옥되었다가 6개월 만에 다시 복귀하였다. 하지만 황음무도한 행실을 고발당해 1343년 11월에 고려에 온 원의 사신에게 구타당하고 포박당해 원나라로 끌려갔으며, 게양현(揭陽縣, 현재의 廣東省 소속)으로 귀양가다 사망하였다.

領議政洪純穆定全權大臣, 而彼言三日內回答, 而初八日洪相往山陵省審, 其時以書通知矣. 彼於此日大慍怒, 要牛馬二百匹, 人足三百名, 言曉發回國. 故祖淵夜往探請, 則彼乃鎖門不出, 書於政府諸位, 又有上奏一摺, 以焚館逐使爲言, 不卽行全權之擧, 數百年隣誼, 一朝頹涒云云, 仍曉發矣. 今午淵與請修官金道圜, 往見近藤, 請說且謝今番之變. 近藤曰: '焚館逐使, 自有公法, 而貴國托以內事, 不許快答, 是以公使及海陸軍將慍怒而去. 從玆以往交絶, 交絶則開戰. 今若派送全權大臣於仁川地, 與公使論妥, 許此七件及派使致謝一件合八件, 則舊交可復.'云云."

忠曰: "花房尙有幾日回國?"

李曰: "今日問近藤, 近藤之言, 以爲不過留仁川一兩日."

(2)「十四日午後, 戶曹尙書金炳始, 以國王命來館筆談日本事宜」.

忠曰: "日使所開七條, 其間有卽可許者, 有決不可許者, 有須變通者, 爲分別言之. 第一條當許, 惟以不限時日爲妙, 亂黨不獨傷及日人, 亦且戕害貴國王妃·大臣, 若不嚴行査辦, 將國法之謂何? 第二條可許, 第三條可許優卹銀五萬圓, 分給十三人家屬, 尙不謂濫. 第四條當力與爭辯, 若必不得已, 可列入第三條優卹款內, 於五萬圓外, 增添若干, 因以前次舟內, 與竹添進一筆談示知. 第五條擴地間行, 無礙於事, 惟貴國民心不靖, 宜限以數年後, 再爲擧行. 至咸興·大邱開市, 則爲陸地通商, 決不可爲日人開端. 楊花津雖屬漢江埠頭, 惟以逼近王京, 若許以通商, 不識有無流弊. 第六條公使·領事遊曆內地, 原屬公法. 惟大亂初定, 日後公使等, 若往內地[地]遊曆, 必先知會地方官方可. 第七條京內屯置大隊, 萬不可許. 至該公使爲保身之計, 隨帶兵弁, 在館內駐紮, 尙無不可. 惟不宜列入款內. 至遣使至日廷慰問, 似亦無所不可. 惟宜與花房言日廷亦當有國書, 由彼賚呈國王, 以慰卹王妃, 相臣之難, 如是則彼此相慰, 乃於國體無礙. 蓋朝鮮旣無駐日使臣, 特地派人慰問, 亦不爲過. 此數條若能辦到, 尙屬於情理無悖. 惟措辭之間, 宜以直捷了當爲妙. 可許者則立地許之, 不可許者, 則堅執不許, 隱示以旣有可恃, 不足深畏之意, 彼外屈於公議, 內怯於我國, 諒不至始終決裂也."

(3)「十四日晩間, 金宏集以奉派議事副官, 前往仁川來館, 面詢各款筆談」.

金曰: "日間所教, 亦旣捧誦矣. 而間有未明, 還賜指導. 卹銀五萬圓而添以兵備之費, 宜如何?"

忠曰: "日本兵艦原有常費, 陸兵亦有定餉, 來此不過稍加運費, 若與卹銀統算在內, 不過十萬圓足矣."

金曰: "誠如教矣. 而有按限公償之例乎?"

忠曰: "若貴國國帑可支, 則宜一齊交付, 以免日後生息之累. 若無力齊付, 則可攤作幾. 僕想花房亦必不至以全付相强也."

金曰: "楊花津開埠可許乎?"

忠曰: "若無大弊, 何妨許之. 仁川已開口岸, 楊花津亦不過銷仁川出入之貨, 其實非於仁川外另開一口也. 況楊花津亦屬水路通商, 與已開口岸屬一例, 非若大邱·咸興等地復滋陸路通商之流弊也. 惟議事之時, 先可一槪不許, 必不得已, 則可許楊花津通市, 而不給兵備之費. 挹彼注玆, 未始非計. 旋以舟中與竹添進一筆談示之."

(4)「七月十七日金宏集仁川來函」.

眉叔大人閣下:

敬頌日來勛祺萬安.[48] 僕十五抵仁川, 夜見花房於船次, 辨論七款, 仍無成議. 傍晨還花島. 十六晩又與之窮日爭詰, 彼終始要挾, 肆然不少讓, 仍促明午鈐印. 事到此地, 厚負明敎, 只恨大人不在此, 無以隨機責裁耳. 況賠款太濫, 不免爲辱命之歸, 慚憤欲死, 前後所談無稿底, 八款釐正本, 彼才攜歸舟中淨寫, 并不及錄呈, 另有抄槪一紙, 鑒燭是幸. 勿勿不莊.[49]

十六日亥刻.

---

48 훈기만안(勛祺萬安)에서 훈(勛)은 공훈이나 공적을 말하는데 남에 대한 경칭이고, 기(祺)는 행복, 행운을 뜻하며 안부를 묻는 용어로 政界나 軍界의 사람에게 사용한다. 따라서 훈기만안은 상대방의 행복을 비는 서신용 인사라고 하겠다.

49 물물불장(勿勿不莊)에서 물물(勿勿)은 총망(悤忙)과 같은 뜻으로 매우 분주하다, 바쁘다, 황망(慌忙), 다급하다는 것을 겸손하게 표현하고, 부장(不莊)은 공경하지 못하다, 상세하게 진술하지 못한다는 것을 겸손하게 표현하는 서신 용어이다.

(5)「七月十七日金宏集仁川來函」.
第一, 十五日改爲二十日. 另注曰:'日本派員, 眼同究治, 若期未捕, 應由日國辦理.' 我以此事大欠體面, 屢回爭結, 彼終肆不服. 第二, 第三, 仍本文許之. 第四, 公使館所損物及兵費始不言多少, 至今晚忽以五十萬圓, 限五年清兌填書. 故百般要減而不如意. 彼之狡黠不可理說, 憤不可堪, 賠償二字改以塡補. 第五, 開行以五十里, 二年後百里, 楊花津市場, 竟不得已許之, 咸興·大邱, 則決意終不許之. 第六, 許之. 第七, 改以公使館置兵員若干, 警備數, 則當觀勢多少云. 另注曰:'朝鮮兵民守律一年以後, 更無可警, 則不妨撤去.' 第八, 派使後, 日本亦當以國書慰問云.

(6)「十八日晚八點鐘, 金宏集歸自仁川, 來謁南別宮筆談」.
忠曰:"第一條, 花房言明如何辦理?"
金曰:"其另注, 初以'應自日本國差役自處辦'爲文. 僕謂'差役自處辦'亦碍我人眼目, 不如'辦理'含混, 以是改之."
忠曰:"彼可言明辦理與懲辦何人, 及懲辦若干人乎?"
金曰:"此事未曾如此詳問."
忠曰:"兵備之費五十萬圓, 彼如何結算, 執事可將竹添之言告之乎?"
金曰:"僕在大官之後, 不敢言言自斷, 五十萬誠是料外. 故先言我帑藏空虛, 無可辦之力, 則彼亦曰:'國知其然, 日後開礦, 儘可辦此, 若不趁期清兌, 彼自行採礦, 足此數後當還之.' 此甚無理, 竹添所言, 雖不露破, 槪將此擧不欲開釁, 專爲維持亞細亞大局起見. [金宏集曰:]'貴國用意可感. 今以賠償一事要挾, 是以仁始而以利終也. 因要減其數.' 則彼又將礦師及器械, 皆延請於渠, 又日後設電線, 渠國當任之, 又咸興·大邱事預約三件爲請, 而只減一十萬之數. 故答以:'如此要挾, 不如不減之爲愈,' 仍復爲五十萬矣. 又將俄國黑海之戰, 及中國雲南之案爲言, 則彼亦以爲然, 而[曰:]'此事非爲利也, 貴政府不能曉諭民人, 以致此變, 此次是罰款.' 云. 其言無禮至此, 憤不可堪."
忠曰:"日人覬覦貴國礦山久矣. 今此執事等至中國, 面見中堂, 須祈爲作主, 以絶日人之望, 以立富國之基."
金曰:"日人言貴國有財, 而不能用, 其覬覦可知. 今此不允, 其情誠爲向已乞大人作主,延師開採故.開採伊始,自我償其數,綽有裕矣.且敝國雖貧,每年節省,或辦十萬圓耳.宵失每年十萬,不甘聽日人之任行開採也.今承此教,面謁中堂時,敢不以此事析懇乎?"

(7)「日朝議定條約六款」.
日本曆七月二十三日/朝鮮曆六月初九日之變,朝鮮兇徒侵襲日本公使館,職事人員致多罹難,朝鮮國所聘日本陸軍教師,亦被慘害.日本國爲重和好,妥當議辦,即約朝鮮國實行下開六款及別訂續約二款,以表懲前善後之意.於是兩國全權大臣計名蓋印,以昭信憑.

第一.自今期二十日,朝鮮國捕獲兇徒,嚴究渠魁,從重懲辦事.日本國派員眼同究治,若期內未能捕獲,應由日本國辦理.
第二.日本官胥遭害者,由朝鮮國優禮瘞葬,以厚其終.
第三.朝鮮國撥支五萬圓,給與日本官胥遭害者遺族竝負傷者,以加體恤事.
第四.因兇徒暴舉,日本國所受損害及護衛公使水陸兵費內,五十萬圓由朝鮮國填補事.每年支十萬圓,待五個年清完.
第五.日本公使館置兵員若干備警事.設置·修繕兵營,朝鮮國任之,若朝鮮國兵民守律一年之後,日本公使視做不要警備,不妨撤去.
第六.朝鮮國特派大官,修國書以謝日本國事.
大日本國 明治十五年八月三十日 大朝鮮國 開國四百九十一年七月日.
本國辨理公使 花房義質 朝鮮國全權大臣 李裕元 朝鮮國全權副官 金宏集.

(8)「日朝議定續約二款」.
朝鮮國與日本國嗣後爲益表親好便貿易,茲訂定續約二款如左:
第一.元山·釜山·仁川各港間行里程,今後擴爲四方各五十里[朝鮮里法].期二年後[自條約批准之日起算,周歲爲一年],更爲各百里.[自今期一年後,以楊花鎭爲開場事]
第二.任聽日本國公使·領事及其隨員,眷從遊曆朝鮮內地各處事.指定遊曆地方,由禮曹給照,地方官勘照護送.右兩國全權大臣,各據諭旨,立約蓋印,更請批准,待二個月內,日本明治十五年九月,於日本東京交換.

(9)「丁提督汝昌·馬道建忠來稟」.
敬稟者:

竊抵朝鮮漢城後, 所籌日高交涉事宜, 與誘送李昰應情形, 業經稟報在案. 提督汝昌於十三日戌刻, 率水兵數十名, 護送李昰應登程. 是夜陰雨, 泥濘沿途, 不準停息, 軍士等冒雨忍饑行百七十里, 於次午抵馬山浦, 將昰應送至登瀛洲兵舶安置. 維時日本兵舶之泊仁川口者, 亦以次移椗來集, 因留海口部勒舟師, 期以壯聲援而示牽掣. 職道建忠於十四日一面請朝鮮國王, 由其政府將願重修舊好之意, 函知花房, 隨派全權大臣李裕元·副官金宏集馳赴仁川會議, 一面查拿城東亂黨. 蓋王京隸兵籍者約近萬人, 半在枉尋·利泰二里聚族而居, 世世爲兵, 慢官屬民, 久成積習. 初朝鮮國王九齡嗣位, 昰應以太公攝政十餘年間, 臣民交怨. 嗣國王年長, 王妃閔氏亦累世勳舊, 其父兄欲輔國王, 收回大柄. 於是朝臣之同志者, 擧昰應頻年惡跡, 交章彈劾, 遂致失政, 家居無何. 王妃父兄均死於火, 人皆謂昰應所爲. 顧以其處不死之地, 國王亦姑爲隱忍, 仍以王妃從兄置顯要輔政, 昰應乃以陳氏豆區之計,⁵⁰ 陰結枉尋·利泰二里諸軍士, 以爲羽翼. 去年其次子載先, 與勳戚三五少年, 欲謀篡弑, 未發事泄, 庚死獄中.⁵¹ 用是積怨蓋深, 流毒愈甚, 遂有今年六月之事. 現雖昰應就拘, 而其長子載冕新以訓練大將握兵柄, 恐亂黨一聞查拿, 或更奉以爲亂, 爰於十五日晚間, 先將載冕誘拘南別宮, 以水兵數十名守之. 然部署一切, 是夜吳軍門派慶軍會辦營務處袁中書世凱, 來館幫同料理, 而金允植亦以國王致吳軍門及職道建忠書, 至請速派兵弁, 至該二里剿除亂黨, 俾戢器復整, 情辭之間, 頗極迫切. 爰令慶字親兵後營張副將光前, 率領全隊, 出小東門, 會同慶字左營吳總兵兆有·慶字正營何副將乘鰲往捕枉尋里亂

---

50 진씨두구지계(陳氏豆區之計)는 『좌전(左傳)』 소공(昭公) 3년 조의 기록에서 나오는 고사이다. '두구(豆區)'는 '두·구·부·종(豆·區·釜·鍾)'이란 부피를 재는 도량형(量器)으로, 진씨두구지계(陳氏豆區之計)는 진씨(陳氏)가 제(齊)나라의 정권을 탈취한 다음 두·구·부의 양기를 모두 규격보다 크게 만들어 그것으로 민간에 곡식을 대여하고, 반대로 대여하였던 곡식을 거둘 때는 규격보다 작게 만들어 민심을 크게 끌어모은 것을 가리킨다.

51 이재선(李載先, ?~1881)은 조선 말기 왕족으로, 흥선대원군 이하응의 서장자(庶長子)이다. 1879년에 별군직(別軍職)으로서 가자되었으나 이듬해 소위 이재선 추대 대역음모 사건에 연루되어 사약을 받고 죽었다. 이 음모는 남인 계열의 안기영(安驥泳)과 권정호(權鼎鎬)가 민씨 정권의 세도와 개화 정책에 불만을 품고 흥선대원군의 재기 기회를 마련하기 위해 시도한 것이었다. 그러나 광주장교(廣州將校) 이풍래(李豊來)의 고변(告變)으로 사전에 발각되어 연루자 30여 명이 검거되었다. 이재선은 자진해서 심문에 응하였고 처음에는 제주도에 귀양으로 정해졌으나, 유림의 만인상소에 밀려 고종은 사약을 내렸다.

黨. 其地兩面依山, 中列街衢, 瓦屋鱗次. 吳總兵率軍分扼兩頭, 張副將直入其巢, 時天色漸明, 該亂黨等突見我軍掩至, 一半持械走登山麓, 一半出街前死拒, 里中間有居民雜處, 不敢輕用炮火, 短兵巷戰兩時許. 張副將生獲一百三十餘人, 何副將以親兵輔之, 亦獲二十餘人. 其餘悉由屋後竄去, 我軍帶傷者二人, 當攢捕之時, 亂黨之勢窮力憊, 度將就獲者每以刃自剚其腹, 腸胃畢露, 其憨不畏死, 於此可見. 利泰里吳軍門自往掩執, 以地近營址, 已先期聞風遠颺, 僅獲二十餘人. 是役所獲者, 共一百七十餘人. 職道建忠當至吳軍門營中會訊, 戮其首領及罪狀較譸者十人, 其餘情有可原者, 槪予釋放. 蓋以六月初九之變, 其間不無脅從, 設所獲者不爲分別輕重, 盡置諸法, 則此輩知罪皆不赦, 必聚而爲走險之謀. 惟第戮其首領, 則凡脅從者咸知爲法所不誅, 將安然解散以去, 而潢池之禍, 可以不興, 亦潛消反側之意也. 雖亂黨數千, 僅戮此十人, 猶恐未足以示儆, 而天威震讋, 群凶奔竄, 巢穴旣覆, 嘯聚無方, 此後散處四方, 不難隨時續捕. 而載冕不安於位, 亦卽於是日請釋兵柄. 方辦理間, 接奉振憲來函, 與抄示總署函稿, 所籌先後機宜與現在辦理情形, 節節脗合. 猶憶提督等甫至朝鮮, 亦卽以生致昰應爲先著, 故方提督汝昌回津時, 職道建忠卽借調停日本之說, 與昰應深相結納, 冀使弗疑, 迨陸軍旣至, 職道建忠先率小隊二百名, 直趣王京, 昰應請住城內南別宮. 其時頗有勸令勿入者, 職道建忠以向住此宮, 茲忽遲留城外, 彼必因疑至懼, 預爲防備, 則辦理卽難得手, 遂毅然入居. 復與謬爲親近, 彼果深信傾信, 終以就逮, 而後乃得查拏亂黨, 不特朝鮮之宗社危而復安, 亦且日本之奸謀隱而難肆. 此皆仰賴皇上聲靈·中堂威望與夫振憲之當機立斷, 乃克收此寸效. 在事諸員, 不無著有微勞, 除陸軍應由吳軍門開單請獎外, 其水師如於提督汝昌前乘威遠回津請師後, 仁川口內僅超勇·楊威二快船, 而日本兵舶乃有七艘, 該管駕等皆能相機酬答, 示以鎭靜, 使之不敢輕肆. 而登陸後護送昰應, 使元惡不至遁逃, 拘守載冕, 俾亂黨無從推戴其後. 我艦移椗南陽, 各舶又能隱示牽掣, 俾日兵不敢輕動, 而職道建忠乃得與吳軍門捕治亂黨, 使日人終始未得攪越. 陸軍爲其顯, 水師爲其隱, 其勞亦足相當, 其可否擇尤酌保, 以示鼓勵之處, 已稟請振憲批示遵行. 所有捕治亂黨, 覆其巢穴緣由, 理合具實稟報. 爲此具稟, 恭叩爵祺, 伏惟鈞鑒. 提督丁汝昌, 職道馬建忠謹稟.

計: 呈筆談及各稿一冊. 七月十六日發, 二十一日到.

(10) 「馬道建忠來禀」.

竊建忠前於十四日肅上一禀, 縷陳日高交涉事宜, 想已上廑鈞鑒. 十三日昰應就逮後, 隨請國王將願重修舊好之意, 由其政府函知日使花房義質. 國王旋於十四日派定全權大官李裕元·副官金宏集, 擬往仁川議事. 是午先命戶曹尚書金炳始, 持條款來館請教. 忠因卽舉其可許, 不可許與可變通辦理各節, 分別批答, 竝告以第四條賠償兵費, 當與力爭, 且隱示以有恃無恐之意, 以折其盛氣, 庶各事可以就議. 晚間金宏集來館筆談, 復爲剖晰一切, 次日宏集等卽赴仁川. 十七日宏集來函, 謂:'花房多方要狹, 恨忠不在仁川, 罔所秉承, 勉强定議, 慚恨欲死.'等語. 復開示大槪一紙, 則各節尚與忠原議不甚懸殊, 惟賠償改爲塡補, 竟許以五十萬圓. 忠伏查此次日高啟釁, 日人調集水陸兩軍前來, 求爲城下之盟, 其始朝鮮臣民岌岌危殆, 不可終日. 誠有如總署所慮, 內亂旣興, 外敵又迫, 事機危急, 有不能不受制日人之勢. 而美國兵舶至此, 亦謂各國從旁竊議, 均揣知日本挾制朝鮮, 已非一日, 今日師出有名, 必要令割地乃已. 自花房駛至漢江, 而中國兵舶先在, 業已氣爲之奪, 雖其時丁提督已乘威遠, 東渡請師, 泊口內者僅有超勇·揚威兩舟, 而忠屬船中弁勇示以鎭靜, 與花房接談時, 復告以中國不日卽有水·陸大軍來會, 陽以剪除亂黨爲言, 隱示保護藩封之意. 於是花房辭氣乃益和平. 初三日竹添進一郞來舟筆談, 遂謂:'割取島嶼以求逞欲, 其政府竝無是心', 及言及兵費, 忠與之反覆辯難, 竹添亦不敢終持其說. 而花房至王京所繕七款, 亦遂不及土地, 卽兵費亦未遽言多少, 設卽於其時亟與定議, 則七款之中尙必多所可商. 至於限滿不答, 重行決絕, 而花房要求之心乃復起矣. 故忠一至漢城, 卽於次日馳至仁川, 曉以大義, 竝謂:'我政府有保護朝鮮, 務令毋失寸土'之語, 預以阻其奸謀. 迨十四日, 金宏集至仁川與議. 是日忠適與吳軍門議捕亂黨, 故第陰爲指畫以去, 十五日事定後, 卽擬馳赴仁川, 與爲主持, 繼思日人此次議款, 勢必多所要求, 若中國出面顯爲主持, 而花房或堅執如故. 斯時欲隱忍, 則大損國威, 欲決裂, 則立開兵釁. 故仍留王京, 靜候俟其或有差池, 再當從旁排解. 乃朝鮮國王方以內憂方平, 深懼外患, 復起宏集等深體此意, 亦遂受其迫脅, 草率簽押. 忠依念日高此役, 旣未動兵, 復免割地, 而陸路通商之端, 亦尙未開, 僅出此五十萬圓之兵費, 且改賠償爲塡補. 揆之日人借端要挾之始意, 已屬避重就輕. 惟朝鮮貧瘠素甚, 又令重增此累, 撫躬自問, 內咎良深. 現在金宏集等已歸自仁川, 交涉之事辦理已畢, 而朝鮮國王鑒於積弱, 力圖振

> 作事宜, 已派趙宵夏·金宏集·李祖淵等, 請忠携之來華謁憲臺, 面求經畫, 擬即於二十
> 日回舟西渡. 至此間彈壓地方, 續捕亂黨各事, 有吳軍門督師在此, 自能相機辦理.
> 再, 此次朝鮮甫經大亂, 勢同再造, 一切善後事宜, 非得憲臺親爲裁決, 則終無所措
> 手. 宵夏等亦述其國王, 謂: '非面見中堂, 終令勿歸.' 情詞極爲懇切, 設忠西渡後, 憲
> 駕尚未北來, 即當率宵夏等赴皖請謁, 合竝聲明. 所有日高交涉事竣, 忠即擬西渡縁
> 由, 謹肅稟具陳. 爲此具稟, 恭請爵祺,[52] 伏惟鈞鑒. 職道馬建忠 謹稟.
> 七月十八日發, 二十一日到.

7월 25일 북양대신 이홍장이 다음과 같은 서신을 보내왔습니다.

본적지에서 누차 총리아문의 전보 서신을 받았으며, 아울러 출발을 독촉하는 기신상유도 삼가 받들었는데, 대국(大局)에 관련된 일이라, 감히 이유를 들어 지연하지 못하고 이미 출발 일기를 상주문을 갖추어 신속하게 전달하여 알린 바 있습니다. 7월 19일 [상해(上海) 부근의] 오송(吳淞)에 이르렀을 때, 영국 공사 웨이드가[53] 만나러 와서, 주일본 영국 공사 파크스가 최근 보내온 비밀 서신을 보여주면서 일본 정부의 의사를 상세하게 설명하였습니다. 즉. '조선에서 반란군이 폭동을 일으킨 일을 알고 있는데, 대원군 이하응이 사주한 일로 이하응과는 결코 결탁할 생각이 없으며, 이를테면 내란을 진압하기 위해 중국이 군대를 파견하여 진주시키면 일본이 감히 주제넘게 간섭할 생각이 없지만, 만약 조선을 위해 중국이 일본과의 교섭을 주지할 생각이라면 결코 달게 받아들이지 않을 것입니다. 일본이 요구한 해결 조건도 대략 알려드립니다.'

이날 밤 장수성 서리 총독의 전보도 받았는데, 마건충 도대 등이 이하응을 유인·획치하여 천진으로 압송하였다는 것이었습니다. 마침 그 방법이 정말 시의적절한 것임을 기뻐하여 웨이드 공사에게도 알리고 함께 축하하였습니다. 하지만 그래도 여전히 잔당을 신속하게 체포·해

---

52 작기(爵祺)는 귀족 [작위를 지닌 상관]의 편안함을 비는 용어인데, 여기서는 이홍장을 가리킨다. 이홍장은 태평천국 진압 이후 그에 대한 공로로 일등숙의백(一等肅毅伯)의 작위를 받았다.

53 웨이드(Thomas Francis Wade, 威妥瑪)는 영국의 외교관이자 한학가(漢學家)로 육군 출신이었다. 아편전쟁에도 참여하였고 1847년 퇴역한 다음 중국에서 외교관으로 일하였으며, 1871~1882년 주중국 공사로 근무하였다. 1888년 귀국 후 케임브리지 대학의 첫 번째 한문(漢文) 교수가 되었으며, 중국어의 알파벳 표기법을 만들어내기도 하였다.

산되지 않으면 조선과 일본의 화의가 이루어지기 전에 혹시라도 변고가 발생할 것을 염려하였는데, 21일 밤 연대에 도착하였을 때 제독 정여창과 도대 마건충의 16일, 18일 보고를 받아볼 수 있었습니다. 조선의 난당은 이미 토벌·해산되고 각기 조사·처벌하였으며, 일본과의 조약 역시 조선 대신 이유원(李裕元) 등에 의해 조인하기로 결정되어 교섭 처리가 이미 끝났으므로, 마건충은 조영하, 김홍집 등과 함께 천진으로 와서 저를 만나 사후 처리 문제를 논의하겠다는 내용이었습니다. 삼가 정여창 제독의 보고서 2건, 마건충 도대가 보내온 필담 및 조선과 일본의 조약 약관 등을 베껴서 검토하시도록 올립니다.

저는 일이 가까스로 진정되었고 계속 난당을 추가로 체포하여 조선과 함께 확실하게 심문하고, 그 수괴가 있다면 조약에 따라 조선이 일본 공사에게 통보하여 적절하게 처벌해야 하며, 또한 일본의 군함과 육군이 아직 철수하기 전이어서, 우리 부대가 잠시 조선에 계속 주둔하면서 군사적으로 통제하여 조선 국왕이 은연중에 믿을 수 있는 도움이 되어야 하므로, 오장경·정여창 두 제독과 마건충 도대에게 상황을 보아 적절하게 처리하도록 서신으로 지시하였습니다. 23일에 천진에 도착하여 장수성 서리 총독과 만나 상의하였는데, 조선의 정국은 대체로 실마리가 잡혀가므로 추가로 군대를 파견하는 일은 당연히 잠시 파견을 늦추어 번거로움과 비용을 줄이고자 하였습니다. 다만 이하응은 이미 북경으로 보내졌으니, 황상의 유지를 청하여 처리해야 할 것입니다. 제가 생각건대 이하응은 외교를 좋아하지 않는다는 명분을 내세워 권력을 다투면서 내부의 분쟁을 일으키고 궁궐에 해독을 끼쳤으니, 실로 재앙의 수괴이자 으뜸가는 죄범입니다. 그 사람됨은 간교한 효걸(梟傑)로 능히 무리를 모아 좋지 못한 마음을 드러낼 수 있지만, 다만 조선 국왕과 부자지간에 있어 진실로 죽일 수도 없고 감금할 수도 없는 데다가, 만약 귀국시키면 후환이 더욱 커질까 두렵습니다. 따라서 응당 원조(元朝) 지원(至元) 연간에 고려의 충선왕(忠宣王)과 충혜왕(忠惠王) 부자(父子)가 상쟁하자, 충혜왕을 게양(揭陽)에 유배시켰던 고사(故事)를 모방하여, 방법을 마련하여 대원군을 구금·안치시키고 스스로 벗어날 수 없게 하며, 혹은 몰래 소식을 통하거나 그 무리를 선동하는 것도 막아 죽은 불씨가 다시 살아날 수 없게 만드는 것이 탁월한 해결 방법 같아, 적절히 시행해 주실 것을 비밀리에 총리아문에 요청합니다. 조선의 사후 처리 문제는 실마리가 아주 복잡하고 관계가 중요한 것이므로, 제가 천진에 도착한 다음 마건충 도대가 조영하 등과 함께 도착하기를 기다려 최선을 다해 상의하고 헤아려 하나하나 지시를 청하면서 적절하게 처리할 생각입니다. 시기를 정하여 북양통상대신의 직무를 접수하는 것은 다시 상세하게 상주하는 것 외에 삼가 먼저 그 대강의 내용을 알려 황상께서 염려하시는 것을 위로하고자 합니다. 이상입니다. 삼가 편안하시길 빕니다.

(1) 「마건충의 보고 절략. 7월 10일 한성에 도착하여 이조연(李祖淵)과 나눈 필담 보록(馬道建忠鈔呈節署. 補錄初十日捕抵王京, 與李祖淵筆談)」

마건충: "하나부사 공사를 이리로 불러 지금까지의 사건 경과를 하나하나 상세하게 알려주십시오."

이조연: "하나부사는 여기 도착한 다음 곧장 국왕의 알현[引見]을 요구하였습니다. 결국 7월 초7일에 알현이 있었는데, 그는 일곱 가지를 요구하는 상주문[摺子]을 올렸습니다. 국왕이 영의정 홍순목(洪純穆)을 전권대신으로 정한 다음 그는 3일 이내에 회답을 달라고 요구하였는데, 7월 초8일 홍순목은 산릉(山陵)을 점검하러 갔고, 그때 이를 문서로 통지하였습니다. 하나부사는 이날 크게 분노하여, 소·말 200필, 인부 300명을 요구하면서 새벽에 귀국하러 출발하겠다고 이야기하였습니다. 그래서 이조연이 밤에 가서 만나기를 요청하였으나, 그는 문을 잠그고 나오지 않았으며, 정부의 여러 인사에게 서신을 보내 다시 상주문을 한 통 올리면서 공사관을 불태우고 공사를 내쫓은 일 이야기하고, 즉각 전권사신으로서 임무를 실행하지 않으면 수백 년 이어진 우방의 우의가 하루아침에 흩어질 것이라고 언급하더니, 새벽에 출발해 버렸습니다. 오늘 정오 이조연과 청수관(請修官) 김홍집이 가서 곤도(近藤)를 만나 이야기해 달라 요청하고 이번의 사변에 대해 사과하였습니다. 곤도는 이렇게 얘기하였습니다. '공사관을 불태우고 공사를 내쫓은 일에 대해서는 당연히 만국공법이 있는데, 귀국은 내부의 문제를 구실로 삼아 신속한 답변을 하지 않습니다. 이 때문에 공사 및 육·해군 장령 들이 분노하여 떠난 것입니다. 지금 이 후로는 국교 단절이며, 국교가 단절되면 바로 전쟁을 시작할 것입니다. 지금 만약 전권대신을 인천 지역에 파견하여 공사와 적절한 논의를 하고, 이 일곱 가지 그리고 사신을 파견하여 사과하는 일까지 모두 여덟 가지를 허락한다면 과거의 국교가 다시 회복될 수 있을 것입니다.'"

마건충: "하나부사 공사는 그럼 며칠 있으면 귀국한다고 합니까?"

이조연: "오늘 곤도에게 물었더니, 그는 인천에 하루 이틀밖에 머물지 않을 것이라고 이야기하였습니다."

(2) 「7월 14일 오후 호조상서 김병시가 국왕의 지시로 숙소에 찾아와 마건충과 일본 문제에 대해 나눈 필담(十四日午後, 戶曹尙書金炳始, 以國王命來館筆談日本事宜)」

마건충: "일본 공사가 내건 7개 조는 그 가운데 허락해도 좋을 것, 결코 허락해서는 안 되는 것, 반드시 변통해야 하는 것이 섞여 있어 각기 나누어 이야기하도록 하겠습니다. 제1조는 허락해야 하지만, 시간을 제한하지 않는 것이 최선이며, 난당은 일본인만 해쳤을 뿐 아니라 조선의 왕비, 대신도 마찬가지로 살해하였으므로, 만약 엄격히 조사·처벌하지 않는다면 장차 국법을 무어라 하겠습니까? 제2조는 허락할 수 있으며, 제3조는 허락할 수 있지만 위로금 5만 원(5萬圓)을 13명의 가족에게 나누어주니 지나친 것이라고 할 수는 없습니다. 제4조는 응당 힘써 다투어야 할 것으로, 만약 부득이하다면 제3조의 위로금 속에 포함하고 약간 증액해도 좋습니다. 이점은 전에 배 위에서 다케조에 신이치로와의 필담에서도 제시한 바 있습니다. 제5조의 간행이정 확장은 큰 장애는 없으나, 다만 반드시 조선 국민의 마음이 편안하지 못할 터이니, 응당 수년 이후로 제한하여 다시 거행해야 할 것입니다. 함흥과 대구의 개시(開市)는 육지통상으로 결코 일본인에게 실마리를 열어주어서는 안 됩니다. 양화진(楊花津)은 비록 한강(漢江)의 부두이지만, 한성에 접근해 있어, 만약 통상(通商)을 허락한다면 유폐(流弊)가 어떨지는 잘 모르겠습니다. 제6조의 공사, 영사의 내지 유력은 원래 공법[에서 허용하는 바]에 속하는 것입니다. 하지만 큰 내란이 이제 가까스로 진압되었으니, 앞으로 공사 등이 내지로 유력한다면 반드시 먼저 지방관에게 통보한 다음이어야 합니다. 제7조는 한성 내에 대대(大隊)를 주둔한다는 것으로 결코 허용해서는 안 됩니다. 일본 공사 등의 신변 안전을 위해서라면 장병을 수반하여 공사관에 주둔하는 것을 허용해 줄 수도 있지만, 조약 조항 안에 이를 포함해서는 안 됩니다. 사신을 보내 일본 정부에 위문하는 일 역시 안 될 것은 없습니다. 다만 응당 하나부사에게 일본 정부 역시 국서를 보내고, 그가 조선 국왕에게 올려 왕비와 상신(相臣)의 서거를 위문하도록 다짐받아야 합니다. 이래야만 피차 서로 위문이 되고, 국체(國體)에도 장애가 되지 않을 것입니다. 조선은 아직 주일 공사를 파견하지 않았으므로, 특별히 인원을 파견하여 위문하는 것도 문제는 아닙니다. 이 몇 가지를 제대로 처리할 수 있다면, 그래도 인정과 사리에 어긋나지 않습니다. 다만 용어 사용에 있어 응당 단순 명쾌하게 나가는 것이 좀 더 나을 것입니다. 허용할 수 있는 것은 곧바로 허용하고,

허용할 수 없는 것은 완강하게 거절하면서 믿을 만한 배경이 있어 깊이 두려워할 만한 것이 아니라는 뜻을 은근하게 보여준다면, 일본은 밖으로는 공의(公議)에 굴복하고, 안으로는 중국을 겁내어 진실로 시종일관 결렬하겠다는 자세에 이르지 못할 것입니다."

(3) 「7월 14일 저녁 의사부관(議事副官)으로 파견된 김홍집이 인천 숙소로 찾아와 각종 문제에 대해 묻고 마건충과 나눈 필담(十四日晚間, 金宏集以奉派議事副官, 前往仁川來館, 面詢各款筆談)」

김홍집: "그동안 지시한 바는 모두 그대로 따랐습니다. 하지만 간혹 분명하지 않은 것이 있어 지도를 요청해야 할 것 같습니다. 위로금 5만 원에 군사 비용을 첨가한다는데 응당 어떻게 해야 할까요?"

마건충: "일본 군함은 원래 경상비가 있고, 육군도 역시 정해진 군비가 있어 조선에 파견된 것은 조금 이동 비용을 추가하는데 지나지 않습니다. 만약 위로금과 함께 포함한다 해도 모두 10만 원으로 충분합니다."

김홍집: "정말 그럴 것 같습니다. 그런데 기한에 맞추어 나누어서 공식 상환하는 전례가 있습니까?"

마건충: "만약 조선의 국고에서 지급할 수 있다면, 응당 한꺼번에 넘겨주어 앞으로 이자 문제로 피해받는 일이 없어야 할 것입니다. 만약 그럴 여유가 없다면, 몇 차례 나누어 지급해야 할 것입니다. 하나부사 역시 한꺼번에 모두 지급하라고 억지를 부리지는 않을 것으로 생각하시지 않습니까?"

김홍집: "양화진의 개부(開埠)는 허가해도 되겠습니까?"

마건충: "만약 큰 폐해가 없다면 허가해도 무방할 것입니다. 인천이 이미 개항장이 되었는데, 양화진은 인천(仁川)으로 출입하는 화물을 판매하는 곳에 지나지 않아 실제로는 인천 외에 따로 항구를 여는 것이 아닙니다. 하물며 양화진 역시 수로 통상에 해당하는 것으로 이미 개항한 항구와 같은 사례이니, 대구나 함흥 등지가 다시 육로통상의 유폐를 늘리는 것과는 다릅니다. 다만 협상할 때 모든 것을 함께 거부하였다가, 어쩔 수 없는 상황이 되면 양화진의 개방을 허가하되 군사 비용을 지급하지 않는다는 조건을 걸면 될 것입니다. 이곳에서 꺼내 저곳으로 옮기는 격이니, 반드시 나쁜 방안이라고 할 수는 없

을 것입니다."

이윽고 마건충은 배 위에서 다케조에 신이치로와 나눈 필담을 김홍집에게 보여주었다.

(4) 「7월 17일 김홍집이 인천에서 마건충에게 보낸 서신(七月十七日金宏集仁川來函)」

마건충 대인께.
　삼가 귀하께서 최근 편안하시길 빕니다. 저는 7월 15일 인천에 도착하여 밤에 하나부사 공사의 배로 찾아가 7개 조 요구를 두고 협상하였으나 여전히 아무런 성과를 얻지는 못하였고, 새벽 무렵 화도(花島)로 돌아왔습니다. 7월 16일 밤 다시 하루 내내 그와 협의를 계속하였는데, 그는 시종일관 위협하면서 제멋대로 조금도 양보하지 않는 태도를 보였고, 계속 다음 날 오후 도장을 찍자고 재촉하였습니다. 일이 이런 처지에 몰려 귀하의 분명한 가르침을 크게 등지게 되니, 오로지 귀하께서 여기 계시지 않아 기회를 틈타 그를 책망하거나 제재하지 못하는 점이 정말 한스럽습니다. 하물며 배상금[賠款]이 너무 지나쳐 왕명을 욕되게 한 죄를 뒤집어쓰고 돌아갈 수밖에 없어 죽고 싶을 만큼 부끄럽고 화가 납니다. 앞뒤로 나눈 담화는 원고가 없어 여덟 가지 조항을 정리한 판본은 그가 배로 가지고 돌아가 정서(淨書)하겠다고 하여 베껴 올리지 못하고, 따로 대강의 내용만 옮긴 문서 1장을 올리니, 살펴봐 주시면 다행이겠습니다. 바빠서 이만 줄입니다.
　16일 해각(亥刻, 밤 9~11시)

(5) 「7월 17일 김홍집이 인천에서 마건충에게 보낸 서신에 첨부한 일본 공사와의 담판 대략(七月十七日金宏集仁川來函)」

제1조의 15일을 20일로 바꾸었습니다.[54] [따로 붙인 주(另注)에서는 "일본이 관원을 파견하여 함께 조사·처벌하며 만약 기한 내에 체포하지 못하면 응당 일본이 처리한다."고 요구하였으나, 제가 이 일은 나라의 체면을 크게 손상한다고 보아 누차 다투며 거절하였으나, 그는 시종일관 오만하게 거절하였습니다]. 제2조와

54　다음에 나오는 부록 문서 7)을 참조할 수 있는데, 최종적으로 6개 조로 결정된 내용은 여기의 설명과는 약간 차이가 있다.

제3조는 본문대로 허락하였습니다. 제4조의 공사관의 훼손 물품과 군사 비용에 대해 처음에는 말이 많지 않았으나, 오늘 저녁에 이르러서는 갑작스레 50만 원을 5년 안에 청산[淸兌]한다고 써넣었습니다. 따라서 온갖 설득으로 줄이려고 하였으나, 뜻을 이루지 못하였습니다. 그의 교활함은 도저히 도리로 설득이 되지 않아, 감당할 수 없을 정도로 분노하였지만, 배상(賠償)이란 두 글자는 전보(填補)라는 용어로 바꾸었습니다. 제5조는 간행이정을 50리로 하고 2년 후 100리로 늘린다는 것과 양화진 시장 개방은 결국 부득이하게 허용하였으나, 함흥과 대구에 대해서는 결의를 다져 마침내 허용하지 않았습니다. 제6조는 허락하였고, 제7조는 공사관에 병력 약간을 두는 것으로 바꾸었고, 경비원의 숫자는 상황을 봐서 다소를 결정한다고 하였습니다.[따로 붙인 주(另注)에서는 "조선의 병민(兵民)이 법률을 지킨 지 1년 이후, 더 이상 경계할 일이 없으면 철거해도 무방하다."고 하였습니다.] 제8조는 조선의 사신 파견 이후 일본 역시 국서를 가지고 조선을 위문해야 한다고 정하였습니다.

(6) 「7월 18일 밤 8시 김홍집이 인천에서 돌아와 남별궁 숙소를 방문하여 나눈 필담(十八日晩八點鐘, 金宏集歸自仁川, 來謁南別宮筆談)」

마건충: "제1조에 대해 하나부사는 어떻게 처리하겠다고 말하였습니까?"
김홍집: "그 따로 붙인 주[另注]에서 처음에는 '응당 일본국이 역(役)을 파견하여[差役] 스스로 처리[自處辦]한다.'는 문구가 있었습니다만, 저는 "역(役)을 파견하여 스스로 처리한다.'는 문구는 또한 조선 사람의 눈에도 거슬리니, 차라리 '판리(辦理)'처럼 두리뭉실한 용어만 못하다고 지적하였고, 이 때문에 그 문구를 고쳤습니다."
마건충: "그가 어떻게 '판리(辦理)'하고, 누구를 징벌하며, 몇 사람 정도를 징벌하겠다고 언급하였습니까?"
김홍집: "이 문제에 대해서는 이렇게 상세하게 묻지 않았습니다."
마건충: "군사 비용으로 50만 원을 요구하였는데, 그가 어떻게 결산(結算)하였는지, 귀하께서는 다케조에의 발언을 알려주실 수 있겠습니까?"
김홍집: "저는 대관(大官, 즉 전권대신 이유원)의 뒤에 있었으므로, 감히 [대화에 끼어들어] 말을 끊을 수는 없었지만, 50만 원은 정말 예상 밖이었습니다. 그래서 먼저 우리 국고가 공허하여 처리할 여유가 없다고 이야기하자, 그는 이렇게 답하였습니다. '일본도 그 점을 알

고 있는데, 앞으로 광산을 개발하면 모두 이 문제를 해결할 수 있습니다. 만약 기한에 맞추어 청산하지 못하면 일본이 스스로 채광할 것이고, 그 액수를 채운 다음 돌려줄 것입니다.' 이런 주장은 정말 터무니없는 것으로, 다케조에의 발언은 비록 겉으로 드러내지는 않았지만, 대체로 이번 일로 전쟁을 벌일 생각은 없으며, 모든 것이 오로지 아시아의 대국(大局)을 유지하려는 의도라는 것이었습니다. [우리 쪽은 이렇게 답하였습니다.] '귀국의 의도는 감동적이지만, 지금 배상 문제로 위협을 가하는 것은 인의[仁]를 명분으로 삼았지만 그 마무리는 이익 추구[利]로 끝내는 것입니다. 그 때문에 그 액수를 감액하고자 합니다.' 그러자 그는 다시 광산 기술자나 기계는 모두 일본으로부터 빌려야 하며, 또한 나중에 전선(電線)을 설치하게 되면 그것도 일본이 담당해야 한다, 그리고 함흥과 대구를 개방한다는 것 등 세 가지 문제에 대해 미리 약속하라고 조건을 내걸면서, 그렇게 하면 10만 원의 액수를 줄여줄 수 있다고 하였습니다. 그래서 '그렇게 위협한다면 차라리 감액하지 않는 것이 더 낫겠습니다.'라고 답하였더니, 결국 다시 50만 원으로 되돌아갔습니다. 또한 제가 러시아의 흑해 전투 및 중국의 운남 사건을 예로 들어 설명하였는데, 그 역시 그 말이 맞다고 하면서도, '이 문제는 이익을 위해서가 아닙니다. 조선 정부가 백성을 제대로 깨우쳐주지 못해 이러한 변고가 발생하게 하였으므로, 이번의 것은 (사실상) 벌금입니다.'라고 강변하였습니다. 그 말이 이렇게 너무 무례하였으므로, 정말 분노를 감당하기 어려웠습니다."

마건충: "일본인이 조선의 광산을 넘본 지는 오래되었습니다. 지금 귀하께서 중국에 이르러 이홍장 중당을 직접 만나게 되면 반드시 그가 이 일을 주재하여 일본인의 희망을 끊어주기를 기원하고, 부국(富國)의 기초를 세워야 할 것입니다."

김홍집: "일본인이 조선은 재물이 있지만 쓸 줄을 모른다고 말하였으니, 거기서도 그들이 엿본다는 점을 알 수 있습니다. 지금 그들의 요청을 허락하지 않은 것은 실제 종전에 대인께 광산 기술자를 초빙하여 채광하는 일을 주지해달라고 부탁한 적이 있기 때문입니다. 따라서 광산 채굴이 시작되면 우리 스스로 그 액수를 상환하고도 남음이 있을 것입니다. 또한 조선이 비록 빈궁하지만, 매년 예산을 절약한다면 아마 10만 원 정도는 마련할 수 있을 것입니다. 차라리 매년 10만 원을 잃더라도 일본인에게 맡겨 광산을 채굴하게 놔둘 수는 없을 것입니다. 지금 이렇게 가르침을 주셨으니, 이홍장 중당을 만났을 때 어찌 이 일을 간청하지 않을 수 있겠습니까?"

(7) 「조선과 일본이 의정한 [제물포]조약 6개 조(日朝議定條約六款)」[55]

일본력 7월 23일, 조선력 6월 초9일의 사변에서 조선 흉도가 일본 공사관을 침입하여 직사(職事) 인원 다수가 피해를 입었고, 조선국에 초빙한 일본 육군 교사 역시 참해를 당하였다. 일본국은 화호(和好)를 되살리기 위해 적절하게 논의하여 처리하여, 조선국이 다음의 6개 조 및 따로 체결한 속약 2개 조를 실행하기로 약속하여 과거의 잘못을 뉘우치고 사후 처리를 하려는 뜻을 드러낸다. 이에 양국의 전권대신이 이름을 적고 직인을 찍어 믿음의 증거를 밝힌다.

    제1조. 오늘부터 20일 이내에 조선국은 흉도를 포획하고 그 우두머리를 엄히 징벌하여 보다 무겁게 처벌할 것. 일본국은 관원을 파견하여 함께 조사·처리하며 만약 기한 내에 포획할 수 없으면, 응당 일본국이 처리한다.

    제2조. 피해당한 일본 관서(官胥)는 조선국이 예우를 우대하여 매장함으로써 그 장례를 후하게 치를 것.

    제3조. 조선국은 5만 원을 지급하여 피해를 당한 일본 관서의 유족 및 부상자에게 지급하여 체휼(體恤)할 것.

    제4조. 흉도의 폭거로 인해 일본국이 받은 손해 및 공사를 호위한 육·해군의 군사 비용을 포함하여, 50만 원을 조선국이 전보(塡補)할 것. 매년 10만 원을 지급하여, 5년에 청산[淸完]할 것.

    제5조. 일본 공사관에 약간의 병사를 두어 경비할 것. 병영의 설치와 수선은 조선국이 담당하며, 만약 조선국 병민(兵民)이 법률을 지킨 지 1년 이후, 더 이상 경계할 일이 없으면 철거해도 무방하다.

    제6조. 조선국은 고위 관료를 특별히 파견하여 국서를 갖추어 일본국에 사죄할 것.

대일본국 메이지(明治) 15년 8월 30일 대조선국 개국 419년 7월

일본국 판리공사 하나부사 요시모토 조선국 전권대신 이유원 조선국 전권부관 김홍집

---

[55] 이 6개 조의 최초 원안은 앞의 (8) 문서번호: 4-3-8(534, 843a-862b)의 첨부문서 1. 일본 공사 하나부사 요시모토가 내건 7개 조 요구를 참조할 수 있는데, 약간 내용이 달라졌다.

(8) 「조선과 일본이 의정한 속약 2개 조(日朝議定續約二款)」

조선국과 일본국은 앞으로 더욱 우호를 표현하고 무역을 편하게 하기 위해 여기 다음과 같은 2개 조의 [조일수호조규] 속약을 정정(訂定)한다.

제1조. 원산, 부산, 인천, 각 항의 간행이정(間行里程)은 앞으로 사방 50리[朝鮮里法]로 확장한다. 2년 후[조약(條約)이 비준된 날로부터 계산을 시작하여 한 해가 지나면 1년으로 한다], 다시 각 100리로 확장한다.[지금부터 1년 이후 양화진(楊花鎭)을 개항할 것]
제2조. 일본국 공사, 영사 및 그 수행원과 권속은 조선 내지의 각처를 유력할 수 있게 한다. 유력할 지방을 지정하여 예조(禮曹)에서 증명서를 발급하며, 지방관은 이 증명서를 확인한 다음 호송한다. 위의 양국 전권대신은 각기 유지에 따라 조약을 체결하고 직인을 찍고, 이후 비준을 요청하는데, 2개월 이내에 일본 메이지 15년 9월 일본 도쿄에서 교환한다.

(9) 「정여창 제독과 마건충 도대의 보고(丁提督汝昌·馬道建忠來稟)」

삼가 보고합니다.
 조선의 한성에 도착한 다음, 일본과 조선의 교섭 문제를 처리하고, 이하응을 유인·획치한 상황은 이미 보고한 적이 있습니다. 정여창 제독은 7월 13일 술각(戌刻, 저녁 7~9시) 수병 수십 명을 이끌고 이하응을 호송하는 길에 올랐습니다. 이날 밤 몹시 흐린 가운데 비가 내려 연도에 진흙탕이 가득하여 멈춰 쉴 수 없었으므로, 군사 등은 비를 무릅쓰고 굶주림을 참으로 170리를 가서, 다음 날 정오 마산포(馬山浦)에 도착하고, 이하응을 등영주(登瀛洲) 군함에 올려보내 안치하였습니다. 그 무렵 인천 항구에 정박한 일본 군함 역시 차츰 닻을 움직여 모여들었으므로, 때문에 해구에 머물러 군함들을 배치하면서 위세를 확장하여 견제의 뜻을 보여주었습니다. 도대 마건충은 7월 14일 조선 국왕에 요청하여 조선 정부에서 옛 화호(和好)를 다시 재건하겠다는 뜻을 서신으로 하나부사 공사에게 알리고, 뒤이어 전권대신 이유원, 부관 김홍집이 인천으로 달려가 협상하게 하는 한편, 다른 한편으로는 한성 동부의 난당을 수색·체포하게 하였습니다. 대체로 한성에서 병적(兵籍)에 예속된 사람이 1만 명에 가까웠는데, 절반은 왕심(枉尋), 이태(利泰) 두 리(里)에 친족끼리 모여 거주하면서 대대로 병사로 충원되었고, 관리에게 오만하고 백성에게 사납게 대하는 것이 오랫동안 쌓인 습속이 되어 있었습니다. 처음 조선 국왕이 9세에 왕위를 이어받았는데, 이하응이 태공(太公)으로 십여 년 섭정하는 동안 신하와 백성들의 원망이 교차하였습니다. 뒤이어 국왕이 성년이 되고 왕비 민씨 역시 누세에 걸쳐 공을 세운 공신의 후예로, 그 부형(父兄)이 국왕을 보좌하여 대권을 회수하려 하였습니다. 이에 뜻을 같이하는 조정의 신하들이 이하응의 수년 동안의 못된 행적을 들어 번갈아 탄핵 상주를 올리자 마침내 그는 실권하고 아무 할 일 없이 집에 머무르게 되었습니다. 왕비의 부형은 모두 불에 타 죽었는데, 사람들은 모두 이하응의 소행이라고 일컫습니다. 그가 [국왕의 생부라] 죽지 않는 자리에 처해 있음을 보고 국왕 역시 잠시 은인자중할 수밖에 없었으며, 그래도 왕비의 종형(從兄)에게 실권을 주어 정치를 보좌하게 하였는데, 이하응은 여전히 민심을 끌어모으는 방법을 써서 은연중에 왕심리(枉尋里), 이태리(利泰里)의 군사들과 결탁하여 자기편으로 삼았습니다. 작년 이하응의 차자(次子) 이재선(李載先)이 훈척(勳戚)의 몇몇 청년들과 함께 찬시(簒弑)를 음모하였다가, 거사 전에 발각되어 옥중에 갇혀 죽었습니다. 이에 쌓인 원한이 더욱 커지고 유독(流毒)이 더욱 확대되어 마침내 올해 6월의 일이 발생하게 되었습니다.

지금 비록 이하응은 구금되었지만, 그 장자 이재면(李載冕)은 새로 훈련대장(訓練大將)이 되어 군사권을 장악하였으므로 난당이 조사·체포의 소식을 듣게 되면 혹시라도 그를 떠받들고 반란을 일으킬 염려가 있어 15일 저녁 먼저 이재면을 남별궁으로 유인하여 구금하고, 수병 수십 명이 지키게 하였습니다. 그리고 모든 준비를 마친 다음, 이날 밤 오장경 제독이 이끄는 경군(慶軍)의 회판영무처(會辦營務處)를 맡고 있으며 중서(中書) 직함을 지닌 원세개(袁世凱)를 숙소로 불러 일 처리를 돕게 하였습니다. 김윤식 또한 국왕이 오장경 제독과 마건충 도대에게 보내는 서신을 가지고 와서 신속하게 장병을 파견하여 왕심리·이태리에 보내 난당을 토벌함으로써 조정의 권위를 되찾게 해달라고 요청하였는데, 그 표정과 말이 아주 절박하였습니다. 이에 경군 후영(後營)의 부장(副將) 장광전(張光前)이 전 부대를 이끌고 소동면(小東門)을 나서 경군 좌영(左營) 총병(總兵) 오조유(吳兆有) 및 경군 정영(正營) 부장 하승오(何乘鰲)와 함께 왕심리 난당의 체포를 시작하였습니다. 이곳은 양쪽에 산을 의존하고 있고 가운데 거리가 펴져 있는데 기와집이 비늘처럼 촘촘히 들어서 있었습니다. 총병 오조유가 부대를 이끌어 양쪽 머리 부분을 장악하고, 부장 장광전은 부대를 이끌고 그 소굴로 곧바로 쳐들어갔는데, 때마침 하늘색이 점차 밝아지는 무렵이라, 난당의 무리는 갑작스레 우리 부대가 포위해 들어오는 것을 보고, 절반은 총기를 들고 달려가 언덕에 오르고, 절반은 거리에 나와 죽자 살자 저항하였습니다.

마을 중간은 거민이 모여 사는 곳이라 쉽사리 포화(炮火)를 쓸 수는 없어, 소총으로 두 시간가량 시가전을 벌였습니다. 장광전 부장은 130여 명을 포로로 사로잡았고, 하승오 부장이 친병(親兵)으로 이를 도와 역시 약 20여 명을 포획하였습니다. 그 나머지는 모두 집 뒤로 도주하였는데, 우리 군대의 부상자는 2명이었습니다. 이들을 포획할 때 난당의 기세와 힘이 위축되었으나, 사로잡힐 때마다 칼로 자신의 배를 찔러 내장이 밖으로 노출되는 등 그 죽음을 두려워하지 않는 모습이 역력하였습니다. 이태리 쪽은 오장경 제독이 직접 출정하여 포획에 나섰는데, 부대의 주둔지와 가까워 이미 소문을 듣고 멀리 달아나 단지 20여 명을 사로잡았을 뿐입니다. 이 전투에서 생포한 사람은 모두 170여 명이었습니다. 도대 마건충은 오장경의 군영에 이르러 공동으로 심문하고, 그 우두머리 및 죄상이 비교적 분명한 사람 10명을 처형하고, 그 정상을 참작할 수 있는 사람은 모두 석방하였습니다. 생각건대, 6월 초9일의 폭동은 그 가운데 위협에 굴복하여 따른 사람이 없지 않았으므로, 만약 포획된 사람을 죄의 경중을 가리지 않고 모두 처벌해버린다면, 이 무리는 그 죄를 전혀 용서받을 수 없음을 알고 반드시 모여서 위험한 행동에 나설 수도 있었습니다. 그렇지만 단지 그 우두머리만 죽이면, 위협에 굴복하였던 사람들은 모두 법으로 사형당하지 않음을 알게 되어 장차 안심하고 해산해버릴 것이니, 불필요한 반항을 막을 수 있어 역시 반란군 측의 의지를 잠재적으로 쇠약하게 할 수 있었기 때문입니다. 난당은 그 수가 수천이 되므로, 단지 이 10명만 살육하면 그래도 경계하도록 만들기에 부족하다는 염려가 비록 있기는 하지만, 우리 중국 부대의 위엄이 벼락처럼 큰 두려움을 주었으므로 난당의 무리가 놀라 달아나고 소굴이 이미 모두 파괴되어 다시 모일 방법이 없으며, 앞으로 사방에 흩어져 버티더라도 수시로 계속 체포하기는 어렵지 않을 것입니다. 그리고 이재면은 자기 위치에 불안을 느껴 즉각 이날로 군사권을 내놓겠다고 요청하였습니다.

　이렇게 처리하는 동안 장수성 총독이 보낸 서신과 총리아문의 서신 원고를 받아보았는데, 저희가 마련한 전후의 핵심 방략과 현재의 처리 상황이 마디마디가 모두 딱 들어맞았습니다. 그렇지만 정여창 제독 등과 조선에 막 도착하였을 무렵에는 또한 이하응을 생포하는 것이 응당 급선무였으므로, 정여창 제독이 천진으로 돌아갔을 때, 마건충은 일본과의 문제를 조정한다는 논의를 빌어 이하응과 서로 깊이 연락하여 그가 의심하지 않도록 꾀하였습니다. 그리고 오장경 제독이 이끄는 육군이 도착하자, 마건충은 먼저 소부대 200명을 이끌고 직접 한성으로 향하였으며, 이하응은 제가 성내의 남별궁에 머물도록 요청하였습니다. 그때 여기로 들어가지 말라고 권하는 사람이 있었으니, 제가 종전에 여기 머문 적이 있어 지금 갑자기 성외에 오래 머문다면 그가 반드시 이 때문에 의심하고 두려워하여 미리 방비하게 되면 일 처리가 어려워질 가능성이 있었으므로, 마침내 태연하게 들어가 머물렀던 것입니다. 또한 거짓으로 친근함을 보여주어 그가 과연 깊이 믿고 의지하게 해놓았다가 마침내 획치한 다음에, 난당을 조사·체포하였는데, (이런 방법을 통해) 조선의 종사가 위태로워졌다가 다시 안정을 되찾았고, 또한 일본의 간교한 음모 역시 은연중에 막아낼 수 있었습니다. 이것은 모두 우러러 황상(皇上)의 성령(聲靈)에 의지하고, 이홍장 중당의 위망과 장수성 총독의 적절한 시기 판단과 결정에 힘입어 이러한 효과를 얻어낼 수 있었던 것입니다. 이 일에 참여한 모든 인원이 사소한 공로가 없었던 것은 아닌데, 육군은 응당 오장경 제독이 명단을 나열하여 장려를 주청할 것입니다. 그 외 해군[水師]의 경우 정여창 제독이 전에 위원 함을 타고 천진에 돌아가 추가 부대의 출동을 요청한 다음, 인천 항구에는 초용(超勇)과 양위(楊威) 두 척의 쾌선(快船)만 남게 되었으나 일본 군함은 여전히 7척이나 있었는데, 해당 함장 등은 모두 상황에 맞추어 차분하게 응대에 응함으로써 일본군이 감히 경거망동하지 못하게 하였으며, 부대가 상륙한 다음에도 이하응을 호송하여 원흉이 도피하지 못하게 막았으며, 이재면을 구금하고 난당이 그를 추대할 수 없게 만들었습니다. 우리 군함이 남양(南陽)으로 닻을 옮긴 다음, 각 함은 또한 은연중 견제의 자세를 보여 일본군이 경거망동하지 못하게 하였으며, 도대 마건충은 오장경 제독과 함께 난당(亂黨)을 체포·토벌하여 일본인이 시종 간섭하지 못하게 하였습니다. 육군은 겉으로 뚜렷하게 드러났고, 해군은 그 뒤에 감추어져 있지만 그 공로는 또한 육군에 못지 않습니다. 이 가운데 뛰어난 공 세운 인원을 골라 추천 상주(上奏)를 함으로써 장려의 뜻을 보여주실 수 있는지 이미 장수성 총독에게 보고하여 재가받고 처리한 바 있습니다. 난당을 체포·처벌하고 그 소굴을 파괴한 모든 사정에 대해 응당 사실을 갖추어 보고해야 할 것입니다. 이 때문에 보고서를 갖추어 삼가 이홍장 중당의 편안함을 빌면서 살펴봐주시길 엎드려 빕니다. 제독 정여창, 도대 마건충이 삼가 보고합니다.

　7월 18일 발송, 21일 도착.

　첨부: 필담 및 각 문서 원고 1책. 7월 16일 발송, 21일 도착.

(10) 「마건충 도대의 보고(馬道建忠來禀)」

저는 이전 7월 14일에 보고서를 올려 조선과 일본의 교섭 문제를 자세하게 아뢴 적이 있는데, 이미 살펴보셨을 줄 압니다. 7월 13일 이하응을 획치한 다음, 곧장 조선 국왕에게 요청하여 옛 화호(和好)를 다시 되살리겠다는 뜻을 조선 정부가 서신으로 일본 공사 하나부사 요시모토에게 알리도록 하였습니다. 국왕은 이윽고 14일에 전권대관 이유원, 부관 김홍집을 확정하고 인천에 보내 협상하게 하려 하였으며, 그보다 앞서 이날 정오 호조상서 김병시를 제 숙소로 보내 여러 조항을 가지고 와서 지시를 요청하였습니다. 저는 허락할 수 있는 것과 허락해서는 안 될 것, 변통해서 처리할 사항에 대해 각각 의견을 제시하였고, 아울러 제4조의 군사 비용 배상은 응당 힘써 다투어야 한다고 하면서, 또한 믿고 두려워하지 않는 바가 있다는 뜻을 은근히 보여줌으로써 일본의 왕성한 기세를 꺾어야만 모든 문제에 대해 제대로 협상이 될 수 있다고 알려주었습니다. 저녁 무렵 김홍집이 제 숙소로 와서 필담을 나누었는데, 이때 모든 것에 대해 다시 설명해 주었습니다. 다음 날 김홍집 등이 인천으로 향하였고, 17일 김홍집이 서신을 보내왔는데, "하나부사 공사가 다방면으로 위협하여 마건충 도대가 인천에 없어 지도받지 못하고 억지로 협의를 마친 것이 정말 한스럽고, 부끄러워 죽을 지경이다."고 하는 내용이었습니다. 다시 그 내용을 대략 소개하는 문서도 있었는데, 각각의 사항은 그래도 저와 상의한 내용과 크게 다르지 않았으며, 다만 '배상'은 '전보'로 바꾸었으나 마침내 50만 원의 액수를 허용할 수밖에 없었다고 합니다. 제가 생각해 보건대, 이번에 조선과 일본이 충돌하고 일본이 육·해군을 동원·파견하여 굴욕스러운 강화 조약[城下之盟]을 맺고자 하였기에, 처음에 조선의 신민(臣民)은 하루를 버티기 어려울 정도로 위태로운 상황이었습니다. 총리아문에서 염려한 것처럼, 이미 내란이 일어난 데다가 외적(外敵)이 또한 들이닥쳐, 정말로 위급한 상황에서 일본인의 기세에 눌리지 않을 수 없었으며, 미국 군함까지 여기에 이르러 또한 말하길, 각국이 옆에서 논의하는데 일본이 조선을 협박하는 것이 이미 하루 이틀이 아님을 모두 알고 있는데 지금 일본의 출병은 명분이 있어 반드시 토지의 할양을 요구할 것이라고 지적하였습니다. 하나부사 공사가 배를 몰아 한강(漢江)에 이르렀을 때 이미 중국 군함이 먼저 정박해 있어 그 기세를 빼앗았으니, 비록 정여창 제독이 추가 파병을 요청하기 위해 위원함을 타고 천진으로 돌아가 있어 나머지 항구에 정박한 것은 겨우 초용과 양위 두 척뿐이었지만, 저는 이 군함의 장령에게 차분함을 유지하고, 하나부사를 접대할 때 다시 중국에서 며칠 안에 육·해군의 대규모 병력이 도착한다고 알릴 것을 부탁하여, 겉으로는 난당의 진압을 내세우나 안으로는 번봉(藩封)을 보호하겠다는 의사를 은근히 내비쳤습니다. 이에 하나부사 공사는 좀 더 기가 꺾이고 평화적인 태도를 보였습니다. 8월 초3일 일본의 다케조에 신이치로가 제 배로 와서 필담을 나누었는데, 마침내 "도서의 분할을 요구하여 욕심을 채우고자 한다는데, 일본 정부에는 결코 이런 마음이 없습니다."라고 인정하였고, 군사 비용을 이야기할 때 저는 그와 더불어 변론을 거듭하여 다케조에 역시 감히 자기주장을 계속 고집할 수는 없었습니다. 그리고 하나부사가 한성에 이르러 제시한 7개 조 요구 역시 결국은 토지(분할)을 언급하지 않았고, 군사 비용 역시 얼마라고 갑자기 이야기하지는 않았으니, 만약 그때 신속하게 합의를 보았다면 7개 조 가운데 협상할 부분이 더 컸을 것입니다. (하나부사가 요구한) 기한이 되어서도 (조선 정부의) 답장이 없어 거듭 결렬하게 되자 하나부사는 더 큰 요구를 하겠다는 마음을 다시 갖게 되었습니다. 그래서 제가 한성에 한 번 갔다가, 그다음 날 다시 인천으로 달려가 대의(大義)를 깨우쳐 주면서, 아울러 "중국 정부는 조선을 보호하여 한 치의 땅도 잃지 않게 할 것"이라고 알려, 그의 간교한 계획을 미리 저지하였습니다. 8월 14일에 이르러 김홍집이 인천에 와서 협의하였는데, 이날은 저와 오장경 제독이 난당[즉 대원군]의 체포를 논의하고 있었기 때문에 단지 은근한 지시만 하고 돌아가게 하였습니다. 8월 15일 대원군의 획치가 완료된 이후 곧장 인천으로 달려가 함께 주지하고자 하였으나, 계속 생각해 보니 일본인의 이번 요구 조항은 반드시 무리한 것이 많겠지만 만약 중국이 나서서 뚜렷하게 주지한다면 하나부사는 혹시 종전처럼 완강한 태도를 유지할 것으로 생각되었습니다. 이때 은인자중하게 되면 국위(國威)를 크게 훼손하게 되지만, 만약 결렬을 선택한다면 즉각 전쟁이 시작될 것이라, 결국 여전히 한성에 조용히 머무르면서 혹시라도 차질이 생기면 그때 가서 다시 옆에서 조정하기로 하였습니다. 그리하여 조선 국왕도 바야흐로 내란이 가까스로 평정되었기에 외환을 깊이 두려워하여 다시 김홍집 등을 기용하면서 이 뜻을 깊이 되새기게 하였고, 또한 일본의 압박과 위협도 있어 결국 경솔하게 조약을 체결하고야 말았습니다. 저는 조선과 일본의 이번 충돌은 군사적 마찰로 나가지도 않았고, 또한 영토 분할도 피할 수 있었고, 게다가 육로통상의 실마리도 아직 열어주지 않았으며, 단지 이 50만 원이라는 군사 비용만 지불하고 또한 '배상'이란 용어를 '전보'로 바꾸었으니, 일본인이 구실을 빌어 위협하였던 처음의 의도와 비교하면 이미 무거움을 피하여 가벼운 것을 고른 셈이라 하겠습니다. 다만 조선은 평소 몹시 빈척(貧瘠)한 데다가, 다시 이러한 무거운 부담을 늘리게 되니 스스로 돌아보건대 몹시 부끄럽습니다. 현재 김홍집 등은 이미 인천에서 돌아왔고 교섭사무의 처리도 완료되었는데, 조선 국왕은 국세의 쇠락에 비추어 힘써 떨치고 일어나는 문제에 대해 이미 조영하, 김홍집, 이조연 등을 파견하여 제가 함께 중국에 돌아가 이중당 대인을 만나 직접 그 운영 계획을 도와달라고 간청할 수 있게 해달라고 요청하였으므로, 7월 20일 배를 타고 중국으로 돌아가고자 합니다. 그리고 조선에서 지방을 통제하거나 계속 난당을 체포하는 일은 오장경 제독이 여기 남아 있으니 능히 상황을 보아가며 처리할 수 있을 것입니다.

첨부합니다. 이번에 조선은 방금 큰 난리를 겪어 거의 나라를 다시 만드는 것과 마찬가지 상황이라 모든 사후 처리 문제는 이중당 대인께서 친히 결정해 주지 않으시면 도무지 손쓸 방법이 없습니다. 조영하 등 역시 그 국왕께서 "이홍장 중당의 얼굴을 보지 못하면 절대 돌아오지 마라."고 지시하였다고 전하니, 그 태도가 정말 간절합니다. 만약 제가 중국에 도착한 다음에도 중당 대인께서 아직 북쪽으로 돌아오지 않으셨다면, 즉각 조영하 등을 이끌고 안휘성으로 가서 만나 뵙기를 청하겠다는 점을 아울러 알립니다. 지금까지의 조선과 일본의 교섭 문제가 마무리되어 마건충이 즉각 중국으로 돌아가려는 사정에 대해 삼가 보고서를 올려 알립니다. 이에 보고서를 올려 삼가 대인의 편안함을 빌면서, 살펴봐 주시길 간청합니다. 도대 마건충이 삼가 보고합니다.

7월 18일 발송, 21일 도착.

(12) 문서번호 : 4-3-12(539, 880a)

사안 : 천진 도착과 조선 내란 평정 소식을 이미 전달받았습니다(已悉到津日期竝剿平朝鮮內亂).
날짜 : 光緖八年七月二十八日(1882년 9월 10일)
발신 : 署理北洋大臣 李鴻章
수신 : 總理衙門

七月二十八日, 致署北洋大臣李鴻章函.[詳見密啓]

草目 : 函覆已悉到津日期竝勤平朝鮮內亂等情由.

7월 28일, 서리 북양대신 이홍장에게 다음과 같은 서신을 보냈습니다.[상세한 것은 密啓를 참조].

내용 요약 : 천진 도착과 조선 내란 평정 소식을 이미 전달받았다는 답장 서신.

(13) 문서번호 : 4-3-13(540, 880b)

사안 : 상주하여 유지를 받아 천진으로 가며, 아울러 받은 유지도 자문으로 알립니다(已悉到津日期竝剿平朝鮮內亂).
날짜 : 光緖八年七月二十九日(1882년 9월 11일)
발신 : 署理北洋大臣 李鴻章
수신 : 總理衙門

> 七月二十九日, 北洋大臣李鴻章文稱:
>
> 爲照本署大臣,[56] 於光緖八年七月初八日, 在合肥縣原籍由驛覆奏遵旨起程赴津日期一摺, 當經抄摺咨送在案. 玆於七月二十一日, 在山東煙臺舟次, 准兵部火票遞回原摺後開, 軍機大臣奉旨:
>
> 　李鴻章聞命, 即行力顧大局, 覽奏實深欣慰, 該大臣抵津後, 著將籌辦情形, 即行具奏. 欽此. 相應恭錄咨會, 爲此合咨貴衙門, 謹請查照.

7월 29일, 북양대신 이홍장이 다음과 같은 자문을 보내왔습니다.

본 서리 북양대신은 광서 8년 7월 초8일, 합비현(合肥縣)의 원적(原籍)에서 역참을 통해 유지(諭旨)에 따라 출발하여 천진으로 향하는 일기를 알리는 답장 주접을 올리고, 아울러 이를 베껴 총리아문에도 자문으로 알린 바 있습니다. 지금 7월 21일 다시 산동(山東) 연대의 배 위에서 병부화표(兵部火票)를 통해 반납된 원 주접 뒤에 군기대신이 다음과 같은 상유를 받았다고 첨부되어 있었습니다.

---

56 '위조(爲照)'는 당안이나 율례 등을 찾아볼 필요도 없이 자명한 문제를 서술할 때 이 용어를 써서 본문을 이끌어서 서술한다. 이 용어는 일반적으로 본문을 인용한 다음 문서를 보내는 사람이 자신의 의견을 표현할 때 쓰며 앞에는 그 문서를 받았다는 어구(准此, 據此)가 있는 경우가 자주 있다.

이홍장이 지시에 따라 즉각 대국(大局)을 힘써 돌보겠다고 하니, 그 상주를 보고 실로 크게 위안받았다. 이홍장은 천진에 도착한 다음 장차 처리할 상황에 대해서는 즉각 상주하도록 하라.

이상. [이와 같은 상유를 받았으므로, 이홍장은] 응당 삼가 이를 베껴 총리아문에 자문으로 알려야 할 것입니다. 이 때문에 귀 총리아문에 자문을 보내니 살펴봐 주시길 바랍니다.

(14) 문서번호 : 4-3-14(541, 881a)

사안: 관군(官軍)이 조선의 난당을 체포·처벌하여 대세가 대강 진정되었고, 조선은 관원을 천진에 파견하여 사후 처리 문제를 협의하고자 한다고 (장수성과 공동 명의로) 상주한 주접 원고를 자문으로 보냅니다(咨送會奏官軍捕治朝鮮亂黨, 大勢粗定, 朝鮮派員抵津, 妥商善後事宜摺稿).

날짜: 光緒八年七月二十九日(1882년 9월 11일)
발신: 署理北洋大臣 李鴻章
수신: 總理衙門

七月二十九日, 署北洋大臣李鴻章文稱:

光緒八年七月二十七日在天津行館,[57] 會同署直隷總督部堂張, 由驛馳奏官軍捕治朝鮮亂黨大勢粗定, 朝鮮派員抵津妥商善後事宜一摺, 相應抄摺咨送. 爲此合咨貴衙門, 謹請査核施行.

計: 奏摺稿詳見軍機處交出抄摺.

7월 29일, 서리 북양대신 이홍장이 다음과 같은 자문을 보내왔습니다.

광서 8년 7월 27일 천진행관(天津行館)에서 관군이 조선 난당을 체포·처벌하여 대세가 대략

---

[57] 각 성 총독 가운데 수석의 위치를 차지하는 직예총독의 정식 명칭은 "總督直隷等處地方提督軍務糧餉管理河道兼巡撫事"로 직예 등의 지방 행정을 총괄하고 군사 업무 및 군사 비용을 감독하며 아울러 직예 여러 하도(河道)의 치수(治水)를 관리하고 순무(巡撫)의 역할을 겸임한다는 뜻이다. 또 원래 보정(保定)에 있던 총독서(總督署)를 천진(天津)으로 옮겨 여름과 가을에는 천진에서, 얼음이 얼어 강이 얼어붙는 겨울과 봄에는 보정에서 지내게 된다. 천진행관은 바로 이 천진의 총독서를 가리킨다. 한편 1870년 이후 직예총독이 장강(長江) 이북 지역의 통상·외교 사무를 관장하는 북양통상대신(北洋通商大臣. 北洋大臣)이라는 흠차대신(欽差大臣)의 임무도 겸하게 되었다.

안정되었으며, 조선은 관원을 천진에 파견하여 사후 처리 문제를 논의할 것임을 알리는 주접을 서리 직예총독 장수성과 연명으로 역참을 통해 상주하였으므로, 응당 이 주접을 베껴서 자문으로 알려야 할 것입니다. 이에 귀 아문에 자문을 보내니 삼가 검토해 주시길 바랍니다.

첨부: 주접의 원고[상세한 내용은 軍機處에서 내려보낸 抄摺을 참조할 것].

(15) 문서번호 : 4-3-15(542, 881b)

사안 : 흠차대신의 관방을 인계하고 후임 흠차대신이 도임한 일기(接交欽差大臣關防竝到任日期).
날짜 : 光緖八年七月二十九日(1882년 9월 11일)
발신 : 北洋大臣 李鴻章
수신 : 總理衙門

七月二十九日, 北洋大臣李鴻章文稱:

爲照本署大臣奉命署理北洋通商大臣督辦海防事宜, 茲准前署大臣張將欽差大臣關防委員賫送前來, 遵於光緖八年七月二十七日接印任事. 所有任事日期, 相應咨明, 爲此合咨貴衙門, 謹請查照施行.

7월 29일, 북양대신 이홍장이 다음과 같은 자문을 보내왔습니다.

본 서리 총독 이홍장은 상유에 의해 북양통상대신으로 해방(海防) 사무를 독판(督辦)하게 되었으므로, 이에 전(前) 서리 북양통상대신 장수성이 위원(委員)을 통해 보내온 흠차대신의 관방(關防)을 접수하였으며, 상유에 따라 광서 8년 7월 27일부터 임무를 시작하게 되었습니다. 이 임무 시작 일기를 응당 자문으로 알려야 하므로, 이에 귀 아문에 자문으로 알리니 삼가 살펴보시길 바랍니다.

(16) 문서번호 : 4-3-16(543, 882a)

사안: 이홍장에게 이하응을 상세하게 심문하고, 아울러 조선의 사후 처리 문제에 대해 전력을 다해 상의하라고 지시한다(命李鴻章詳究李昰應, 竝悉心商度朝鮮善後事宜).
날짜: 光緒八年八月初一日(1882년 9월 12일)
발신: 光緒帝
수신: 總理衙門

八月初一日, 軍機處交出光緒八年七月二十九日奉上諭:

李鴻章奏, 官軍捕治朝鮮亂黨情形竝商辦善後事宜一摺, 朝鮮亂黨經提督吳長慶等, 督兵搜捕拏獲一百七十餘人, 將罪狀較著者立予就戮, 脅從者酌交釋放. 現在亂黨業已剿散, 該國大勢粗定, 辦理甚爲妥速. 日兵未撤以前, 自應留軍駐守, 着李鴻章·張樹聲飭令吳長慶等, 嚴肅營規, 妥爲鎭攝, 仍認眞搜捕餘黨, 以凈根株. 李昰應現已解回天津, 竝著李鴻章等仍遵前旨, 詳細究問具奏. 至善後一切事宜, 關繫緊要, 該國現經派員到津, 即着悉心商度, 次第酌辦.
欽此.

8월 초1일, 군기처에서 광서 8년 7월 29일 다음과 같은 상유를 받아 보내왔습니다.

이홍장이 관군이 조선 난당을 체포·처벌한 상황 및 사후 처리 문제를 논의한 것을 알리는 주접을 상주하였는데, 조선 난당은 제독 오장경 등이 170여 명을 수색하여 체포하고, 죄상이 비교적 뚜렷한 자를 즉각 처형하였으며, 위협을 받고 따라 참가한 사람은 적절하게 살펴 석방하였다. 현재 난당은 이미 토벌되어 흩어졌고, 조선의 대세가 대체로 안정되었으니, 그 처리는 몹시 타당하고 신속하였다. 일본 군대가 철수하기 이전, 당연히 부대를 남겨 주둔해야 하므로, 이홍장, 장수성은 오장경 등에게 지시하여 부대의 기율을 엄숙히 하고 적절하게 통제하되, 계속 진지하게 잔당을 수색·체포하여 뿌리와 그루터기를 제거하라.

이하응은 현재 이미 천진으로 압송되었으니, 아울러 이홍장이 여전히 전에 내린 유지에 따라 상세하게 조사·심문하여 상주하도록 하라. 모든 사후 처리 문제는 긴요한 것에 관계되는데, 조선이 지금 이미 관원을 천진에 파견하였으니, 최선을 다해 상의한 다음 차근차근 적절히 추진하도록 하라.

이상.

(17) 문서번호: 4-3-17(544, 882b-884b)

사안: 1) 관군이 조선 난당을 체포·처벌한 상황을 보고하며, 일본 군대가 철수하기 전에 중국 군대는 응당 계속 남아서 군사적으로 통제해야 합니다(官軍捕治朝鮮亂黨情形, 日軍未撤之先, 我軍應仍留坐鎭). 2) 조선과 일본이 이미 (제물포)조약을 체결하였으며, 조선 정부는 관원을 천진에 파견하여 사후 처리 문제를 논의할 예정입니다(日·朝已訂和約, 韓廷應派員抵津妥商善後事宜).

날짜: 光緖八年八月初一日(1882년 9월 12일)
발신: 李鴻章
수신: 總理衙門

八月初一日, 軍機處交出李鴻章鈔摺稱:

爲官軍捕治朝鮮亂黨, 大勢粗定, 朝鮮派員抵津妥商善後事宜, 恭摺仰祈聖鑒事.
竊臣承准軍機大臣字寄, 七月二十三日奉上諭:

張樹聲奏, 吳長慶等統領官軍, 馳至朝鮮國都, 將李昰應獲致, 現已解送到津, 著暫行妥爲安置, 俟李鴻章到津後, 會同張樹聲, 向李昰應究出該國變亂緣由及著名亂黨詳細具奏, 候旨遵行. 吳長慶現派隊伍, 圍攻枉尋·利泰兩村, 著飭令該提督穩愼進攻, 將亂黨渠首迅速捕除, 一面妥籌防範, 鎭定人心, 以安反側. 吳長慶所統各營不敷分布, 現已添調黃金志帶隊前往, 將來應否添調重兵, 著李鴻章等隨時體察情形, 酌量辦理.

等因. 欽此. 仰見聖謨廣運, 綏靖藩邦至意, 曷勝欽佩? 臣於煙臺行次, 接據提督丁汝昌·道員馬建忠十六·十八日稟報, 自獲送李昰應登舟後, 馬建忠隨請朝鮮國王, 由其政府將願修舊好之意, 函達日本使臣花房義質, 卽派全權大臣李裕元·副官金宏集馳赴仁川港會議. 其亂黨之聚居枉尋·利泰二里者約數千人, 世隸兵籍, 跋扈難制, 與李昰應句結一氣, 迭爲變亂. 今李昰應雖已就拘, 而其長子載冕, 以大將新握兵柄, 仍恐該黨奉以爲亂, 爰於十五日傍晚, 先將李載冕誘拘南別宮, 以水兵數十人守之. 是夜吳長慶調派副將張光前·何乘鰲·總兵吳兆有率領親兵慶字三營, 往捕枉尋里亂黨, 窮搜巢穴, 短兵巷戰, 直至天明, 生擒一百五十餘人, 其餘悉由屋後竄去. 我軍帶傷者僅二人, 其利泰里亂黨, 吳長慶親往掩執, 以地近營址, 已先期聞風遠颺, 僅獲二十餘人. 是役共獲一百七十餘人, 當經訊明, 戮其魁首罪狀較著者十人, 其餘概交朝鮮, 酌予釋放, 俾脅從者知爲法所不誅, 藉以潛消反側. 此次天威震警, 群凶奔竄, 老巢既覆, 則散處四方者不難隨時續捕, 而李載冕不安於位, 亦即於是日請釋兵柄, 此朝鮮亂黨已被剿散, 國勢粗定之大略情形也.

至日本於中國勘辦朝鮮內亂, 始終未敢擾越, 尚屬恪遵公法. 惟與朝鮮議約, 以焚館逐使爲言, 藉端要挾, 多開條款, 朝鮮既自行派員, 赴距京八十里之仁川議事. 馬建忠因朝日爲多年有約之國, 其交涉之案, 未便由中國顯與主持, 但將其事許不可許各條, 豫爲指示, 又適在王京與吳長慶謀靖內亂, 不遑他顧, 而朝鮮大臣李裕元等已於十七日, 與日本定議簽押. 核計約欵八條, 尚屬無甚流弊. 惟填補日本各費, 至五十萬圓, 爲數較多. 該國王以外患內憂, 事機危迫, 特命其臣, 迅速了事, 冀消鄰釁, 遂有不能不甘讓之勢, 猶幸中國水·陸各軍聲勢較盛, 日本隱有所憚, 未遽將割地開礦及陸路通商各事, 強朝鮮以必從. 此朝日和約既定, 暫弭釁端之大略情形也.

臣抵津後, 晤商張樹聲, 以朝鮮事大致就緒, 續撥黃金志三營, 自可暫緩前往, 稍省煩費. 惟李昰應已起解赴京, 旋奉暫行安置之旨, 經張樹聲派員追令折回, 俟其到津, 臣當會同張樹聲詳細究問, 再行奏明辦理. 刻下朝鮮王鑒於積弱, 力圖振作, 已派全權大臣趙寧夏·副官金宏集·從事李祖淵等, 隨同馬建忠·丁汝昌, 於二十五日抵津, 謁商一切. 查朝鮮善後各事, 關係重要, 頭緒尚繁, 容臣與之悉心商度, 次第酌辦. 日本兵船, 陸軍未撤之先, 我軍應暫留坐鎮, 俾朝鮮有隱然可恃之資, 現仍留吳長慶統率各營, 續捕亂黨, 並令丁汝昌馳回會商, 相機妥辦. 除將丁汝昌等稟單二件, 馬建忠所錄筆談及朝日約款, 鈔送總理衙門備查外, 所有官軍捕治朝鮮亂黨及該國派員抵津緣由, 理合會同署直隸督臣張樹聲合詞恭摺, 由驛具陳, 伏乞皇太后·皇上聖鑒訓示. 謹奏.

8월 초1일, 군기처에서 다음과 같은 이홍장의 주접을 베껴 보내왔습니다.

관군이 조선 난당을 체포·처벌하여 대세가 대략 안정되었으며, 조선은 관원을 천진에 파견하여 사후 처리 문제를 논의할 것임을 삼가 주접을 갖추어 알리오니, 황상께서 살펴주시길 바랍니다.

신은 7월 23일 다음과 같은 상유를 받들었다는 군기대신의 자기(字寄)를 받았습니다.

장수성이 오장경 등이 관군을 통솔하고, 조선의 한성에 이르러 이하응을 획치하여 현재 이미 천진으로 압송하였다고 상주하였는데, 잠시 이하응을 안치하고, 이홍장이 천진에 도착한 다음 장수성과 함께 이하응에게 조선 변란의 원인 및 저명한 난당을 심문하여 알아내어 상세하게 상주한 다음, 유지를 기다려 그에 따라 처리하라. 오장경은 현재 부대를 파견하여 왕심리·이태리 두 마을을 공격하려는데, 해당 제독 등에게 신중하게 진격하여 난당의 수괴를 신속하게 체포·제거하고 다른 한편으로는 방범 대책을 적절하게 마련하여 인심을 가라앉히고 반란군 측이 안심하게 하도록 지시하라. 오장경이 통솔하는 각 부대가 군사적 배치 인원이 부족하다면 현재 이미 추가로 동원된 총병 황금지가 부대를 이끌고 파병될 수도 있으니, 이홍장은 수시로 상황을 살펴 적절하게 처리하도록 하라.

이상. [이상과 같은 상유를 받았는데] 천하를 다스리며 번방(藩邦)을 안정시키고자 하시는 황상의 지극한 뜻을 우러러보건대, 어찌 탄복하지 않을 수 있겠습니까? 신은 연대에 이르렀을 때 제독 정여창, 도대 마건창의 16일, 18일 보고를 받아보았는데, 이하응을 획치하여 배에 탑승하게 한 이후 마건충은 조선 국왕에게 요청하여 조선 정부가 종전의 화호를 되살리길 원한다는 뜻을 일본 공사 하나부사 요시모토에게 서신으로 전달하고, 즉각 전권대신 이유원, 부관 김홍집을 인천에 속히 파견하여 협의하게 하였습니다. 조선의 난당은 왕심리·이태리 두 마을에 모여 사는 사람이 대략 수천 명으로, 대대로 병적(兵籍)에 속하면서 발호하여 통제하기 쉽지 않았고, 이하응과 한패가 되어 누차 변란을 일으키기도 하였습니다. 지금 이하응이 비록 이미 구금되었지만, 그 장자인 이재면이 대장(大將)으로 새로 군사권을 장악하여 여전히 그 무리가 그를 떠받들어 반란을 일으킬 염려가 있었습니다. 그래서 15일 저녁 먼저 이재면을 남별궁으로 유인하여 구금하고 수병 수십 명이 지키게 하였습니다. 이날 밤 오장경 제독이 부장 장광전, 하승오, 총병 오조유가 이끄는 친병(親兵) 경자 3개 영(慶字三營)이 왕심리 난당에 가서 소탕하여, 소굴을 모두 수색하고 소총으로 시가전을 벌여 해가 뜰 무렵에 이르기까지 150여 명을 생포하였고, 그 나머지는 모두 집 뒤로 도주하였는데 우리 군대의 부상자는 겨우 2명이었습니다. 이태리 쪽은 오장경 제독이 직접 출정하여 포획에 나섰는데, 부대의 주둔지와 가까워 이미 소문을 듣고 멀리 달아나 단지 20여 명을 사로잡았을 뿐입니다. 이 전투에서 생포한 사람은 모두 170여 명이었는데, 심문을 거쳐 수괴로서 죄상이 비교적 분명한 사람 10명을 처형하고, 나머지는 모두 조선 정부에 넘겨 적절하게 석방하게 하여, 위협에 굴복하였던 사람들은 모두 법으로 사형당하지 않음을 알게 함으로써 반란군 측의 의지를 잠재적으로 쇠약하게 할 수 있었습니다. 이번에 우리 중국 부대의 위엄이 벼락처럼 큰 두려움을 주었으므로 난당의 무리가 놀라 달아나고 소굴이 이미 모두 파괴되었고, 사방에 흩어져 버티더라도 수시로 체포를 계속하기는 어렵지 않을 것입니다. 그리고 이재면은 자기 위치에 불안을 느껴 즉각 이날로 군사권을 내놓겠다고 요청하였습니다. 이것이 조선 난당이 이미 토벌·해산되고 조선의 국세가 대략 안정된 대략의 상황입니다.

  일본은 중국이 조선의 내란을 진압할 때, 시종일관 감히 간섭하지 못하고, 그대로 여전히 공법을 삼가 준수하였습니다. 다만 조선과 조약을 협의할 때는 공사관을 불태우고 공사를 쫓아낸 것을 언급하면서 이를 구실로 위협하여 여러 요구를 제시하였고, 조선은 스스로 관원을 한성에서 80리 떨어진 인천에 보내 이 문제를 논의하게 하였습니다. 마건충은 조선과 일본은 오랫동안 조약을 맺었던 나라여서, 그 교섭 안건에 대해 중국이 분명하게 나서 주지하기 어려웠으나, 허가해도 좋을 일과 허가해서는 안 될 일에 대해 미리 지시하였는데, 또한 마침 한성에서 오장경과 함께 반란을 진압하느라 다른 일을 돌볼 여유가 없었기 때문에, 조선의 대신 이유원 등은 이미 17일에 일본과 협의를 마치고 조약을 체결하였습니다. 조약의 내용 8개 조를 검토해 보면, 그래도 아주 심한 유폐는 없는 편입니다. 다만 일본의 각 비용을 전보(塡補)하는 것이 50만 원에 이르러 액수가 비교적 큽니다. 조선 국왕은 내우외환으로 일 처리가 위급하다고 하여 그 신하에게 특별하게 명령을 내려 신속하게 일을 마무리함으로써 우방과의 마찰을 없애고자 꾀하였으므로 마침내 부득불 달게 양보하지 않을 수 없는 처지였습니다만, 다행히 중국의 육·해군 병력이 크게 위세를 보여주었으므로 일본이 은연중에 꺼리는 바가 있어, 느닷없이 영토 할양이나 광산 채굴, 육로 통상 등을 억지로 강요하여 조선이 따르게 할 수는 없었습니다. 이것이 조선과 일본의 조약이 이미 체결되어 잠시나마 갈등의 요소를 막은 대략의 상황입니다.

  저는 천진에 도착한 다음 장수성을 만나 상의하여 조선의 일은 대략 적절하게 안배가 되었으므로 황금지의 3개 영을 추가로 투입하는 것은 당연히 잠시 파견을 늦추어서 조금이라도 수

고와 비용을 줄이고자 하였습니다만, 이하응은 이미 북경으로 출발하였다가 이윽고 잠시 이곳에 안치하라는 상유를 받았으므로, 장수성을 거쳐 관원을 파견하여 쫓아가 되돌아오게 하였으니, 그가 천진에 도착하기를 기다려 응당 장수성과 함께 상세하게 심문하고 다시 상주한 다음 처리하고자 합니다. 지금 조선 국왕은 국세의 쇠락에 비추어 힘써 떨치고 일어나는 문제에 대해 이미 전권대신 조영하, 부관 김홍집, 종사관 이조연 등을 파견하여 마건창과 정여창을 동반하게 하였고, 25일 천진에 도착한 다음 만나서 모든 문제를 상의하였습니다. 생각건대 조선의 사후 처리 문제는 중요한 것에 관계되고, 실마리도 상당히 복잡하므로 저는 이들과 함께 최선을 다해 상의하여 차근차근 적절하게 추진하고자 합니다. 일본의 군함과 육군이 아직 철수하기 전이어서, 우리 부대가 잠시 조선에 계속 주둔하면서 군사적으로 통제하여 조선 국왕이 은연중에 믿을 수 있는 도움이 되어야 하므로, 현재 오장경을 그대로 남겨 두어 각 부대를 통솔하면서 계속 난당을 체포·처벌하게 하였고, 아울러 정여창이 돌아가 함께 협의하면서 상황을 보아 적절하게 처리하도록 하였습니다. 정여창 등이 올린 보고 2건, 마건충이 기록한 필담과 조선과 일본이 체결한 (제물포) 조약의 각 조항을 베껴 총리아문에서 검토할 수 있도록 보내는 것 외에, 지금까지 관군이 조선의 난당을 체포·처벌하고 조선이 관원을 천진에 파견하게 된 사정에 대해 응당 서리 직예총독 장수성과 함께 연명으로 주접을 갖추어 역참을 통해 상주하니, 황태후·황상께서 살펴보시고 지시를 내려주시길 바랍니다. 삼가 주를 올립니다.

(18) 문서번호: 4-3-18(545, 885ab)

사안: 천진에 도착하여 흠차대신의 관방(關防)을 인계받고, 삼가 임무를 시작하였습니다(抵津接欽差大臣關防, 祗領任事).
날짜: 光緒八年八月初一日(1882년 9월 12일)
발신: 北洋大臣 李鴻章
수신: 總理衙門

八月初一日, 軍機處交出北洋大臣李鴻章抄摺稱:

爲抵津接署通商篆務, 恭謝天恩, 仰祈聖鑒事.
竊臣迭次欽奉寄諭, 敦迫赴津, 業將由籍起程日期恭摺馳報, 嗣於煙臺舟次, 接准兵部火票遞回原摺後開, 軍機大臣奉旨:

李鴻章聞命, 卽行力顧大局, 覽奏實深欣慰. 該大臣抵津後, 著將籌辦情形, 卽行具奏.

欽此. 仰見皇太后, 皇上安邊字小, 無日不在憂勤惓顧之中, 感荷襃嘉, 彌增愧悚. 玆於七月二十三日, 馳抵天津, 二十七日准署督臣張樹聲將欽差大臣關防曁通商軍需各案卷派員賫送前來. 臣當卽恭設香案, 望闕叩頭, 祗領任事. 伏念臣衰朽餘生, 洊罹憂患, 艱鉅之任, 慮弗克勝. 前以朝鮮密邇北洋, 深懼內外交訌, 搖動全局, 是以奉詔卽行, 不敢因窀穸未成, 稍涉濡滯. 玆幸廟謨廣運, 藩服粗平, 宵旰憂勞, 或可少釋, 而微臣迴望鄕園, 松楸沓然. 論子職則缺陷已多, 於時局復涓埃無補, 夙夜捫心, 負疚曷極. 墨綠涖事, 不知涕泗之何捉, 滄海安流, 敢謂綢繆之可緩? 惟有講求軍實, 謹守約章, 旣不敢弛武備, 以啟戎心, 亦不欲玩邦交, 而開邊釁, 庶幾仰慰宸廑於萬一. 所有微臣感激下忱, 理合繕摺恭謝天恩, 伏乞皇太后·皇上聖鑒. 謹奏.

光緒八年七月二十九日, 軍機大臣奉旨:

知道了.
欽此.

8월 초1일 군기처에서 북양대신 이홍장의 다음과 같은 주접을 베껴 보내왔습니다.

천진에 도착하여 북양통상대신의 업무를 인계받아 삼가 황상의 은혜에 감사드리면서 우러러 살펴봐 주시길 빕니다.
신은 누차 서둘러 천진으로 돌아가라는 군기대신의 기신상유를 받아, 이미 출발 일정을 삼가 주접을 갖추어 신속하게 알린 바 있는데, 뒤이어 연대의 배 위에서 병부화표를 통해 반납된 원 주접 뒤에 군기대신이 다음과 같은 상유를 받았다고 첨부되어 있었습니다.

이홍장이 지시에 따라 즉각 대국(大局)을 힘써 돌보겠다고 하니, 그 상주를 보고 실로 크게 위안받았다. 이홍장은 천진에 도착한 다음 장차 처리할 상황에 대해서는 즉각 상주하도록 하라.

황태후, 황상께서 변경을 안정시키고 작은 나라를 돌보기 위해 근심하시고 돌아보시지 않는 날이 없음을 우러러보니 그 장려에 감사를 드리면서 더욱 부끄럽고 황송합니다. 지금 7월 23일 서둘러 천진에 도착하였고, 27일에는 서리 직예총독 장수성이 위원을 통해 보내온 흠차대신 관방(關防)과 통상(通商)·군수(軍需)에 관한 각종 안권(案卷)을 인계받았습니다. 신은 곧바로 향안(香案)을 설치하여 궁궐을 향해 고두(叩頭) 의식을 치른 다음, 삼가 임무를 시작하였습니다. 엎드려 생각건대, 신은 노쇠한 여생에 거듭 우환을 만나 크고 어려운 임무를 제대로 수행할 수 없을까 두렵습니다. 전에 조선은 북양대신의 관할구역과 밀접해 있어 내우외환이 겹쳐 전국(全局)을 동요시키는 것을 깊이 두려워하였으므로, 상유를 받자 곧바로 출발하여 (모친의) 분묘가 제대로 완성되지 않았다고 해서 조금이라도 지체하지 않았습니다. 지금 다행히 조정이 책략을 운용하여 번복(藩服)이 대체로 평정되어 황상의 근심이 혹은 조금이라도 풀리셨겠지만, 미천한 저는 멀리 고향을 바라보면 모친의 분묘가 아득하니, 이미 자식된 도리로서 결함이 너무 많은데, 시국(時局)에 대해서도 다시 조그마한 도움도 되지 못하여 밤낮으로 가슴을 어루만지며 자책함이 끝이 없습니다. 상복을 입고 관직에 복귀하니 흐르는 눈물을 어찌 참을 수 있는지 모르겠습니다만, 천하가 평안하다고 해도[滄海安流] 어찌 감히 사전 방비를 늦추어도 된다고 말할 수 있겠습니까? 오로지 군사적인 충실함을 강구하고 조약을 조심스럽게 지키는 것으로, 감히 무비(武備)를 느슨하게 하여 군사적 야심을 자극하지도 않고, 또한 방교(邦交)를 소홀히 하여 변경의 마찰을 불러오는 것도 아니니, (이것으로) 아마 황상의 절실한 관심을 만에 하나라도 위로할 수 있기를 기대합니다. 이렇게 미천한 저의 감격스러운 마음은 응당 황상의 은혜에 공손하게 감사드리는 주접을 갖추어 아뢰어야 하니, 황태후·황상께서 살펴봐 주시길 바랍니다. 삼가 주를 올립니다.

광서 8년 7월 29일, 군기대신은 다음과 같은 상유를 받았습니다.
    알았다.
이상.

(19) 문서번호: 4-3-19(547, 886b)

사안: 천진에 도착하여 흠차대신의 관방을 인계받고, 삼가 황상의 은혜에 감사드린 주접의 원고를 자문으로 보냅니다(咨呈抵津接署通商篆務, 恭謝天恩摺稿).
날짜: 光緒八年八月初二日(1882년 9월 13일)
발신: 北洋大臣 李鴻章
수신: 總理衙門

八月初二日, 北洋大臣李鴻章文稱:

爲照本署大臣於光緒八年七月二十七日, 在天津府附驛具奏抵津接署通商篆務恭謝天恩一摺, 除俟奉到諭旨, 另行恭錄咨會外, 相應抄摺咨會貴衙門, 請煩查照施行.

計: 粘單.[詳見八月初一日軍機處抄摺]

8월 초2일, 북양대신 이홍장이 다음과 같은 자문을 보내왔습니다.

본 서리 북양대신은 광서 8년 7월 27일 천진부(天津府)에서 서리 북양통상대신의 업무를 인계받고 황상의 은혜에 감사드리는 주접을 역참을 통해 상주하였습니다. 황상의 유지를 기다리는 것 외에, 따로 주접의 원고를 베껴 총리아문에 알려야 하므로, 이에 주접을 베껴 자문으로 총리아문에 보내니, 번거롭더라도 살펴보시길 바랍니다.

첨부: 주접 초록.[상세한 것은 8월 초1일 군기처의 抄摺을 참조할 것]

(20) 문서번호: 4-3-20(550, 888a-897b)

사안: 1) 이하응은 황상의 유지를 주청하여 보정부(保定府)에 안치해야만, 비로소 역모를 해소하고 후환을 피할 수 있습니다(李昰應請旨安置保定省垣, 方可消逆謀而免後患). 2) 조선의 사후 조치는 협상이 대략 실마리가 잡히면, 다시 조영하가 북경에 가서 직접 위로 올리게 할 것입니다(朝鮮善後事宜, 俟商有眉目, 再令趙寧夏等進京面呈).

첨부문서: 1. 「향도를 맡았던 조선 참판 김윤식의 비밀 연락(向導朝鮮金參判允植訊)」: 이재면(李載冕)이 파견한 호행관(護行官) 조우희(趙宇熙), 이건창(李建昌)은 대원군의 사당(死黨)이니 응당 그 파견 참가를 저지해야 합니다(李載冕所派護行官趙宇熙·李建昌乃大院君死黨, 應阻其成行).

2. 「호행 위원이 획득한 대원군이 보낸 가서(探護所得國太公家書)」: 출발하여 천진으로 간다는 것을 알리는 것입니다(報告起程赴津).

3. 「25일 오장경과 김윤식의 필담. 김윤식이 이를 기록하여 이재면에게 보이기 위한 것인데, 모두 꾸민 말입니다(吳長慶與金允植筆談. 二十五日與金參判筆談. 金允植錄此, 以示李載冕者, 皆設詞也)」: 호행관과 가관(駕官)은 다시 파견할 필요가 없습니다(護行官, 駕官則不必再派).

4. 「7월 21일 새벽 마건충이 남양의 임시 숙소에서 일본 공사 하나부사에게 보낸 서신(七月二十一日晨, 馬建忠自南陽行館發日使花房函)」: 조선 백성의 의구심을 풀려면 응당 난당 우두머리의 체포·처벌과 군사 비용의 전보(塡補)를 관대하게 면제해 주어야 합니다(欲化鮮民猜嫌之心, 宜寬免捕治亂首及塡補兵費).

5. 「광서 8년 7월 26일 김홍집, 조영하, 이조연과의 필담(光緒八年七月二十六日, 與朝鮮大官趙寧夏, 金宏集, 李祖淵筆談)」: 1) 공의(公議)로 따진다면 대원군은 석방해서는 안 됩니다(大院君論公議, 不應釋回). 2) 조선과 일본의 조약은 일본의 압박으로 창졸간에 체결한 것입니다(朝日議約係爲 日本所迫, 倉卒訂立).

6. 「조선 국왕이 보낸 자문(朝鮮國王咨文)」: 중국이 조선의 반란을 진압해 주신 것에 대해 삼가 감사드립니다(恭謝中國平朝鮮亂事).

7. 「조선 국왕이 보낸 자문(朝鮮國王咨文)」: 대원군을 석방하여 귀국시켜 주시길

간청합니다(懇請釋大院君回).
날짜: 光緒八年八月初四日(1882년 9월 15일)
발신: 北洋大臣 李鴻章
수신: 總理衙門

八月初四日, 北洋大臣李鴻章函稱:

七月二十九日, 接奉二十八日直字六百九十二號公函, 謹聆壹是. 二十五日馬道偕同朝鮮大官趙寗夏·金宏集等到津, 鴻章與振軒制軍, 卽於二十六日傳見. 趙寗夏等面呈該國王咨文二件, 一謝調兵援護, 一爲大院君李昰應乞恩釋回, 因與筆談再四辦詰, 趙寗夏始稱: "此次太公秉政, 非出自國王之意." 又稱: "寡君情私, 當以釋回爲是, 若論公義, 則不能顧情私."云云. 趙寗夏係康穆王太妃之姪, 人尙平正, 伊等實畏大院君權勢, 不敢質言, 只可呑吐其詞. 又據吳提督二十五日來函, 接金允植密報: "太公夫人卽國王生母竝國王胞兄李載冕日夜在旁, 若要國王代太公乞恩, 敢不勉從, 但國家大計, 則不然."等語. 是李昰應斷無釋回之理, 連日遵旨會同振軒, 向李昰應究問該國變亂緣由及著名亂黨, 乃壹意狡展, 堅不吐實, 仍飭津海關道周馥·候選道袁保齡·馬建忠等詳細根究, 妥晰擬議, 稟候核奏, 似宜請旨安置保垣,[58] 優給廩餼, 嚴密防閑, 竝祈特頒明詔, 由鴻章等移行該國王, 俾國人知其永不得歸, 方可消逆謀, 而免後患. 伊子李載冕, 現旣退去兵柄, 據丁提督·馬道等皆謂其庸懦無能, 不爲國人所親附, 若知昰應不歸, 黨勢已孤, 亦無能爲役也. 至日本約款賠補兵費等項五十萬元, 誠如來諭, 朝鮮驟歷外務, 未能詳折堅持妥核定議. 鴻章因係金宏集在仁川, 與日使議辦, 面爲詰責, 該員俯首謝罪, 詢以國王之意, 能否悔約改訂, 又以深恐決裂爲詞, 則中國自未便從旁代爲翻案. 馬道呈出瀬行致日使花房義質一書, 用意甚善, 惟日人貪饕成性, 未必於已定之約肯再減讓耳. 吳提督續函稱: "花房帶兵三百餘名, 入王京暫住, 留屯仁川四·五百人", 合兵船計之不過千五百人. 該提督嚴飭所部認眞約

---

58 성원(省垣)은 성의 수도, 성의 행정기관 소재지를 말한다. 당시 직예총독의 아문이 바로 보정부(保定府)에 있었으므로, 여기서는 보정부를 가리킨다.

束, 勿與日兵交涉, 致生事端. 知念附及, 趙寗夏等在此商籌該國善後各事, 頭諸尚多, 俟稍有眉目, 再赴京呈遞鈞署及禮部咨文竝恭進表奏貢物. 謹照抄朝鮮國王咨文, 二十六日與趙寗夏等筆談, 吳提督鈔件, 馬道致日本花房書稿, 奉呈電察. 專肅密布, 祗敬鈞祺.

照錄清摺
(1)「七月二十四日, 鄕導朝鮮金參判允植訊」.
頃奉來示, 吳帥許李友石即李載冕轉送護行官, 誠是厚意而有未盡燭者矣. 友石所欲送之護行官, 即趙承旨宇熙, 李校理建昌二人, 皆有才華, 言詞足以動人, 而太公之血黨之友石之欲送此二人, 將往天津, 採探吾輩踪跡, 轉而北京, 交結朝士, 到處鳴寃, 期于翻案. 此二人之說得行, 則非但吾輩無噍類, 此次舉事諸公, 亦恐不安於心, 如替送他人, 則尚不打緊. 惟此二人素有辨才, 且多識京朝士, 故友石特派送之, 國王不便阻之, 聽其所欲. 至於今日, 與吳老帥說話時, 亦以此爲請, 然實出於不得已也. 老帥無以知其裏許, 遽許往護. 若此計得行, 前功盡棄, 不可不慎. 愚意雖明日更通于弟, 輪船已發, 或者不發, 以緩其期, 別作良圖, 以絶其路, 甚幸. 太公夫人及友石日夜在傍, 若要國王, 安得不勉從, 但國家大計, 則不然. 且弟輩但知舜爲君而已, 安能知瞍耶?[59] 弟亦中間稍變其論, 允亦盡知之矣. 今旣舉事, 則不可翻案, 望十分愼之.

(2)「附國太公家書」.[此十八日探護所得].
自此明天離發, 二日可抵天津云, 往還可費七八天云. 此艦咸曰: '今太公入於天朝大幸.'云. 忽忽艱書秘置, 待便付上之計耳. 勿動, 勿動. 安静, 安静.

---

[59] 전설의 순(舜) 임금은 고수(瞽瞍)의 아들이다. 장님이라는 뜻을 가진 고수(瞽叟)는 또한 순(舜)과 이복동생 상(象)의 부친을 가리키기도 한다. 본성이 억세고 어리석었으며 그 아들 순에 대해서는 특히 불만을 가져 항상 후처 및 그 아들인 상과 더불어 순을 죽일 기회를 엿보았다고 일컬어진다. 하지만 순이 줄곧 효심을 유지하면서 조금도 불경하는 모습을 보이지 않았으며, 나중에 이들 세 사람의 음모가 순에 의해 발각되었지만 순이 더욱 더 이전보다 효심을 보이자 세 사람이 결국 감동하여 다시는 손을 해칠 마음을 품지 않게 되었다고 한다.

(3) 二十五日與金參判筆談.[金允植錄此, 以示李載冕者, 皆設詞也]

金[允植]: "乍許送護行官, 今聞不便, 何故?"

吳[長慶]: "護行官是僕從別名否? 無船開, 故不便."

金[允植]: "是官."

吳[長慶]: "我以爲僕從, 故乍允許. 若是官, 太公此時何用官爲? 且前去趙寗夏·金宏集, 皆官也. 何必紛紛別遣他官, 示人以私耶? 不可. 現在無船開, 開時有僕隸, 或可."

(4) 「七月二十一日晨, [馬建忠在]南陽行館致日使花房函稿」.

花房星使大人執事:

執別花島, 晌屆旬日, 機務悾惚, 未獲以一牋上貢記室. 一昨榮問下臨, 適往晤吳軍門, 又復有失裁答, 中心悚仄, 如何可言? 近者朝使金道園歸自仁川, 道歉議已成, 干戈之氣, 化以玉帛, 從此兩國人民共受太平之福, 顧瞻東方, 額手稱慶. 顧念此次致變之由, 其始原於朝鮮臣民惡見外人, 而其所以惡見外人者, 大抵謂: "外人之來我國, 固皆陰肆其不利之心, 而非眞與我修好之意." 此意不去, 則雖要之以盟, 而其迫益深, 其疑愈積, 迫深疑積, 而事變將復起矣. 今欲化其積習, 惟在市以殊恩. 兹有可乘之機二, 請呼左右陳之.

亂軍·亂民逼弑王妃, 戕害宰臣, 直至殃及貴國使館, 其罪誠不容誅. 僕兼知此輩多住枉尋·利泰里, 遂於十五日令我軍, 合圍搜捕, 槍斃一二十人, 生獲一百數十人, 餘黨悉鳥獸散, 巢穴一空. 旋會同朝鮮官員, 將其中渠魁及六月初九日相助倡亂者十餘人, 立正典刑, 他處軍民不察, 乃亦聞風惶惑, 紛紛驚竄. 至使王宮內外宿衛無人, 其政府恐因疑生懼, 釀成巨變, 不得已懸書安撫, 謂: "渠魁既誅, 脅從周治. 自今以往, 咸予自新." 於是漢城人心乃始稍定, 設執事入京, 以前日所誅爲未足, 復行大索, 則此輩將謂: "我政府已不我瑕疵, 今日之事, 定日本迫之." 恐複壁之人未得, 而潢池之禍再興. 雖此次節署駐兵可資保衛, 而振臂一呼, 應者數千, 執事能盡執而誅之乎? 即朝鮮政府亦豈能盡逮而治之乎? 爲執事計, 莫若舉第一條捕治亂首之事, 姑予寬免, 俾此輩知我政府所定條欵, 許其捕治, 彼日本乃免其捕治, 是日本之愛我尤甚於我政府, 向之致怨於日本者, 不已過乎? 於是猜嫌疑懼之情, 乃渙然氷釋, 此化朝鮮之民之心者, 其機之可乘一也.

兵備等費, 改寫填補, 定以五十萬圓爲數, 亦未至甚鉅. 顧各國交涉有戰敗, 而不給兵費者, 鮮有未戰而遂給兵費者. 朝鮮諸臣之欲絶外交者, 素謂貴國與其國往來, 固皆緣以爲利, 今者未及交綏, 遽已議款, 而兵備之費乃索至五十萬元, 以形跡觀之, 非爲利而何? 吾知此輩益有所借口矣. 爲執事計, 莫若擧第四條兵費之數, 酌予寬減, 在貴國多入一二十萬元, 未必加豐, 在朝鮮少出一二十萬元, 畧可紓國, 且使知向之必以此款列入者, 不過聊以相儆. 玆約款旣定, 卽予寬減, 可見貴國始意, 原不爲此, 而此輩乃不得執因利往來之說, 以謀拒外交. 此化朝鮮之臣之心者, 其機之可乘二也.
夫捕治亂首, 小忿也. 填補兵費, 小利也. 而化朝鮮臣民之心, 使邦交得以永固者, 此交涉之大體也, 以執事素持大體, 必能釋小忿, 而捐小利. 故敢竊附知交之義, 敬布區區, 以候才察. 至擧朝鮮始事與各國, 後言以辯論其是非, 則其義近於游說, 始從闕焉, 屬以貴國及朝鮮交涉之事, 辦理業已如此, 不得不以其實歸告政府, 而留此數言, 以贈行館. 書此, 竝頌勛祺. 諸維荃照.[60] 不僃.[61] 馬建忠 頓首.

(5)「光緖八年七月二十六日, 與朝鮮大官趙寗夏·金宏集·李祖淵筆談」.
[李鴻章·張樹聲. 이하 동일]問: "各咨文二件閱訖. 另咨禮部否?"
趙[寗夏. 이하 동일]云: "總理衙門暨禮部, 均有另咨."
問: "各咨逕遞, 抑轉交?"
趙云: "躬進呈遞."
問: "國王爲大院君乞釋歸國, 果出於至誠否? 若准釋回, 如何處置, 仍令其秉政否? 大院復秉政, 國王可自爲政否? 務詳確以聞, 勿得少有隱飾."
趙云: "國王爲大院君咨請歸國, 重出於情私悶逼. 至於釋回後, 秉政與否, 國王自總

---

[60] 제유전조(諸維荃照)는 서신 용어로 서신 말미에 쓰는 구절이다. 제(諸)는 종종(種種), 일체(一切)라는 뜻이고 유(惟, 維)는 원한다, 희망한다는 뜻이다. 전(荃)은 향초(香草)의 이름으로 대부분 군주를 비유하는 데 쓰였고, 나아가서는 고귀하거나 고아하다는 것으로 존경을 표현하는 말로 쓰인다. 따라서 전조(荃照)는 윗사람이 살펴봐[察知] 달라고 표현하는 경사(敬辭)이다. 전(荃)대신 징(澄), 정(鼎), 함(涵), 감(監), 랑(郎), 량(亮) 등 다양한 용어가 대신 쓰이기도 한다.

[61] 불사(不僃)는 아마 불사(不賜)와 같은 뜻으로 보이는 데 부진(不盡)과 마찬가지로 하나하나 진술하지 않는다, 여기서 마친다는 것을 나타내는 간략어(簡略語)이다.

權綱與否, 下官等不敢如何仰答."

問: "據諸公等意見, 大院應否釋回, 一國安危, 利害所關甚重, 豈可僅作乞恩姑息之談致胎後患? 至於秉政與否, 國王當預有籌畫, 公等遠來, 斷不能無所禀承也."

趙云: "秉政與否, 此非預爲揣量, 國王亦有何籌畫乎? 此次丁提督·馬道臺已有查辦回禀, 伏想下燭, 而這間秉政由於內亂勘定之後, 大小事務自歸, 此事小邦中外皆知."

問: "仍望據實明白相告, 不可含糊."

趙云: "豈敢一毫瞞告? 此次太公秉政, 既非出自國王之意, 假如日後事, 亦可下燭. 前次太公秉政之時, 不欲外交, 無識軍民之心皆歸之, 國事甚危, 幸蒙上國派兵伏持, 得以轉危爲安."

問: "大公不欲外交, 而貴國現處情勢, 又不得不外交. 此次秉政, 既非出自國王之意, 則太公若回, 必仍自奪政柄, 是太公不可放歸也. 中國既能強令太公西來, 如灼知太公歸朝, 必有後患, 朝廷當有權衡, 善爲處置. 第須貴國君臣自行據實懇請. 國王之咨出於情私, 可也, 作爲國人公議, 不可也."

趙云: "論情私, 則以釋回爲是. 至於公義, 則非下官所敢措對. 惟在處分."

問: "此話猶有未盡."

趙云: "論寡君情私, 則當以釋回爲是. 若論公義, 則不能顧情私矣."

問: "所論尚正, 中國自有留之·釋之之權, 要在卿等一言, 公義乃明. 今若留大院君不歸, 安置別所, 貴國王隨時派人存問, 以俾恩義而全然否?"

趙云: "下教感公義·私情, 可以兩得其全矣."

問: "金君何以遽與日本倉猝定議? 中國大兵在彼坐鎭, 隱有可恃, 所訂約款, 未免太示以弱."

金[宏集. 이하 동]云: 日使自王京再出仁港, 倉猝受命, 與之議款, 竟不免憤事示弱之歸, 慚惶無所逃罪. 此時大兵坐鎭, 實有所恃, 而只因彼執言非一端, 不能片言而折之, 尤增死罪."

問: "賠補五十萬元, 事體既不值, 民力更難堪, 仁川定議之先, 曾以此數馳告國王否? 商及馬道否?"

金云: "若於日使初次進京之日訂議, 或不至此太濫. 爾時彼愠怒方甚, 迫要即日訂欸, 而馬道適在京, 相距近百里, 難以從中排解. 又不及稟承國王旨意, 莫非下官之罪也. 國體不成, 屢以爲言, 而彼終不聽. 至於國力難堪, 則彼以採礦一事要求尤甚, 而此事竟不允准矣. 善後事宜, 惟在下念籌教而已."

問: "當時若再緩宕數日, 儘力磋磨, 此數當可少減, 何性急耶! 日使雖屢言去, 非眞欲去也. 執事屢辦交涉, 何畏乎日人而悾懼至此?"

金云: "責諭嚴正, 無辭仰達, 下官雖因小邦乏使, 屢叨交涉之任, 然彼情終是不明白, 且有敕大臣全權大臣李裕元主其事, 非下官所可唯意故耳. 悾懼二字, 亦不敢自便."

問: "李裕元係國王所派, 果信任否? 五十萬元係尹主持否? 定約後現何職任?"

金云: "李裕元果係國王所派, 而上年自嶺海還, 此次因國有事變, 始入城赴公耳. 五十萬元未可謂伊主持, 只因一時倉猝, 不能持難, 則欲救何及? 現無職任, 依前致仕, 奉朝賀而已."

問: "卿看國王之意, 尚能悔約章改訂否?"

金云: "國王之意以爲若不許日人和議, 深恐決裂. 後雖有大兵隱助, 而舉國一經兵燹, 實受其殃. 此次定議之受逼, 誠有不得已焉者耳."

問: "我亦慮及此節. 貴國每年十萬元能否湊付? 卿銀五萬元是否換約後卽付?"

金云: "每年十萬元, 實無湊付之策, 非另議生財莫可. 敢乞鈞慈指示. 卿銀亦排月約數, 三次交付釜山. 此出彼之意耳."

問: "公等旣允定日本償款每年十萬元, 必有可指之項, 所謂飮水冷暖自知也. 非鄙人所可借箸. 至仿西法開礦諸事, 必須先籌巨貲, 數年後冀有贏餘, 豈能望梅止渴?"

金云: "姑議賠補一項, 若請減少, 則彼外許減一十萬元, 而內實將採礦一事要求, 知延師貿器, 皆欲向彼國請之, 仍曰: '准礦利滿賠款後, 乃還之本國.' 云. 故却其要求, 而減者亦還原數矣. 到今事勢, 惟開礦一事, 專仰上國指教, 一以爲償賠款, 一以爲絶其覬覦之地耳. 巨貲先籌, 委屬可悶, 亦惟在下燭而曲爲之地矣."

問: "日本之意, 藉償款以奪朝鮮永久礦利, 自不可許. 中國卽代籌集商股, 前往採礦, 斷難遽指以爲按年償款. 公等太無識矣."

金云: "下教切當, 不覺愧嘆. 設開礦務, 亦何敢遽指爲按年償兌之資乎? 外他亦可有理財之法, 則豈不甚好? 總之, 小邦無人講究, 及此徒抱耿耿之憂, 伏乞更垂明敎."

[李鴻章·張樹聲]答: "容日再爲細綸."

(6)「朝鮮國王咨文二件」(1).
爲咨覆事.
光緒八年七月十五日, 承准貴衙門咨, 節該:

現准出使日本國大臣黎電信內開:

本月初九日, 朝鮮國亂黨突圍日本使館滋事. 王宮亦同日被擊. 請派兵船前往鎭壓.

等因. 當經本署大臣函商總理各國事務衙門, 復准派委二品銜候選道馬建忠·統領北洋水師提督丁汝昌, 酌帶兵船駛赴朝鮮查探. 該亂黨膽敢聚衆圍打使館竝擊王宮, 實屬奸亂犯上, 亟應由朝鮮嚴挐爲首滋事各犯, 究明懲辦. 如再拒捕玩抗, 肆其猖獗, 卽行飛速馳報, 本署大臣當奏明調撥大兵, 乘輪東渡, 討除羣醜, 以綏藩服. 除飭馬道建忠, 丁提汝昌駛赴朝鮮, 查明辦理, 隨時馳報幷咨行外, 相應咨會貴國王, 煩請查照.

等因. 竊維當職愚昧, 自失懷綏之宜, 以致軍卒之亂變, 竝生倉卒, 危迫呼吸, 幸賴天兵東駛, 用宣皇威, 亂逆屛息, 邦城獲靖. 此實我大皇帝至仁盛德, 與天同大, 深軫小邦單弱之勢, 特垂天朝字覆之渥, 扶傾濟危, 俾保職守, 亦惟我貴署大臣仰體聖慈, 曲卹藩服, 先事長慮, 用費紆籌, 小邦君民北望攢頌, 感結衷腸. 現今欽派諸大人, 駐軍王城, 究明懲辦, 如或小邦不逞之徒, 怙惡不悛, 再肆猖獗, 謹當飛咨馳奏, 以徼終始之恩. 今方專价奉表恭謝, 謹將此由爲此合行咨覆, 煩乞貴衙門照驗施行. 須至咨者.

(7)「朝鮮國王咨文二件」(2).
爲咨請事.
竊照小邦久伏皇靈, 獲保藩維, 邇來國勢綿弱, 事變層生, 內難外釁, 一時竝湊, 幸賴皇慈廣覆, 視同內服, 亦惟制軍大人, 曲費籌畫, 水陸調軍, 剋日東援, 使小邦轉危復安, 群凶畏威嚮化. 小邦君臣北望攢頌, 感結衷腸. 第今七月十三日, 當職本生父興宣大院君, 爲展修謝出赴吳提督駐紮營中, 仍與丁提督航海入朝. 當職一聞此報, 五關失守, 推心飮泣, 如窮無歸. 大院君年今六十三矣. 素抱疾病, 近益沉綿, 今者觸風濤

> 之險, 冒霧露之憂, 單身遠赴, 誰救誰卹? 伏惟大皇帝至仁至慈, 孝治天下, 伏乞制軍大人曲垂憐憫, 轉達天陛, 亟許大院君不日歸國, 俾當職得伸人子至情, 感誦皇恩, 永世無窮, 不勝痛泣析懇之至. 爲此合行移咨, 請照驗轉奏施行.

8월 초4일, 북양대신 이홍장이 다음과 같은 서신을 보내왔습니다.

7월 29일에 28일 직자 692호 공함(公函)을 받아 모두 읽었습니다. 25일 도대 마건충이 조선의 대관 조영하, 김홍집 등과 함께 천진에 도착하였고, 이홍장은 장수성 서리 총독과 함께 26일 조영하 등을 불러 만났습니다. 조영하 등은 직접 조선 국왕의 자문 2건을 올렸는데, 하나는 군대를 동원하여 보호·지원해 준 것에 관한 것이고, 다른 하나는 은혜를 베풀어 대원군 이하응을 석방해 귀국시켜 달라고 요청하는 것이었으므로, 그들과 재삼 필담을 통해 따져 물었습니다. 조영하는 처음에는 "이번에 대원군이 권력을 잡은 것은 국왕의 뜻에서 나오지 않았습니다."라고 하였다가, 다시 "저희 국왕의 개인적인 감정으로 보면 당연히 석방해서 귀국하는 것이 옳지만, 만약 공론으로 따진다면 그런 감정을 돌아볼 여지는 없습니다."라고 하였습니다. 조영하는 강목왕태비(康穆王太妃)의 조카로 사람됨이 그래도 올곧지만, 그들은 대원군의 권세를 두려워하여 감히 솔직한 말은 하지 못하고 단지 둘러대서 애매모호하게 말할 뿐이었습니다. 또한 오장경 제독의 25일자 서신에 의하면 김윤식(金允植)이 "대원군 부인[太公夫人], 즉 국왕의 생모와 국왕의 형[胞兄] 이재면(李載冕)이 밤낮으로 옆에 있어, 만약 국왕이 대원군을 위해 은혜를 간청한다면 감히 억지로 따르지 않을 수 없지만, 국가 대계로 보아서는 그래선 안 됩니다."라고 비밀리에 알려 왔다고 합니다.

따라서 이하응은 단연코 석방해서 돌려보낼 이유가 없어, 매일 상유에 따라 장수성과 만나 이하응에게 조선 변란의 연유와 눈에 띄는 난당에 대해 캐서 물었으나, 그는 줄곧 교활하게 버티면서 전혀 사실을 토해내려 하지 않았습니다. 그래서 진해관도 주복과 후선도(候選道) 원보령(袁保齡), 마건충 등에게 상세한 심문을 맡기고, 이들이 적절하게 방안을 마련하여 보고하면 검토하여 상주하고자 합니다. 그 방안으로 아마 그를 보정부(保定府)에 안치하고 생활물자를 우대하여 지급하되, 엄격하게 외부와의 접촉을 차단하고, 아울러 황상의 공개적인 특별 조칙 반포를 간청해야 할 것 같습니다. 그리고 이홍장이 조선 국왕에게 이 사실을 알려 조선 백성이 영원히 그가 귀국하지 못함을 알게 해야만 가까스로 역모를 해소하고 후환을 피할 수 있을 것입니다. 대원군의 아들 이재면은 현재 이미 군사권을 내놓았고, 정여창 제독이나 마건충 도대가 모두 그 사람이 평범하고 겁이 많아 무능하니 조선 사람들이 그를 적극적으로 따르려 하지 않을 것이고, 만약 이하응이 돌아오지 못할 것임을 알게 되면 그 무리의 세력은 고립되어 아무 역할도 못할 것이라고 이야기하였습니다. 일본과의 조약으로 군사 비용을 50만원을 전보하게 된 것은 정말로 보내주신 가르침처럼 조선이 갑작스레 외환을 겪다 보니 제대로 상세하고 명석하게 검토하여 완강하게 버티지 못한 일 때문입니다. 이홍장은 김홍집이 인천에 가서 일본 공사와 협상을 한 당사자였으므로, 직접 그를 힐책하였더니, 그는 머리를 수그리고 사죄하였으며, 조약을 후회하여 개정할 것인지 국왕의 의사를 물었더니, 또한 조약 협상이 결렬되는 것을 두려워하였다고 하므로, 중국이 옆에서 대신 나서서 뒤집기는 곤란할 것 같습니다. 마건충이 출발 직전 일본 공사 하나부사 요시모토에게 보낸 서신은 그 의도가 아주 훌륭합니다만, 일본인은 이미 탐욕이 버릇되어 아마 정해진 조약에 대해서 다시 금액을 줄여서 양보할 생각은 없을 것입니다. 오장경 제독은 뒤이은 서신에서, "하나부사가 데리고 온 병사 3백여 명은 한성에 들어와 잠시 주둔하고, 나머지는 인천에 머물러 주둔하는 병사는 400~500명입니다."라고 하였으므로 군함까지 모두 합하면 1,500명을 넘지 않습니다. 오장경 제독은 부하들에게 엄격하게 지시하여 진지하게 통제하면서, 일본 군대와 접촉하여 마찰을 일으키지 않아야 할 것입니다. 생각나는 김에 아울러 언급하는데, 조영하 등이 여기에서 조선국의 사후 처리에 관한 여러 문제를 충분히 상의하는데, 그 실마리가 아주 복잡하므로, 조금 대책이 마련된 다음을 기다려 다시 북경으로 가서 총리아문과 예부에 자문과 더불어 표주(表奏) 및 공물(貢物)을 삼가 올릴 것입니다. 삼가 조선 국왕의 자문, 26일 조영하 등과의 필담, 오장경 제독이 베껴 보낸 문서, 마건충 도대가 일본의 하나부사 공사에게 보낸 서신 원고 등을 올리니 살펴보시길 바랍니다. 이 때문에 삼가 이 서신으로 비밀리에 알려드립니다. 편안하시길 빕니다.

(1) 「7월 24일, 향도(鄕導)를 맡았던 조선(朝鮮) 참판(參判) 김윤식의 비밀 연락(七月二十四日, 鄕導朝鮮金參判允植訊)」[62]

　　최근 보내주신 글을 받았는데, 오장경 제독께서 이우석(李友石), 즉 이재면이 보내온 호행관(護行官)을 허락하신 것은 진실로 깊은 뜻이 있겠지만, 미처 살펴보지 못한 점이 있습니다. 이재면이 보내려고 하는 호행관은 바로 승지(承旨) 조우희(趙宇熙), 교리(校理) 이건창(李建昌) 두 사람인데, 이들은 모두 재주가 뛰어나고 그 말은 남을 감동시키는 데 충분할 정도입니다. 그런데 대원군[太公]의 혈당(血黨)인 이재면이 이 두 사람을 천진에 보내려고 하는 것은 우리 종적을 탐색하고, 북경으로 건너가 조정의 신하들과 교제를 맺고 곳곳에 원통함을 호소하여 기존 결정을 뒤엎으려는 것[翻案]입니다. 이 두 사람의 말이 통하게 되면 비단 우리 무리 가운데 살아남을 사람이 없게 될 뿐 아니라, 이번 거사에 참여한 여러 사람 역시 두려워 안심하지 못하니, 만약 다른 사람으로 바꿔 보낸다면 그래도 괜찮을 것입니다. 그런데 이 두 사람은 평소 말재주가 좋고 또한 북경 조정의 신하들과도 아는 사람이 많아 이재면이 특별히 파견해 보낸 것인데, 국왕께선 이를 거부하기 곤란하여 이재면이 바라는 바를 들어주었습니다. 그런데 지금에 이르러 오장경 제독과 이야기할 때 [국왕께서] 다시 이것을 요청한 점도 실로 부득이한 데서 나온 것입니다. 오장경 제독은 이런 내막을 모르시기에 바로 호행을 허락하셨지만, 만약 이런 계책이 통한다면 앞서 세운 공로가 모두 폐기될 터이니 신중하게 대처해야만 합니다. 제 생각은 내일 다시 귀하에게 알리겠지만, 윤선이 이미 출발하였든 혹은 아직 출발하지 않았든 그 시기를 늦추고 따로 좋은 대안을 마련하여 저들의 길을 끊을 수 있다면 매우 다행이겠습니다. 대원군 부인과 이재면이 밤낮으로 옆에 있어 만약 국왕에게 요구하면 어찌 따르지 않을 수 있겠습니까만, 국가 대계로 보아서는 그래선 안 됩니다. 또한 저희는 단지 순(舜)이 임금이 되었다는 것만을 알 뿐이지, 어찌 그 아버지인 고수(瞽瞍)까지 알아야 하겠습니까? 귀하 역시 중간에 조금 그 주장을 바꾸었다는 점을 저 역시 잘 알고 있습니다. 지금 이미 거사가 이루어졌다면 뒤집어엎을

62　이것은 김윤식이 보낸 편지인데, 누구에게 보낸 것인지는 밝혀져 있지 않다. 아마 원세개를 통해 오장경 제독에게 전해진 것으로 보인다. 말미에 나오는 제(弟)는 아마 임오군란으로 귀국하는 도중 김윤식과 동행하여 사실상 '의형제' 관계나 마찬가지로 친숙하게 된 원세개일 가능성이 큰 것 같다. 이를테면 마지막 부분에서 "귀하 역시 중간에 조금 그 주장을 바꾸었다는 점을 저[김윤식] 역시 잘 알고 있습니다."고 한 발언은 그 점을 시사해 주지만, 확실한 증거는 부족하다.

수 없으니, 충분히 신중하시길 바랍니다.

(2) 「국태공 가서 첨부(附國太公家書.[此十八日探護所得][이것은 18일의 호행 위원이 획득한 것임])」

여기서 내일 출발하면 이틀이면 천진에 도착할 수 있다고 하며, 왕복하는 데에는 칠팔일이 걸린다고 한다. 이 배에서는 모두 말한다. '지금 태공이 중국[天朝]에 입조(入朝)하는 것은 큰 행운입니다.' 짧은 순간에 어렵게 써서 감추어두었는데, 인편을 기다려 보낼 계획이다. 움직이지 마라. 움직이지 마라. 차분히 있으라. 차분히 있으라.

(3) 「25일 오장경과 김윤식의 필담. 김윤식이 이를 기록하여 이재면에게 보이기 위한 것인데, 모두 꾸민 말입니다(二十五日與金參判筆談.[金允植錄此, 以示李載冕者, 皆設詞也])」

김윤식: "어제 호송관을 허락하셨는데, 지금 들으니 불편하시다는데 무슨 까닭입니까?"
오장경: "호행관은 종복[僕從]의 별명입니까 아닙니까? 출항할 배가 없기 때문에 불편하다는 것입니다."
김윤식: "[호행관은 종복이 아니라] 관리입니다."
오장경: "나는 종복이라 생각하였고, 그래서 어제 허락하였습니다. 만약 관리라면 대원군이 지금 어찌 관리를 동반할 수 있겠습니까? 또한 전에 보낸 조영하, 김홍집 모두 관리입니다. 하필 분분히 따로 다른 관리를 보내, 사사로움을 보인다는 말입니까? 안 됩니다. 지금 출항할 배가 없고, 출항할 때 혹은 종복이라면 가능할지도 모르겠습니다."

(4) 「7월 21일 새벽 마건충이 남양의 임시 숙소에서 일본 공사 하나부사에게 보낸 서신(七月二十一日晨.[馬建忠在]南陽行館致日使花房函稿)

하나부사 공사께.
화도에서 이별한 다음 눈 깜빡할 사이에 열흘이 지났습니다. 중요한 일로 바빠 서신 한 장을 올릴 여유가 없었습니다. 전에 직접 방문할 의사를 물으셨는데, 마침 오장경 제독을 만나러 가 있었고, 다시 답장할 기회도 놓쳐 마음속으로 정말 죄송하게 생각합니다. 최근 조선 사신 김홍집이 인천에서 돌아와 조약이 이미 체결되었고 전쟁의 위기를 평화로 바꾸었으므로, 앞으로 양국 백성은 함께 태평의 복을 누릴 것이니, 동방을 둘러보면 환영하지 않을 수 없습니다. 이번 변란의 원인을 둘러보건대 그 시작은 조선 백성이 외국인을 혐오한 데서 비롯되었는데, 외국인을 혐오하게 된 이유는 대체로 "외국인이 우리나라에 와서 모두 멋대로 우리에게 불리한 마음을 은연중에 베풀려 하는 것이지, 정말로 우리와 화호를 누릴 뜻이 있는 것이 아니."고 말합니다. 이런 생각이 사라지지 않으면 비록 조약 체결을 요구하더라도 그 요구는 더욱 심해지고 의심은 더욱 쌓일 것이니 요구가 깊어지고 의심이 쌓이면 장차 다시 변란이 발생할 것입니다. 지금 그 쌓인 적습을 바꾸고자 한다면 오로지 특별한 은혜로 유인하는 데 있을 뿐입니다. 지금 이용할 수 있는 두 가지 기회가 있으니, 청컨대 이를 귀하에게 아뢰고자 합니다.

[첫째] 난군, 난민이 왕비를 핍박하여 시해하고 중신을 살해하였으며, 곧장 그 재앙은 일본의 공사관에 미쳤으니 그 죄는 진실로 죽음을 피할 수 없습니다. 제가 또한 이 무리가 대부분 왕심리·이태리에 거주하고 있는 것을 알아내어 마침내 7월 15일 우리 부대가 포위하여 수색·체포한 결과 10~20명을 총살하고, 백수십 명을 생포하였으며, 잔당은 모두 흩어지고 소굴이 텅 비게 하였습니다. 그리고 조선 관원과 함께 그 가운데 우두머리 및 6월 초9일 반란을 제창한 사람 10여 명을 즉각 처형하였으며, 다른 곳의 군민(軍民)을 모두 조사하지는 못하였으나 그들 역시 대부분 소식을 듣고 놀라고 당황하여 분분히 달아나 버렸습니다. 이 때문에 왕궁 내외를 숙위(宿衛)하는 사람도 없어 그 정부는 의심이 두려움을 낳아 또 다른 큰 변란을 양성할지도 몰라 부득이하게 고시를 내어 안무하기를 "우두머리들은 이미 처형되었고, 위협에 굴복하여 따른 사람은 처벌받지 않았다. 앞으로는 모두 함께 스스로 새롭게 태어나야 할 것이다."라고 하였습니다. 이에 한성의 인심은 비로소 조금 안정되었습니다. 만약 귀하가 한성에 들어가 이전에 처벌한 사람으로는 부족하다고 다시 대량 수색을 펼친다면, 이들은 장차 반드시 "우리 정부는 이미 우리 허물을 탓하지 않기로 하였으니, 지금부터 일은 실로 일본이 강박한 것이다."라고 외칠 것입니다. 아마 숨어 있는 사람을 찾아내지도 못하고 군란의 재앙이 다시 일어날 것입니다. 비록 이번에 공사관의 주둔 부대가 보위할 수도 있겠지만, 누군가 손을 높이 들어 외친다면 호응할 사람이 수천 명일 것이니, 귀하가 이들을 모두 잡아 죽일 수 있겠습니까? 설사 조선 정부라도 역시 어찌 이들을 모두 체포하여 처벌할 수 있겠습니까? 귀하를 위해서라도 조약 제1조의

반란 수괴를 체포·처벌한다는 문제에 대해 잠시 관대하게 면제해 주는 것이 최선일 것입니다. 그러면 이들은 조선 정부가 정한 조항에서는 체포·처벌을 허용하였는데, 저 일본은 그것을 면제해 준다고 하니 일본이 우리를 사랑함이 우리 정부보다 낫다고 보아 종래 일본을 원망하였던 것이 잘못이 아닌가 깨우치게 될 것입니다. 이렇게 되면 의심하고 두려워하던 감정은 물에 씻은 듯이 풀릴 것이니, 이것이 바로 조선 백성의 마음을 바꾸는 데 이용할 수 있는 첫 번째 기회입니다.

[둘째] 군사 비용 등은 [배상이 아니라] '전보(塡補)'로 바꾸었지만, 50만 원이란 액수로 결정하였는데 이 역시 아주 큰 것은 아닙니다. 돌아보건대 각국이 패전 이후 교섭에서 군사 비용을 지급하지 않는 사례도 있고, 드물지만 싸우지 않고도 군사 비용을 지급하는 사례도 있습니다. 조선의 신하 가운데 외교를 거절하려는 사람은 평소에 일본과 조선의 왕래는 본래 모두 이익을 위한 것이고, 지금 서로의 국교가 안정되지 않은 상황에서 갑자기 조약을 협상하면서 군사 비용을 50만 원이나 요구하는 것은 그 외면으로 보면 이익을 위한 것이 아니면 무엇인가라고 이야기하면서 이들은 더욱 구실을 늘릴 수 있게 됩니다. 귀하를 위해서라면 제4조의 군사 비용의 액수를 적절하게 관대하게 면제하는 것이 최선의 방안입니다. 일본에는 10~20만 원의 수입이 늘더라도 반드시 더욱 풍족해질 것이라고 할 수는 없고, 조선에는 10~20만 원의 부담이 줄어들면 조금이나마 한숨을 돌릴 수 있고, 또한 종래 이 항목을 조약에 집어넣은 것은 단지 서로 경계로 삼자는 뜻에 지나지 않음을 알게 될 것입니다. 지금 이미 조약이 체결되었느니 즉각 관대하게 삭감해 준다면 귀국의 처음 뜻이 원래 여기에 있지 않았음을 보여줄 수 있으며, 반대파의 경우 이익 때문에 왕래한다는 주장을 고집하면서 외교의 거부를 꾀할 수 없게 될 것입니다. 이것이 조선 신하의 마음을 바꾸는 데 이용할 수 있는 두 번째의 기회입니다.

무릇 반란 수괴를 체포·처벌하는 것은 작은 분풀이이고, 군사 비용을 전보(塡補)하게 하는 것은 작은 이익입니다. 그렇지만 조선 신하와 백성의 마음을 바꾸어 양국의 국교가 영원히 굳어지게 할 수 있다면 이것이 바로 교섭의 큰 원칙[大體]이고, 귀하께서 평소 원칙을 고집하셨으니 능히 작은 분풀이를 버리고, 작은 이익을 포기할 수 있을 것입니다. 따라서 제가 감히 친근한 벗으로의 대의에 붙여 삼가 구구한 이야기를 늘어놓아 귀하께서 살펴보시길 기다리는 것입니다. 조선이 각국과 처음으로 외교 관계를 갖게 된 것을 언급하고 나중에는 그 시비를 변론하였던 것은 그 뜻이 유세에 가까워 처음부터 뭔가 빠져있는 듯하지만, 일본과 조선의 교섭 문제가 이미 이렇게 처리되었으니, 부득불 그 사실을 돌아가 정부에 알려야 하는데, 이 몇 마디를 남겨 귀하의 임시 숙소에 부칩니다. 이상입니다. 아울러 귀하의 편안함을 빕니다. 두루 살펴주시길 바랍니다. 이만 줄입니다.

　　마건충이 인사드립니다.

(5) 「광서 8년 7월 26일 김홍집, 조영하, 이조연과의 필담(光緖八年七月二十六日, 與朝鮮大官趙甯夏·金宏集·李祖淵筆談)」

이홍장·장수성: "각 자문 2건은 이미 모두 보았습니다. 예부에도 따로 자문을 올렸습니까?"

조영하: "총리아문과 예부에 각기 따로 자문을 올릴 것입니다."

이홍장·장수성: "각 자문을 직접 전달하였습니까, 아니면 대신 전달하게 하였습니까?"

조영하: "제가 직접 올렸습니다."

이홍장·장수성: "국왕이 대원군의 석방 귀국을 간청하였는데, 과연 지극한 성의에서 나온 것인지, 만약 석방과 귀국을 허용한다면 어떻게 처리할 것인지, 다시 정치에 간여하도록 할 것인지, 대원군이 다시 정치에 간여한다면 국왕은 스스로 정사를 돌볼 수 있는지, 가능하면 확실하게 상세하게 답변하고, 조금이라도 감추거나 덮어서는 안 됩니다."

조영하: "국왕이 대원군의 귀국을 자문으로 요청한 것은 개인적인 감정과 고뇌의 압박이 겹친 것입니다. 석방 귀국 이후의 정치 간여 여부나 국왕께서 당연히 권력을 총괄하실지는 저희로서는 감히 어찌 대답해야 할지 모르겠습니다."

이홍장·장수성: "여러분의 의견에 의하면 대원군이 석방·귀국 여부는 일국의 안위와 이해에 관계되는 바가 큰데, 어찌 겨우 은혜를 베풀어달라는 임시방편으로 후환을 남기고자 합니까? 정치 간여 여부는 국왕이 당연히 미리 대책이 있을 터이니, 귀하들은 멀리 와서 단연코 아무것도 보고하여 알려주지 않을 수는 없습니다."

조영하: "정치 간여 여부는 여기서 미리 추측할 수 있는 것이 아닙니다. 국왕 역시 무슨 대책이 있겠습니까? 이번에 정여창 제독과 마건충 도대가 이미 조사·처리하고 돌아와 보고하였을 터이니 이미 잘 아실 것으로 생각하는데, 최근의 정치 간여는 내란 진압 이후 크고 작은 사무가 자연스럽게 귀속된 데서 비롯되었으며, 이 일은 조선 내외에서 모두 아는 일입니다."

이홍장·장수성: "그래도 사실에 의해 명백하고 알려 줘야지, 조금이라도 두리뭉실하게 넘어가려 해서는 안 됩니다."

조영하: "어찌 감히 털끝만큼이라도 속여서 알리겠습니까? 이번에 대원군이 정치에 간여한 것은 국왕의 본의에서 나온 것이 아니니, 이를테면 앞으로의 일도 역시 충분히 짐작하실 수 있을 것입니다. 대원군이 지난번 정치에 간여하였을 때 외교를 거부하고자 하였으므로 무식한 군인·백성들의 마음이 모두 그에게 귀속되었지만, 국사가 몹시 어려워졌고, 다행히 상국(上國)에서 군대를 파견하여 이를 제압하였기에 위태로움이 안정으로 바뀔 수 있었습니다."

이홍장·장수성: "대원군은 외교를 거절하지만, 조선의 현재 처해 있는 정세에서는 부득불 외교를 하지 않을 수 없습니다. 이번에 정치에 간여한 것이 국왕의 본의에서 나온 것이 아니라면, 대원군이 돌아가면 반드시 종전처럼 스스로 정권을 빼앗으려 할 것이니, 대원군을 풀어서 귀국시킬 수는 없습니다. 중국이 이미 강제로 대원군을 중국에 불러올 수 있었는데, 만약 대원군이 조선에 돌아가면 반드시 후환이 있을 것임이 너무도 분명하니, 우리 조정에서는 당연히 기준이 있어 잘 처치할 것입니다. 다만 반드시 조선의 군신이 스스로 사실에 의거하여 간청할 필요가 있습니다. 국왕의 자문이 개인적인 감정에서 나온 것은 괜찮습니다만, 국민의 공의(公議)로서 보면 안 될 일입니다."

조영하: "개인적인 감정으로 따지자면 석방하여 귀국시키는 것이 옳습니다. 공의로 따지는 문제는 제가 감히 대답할 수 있는 것이 아닙니다. 오로지 처분만을 바랄 뿐입니다."

이홍장·장수성: "그 이야기는 여전히 부족한 부분이 있습니다."

조영하: "저희 국왕의 개인적 감정으로 본다면 당연히 석방·귀국이 옳습니다만, 만약 공의로 따진다면 개인적인 감정을 돌아볼 수는 없다는 뜻입니다."

이홍장·장수성: "그 주장은 그래도 정론(正論)인데, 중국은 당연히 머물게 하거나 석방할 수 있는 권리를 가지고 있습니다. 핵심은 귀하의 한마디로 공의가 분명해졌다는 점입니다. 지금 만약 대원군을 머물게 하여 돌려보내지 않고 다른 곳에 안치하고, 조선 국왕이 수시로 사람을 파견하여 안부를 묻게 한다면, 은(恩)과 의(義) 두 가지 모두를 지킬 수 있지 않겠습니까?"

조영하: "방금 하신 이야기대로라면 공의와 개인적인 감정 두 가지 모두를 지킬 수 있겠습니다."

이홍장·장수성: "김홍집 군은 왜 마침내 일본과 갑작스레 협상을 마무리하였습니까? 중국의 대규모 부대가 그곳에서 군사적으로 통제하고 있어 은연중에 믿을 수 있는 배경이 되었는데, 체결한 조약은 너무 약함을 보여주는 것을 피할 수 없었습니다."

김홍집: "일본 공사가 한성에서 다시 인천으로 떠난 뒤, 창졸간에 지시를 받아 그와 더불어 조약을 협상하게 되었는데, 결국은 분개하면서도 약함을 보여주는 결말을 피할 수 없어 정말로 죄를 용서받을 수 없을 정도로 부끄럽고 당황스럽습니다. 당시 중국의 대규모 부대가 군사적으로 통제하고 있어 실로 믿을 만한 배경이 되었는데, 일본 공사가 물고 늘어지는 게 한두 문제가 아니어서 몇 마디 말로 이를 꺾을 수 없어, 죽을죄를 더욱 늘렸습니다."

이홍장·장수성: "50만 원을 배상하는 것은 체통에 큰 손해가 될 뿐만 아니라, 민력(民力)은 더욱 감당하기 어려울 것인데, 인천에서 합의하기 전에 이 액수를 국왕에게 달려가 알리거나, 마건충 도대와 상의하였습니까?"

김홍집: "만약 일본 공사가 처음 한성에 들어왔을 때 논의하였다면 아마 이렇게 까지 심하지는 않았을 수도 있습니다. (하지만) 이때는 그의 분노가 몹시 심하여 그날로 결정하라고 강요하였고, 마건충 도대는 마침 한성에 있어 1백 리나 떨어져 있었기에 중간에서 조정해 주기도 어려웠습니다. 또한 보고하여 국왕의 의사를 받들 여유도 없었으니, 모두 저의 불찰이 아님이 없습니다. 국가의 체통이 말이 아니라고 누차 이야기하였지만, 그는 결국 들어주지 않았습니다. 국력으로 감당하기도 어렵다고 하자, 그는 광산 채굴을 내세워 더욱 심하게 요구하였지만 이 일은 끝내 허락하지 않았습니다. 사후 조치는 오로지 제게 가르침을 주시는 데 따를 뿐입니다."

이홍장·장수성: "당시 만약 며칠 더 시간을 끌면서 전력으로 협상하였다면, 이 액수는 당연히 줄일 수 있었는데, 어찌 그리 성급하였습니까! 일본 공사가 누차 떠나겠다고 하였지만, 정말 진심으로 떠나려던 것은 아니었습니다. 귀하는 누차 교섭을 처리하였으면서도 어찌 일본인을 두려워하면서 그렇게 겁을 먹었습니까?"

김홍집: "엄정한 질책에 대해, 변명으로 아뢸 말이 없습니다. 저는 조선에 사신을 담당할 사람이 부족하여 누차 교섭의 임무를 맡았지만, 일본 측의 사정을 종래 잘 알지 못하였고, 또한 저희 전권대신 이유원이 그 일을 주지하였으므로, 제가 그냥 제 뜻대로 처리한 것은 아닙니다. 겁을 먹었다는 지적 역시 감히 그냥 받아들이기는 곤란합니다."

이홍장·장수성: "이유원은 국왕이 파견하였고 과연 신임하고 있습니까? 50만 원은 그가 주지하였습니까? 조약 체결 후 현재는 무슨 직임을 맡고 있습니까?"

김홍집: "이유원은 분명 국왕께서 파견하셨고, 작년에 거제도로 유배를 갔다가 돌아왔는데, 이번에 나라에 큰 변고가 있고, 비로소 한성에 들어와 공무를 맡게 되었습니다. 50만 원은 그가 주지하였다고 말하기 어렵고, 다만 그때 창졸간에 버티지 못한 것이었으며 이미 지금은 되돌릴 수 없습니다. 현재는 아무런 직책이 없이 종전처럼 일을 그만 둔 다음 봉조하(奉朝賀)의 관직에 있을 뿐입니다."

이홍장·장수성: "귀하가 국왕의 뜻을 살펴보건대, 여전히 조약을 후회하여 개정할 뜻이 있다고 봅니까?"

김홍집: "국왕의 뜻은 만약 일본과의 화의(和議)를 허용하지 않는다면 결렬될까 몹시 염려하였던 것입니다. 나중에 비록 대규모 중국 군대의 은근한 도움이 있었지만, 나라 전체가 병변을 거치면서 실제 큰 피해를 입었습니다. 이번에 조약을 체결하면서 핍박을 받은 것은 실로 어쩔 수 없는 일이었습니다."

이홍장·장수성: "나 역시 이 문제를 언급하는 것이 염려스럽습니다. 조선은 매년 10만 원을 모아서 지급할 수 있습니까? 5만 원의 위로금을 지급하는 것은 조약 비준 후 바로입니까?"

김홍집: "매년 10만 원은 실로 모아서 지급할 대책이 없으니, 따로 재원을 마련하지 않으면 안 됩니다. 감히 간청하건대 지시를 내려주시길 바랍니다. 위로금 역시 매월 정해진 액수가 있어 세 차례에 걸쳐 부산에서 지급합니다. 이것은 일본 측의 의사에서 나온 것입니다."

이홍장·장수성: "귀하 등이 이미 일본에 매년 10만 원을 배상하는 것을 승락하였으니, 반드시 거기에 쓸 수 있는 재정 항목이 있어야 하니, 이른바 물을 마셔보면 찬지 따뜻한지 저절로 알 수 있다고 하는 것으로, 우리가 가히 대신 해줄 수 있는 일은 아닙니다. 서양 방법을 모방하여 광산 등을 개발하는 일은 반드시 먼저 거금을 마련해야 하고 몇 년 후에 가서야 이익을 낼 수 있을 터이니, 어찌 매실을 보면서 목마름을 해소한다는 식의 공상이 아니겠습니까?"

김홍집: "배상 문제를 잠깐 논의하자면, 만약 액수의 삭감을 요청하였다면 그는 겉으로는 1천만 원을 줄여주었을지도 모릅니다. 하지만 안으로는 실로 광산 채굴 문제를 가지고 요구할 것이고, 기술자를 초빙하고 기계를 구입하는 일을 모두 일본으로부터 해야 한다

고 요구하면서, "광산의 이익이 배상금의 액수를 채운 다음 다시 조선에 돌려줄 것"이라고 하였으므로, 그 요구를 물리쳤고, 그러자 삭감하였던 것을 다시 원래의 액수로 되돌렸습니다. 지금의 상황에 이르러, 광산 개발 문제는 오로지 상국의 지시에 따르고자 하는데, 하나는 배상금을 상환하기 위해서이고, 다른 하나는 일본이 엿보는 마음을 끊기 위해서입니다. 거액을 먼저 마련해야 한다는 점에서 부탁드리기 죄송하지만, 이점 또한 오로지 굽어살펴주시길 바랄 뿐입니다."

이홍장·장수성: "일본의 뜻은 배상금을 빌어 조선에서 영구적인 광산 개발 이익을 빼앗고자 하는 것이니, 당연히 허용할 수 없는 일입니다. 중국이 대신 민간 주식을 모집해서 가서 광산을 개발한다고 해도 이것을 가지고 해마다 배상금을 마련한다는 것은 단연코 어려운 일입니다. 귀하 등은 너무 안목이 없습니다."

김홍집: "지당하신 말씀이니 부끄러워 탄식할 수밖에 없습니다. 설사 광산을 개발한다고 해도 또한 어찌 감히 느닷없이 해마다의 배상금을 마련하는 데 도움이 될 수 있겠습니까? 그 밖에 또한 다른 이재(理財)의 방법이 있다면 어찌 더 좋지 않겠습니까? 요컨 조선에는 이런 것을 강구할 사람이 없어, 지금에 이르러 헛되이 초조한 근심만을 품게 되었으니, 엎드려 밝은 가르침을 주시길 간청합니다."

이홍장·장수성: "다음 날에 다시 자세하게 논의합시다."

(6) 「조선 국왕이 보낸 자문(朝鮮國王咨文二件)」(1)

답장 자문을 보냅니다.
광서 8년 7월 15일, 귀 아문의 다음과 같은 자문을 받았습니다. [그 내용에 이런 내용이 있었습니다].
　지금 주일본 공사 여서창의 다음과 같은 전보를 받았습니다.

> 6월 초9일 조선의 난당이 일본 공사관을 포위공격하고 폭동을 일으켰습니다. 왕궁 역시 같은 날 습격당하였습니다. 군함을 파견해 진압하기를 요청합니다.

이러한 전보를 받았으므로 이미 본 서리 직예총독은 총리아문에 서신을 보내 상의하였고, 다시 북양수사를 통령하는 제독 정여창과 이품함 도원 마건충을 파견하여 군대를 이끌고 윤선 군함을 모든 사정을 조사하도록 승인을 받았습니다. 저들 난당은 대담하게도 일본 공사관을 포위 공격하고, 아울러 왕궁을 습격하여 실로 어지러움을 좋아하고 윗사람을 범하는 일에 속하니, 응당 조선 정부가 신속하게 폭동을 일으킨 각 주범을 체포하고 조사·처리해야 할 것입니다. 만약 저들이 체포에 저항하여 완강하게 버티면서 여전히 창궐하여 신속하게 본 서리 총독에게 알리면, 즉각 상주하여 대규모 부대를 동원하여 윤선을 타고 조선에 건너가서 가서 그들 무리를 토벌함으로써 번복(藩服)을 안정시킬 것입니다. 도대 마건충과 제독 정여창에게 조선으로 달려가 조사·처리하도록 지시한 일은 수시로 신속하게 자문으로 알리는 것 외에, 응당 귀 국왕에게도 자문으로 알려야 할 것이니, 번거롭더라도 참조해 주십시오.

[이상과 같은 서리 직예총독의 자문을 받았습니다.] 생각건대, 당직(當職)은 우매하여 백성을 품어 안고 안정시키는 적절함을 놓쳐 군졸들이 변란을 일으키게 하였습니다. 아울러 그 일이 창졸간에 일어나 너무나 다급한 형세였지만, 다행히 중국 군대가 조선에 파견되어 황상의 위엄을 펼침으로써 반란이 가라앉고 나라가 안정을 되찾았습니다. 이는 실로 마치 하늘처럼 큰 우리 대황제께서 지극한 인덕(仁德)으로 조선의 허약한 국세를 깊이 안타깝게 여겨 특별하게 작은 나라를 아끼고 덮어주는 천조(天朝)의 은혜를 베풀어주신 덕택입니다. 이로써 넘어져 가는 위기를 떠받쳐 넘기고 제가 직수(職守)를 지킬 수 있게 되었습니다. 이것은 또한 우리 귀 총독 대인께서 황상의 성스러운 자비를 우러러 떠받들면서 번복(藩服)을 굽어살펴, 먼저 장기적인 계획을 세우고 깊은 준비에 힘을 쓴 덕분이기도 하니, 조선의 군주와 백성은 북쪽을 바라보며 머리를 조아리고 가슴속 가득히 그 은혜에 감사드리고 있습니다. 지금 현재 황상이 파견한 여러 대인이 한성에 주둔하면서 난당의 조사와 처리를 떠맡고 있으니, 이를테면 조선의 못된 무리가 여전히 악행의 잘못을 깨우치지 못하고 다시 창궐하게 된다면, 삼가 곧바로 신속한 자문으로 상주하여 시종일관 중국의 은혜를 계속 입고자 합니다. 이에 지금 바야흐로 표문(表文)을 바쳐 공손하게 감사드리고자 합니다. 삼가 이런 연유를 응당 자문으로 답장해야 하므로, [이 자문을 보내니] 번거롭더라도 귀 아문에서 살펴보시길 바랍니다. 이상입니다.

(7) 「조선 국왕이 보낸 자문(朝鮮國王咨文二件)」(2)

자문으로 요청합니다.

조선은 오랫동안 황상에게 복종하여 번방(藩邦)을 유지할 수 있었는데, 최근 국세가 쇠약해지면서 누차 사변이 발생하여, 내우외란이 한꺼번에 들이닥쳤지만, 다행히도 조선을 내복(內服)처럼 봐주시는 황상의 넓은 은혜 덕분에, 그리고 힘들여 대책을 마련해 주신 총독 대인이 육·해군을 동원하여 신속하게 조선에 파견하여 위기가 안정으로 뒤바뀌고, 못된 흉수들이 그 위엄을 겁내 굴복하기에 이르렀습니다. 조선의 군신은 북쪽을 바라보면서 지극히 감사하는 마음으로 칭송하고 있습니다. 다만 7월 13일 당직의 생부 흥선대원군이 오장경 제독의 방문에 대한 답례로 그가 주둔하던 부대를 방문하러 갔다가, 정여창 제독과 함께 그대로 배를 타고 중국에 입조하게 되었습니다. 당직은 일단 이 소식을 듣고 놀라 온몸이 마비될 정도였고, 마치 영원히 돌아오지 못하실 것같아 가슴을 두드리며 눈물을 흘렸습니다. 대원군은 올해 63세로, 평소 질병이 있었던 데다가 최근에는 더욱 몸이 허약해지셨는데, 지금 다시 바람과 파도를 헤치고 바다 안개를 무릅쓰는 노고를 겪으면서 홀몸으로 먼 길을 떠나셨으니 누가 치료하고 보살펴줄 수 있겠습니까? 엎드려 생각건대, 지극히 인자하신 대황제께서 평소 효심으로 천하를 다스리시는 것을 알고 있으니, 총독께서 연민의 정을 내려 황상께 대신 전달해 주실 것을 간청합니다. 그리하여 신속하게 대원군을 귀국시켜 당직이 자식으로서의 지극한 정성을 펼칠 수 있게 해주신다면, 영원토록 황상의 은혜에 감사해 마지않을 것입니다. 이에 통곡하면서 간절하게 요청하는 바이며, 이를 위해 응당 자문을 보내야 할 것이니, 번거롭더라도 살펴보시고 대신 황상께 상주해 주시길 바랍니다.

(21) 문서번호 : 4-3-21(556, 918a-935a)

사안: 유지에 따라 공동으로 조선 반란의 주동자 이하응을 심문한 상황을 상주한 주접을 자문으로 보냅니다(咨送遵旨會同究問朝鮮亂首李昰應情形鈔摺).

첨부문서: 1.「김윤식이 6월 22일 천진에서 진해관도 주복에게 보낸 서신(金允植六月二十二日在天津發津海關道周馥書)」: 국왕의 생부 이하응은 일찍부터 권력을 탈취할 계획을 품고 있었으며, 이번 사변은 그가 인심을 선동하여 양성한 것입니다(國王本生父李昰應早懷圖奪權柄之計, 此次事變由其煽動人心釀成).[63]

2.「김윤식이 6월 27일 천진에서 진해관도 주복과 나눈 필담(金允植六月二十七日在天津與津海關道周馥筆談)」: 대원군은 단지 권력 탈취만 도모할 뿐 종사의 안위는 전혀 돌보지 않습니다(李昰應只圖奪權, 宗社安位置之不顧).

3.「김윤식이 7월 7일 조선에서 진해관도 주복에게 보낸 서신(金允植在朝鮮發津海關道周馥書)」: 조선난사는 이하응이 군심을 격변하여 일어났으며, 일본의 조선 출병은 단지 자신의 권리를 지키려는 것일 뿐 내정 간섭은 원하지 않습니다(朝鮮亂事由李昰應激變軍心而起, 日本出兵只自護其權, 不欲干涉內政).

4.「어윤중이 6월 28일 조선에서 진해관도 주복에게 보낸 서신(魚允中六月二十八日在朝鮮發津海關道周馥書)」: 조선 난당의 반란 상황으로 중국이 조선 백성이 도탄에 빠지는 것을 구원해 주기를 간절하게 희망합니다(朝鮮亂黨滋事情形, 切望中國拯救生民免於塗炭).

5.「광서 8년 7월 24일, 이하응이 배에서 최성학을 보내 원보령 도대에게 전달한 절략(光緒八年七月二十四日, 李昰應舟中遣崔性學送呈袁道保齡節略)」: 조선의 반란은 피해를 당한 여러 신하가 다년에 걸쳐 나라를 망치고 군대를 격노케 하여 일어난 것입니다(朝鮮亂事爲被害諸臣多年誤國, 激怒諸軍引起).

6.「해관도 주복, 후선도 원보령, 마건충이 지시에 따라 올해 8월 2일 조선의 대원

---

[63] 이 문서는 4-1-12(485, 768b-772b)에 실린 첨부문서 2.「광서 8년 6월 22일, 조선 영선사 김윤식이 진해관도 주복에게 보낸 서신」과 같은 내용이라 생략한다.

군 이하응과 나눈 필담 문답 복사본을 자문으로 보내니 검토해 주십시오(照錄海關道周馥·候選道袁保齡·馬建忠, 遵飭於本年八月初二日, 向朝鮮大院君李昰應筆談問答清摺, 咨送查核)」: 조선 반란의 주동자와 난당의 인원에 대해 심문하였습니다(詢問朝鮮亂事亂首及亂黨人員).

7. 「광서 8년 6월 28일, 후선도 마건충이 조선에서 조선 시독 어윤중과 나눈 문답 필담(光緒八年六月二十八日, 候選道馬建忠在朝鮮與朝鮮侍讀魚允中問答筆談)」: 이하응은 권력 상실에 분노하여 난당을 사주하여 봉기하게 하였으므로, 오로지 조속히 평정하여 그 세력이 커지는 것을 막아야 합니다(李昰應憾於失權, 指使亂黨滋事, 惟早速平定, 以防其勢坐大).[64]

8. 「(광서 8년) 7월 3일 오후, 마건충이 조선 시독 어윤중과 인천항의 배 안에서 나눈 문답 필담(七月初三日午後, 候選道馬建忠與朝鮮侍讀魚允中在仁川港舟中問答筆談)」: 이하응이 권력을 남용하고 외람되이 군인과 무뢰배들을 사주하여 반란을 일으킨 것에 대해 거국적으로 그 사람을 통한스럽게 여기지 않음이 없습니다(李昰應攬權拗戾, 激變軍人及無賴作亂, 擧國無不痛恨其人).

9. 「광서 8년 7월 27일, 마건충이 조선 병조판서 조영하와 나눈 문답 필담(光緒八年七月二十七日, 候選道馬建忠與朝鮮兵曹判書趙寧夏問答筆談)」: 조선 반란의 원인과 대원군 집권 때의 발호(朝鮮亂事起因, 及大院君執政時之跋扈).

10. 「7월 29일, 이홍장, 장수성이 조선 대원군 이하응과 나눈 필담(七月二十九日, 李中堂·張制軍與朝鮮大院君李昰應筆談)」: 조선 반란의 주동자에 대한 심문(詢究朝鮮亂事之主首).

날짜: 光緒八年八月十一日(1882년 9월 22일)
발신: 北洋大臣 李鴻章
수신: 總理衙門

八月十一日, 北洋大臣李鴻章文稱:

---

64 이 부분은 앞서 나온 문서번호: 4-3-2(511, 796b-805a)의 첨부문서 8. 「28일 밤 12시, 어윤중을 배로 불러서 나눈 필담」과 같은 내용이라 생략한다.

光緒八年八月初十日, 在天津行館會同署直隸總督張由驛具奏, 遵旨會同究問朝鮮亂首李昰應情形, 恭摺詳細覆陳緣由, 相應鈔摺咨送, 爲此合咨貴衙門, 謹請查核.

照錄鈔摺[詳見八月十三日軍機處鈔交].

照錄清摺. 二品銜津海關道周馥, 謹將朝鮮金允植致津海關道書及筆談竝魚允中來函, 繕摺恭呈憲鑒.

計開:
(1) 「金允植六月二十二日在天津與津海關道周馥書」.

[생략]

(2) 「金允植六月二十七日在天津與津海關道周馥筆談」.
興宣秉政十年, 毒虐生民, 脅制君王, 年壯而無反政之意, 擧國皆有不靦之心, 而誰敢攪之. 又常凌侮君王及閔妃, 如家人小兒. 閔妃心懷不平, 崇用其親屬, 以分興宣之權, 自是憤毒日增, 寡君雖至誠奉養, 無以回心, 惟思謀害元主戾氣, 非歲月可銷也. 今不及廢立者, 欲假挾擁以靖人心也. 去年載先謀逆, 非載先也. 實此人之所爲, 雖死期欲奪權乃已. 宗社安危, 不槪於心耳.

(3) 「金允植七月初七日在朝鮮與津海關道周馥書」.
亂起之源, 由於興宣激變軍心, 乃自稱國太公, 總覽國權, 勒奪富民錢穀, 積置京城, 擬放軍料, 以攸人心. 但恐日本爲患, 卽遣人釜山, 解說非國太公之意, 乃亂民所爲也. 及日兵入城, 興宣屢通好意, 日人不應, 彼頗有懼心, 際聞中國派兵援護, 似有傾心歸附之意. 又欲藉中國兵力, 攻退日兵, 其愚如此. 然今中國乘此機會, 不勞撫定, 實敝邦之幸也. 日本軍中亦有敝邦人金玉均·徐光範, 此二人皆知舊中同心人也. 在彼必能調停, 不致格外滋事. 日本初聞此事, 多欲大擧來侵, 岩倉久視·井上馨力言不可, 只帶一千三百名, 爲自護之權. 其意亦欲權還國王而已, 不欲干涉內政也.

(4)「魚允中六月二十八日在朝鮮與津海關道周馥書」.
六月念七日, 隨師船抵泊仁川, 而事狀與向時面白無異, 亂黨殺相臣李最應·宰臣金輔鉉·閔謙鎬, 亦更犯王宮, 國王·妃嬪奔避不遑. 又迫王妃自盡, 搜殺縉紳之涉於外務者, 更刦日本使館, 互相搏擊, 日人之死者六人, 亂黨之死者三十餘人. 花房走至仁川, 亂軍追至, 又殺日人六七, 國政現歸大院君. 此後未知何以結局, 亂魁卽此人, 而非國人之所敢下手, 亂黨無人緝凶, 而以日人論之, 使之只與亂黨爲仇, 不與國人爲仇, 然後可以調楚, 而無辜生靈免於塗炭矣. 是所望於中國也.

(5)「光緒八年七月二十四日, 李昰應舟中遣崔性學送呈袁道保齡節署」.
敝邦京各營軍餉, 例以每月初支放, 而一年通計爲十餘萬石也. 武衛營提調總察其軍穀, 而近者十餘朔, 全不頒給, 如有呼寃, 只恐喝而已. 餉米則自外斥賣, 高價執錢, 及頒餉之時, 以錢每一石, 賤其價而分排. 今六月提調閔謙鎬, 不思養兵之重, 徒生肥己之慾, 又以錢分給, 而諸軍兵不受, 但索其米, 呼群引黨, 將欲起鬧, 謙鎬乃懼, 逃入王宮. 諸軍遂圍其家, 終日搜索, 而謙鎬罔念撫慰之策, 要報目前之忿, 使家丁促其軍兵之頭領幾人, 置諸淫殺. 六月初九日, 諸軍兵蜂起, 脅約城內無賴之民, 各持兵仗, 呼聲動天, 其議政諸臣皆畏禍, 相與入宮中避身, 而軍民已犯宮門, 勢不可當. 此時國王遣使於昰應, 趣裝入宮. 昰應閒居郊庄, 聞亂卽入, 衆怨嗷嗷, 刀戰如林, 挺立於其間, 慰之責之, 半日相持, 終不聽. 因殺國相與宰臣等三四人, 王妃閔氏不勝憤懣, 瞥然薨逝, 如此悖變, 亘古所無也. 昰應追其鬧亂處, 而百般曉喻, 姑爲遣散. 然其滋禍軍民之首唱, 不可晷刻容貸. 故徐圖跟捕, 聲其罪而誅之. 大抵被害之諸臣, 多年誤國, 觸其衆怒, 致此亂作. 故國王始大悔, 籍沒其諸臣家産, 盡分與各軍, 使之調靖也. 如此. 此六月十一日事也.
八月初二日會問時, 李昰應又親筆加注云. 此文敍其顚末甚詳不錯.

(6)「照錄海關道周馥·候選道袁保齡·馬建忠, 遵飭於本年八月初二日, 向朝鮮大院君李昰應筆談問答淸摺, 咨送查核」.
周[馥. 이하동]: "前日閣下見爵相·制軍, 所對多有未盡. 今日請詳悉見告."
李[昰應. 이하동]: "前日見爵相·制軍合席垂問, 已爲傾匭答之, 有何未盡者乎?"

周: "閣下前日所對有云, 此亂全由於財賦之臣, 徒事肥已, 濫殺人命, 致此萬古所無之變云云. 掌財賦者究係何人, 如何肥已殺人, 致釀此禍?"

李: "前日已詳言於中堂. 掌財賦者, 卽閔謙鎬也. 如何肥已, 三南稅米, 高價外賣, 軍餉則以賤價頒錢而不給米, 非獨閔謙鎬, 前提調金輔鉉亦然致此, 埋怨招禍者也. 又濫殺者, 六月五六日間, 軍餉只以一朔頒下, 米劣斗小, 軍兵不受其米, 打其胥吏. 其時閔謙鎬不思安撫, 先犯三人提囚打之, 畢竟濫殺, 諸軍咸憤, 起鬧也."

周: "李最應何以亦被殺?"

李: "此爲胞兄執政幾年, 自失人心, 且於當日恐喝軍民, 致此遇害. 眞所謂玉石俱焚. 言至於此, 甚慟, 甚慟."

周: "閣下當時親見此慘耶?"

李: "不見被創之時, 昏倒後, 擔歸鄙家, 不多時卒."

周: "然則閔·金等諸人, 皆有可殺之道耶?"

李: "是故國王始大悟, 籍沒家產, 追奪官職, 其誤國之罪, 不言可知."

袁[保齡. 이하 同]: 閔·金之死, 君以爲殺當其罪耶? 抑無辜而見害耶?"

李: "此則自取其禍也. 可謂國人皆殺. 而國王爲其所蔽也."

袁: "彼時亂兵起事, 閣下一人慰之·責之, 亂乃少定, 亦不可謂無功. 因殺宰臣與國相等三四人, 當亦是權宜定變之法, 此功亦不可沒. 惜前日未詳陳耳."

李: "我何有功? 亂軍殺吾兄, 兄之讐不可不復, 逼薨王妃, 王妃卽公是國母, 私是子婦也. 公私之讎, 豈可一日忘之也. 亂魁之謂誰, 若知分明, 則又豈不立地復讎, 荏苒到此耶."

袁: "亂兵皆凶橫之徒, 國王詔命不行, 而閣下能以一言退之, 其爲此輩所敬服可知. 果以甘言誘之, 抑平日積咸所震乎, 或恩惠之所結乎?"

李: "昰應癸酉以前十年輔政, 時積穀四百萬石·錢五百萬緡·綿布等物充溢於倉庫, 各營軍兵·各衙牙役, 按月放餉. 其中有才者拔用, 有罪者斥汰, 此軍民曾所相知也. 非有別般加惠, 而當日亂作時, 半日慰撫, 姑且散歸, 大抵昰應平生持身, 不以妄言爲主故也. 實非自誇, 又是以癸酉以後十年, 國勢凋殘, 兵民思亂, 不覺痛哭."

袁: "閣下居一時赫然定亂之功, 亂首·亂黨姓名, 或亦署知一二? 若云不知, 不免自坐庇護形迹, 况致亂必有主謀, 持械先入王宮, 是何隊兵卒? 其時環訴於閣下, 閣下慰之·責之者, 皆係何人? 前日一槪推開不說, 閣下心跡何以自明, 雖不居功, 何必甘處嫌疑之地, 使人不能相諒乎? 思之·思之, 明以告我."

李:"魁首姓名, 若能知之而不言, 是護逆也. 豈有護逆而立於世乎? 五營咸動, 不知何隊之孰先孰後也."

袁:"所慰·所責之人, 豈皆無姓名乎? 彼時所見, 今日何難追憶而數之?"

李:"當日人海中, 何以記某人爲何如人也. 但責其分義而慰之而已也. 何能追憶而數之耶?"

袁:"聞初九以後, 情事稍定, 皆閣下總持庶務之力, 其間政令可得聞大槪否?"

李:"果有國王之付託. 果不主務, 以其年老多病故也."

袁:"亂之方未賴閣下, 倉猝定計, 旣殺閔·金, 亂由此退, 彼時國王或亦有諭否耶? 閣下入宮, 必有王諭, 自無輕入之理, 究竟閣下何日何時入城?"

李:"初九日聞亂入城, 其時豈無王諭? 是應則挺身於刀戟中, 奔走曉諭, 且以保護國王爲務矣. 王諭渠輩, 豈能聽順?"

袁:"統兵之李景夏·申正熙是倡亂人否?"

李:"此雖曖昧, 當夕此兩將果單騎赴闕, 渴心保護, 然爲將者, 難免其罪者也."

周:"亂兵何以不殺李景夏·申正熙, 而殺閔·金諸人? 况李最應旣不管餉, 復不管兵, 何以亦被殺?"

李:"天朝下問, 豈可不以實對耶? 前日中堂筆談有國王仁弱云云者, 果實告之也. 李景夏·申正熙難爲將, 其軍餉實閔主之, 故李·申兩將免死. 至於相臣, 則當其亂入之時, 恐喝而已. 亂軍忤其恐喝, 而亂殺之地, 身被重創, 歸家卽卒, 言之淚落耳."

袁:"所以不憚苦口, 請指亂黨姓名者, 欲相保, 非相害也. 願更思之."

李:"閣下果不信衷曲之言如是, 苦口詰問, 有何餘蘊乎? 所謂亂黨姓名, 若知而不言, 是爲欺心, 我若欺心, 神必誅我."

周:"籍沒閔·金諸人家産, 係奉王諭耶? 抑係何日事耶?"

李:"兩家之錢財任置者, 一一收入軍餉充給, 此是王命, 而日字未詳."

周:"閣下始終不說出亂黨姓名, 將欲置首禍於不問乎? 且六月初九以後, 閣下總理庶務, 罷機務衙門, 驟復營制, 何以未聞捕治亂首? '趙盾弒君', 不討賊之故也.[65] 閣下其何辭以解?"

李: "如是屢問, 至有趙盾爲證. 此爲抑寃, 實有一點欺心而如是, 非持不齒人類, 犬羊亦不同群. 至於庶務之察, 果因國王之託耳. 蓋武衛營者, 唐之神策兵也. 機務衙門實是無用, 而兩處爲弊, 莫此爲甚, 果革之, 而復其舊. 武營本是訓練營也. 機務衙門本是三軍府也. 兩處設行後, 軍兵實無統轄故也."

李: "向馬云, 在船修敬與日昨付函, 均入珠記否?"

馬: "執事在馬山浦時, 鄙人正在王京, 究問各事情節, 及來津又以公事冗迫, 皆未克裁答. 但鄙人與執事, 屬有一面之緣, 合見兩番究問, 執事究未指明初九亂首, 且朝廷爲此事, 必須水落石出, 執事旣身在亂兵之中, 出入宮闥, 豈不識一二亂首可以指名乎? 再者, 初九亂兵之變, 往訴於執事家者亦二三次矣. 執事豈不識之乎?"

李: "初九日, 初十日兩日, 果來訴鄙家, 只言鉤米弄奸作處云云. 其時來訴者不知千百人也. 何以知其爲首耶? 衆口喧話之地, 亦何辨出耶?"

馬: "維時亂兵來訴之時, 執事果有何辭, 以解慰之耶?"

李: "天日照臨, 豈有私心耶? 當其作亂之時, 責之分義, 曉之利害, 慰撫其心而已. 又見家信, 其間欽差吳軍門掛榜有曰: '爾國太公實知其事'云. 臺下亦同住王京之時也, 吳軍門果聞何人之言如是乎? 必有來傳者矣. 此人若拿致此地, 與僕同庭對質, 黑白可辨矣."

馬: "以執事居疑似之地, 故人言如是. 若執事終不指明亂首, 吾恐執事見疑, 終難昭白."

李: "昨今詰問, 一再實對, 以不知也. 早若知之, 何不正法於本國, 而如是苟且護逆者乎?"

---

[65] 조순(趙盾, B.C.655~601)은 조선자(趙宣子)로, 춘추시대 중기 진국(晉國)의 유명한 정치가이자 전략가이다. 진문공(晉文公) 이후 진국에 나타난 제1위의 권신(權臣)으로 진국의 패권 사업을 유지하는 위업을 이루었다. 진영공(晉靈公)이 그를 못마땅하게 여겨 제거하려고 시도하자 망명하려 하였는데, 조순의 동생 조천(趙穿)이 영공을 시해하자 도성에 돌아와 공자 흑둔(黑臀)을 옹립하여 진성공(晉成公)으로 세웠다. 그런데 태사(太史) 동호(董狐)가 이에 대해 "조순이 그 군주를 시해하였다."고 써서, 비난하였다는 것은 사가(史家)의 필법(筆法)을 이야기할 때 널리 인용되는 역사적 고사가 된다. 조순은 자신의 죄가 아니라고 항의하였지만, 동호 씨의 주장은 진영공이 피살될 당시 그가 국경을 벗어나 있지 않았고, 돌아와서도 난적을 주살하지 않고 그를 풀어주었으니, 군주를 시해한 것은 바로 조순이라는 것이었다.

馬:"維時亂軍往訴,閔家不得其直,故往訴執事家內,聲言必欲殺閔謙鎬,以洩忿.執事聞之,當有以解勸之也.閤下旣謂所殺宰臣,皆有應得之罪,然則不誅數宰臣,不足以定亂.閤下旣稱有定亂之功,則宰臣之死,非君指使而何?"

李:"此說,俄於兩大人問已對之,前後說話,今在案矣."

(7)「光緖八年六月二十八日,候選道馬建忠在朝鮮與朝鮮侍讀魚允中問答筆談」.

[생략]

(8)「七月初三日午後,候選道馬建忠與朝鮮侍讀魚允中在仁川港舟中問答筆談」.[66]

馬:"現在有何消息?"

魚:"爲探得情形,在日船一晝夜,而現必生梗乃已.彼人拗戾漸痼,不離國王之側,人不敢以外務說及.惟引用同黨,睚眦必報,死人日積.於日人議和,議戰終無定見.惟激亂軍,使之尋事.彼人不去,國必亡乃已,痛哭,痛哭."

馬:"亂軍之起,傳聞減糧之故,但所減之糧,歸國帑乎?抑歸私囊乎?"

魚:"此皆激而成此變也.本邦近因財政窘竭,掌賦之臣籌畫不善,軍餉屢朔未給.月初頒餉之時,倉吏以陳腐散給,且不準斛量,因與倉吏口角,格殺倉吏數人.倉堂執軍人,致之軍法,軍人以無罪橫挐訴之,而不聽放釋.彼軍人因四處奔訴,及到某人之處,彼投以一通文字,乃"入闕作梗殺閔謙鎬,殺倭人與外交之人,國家可安"之意也.乃彼軍人及無賴,[67] 乃行此無前變怪,彼若無指授,何敢有此變乎?"

馬:"然則戕害外戚,攻圍使館,劫殺曾與外交之臣,皆彼所使矣."[68]

魚:"是也.又彼人爲天下不容之賊也.一國臣庶孰不欲食其肉,但以國王私親未便下

---

66 이 부분은 문서번호: 4-3-8(534, 843a-862b)의 첨부문서 11, 「7월 초3일 오후 9시 어윤중이 배로 와서 나눈 필담(初三日午後九點鐘, 魚允中來舟筆談)」과 앞부분은 같으나, 뒷부분은 약간 다른 내용이라 중복되나 다시 수록한다. 약간 다른 내용이 있는 부분은 어윤중의 대원군에 대한 발언 부분인데, 두 문서를 함께 읽어야만 보다 정확한 문맥의 파악이 가능한 것으로 보이기 때문이다.
67 원문에는 '乃彼軍人'이 중복되어 나타나는데, 아마 착오인 것 같다.
68 여기까지는 문서번호: 4-3-8(534, 843a-862b)의 첨부문서 11과 같은 내용이나, 그 뒷부분은 다른 내용이다.

手. 若假上國之力, 國人之有志者, 亦皆踴躍奮身也."

馬: "何以民間或謂: '民皆服彼, 而王妃其爲攬權, 外戚恣橫行'?"

魚: "民之服彼云者, 畏其威虐也. 王妃之攬權, 不可曰無之, 是爲內助之故, 外戚之恣橫是數十年前事, 到今日則無其事矣. 夤緣外戚, 妄取顯職, 是前日外戚之例套, 非渠之罪也."

魚: "聞國民起公憤, 發文八道, 約以七月十七日會擊此賊, 而未知果能如期否也. 其聲明罪狀, 明白於通文中, 此賊若有一分人理, 而誰敢奪其權. 其奪權之由, 專由虐殺國民之無罪者, 掠奪民之富有者, 奸淫人之婦女, 辱戮士夫, 國人切齒而失權, 非人之奪之也."

(9) 「光緒八年七月二十七日, 候選道馬建忠與朝鮮兵曹判書趙寧夏問答筆談」.

馬: "閔姓前後死者, 共有幾人?"

趙: "前七年火藥轟死王妃之母, 與兵曹判書閔升鎬竝升鎬之子九歲小兒."

馬: "六月初九之變, 死者何人?"

趙: "閔謙鎬卽升鎬之胞弟, 官大同堂上官, 如中國倉場總督.[69] 閔詠翊已逃至江原道, 作和尙."

馬: "李最應何日遇害?"

趙: "初九日."

馬: "亂軍之變起於初九日何時?"

趙: "前後事實當略陳. 至今豈今含混? 敝邦自前王時民窮財竭, 上下不交者久矣. 自癸亥前王薨逝無後, 今王入承, 其時王年十二歲, 故大院君總理大小國事, 不過幾年, 有偏施偏苦之政, 大小民人苦楚不耐. 自八九年前, 國王欲爲親總大小事務, 其時相持許久, 國政[始]出自國王, 而王妃多與聞國政, 則國人思見德化之盛.

---

69 창장총독(倉場總督)은 총독창장호부시랑(總督倉場戶部侍郞)으로 명·청대에 설치되어 호부 관원으로서 전국의 양창(糧倉)을 관리하던 직위이다. 매년 대운하를 통해 강소(江蘇), 호광(湖廣), 절강(浙江), 강서(江西), 산동(山東), 하남(河南) 등 성에서 수백만 석의 조량(漕糧)을 북경으로 운반하여 궁정과 관원, 군대의 양식으로 제공하는데, 이 양곡의 수발, 보관을 관할하기 위해 북경과 통주(通州)에 다수의 양창을 설립하였는데, 창장총독의 임무는 이 양식을 종합적으로 관리하는 것이었다. 호부시랑은 정삼품의 관직이었다.

自是以後, 不能善爲裁斷, 庶政多紊. 至於軍餉, 一年不給, 供役甚煩. 故軍民思亂之際. 閔謙鎬以倉督分給軍餉, 米不滿斛, 諸軍齊訴, 以爲: '十二朔不給餉米, 而慶·全·忠諸道所運之米, 盡送倭館, 此是貿來日本貨. 故今此分給, 不滿一斛.' 云云. 與該掌胥役詰鬪打辱, 閔謙鎬以軍卒不遵朝令, 遽行倉役拏囚軍人五六名, 奏王欲以正法. 軍人齊會議之曰: '不得食而空爲見殺, 豈不寃乎? 不可不訴白.' 因往訴於閔謙鎬家, 則把門兵丁拒之·打之. 諸軍激怒, 當場打破其家, 而彼輩旣犯死罪, 則不可不自伏其罪, 往見太公. 而太公以言激之, 致此變亂."

馬: "其後太公出總庶務在何時?"

趙: "初九日毁閔家, 亂軍齊會軍營不散, 初十日入王宮, 打殺閔謙鎬·金輔鉉, 亂軍圍王數十匝, 其時只有二宦與宵夏而已. 亂軍不犯於王, 而景狀不可形言. 金炳始負王而去, 太公入闕曉諭諸軍, 卽總庶務."

馬: "王妃幾時逃出?"

趙: "亂軍入宮, 康穆老王妃年高不動身, 國王與王妃·世子避於後殿, 亂軍突入, 竟爲失散."

馬: "載冕之子爲何亦入王宮?"

趙: "聞變後, 入宮請安."

馬: "太公入宮後, 一切朝政皆出太公, 國王以爲何如?"

趙: "無奈何."

馬: "太公囉卒導引, 亂軍入宮, 國王知否?"

趙: "非但太公所率兵丁, 卽國王所近之兵丁亦在其中."

趙: "國王自七八年前分訓練都監局一營爲二營, 稱爲武衛營, 使之直宿於國王所御殿前廊下以衛之, 而彼輩洞知宮內煩瑣祕密事情, 諸臣苦諫不從, 而當日之變, 脩門之內曲徑複道, 無礙直入."

馬: "然則殺死閔謙鎬與金輔鉉亦太公囉卒導之耶?"

趙: "不明白."

馬: "聞太公一月秉政, 頗有賄賂者, 信乎?"

趙: "軍餉十二月不給, 民間應給者亦二三年, 故太公欲淸帳, 而不少之錢糧, 從何辦出乎? 不得不勒措貸於稍實之民."

馬: "此不過藉口耳."

趙: "非藉口也. 實則爲此. 然自癸亥至今二十年間, 太公以勒奪民財爲主, 民心嗷嗷, 故雖實爲此, 人皆不信之也."

馬: "僕見太公家陳設, 都麗過於王宮. 太公何由得此多錢?"

趙: "得錢非常, 不爲公事多用之. 然大署總一國之政, 則如何不多錢乎?"

馬: "各官升遷亦皆納賄乎?"

趙: "非必露出納賄, 自然盡入於彼彀中. 故其時政事甚淆."

馬: "自初九變後, 國內之人惟知有太公, 不知有國王爲何? 臣民畏太公一至於此?"

趙: "自癸亥年太公總斷國政, 生殺予奪, 任意爲之, 行之十餘年, 故臣民畏之. 自癸酉國王總斷庶政以後, 亦不能忽視太公, 故臣民畏之者良有以. 且初九變後, 變革舊政, 則不得不殺之, 活之, 又當任意爲之, 豈有不惜命之人乎?"

馬: "太公此次出奪國政後, 朝臣內爲其心腹者, 共有幾人?"

趙: "別無幾人, 雖有幾箇, 俱是不算的."

馬: "總理機務衙門, 太公爲何撤去?"

趙: "太公曾設三軍府衙門, 圖革去設機務衙門, 故初十日太公言於國王而撤去者也."

馬: "僕於初十日晚言於太公, 欲往仁川晤花房議事, 太公即云: '如要派人同往, 我即派首相偕行.'云云. 是太公委派朝臣, 雖位如首相, 亦可任意爲之, 無事秉命於國王矣."

趙: "雖以國王命派送, 即太公如何爲之, 然後即爲國王派送."

(10) 「七月二十九日, 李中堂·張制軍與朝鮮大院君李昰應筆談」.

問: "朝鮮六月初九日之亂, 起於何人?"

答: "起於民兵."

問: "究竟何人爲首, 閣下必知之."

答: "十年退養山莊, 不關公事, 初九日夕始聞之. 又有國王急招而入城. 亂起於無妄, 當其時雖有賁育之勇, 懸河之辨, 莫能排解也.[70] 下生艱辛解諭, 竟殺國相與宰臣

---

[70] 분육(賁育)은 전국시대의 용사 맹분(孟賁)과 하육(夏育)을 함께 가리키는 용어로 용감한 장사(壯士)를 뜻한다. 현

而退之亂. 期欲索出正法, 乃可雪辱, 雖欲即查, 一國之民, 皆是兇徒, 無奈, 稍俟擾定, 將欲治法際, 伏蒙皇命急駛來津, 恭候諭旨, 其後事果未知如何究竟也."

問: "斷無一國民人皆是兇徒之理. 閣下當時既入城排解, 則某某係逼害王妃, 戕殺國相·宰臣者, 必可追憶指出."

答: "來津聞日本新聞紙有大院君主謀不軌云云, 此不足介意也. 又聞家信, 自欽差陣門付榜, 爾國太公實知其事云云, 此抑欝欝此心之. 不然問(盾?)彼蒼天."[71]

問: "吾問亂黨爲首何人, 閣下不肯直說, 無怪日本新聞, 吳軍門榜示皆疑閣下實知其事. 今惟將主使何人, 魁首何人, 一一指出, 則閣下之誣之辨自明. 又今日之談, 係奉旨詰問, 不可認作私席談話也."

答: "雖私席談話, 爲相孚之間, 必不欺情, 况皇命下詢之下乎? 下生本心, 惟神明知之. 居家之時, 切不索隱行怪, 又况此筵乎? 又中堂如是屢問不解疑, 亦無恠乎遠外之傳聞也. 然下生雖小邦賤品, 豈不知皇命攸重也. 蓋此事全由於財賦之臣徒事肥己, 濫殺人命, 致此萬古所無之變, 不可使聞於天下, 一心欲死而已."

問: "閣下不肯指明亂首, 不獨遠外傳聞皆疑之, 即朝鮮臣庶亦未始無疑. 至財賦之臣肥己濫殺, 該王自有國法處置, 非他人及軍民所可擅誅, 任其擅殺, 是縱令叛亂也."

答: "甲子本國王入承大統, 老王妃垂簾, 其時下生亦爲輔政, 此爲國王冲年故也. 至癸酉國王寶齡鼎盛, 仍爲歸政, 果奉身歸臥山林, 亦又十年也. 蓋甲子以後十年, 無異治跡, 衆怒群猜, 不無有之, 十年前失志之徒, 即今日得意之人也. 驅我於周測之地, 庶可推諒矣."

問: "閣下無怪人驅於周測之地. 試問天下萬國有此逼斃王妃·擅殺國相大臣之政體否?"

答: "然故萬國所無之變也. 亂根, 亂魁, 如或知情不告, 非特今日之罪人, 南董之筆,[72]

하(懸河)는 강바닥(河床)의 양쪽 강안(江岸)의 지면보다 높은 강을 말하며, 지상하(地上河)라고도 하는데, 보통 황허강(黃河)을 가리킨다. 나아가 폭포나, 말이나 글솜씨가 아주 유창한 것을 비유하는 데 쓰이기도 한다.

71 이 부분은 원문이 "此抑欝欝此心之. 不然盾彼蒼天."이라고 되어 있는데, 약간 구두점이나 글자에 오류가 섞인 것으로 보인다.

72 남동지필(南董之筆)에서 남동은 춘추시대 제(齊)의 사관(史官) 남사(南史)와 진(晋)의 사관 동호(董狐)의 합칭으

千年可期而已. 中堂下敎, 萬萬抑寃, 抑寃."

問: "南董之筆, 正恐不免, 又然則今日閣下當何以自處?"

答: "自處之敎未詳, 更願詳敎. 本質鹵莽, 年且老矣. 今有天朝垂詢亂魁, 果難臆對. 惟天朝處決而已."

問: "禮義之邦, 一旦作此無禮義之事, 中國所以不能不追問."

答: "軍民盡叛, 今爲難保之境, 惟天朝特下調停之澤, 何幸, 何幸. 至於追問之敎, 切當, 切當. 然亂之始作, 皆由國王仁弱, 朝臣亂政之故也. 蓋敝國京中之民, 藉食者惟稅米也. 軍兵餉米亦稅米也. 財賦之臣自外許賣高價執錢, 以爲肥已, 軍餉則十三朔闕頒, 乃於六月初六日, 只頒一朔之米, 米惡斗小, 諸軍呼寃, 執政人閔謙鎬稱以無捉頭領淫殺, 諸軍聞卽蜂起, 成群作黨, 無賴之民, 先打閔謙鎬家. 謙鎬避入王宮, 諸軍到闕門請出謙鎬, 及諸臣之誤了國事者, 竟入闕門, 逢人卽殺, 鬧亂宮闈, 王妃竟至憤薨. 是夜下生身冒刀鎗, 處處曉諭, 變出頃刻, 又不知誰魁誰倡, 當場事敵鋒不可當, 先戢其亂, 次探賊情, 故下生姑安軍民, 不暇覈實, 而急馳到津耳. 又以敝邦事到底查核, 仰揣大皇帝以法治天下之大鈞洪運, 此又出於視之內服之聖德也. 此際如有可告者, 豈可秘之不發. 今番事後, 國王始爲大悔, 籍沒諸臣家産, 盡分與諸軍, 方使跟捕巨魁云云. 下生在東時聞知者也."

8월 11일, 북양대신 이홍장이 다음과 같은 자문을 보내왔습니다.

광서 8년 8월 10일, 천진행관(天津行館)에서 서리 직예총독 장수성과 함께 상유에 따라 조선 반란의 주동자 이하응을 심문한 상황을 역참을 통해 주접을 갖추어 상주하여 상세하게 답장한 연유에 대해 응당 그 주접을 베껴 자문으로 보내드려야 할 것입니다. 이에 귀 아문에 자문을 보내니 살펴봐 주시길 삼가 요청합니다.

[주접 초록의 자세한 내용은 8월 13일 군기처에서 베껴서 보내온 것을 참조할 것.]

첨부: 이품함 해관도 주복이 삼가 조선의 김윤식이 진해관도에게 보내온 서신과 그와 나눈

로, 두 사람은 역사 서술에서 사실(史實)에 충실하여 거리낌 없이 직필(直笔)을 하였던 것으로 유명하다.

필담 및 어윤중이 보내온 서함을 주접을 갖추어 살펴보시도록 삼가 올립니다.

(1) 「김윤식이 6월 22일 천진에서 해관도 주복에게 보낸 서신(金允植六月二十二日在天津與津海關道周馥書)」

[생략]

(2) 「김윤식이 6월 27일 천진에서 진해관도 주복과 나눈 필담(金允植六月二十七日在天津與津海關道周馥筆談)」

흥선군이 권력을 잡은 지 10년 동안 백성을 해치고 학대하며 국왕을 윽박질러 통제한 데다가, 국왕이 나이가 들어서도 정권을 돌려줄 뜻이 없어, 온 나라가 모두 옳지 않다는 마음을 품었지만, 누구도 감히 이를 휘젓지 못하였습니다. 또한 항상 국왕과 민비를 능멸하면서 마치 집안 어린아이 다루듯이 하였습니다. 민비가 마음속으로 불평을 품고 그 친척들을 등용하여 흥선군의 권력을 나누려고 하자, 이때부터 더욱 분노와 증오가 심해져서, 국왕이 비록 지극한 정성으로 봉양하였지만, 그 마음을 돌릴 수는 없었으며, 오로지 원자(元子)를 모해하려는 거친 기운은 세월이 지난다고 해도 없어지지 않았습니다. 지금 국왕을 폐립하지 않은 것은 그를 옹호한다는 모습을 가장하여 인심을 가라앉히고자 하기 때문입니다. 작년 이재선의 역모는 이재선의 역모가 아니라 실로 흥선군이 시도한 것으로 비록 죽을 때가 되어도 여전히 권력의 찬탈을 바랄 뿐입니다. 종사의 안위는 안중에도 없습니다.

(3) 「김윤식이 7월 7일 조선에서 진해관도 주복에게 보낸 서신(金允植七月初七日在朝鮮與津海關道周馥書)」

반란이 일어나게 된 근원은 흥선군이 군심(軍心)을 격변(激變)한 데서 비롯되었고, 그는 스스로 국태공으로 자칭하면서 국권을 총람하고, 부민의 돈과 곡식을 강제로 빼앗아 경성에 쌓아두고 군대 봉급으로 풀어놓아 인심을 거두려 하고 있습니다. 하지만 일본이 우환이 될까 두려워하여 곧장 사람을 부산에 보내 자기 뜻이 아니었고 난민이 저지른 일이라고 해명하려 하고 있습니다. 일본군이 한성에 들어오자 흥선군은 누차 호의를 전달하고자 하였으나 일본이 응하지 않자 자못 두려운 마음을 가지게 되었고, 마침 중국의 군대를 파견하여 원호한다고 하자, 성의를 다해 이리로 귀부하겠다는 뜻을 갖게 된 것으로 보입니다. 또한 중국 병력을 빌어 일본군을 공격하여 물리치길 바라니, 그 어리석음이 이와 같습니다. 하지만 지금 중국이 이 기회를 틈타 힘들이지 않고 무정(撫定)한다면 실로 조선의 행운이 될 것입니다. 일본군 안에도 조선인 김옥균, 서광범이 있는데, 이 두 사람은 모두 옛 친구로 같은 마음을 가진 사람입니다. 거기서 그들이 반드시 조정할 수 있다면 의외의 사건이 발생하지 않게 할 수 있을 것입니다. 일본은 처음 이 반란의 소식을 듣고 대부분 대거 침입하기를 바랐는데, 이와쿠라 도모미나 이노우에 가오루가 안 된다고 강력하게 반대하여 단지 1,300명의 병력만을 데리고 와 자기방어의 권리로 삼게 되었습니다. 그들의 뜻 또한 역시 국왕에게 권력을 돌려주려는 것일 뿐 내정에 간섭하려는 것은 아닙니다.

(4) 「어윤중이 6월 28일 조선에서 진해관도 주복에게 보낸 서신(魚允中六月二十八日在朝鮮與津海關道周馥書)」

6월 27일 중국 군함을 타고 인천에 도착하여 정박하였는데, 조선의 사정은 종래 아뢴 것과 다름이 없습니다. 난당은 상신(相臣) 이최응, 재신(宰臣) 김보현, 민겸호를 죽이고 또한 바로 왕궁에 침범하여 국왕의 비빈은 달아나기에 바빴으며, 또한 왕비가 스스로 자진하도록 윽박지르고, 외무와 관련된 관료·사대부를 수색하여 죽였습니다. 나아가 일본 공사관을 공격하여 서로 맞싸우다가 일본인이 6명 사망하였으며, 난당은 30여 명이 사망하였습니다. 하나부사 공사가 인천으로 도피하자 난군이 이를 추격하여 다시 일본인 6~7명을 죽였습니다. 국정은 현재 대원군에게 넘어갔고, 앞으로 어떻게 결말이 될지는 알 수 없는데, 반란의 수괴는 바로 이 사람이지만 조선 사람들이 감히 손을 쓸 수 있는 바가 아니며, 아무도 난당을 체포하는 사람이 없습니다. 일본인의 사정을 따진다면, 단지 난당과 서로 원수가 되게 해야지, 조선 백성과 원수가 되게 해서는 안 되며, 그다음에야 비로소 중국 군대의 힘을 동원할 수 있고, 무고한 생령이 도탄에 빠지는 것을 피할 수 있을 것입니다. 이것이 중국에 바라는 바입니다.

(5)「광서 8년 7월 24일, 이하응이 배에서 최성학을 보내 원보령 도대에게 전달한 절략(光緖八年七月二十四日, 李昰應舟中遣崔往學送呈袁道保齡節畧)」

조선 한성 각 군부대의 봉급(軍餉)은 매월 초에 지급하는 것이 정례이며, 1년을 통틀어서 계산하면 10여 만석입니다. 무위영(武衛營)의 제조(提調)가 그 군용 곡식을 전체적으로 책임지는데, 최근 10여 달 동안 전혀 이를 지급하지 않았고, 이에 대해 호소하거나 원망하는 사람이 있으면 오로지 공갈로 대응하였을 뿐입니다. 이 군용 곡식을 외부에 팔아치우고 높은 값으로 전(錢)을 받는데, 봉급을 지급할 때는 매 1석당 전(錢)마다 그 가격을 낮추어 분배해 줍니다. 올해 6월 제조 민겸호(閔謙鎬)는 군사 양성의 무거움을 돌보지 않고 오로지 자기 배를 살찌울 욕심으로, 또다시 전(錢)으로 나누어 지급하려 하자, 여러 군병(軍兵)이 이를 받지 않고 오로지 쌀로 내놓으라고 요구하였습니다. 그들이 무리를 모아 장차 소동을 일으키려 하자, 민겸호는 두려워서 왕궁으로 도망쳐 들어갔습니다. 각 군부대가 그의 집을 에워싸고 종일토록 수색하였지만, 민겸호는 이들을 위무할 생각은 아예 잊고, 눈앞의 분노에 보복하기 위해 가정(家丁)들로 하여금 군병의 우두머리 몇 사람을 잡아 오게 재촉하여, 그들을 마구 죽이고자 하였습니다. 6월 9일 각 부대가 봉기하면서 성내의 무뢰 백성들을 위협하고 끌어들여, 각기 무기를 들고 그들이 외치는 고함이 하늘을 뒤흔들자 정부 여러 신하는 모두 재앙을 피하려고 서로 함께 궁중으로 피신해 들어갔는데, 군졸과 백성들이 궁문을 침범하자 그 기세를 막을 수 없었습니다. 이때 국왕이 내게 사람을 보내 속히 행장을 꾸려 입궁하였습니다. 나는 교외의 별장에 한거(閑居)하고 있다가 반란의 소식을 듣고 곧바로 입궁하여 난군의 형세를 보니 뭇사람의 원망하는 소리가 아주 시끄럽고 칼과 무기가 아주 많았는데, 그 사이에 몸을 버티고 서서 그들을 위로하고 질책하여 반나절을 서로 대치하였는데, 결국 제 말을 듣지 않았습니다. 이 때문에 상신과 재신 3~4명을 살해하였고, 왕비 민씨는 분노를 참지 못해 갑작스레 세상을 떠났으니, 이와 같은 발칙한 변고는 천고에 없던 일입니다. 나는 그 소란이 벌어진 곳을 쫓아가 온갖 말로 이들을 깨우쳐 잠시 흩어지게 할 수 있었습니다. 하지만 이런 재앙을 크게 만든 군민(軍民)의 수괴들을 잠시라도 용납할 수는 없었습니다. 따라서 서서히 수색·체포하여 그 죄를 밝히고 주살할 것을 꾀하였습니다. 대저 피해를 당한 여러 신하는 다년에 걸쳐 나라를 그르치게 하고 뭇사람의 분노를 자아내어 이러한 내란이 터지도록 만들었습니다. 그 때문에 국왕은 비로소 크게 후회하여 그 여러 신하의 가산을 몰수하고, 모두 각 부대에 나누어주어 이들을 진정시키려 하였습니다. 이와 같습니다. 이것이 6월 11일의 일입니다[8월 2일 이홍장과 장수성이 공동으로 심문할 때 이하응은 또한 친필로 여기에 주를 달아 이 글에서 그 전말을 서술한 것은 매우 상세하고 틀린 게 없다고 덧붙였습니다].

(6) 「해관도 주복, 후선도 원보령, 마건충이 지시에 따라 올해 8월 2일 조선의 대원군 이하응과 나눈 필담 문답 복사본을 첨부와 같이 자문으로 보내니 검토해 주십시오(照錄海關道周馥·候選道袁保齡·馬建忠, 遵飭於本年八月初二日, 向朝鮮大院君李昰應筆談問答淸摺, 咨送查核)」

주복: "며칠 전(7월 29일) 각하는 이홍장 북양대신과 장수성 직예총독을 만났는데, 답변 내용에 미진한 부분이 많으니 오늘 다시 상세하게 알려주시기를 청합니다."

이하응: "며칠 전 이홍장 북양대신과 장수성 직예총독이 합석하여 질문하였는데, 본인은 이미 있는 것을 모두 꺼내어 답한 바 있습니다. 무엇이 미진하다는 것입니까?"

주복: "각하가 며칠 전 답변하시길, 이번 반란은 전적으로 재부를 담당한 신하가 헛되이 자기 자신만을 살찌우고 몇 사람을 남살하여 이런 만고에 없는 변고를 부른 데서 비롯되었다고 이야기하였는데, 재부를 장악한 사람이 과연 누구이고, 어떻게 자신을 살찌우고 사람을 남살하여 이런 재앙을 양성하였다는 말입니까?"

이하응: "며칠 전 이미 이중당 대인에게 상세하게 이야기하였습니다. 재부를 관장한 사람은 민겸호입니다. 어떻게 자신을 살찌웠는가 하면 삼남(三南)의 세미(稅米)를 높은 값으로 밖에 내다 팔고, 군병의 봉록은 낮은 가격으로 동전을 나눠주고 쌀을 지급하지 않았는데 민겸호만 그런 것이 아니라 이전의 제조 김보현도 역시 이런 식으로 해서 원망을 사고 재앙을 불렀습니다. 또 남살이라는 것은 6월 5~6일 사이에 군병의 봉록은 단지 한 달 치만 지급하였는데, 쌀은 열악하고 되는 작은 것이라 군병들이 이 쌀을 받지 않고 서리들을 구타하였습니다. 그때 민겸호가 이들을 안무할 생각은 하지 않고 먼저 일을 저지른 세 사람을 잡아 가두고, 구타한 다음에는 결국 멋대로 죽였습니다. 각 부대의 군졸들이 모두 분개하여 소동을 일으키게 된 것입니다."

주복: "이최응은 왜 피살당하였습니까?"

이하응: "이최응은 제 형으로, 집정한 지 몇 년째인데, 자연스레 인심을 잃은 데다가 또한 당일 군민(軍民) 무리를 억박지르다가 이렇게 피해를 당하게 된 것입니다. 정말로 옥과 돌

이 구분되지 않고 뒤섞여 함께 불타버린 셈인데, 이런 얘기를 하다보니 정말 슬프고도 슬픕니다."

주복: "각하는 당시 이런 참화를 직접 목격하였습니까?"

이하응: "피해당하는 것을 보지는 않았는데, 기절해 쓰러진 다음 누군가 제집으로 실어보내 옮겨 왔는데 얼마 되지 않아 세상을 떠났습니다."

주복: "그렇다면 민겸호나 김보현 등은 모두 죽어도 된다는 도리가 있습니까?"

이하응: "이런 연유로 국왕이 크게 깨우쳐, 가산을 적몰하고 관직을 소급해서 박탈하였으니, 나라를 망친 그 죄는 말할 필요도 없습니다."

원보령: "민겸호와 김보현의 죽음은 그 죄값을 치른 것으로 보신다는 말입니까? 아니면 이유 없이 피해당한 것입니까?"

이하응: "이 경우는 스스로 그 재앙을 부른 것입니다. 나라 사람들이 모두 죽여도 좋다고 얘기하는데, 국왕은 그들에게 눈이 가려져 있던 것입니다."

원보령: "그때 반란 병졸들이 봉기하였을 때 각하 혼자서 이들을 위로하고 질책하여 반란이 조금 진정되었다고 하니, 또한 공이 없다고 할 수는 없겠습니다. 상신과 재신 등 서너 명을 죽인 것 역시 임시 조치로 변고를 진정하는 방법이기도 하니 이 공로도 또한 무시해서는 안 되겠습니다. 아깝게도 며칠 전에는 상세하게 이야기하지 않았습니다."

이하응: "내가 무슨 공이 있습니까? 반란군이 내 형을 죽였으니, 형의 원수는 갚지 않으면 안 되고, 왕비를 핍박하게 죽게 하였는데 왕비는 공적으로는 국모이고 사적으로는 며느리이니, 어찌 공·사의 원수를 하루라도 잊을 수 있겠습니까? 반란의 수괴가 누구인가를 만약 분명하게 안다면, 어찌 즉각 원수를 갚았지 이제까지 가만 놔두고 있었겠습니까?"

원보령: "난군 병사는 모두 흉폭한 무리로서 국왕의 조칙도 듣지 않는데, 각하는 한마디 말로 이들을 물리칠 수 있었으니, 저 무리가 경복하는 바임을 잘 알겠습니다. 과연 달콤한 말로 유인한 것입니까, 아니면 평일에 쌓아둔 것에 흔들리거나 아니면 은혜를 베푼 결과입니까?"

이하응: "본인은 계유년(癸酉年, 1873) 이전 10년 동안 보정(輔政)을 하였는데, 당시 쌓아둔 곡식이 4백만 석, 동전은 5백만 문(緡), 면포 등의 물품이 창고에 넘쳐났습니다. 각 부대의 군병이나 아문 아역들은 매달 봉록을 받을 수 있었고, 그 가운데 재주가 있는 사람을 발탁하고 죄가 있는 사람을 도태하였는데, 이것은 군사나 백성들이 모든 다 잘 알고 있는

바입니다. 따로 별도의 은혜를 베푼 것은 없으며, 반란이 일어난 당일 반나절 동안 그들을 위무해서야 간신히 잠시 그들을 흩어져 돌아가게 할 수 있었습니다. 본인은 평생 몸가짐에서 헛된 소리를 하지 않는 것을 중심으로 삼아왔기 때문입니다. 실로 자기 자랑이 아니고, 또한 계유 이후 10년 동안 국세가 시들고 무너져, 병사와 백성들이 반란을 생각할 지경이 되었으니, 절로 통곡할 수밖에 없습니다."

원보령: "각하는 일시에 반란을 진정시키는 혁혁한 공을 세웠으니, 반란 수괴나 반란 무리의 성명에 대해서 혹은 대략 한두 사람은 알지 않습니까? 만약 모른다고 말한다면 스스로 그들을 비호한다는 형적을 벗어나지 못하게 될 것입니다. 하물며 반란에 이르는 데는 반드시 주모자가 있을 것이니, 무기를 들고 먼저 왕궁에 들어간 것은 어떤 부대의 병졸입니까? 당시 그들이 각하를 둘러싸고 호소하였는데, 각하가 위로하고 질책한 사람은 어떤 사람들입니까? 며칠 전 아예 미뤄버리고 이야기하지 않았으니 각하의 마음속을 어떻게 스스로 밝힐 수 있으며, 비록 공로를 자처하지는 않더라도 하필이면 달게 혐의를 받는 위치에 처하려고 하여 남들이 받아들일 수 없게 하십니까? 생각하고 생각한 다음에 분명하게 제게 말씀해 주십시오."

이하응: "반란 수괴의 성명을 만약 알 수 있으면서도 말하지 않는다면, 이것은 반역을 비호하는 것입니다. 어찌 반역을 옹호하면서 세상에 나설 수 있겠습니까? 5개 부대가 모두 움직였으므로 어떤 부대가 앞서고 어떤 부대가 뒤처졌는지 알 수 없습니다."

원보령: "위로하고 질책한 사람들이 어찌 성명이 없을 수 있습니까? 그때 본 것을 지금 다시 기억을 되새겨 헤아리는 것이 뭐가 어렵습니까?"

이하응: "당일 인산인해처럼 많은 사람 가운데 누가 누구인지 어떻게 기억할 수 있습니까? 다만 당시의 명분과 의리를 가지고 질책하고 위로하였을 뿐입니다. 어찌 능히 기억을 되새겨 헤아릴 수 있겠습니까?"

원보령: "듣기에 초9일 이후 사정이 조금 진정되었습니다. 모두 각하가 전체 국무를 주지하는 데 힘입었는데, 그 사이 정령은 대체로 모두 들어볼 수 있지 않았습니까?"

이하응: "확실히 국왕이 부탁한 바가 있지만, 제대로 국무를 주지하지 못한 것은 나이가 들고 병이 많았기 때문입니다."

원보령: "반란군 측이 각하에게 의뢰하지 않았고, 창졸간에 방침을 정해 민겸호와 김보현을 죽인 다음 이후에 물러났는데, 그때 국왕이 혹은 지시를 한 바 있습니까? 각하가 입궁한

것은 반드시 국왕의 지시가 있어서였을 것이고 당연히 가볍게 들어갔을 리는 없는데, 도대체 각하는 언제 어느 때 한성에 들어갔습니까?"

이하응: "초9일 반란 소식을 듣고 입성하였는데, 그때 어찌 왕의 지시가 없었겠습니까? 본인은 칼과 창 속에 온 몸을 던져 깨우치고자 하였고, 또한 국왕을 보호하는 것을 임무로 삼았습니다. 국왕이 그 무리에게 지시한다고 해서 어찌 곱게 듣고 따랐겠습니까?"

원보령: "군대를 통솔하던 이경하(李景夏)[73]나 신정희(申正熙)[74]는 반란을 주창한 사람이 아닙니까?"

이하응: "이것은 조금 애매하지만, 그날 저녁 이 두 대장(大將)은 과연 홀로 말을 타고 대궐로 달려가 전력을 다해 국왕을 보호하였습니다. 그렇지만, 장군으로서 그 죄를 피하기는 어려울 것입니다."

주복: "반란 병졸이 왜 이경하, 신정희를 죽이지 않고 민겸호나 김보현 등을 죽였습니까? 하물며 이최응은 이미 군대 봉록을 관장하지도 않는데, 어째서 또한 피살되었습니까?"

이하응: "천조(天朝)에서 질문하는데 어찌 사실로 대답하지 않을 수 있겠습니까? 며칠 전 이홍장 중당과의 필담에서 국왕이 인약(仁弱)하다고 하였는데, 실제 사실을 알린 것입니다. 이경하, 신정희가 반란 당시 대장이었지만 그 군대의 봉록은 실제 민겸호가 관장하였으므로, 이경하와 신정희는 죽음을 피할 수 있었습니다. 상신의 경우 반란군이 진입하였을 때 오로지 공갈로만 대응하였기 때문에 반란군이 그것을 혐오하였고, 난살(亂殺)이 이루어지는 곳에서 몸에 중상을 입고 귀가하자 곧바로 사망하였는데, 이 얘기를 하자니 눈물이 떨어집니다."

---

[73] 이경하(李景夏, 1811~1891)는 조선 후기의 무인으로 한성부판윤, 형조판서, 강화부유수, 어영대장, 공조판서 등을 지냈다. 1863년 고종이 즉위하고 흥선대원군이 집권하자 훈련대장 겸 좌포도대장을 지냈고, 1866년 대원군이 천주교도를 탄압할 때 포도대장으로서 죄인들을 낙동(駱洞)의 자기 집에서 심문하였으므로 사람들이 이경하를 염라대왕처럼 무서워하여 '낙동염라'라는 별칭도 있다. 병인양요 때 프랑스군이 강화도를 공격하고 한강을 봉쇄하자 순무사(巡撫使)로 발탁되어 도성 방어의 책임자로 출진하였다. 1882년 무위대장(武衛大將)으로 재직 중 임오군란의 책임을 지고 파면되어 전라도 고금도에 유배되었으나, 1884년 풀려나와 좌포도대장을 지냈다.

[74] 신정희(申正熙, 1833~1895)는 신헌(申櫶)의 아들로, 무과에 급제한 뒤 뒤 경상좌도 병마절도사, 1875년 함경도 병마절도사, 1877년 좌·우포도대장을 역임하였다. 이듬해 어영대장(御營大將)이 되었고, 1881년 통리기무아문당상(統理機務衙門堂上)에 취임하였고, 형조판서를 거쳐 1882년에 다시 어영대장이 되었다. 그러나 이 해 임오군란이 일어나 책임자에 대한 문책이 단행되었을 때 장어대장(壯禦大將)직에 있던 그도 파직되어 임자도(荏子島)에 유배되었다.

원보령 : "그래서 거듭해서 설득하는 것을 꺼리지 않고, 난당의 성명을 지적해달라는 것이고, 서로 보호하자는 것이지 서로 해치기 위해서가 아닙니다. 다시 생각해 보십시오. "

이하응 : "귀하가 과연 이와 같은 진심을 담은 말을 믿지 않고, 거듭해서 힐문하는 것은 뭐가 여전히 맺혀서입니까? 이른바 난당의 성명을 만약 알고도 알리지 않는다면, 이것은 속이려는 마음이고, 내가 만약 속이려는 마음을 품고 있다면 신(神)이 반드시 나를 벌주실 것입니다."

주복 : "민겸호, 김보현의 가산을 적몰한 것은 국왕의 지시를 받아 한 일입니까? 또 언제의 일입니까?"

이하응 : "두 집안의 재산이 방치된 것을 하나하나 거두어 군대의 봉록에 충당하였는데, 이것은 국왕의 지시로 이루어진 것이며, 날짜는 상세하게 알 수는 없습니다."

주복 : "각하는 시종일관 난당의 성명을 입 밖으로 내지 않는데, 화근의 수괴를 불문에 부치기를 바라는 것입니까? 또 6월 초9일 이후 각하는 모든 정무를 총괄하여 기무아문을 폐지하고 군대의 편제를 갑작스레 옛날식으로 되돌렸는데, 왜 반란 수괴를 잡아서 다스렸다는 소리는 들을 수 없습니까? '조순(趙盾)이 군주를 시해하였다'고 일컫는 것은 역적을 토벌하지 않았기 때문입니다. 각하는 어떤 말로 이를 해명하시려 합니까?"

이하응 : "이렇게 누차 질문을 던지고 심지어는 조순까지 증거로 삼으니, 이것은 정말로 억울한 일입니다. 실로 조금도 속이려는 마음이 이렇게 있었다면, 사람의 축에 끼지도 못할 뿐 아니라 개나 양과 같은 무리에도 속하지 못할 것입니다. 모든 정무를 관장하였다는 것은 확실히 국왕이 부탁하였기 때문입니다. 또 무위영(武衛營)이라는 것은 당(唐)의 신책병(神策兵)과 같은 것이고, 기무아문은 실제로는 전혀 쓸모가 없어, 두 기구의 폐단이 심한 것이 이보다 더 할 수가 없었기에 확실히 폐지하고 옛날의 상태로 되돌린 것입니다. 무위영은 본래 훈련영(訓練營)이었고, 기무아문은 본래 삼군부(三軍府)였는데, 두 기구가 설치된 다음 군병(軍兵)은 실로 통할하는 곳이 없어졌기 때문입니다."

이하응은 마건충을 향해 말하기를 '배 위에서 공경하게 예의를 갖추어 소식을 전하였던 것과 며칠 전 서신을 부친 것은 모두 기억하고 계십니까'라고 물었다.

마건충 : "각하께서 마산포(馬山浦)에 계실 때 저는 마침 한성에 있었습니다. 여러 일의 사정

에 대해 질문한 것에 대해, 천진으로 돌아온 다음 공무에 얽매어 바빴으므로 모두 제대로 답장을 드릴 수 없었습니다. 다만 저와 각하는 이미 얼굴을 마주친 인연이 있고, 두 차례의 심문을 합쳐서 보니, 각하께서는 초9일 반란 수괴를 지명하지 않고 계십니다. 우리 조정이 이 일을 따지다 보면 반드시 물이 내려가면 바닥의 돌이 드러나듯이 사건 진상이 드러날 터인데, 각하는 이미 반란 군졸 사이에 몸을 두었고, 궁궐을 출입하였는데 어찌 지명할 수 있는 한두 명의 반란 수괴도 알지 못한다고 하십니까? 또한 초9일 군병의 반란 때 각하의 집에 가서 호소한 것도 두세 차례나 되는데, 각하가 어찌 모를 리가 있겠습니까?"

이하응: "초9일과 초10일 과연 제집에 와서 호소한 일이 있지만, 단지 군량미를 가지고 농간을 부린 일에 대해 처리해 달라고 하였을 뿐입니다. 그때 와서 호소한 사람들이 수백, 수천이었습니다. 어찌 그 수괴가 누구인지를 알 수 있겠습니까? 뭇사람들이 시끄럽게 떠들어대는데 또 어찌 그것을 판별해 낼 수 있다는 말입니까?"

마건충: "반란 군병들이 호소하러 왔을 그 당시, 각하는 과연 어떤 말을 하였기에 그들을 해산하고 위무할 수 있었습니까?"

이하응: "하늘에 해가 떠서 비추고 있는데 어찌 사심이 있을 수 있겠습니까? 그 반란군을 직면하였을 때 명분과 의리로 질책하고, 이익과 손해로 깨우치고 그 마음을 위로하였을 뿐입니다. 또한 집에서 보내온 서신을 보니, 그 사이에 흠차대신 오장경 제독이 내건 방문(榜文)에 '너희 국태공이 실제 그 일을 알고 있다'라고 하였던 모양인데, 귀하 역시 마찬가지로 한성에 있었을 때입니다. 오장경 제독은 과연 누구에게서 이런 말을 들었을까요? 반드시 와서 전한 사람이 있을 것입니다. 만약 이 사람을 여기로 잡아 올 수 있어, 저와 같은 자리에서 대질심문한다면 흑백을 가릴 수 있을 것입니다."

마건충: "각하가 의심받을 수 있는 위치에 있었기 때문에 남들이 이렇게 말하는 것입니다. 만약 각하가 결국 반란 수괴를 지명하지 않는다면, 저로서는 아마도 각하가 의심당하고, 결국은 흑백을 밝힐 수 없게 될 것으로 생각합니다."

이하응: "지난번과 오늘의 심문에서 계속 사실로 답변하였고, 실제 모르기 때문입니다. 일찍감치 알았다면 어찌 본국에서 그들을 법에 따라 처리하지 않고, 이렇게 구차하게 반역자를 비호하겠습니까?"

마건충: "당시 반란 군병이 가서 호소하였을 때, 민겸호의 집에서는 그것을 바로잡을 수 없

었기에 각하의 집안에 호소하여 반드시 민겸호를 죽여 분을 풀겠다고 소리쳤습니다. 각하는 이를 듣고 응당 그들을 설득하여 저지하였어야 합니다. 각하는 이미 재신이 피살당한 것은 모두 응당 받아야 할 죄가 있어서였다고 말씀하였는데, 그렇다면 몇 사람의 재신을 죽이지 않는다면 반란을 진압하기에 충분하지 않다는 말이 됩니다. 각하가 반란의 진압에 공이 있다고 이미 자칭하였는데, 그렇다면 재신의 죽음은 각하가 사주한 것이 아니면 뭐가 됩니까?"

이하응: "이 이야기는 지난번 두 대인의 질문에 대해 이미 답변한 적이 있습니다. 앞뒤로 한 이야기가 모두 여기 책상 위에 있습니다."

(7) 「광서 8년 6월 28일 후선도 마건충이 조선에서 조선 시독 어윤중과 나눈 문답 필담(光緖八年六月二十八日, 候選道馬建忠在朝鮮與朝鮮侍讀魚允中問答筆談)」

[생략]

(8) 「(광서 8년 7월) 3일 오후, 마건충이 조선 시독 어윤중과 인천항의 배 안에서 나눈 문답 필담(七月初三日午後, 候選道馬建忠與朝鮮侍讀魚允中在仁川港舟中問答筆談)」[75]

마건충: "현재 어떤 소식이 있습니까?"
어윤중: "다만 상황을 탐문하였을 뿐입니다. 일본 선박에서 하루 밤낮을 보냈는데, 지금은 반드시 무언가 마찰이 생겼을 것입니다. 그 사람[彼人. 즉 대원군]은 비뚤어지고 사나움이 점차 고질병이 되었고, 국왕의 옆을 떠나지 않으니, 사람들이 감히 외무(外務)를 가지고 그와 이야기하지 못합니다. 오로지 같은 무리를 끌어모으고 흘겨보는 사람은 반드시 보복하여 죽는 사람이 날로 쌓일 뿐, 일본과 화해하느냐 싸우냐에 대해서도 도무지 정해진 결론이 없습니다. 그저 난군(亂軍)을 자극하여 문젯거리를 찾아내게 할 뿐이니, 그 사

---

[75] 이 부분은 문서번호: 4-3-8(534, 843a-862b)의 첨부문서 11과 앞부분은 같으나, 뒷부분은 약간 다른 내용이라 중복되나 다시 수록한다. 약간 다른 내용이 있는 부분은 어윤중의 대원군에 대한 발언 부분인데, 두 문서를 함께 읽어야만 보다 정확한 문맥의 파악이 가능한 것으로 보이기 때문이다.

람이 제거되지 않으면 나라가 반드시 망할 것입니다. 정말 통곡할 뿐입니다."

마건충: "왕비가 이미 그에게 독살당한 것은 알고 있습니까? 도대체 어떤 사정이었습니까?"

어윤중: "왕비께서는 이미 상당히 내조에 공이 있었으므로, 그래서 그 사람은 입궐하자마자 난군으로 협박케 하여 독약을 마시도록 강요하였습니다."

마건충: "난군이 봉기한 것은 전해 듣기에 군량 삭감 때문이라던데, 삭감된 군량은 국고에 들어갔습니까, 아니면 개인의 호주머니를 불렸을 뿐입니까?"

어윤중: "이 모두가 (일부러) 자극하여 이런 변고가 이루어지게 만든 것입니다. 조선은 근래 재정이 곤궁하고, 재정을 담당한 신하의 준비·대책이 좋지 못해 군대의 봉급이 몇 개월 동안이나 지급되지 않았습니다. 6월 초 오랜만에 봉급을 지급할 때 창리(倉吏)가 묵고 썩은 곡식으로 지급한 데다가, 분량도 제대로 채우지 않았습니다. 이 때문에 군졸들과 창리가 말다툼을 벌이게 되었는데, 창리 몇 사람이 피살되자 창당(倉堂, 즉 선혜청당상 민겸호)이 이들 군인을 붙잡아 처벌하려 하였고, 군인들은 죄가 없는데 억지로 잡아간다고 항의하였습니다. 석방 요구를 들어주지 않아 저 군인들이 사방에 돌아다니면서 호소하였고, 어떤 사람[某人, 즉 대원군]의 집에 이르렀을 때, 그가 한 통의 문서를 내던졌는데, 바로 '궁궐로 들어가 문제를 일으킨 민비의 오빠[閔哥, 즉 민겸호]를 죽이고, 일본인과 외교를 맡은 사람들을 죽이면, 나라가 안정될 것이다'는 취지였습니다. 이에 저 군인들과 무뢰배들이 이 전에 없는 변고를 저지른 것입니다. 그가 만약 지시를 내리지 않았다면, 어찌 감히 이런 변고가 있었겠습니까?"

마건충: "그렇다면 외척을 해치고, 공사관을 포위 공격하고, 일찍이 외교에 참여한 신하들을 죽인 것은 모두 그가 사주한 일이겠습니다."

어윤중: "그렇습니다.[76] 또한 그는 천하 사람이 용납할 수 없는 역적입니다. 조선의 신하와 백성 가운데 누가 그의 살을 씹어먹고자 하지 않는 사람이 있겠습니까만, 국왕의 생부라서 손을 쓰기 힘든 형편입니다. 만약 상국의 힘을 빌릴 수 있다면 뜻있는 조선 사람들 또한 모두가 춤추듯 뛰어올라 헌신할 것입니다."

마건충: "왜 민간에서 혹은 '백성들은 모두 그에게 순복하는데, 왕비가 권력을 독점하고 외척은 멋대로 횡행한다.'라고 말하는 사람이 있는 것입니까?"

---

[76] 여기까지는 문서번호: 4-3-8(534, 843a-862b)의 첨부문서 11과 같은 내용이나, 그 뒷부분은 다른 내용이다.

어윤중: "백성들이 그에게 순복한다는 하는 것은 그의 위세와 학정을 두려워해서입니다. 왕비의 권력 독점은 없다고 할 수는 없으나, 이것은 내조(內助)를 하기 위함 때문이고, 외척의 횡행은 수십 년 전의 일로 지금은 그런 일이 없습니다. 외척에게 아부하여 연줄을 잡고 망령되이 고위직을 차지하는 일은 예전에 외척들이 항상적으로 벌이던 일이지, 왕비의 죄는 아닙니다."

마건충: "백성들이 공분을 일으켜 팔도에 통문을 돌려서 7월 17일에 함께 이 역적을 쳐부수자고 하였다는 소식을 들었는데, 과연 그대로 될지 모르겠습니다. 그 공포된 죄상은 통문 가운데 명백하게 드러났으니, 이 역적이 한 푼이라도 사람의 도리를 갖추고 있다면 누가 감히 그 권력을 빼앗고자 하겠습니까? 그 권력을 빼앗고자 하는 이유는 오로지 죄 없는 국민(國民)을 학살하고 부유한 사람의 재산을 빼앗고, 남의 부녀는 간음하고, 사대부를 욕보이고 학살하였기에 백성들이 이를 갈며 그 권력을 빼앗기는 것이지, 남이 그것을 빼앗는 것이 아닙니다."

(9) 「광서 8년 7월 27일, 마건충이 조선 병조판서 조영하와 나눈 문답 필담(光緒八年七月二十七日, 候選道馬建忠與朝鮮兵曹判書趙寧夏問答筆談)」

마건충: "앞뒤로 민씨 가운데 죽은 사람은 모두 몇 사람입니까?"

조영하: "작년 화약의 폭발로 왕비의 모친이 사망하였고, 더불어 병조판서 민승호(閔升鎬)와 그의 9세 아들도 사망하였습니다."

마건충: "6월 초9일의 변고로는 몇 사람이 죽었습니까?"

조영하: "민겸호(閔謙鎬)는 민승호의 동생으로 관직이 대동당상관(大同堂上官)이었는데, 중국의 창장총독(倉場總督)과 같습니다. 민영익(閔詠翊)은 이미 강원도로 도망쳐 화상(和尚)이 되었습니다."

마건충: "이최응(李最應)은 언제 해를 당하였습니까?"

조영하: "초9일입니다."

마건충: "난군의 반란은 초9일 몇 시에 일어났습니까?"

조영하: "전후의 사실을 대략 말씀드리겠습니다. 지금에 와서 어찌 얼버무려 설명할 수 있겠습니까? 조선은 전 국왕의 재위 시 백성은 가난하고 재정은 소진되어, 위와 아래의 뜻이

서로 통하게 되지 않은 지 오래되었습니다. 계해년(1863)에 전 국왕이 훙서(薨逝)하였지만 후예가 없어 지금 국왕이 들어가 대통을 이었는데 그때 국왕의 나이는 12세였으므로, 대원군이 크고 작은 국사를 총괄해서 다루게 되었고, 몇 년이 지나지 않아 베푸는 모든 정사가 모두를 괴롭게 되어 대소(大小)의 백성이 그 고초를 감당할 수 없게 되었습니다. 8, 9년 전 국왕이 대소의 사무를 직접 총람하기를 바라게 되자 그때 서로 상당한 동안 대치하기도 하였지만, 이후 국정이 국왕으로부터 나오게 되자 왕비께서 국정에 대부분 간여하게 되었고 백성들은 이를 덕화(德化)의 왕성함으로 여기게 되었습니다. 하지만 이후 제대로 잘 재단(裁斷)하지 못해 모든 정사가 대부분 문란해졌습니다. 군대의 봉록으로 말하자면 1년 동안 지급하지도 않았고, 공역(供役)도 몹시 번거로워 이 때문에 군민(軍民)들이 반란을 생각할 지경까지 되었습니다. 민겸호는 창장총독의 지위에서 군대의 봉록을 나누어 지급하는데, 쌀이 한 되를 제대로 채우지도 못해 각 부대에서 일제히 호소하면서, '열두 달 동안 향미(餉米)를 지급하지 못하였는데, 경상도·전라도·충청도에서 운반해온 미곡은 모조리 왜관(倭館)으로 보내 (일본에 팔아) 버리고, 이것으로 일본 물품을 사들였다. 그래서 지금 나누어 지급하는 것이 한 되를 채우지도 못한다'고 항의하였습니다. 군졸들이 창고를 관리하던 서역들을 힐문하고 구타하자, 민겸호는 군졸들이 조정의 명령을 따르지 않는다고 하여 갑작스레 창고 서역들로 하여금 군인 5, 6명을 붙잡게 하여 국왕에게 상주하여 처형하려고 하였습니다. 군인들이 일제히 모여 회의하기를, "먹을 것을 얻지도 못하고 헛되이 죽임을 당한다니, 어찌 원통스럽지 않은가? 불가불 가서 호소해야 한다."고 하였습니다. 그래서 민겸호의 집에 몰려가서 호소하였는데, 문을 지키던 병사들이 이들을 막고 구타하였습니다. 각 부대가 이 소식에 격분하여 그 자리에서 민겸호의 집을 때려 부수었고, 이왕 죽을죄를 범한 참이라 스스로 그 죄를 엎드려 호소하기 위해 대원군을 만나러 갔습니다. 그런데 대원군이 말로 이들을 자극하여 이번 변란이 일어나게 된 것입니다."

마건충: "그다음 대원군은 언제부터 나서서 국무를 총괄하게 되었습니까?"

조영하: "초9일 민겸호의 집을 파괴한 다음 난군은 모두 군영에 모여 해산하지 않고 있었는데, 초10일에는 왕궁에 처들어가서 민겸호와 김보현을 때려죽였습니다. 난군이 국왕을 수십 겹으로 포위하고 있었는데, 그때 국왕 주변에 있었던 것은 단지 두 명의 내관과 저 조영하뿐이었습니다. 난군이 국왕을 침범하지는 않았지만, 그 광경은 말로 이루 형언할

수 없을 정도였습니다. 김병시(金炳始)가 왕을 등에 업고 도피하였는데, 대원군이 대궐에 들어와 각 부대 군졸을 타이르고, 곧바로 국사를 총괄하게 되었습니다."

마건충: "왕비는 언제 도피하였습니까?"

조영하: "난군이 왕궁이 진입하자, 강목대비(康穆大妃)는 연로하여 움직일 수 없었고, 국왕과 왕비, 세자는 후전(後殿)으로 피신하였지만, 난군이 돌입하여 마침내 흩어졌습니다."

마건충: "이재면의 아들은 무슨 이유로 또한 왕궁에 들어갔습니까?"

조영하: "반란 소식을 들은 다음 입궁하여 안부를 묻기 위해서였습니다."

마건충: "대원군이 입궁한 다음 모든 조정의 정사가 대원군으로부터 나오게 되었는데, 국왕은 어떻게 생각하였습니까?"

조영하: "어쩔 도리가 없었습니다."

마건충: "대원군이 군졸들을 독려하고 이끌어, 난군이 왕궁이 진입하게 되었는데, 국왕은 이를 알고 있었습니까?"

조영하: "대원군이 이끄는 병졸뿐만 아니라, 국왕을 가까이서 모시던 병졸들도 역시 거기 가담하였습니다."

조영하: "국왕은 7, 8년 전에 훈련도감국(訓練都監局) 1개 영을 2영으로 나누고 무위영이라고 칭하여, 국왕이 머무는 어전의 계단 아래 숙직하면서 이를 지키게 하였습니다. 그들은 궁내의 사소한 비밀 사정까지도 모두 꿰뚫고 있었으며, 여러 신하가 힘들게 저지하였지만 따르지 않았습니다. 그래서 당일 반란 때에 궁궐 대문 안의 복잡하고 엇갈리는 길에도 아무런 방해 없이 곧장 난군이 진입할 수 있었던 것입니다."

마건충: "그렇다면 민겸호와 김보현을 죽인 것 역시 대원군이 군졸들이 이끌고 유도한 것입니까?"

조영하: "분명하지 않습니다."

마건충: "대원군이 한 달 동안 정권을 잡은 동안 뇌물을 바치는 사람이 자못 많았다고 들었는데, 믿을 만합니까?"

조영하: "군대의 봉록을 12개월 동안 지급하지 않았고, 민간에 지급해야 할 것 역시 2, 3년분에 해당하니, 대원군이 이를 청산하려면 적지 않은 전량을 어디서 만들어낼 수 있겠습니까? 부득불 조금 부유한 백성들에게 억지로 빌린 것입니다."

마건충: "이것은 구실에 지나지 않습니다."

조영하: "구실은 아닙니다. 실제로 이렇습니다. 그렇지만 계해년부터 지금까지 20년 동안 대원군은 강제로 백성의 재물 빼앗기를 위주로 해 왔고, 백성들이 이에 대해 떠들썩하게 반발하였기 때문에, 실제 이렇게 하더라도 사람들이 이를 믿지 못하는 것입니다."

마건충: "내가 보기에 대원군 집안에 늘어놓은 가구 등을 보니 모두 그 화려함이 왕궁보다 더하였습니다. 대원군은 어디서 이렇게 많은 돈을 얻었습니까?"

조영하: "돈은 얻은 것은 아주 많고, 이를 대부분 공사(公事)에 사용한 것이 아닙니다. 여하튼 대체로 한 나라의 국정을 총괄해 왔는데, 어찌 돈이 많지 않을 수 있겠습니까?"

마건충: "각 관원의 승진이나 이동 역시 모두 뇌물을 바쳐야 합니까?"

조영하: "반드시 노골적으로 뇌물을 바치는 것이 아니었기 때문에 자연히 대부분 그의 수중에 들어갔습니다. 그래서 당시의 정사는 매우 혼탁하였습니다."

마건충: "초9일의 변란 이후 국내 사람들이 오로지 대원군만 알고, 국왕이 있는 것을 알지 못한다는 것은 무엇 때문입니까? 신민(臣民)이 모두 대원군을 두려워해서 이렇게 된 것입니까?"

조영하: "계해년에 대원군이 국정을 총괄하게 되어 살리고 죽이고, 주고 빼앗는 것을 뜻대로 하다 보니, 이를 10년 동안 실행하자 신민이 모두 그를 두려워하게 되었습니다. 계유년(1873)부터 국왕이 서정(庶政)을 총괄하게 된 이후에도 역시 차마 대원군을 소홀히 할 수 없었기에, 그래서 신민이 그를 두려워하는 것도 정말 이유가 있습니다. 또한 초9일의 변란 이후 옛 정치를 청산하다 보니 부득불 죽이고 살리고 하는 일 역시 임의로 할 수밖에 없던 것이지, 어찌 사람 목숨을 아까워하지 않는 사람이 있겠습니까?"

마건충: "대원군이 이번에 나서서 국정을 탈환한 이후 조정 내에서 그의 심복이 된 사람은 모두 몇 사람이나 됩니까?"

조영하: "별로 없으며, 비록 몇 사람이 있지만, 모두 중요한 위치는 아닙니다.

마건충: "총리기무아문을 대원군은 왜 철폐하였습니까?"

조영하: "대원군은 삼군부(三軍府) 아문을 증설하고, 기무아문을 폐지하고자 하였습니다. 그래서 초10일에 대원군이 국왕께 말씀드려 철거한 것입니다."

마건충: "내가 초10일 저녁에 대원군에게 말하길 인천에 가서 하나부사 공사를 만나 논의하겠다고 하였더니, 대원군이 곧장 말하길, '같이 갈 사람을 파견하길 원한다면 나는 곧바로 수상(首相)을 보내 동행하게 하겠다'고 하였습니다. 이걸 보면 대원군이 조정의 신하

를 공식 파견하는 것도, 이를테면 수상(首相)과 같은 지위일지라도 역시 임의로 할 수 있고, 국왕에게 지시받을 필요가 없었던 것 같습니다."

조영하: "비록 국왕의 지시로 파견하더라도, 대원군이 어떻게 하라고 지시한 다음 국왕이 파견하는 것입니다."

(10) 「7월 29일, 이홍장, 장수성이 조선 대원군 이하응과 나눈 필담(七月二十九日, 李中堂, 張制軍與朝鮮大院君李昰應筆談)」

이홍장·장수성: "조선의 6월 초9일 반란은 누가 일으켰습니까?"
이하응: "백성과 군졸들이 일으켰습니다."
이홍장·장수성: "결국 누가 그 반란의 수괴인지 각하는 반드시 알고 계실 것입니다."
이하응: "10년 동안 산장(山莊)에 물러나 쉬고 있었고, 공사(公事)에 간여하지 않았습니다. 초9일 저녁에 처음 소식을 들었고, 또한 국왕이 급히 불러서 한성에 들어왔습니다. 반란은 전혀 예측하지 못한 상태에서 일어났기에 당시 전국시대의 용사 맹분(孟賁)과 하육(夏育) 같은 용맹함이나 폭포처럼 떨어지는 달변의 능력이 있었더라도 이러한 분란을 풀어서 해결할 수는 없었습니다. 제가 간신히 어렵게 풀고 깨우쳤지만, 결국은 국상(國相)과 재신(宰臣)을 죽인 다음에야 반란이 조금 진정되었습니다. 수괴를 찾아내어 사형에 처함으로써 아울러 복수를 하고자 하였습니다. 그러나 비록 찾아내고 싶었으나 온 나라의 백성이 모두 흉도나 마찬가지라서, 어쩔 수 없이 조금 사태가 가라앉은 다음에 법으로 다스리고자 하였을 때, 황상의 지시를 받아 급히 천진으로 달려와 유지가 내려지기를 삼가 기다리게 되었으므로, 그 후의 일이 과연 어떻게 되었는지 알지 못합니다."
이홍장·장수성: "단연코 온 나라 백성이 모두 흉도일 리는 없습니다. 각하는 당시 이미 한성에 들어가 중재에 나섰으니, 누구누구가 왕비를 핍박하여 해치고, 국상과 재신을 살해하였는지 반드시 기억을 되살려 지적할 수 있을 것입니다."
이하응: "천진에 와서 듣기에 일본 신문에는 대원군이 불궤(不軌)를 모의하였다고 하였다는데, 이것은 개의치 않습니다. 또한 집안 편지를 받아보니, 흠차인 오장경 제독이 붙인 방문(榜文)에 '너희 국태공이 실제 그 일을 알고 있다'라고 하였던 모양인데, 이것은 정말로 억울합니다. 제 마음이 그렇지 않다는 것을 저 푸른 하늘에 물어보고 싶습니다."

이홍장·장수성: "내가 난당의 우두머리가 누구인지를 물었는데, 각하는 솔직하게 이야기하려 하지 않으니, 일본 신문이나 오장경 제독의 방문 포고가 모두 각하가 실제로 그 일을 알고 있다고 의심하는 것도 이상하지 않습니다. 지금은 오로지 주사(主使)한 사람이 누구고, 반란 수괴가 어떤 사람인지를 하나하나 지적해야만 각하의 변명이 자연스럽게 밝혀질 수 있을 것입니다. 또 지금의 이야기는 황상의 유지를 받아 힐문하는 것이니, 사석에서 담화를 나누는 것으로 생각해서는 안 될 것입니다."

이하응: "비록 사석의 담화라 할지라도 서로 뜻이 맞는 사이라면 반드시 속이려 하지 않을 터인데, 하물며 황상이 물어보도록 지시한 것이라면 어떻겠습니까? 제 본심은 오로지 신명(神明)께서만 알고 계실 것입니다. 집에 은거하고 있을 때도 절대로 이상한 행동으로 명성을 추구하고자 하지 않았는데, 또한 아물며 이런 자리라면 더 말할 나위가 있겠습니까? 또 이홍장 중당께서 이렇게 누차 질문하면서 의심을 풀지 않는데, 역시 멀리 밖에서 전해진 소문이라 이상한 것도 아닙니다. 그렇지만 저는 작은 나라의 보잘것없는 존재이지만, 어찌 황명(皇命)의 무거움을 모르겠습니까. 생각건대, 이 일은 전부 재부를 관장하는 신하가 오로지 자기 배를 살찌우는 데만 골몰하고 사람을 마구 죽여 이런 만고에 없을 변고를 가져온 것으로, 이런 일은 천하에 알려지게 해서는 안 될 것으로, 오로지 죽고 싶은 마음뿐입니다."

이홍장·장수성: "각하는 난당의 수괴를 지명하기를 꺼리는데, 멀리 밖에서 전해진 소문이 모두 각하를 의심할 뿐만 아니라, 조선의 관리나 백성들도 역시 의심하지 않음이 없습니다. 재부를 관장하는 신하가 오로지 자기 배를 살찌우는 데만 골몰하고 사람을 마구 죽였다면, 조선 국왕이 당연히 국법으로 처치하면 되지, 다른 사람이나 군졸·백성이 멋대로 죽이거나, 그런 일을 방치할 수는 없으니, 이것은 바로 반란(叛亂)을 지시하는 것이나 마찬가지입니다."

이하응: "갑자년(1864)에 조선 국왕이 대통을 이어받았을 때, 노왕비(老王妃)가 수렴청정하였고, 그때 저 역시 또한 보정(輔政)을 하였는데, 이것은 국왕의 나이가 어렸기 때문입니다. 계유년에 이르러 국왕의 연령이 왕성한 때가 되자, 친정을 하도록 하였고, 저는 몸을 추스르기 위해 산림으로 돌아가 은퇴한 지 또한 10년입니다. 그런데 갑자 이후의 보정을 한 10년 동안, 제대로 된 성과를 거둔 것이 없어, 뭇사람이 분노하고 원망하는 일이 없었다고 할 수는 없겠습니다. 10년 전에 뜻을 잃었던 사람들은 바로 오늘날 득세를 한

사람들이니, 나를 이런 예측할 수 없는 지경에 몰아넣은 사람들은 충분히 미루어 짐작할 수 있을 것입니다."

이홍장·장수성: "각하는 남이 예측할 수 없는 지경에 몰아넣은 것을 이상하게 여겨서는 안 됩니다. 시험 삼아 묻건대, 천하만국 가운데 어디에 왕비를 핍박하여 죽음에 몰아넣고, 나라의 재상과 대신을 멋대로 죽이는 정치체제가 있습니까?"

이하응: "그래서 만국에 없는 변고라고 한 것입니다. 난의 근원이나 수괴를 만약 사실을 알고도 알리지 않는다면 비단 오늘날의 죄인이 될 뿐만 아니라, 직필로 유명한 남사(南史)나 동호(董狐)와 같은 사관의 붓끝에서 천년을 벗어나지 못할 것입니다. 이홍장 중당의 말씀은 정말로 억울하기 짝이 없습니다."

이홍장·장수성: "남사나 동호의 직필을 벗어나지 못할 것이라고 두려워한다면, 오늘 각하는 응당 어떻게 처신해야 하겠습니까?"

이하응: "어떻게 처신해야 하느냐 하는 말씀은 분명하지 않으니, 좀 더 상세하게 말씀해 주시길 바랍니다. 제 자질이 원래 둔하고 거친데다가 나이 또한 많습니다. 지금 천조에서 반란 수괴에 대해 질문을 던지시는데, 정말 진실한 마음으로 대답하기 어렵습니다. 오로지 천조의 처결을 기다릴 뿐입니다."

이홍장: "조선은 예의의 나라[禮義之邦]라고 하는데, 느닷없이 이런 예의가 없는 일이 벌어졌으니, 중국에서는 부득불 따져 묻지 않을 수 없습니다."

이하응: "군졸과 백성이 모두 반란에 참여하여 지금 나라를 보전하기 어려운 상황에 이르렀는데, 다만 천조에서 특별하게 조정하는 혜택을 내려주시니 얼마나 큰 다행입니까? 따져 묻겠다는 말씀도 정말 지당하고 지당합니다. 그렇지만 반란의 시작은 모두 국왕이 인약(仁弱)하고 조정의 신하들이 문란한 정치를 한 것 때문입니다. 대체로 조선 한성의 백성이 먹을 것으로 삼는 것은 오로지 세미(稅米)입니다. 군병의 봉록 역시 세미입니다. 재부를 관장하는 신하가 이것을 높은 값으로 팔아치우고 동전을 얻어 자신을 살찌우는 수단으로 삼았고, 군대의 봉록을 13개월 동안이나 지급하지 않았습니다. 그래서 6월 초 6일에 단 한 달 어치의 쌀을 배급하였는데, 쌀의 질은 좋지 않고 되는 작아, 여러 군졸들이 원망하고 호소하자, 집정인 민겸호는 무리하게 그 두목들을 붙잡아 마구잡이로 살해하였고, 이 소식을 듣고 군졸들이 즉각 봉기하여 무리를 지어 움직이게 되었습니다. 무뢰 백성도 여기 가담하여 먼저 민겸호의 집을 습격하자, 민겸호가 왕궁으로 도피해 들

어갔고, 군졸들이 대궐 문 앞에 모여 민겸호와 국사를 망친 여러 신하를 내놓으라고 요구하였습니다. 그리고 마침내 궁궐 안으로 쳐들어가 보이는 사람을 마구 살해하고 궁궐에서 난동을 부렸으므로, 왕비까지 마침내 분훙(憤薨)하기에 이르렀습니다. 이날 밤 저는 칼과 총을 무릎쓰고 곳곳에서 이들을 타이르고 깨우쳤는데, 느닷없이 사건이 발생한 터라, 또한 누가 우두머리고 누가 주창하였는지 알 수 없었으며, 그 자리에서 난군의 칼끝을 감당해 낼 수는 없었으므로, 먼저 그 반란을 진정시키고 그다음 난군의 사정을 염탐하려고 하였으므로, 먼저 잠시 군민(軍民)을 안정시킬 수 있었을 뿐 사실을 검토해 볼 여유는 없었는데, 갑자기 천진으로 급히 배를 타고 오게 되었습니다. 또한 조선의 일에 대해 철저하게 조사·검토하는 일은 대황제께서 법으로 천하를 다스리는 거대한 전략을 우러러 헤아려 보건대, 이 또한 조선을 마치 내지처럼 여기는 성덕(聖德)에서 나온 것입니다. 이러한 때에 만약 알릴 것이 있다면 어찌 감추고 내놓지 않을 수 있겠습니까? 이번 일이 벌어진 다음 국왕은 비로소 크게 후회하여 여러 신하의 가산을 몰수하여 모두 각 군졸에게 나누어준 다음 바야흐로 그 우두머리를 쫓아 체포하겠다고 하였습니다. 제가 조선에 있을 당시 들어서 알고 있는 바입니다."

(22) 문서번호 : 4-3-22(557, 935b)

사안 : 조선 국왕의 자문에 대해 상주하고, 아울러 명백한 상유를 내려 달라고 간청한 부편 원고를 자문으로 보냅니다(咨送具奏朝鮮國王咨文及懇請明降諭旨摺片稿).
날짜 : 光緒八年八月十一日(1882년 9월 22일)
발신 : 北洋大臣 李鴻章
수신 : 總理衙門

八月十一日, 署北洋大臣李鴻章文稱:

光緒八年八月初十日, 在天津行館會同署直隸總督由驛附奏, 錄呈朝鮮國王咨文二件, 懇請先賜明降諭旨一片, 相應鈔稿咨送, 爲此合咨貴衙門, 謹請查核.

[計:] 鈔稿詳見八月十三日軍機處鈔交.

8월 11일, 서리 북양대신 이홍장이 다음과 같은 자문을 보내왔습니다.

광서 8년 8월 10일, 천진행관에서 서리 직예총독과 함께 역참을 통해 상주한 조선 국왕의 자문 2건과 먼저 명백한 상유를 내려달라고 간청한 부편 1건은 응당 원고를 베껴 자문으로 보내야 할 것입니다. 이에 응당 귀 아문에 자문을 보내니, 삼가 검토해 주시길 요청합니다.

첨부 : 주접의 원고[상세한 내용은 軍機處에서 내려보낸 抄摺을 참조할 것].

(23) 문서번호 : 4-3-23(558, 936a-939a)

사안 : 조선의 반란은 실로 이하응이 사주한 것으로, 응당 그를 보정(保定) 성성(省城)에 안치하여 귀국하지 못하게 함으로써 화근의 실마리를 없애야 합니다(朝鮮亂事, 實爲李昰應指使, 應安置保定省城, 不令歸國, 以弭禍端).

날짜 : 光緖八年八月十三日 (1882년 9월 24일)

발신 : 北洋大臣 李鴻章

수신 : 總理衙門

八月十三日軍機處交出李鴻章鈔摺稱 :

奏爲遵旨會同究問朝鮮亂首李昰應情形, 恭摺詳細覆陳, 仰祈聖鑒事.
竊臣等節次欽奉諭旨 :
　　著會同向李昰應究出該國變亂緣由及著名亂黨, 詳細具奏, 候旨遵行.
等因. 欽此. 臣等連日遵旨會同傳見李昰應, 究問該國變亂緣由及著名亂黨, 語多狡展, 堅不吐實, 當將究問及擬議處置各情, 先行函達總理各國事務衙門, 一面復飭津海關道周馥·候選道袁保齡·馬建忠等再行詳細根究. 去後, 玆據該道等稟稱 :
　　公同傳詢李昰應, 反覆詰問, 據稱 :
　　　昰應癸酉以前輔政十年, 各營軍兵按月放餉, 自閔謙鎬執掌財賦, 近者軍米十餘朔不發, 六月初間頒下一朔, 米劣斗小, 軍兵不受, 閔謙鎬不思安撫, 捉囚濫殺, 諸軍憤鬧. 昰應聞亂入城, 挺身曉亂軍.
　　因殺國相·宰臣等三四人, 詰以伊兄李最應旣不管餉, 又不管兵, 何以被殺, 則謂 : '李最應執政數年, 自失人心, 當日恐喝軍民, 以致遇害.' 詰以汝旣能定亂, 當知亂首何人, 持械先入王宮是何隊, 兵卒環訴於汝, 係何姓名, 則謂 : '初九日軍兵來訴於家, 幾千百人不知其首, 圍偪王宮, 五營咸動, 不知孰先孰後.' 詰以初九以後, 汝總持庶務, 罷機務衙門, 改武衛營, 何以未聞捕治亂黨, 則謂 : '庶務因國王之託.' 亂黨姓名, 百方開導, 絶不供指. 査朝鮮領選使金允植致周馥書云 :

李昰應素日結黨蓄謀, 圖奪政柄, 甲戌以來, 形迹屢著, 昨年逆冠李載先, 即昰應之子, 諸囚供案屢發, 昰應隱謀, 國王置不欲聞, 止誅餘黨. 此次亂起之源, 由於昰應激變, 乃自稱國太公, 總攬國權.

朝鮮侍讀魚允中致周馥書亦言: '國政現歸昰應, 亂魁即是此人.' 金允植又曾與周馥筆談言: '李昰應秉政十年, 毒虐生民, 國王年長無意反政, 舉國不韙, 閔妃崇用親屬, 以分其權, 自是憤毒日增.' 馬建忠與朝鮮史曹判書趙宵夏筆談, 據云:

今王入承國統後, 李昰應總理國事, 國王欲親事務, 相持許久, 國政始出於王, 王妃亦多與聞. 至閔謙鎬分給軍餉之日, 米不滿斛, 軍士與胥役結鬧, 謙鎬挐囚軍五人, 欲置於法, 軍人奔訴於昰應, 昰應以言激之致變. 初九日殺閔謙鎬·金輔鉉, 昰應入闕, 曉諭諸軍, 即總庶務.

各等語. 李昰應所言如彼, 朝鮮諸臣所述如此, 參稽質證, 此次之變發於亂軍而成[於]昰應, 昭昭在人耳目, 稟請鑒核.

等情前來. 臣等覆加察核該道等所稟, 李昰之言與臣等傳問時所對略同. 至朝鮮諸臣所述, 竝接廣東水師提督吳長慶來函, 證以該國事後輿論, 均無異辭. 此次變亂緣由, 雖因軍卒索餉而起, 惟李昰應乃國王之本生父, 昔當國沖年, 專權虐民, 勉強歸政, 非其本懷. 近來怨望益深, 上年即有盜火王宮, 及其子李載先謀逆情事. 此次亂軍赴伊家申訴, 如果正言開導, 何至遽興大難? 朝鮮臣庶皆謂昰應激之使變, 實非無因. 即謂此無左證, 而亂軍圍擊宮禁, 王妃與難, 大臣被害, 兇焰已不可嚮邇. 李昰應既能定亂於事後, 獨不能遏亂於方萌, 五尺之童亦知其心叵測. 況乘危竊柄一月有餘, 擅作威福, 樹置私人, 顧於作亂犯上之徒, 未嘗一加捕治. 春秋之義, 入不討賊, 其意何居? 迨臣等傳旨詰責, 猶曉曉歸罪於被殺之宰執, 絶不思軍卒非可殺宰執之人, 雖亂黨姓名, 始終不肯供指, 而罪論確鑿, 遁詞知窮, 黨惡首禍之情, 人臣無將之義,[77] 片言可折,[78] 百喙難逃. 設非朝廷命將出師, 赴機迅速, 則該國宗社骨肉之變, 將有不忍

---

[77] 인신무장(人臣無將)은 『춘추공양전(春秋公羊傳)』에 나오는 구절("君親無將, 將而必誅")에서 유래되어 "人臣無將, 將而必誅焉", 또는 "人臣無將, 將即反, 罪死無赦"라는 구절을 의미하는데, 여기서 장(將)은 역란(逆亂)이란 것을 뜻하여, 인신이 반역·모반을 해서는 안 되며, 만약 역란을 일으키면 용서받을 수 없는 죽을죄로 반드시 주살되어야 한다는 것을 가리킨다.

[78] '편언가절(片言可折)'은 『논어(論語)』 「안연(顏淵)」편에 나오는 구절("子曰: "片言可以折獄者, 其由也與. 子路無宿

言者. 惟現據趙寗夏等來津面陳, 該國王欲籲求天恩, 曲予寬宥, 若必執法嚴懲, 在李昰應固罪無可辭, 而該國王亦情難自處. 第李昰應積威震主, 黨羽繁多, 業與國王·王妃及在朝諸臣等久成嫌釁, 倘再釋回本國, 奸黨搆煽, 怨毒相尋, 重植亂萌, 必爲後患, 屆時頻煩天討, 寬典轉不可屢邀. 况玆貧弱小邦, 變故亦豈堪再遇? 是昰應不歸, 猶可保其家, 安其國, 全其父子. 昰應一歸, 則父子終傷, 必至害於家, 凶於國而後已也. 伏查『朝鮮史略』,[79] 元代高麗王累世皆以父子搆釁, 延佑年間, 高麗王謜旣爲上王, 傳位於其子燾, 交播讒隙, 元帝流謜於吐蕃, 安置王父, 具有前事. 又至元年間, 燾子忠惠王名禎, 亦經元帝流於揭陽縣. 其時高麗國內晏然, 徒以宵小浸潤, 遠竄窮荒. 今李昰應無蒙叢垂統之尊, 有幾危社稷之罪, 較謜·禎等情節尤重. 惟處人家國父子之間, 不能不爲兼籌竝顧, 儻蒙聖朝寬大, 特頒明詔, 但責其潛稱國太公, 自行專政, 旣不能於軍人往訴時, 曉諭禁斥, 又不能於入總庶務後, 討捕亂黨, 實屬謬妄, 格外加恩, 飭下臣等, 將李昰應安置近京之保定省城, 永遠不准復回本國, 優給廩餼, 譏其出入, 嚴其防閑, 仍准該國王歲時派員省問, 以慰其私, 於以弭該國禍亂之端, 亦卽以維該國王倫紀之變, 則聖主義問仁聲洋溢於海外矣. 謹陳愚淺, 以備萬一之慮, 是否有當, 伏候採擇施行. 除將究問李昰應節署及金允植等函件咨送軍機處查核外, 所有臣等遵旨會同究問李昰應詳細情形, 謹合詞繕摺, 由驛馳奏, 伏乞皇太后·皇上聖鑒訓示. 謹奏.

光緒八年八月十二日, 軍機大臣奉旨:

[내용 없음]

欽此.

諾.")로, 한쪽 편의 말만 듣고도 사안에 대한 판단을 내릴 수 있는 것은 중유(仲由, 子路는 그의 字이다)라고 한 공자의 말씀을 가리킨다. 중유가 이럴 수 있었던 것에 대해서는 그가 아주 현명하거나 사람됨이 충신(忠信)하여 그 앞에서는 거짓이 통하지 않았기 때문이라고 해석한다.

79 『조선사략(朝鮮史略)』 6권은 편찬자가 불명인데, 명대 조선인이 조선의 치국흥망에 대해 단군 시대부터 고려 말까지의 역사를 편년체로 정리한 것으로, 책 끝에는 만력 연간 조기미(趙琦美)가 쓴 발문(跋文)에서 임진왜란으로 조선에 출정하였을 때 얻은 책이라 기록하고 있다고 한다. 아마도 조선 태종의 명에 따라 권근, 이첨, 하륜 등이 지은 『동국사략(東國史略)』 6권을 제목만 바꾼 것이 아닐까 추측된다. 이 책 역시 단군 때부터 고려 말기까지의 사실을 편년체로 기록한 것이기 때문이다.

8월 13일, 군기처에서 이홍장의 다음과 같은 주접을 베껴서 보내왔습니다.

상유에 따라 함께 조선 반란 수괴 이하응을 심문한 상황에 대해 삼가 주접을 갖추어 상세하게 답장으로 아뢰니, 황상께서 살펴봐 주시길 바랍니다.
신 등은 누차 다음과 같은 상유를 받았습니다.

(장수성과) 함께 이하응에 대해 조선 변란의 연유 및 저명한 난당을 심문하고 찾아내어 상세하게 상주하고, 유지를 기다려 그에 따라 행하도록 하라.

신 등은 연일 유지에 따라 함께 이하응을 불러 만나서, 조선의 변란 연유와 저명한 난당의 성명을 따져 물었으나, 그의 말은 대부분 교활하게 미루는 것이었고, 결코 사실을 토해내려 하지 않았습니다. 그를 심문한 사정과 앞으로 처리할 방향에 대해 먼저 서신으로 총리아문에 알리고 한편으로는 다시 진해관도 주복, 후선도 원보령과 마건충 등에게 재차 상세하게 심문하도록 지시하였습니다. 그후 주복 등은 다음과 같이 보고해 왔습니다.

공동으로 이하응을 불러 심문하면서 거듭하여 따졌더니 다음과 같이 답하였습니다.

본인[이하응]은 계유년 이전 10년간 보정을 하면서 각 부대 군병의 봉록은 매달 제때 지급하였는데, 민겸호가 재정 부문을 장악한 이래 최근에는 군대 봉록을 10여 개월이나 지급하지 않았습니다. 올 6월 초에야 겨우 한 달분을 지급하였는데, 쌀은 질이 나쁘고 되가 작아, 군병들이 받기를 거부하자, 민겸호는 이를 안무할 생각은 하지 않고 잡아들여 구금하고 남살하였기에, 각 부대에서 분노하여 소동을 일으키게 되었습니다. 본인은 반란 소식을 듣고 한성에 들어와 몸을 던져 난군을 타이르고 깨우쳤습니다.

국상(國相)과 재신(宰臣) 등 3, 4인을 살해하였으므로, 자기 형인 이최응은 군대 봉록을 관장하지도, 군대를 관할하지도 않았는데 왜 피살되었느냐고 그에게 힐책하였더니, 말하기를 "이최응은 집정한 지 수년 동안 저절로 인심을 잃었고, 당일 군민에게 공갈을 일삼아 이 때문에 피해를 입었다."고 하였습니다. 또한 이하응에게 당신이 능히 반란을 진압할 수 있었다면, 응당 반란 수괴가 누구인지, 무기를 들고 먼저 왕궁에 들어간 것이 어떤 부대인지, 병졸들이 당신을 빙 둘러싸고 호소하였다면 그 이름이 무엇인지를 알 수 있을 터라고 힐문하였더니, "초9일 군병들이 우리 집에 몰려와 호소하였는데, 수백 수천의 사람이라 그 우두머리를 알 수 없고, 왕궁을 포위하여 핍박하는 데에는 5개 영의 부대 모두가 움직였으며, 누가 앞서고 누가 뒤따랐는지 알 수 없습니다."라고 답변하였습니다. 그리고 초9일 이후 당신이 국사 전반을 관장하고, 기무아문을 폐지하고, 무위영을 바꾸었는데, 어찌 난당을 체포하여 처리하였다는 소식은 들리지 않는지 힐문하자, "국사 전반을 관장한 것은 국왕의 부탁 때문입니다."라고 답변하였습니다. 난당의 성명을 갖은 수를 써서 토해내게 하려 하였지만 절대로 지목하는 일은 없었습니다. 살펴보건대 조선 영선사 김윤식이 주복에게 보낸 서신에서는 이렇게 말합니다.

> 이하응은 평소 무리를 모아 평소 음모를 통해 권력을 찬탈하려는 계획을 꾸며왔고, 갑술(1874)년 이래 그런 형적이 누차 뚜렷하였는데, 작년 반란 음모의 수괴 이재선은 흥선대원군의 아들입니다. 체포된 여러 범인의 자백으로 흥선군의 음모임이 밝혀졌지만, 국왕은 이를 듣고자 하지 않고 단지 잔당만을 주살하였을 뿐입니다. 이번 반란이 일어나게 된 근원은 흥선군이 군심(軍心)을 격변(激變)한 데서 비롯되었고, 그는 스스로 국태공으로 자칭하면서 국권을 총람하였습니다.

조선의 시독(侍讀) 어윤중이 주복에게 보낸 서신에서도 역시 "국정은 현재 대원군에게 넘어갔고, 반란 수괴는 바로 이 사람입니다."라고 하였습니다. 김윤식은 또한 주복과 나눈 필담에서도 "흥선군이 권력을 잡은 지 10년 동안 백성을 해치고 학대하며, 국왕이 나이가 들어서도 정권을 돌려줄 뜻이 없어, 온 나라가 모두 옳지 않다는 마음을 품었으며, 민비가 마음속으로 불평을 품고 그 친척들을 등용하여 흥선군의 권력을 나누려고 하자, 이때부터 더욱 분노와 증오가 심해졌습니다."라고 하였습니다. 마건충이 조선 병조판서 조영하와 나눈 문답 필담에서도 이렇게 말합니다.

> 지금 국왕이 들어가 대통을 이었는데 대원군이 크고 작은 국사를 총괄해서 다루게 되었고, 국왕이 대소의 사무를 직접 총람하기를 바라게 되자 그때 서로 상당이 오랫동안 대치하기도 하였지만, 이후 국정이 비로소 국왕으로부터 나오게 되자 왕비께서 국정 대부분

에 간여하게 되었습니다. 민겸호가 군대의 봉록을 나누어 지급하는 날, 쌀이 한 되를 제대로 채우지도 못해 군졸들이 서역들과 다투게 되자, 민겸호는 군졸 5명을 붙잡아 처형하려고 하였고, 군인들이 이하응에게 달려가 호소하자 대원군이 말로 이들을 자극하여 이번 변란이 일어나게 되었습니다. 초9일 군졸들이 민겸호와 김보현을 때려죽였고, 대원군이 대궐에 들어와 각 부대 군졸을 타이르고, 곧바로 국사를 총괄하게 되었습니다.

이하응이 말하는 것은 저렇고, 조선의 여러 신하가 서술한 것은 이러하므로, 서로 참고하며 따져 확인해 보니, 이번의 변란은 난군에게서 시작되었지만, 그것을 완성한 것은 이하응이라는 점이 누구의 눈에도 분명하게 보입니다. 보고를 올리니 검토해 보시길 바랍니다.

이러한 보고를 받았습니다. 신 등과 주복 등이 올린 보고를 다시 검토해 보니 이하응의 말은 신 등이 불러서 심문하던 때의 대답과 대략 동일하며, 조선의 여러 신하가 서술한 바와 광동수사제독 오장경이 보내온 서신을 조선의 사후 여론으로 검증해 보니 모두 다른 의견이 없었습니다. 이번 변란의 연유는 비록 군졸의 봉록 요구로부터 일어났습니다만, 그런데 이하응은 조선 국왕의 생부로서 과거 국왕이 어린 나이로 왕위에 올랐을 때 (보정을 하면서) 전권을 휘둘러 백성을 학대하였고, (국왕이 성년이 되어) 억지로 정권을 되넘긴 것은 결코 그 본의가 아니었습니다. 근래 원망이 더욱 심해져 작년에는 왕궁에 몰래 불을 지른 적이 있고, 아들 이재선이 먼저 역모를 꾸민 일도 있었습니다. 이번에 난군은 그의 집에 몰려가서 호소하였는데, 만약 옳은 말로 권도하였다면 어찌 갑작스러운 대란으로 번졌겠습니까? 조선의 관리나 백성이 모두가 이하응이 자극하여 변란이 일어났다고 하는 것은 실로 이유가 없는 바가 아닙니다. 설사 이것은 그것을 입증할 증거가 없다손 치더라도 난군이 왕궁을 포위하여 습격하여 왕비가 희생되고 대신이 피살되는 등 반란의 흉흉한 불길은 이미 도저히 가까이 다가가기 어려울 정도가 되었습니다. 이하응이 사후에 능히 반란을 진압할 수 있었다면, 어찌 오로지 바야흐로 싹트려고 하는 시점에서만은 난리를 막을 수 없었는가 하는 점을 보면, 어린아이라도 그가 좋지 않은 속셈을 품고 있었음을 알 수 있습니다. 하물며 위기를 틈타 권력을 찬탈한 다음 한 달여 동안 멋대로 권력을 남용하고, 심복을 배치하였으며, 반란을 일으켜 윗사람을 침범한 무리에 대해서는 어느 한 사람 잡아서 처치한 일이 없습니다. 『춘추(春秋)』의 대의에 따르면, 궁정에 돌아가서도 (왕을 시해한) 역적을 토벌하지 않았던 (경대부) 조순(趙循)의 뜻은 어디에 있었겠습니까? 신 등이 유지를 전하면서 힐책함에 이르러서도 그는 여전히 두려워 소리를 지르며 피살된 상신(相臣)·재신(宰臣)에게 죄를 돌리고 절대로 군졸들이 그들을 멋대로 살해해서는 안 된다는 점은 생각하지 않았고, 난당의 성명까지도 시종일관 절대로 지명하려 하지 않았습니다. 그렇지만 그 죄에 대한 판정은 너무 확실하고 말을 바꾸는 데도 궁색하니, 무리를 만들어 악행을 저지른 사정이나 신하로서 역란(逆亂)을 일으켜서는 안 된다는 대의에 대해서는 한마디 말만 들어도 판단을 내릴 수 있고, 입이 백 개라도 그 죄를 피할 수 없을 것입니다. 만약 우리 조정에서 장령에게 지시하여 군대를 보내 신속하게 대응하지 않았다면 조선의 종사에서 벌어진 골육지쟁의 변고는 차마 입에 담기 어려울 정도가 되었을 것입니다.

그렇지만 현재 조영하 등이 천진에 와서 직접 알린 바에 의하면, 조선 국왕은 황상께서 은혜를 베풀어 굽혀서 대원군을 용서해 주시길 간절하게 바라며, 만약 반드시 법을 집행하여 엄격하게 징벌해야 한다면 이하응은 확실히 피할 수 없는 죄를 짓기는 하였지만 조선 국왕으로서는 또한 스스로 처리하기 난처하다는 것이었습니다. 다만 이하응이 쌓아놓은 위세가 국왕을 위협하고 그 무리가 아주 많을뿐더러, 이미 국왕, 왕비 및 조정의 여러 신하 등과 오랫동안 서로 혐오하게 되어, 만약 다시 풀어주어 조선에 돌아가게 한다면 간교한 무리가 선동하고 복수할 대상을 찾게 되어 거듭 내란의 싹을 키워 반드시 후환이 될 것입니다. 그때 가서 번거롭게 중국이 군대를 보내 토벌한다면 관대한 은전은 도리어 거듭 맞이할 수 없게 됩니다. 하물며 가난하고 약한 작은 나라가 어찌 다시 지금과 같은 변고를 다시 감당할 수 있겠습니까? 따라서 이하응이 돌아가지 않으면 오히려 그 왕실을 보전하고 나라를 편안하게 할 수 있으며, 부자 관계도 온전하게 유지할 수 있습니다. 이하응이 일단 돌아가게 되면 결국 부자 관계를 해치게 되고 반드시 왕실에도 해를 끼치게 되며, 나라에도 재앙이 될 뿐입니다.

엎드려 『조선사략(朝鮮史略)』을 살펴보건대, 원대 고려왕은 누세에 걸쳐 부자간에 서로 다루었기에 연우(延佑, 元 仁宗代, 1314~1320) 연간, 고려왕 왕원(王謜, 즉 忠宣王)은 상왕이 되어 그 아들 왕도(王燾, 즉 忠肅王)에게 자리를 넘겨주었는데, 서로 모함하며 원수가 되자, 원 황제는 충선왕을 토번(吐蕃)에 유배시켰으니, 왕의 부친을 안치한 것은 모두 전례가 있습니다. 또 왕원 연간은 원 세조 쿠빌라이의 재위시기(世祖代, 1264~1294)인데, 왕도의 아들 충혜왕(忠惠王) 왕정(王禎) 역시 원 황제에 의해 (광동성) 게양현(揭陽縣)으로 유배된 적이 있습니다만, 그때 고려는 국내가 안정되어 있었지만, 헛되어 소인들의 모함으로 저 멀리 궁벽한 황무지의 땅으로 쫓겨났던 것입니다. 지금 이하응은 왕실의 큰 기업(基業)을 후손에게 전할 존엄함은 없고, 사직을 거의 위기에 빠뜨린 죄악만 있으니, 충선왕이나 충혜왕과 비교해도 그 사정이 더욱 심각합니다.

하지만 대원군 처벌 문제가 왕실과 국가, 부친과 아들 사이에 관련되는 것이라, 부득불 두 가지를 함께 살펴 아울러 처리하지 않을 수 없습니다. 만약 조정의 관대함으로 특별하게 명조(明詔)를 반포해 주셔서, 다만 그가 국태공(國太公)을 잠칭(潛稱)하고 스스로 전권 정치를 행한 것, 군인들이 호소하러 갔을 때 타일러서 배척·금지하지 못한 것, 그리고 들어가 국정을 총괄하게 된 이후 난당을 토벌·체포하지 못한 것이 실로 망령된 잘못임을 질책하되, 특별하게 은혜를 베풀어 신 등에게 지시하여 이하응을 북경 부근의 보정(保定) 성성(省城)에 안치하고 영원히 본국으로 돌아가는 것을 허락하지 않고, 생활물자를 우대하여 지급하되, 사람들의 출입을 금지하여 엄격하게 외부와의 접촉을 차단한 다음, 여전히 조선 국왕에게 계절마다 관원을 파견하여 살펴보고 물어볼 수 있게 허락해 주어 그 사사로운 감정을 위로해 준다면, 조선에 화란(禍亂)의 근원을 없애주면서도 또한 국왕이 윤리적인 난처함을 모면할 수 있을 것이며, 황상의 훌륭하고도 인자스러운 명성이 해외에 넘치게 될 것입니다. 삼가 어리석고 얕은 소견을 아뢰어 만에 하나라도 있을 수 있는 염려에 대비하고자 함이니, 이것이 타당한지 아닌지 엎드려 황상의 채택과 시행을 기다립니다. 이홍장을 심문한 절략과 김윤식 등의 서신 등 문건은 군기처에 자문으로 보내 검토받는 것 외에, 지금까지 신 등이 유지를 받들어 함께 이하응을 심문한 상세한 상황을 함께 주접으로 작성하여 역참을 통해 상주하고, 엎드려 황태후, 황상이 살펴보시고 훈시해 주시길 간청합니다. 삼가 주를 올립니다.

광서 8년 8월 12일, 군기대신은 다음과 같은 상유를 받았습니다.

    [내용 없음][80]

    이상.

---

80 다음의 문서번호: 4-3-25(559, 939b-940a)를 참조.

(24) 문서번호 : 4-3-24(559, 939b-940a)

사안: 이하응을 안치하여 귀국하지 못하게 하는 일에 대해 먼저 명백하게 유지를 내려주시길 간청합니다(安置李昰應不令回國事, 請先明降諭旨).

날짜: 光緖八年八月十三日(1882년 9월 24일)

발신: 北洋大臣 李鴻章

수신: 總理衙門

八月十三日, 軍機處交出李鴻章鈔片稱:

再, 據朝鮮國王遣派陪臣趙寧夏·金宏集等來津謁商善後事宜, 臣等傳見之頃, 面呈該國王咨文二件, 一謝調兵援護, 一爲本生父李昰應乞恩釋回, 竝稱另有表奏及分咨總理衙門·禮部文件, 與臣處咨文, 大旨相同. 臣等因與筆談, 往復辨詰, 趙寧夏等始稱: "李昰應此次秉政, 非出自國王之意, 論寡君情私, 當以釋回爲是, 若論公義, 則不能顧情私." 等語. 夫該國王奏咨, 代爲乞恩, 本屬父子至情, 義不容已. 而李昰應兇狡險踪, 惡跡衆著, 若縱令回國, 斷難望其悔罪自新, 亦非該國王所能鈐制. 朝鮮密邇陪都, 關繫大局, 自宜妥爲設法, 豫弭釁端, 藉抒朝廷東顧之虞, 以示綏靖藩服之意. 除臣等擬議辦法另摺具陳外, 謹照鈔國王咨文, 恭呈御覽. 趙寧夏等齎呈表奏, 於初八日起程赴京, 由禮部轉進, 計尙需時, 可否先賜明降諭旨, 酌定安置, 則該國王奏到後, 批駁亦易有辭. 至趙寧夏·金允植·魚允中等, 人尙平正, 素畏李昰應權勢, 兼以國王私親, 未敢顯爲質證. 經臣等督同周馥·馬建忠等, 再四誘之使言, 始肯吐露李昰應罪狀. 然猶懼有後禍, 可否於諭旨中渾括其詞, 俾日後該國君臣稍免猜嫌, 斯保全者多矣. 愚昧之見, 是否有當, 伏乞聖鑒. 謹附片具奏.

8월 13일, 군기처에서 이홍장의 다음과 같은 주접 부편을 보내왔습니다.

첨부합니다. 조선 국왕이 파견한 배신(陪臣) 조영하, 김홍집 등이 사후 처리 문제를 만나 상의하기 위해 천진에 왔는데, 신 등이 불러서 만났을 때 직접 조선 국왕의 자문 2건을 제출하였는데, 하나는 병력을 조달하여 원호(援護)한 것에 대해 감사하는 것이고, 다른 하나는 본인의 생부인 이하응을 석방해서 귀국시켜달라고 은혜를 간청하는 것이었습니다. 아울러 칭하기를 따로 표주(表奏) 및 총리아문과 예부에 보내는 자문이 있다고 하였는데, 저희에게 보낸 자문과 취지는 거의 같은 것이었습니다. 이 때문에 신 등이 필담을 나누면서 왕복하여 변론하자, 조영하 등은 비로소 "이하응이 이번에 권력을 잡은 것은 국왕의 뜻에서 나오지 않았습니다. 국왕의 개인적인 감정으로 따진다면 응당 석방해서 귀국시키는 것이 옳지만, 만약 공론으로 따진다면 그런 감정을 돌아볼 여지는 없습니다."라고 털어놓았습니다. 무릇 조선 국왕이 표주와 자문으로 대신 은혜를 간청해 달라고 한 것은 본래 부자 사이의 지극한 감정으로 도의상 미룰 수 없는 일이지만, 이하응은 흉악하고 교활한 발자취를 보이고 악행의 흔적도 아주 많고 뚜렷하니 만약 풀어놓아 귀국하게 한다면 결코 그 죄를 회개하여 자신을 새롭게 하길 기대하기는 어렵고, 또한 국왕이 능히 통제할 수도 없습니다. 조선은 배도(陪都)인 심양(瀋陽)과 아주 가까워 전체 대국(大局)에 관계되는 만큼, 응당 적절하게 방안을 마련하여 미리 말썽의 실마리를 없애 조정의 동쪽 변경에 대한 우려를 풀고, 번복(藩服)을 편안하게 안정시키려 하는 뜻을 보여주어야 합니다. 신 등이 그 방안을 논의하여 따로 주접을 갖추어 아뢰는 것 외에, 조선 국왕의 자문을 베껴 삼가 황상께서 살펴보실 수 있도록 올리는 바입니다. 조영하 등이 가져온 표주는 초8일 출발하여 북경으로 갈 때 예부를 통해 전달해서 올릴 예정인데, 계산해 보면 아직 상당한 시간이 필요하므로, 먼저 미리 유지를 분명하게 내려주셔서 적절하게 대원군을 안치하게 되면 조선 국왕의 표주가 전달된 다음, 그것에 대해 반박하는 일 역시 쉽사리 근거를 가질 수 있지 않을까 생각합니다. 조영하, 김윤식, 어윤중 등은 사람됨이 상당히 공평하고 정직하지만, 평소 이하응의 권세를 두려워하는 데다가 아울러 그가 국왕의 부친이라서 감히 공개적으로 나서서 입증하고 증언할 수 없었습니다. 신 등이 주복, 마건충 등을 독려하여 재삼 발언을 유도한 다음에야 비로소 이하응의 죄상을 털어놓고자 생각하게 되었습니다. 하지만 후환이 있을까 두려우니, 상유 속에서 그 용어를 매끄럽게 활용하여 나중에 조선 국왕이 조금이라도 원망이나 의심을 피할 수 있게 해야만 보전할 수 있는 부분이 많을 것입니다. 어리석은 의견이 타당한지 아닌지 황상께서 살펴주시길 엎드려 간청합니다. 삼가 편문(片文)을 추가로 붙여 상주합니다.

(25) 문서번호 : 4-3-25(562, 942a-944a)

사안: 이하응을 간수(看守)하기 위한 장정을 마련·검토하고 아울러 관원을 파견하여, 보정으로 압송하고 안치한 이하응과 그 수행 인원의 행동을 제한하고자 합니다(核擬看守李昰應章程, 竝派員將押赴保定安置李昰應及其隨從人員行動之制限).

첨부문서: 1. 「이하응을 간수하는 장정 8조(看守李昰應章程八條)」.

날짜: 光緖八年八月十三日(1882년 9월 24일)

발신: 北洋大臣 李鴻章

수신: 總理衙門

八月十六日, 署北洋大臣李鴻章文稱:

光緖八年八月十二日, 內閣奉上諭:[81]

朝鮮國亂軍生變, 突於六月間, 圍偪王宮, 王妃與難, 大臣被戕, 日本使館亦受其害, 采訪該國輿論, 咸稱釁起兵丁索餉, 而激之使變者, 皆出於李昰應主謀. 經吳長慶等將其解送天津, 降旨交李鴻章, 張樹聲究明情由具奏, 李昰應著免其治罪, 安置直隸保定府地方, 永遠不准回國, 仍著直隸總督優給廩餼, 嚴其防閑. 欽此. 當經飭據津海關周道·委用袁道·候選馬道會同擬議,[82] 派員看守朝鮮大院君李昰應章程八條, 呈請酌核前來. 查所擬各節, 尙屬詳密周妥, 應飭藩·臬兩司[83]·保

---

[81] 이 상유의 보다 상세한 판본은 이 책의 문서번호 : 4-7-2(572, 952)에 실린 「조선 변란의 수괴 李昰應의 귀국을 불허하고 오장경이 통솔하는 관군은 잠시 조선에 주둔하라는 내용의 상유를 초록하여 보냅니다(錄送不准朝鮮亂首李昰應回國, 及吳長慶所部官軍暫留朝鮮上諭)」 문서에 수록되어 있다.

[82] '위용원도(委用袁道)'는 원보령(袁保齡)을 가리키는데, 앞서는 후선도로 표기되던 것이 여기서 바뀌었는데, 당시 원보령은 임오군란 이후 이홍장이 도원(道員. 道臺)으로서 직예에 남겨 보용(補用)하겠다고 주청하였기에 이런 직함으로 바꾼 것으로 보인다. 「國史列傳 袁保齡」, 『閣學公集』(淸代詩文集彙編編纂委員會 編, 『淸代詩文集彙編』 746, 上海古籍出版社, 2010), 卷首 9a를 참조.

[83] 번·얼양사(藩·臬兩司)는 번사(藩司, 즉 布政使)와 얼사(臬司, 즉 按察使)를 병칭한 것으로, 포정사는 청대의 경우 종이품(從二品)의 관직으로 총독·순무의 속관(屬官)이었다. 보통 1성에 1명을 두며, 성의 행정과 재부의 출납 등을 관장하였고, 마찬가지로 속관인 안찰사는 사법 사무를 관장하였다.

定營務處司道.[84]·統領保定練軍熊提督·督標中軍副將等,[85] 會同妥愼照辦, 竝派候補沈道能虎, 專司督察兼會辦保定營務處事宜. 即令津海關周道等, 揀派卽用縣關令絅, 會同保定營務處委員李守繼昭, 押送李昰應, 卽日起程赴保定安置. 所有未盡事宜, 仍由該司道等隨時稟商酌辦, 除分別咨行外, 相應咨明貴衙門, 謹請查照.

照錄淸摺
(1)「看守李昰應章程八條」.
一. 送李昰應至保定省城, 住淸河道舊署.[86] 除營務處原住親兵三棚分扎屋後空院及巡守左右各庫房外, 再由熊提督撥保定練軍二棚, 專住大堂前, 日夜小心巡邏, 不准閒人出入, 亦不准一草一木私自搬運進出. 凡有李昰應與人信札往來, 俱應露封, 由看守委員查閱後, 始准送交. 其不露封與書朝鮮俗字者, 由委員駁回, 不准擅送.
一. 二堂以內專住李昰應及其隨從官役人等. 凡看守之人俱宜分居在外, 不可與之親密. 在省及外來文武官員, 非奉憲諭, 不准任其私自入見. 違者惟看守委員是問.
一. 李昰應每日需買食物, 由委員派人代買, 價値由彼自付, 或彼自派人出買, 則由委員派委實兵弁跟同上街, 不准其託故私自送信, 亦不准其私買違禁之物.
一. 李昰應倘欲自行赴市買物, 只准隨帶奴子一二名, 由委員先請憲示, 竝須伴行. 但一月不得過一二次, 不准出城, 不得隔宿.
一. 李昰應隨從人役, 由委員查明, 給予腰牌, 以便認識. 每月由練餉局查照人數,[87] 酌送米煤外, 另給送銀五十兩, 以爲雜用. 倘以後朝鮮國王添派官役前來, 奉憲諭准歸李昰應同住者, 每月按人只添送米煤, 不另添銀兩.
一. 送銀兩米煤等物, 俱由看守委員開單送入, 取李昰應親筆收條存查.

---

84 영무처(營武處)는 청 말 지방의 총독·순무가 설치한 관서(官署)의 명칭으로, 독무가 통솔하는 군대의 행정사무 처리를 위해 만든 것이다.
85 독표(督標)는 청대 총독이 관할하던 부제의 편제 단위로, 1표는 3개 영으로 구성되었다.
86 청하도(淸河道)는 보정부에 주재하던 분순도(分巡道)로 보정부 등 2부(府) 5직예주(直隸州)를 관할하였다.
87 연향국(練餉局)은 연군(練軍)의 봉록, 즉 군향(軍餉)을 담당하는 기구로 보인다.

> 一. 看守之員, 請於在省司道大員中, 專派一人督察. 再由司道會商揀派精細勤翰之委員二人, 由中軍派武弁二人, 常川住守. 所派員弁, 如本無薪水, 卽由練餉局酌量稟給, 一年之內毫無疎失, 准從優給予外獎, 倘有疎失, 應請嚴參. 逾年准分次另換員弁兵接替, 而惟不得同時全換.
> 一. 李昰應此次到保, 本係奏明優給稟餼, 所有練餉局支發各欵, 隨時報明, 請准附案彙銷.

8월 16일, 서리 북양대신 이홍장이 다음과 같은 자문을 보내왔습니다.

광서 8년 8월 12일, 내각은 다음과 같은 상유를 받았습니다.

> 조선에서 군대가 반란을 일으켜, 갑작스레 6월에 왕궁을 포위 공격하여 왕비가 피해자가 되고, 대신이 피살되고, 일본 공사관 역시 그 공격 대상이 되었다. 조선의 여론을 탐문해 보니 모두가 병졸들이 봉록을 요구한 데서 발단이 되었지만, 이를 자극하여 큰 변란으로 만든 것은 모두 이하응의 주모(主謀)에서 나왔다고 이야기한다. 오장경 등을 통해 그를 천진으로 압송하고, 유지를 내려 이홍장, 장수성에게 넘겨 그 사정을 규명한 다음 상주하게 하였고, 이에 따라 이하응에 대해서는 그 치죄(治罪)를 면제하지만, 직예성 보정부 지방에 안치하여 영원히 귀국을 허락하지 않으며, 직예총독이 생활물자를 우대하여 지급하지만 다른 사람과의 접촉을 엄격히 제한하도록 하라.

이러한 유지를 받았으므로 이미 진해관도 주복, 위용도원(委用道員) 원보령, 후선도 마건충에게 함께 「관원을 파견하여 조선 대원군 이하응을 간수하는 장정(派員看守朝鮮大院君李昰應章程)」 8조를 마련하도록 지시하였더니, 그 초안을 마련하여 검토해 달라고 올려왔습니다. 마련된 장정의 각 조항을 보니 그래도 상세하고 정밀하여, 응당 포정사(布政使)·안찰사(按察使) 두 아문과 보정영무처(保定營務處)의 사도(司道), 보정(保定)의 연군(練軍)을 통괄하는 웅제독(熊提督)과 독표(督標) 중군(中軍)의 부장(副將) 등에게 함께 적절하고 신중하게 이 장정에 따라 처리하게 하고, 아울러 후보도 심능호(沈能虎)를 파견하여 전담하여 이 사안을 감독하면서 아울러 보정영무처의 사무를 보좌하도록 지시해야 할 것입니다. 그래서 진해관도 주복 등에게 지시하여 즉용지현(即用知縣) 감동(闞綱)이 보정영무처 위원 이계소(李繼昭)와 함께 이하응을 압송하되 그날로 출발하여 보정부에 안치하게 하였습니다. 모든 미진한 부분은 여전히 해당 사도(司道) 등이 수시로 보고하여 적절하게 처리하도록 하고, 각 관련 부문에 자문을 보내는 것 외에, 응당 귀 아문에도 자문으로 알려야 하니, 삼가 살펴보시길 요청합니다.

첨부:
(1) 「이하응을 간수하는 장정 8조(看守李昰應章程八條)」

(1) 이하응을 보정 성성(省城)에 보내, 청하도(淸河道)의 옛 관서(官署)에 머물게 한다. 영무처(營務處)에 원래 주둔하던 친병(親兵) 3붕(棚)이 건물 뒤의 공원(空院)에 나누어 주둔하면서 좌우의 각 고방(庫房)을 순찰하는 것 외에, 또한 웅 제독이 보정(保定) 연군(練軍)의 2붕을 뽑아 대당(大堂) 앞에 주둔시키고 밤낮으로 조심스럽게 순찰하여 외부 사람의 출입을 막고 나무 하나 풀 한 가닥이라도 허가 없이 운반하여 드나들 수 없게 한다. 무릇 이하응이 남과 서신을 주고받는 일이 있으면 모두 응당 밀봉하지 않고 간수위원(看守委員)이 검열한 다음에야 비로소 들여보내거나 내보낼 수 있다. 밀봉하거나 조선의 속자(俗字)로 쓴 서신은 위원이 거절하여 돌려보냄으로써 멋대로 보내는 것을 허용하지 않는다.
(2) 이당(二堂) 이내에는 오로지 이하응과 그를 수행하는 관역인(官役人) 등만 거주할 수 있다. 무릇 간수하는 사람은 모두 그 바깥에 나눠서 거주하여, 이들과 친밀하게 지낼 수 없다. 직예성이나 외부에서 온 문·무 관원은 총독의 지시를 받은 경우가 아니면 멋대로 개인적으로 들어가 만날 수 없으며, 어기면 오로지 간수위원에게 책임을 묻는다.
(3) 이하응에게 매일 구입이 필요한 식물(食物)은 위원이 사람을 파견하여 대신 구입하고 그 값은 그가 스스로 치르게 하거나, 아니면 그가 사람을 파견하여 구입하되 위원이 파견한 병변(兵弁)과 더불어 같이 상점에 가도록 하여, 구실을 만들어 몰래 서신을 보내는 것을 허용하지 않고 또한 금지된 물품을 몰래 구입하는 것도 막는다.
(4) 이하응이 만약 스스로 시장에 가서 물건을 구입하고자 한다면, 단지 노비 한 두 명만 수행할 수 있도록 허락하며, 위원이 먼저 상부의 지시를 신청하고 아울러 반드시 그와 동행해야 한다. 다만 한 달에 한두 차례를 넘겨서는 안 되며, 성 밖으로 나가서 투숙하는 것도 안 된다.

(5) 이하응을 수종(隨從)하는 인역(人役)은 위원이 조사하여 요패(腰牌)를 지급함으로써 확인할 수 있게 한다. 매월 연향국(練餉局)에서 인원수를 확인하여 쌀과 석탄을 적절히 보내는 것 외에 따로 은 50량을 지급하여 잡비로 쓰게 한다. 만약 이후 조선 국왕이 관역(官役)을 추가로 파견해 오면, 상부의 허가를 받아 이하응과 함께 거주할 사람에게 매월 인원수에 따라 쌀과 석탄을 지급하는 것을 허용하되, 따로 은량을 추가하지는 않는다.

(6) 은량이나 쌀과 석탄 등의 물품을 보낼 때는 모두 간수위원이 목록을 들여보내, 이하응이 친필로 영수증에 서명하게 하여, 점검할 수 있도록 보관한다.

(7) 간수 인원은 직예성 사도(司道)의 고위 관원 가운데, 한 사람을 전문으로 파견하여 감독을 맡긴다. 또한 사도에서 협의하여 치밀하고 부지런한 위원 2명을 골라 파견하고, 독표중군에서 하급 무관 2명을 파견하여 상주하도록 한다. 파견된 관원이나 무관이 본래의 봉록이 없다면 연향국(練餉局)에서 적절하게 헤아려 지급하며, 1년 동안 조금도 소홀함이 없다면 추가적 장려금을 우대하여 지급하는 것을 허용하며, 만약 소홀함이 있다면 응당 엄격한 처벌을 요청할 것이다. 한 해를 넘기면 순서대로 나누어 다른 관원이나 무관으로 교체하는 것을 허용하되, 동시에 이들을 모두 바꾸는 것은 안 된다.

(8) 이하응이 이번에 보정에 온 것은 본래 생활물자를 우대하여 지급하기로 상주한 바 있으므로, 연향국에서 지급하는 각 비용은 모두 수시로 보고하여, 사안에 첨부하여 회계 처리할 수 있도록 신청해야 한다.

(26) 문서번호 : 4-3-26(572, 952a-952b)

사안: 조선 반란 수괴 이하응의 귀국을 허용하지 않으며, 오장경이 이끄는 관군을 잠시 조선에 머무르게 한다는 상유를 베껴서 보냅니다(錄送不准朝鮮亂首李昰應回國及吳長慶所部官軍暫留朝鮮上諭).

날짜: 光緖八年八月十九日(1882년 9월 30일)

발신: 禮部

수신: 總理衙門

八月十九日, 禮部文稱:

光緖八年八月十二日, 內閣奉上諭:

朝鮮爲我國大淸屬國, 世守藩封, 素稱恭謹, 朝廷視同內服, 休戚相關. 前據張樹聲奏, 朝鮮國亂軍生變, 突於六月間, 圍偪王宮, 王妃與難, 大臣被戕, 日本使館亦受其害. 當諭令張樹聲, 調派水陸各軍, 前往援勦. 又以李鴻章假期屆滿, 召赴天津, 會同查辦. 旋經提督吳長慶·丁汝昌·道員馬建忠等, 率師東渡, 進抵該國都城, 擒獲亂黨一百數十人, 殲厥渠魁, 赦其脅從. 旬日之間, 禍亂悉平, 人心大定. 採訪該國輿論, 咸稱釁起兵丁索餉, 而激之使變者, 皆出自李昰應主謀. 經吳長慶等將其解送天津, 降旨交李鴻章·張樹聲究明情由具奏. 李昰應當國王冲年, 專權虐民, 惡跡昭著, 迫歸政後, 日深怨望, 上年即有伊子李載先謀逆情事. 此次亂軍初起, 先赴伊家申訴, 既不能正言禁止, 乃於事後擅攬庶務, 威福自由, 獨置亂黨於不問. 及李鴻章等遵旨詰訊, 猶復多方掩飾, 不肯吐實. 其爲黨惡首禍, 實屬百喙難逃. 論其積威震主, 謀危宗社之罪, 本應執法嚴懲. 惟念朝鮮國王于李昰應誼屬尊親, 若竟置之重典, 轉令該國王無以自處, 是用特沛恩施, 姑從寬減. 李昰應著免其治罪, 安置直隸保定府地方, 永遠不准回國, 仍著直隸總督優給廩餼, 嚴其防閑, 以弭該國禍亂之端, 即以維國王倫紀之變. 吳長慶所部官軍, 仍著暫留朝鮮, 藉資彈壓. 該國善後事宜竝著李鴻章等悉心商辦, 用示朝廷酌法準情, 綏靖藩服

> 至意.
> 欽此. 欽遵到部, 相應恭錄諭旨, 知照總理各國事務衙門可也.

8월 19일 예부에서 다음과 같은 자문을 보내왔습니다.

광서 8년 8월 12일, 내각은 다음과 같은 상유를 받았습니다.

조선은 우리 대청의 속국으로 대대로 번봉의 위치를 지켜왔으며, 평소 공손하고 부지런하다고 알려져, 조정은 마치 내지처럼 간주하고, 서로의 기쁨과 슬픔이 함께 연결되어 왔다. 장수성의 상주에 의하면 조선의 난군이 반란을 일으켜 갑작스레 6월에 왕궁을 포위 공격하여 왕비가 피해자가 되고, 대신이 피살되고, 일본 공사관 역시 그 공격 대상이 되었다. 이에 장수성에게 지시하여 수·륙 각 군을 동원·파견하여 가서 도와 토벌하도록 하였다. 또 이홍장의 복상 기간이 끝나 천진으로 오도록 불러 함께 조사·처리하게 하였다. 이윽고 제독 오장경과 정여창, 도원 마건충 등이 부대를 이끌고 조선으로 건너가 조선의 도성에 진주하여 난당 백 수십 명을 체포하고 반란 수괴를 섬멸하되 협박으로 참여한 사람들은 사면해 주었다. 십여 일 사이에 화란은 평정되고 인심은 크게 진정되었다. 조선의 여론을 탐문해 보니 모두 병정들이 봉록 요구에서 문제가 시작되었지만, 이를 자극하여 큰 사변으로 만든 것은 모두 이하응의 주모에서 나왔다고 이야기한다. 오장경 등에 의해 그를 천진으로 압송하고, 유지를 내려 이홍장·장수성에게 넘겨 그 사정을 규명한 다음 상주하게 하였는데, 이하응은 국왕이 나이가 어렸을 때 전권을 휘둘러 백성을 학대하는 악행이 아주 뚜렷하였고, 정권을 돌려준 다음에는 날로 원망이 심해져 작년에는 그의 아들 이재선이 역모를 꾸민 일도 있었다. 이번 반란군이 처음 봉기하였을 때 먼저 그의 집에 몰려가 호소하자, 올바른 말로 그들의 행동을 금지하지 않았을뿐더러, 사후에 국정 전반을 멋대로 장악하고 권력을 자유롭게 행사하였는데, 오로지 난당에 대해서는 아무런 조치도 하지 않았다. 이홍장의 유지에 따라 힐문하는데 이르자, 그래도 여전히 다방면으로 가리고 감추면서 사실을 털어놓으려 하지 않았지만, 무리를 지어 행한 악행의 수괴로서 실로 그 죄는 입이 백 개라도 피할 수 없다. 축적된 위세로 군주를 위협하고 종사를 위태롭게 할 모의를 한 죄는 본래 엄격한 법 집행으로 응징해야 한다. 그렇지만 조선 국왕에게 이하응은 응당 모셔야 할 존친(尊親)에 해당되니, 만약 마침내 중형에 처한다면 도리어 조선 국왕이 스스로 처신하기 어렵게 만들 것이다. 이래서 특별하게 은혜를 베풀어 잠시 관대하게 그 형벌을 낮추고자 한다. 이하응은 그 죗값에 대한 처벌을 면제하고, 직예성 보정부 지방에 안치하여 영원히 귀국하는 것을 허락하지 않으며, 여전히 직예총독이 생활물자를 우대하여 지급하되 다른 사람과의 접촉을 엄격히 막아 조선 화란(禍亂)의 단서를 없애야 한다. 오장경이 이끄는 관군(官軍)은 그대로 잠시 조선에 머무르면서, 군사적 진정(鎭定)에 도움을 주어야 한다. 조선의 사후 처리 문제는 아울러 이홍장 등이 최선을 다해 협의하여 처리함으로써, 적절하게 법을 적용하여 정상을 참작하고, 번복을 편안하게 안정시키려는 조정의 지극한 뜻을 보여주어야 할 것이다.

이상과 같은 유지가 예부에 전달되었으므로, 응당 삼가 유지를 베껴 총리아문에 알려야 할 것입니다.

(27) 문서번호 : 4-3-27(599, 995a-1002a)

사안: 주복 등이 어윤중이 기록한 조선 난사의 전체 사정과 이하응의 과거 죄상을 올렸기에, 비밀자문으로 보냅니다(密咨周馥等呈魚允中所錄朝鮮亂事顚末及李昰應平昔罪狀).
첨부문서: 1.「조선 어윤중이 기록한 조선 난사 전체 사정(朝鮮魚允中錄朝鮮亂事顚末)」.
날짜: 光緒八年九月初七日(1882년 10월 18일)
발신: 署理北洋大臣 李鴻章
수신: 總理衙門

九月初七日, 署北洋大臣李鴻章文稱:

據津海關道周馥·候選道袁保齡·馬建忠等禀稱:

竊照本年六月朝鮮亂軍之變, 係因李昰應激成, 業經職道等遵奉憲諭, 詳細究問, 竝抄錄該國陪臣等筆談, 書札禀蒙憲臺奏奉諭旨:

　李昰應著安置保定府地方, 永遠不准回國.

等因. 欽此. 欽遵辦理在案. 惟查李昰應罪惡昭著, 雖係職道等參稽衆論, 然在未定案之先, 其良儒者畏勢而不敢言, 卽彼國忠耿之士言之, 亦不敢盡. 今幸聖謨廣運, 聲罪定案, 不許還國, 該國人心大定, 正氣復伸, 從前懼禍趨勢之流, 亦皆革心向化. 該國王始能重整紀綱, 忠臣謀士乃得復睹天日, 是非邪正, 公論益彰. 前日職道等接見該國陪臣魚允中, 詢知其擢入機務衙門, 職道馥遂問, 爾旣爲宿衛之臣, 六月之亂, 必更詳悉, 魚允中遂錄亂事顚末一紙, 又臚擧李昰應平昔罪狀一紙, 大致與職道等所訪情形相同, 而詳切過之. 理合照錄密呈查核, 可否密咨軍機處, 總署督憲備案, 以備日後查考, 伏乞酌奪.

等情. 到本署大臣. 據此. 相應咨送, 爲此密咨貴衙門, 謹請查核備案.

(1)「朝鮮魚允中錄朝鮮亂事顚末」.

朝鮮亂軍之變, 醞釀有由, 興宣之家兵, 皆從營兵挑選者, 早與之串通, 昨年李載先謀逆之時, 已約訓練軍擧事, 旋有告發, 變未及作. 至本年六月, 爲文使之密相告諭, 約以十四日爲亂. 未至期, 以餉鮮欠少, 與倉吏口角, 重打倉吏, 倉堂官即閔謙鎬, 倉吏乃其家人, 拘軍人于獄, 將置之死. 軍乃相聚, 愬于大將李景夏. 景夏曰: "汝既有犯, 吾於倉堂無奈, 任自爲之." 軍乃解軍牌, 直向閔家, 請得倉吏而甘心. 門者拒不納, 因與之爭, 毀其門戶. 閔尚不欲治倉吏息衆怒, 遂直趨王宮, 軍欲愬閔而不得, 至破其家, 乃相與曰: "等死耳. 不可以散." 直到刑司, 解所囚軍人于獄, 屯于營, 吹角招軍, 諸軍麕集. 因曰: "大院君曾有密通, 可往而聽命. 直至其家愬之." 乃攘臂曰: "今日之事晚矣. 汝等今乃夢覺耶." 時天下雨, 餉家僮出油衣三百領, 銅錢五百串, 散給而慰之, 使之勉力從事. 軍皆踴躍而出, 殺李最應于其第, 再往破閔謙鎬家, 更屯于營, 國王請興宣往諭散遣之. 伊乃至營, 有何約束, 人不得知, 還宿其家, 密召宿衛統將曰: "軍或入闕奔愬, 無或格之, 恐爲難耳." 前此有勤王集衛士守宮者, 又使之告王曰: "適足以動搖衆心, 可以解遣." 國王猶信, 使興宣往諭而不爲之備. 翌朝亂軍至宮門外, 興宣家兵前導攔入, 軍皆隨之. 至殿前只請出給, 出給數次, 而無指名之人, 繼言閔姓者再, 興宣在殿上呼閔謙鎬曰: "此事君可喩止之." 推而下之, 衆乃斫殺之. 繼指金輔鉉, 衆又殺之. 于時使其跟伴在衆中指揮之. 興宣欲進毒王妃, 王妃曰: "只欲害我, 此先王之宮殿也. 何稱兵之至此?" 興宣乃手牽衣裾, 擠之下殿, 亂軍擁之而出, 有軍人自中翼蔽, 護出宮門, 匿于民家, 佯告以被弑, 後乃潛出城門, 避居閔應植家. 又使犯王, 兵刃幾及而不敢, 乃使輿而幽於庫房, 從四壁以戟亂衝, 幸賴宰臣金炳始負而避之. 世子奔避宮苑, 李載純·尹泰駿護出苑門. 凡宮中所有書籍, 皆指爲西敎書而扯之, 焚之. 新置機器樣子, 悉行破碎, 洋槍八百桿·回旋礮·後門礮, 亦以西制而毀破之. 興宣之所執而動搖衆心者曰: "排異敎也." 曰: "斥和議也." 是以腐儒蚩氓多附之. 繼往軍敎場, 拆毀營房, 日本陸軍少尉, 延爲軍敎師堀本, 假粧朝鮮衣服而走, 被執見殺, 營官等亦同時被戕. 國中無賴之素惡異邦人者, 群聚日本使館外, 聲言將殲殄之, 日人乃聚其傢具而火之, 揮刀突出, 衆皆披靡, 見殺者亦數十人. 向仁川走去, 使亂軍追殺之, 誡之曰: "只留花房勿殺, 殺使則不可, 又可使之歸告其國也." 乃馳及仁川, 殺七人, 餘即覓船下海. 興宣乃自作誓言, 以勿罪軍人之意, 書給亂軍, 出侍于宮門外, 自書王言曰: "大小事務, 皆決于大院君, 使承宣往諭之.[所求者即此也. 何異於禪位詔] 即罷機務衙門·武衛營, 往毀閔泳翊家, 泳翊方以母喪家居, 聞變避走, 不及於禍. 士大夫外, 雖市井吏役與不平者, 悉已錄成一通, 投之亂軍, 使皆毁其家, 散其金帛, 凡二百餘家毁家, 殺人必來稟白. 亂軍之謂入宮門作變, 本非衆心, 皆伏於宮門外請罪. 興宣自出諭之曰:"爾與我一般, 我在汝勿疑懼."[此亦明白痛快處] 欲大肆殺戮, 除異已之人, 閔泳翊逃之入山, 洪英植調病山莊, 而因避走. 又有到中國者, 入日本者, 餘亦奔避者多. 其黨謀之曰:"姑緩之, 使在外者盡到而除之." 所以搢紳之禍未深, 猶逞憤於市民·商役, 毁拆房屋外, 淫殺者殆百餘人. 亟樹黨與, 其子載冕爲訓練大將·戶曹判書, 其壻趙慶鎬爲守禦使, 金善弼爲江華留守, 使握重兵, 洪祐昌爲京畿監司. 本邦有負商. 其徒數萬, 多膂力, 習勞苦, 尙義氣, 結黨相援, 曾有自願衛國者. 至是乃自驚曰:"負商將至. 發武庫, 散兵器于坊民, 使遇輒殺之." 民之推埋之類, 與亂軍群起奔走, 殺無辜數百人. 一國波盪屆幾日, 欲僞發王妃喪. 軍人曰:"我輩無弑妃之事, 何以發喪?" 衆心洶洶, 使人力諭之. 廷臣亦執不可, 勒令發喪, 咨告于中國及日本. 一欲掩作亂之罪, 一欲明執政之事. 日後之篡弑, 將惟意圖之也. 嗟乎! 朝鮮素重名義, 上下截然有序. 彼軍人向於閭閻, 猶未敢攔入, 而況國君乎? 等是平民未敢擅殺, 而況宰輔乎? 一日而綱常墜地, 國幾無類, 是誰之使? 是誰之罪? 幸賴中國恤藩之恩, 亂首就擒, 君權復整耳. 朝鮮大院君李昰應, 南延君球子, 初封興宣副正. 癸亥國王嗣位後, 以本生親進封大院君, 爲人剛鷙姦險, 欺天罔人, 執政十年, 毒一邦矣.

一. 幼主卽祚, 大妃垂簾, 卽有國大經法而稱以攝輔, 百事專擅, 政自己出, 獨斷行之, 大妃一不得預聞國政, 非久又撤簾矣.

一. 王城有東西二關, 卽累朝相傳之所也. 又有舊稱景福宮, 壬辰兵燹後, 只餘空墟. 至是無端毁去西關, 遂大興土木, 作景福宮. 凡公廨各司之完固者, 幷皆破壞, 一時改建, 勒欲京鄕民財, 强爲名曰:"願納", 又於稅上加徵, 逐戶索錢, 使八道民力, 貧富俱困, 怨咨嗷嗷, 不能聊生矣.

一. 凡卿相大家, 閭巷富人膏腴田土及鄕曲富民世傳財産, 隨處攘奪, 充其谿壑, 贓獲利於八道, 財貨甲於一國, 雖度支, 太倉亦不得侔擬焉.

一. 凡宮姬及閭閻婦女之姿色少艾者, 恣行荒淫, 日夜無度, 有夫及守貞之女, 多所汚穢, 敢於大妃近侍之宮女, 肆行淫褻, 因作媵妾, 雖大妃有責而少無忌憚, 外他亂倫悖常之事, 往往身犯, 醜聲聞於一國矣.

一. 用人偏僻, 己所阿好, 悉爲登庸, 布滿朝署, 夙昔睚眦, 纖芥必報. 又以閹寺, 宮妾,披屬列爲心腹耳目, 問探宮闈動靜, 益張威福矣.

一. 用法慘刻, 全無欽恤, 雖微眚薄過, 嗜好戕害人命. 十年之間, 殺死累萬人, 搜捕邪學之際, 無辜橫罹, 混入株連, 不辨虛實, 汪置刑戮, 人皆惴慄側目矣.

一. 改鑄當百錢, 行之四五年, 民皆不便, 而京鄕私鑄甚多. 詗捕誅殺, 不可勝數. 八道騷擾, 則又得中國錢, 出來用之, 人心積疑, 物價騰踊, 終不復舊. 爲至今無窮之害.

一. 賣官鬻爵, 稱以富國而壞了名器, 無復餘地, 此亦聚斂誤國之大端也.

一. 方伯·閫帥·守令赴任後, 國家正供封進之外, 各從土産, 皆令有另納物種, 由是貪墨成風, 剝割爲事. 民生困瘁, 如在塗炭.

一. 王城各門, 刱設門稅法, 凡商旅行人之入城門者, 隨其定數多少, 征納稅錢. 外他許多收稅, 層生疊出, 此亦東方無前之事, 而爲蠹民之一端也.

一. 第宅亭樓, 極其宏壯, 衣服器用, 奢侈無度. 以一國奉一身, 何論僭汰? 而一世搢紳, 豪人富屋, 競相仿效, 靡然成俗. 始作俑者, 無以辭其責矣.

一. 俳優娼妓, 日夜會集, 作爲淫媟之場, 評論高下, 荒雜無倫, 所可道也. 徒汚唇齒.

一. 甲戌以後, 國王稍稍親政, 王妃兄閔升鎬頗有密贊, 則恐自己失勢, 積懷怒憤, 必欲甘心. 乘夜放礮於閔家, 閔升鎬與其母國舅夫人及其九歲胤子, 一時幷命於大炎. 國人莫不悲傷, 巷議甚多, 而畏其威毒, 無敢言者.

一. 景福宮有兩次火變, 昌德宮有兩次火變, 武衛新營亦有大變, 皆是謀危國王之意也. 延燒大妃寢殿, 幾危僅免, 一國震驚, 而景福宮大半灰燼, 永作廢闕矣.

一. 甲戌以後, 讐視王妃, 怨懟次骨. 多縱心腹家人, 遍散京鄕, 煽動訛言, 暴揚王妃過失, 無非搆捏誣罔, 口不可道. 由是無知常賤之類, 多有信以爲然. 誹訕無倫者.

一. 王妃所處寢殿, 多埋凶詛咒, 前後掘出爲幾十處, 宮中無人不知. 毛骨俱竦.

一. 失勢之後, 禍心日急, 陰嗾湖南人, 將圖不軌, 事將不測, 而未成漏泄. 朝廷旣知本事, 不欲窮治其獄. 乃使湖南伯李敦相暫假金吾之銜,[88] 仍其地決處, 而一切獄案, 漫漶滅口, 草草磨勘矣.

---

[88] 금오(金吾)는 집금오(執金吾)의 약칭으로 밤의 통행 금지를 맡아 보았던 한(漢) 나라의 무관 이름인데, 의금부(義禁府)의 별칭이기도 하다.

一. 昨年辛巳秋, 指嗾不逞之徒, 必欲犯闕, 而以其庶子載先, 作爲奇貨, 將欲推戴. 事在朝夕, 而變告上聞, 遂盡捕逆黨, 嚴鞫得情, 而國王必欲濶略獄事, 只誅凶魁幾人, 而載先則賜死, 不復究竟.

一. 今年六月之亂, 即古今天下所無之大變也. 指敎軍卒, 書給片紙, 直出武庫兵器, 作黨橫行, 而公卿戚里諸家及閭巷富室, 幾盡破毁, 撲殺首相, 大將及宰執數三人. 因突入王宮, 以兵刃逼辱國王, 罔有紀極. 又求索王妃, 必欲犯弑, 而王妃僅免凶鋒, 潛與五六宮女脫身虎口, 隱避於本宗至親翊贊閔應植家. 亂兵退定後, 即爲發喪成服, 託以永失體魄. 而乃以衣襨殯繢, 不日營葬, 豈有似此大變乎?[89] 及夫天將擁兵臨陣, 獲得首倡凶徒十數輩, 聲罪正法, 而訊覈之際, 單辭即判, 斷案已成, 此則宇內各國亦當有耳必聞, 無復訝惑者也.

一. 亂兵搶攘之日, 先破舊相興寅君李最應家, 仍殺李相慘酷無比, 此所謂借手弑兄, 而猶可曰: "非我也, 兵也耶." 悖逆絶理, 罪通於天, 尚何以抗顔, 白日厠身人類, 而其顙能無泚乎? 閔謙鎬即升鎬之弟也. 俱爲婦弟之親, 而前後戕殺, 無所顧藉, 亦豈非殘忍慘毒耶? 非但本國之罪人, 實爲萬國之罪人也.

一. 作變之日, 指嗾軍兵, 詬辱大妃及王妃, 罔有紀極, 此亦爲覆載難容之凶逆矣.

一. 作變之日, 軍兵謂曰: "事已成矣. 國權從此歸公, 則吾輩所願, 亦當如約." 云云. 人皆聞此說, 莫不扼腕.

一. 王妃脫身避亂之後, 散遣刺客, 期欲害之, 竟不如意, 則王妃姓親不計遠近, 必欲戕害無遺. 故皆僅得保命, 四處渙散.

一. 作變之日, 指嗾軍民, 衝火於日本人留住處, 無端亂殺, 已和之他國, 幾乎搆釁召亂矣.

一. 變亂甫定, 又勒奪富民錢幾百萬, 暗使捕廳, 殺害無罪之人. 一朔之間, 殆近千人.

9월 초7일, 서리 북양대신 이홍장이 다음과 같은 자문을 보내왔습니다.

---

89 상능무차(顙能無泚)는 상차(顙泚)라고도 하는데, 이마에 땀이 난다는 것으로, 『맹자(孟子)』「등문공 상(滕文公上)」("其顙有泚, 睨而不視.")에 나오는 구절이다. 부모의 시신이 짐승과 벌레에 먹혀 파손된 것을 보고 마음속으로 부끄러워 이마에 땀이 난다는 것으로, 부끄럽고 놀라 두려워함을 뜻한다.

진해관도 주복, 후선도 원보령과 마건충이 다음과 같이 보고하였습니다.

올해 6월 조선 난군의 변란은 이하응이 자극하여 이루어진 것이고, 이미 저희 등이 북양대신의 지시를 받아 상세하게 심문하였고, 아울러 조선 배신 등의 필담, 서신 등을 초록하여 올렸는데, 북양대신이 상주하여 다음과 같은 유지를 받았습니다.

이하응을 보정부 지방에 안치하며, 영원히 귀국을 허용하지 않는다.

이상과 같은 유지를 받아 그에 따라 처리한 바 있습니다. 다만 조사해 보건대, 이하응은 죄악이 너무 뚜렷하여 비록 저희 등이 중론을 참작하였지만, 판결이 내려지기 전에 소심한 사람들은 그의 위세를 두려워하여 감히 말을 하지 못하였으며, 설사 조선의 충성스럽고 곧바른 선비라 할지라도 감히 모든 것을 털어놓을 수는 없었습니다. 지금 다행히 황상의 광대한 계획이 실행에 옮겨져 그의 죄가 밝혀지고 판결이 나와 귀국을 허락하지 않자, 조선의 인심이 크게 진정되고 정기(正氣)가 다시 기지개를 켤 수 있게 되었으니, 종전에 화를 두려워하여 대세를 추종하던 무리도 역시 모두 마음을 바꾸어 따르게 되었습니다. 조선 국왕은 비로소 다시 기강을 다시 세울 수 있었고, 충신모사(忠臣謀士) 역시 다시 하늘의 해를 올려볼 수 있게 되었으니, 옳고 그름과 어긋남과 바로 잡음에 대한 공론도 더욱 두드러지게 되었습니다. 며칠 전 저희가 조선 배신 어윤중을 접견하였을 때, 그가 기무아문에 발탁되어 들어갔음을 물어 알게 되었고, 결국 저희가 귀하는 국왕을 숙위(宿衛)하는 신하로서 6월의 반란에 대해 반드시 더욱 상세하게 알 수 있었을 것이라고 캐물었더니, 어윤중은 마침내 난사의 전체 사정을 기록한 문서 한 장과 또한 이하응의 과거 죄상을 늘어놓은 문서 한 장을 내놓았습니다. 그 내용은 대체로 저희가 알아낸 상황과 거의 같지만 훨씬 상세한 것이었습니다. 따라서 응당 이 문서를 검토하실 수 있도록 비밀리에 올리니, 군기처, 총리아문에 비밀자문으로 보내 보관함으로써 이후의 검토에 대비할 수 있게 해도 좋은지 결정을 내려주시길 바랍니다.

이상과 같은 보고가 본 서리 북양대신에게 전달되었으므로, 응당 자문으로 보내야 할 것입니다. 이 때문에 비밀자문으로 귀 아문에 보내니, 검토하고 보관해 주시길 요청합니다.

(1) 「조선 어윤중이 기록한 조선 난사의 전체 사정」

　　조선 난군의 변란은 그것이 점차 무르익게 된 원인이 있는데, 흥선군의 가병(家兵)은 모두 군 부대에서 골라 뽑은 사람들로, 일찍감치 이들과 연결되어 있었습니다. 작년 이재선이 역모를 시도하였을 때 이미 훈련군(訓練軍)과 함께 거사하기로 약속하였지만, 곧바로 고발한 사람이 있어 변란은 미수에 그쳤습니다. 올해 6월에 이르러서는 글을 돌려 몰래 서로 알리기를, 대략 14일에 반란을 일으킨다는 것이었습니다. 그런데 그 시기가 이르기 전에 봉록 지급이 부족한 문제로 군졸들이 창리(倉吏)들과 말다툼하다 그들을 때려 중상을 입혔습니다. 창당관(倉堂官)은 바로 민겸호이고, 창리들은 바로 그의 가인(家人)이었으므로, 민겸호는 군인들을 붙잡아 감옥에 넣고 장차 처형하려고 하였습니다. 군인들이 서로 모여 대장 이경하(李景夏)에게 호소하였으나, 이경하는 말하길, "너희가 이미 일을 저질렀는데, 나는 창당관 민겸호에 대해서는 어떻게 해 볼 도리가 없다. 너희 스스로 알아서 해라"라고 하였습니다. 그러자 군인들은 군패(軍牌)를 풀어버리고, 직접 민겸호의 집으로 향하여, 창리들을 잡아가고자 하였습니다. 그러나 문지기들이 막고 들여보내는 것을 거부하였고, 이 때문에 다투다 그 집 대문을 때려 부수었습니다. 민겸호는 창리들을 다스려 뭇사람의 분노를 그치게 하려 하지 않고, 마침내 곧장 왕궁으로 피신하였고, 군인들은 민겸호에게 호소하려다 뜻을 이루지 못하자, 그의 집을 공격하여 파괴하고, 서로 함께 말하길, "이래저래 죽기는 마찬가지이니, 흩어져선 안 됩니다."라고 하면서, 형사(刑司)로 직접 몰려가 감옥에 갇혀 있던 군인들을 풀어주었습니다. 그들이 영내에 주둔하면서 뿔 나팔을 불어 동료들을 모으니, 각 부대가 모두 모였습니다. 이에 "대원군이 일찍이 몰래 소식을 보낸 바 있는데, 지금 가서 그의 지시를 받을 수 있습니다. 직접 그의 집에 가서 호소합시다."라고 선동하는 사람이 있었습니다. [그 결과 그의 집에 몰려갔더니 대원군은] 소매를 걷어 올리면서, "오늘의 일은 너무 늦었습니다. 당신들은 지금 꿈에서 깨어나야 할 시간입니다."라고 선동하였습니다. 당시 날씨는 비가 내리고 있었기에, 그는 가동(家僮)에게 지시하여 유의(油衣) 3백 벌과 동전(銅錢) 5백 관(串)을 나누어 주면서 군졸들을 위로하여, 이들이 온 힘을 다하도록 격려하였습니다. 군졸들은 모두 뛰쳐나가듯이 달려 나가 이최응을 그의 저택에서 죽이고, 다시 민겸호의 집으로 몰려갔습니다. 그리고 다시 영내로 돌아와 주둔하였는데, 국왕이 흥선군에게 이들을 해산시켜달라고 요청하였습니다. 그가 영내에 도착하여 무슨 약속을 하였는지는 아무도 알 수 없는데, 자기 집으로 돌아가 자면서 그는 몰래 숙위하던 통장(統將)을 불러, "군대가 혹시라도 입궐하여 단체로 호소하는 일이 있으면, 혹시라도 이를 저지하지 말라. 자칫하면 큰일이 날지도 모른다."고 하였습니다. 이전에 이미 국왕을 보호하기 위해 위사를 모아 궁전을 지키던 사람들이 있었는데, 또한 대원군은 사람을 시켜 국왕에게 알리길, "[이들의 존재가] 충분히 뭇사람의 마음을 동요하기에 충분하니, 해산해야 한다."고 하였습니다. 국왕이 그대로 믿었고, 홍선군을 보내 가서 타이르게 하고 이에 대해 대비하지 않았습니다. 다음 날 아침 난군이 궁문 밖에 이르렀을 때 홍선군의 가병이 앞잡이가 되어 저지를 뚫고 들어갔고, 군졸들이 모두 뒤를 따랐습니다. 대전의 앞에 이르러 오로지 사람을 내놓으라고 요구하였고, 몇 차례나 거듭하였지만 지명한 사람이 없자, 뒤이어서는 민성(閔姓)을 가진 사람을 다시 불렀습니다. 홍선군이 대전 위에서 민겸호를 불러내서 이르길, "이 일은 당신이 타일러 멈추게 할 수 있다."라고 하면서 밀어서 내려보내자, 뭇사람이 그를 칼로 찔러 죽였습니다.[90] 뒤이어 김보현을 지명하자, 뭇사람이 다시 그를 죽였습니다. 이때 홍선군은 자기를 따르던 사람들이 사람들 사이에 섞이게 하여 그들을 지휘하였습니다. 홍선군이 왕비를 해치려고 하자, 왕비가 말하였습니다. "단지 나만 해치려 되는데, 이곳은 선왕의 궁전입니다. 어찌 병사들을 이리로 불러들인다는 말입니까?" 홍선군이 이에 그 옷자락을 끌어당겨 대전 아래로 밀어 떨어뜨렸습니다. 난군이 왕비를 부여잡고 나가려는데, 어떤 군인이 스스로 옷으로 그녀를 감싸고 보호하여 궁문을 나서 민가에 숨기고, 거짓으로 그녀가 시해되었다고 알린 다음, 몰래 한양 성문을 빠져나가 민응식(閔應植)의 집으로 피신하였습니다. 또한 국왕을 침범하도록 사주하였지만, 거의 칼날이 미칠 뻔하다가 감히 저지르지는 못하고, 가마에 태운 다음 창고 방에 감금하고, 사방의 벽에서 창으로 마구 찔러댔습니다. 다행히 재신 김병시가 국왕을 구해 업고 피신하였습니다. 세자는 궁원(宮苑)으로 피신하였는데, 이재순(李載純)과 윤태준(尹泰駿)이 보호하여 궁전문을 빠져나갔습니다. 궁중에 있던 모든 서적은 서교(西敎) 책자라고 지목하여 찢어버리고 태워버렸습니다. 새로 설치한 기기들도 마찬가지로 몽땅 파쇄해버렸고, 서양 총 8백 자루와 회선포(回旋礮), 후문포(後門礮) 역시 서양의 것이라 하여 모두 파괴해 버렸습니다. 홍선군이 고집하면서 뭇사람의 마음을

---

90 황현(黃玹)의 『매천야록(梅泉野錄)』에 의하면, 군란을 강압적으로 진압시키려다 실패하고, 피신하던 중 민겸호는 한성부 도심에서 난병에 붙잡혔다. 6월 10일 전임 선혜청 당상인 지중추부사(知中樞府事) 김보현(金輔鉉)과 함께 포승줄에 묶여 궁중에 끌려갔다가 중희당(重熙堂) 아래에서 난병에 의해 칼로 살해되었다. 난병이 궁전으로 올라가 민겸호를 만나 그를 잡아끌자 당황하면서 홍선대원군을 쳐다보며, "대감 나를 제발 살려주십시오."라고 호소하였다. 그러자 홍선대원군은 쓴웃음을 지으며 "내 어찌 대감을 살릴 수 있겠습니까"라고 말하였다. 홍선대원군의 말이 끝난 직후 민겸호는 계단으로 내동댕이쳐졌고 난병은 계단 밑에서 민겸호를 죽이고 총칼로 시체를 난도질하였다는 것이다.

흔들어 놓은 것은 "이교(異敎)를 배척한다."거나, "화의(和議)를 배척한다."는 구호였고, 이 때문에 어리석은 유자(儒者)나 백성들이 대부분 여기에 동조하였던 것입니다. 뒤이어 군교장(軍敎場)으로 가서 영방(營房)을 모두 때려 부쉈고, 일본 육군 소위로 군의 교사로 초빙되었던 호리모토 레이조(堀本禮造) 역시, 조선 옷으로 갈아입고 피신하다가 붙잡혀서 피살되었으며, 영관(營官) 등 역시 동시에 해를 당하였습니다. 평소 이방인을 혐오하던 조선의 무뢰배들은 일본 공사관 밖에 떼를 지어 모여들어 일본인을 모두 죽이겠다고 외쳐댔습니다. 일본인들이 그 가구를 모아 불태우고 칼을 휘두르며 뛰쳐나오자 사람들이 모두 흩어지고 쓰러지면서 피살당한 사람도 역시 수십 명이나 되었는데, 일본인들이 인천으로 도피하자 난군이 그들을 뒤쫓아가서 죽이도록 하면서 경계하기를, "하나부사 요시모토만은 남기고 죽여서는 안 된다. 공사를 죽이면 안 되며, 또한 그가 돌아가서 일본에 알리게 해야 한다."고 하였습니다. 그래서 난군은 인천으로 달려가 일본인 7명을 살해하였고, 나머지 일본인은 배를 찾아 바다로 도피하였습니다. 홍선군은 스스로 맹세하기를 군인에게 죄를 묻지 않는다는 뜻을 글로 써서 난군에게 주고 궁문 밖에 대기하게 한 다음, 국왕에서 스스로 글을 보내 말하길, "크고 작은 사무는 모두 홍선군이 결정한다는 점을 (왕명의 출납을 맡던) 승선(承宣)으로 하여금 가서 이들에게 깨우쳐주십시오"라고 하였습니다. [그가 요구한 것이 바로 이것이니, 선위조(禪位詔)와 뭐가 다르겠습니까?] 그리고 즉각 기무아문과 무위영을 철폐하고, 가서 민영익의 집을 파괴하였는데, 민영익은 바야흐로 모친상 때문에 자택에 머무르다가 변란 소식을 듣고 피신하여 피해를 보지 않았습니다. 사대부 외에, 시정의 이역이나 불평분자들은 모두 한통속이 되어 난군에 투신하여, 모두 그 집을 부수고 그 재물을 약탈하였으니, 무릇 2백여 가가 파괴되었고, 살인을 하게 되면 반드시 (홍선군에게) 와서 아뢰었습니다. 난군이 궁문을 뚫고 들어가 난동을 부리게 된 것은 본래 뭇사람의 마음이 아니었고, 모두가 궁문 밖에 엎드려 청죄(請罪)하던 것이었습니다. 홍선군이 나와 이들에게 타일러서 말하기를, "너희와 나는 함께이고, 내가 너희 편에 있다는 것을 의심하지 말라."라고 하면서[이 역시 (그가 난군을 사주하고 선동하였다는) 아주 분명하고 확실한 점입니다], 크게 살육을 벌여 자기를 반대하는 사람을 제거하려 하였는데, 민영익은 도피하여 입산하였고, 홍영식은 산장(山莊)에서 요양 중이어서 피신할 수 있었습니다. 또한 중국으로 도피하거나 일본에 들어간 사람도 있는데, 나머지 사람들도 다급하게 피신한 경우가 많았습니다. 반군의 무리가 모의하길, "잠시 늦추었다가 밖에 있는 사람들이 모두 돌아오게 한 다음 제거하자."고 하였으므로, 진신(搢紳)들이 피해를 입은 것이 깊지 않았고, 도리어 시민, 상인들에게 분노를 퍼부어 그들의 집을 부수었을 뿐만 아니라 함부로 죽인 사람이 거의 백여 명에 이르렀습니다. 또 급하게 그 무리를 결집하려 하여 홍선군의 아들 이재면을 훈련대장 겸 호조판서, 그 사위 조경호(趙慶鎬)를 수어사(守禦使), 김선필(金善弼)을 강화유수(江華留守)로 임명하여 군대를 장악하게 하고, 홍우창(洪祐昌)을 경기감사(京畿監司)로 삼았습니다. 조선의 상인들 가운데 보부상은 그 수가 수만으로, 대부분 등짐을 져서 노고에 익숙하고 의기(義氣)를 숭상하여, 서로 무리를 지어 응원하는데, (홍선군에 맞서) 스스로 나라를 지키길 원하는 사람들이 있었습니다. 이때 이르러 그들은 스스로 경계하여 말하길, "장차 보부상들이 몰려올 터인데, 무기고를 여러 무기를 방민(坊民)에게 나누어 주어, 그들이 (보부상을 만나면) 바로 죽일 수 있게 합시다."라고 하였습니다. 그 결과 시체 매장 일을 하는 무리들이 난군과 함께 무리를 지어 일어나 날뛰면서, 무고한 사람을 수백 명 살해하였습니다. 온 나라가 며칠 동안 혼란의 도가니에 빠졌는데, 홍선군은 왕비상을 치르고자 하였습니다. 군졸들이 말하길, "우리가 왕비를 시해한 일이 없는데, 어찌 초상을 치른다는 말인가?"라고 반발하여, 뭇사람의 마음이 흉흉하였는데, 사람을 시켜 애써 타일렀고, 조정의 신하들도 안 되다고 반대하였지만, 억지로 발상(發喪)을 하도록 강제하고, 중국과 일본에도 자문으로 알렸습니다. (그 목적은) 하나는 반란을 선동한 죄를 감추고자 하는 것이고, 다른 하나는 집권하게 된 일을 분명히 하려는 것으로, 오로지 이후의 찬탈과 시역(弑逆)을 도모하기 위함이었습니다. 오호라! 조선은 평소 명의(名義)를 중시하였고, 상하 사이에는 분명한 질서가 있었습니다. 저 군인들은 과거 여염집에도 감히 함부로 난입하지 못하였는데, 하물며 국왕의 대궐이야 어떠하겠습니까? 마찬가지로 평민조차 감히 멋대로 살해하지 못하는데, 하물며 재보(宰輔)는 어떠하겠습니까? 하루아침에 강상(綱常)이 땅에 떨어져, 나라 꼴이 말이 아니게 되었는데 누가 사주한 것입니까? 누구의 죄입니까? 다행스럽게 중국이 번방을 아끼는 은혜를 베풀어 반란 수괴가 사로잡히고 군주의 권력이 다시 정비될 수 있었습니다. 조선의 대원군 이하응은 [영조(英祖)의 증손] 남연군(南延君) 이구(李球)의 아들로, 처음에는 홍선부정(興宣副正)에 봉해졌다가, 계해년에 국왕이 대통을 이어받은 다음 친생부로써 대원군에 진봉(進封)되었는데, 사람됨이 뻣뻣하고 오만하며 간험(姦險)하여 하늘과 백성을 속이면서 집정한 지 10년 동안 (다음과 같이) 조선을 망쳐왔습니다.

(1) 어린 군주가 즉위하고, 대비(大妃)가 수렴청정을 하였으니, 나라에 대경법(大經法)이 있는데도 섭보(攝輔)를 칭하면서 모든 일은 자기 뜻대로 하고 정권을 장악하여 독단적으로 행하여, 대비가 조금도 국정에 간여할 수 없게 함으로써 머지않아 수렴청정을 중지하게

하였습니다.

(2) 왕성(王城)에는 동·서 2관(關)이 있으니, 역대로 이어 받아온 곳입니다. 또한 옛적에 경복궁(景福宮)이라 칭하던 곳이 있었는데, 임진왜란 때 불타버린 다음 오로지 빈터만 남아 있었습니다. 그런데 쓸데없이 서관(西關)을 무너뜨리고 마침내 크게 토목공사를 일으켜 경복궁을 지었습니다. 각 관청의 공해(公廨) 가운데 온전한 것도 아울러 모두 파괴하고 한꺼번에 개건(改建)하면서, 경향(京鄕) 백성의 재물을 강제로 끌어모았고, 억지로 이름하길 '원납(願納)'이라고 하였습니다. 세금 위에 또 세금을 추가로 징수하면서 가가호호 돈을 요구하여 팔도(八道)의 민력(民力)과 빈부(貧富) 모두 곤궁하게 하고 생활이 힘들어지게 만들어 이에 대한 원성이 자자하였습니다.

(3) 무릇 고급 관원의 대가(大家)나 여염 부자의 비옥한 토지에서 지방 부민(富民)의 세습 재산에 이르기까지 도처에서 약탈하여 자기 욕심을 채우고, 팔도에서 뇌물을 받아 이익을 챙겨 그 재화(財貨)가 나라의 으뜸이 되었으니, 탁지(度支, 戶曹)나 태창(太倉, 廣興倉) 역시 이와 비교할 바가 되지 못하였습니다.

(4) 무릇 궁희(宮姬)나 젊고 아름다운 여염 부녀에 대해 음탕(荒淫)한 일을 자행하며 밤낮을 따지지 않았으니, 남편이 있거나 정절을 지키던 여자들도 더럽혀진 경우가 많았습니다. 감히 대비(大妃)를 가까이 모시던 궁녀에게도 멋대로 음탕한 짓을 하여 잉첩(媵妾)으로 삼아, 비록 대비의 책망이 있었더라도 조금도 거리낌이 없었습니다. 그 밖에도 윤상을 어지럽히는 일을 스스로 범한 경우가 많아, 온 나라에 추문이 퍼졌습니다.

(5) 사람을 임용함이 편벽되어, 자기에게 아부하는 사람은 몽땅 등용하여 조정의 관서를 꽉 채웠으며, 과거에 그를 무시하였던 사람들에게는 겨자씨 같은 작은 일이라도 반드시 보복하였습니다. 또한 궁전의 내시, 궁첩, 궁중의 이속(吏屬) 등을 심복과 앞잡이로 삼아 궁궐의 동정을 탐문하고 그 위복(威福)의 권력을 더욱 늘렸습니다.

(6) 법 집행이 몹시 가혹하여 전혀 동정함이 없으며, 비록 티끌 같은 사소한 잘못이라도 인명을 해치는 것을 즐겨 하였습니다. 10년 사이 수만 명을 살해하였으며, 사학(邪學)의 무리를 수색하여 체포할 때는 무고한 사람들이 얽혀들고 마구잡이로 연좌에 걸려 허실을 따지지 않고 아울러 처형되었으니, 사람들이 모두 전율하면서 혐오하게 되었습니다.

(7) 당백전(當百錢)을 개주(改鑄)하여 행한 지 4, 5년이 되어 백성들이 모두 불편하게 여겼고, 경향 각지에서 몰래 사주(私鑄)하는 경우도 아주 많았는데, 염탐하는 포졸에게 주살된 경

우도 이루 헤아릴 수 없을 정도라서 팔도가 시끄러웠습니다. 그러자 다시 중국전(中國錢)을 들여와 꺼내 쓰게 되었는데, 사람들이 의심을 풀지 않고 물가가 크게 올라 결국 과거대로 되돌릴 수 없었습니다. 지금에 이르기까지 무궁한 폐해를 끼치고 있습니다.

(8) 관작(官爵)을 팔아치우면서 나라를 부유하게 한다고 칭하였는데, 작위(爵位)와 거복(車服) 제도를 무너뜨려 다시 되돌릴 여지가 없게 만들었으니, 이 또한 재물을 끌어모으면서 나라를 망친 큰 사례입니다.

(9) 관찰사, 절도사, 수령이 부임한 다음, 나라에 바치는 정규 세금 외에도 각기 토산 가운데 따로 납부할 물품을 요구하는 지시를 내렸고, 이 때문에 부패와 탐욕이 풍기를 이루게 되고 백성 수탈을 일삼게 되었습니다. 백성의 생계는 마치 진흙 구덩이에 빠진 것처럼 힘들고 피곤하게 되었습니다.

(10) 한성의 대문마다 문세법(門稅法)을 창설하여, 성문 안에 들어서는 모든 상인이나 여행객은 그 인원수의 다소에 따라 세금을 내야 하였습니다. 이 밖에도 허다한 세금을 무수하게 만들어냈으니, 이 역시 조선의 역사에 없던 일이고, 백성을 괴롭힌 사례 가운데 하나입니다.

(11) 자신의 저택이나 정자·누각은 극히 웅장함을 뽐냈고, 의복이나 기물 역시 지나치게 사치스러웠습니다. 한 나라가 온 힘을 다해 한 사람을 떠받들게 된 것이니, 그것이 분수에 넘쳐 지나침을 어찌 따질 겨를이 있었겠습니까? 하지만 한때를 호령하던 진신이나 부유하고 힘센 사람들이 다투어 서로 모방하게 되어 널리 사치스러운 풍습이 유행하게 되었습니다. 처음 잘못된 일을 저지른 사람으로서 그 책임을 피할 수는 없을 것입니다.

(12) 배우(俳優)나 창기(娼妓) 등과 밤낮으로 모여 음란하고 문란한 장소로 삼아, 높고 낮음을 평론하는데, 거칠고 난잡하기 이루 말할 수 없어, 이야기하면 헛되이 입술과 치아만 더럽힐 뿐입니다.

(13) 갑술년 이후 국왕이 조금씩 친정을 하게 되고, 왕비의 오빠 민승호(閔升鎬)가 자못 비밀리에 도움이 되었는데, 흥선군은 자기 세력을 잃을까 두려워하고 또한 쌓인 감정을 분노로 폭발시키고자 하였습니다. 밤을 틈타 민승호 집에 대포를 쏴서, 민승호와 그 모친 국구부인(國舅夫人) 및 아홉 살짜리 맏아들이 함께 큰불 속에서 목숨을 잃었습니다. 나라 사람들이 슬피 여기지 않음이 없었고 여론에서도 논란이 컸지만, 흥선군의 위독(威毒)을 두려워하여 감히 언급하는 사람이 없었습니다.

(14) 경복궁에 두 차례 화재가 났고, 창덕궁도 두 차례 화재가 있었는데, 무위신영(武衛新營) 역시 큰 화재를 당하였습니다. 모두 국왕을 위태롭게 하려는 모의에서 나온 것입니다. 대비의 침전도 불이 나서 거의 위급할 뻔하였는데, 간신히 빠져나와 온 나라가 경악하였고, 경복궁은 태반이 재로 돌아가 영원히 폐궐(廢闕)이 되었습니다.

(15) 갑술년 이후 왕비를 원수로 간주하여 원한이 뼈에 스며들 정도로 아주 심하였습니다. 여러 차례 심복 가인들을 경향 각지에 두루 풀어놓아 거짓말로 선동하고 왕비의 과실을 과장하여 폭로하였는데, 모두가 날조된 거짓이 아님이 없어, 감히 입에 올릴 수도 없습니다. 이로 말미암아 무지한 상민과 천민들이 대부분 이것을 진실로 믿고 더할 나위 없이 비방하게 되었습니다.

(16) 왕비가 거주하던 침전에 흉악한 인형을 묻어 저주한 것이 앞뒤로 수십 군데가 발굴되어 궁중에 모르는 사람이 없는데, 모골이 송연할 지경입니다.

(17) 흥선군은 권세를 잃은 다음 화심(禍心)이 날로 급해져 호남인(湖南人)에게 몰래 사주하여 불궤(不軌)를 도모하고, 일이 장차 어떻게 될지 모를 지경이었는데, 완성되기 전에 소식이 누설되었습니다. 조정에서 이 일을 알았지만, 그에 관련된 처벌을 악착같이 하려 하지 않았고, 호남백(湖南伯) 이돈상(李敦相)을 시켜 잠시 의금부(義禁府)의 직함을 빌려 현지에서 처결하게 하고 모든 옥안(獄案)은 철저하게 입막음한 다음 서둘러 마감하였습니다.[91]

(18) 작년(辛巳) 가을, 못된 무리에게 사주하여 역모를 꾸몄는데, 그 서자(庶子) 이재선을 이용할 만한 기화(奇貨)로 여겨 국왕으로 추대하고자 하였습니다. 하루아침이면 일이 이루어질 판이었는데, 음모를 궁궐에 밀고한 사람이 있어, 마침내 역적 무리를 모두 체포

---

91 이돈상(李敦相, 1815~?)은 조선 말 이조참판, 공조판서, 대사헌, 전라감사, 한성부판윤을 지낸 문신인데,『고종실록』14권, 고종 14년 11월 20일 신미 2번째 기사를 보면 전라감사(全羅監司) 이돈상(李敦相)의 계본(啓本)으로 대역부도(大逆不道) 죄인인 장혁진(張赫晉)·이우수(李祐秀)·최봉주(崔鳳周)의 결안(結案)에 대한 판부(判付)에서는 의금부(義禁府)에 내주어 법대로 거행하도록 명을 내렸다는 기사가 나오므로, 이것이 이와 관련된 사실임이 분명하다. 그 이전 11월 8일 기미 1번째 기사에는 "대개 이 옥사는 엄중한 일과 관계되므로 우선 병사(兵使)가 여러 차례 신문하였고 이어서 감영에서 연이어 더 신문하였는데 그 도당들은 불순한 무리가 아닌 자가 없고 그 정상은 모두 지극히 흉악무도한 짓이었는데 천도(天道)가 밝아서 죄인들이 잡혔습니다. 단안에서 이미 죄상이 다 드러났으니 왕법을 분명하게 적용해야 할 것입니다."라고 기록하지만, 반역 음모라는 것외의 구체적인 진상을 자세히 보여주지는 않는다.

하여 엄격하게 심문하여 진상을 파악하였습니다. 하지만 국왕께서는 얼추 옥사를 대강 마감하고 수괴 몇 사람만을 죽이고자 하셨습니다. 이재선은 먼저 사약을 받고 죽었지만, 더 이상 끝까지 음모를 추적하지는 않았습니다.

(19) 올해 6월의 변란은 고금의 천하에 있었던 큰 변고입니다. 군졸들을 지휘하고 사주하였고, 직접 무기고에 편지를 보내 병기를 꺼내도록 지시하고, 무리를 지어 횡행하게 하였으며, 고위 관료나 왕실 인척, 또는 일반 부호의 저택에 이르기까지 거의 모든 것이 파괴되고, 수상(首相)이 살해되고, 대장과 재신·집신(執臣) 여러 명도 마찬가지였습니다. 왕궁에 돌입하여 칼날로 국왕을 핍박하여 모욕하였으니, 기강이 그야말로 더할 나위 없이 문란해진 것입니다. 또한 왕비를 찾아내어 반드시 시해하고자 하였으나, 왕비께서는 겨우 흉악한 칼날을 피하고 몰래 여러 명의 궁녀와 함께 호구에서 탈출하여 종실 지친인 익찬(翊贊) 민응식(閔應植)의 집에 피신할 수 있었습니다. 난병이 물러난 다음 즉각 왕비를 위해 발상(發喪)하고 상복을 착용하는 절차를 밟고, 영원히 체백(體魄)을 잃게 된다는 구실로 (시신 없이) 의복만으로 장례를 치러 조만간 매장하려 하였으니, 어찌 이런 대변고가 있겠습니까? 또한 중국의 장령이 병사를 이끌고 도착함에 이르러서는 가장 먼저 이를 창도한 흉도 십 수명을 붙잡아 법에 따라 처리한다고 공언하면서, 심문할 때는 한두 마디 말로 곧장 판결을 내려 사안을 종결지었는데, 이것은 세계 각국이 귀가 있었으면 모두 들었을 터이지만, 이보다 더 이상 미혹스러운 일은 없을 것입니다.

(20) 난병이 약탈을 벌이던 날, 가장 먼저 옛 재상 홍인군 이최응의 집을 습격하고 아울러 그를 참혹하게 살해하였으니, 이것은 그야말로 남의 손을 빌려 자기 형을 시해한 것인데, 어찌 "내가 아니라, 병사들이 저지른 일이다."라고 주장할 수 있겠습니까? 패역무도의 죄가 하늘에 닿을 지경인데 그래도 어찌 뻣뻣한 얼굴로 대낮에 사람들 사이에 끼어 있으면서 부끄러움과 놀라움에 이마에 땀 한 방울 흘리지 않는다는 말입니까? 민겸호는 민승호의 동생으로, 모두 처남에 해당하는 인척인데, 전후하여 아무런 거리낌 없이 살해하였으니, 이 또한 어찌 잔인하고 악독한 일이 아니겠습니까? 그는 비단 조선의 죄인일 뿐 아니라 실로 만국의 죄인이기도 합니다.

(21) 반란을 일으킨 날 군병을 사주하여, 대비와 왕비를 더할 나위 없이 모욕하였으니, 이 또한 천지가 용납할 수 없는 흉악한 역행(逆行)이었습니다.

(22) 반란을 일으킨 날 군병들이 말하길, "일은 이미 이루어졌다. 국권(國權)은 이제부터 흥

선군에게 돌아갈 것이고, 우리가 바라던 바도 역시 응당 약속대로 이루어질 것이다."라고 하였습니다. 사람들이 모두 이 소리를 듣고 분노하지 않음이 없었습니다.

(23) 왕비께서 몸을 빼내 난을 피한 다음에도, 살객[刺客]을 흩어 보내 해치고자 하였지만, 결국 뜻을 이루지 못하였습니다. 왕비의 민씨 친척은 가깝고 멀고를 따지지 않고 모두 반드시 남김없이 해치고자 하였습니다. 그래서 모두가 겨우 목숨만 유지한 채 사방으로 흩어졌습니다.

(24) 반란을 일으킨 날 군민(軍民)을 사주하여 일본인이 머무는 곳에 불을 지르고 이유 없이 살해하여, 이미 조약을 맺은 다른 나라들과 하마터면 충돌을 빚어 나리를 부를 뻔 하였습니다.

(25) 변란이 가까스로 진정되자, 또한 부민의 재산 수백만 전을 강탈하고, 암암리에 포청(捕廳)을 시켜 죄 없는 사람을 살해하였는데, 한 달에 거의 천 명에 가까웠습니다.

국역 『淸季中日韓關係史料』

4. 사후 처리
(善後事宜)

(1) 문서번호 : 4-4-01(527, 836a-838a)

사안: 1) 일본이 공사관을 스스로 보호하겠다고 밝힌 것은 뚜렷하게 중국에 맞서려는 뜻이 있으며, 또한 상해에 사람을 보내 우리 군사 상황을 정탐하려고 합니다(日本聲言自護使館顯有凌轢中國之意, 又派探赴滬偵探軍事). 2) 조선 문제를 처리하려면 응당 영국이 인도를 처리한 사례를 모방하여 국왕을 폐지하고 중국의 군현으로 삼아야 합니다(處置朝鮮, 宜倣英人處印度例, 廢王而郡縣之).

첨부문서: 1. 「여서창이 일본의 서리(署理) 외무경(外務卿) 요시다 기요나리에게 보낸 서신(黎庶昌發日本署外務卿吉田淸成函)」: 조선의 난사에 중국이 군대를 보낸 것은 조선을 원조하고 일본 공사관을 지키기 위해서입니다(朝鮮亂事中國派兵係援護朝鮮及護持日使館).

2. 「일본의 서리 외무경 요시다 기요나리가 주일본 공사 여서창에게 보낸 서신(日本署理外務卿吉田淸成發出使日本黎庶昌函)」: 일본은 조선과 조약을 맺어 자주국가(自主國家)로 대우하며, 일본은 공사관을 스스로 지켜 중국의 보호나 도움이 필요 없습니다(日·朝立約, 待以自主, 日本自護使館, 不勞中國護持).

3. 「주일본 공사 여서창이 일본 서리 외무경 요시다 기요나리에게 보낸 서신(出使日本大臣黎庶昌發日本署理外務卿吉田淸成函)」: 중국이 군대를 보낸 것은 속방의

반란을 바로잡기 위함으로, 이치상 맞지 않는 것이 결코 없습니다(中國派兵爲屬邦正亂, 於理竝無不合).

4. 「일본 서리 외무경 요시다 기요나리가 일본 공사 여서창에게 보낸 서신(日本署理外務卿吉田淸成發出使日本大臣黎庶昌函)」: 조선 난사에 대해 일본은 조약에 의해 처리할 것이며, 중국과는 관계가 없습니다(朝鮮亂事, 日本據約議辦, 與中國無涉).

날짜: 光緒八年七月十八日(1882년 8월 31일)
발신: 駐日本 公使 黎庶昌
수신: 總理衙門

七月十八日, 出使大臣黎庶昌函稱:

六月二十五日肅上昌字第十三號函, 諒邀均察. 二十六日接到衙門來電, 以中國派兵往援朝鮮, 日本使館應一倂護持, 屬卽函告外務省. 詎該外務復函, 竟不受我之情, 而謂國各自護, 當由電致大略. 庶昌亦以一函答之, 稍示駁正. 彼旋有函來復, 詞更加甚, 本欲再駁, 因念衙門有不宜輕露鋒鋩之戒, 忍耐而止. 茲將來往各函, 抄呈鈞閱. 日本事事與中國爲難, 顯存凌轢之意, 見諸聲色, 決非曲意周旋, 開誠布公, 所可聯絡. 恐將來不馴, 至於失和打仗不止. 此次朝鮮之役, 於主持國權一節, 似不厭其狠, 想廟堂自有權衡, 若能仿英人處印度之例, 直廢其王, 而郡縣之, 則以後事事應手, 特我朝仁厚, 未必肯如此措置耳. 然論今日事勢, 則以此爲宜. 前聞美國有一電信, 與駐京公使央似,[1] 以高約內載有屬邦一層, 勢將翻覆. 日本近派海軍少尉曾根俊虎[其人能華語]·町田實一到上海, 坐探軍事, 均宜防範. 伏乞代回堂憲爲禱. 耑肅, 祇請勛安.

照錄清摺

---

1 존 러셀 영(John Russell Young, 楊約翰, 1840~1899)은 미국의 언론인, 작가이자 외교관으로 1882년 3월부터 미국의 주북경 특명전권공사(特命全權公使)로 근무하였다.

(1)「致署外務卿吉田淸成函」.

敬啓者:

本大臣昨接總理衙門電報內開:

> 朝鮮亂黨滋事, 本處現已奏請調撥南·北洋師船竝陸軍, 前往援護, 以盡字小之義. 日本爲我有約之國, 使館在我屬邦受警, 亦應一倂護持, 已照會田邊署公使在案. 尊處卽可據電報函致外務省, 俾知中國派兵係保朝護日之意.

等因. 相應鈔錄電文, 知會貴外務卿查照可也. 順頌日祉.

光緖八年六月二十六日. 欽差大臣 黎庶昌

署理外務卿 吉田淸成 閣下

(2)「外務卿來函」.

敬覆者:

昨准貴函內稱:

> 接總理衙門電報, 朝鮮亂黨滋事, 奏請調兵前往援護, 日本使館受警亦應一竝獲持, 已照會田邊署公使在案.

等因. 查我國與朝鮮立約, 待以自主, 仍須據約照辦. 至於使館國各自護, 現飭花房公使, 從公辦理, 不日將有定局. 如來文所稱派兵護持等事, 恐或致滋葛藤矣. 希將此意立卽轉致貴總理衙門, 知照再思可也. 順頌時祉.

明治十五年八月十一日. 署理外務卿 吉田淸成

欽差大臣 黎庶昌 閣下

(3)「致外務卿函」.

敬覆者:

昨准臺函內稱:

> 我國與朝鮮立約, 待以自主, 仍須據約照辦. 至於使館國各自護, 現飭花房公使, 從公辦理, 不日將有定局. 如來文所稱派兵護持等事, 恐或致滋葛藤矣. 希將此意立卽轉致貴總理衙門, 知照再思可也.

等因. 查朝鮮之爲我屬邦, 衆所共曉, 亦在貴外務卿洞鑒之中, 無待本大臣贅述. 貴國立約, 雖許以自主, 而中國自待以屬邦. 此次派兵前往, 爲屬邦正亂, 自辦已事, 本無所謂葛藤. 貴使館卽在正亂之中, 譬猶人以物寄於子弟家內, 而或被盜竊, 家長無不查問之理. 貴外務卿於此似屬誤解, 容將來文之意轉達我總理衙門外, 仍請貴外務卿再思可也. 順頌日祉.

　　光緖八年 六月 二十九日. 欽差大臣 黎庶昌.

　　署理外務卿 吉田淸成 閣下.

(4) 「外務卿復函」.

敬復者:

本日接貴函內稱:

　　此次派兵, 爲屬邦正亂, 自辦已事, 使館在正亂之中, 譬猶人以物寄於子弟家內, 而或被盜竊, 家長無不查問之理.

等因. 查本國據約與朝鮮議辦, 本與貴國並無相關, 違言相當, 徒屬多事矣. 耑復, 順頌時祉.

　　明治十五年 八月 十二日. 署理外務卿 吉田淸成.

　　欽差大臣 黎庶昌 閣下.

7월 18일, 주일본 공사 여서창이 다음과 같은 서신을 보내왔습니다.

　6월 25일 창자(昌字) 제13호 서신을 보냈는데, 이미 받아보셨을 줄 압니다. 26일 총리아문에서 보내온 전보를 받았는데 중국이 조선에 군대를 보내 보호할 것이며, 아울러 일본 공사관도 보호할 것이라는 점을 일본 외무성에 서신으로 알려달라고 요청하는 것이었습니다. 그런데 (이런 서신을 보냈는데) 의외로 일본 외무성에서 보내온 답장 서신은 결국 우리의 사정을 받아들이지 않고 각국은 각자 스스로 보호할 것이라고 알려 왔으므로, 곧바로 그 대강의 뜻을 전보로 알렸습니다. 여서창 역시 다시 서신을 보내 답장하여 조금은 바로잡겠다는 뜻을 보여주었습니다. 그는 곧장 답장을 보내왔는데, 그 용어가 더 심해져서, 본래는 다시 반박하려 하였다가, 총리아문에서 쉽사리 날카로운 칼날을 내보여선 안 된다고 경고한 것을 염두에 두어 참으면서 멈추었습니다. 여기에 주고받은 각 서신을 베껴 살펴보시도록 올립니다. 일본은 사사건건 중국과 대결하려 드는데, 뚜렷하게 우리와 맞서려는 뜻을 품고 있으며, 이것을 표정이나 말에서 드러내고 있으니, 결코 뜻을 굽혀 비위를 맞추고 성심성의로 대한다고 해서 연락할 수 있는 바가 아닙니다. 장차 길들어지지 않아 평화를 깨트리고 전쟁하지 않으면 멈추지 않을까 두렵습니다. 이번 조선의 사건은 국권을 주지(主持)한다는 점에 대해 그 번거로움을 마다하지 않고 따져 보아야 할 것 같은데, 생각건대 조정에 당연히 그에 대한 기준이 있을 것입니다. 만약 능히 영국이 인도를 처리한 사례를 모방하여 그 국왕을 폐립하고 조선을 중국의 군현으로 삼는다면 이후 사사건건 응수하기에 편하겠지만, 특히 우리 청조는 인후(仁厚)하여 아마 반드시 이러한 조치에 나서려고 하지는 않을 것입니다. 그렇지만 오늘날의 사세(事勢)를 따진다면 이렇게 하는 것이 적절할 것입니다. 전에 들은 바에 의하면, 미국의 한 전신(電信)과 미국 주북경 공사 영(John Russell Young. 楊約翰)은 조선과의 조약 내에 속방 조항이 실려 있다는 이유로 「조·미조약」을 뒤엎으려고 하였다는 소문도 있습니다. 일본은 최근 해군 소위 소네 도시토라(曾根俊虎)[이 사람은 중국어에 능합니다], 마치다 지쓰이치(町田實一)를 상해에 보내 군사 정보를 탐문시키려고 한다고 하므로, 모두 응당 방비해야 할 것입니다. 엎드려 대신 대신께 안부를 전해 주시길 빕니다. 이상입니다. 편안하시길 빕니다.

(1) 「여서창이 일본의 서리 외무경 요시다 기요나리에게 보낸 서신(致署外務卿吉田淸成函)」

삼가 알립니다.
본 대신은 어제 다음과 같은 총리아문의 전보를 받았습니다.

> 조선 난당의 반란은 본 총리아문에서 현재 이미 남·북양의 군함과 육군을 동원하여, 조선에 보내 원호(援護)함으로써 자소(字小)의 의리를 지키겠다고 주청(奏請)하였습니다. 일본은 우리와 조약을 맺은 나라인데 우리 속방에 있는 공사관이 위협을 받고 있으므로 역시 응당 아울러 함께 보호하겠다는 뜻을 다나베 다이치(田邊太一)(북경 주재) 서리 공사에게 조회로 알린 바 있습니다. 주일본 공사관에서는 즉시 전보의 내용을 일본 외무성에 서신으로 알려, 중국이 군대를 보낸 것은 조선과 일본을 보호하려는 뜻임을 알게 해주십시오.

이러한 전보를 받았으므로, 응당 이 내용을 초록하고 귀 외무경에게 알려 참고하도록 해야 할 것입니다. 편안하시길 빕니다.

광서 8년 6월 26일.

흠차대신 여서창

서리 외무경 요시다 기요나리 각하

(2) 「일본의 서리 외무경 요시다 기요나리가 주일본 공사 여서창에게 보낸 서신(外務卿來函)」

삼가 답장합니다.

어제 다음과 같은 귀하의 서신을 받았습니다.

총리아문의 전보를 받았는데, 조선 난당의 반란으로 군대를 동원하여 가서 원호하기로 주청하였으며, 일본 공사관이 위협을 받는 것 역시 아울러 함께 보호할 것임을 이미 다나베(田邊) 서리 공사에게 알린 바 있습니다.

일본은 조선과 조약을 체결하여 자주 국가로 대우하고 있으므로, 반드시 조약에 의거하여 일을 처리해야 합니다. 일본 공사관의 경우 각국은 각자 스스로 보호할 것이며, 현재 하나부사 공사에게 공정하게 처리하도록 지시하였으니, 머지않아 국면이 안정될 것입니다. 만약 서신에서 알린 것처럼 군대를 보내 보호한다는 것은 아마 혹시 갈등을 부풀리게 되지 않을까 염려됩니다. 이런 뜻을 곧장 귀 총리아문에 전달하여 알려주셔서 다시 생각하게 해주시길 바랍니다. 편안하시길 빕니다.

메이지 15년 8월 1일. 서리 외무경 요시다 기요나리

흠차대신 여서창 각하

(3) 「주일본 공사 여서창이 일본 서리 외무경 요시다 기요나리에게 보낸 서신(致外務卿函)」

삼가 답장합니다.
어제 다음과 같은 귀하의 서신을 받았습니다.

> 일본은 조선과 조약을 체결하여 자주 국가로 대우하고 있으므로, 반드시 조약에 의거하여 일을 처리해야 합니다. 공사관의 경우 각국 각자 스스로 보호할 것이며, 현재 하나부사 공사에게 공정하게 처리하도록 지시하였으니, 머지않아 국면이 안정될 것입니다. 만약 서신에서 알린 것처럼 군대를 보내 보호한다는 것은 아마 혹시 갈등을 부풀리게 되지 않을까 염려됩니다. 이런 뜻을 곧장 귀 총리아문에 전달하여 알려주셔서 다시 생각하게 해주시길 바랍니다.

조선이 중국의 속방임은 모든 나라가 공통으로 알고 있는 바이며, 또 귀 외무경도 잘 알고 계시리라 믿으니, 본 대신이 다시 쓸데없이 부언하지는 않겠습니다. 귀국의 조약 체결은 비록 자주 국가임을 인정하였으나, 중국은 당연히 조선을 속방으로 대우합니다. 이번에 군대를 보낸 것은 속방의 반란을 바로잡기 위한 것으로 자기가 자기 일을 처리하는 것이라 이른바 갈등이라는 것은 본래 있을 수 없습니다. 귀 공사관이 한참 반란 가운데 있으니, 비유하자면 자제(子弟)의 가내에 물건을 보냈는데 혹이라도 도적에게 절취당하면 가장(家長)이 이를 조사하여 묻지 못할 이유가 없습니다. 귀 외무경은 이 문제에 대해 오해가 있으신 것 같은데, 보내오신 뜻을 우리 총리아문에 전달하는 것 외에 또한 귀 외무경에게도 다시 생각해 보시도록 요청해야 할 것 같습니다. 편안하시길 빕니다.
　광서 8년 6월 29일. 흠차대신 여서창.
　서리 외무경 요시다 기요나리 각하.

(4) 「일본 서리 외무경 요시다 기요나리가 일본 공사 여서창에게 보낸 서신(外務卿復函)」

삼가 답장합니다.
어제 다음과 같은 귀하의 서신을 받았습니다.

이번에 군대를 보낸 것은 속방의 반란을 바로잡기 위한 것으로 자기가 자기 일을 처리하는 것이라 이른바 갈등이라는 것은 본래 있을 수 없습니다. 귀 공사관이 한참 반란 가운데 있으니, 비유하자면 자제의 가내에 물건을 보냈는데 혹이라도 도적에게 절취당하면 가장이 이를 조사하여 묻지 못할 이유가 없습니다.

본국은 조약에 의거하여 조선과 논의하여 처리할 것이니, 본래 귀국과는 결코 아무런 상관도 없습니다. 서로 어긋나는 말을 주고받아보았자 헛되이 쓸데없는 일이 될 뿐입니다. 이에 답장을 드립니다. 편안하시길 빕니다.
메이지 15년 8월 12일. 서리 외무경 요시다 기요나리.
흠차대신 여서창 각하.

(2) 문서번호 : 4-4-02(529, 840a)

사안 : 조선 국왕이 조선의 난사에 대해 자문으로 알려온 것을 받아 대신 상주한 주접과 이에 대해 받은 유지를 삼가 초록하여 알립니다(朝鮮國王 咨報該國亂事轉奏一摺恭錄諭旨知照).
날짜 : 光緖八年七月十九日 (1882년 9월 1일)
발신 : 禮部
수신 : 總理衙門

七月十九日禮部文稱:

主客司案呈:
所有本部抄錄朝鮮國王咨文轉奏一摺, 於光緖八年七月十六日具奏, 本日軍機處發出奉旨:

> 禮部奏, 據朝鮮咨稱, 該國軍民聚衆滋事, 轉奏一摺. 朝鮮變亂情形, 前已飭令張樹聲, 派提督丁汝昌·道員馬建忠, 竝派提督吳長慶統帶水陸各營, 馳往該國, 相機妥辦, 竝諭令李鴻章剋日赴津, 將現在情形籌辦矣.

欽此. 欽遵到部. 相應恭錄諭旨, 抄錄本部原奏及朝鮮原文, 移咨總理各國事務衙門遵照辦理可也.

計粘: 原文原奏.[詳見密檔]

7월 19일 예부에서 다음과 같은 자문을 보내왔습니다.

주객사(主客司)에서 다음과 같은 기안 문서를 올렸습니다.
예부에서 조선 국왕의 자문을 초록하여 광서 8년 7월 16일 대신 상주하였는데, 오늘 군기처에서 다음과 같은 유지를 받아 보내왔습니다.

예부(禮部)에서 조선 군민이 무리를 지어 내란을 일으켰다는 조선의 자문을 받아 상주하였다. 조선 변란의 상황은 전에 이미 장수성에게 지시하여, 제독 정여창과 도원 마건충을 파견하고 아울러 제독 오장경이 수륙 각 군을 이끌고 조선으로 달려가서 적절하게 처리하도록 하였으며, 아울러 이홍장에게 조속히 천진으로 돌아와서 현재 상황을 처리하도록 지시하는 유지를 내린 바 있다.

이상. 이상과 같은 유지를 받았으므로, 응당 삼가 유지를 초록하여 조선의 원 자문과 함께 총리아문에 알려서 처리하도록 해야 할 것입니다.

첨부: 조선 국왕의 자문과 예부의 상주.[상세한 것은 密檔을 참조할 것]

(3) 문서번호 : 4-4-03(548, 887a)

사안 : 등승수(鄧承修)의 조선사(朝鮮事)에 대한 상주(鄧承修奏朝鮮事).
날짜 : 光緒八年八月初三日(1882년 9월 14일)
발신 : 軍機處
수신 : 總理衙門

八月初三日軍機處交出上諭一道.[詳見密檔]

浮籤 : 鄧承修奏朝鮮事由.

8월 초3일, 군기처에서 다음과 같은 상유를 보내왔습니다.[자세한 내용은 密檔을 참조]

첨부 : 등승수(鄧承修)의 조선사(朝鮮事)에 대한 상주.

(4) 문서번호 : 4-4-04(549, 887b)

사안 : 日本·朝鮮事(鄧承修抄摺).
날짜 : 光緒八年八月初三日(1882년 9월 14일)
발신 : 軍機處
수신 : 總理衙門

八月初三日軍機處交出鄧承修抄摺.[詳見密檔].

浮籤 : 日本·朝鮮事宜由.

8월 초3일, 군기처에서 다음과 같은 등승수의 주접을 베껴 보내왔습니다.[자세한 내용은 密檔을 참조]

첨부 : 등승수의 일본·조선사에 대한 상주.

(5) 문서번호: 4-4-05(554, 910a-917a)

사안: 조선은 반란 이후 대단히 빈곤하여, 일본인의 농락을 막기 위해 당정추(唐廷樞)와 마건충에게 중국 상인으로부터 자본을 모아 조선에 빌려줄 자금을 마련하는 일을 비밀리에 계획하도록 지시하고자 합니다(朝鮮亂後貧困異常, 爲防日人籠絡, 擬囑唐廷樞與馬建忠密謀由華商集股籌借朝鮮款項).[2]

첨부문서: 1. 「8월 초1일, 조영하 등이 직접 제출한 조선 사후 처리 대책 6조(八月初一日, 趙寧夏等面呈朝鮮善後六條)」: 조선의 사후 대책 6조는 민지(民志)를 안정시키고, 인재를 등용하고, 군제(軍制)를 정돈하고, 재용(財用)을 정비하고, 율례(律例)를 변경하고, 상무(商務)를 확대한다는 내용입니다(朝鮮善後, 定民志, 用人才, 整軍制, 理財用, 變律例, 擴商務六款).

2. 「8월 6일, 이홍장과 조영하·김홍집 등의 필담(八月初六日與朝鮮大臣趙寧夏, 金宏集等筆談)」: 중국·조선의 수로 통상 및 조선 사후 대책 6조에 대해 각기 논의하였습니다(論中朝水路通商及朝鮮善後六款各事).

날짜: 光緒八年八月初八日(1882년 9월 19일)

발신: 北洋大臣 李鴻章

수신: 總理衙門

八月初八日, 北洋大臣李鴻章函稱:

八月初三日泐函, 計已達到. 旋奉初二日六百九十三號公函:
　以德國巴使詢朝鮮新約有無變動, 轉飭趙寧夏等, 將新約竝無變更照會曾經訂約
　各國, 俾釋疑慮.
等因. 當飭馬道傳知趙寧夏等酌辦. 據該員等聲稱:

---

[2] 이 문제에 대해서는 『국역 淸季中日韓關係史料』 제4권에 수록된 (47) 문서번호: 2-1-1-105(624, 1030b-1041b), pp.274-296의 첨부문서 4. 「李鴻章과 朝鮮 대관 趙寧夏의 필담 절략(李鴻章與朝鮮大官趙寧夏筆談節略)」이 참고가 된다.

現奉國王派爲全權大官,原恐已未訂約各國在華另有議事,茲擬具英美德照會通稿,呈請鑒定,即屬其分別照繕,奉呈鈞閱,封交各使查照.伏希察收核辦.
一面令其報知國王矣.趙寧夏等於月朔面呈該國應辦善後事宜六條,乞爲訓正.昨來辭行,已據管見所及,於筆談時撮要指陳,未知當否,謹將所呈善後六條,及初六日問答節略,照錄呈核.朝鮮貧瘠異常,經此變亂,國無一月之儲,殊代焦慮.據馬道等密稱,日本前允借銀五十萬,該君臣恐受脅制,游移未決,花房繼又有代籌開礦,扣還償款之議.幸金宏集等力持不可,而轉瞬設關雇員,及一切創擧經費,實無所措.趙寧夏等乞助於我,自係出於萬不得已.鴻章仰體朝廷字小覆幬之仁,似難過事推諉,致受日人籠絡,是以筆談末段,因其懇求,姑許商議,擬屬招商局唐道廷樞,[3] 與馬道等密謀,如該國所需無多,或可於殷富華商內,湊股籌借,分年由該國關稅,礦利攤還,斯亦不費之惠,卓裁以爲何如? 趙寧夏等本日由水路起行赴京,齎呈表奏及鈞署·禮部公文,仍祈准速回津,續籌壹是.再隨時詳悉布聞.專肅密復.祗敏鈞福.

照錄抄稿.
(1) 「朝鮮大官趙寧夏等面呈善後六條」(光緖八年八月初一日).
① 定民志. 小邦僻陋,閉門自守,頹惰成俗,重以士族頑固無識,上下情志隔截不通,失志之徒,煽惑愚民,讎視外國,訛言胥播.六月之變,未始不由於此.開諭鎭服,恐爲今日先務.
② 用人才. 爲國之道,當以用人才爲先,而小邦素重門地,專尙科目,非此路不得進用.草野雖有俊彥,終身枯黃,昇平日久,因循不改,科擧之習,近益淸亂.若不早救此弊,將無以爲國.官方冗襍,祿俸甚薄,凡爲官者,一從倖門,內而朝遞暮改,徒竊淸顯之名,外而剝下媚奧,不畏貪污之誅,以致不親庶務,權歸吏胥,而吏胥則世業刀筆,媚結權要,蠹國脈而唆民膏.此專由於用人有限,不得其道故也.
③ 整軍制. 小邦軍制,有三營,訓練·禁衛·御營,皆是中古建置者.而其中訓練爲最,

---

3 당정추(唐廷樞, 1832~1892)는 자가 건시(建时), 호가 경성(景星 또는 鏡心)으로, 광동성 향산현(香山縣) 출신이다. 외국양행의 매판 출신으로 1873~1876년에는 윤선초상국(輪船招商局)에서 일하였고, 1876년에는 이홍장의 위촉으로 중국 최초의 근대 탄광기업인 개평탄광(開平煤礦)의 개발에 간여한 것을 시작하여 철로·시멘트공장 등 여러 기업의 운영에도 참여하는 등 양무파 관료의 유력한 지원자가 된 대표적 상인·기업가이다.

此則壬辰倭寇後, 倣戚帥法練習者也.[4] 十年以前, 操訓局兵丁, 別設武衛營爲宿衛親兵, 而以國用未敷, 三營兵餉久缺. 昨年冬, 欲變軍制, 合內外諸營爲二, 以武衛·壯禦爲名, 節制紀律, 未及整理, 又邀日本敎師操軍三百名, 先敎洋鎗隊. 於是諸營兵怨其不均, 讎視新法. 至六月變後, 罷宿衛兵與新法敎練, 而復三營舊制矣. 見今天兵懲辦亂軍, 禽散餘患, 尙有未艾. 此時急務, 莫如先整軍制·海防·關卡亦合酌時宜, 而講究者也.

④ 理財用. 小邦昇平日久, 費用踰濫, 帑貯枵罄, 而營私耗蠹之端, 年增月加. 至於今日而極矣. 糶糴則徒充吏腹, 而民受切骨之寃, 漕轉則國收其一, 而民被倍徵之苦. 此尤更張之最急者也. 以言乎外交, 則若不亟求取益防損之道, 將利歸於人, 而坐受其困矣. 商局不可不設, 而孤行銅錢, 常患窘匱, 金銀貨及紙幣, 恐當兼行以通其弊. 礦務亦理財之一法, 延師開採亦不可緩.

⑤ 變律例. 凡有施爲必先立信於民. 大開禁防, 以祛民害, 然後民得以樂生趨利. 而法之必行, 當自貴近始, 嚴杜僥倖之路, 少無撓紬, 肅淸宮禁, 屛斥褻昵. 凡屬文具格例之拘虛名而招實禍者, 一切痛革, 務從簡便. 且公私衣服名目猥繁, 朝士無以備儀供職, 製樣迂闊, 賤者無以承事執役, 糜財害事, 專由於此. 恐宜參酌華制, 以爲變通之道.

⑥ 擴商務. 小邦旣與各國通商, 而擧國上下全昧商務關係之爲何如. 蓋開諭小民而利導之, 莫如祛禁防, 設商局, 本國舊無自官權貨之政, 而晩近綱紀日弛, 豪右奸倖有挾恣行, 碍商路而厲民生, 先革此習, 然後商局可設, 禁防可祛矣. 現今築埠頭, 建稅關, 月期已屆, 而事變之後, 措辦沒策, 是爲目下急切之憂, 亦當雇請其人, 而司其權, 然後可以不失自主矣.

(2)「八月初六日與朝鮮大臣趙寧夏, 金宏集等筆談」.
問: "前見大院君, 所談何語?"

---

4 여기서 척(戚)은 명 말의 항왜명장(抗倭名將)인 척계광(戚継光, 1528~1588)을 말한다. 걸출한 군사가로서, 자는 원경(元敬)이고 호는 남당(南塘) 또는 맹저(孟諸)인데, 산동성 등주(登州) 출신이다. 유대유(兪大猷) 등과 왜구 소탕에 힘써 오랫동안 화근이 되었던 왜환(倭患)을 씻어낸 것으로 유명하다. 『기효신서(紀效新書)』 18권, 『연병실기(練兵實紀)』 등의 유명한 병서를 남겼다.

趙寧夏:"別無他話,略及謁見傅相說話.惟望速回之處分矣."

問:"起程赴京之先,可不再見大院否?"

趙寧夏:"明欲發程,無可再見.且於日前已爲不能再來言及矣.又明日當發進京之行,敢請今日拜辭.又進京呈表奏後,懇乞於部堂大人,以通商各款事,有承中堂吩付之意.先即回津,伏料而其所允許,似未可知.然期於懇乞."

問:"呈表奏後,似可具一呈文.以先回津,有通商要務禀商,或留隨員某在京,恭候批咨,當蒙允行."

趙寧夏:"謹當一依下教,呈文禮部矣."

問:"明日起程,由水,由陸定否?"

趙寧夏:"旱路泥水甚艱云.由水,由陸姑未爲定."

答:"旱道泥濘,久雨之後,隔水處多,自以舟行爲便.又近日接王京信息何如?"

趙寧夏:"未."

問:"我接吳軍門七月二十五日來函云,國王下詔罪已,將具位庸臣分別黜革,並令內外各官,保舉賢才,破格錄用,衆心服悅,果能始終勿懈,自是振作有爲之機.又閔妃受創,逸藏距京百八十餘里之閔姓家,已派隊迎還.閔氏凤與太公爲仇,王妃既還,此後不致有內變否?"

趙寧夏:"國王之下詔罪已,保舉錄用,寧夏等在京時已知有此.而閔妃之還,今始承聞,不勝驚喜.此後似無內變."

問:"王妃尚存,卿等不能無聞.惟喜引用外戚,閔氏除閔泳翊外,尚有公正明達之才否?閔泳翊已祝髮爲僧確否?果復起用否?又王妃與李載冕平日無嫌隙否?望據實告知."

趙寧夏:"王妃尚在,外間果有傳疑.閔氏之家別無明達之人,閔泳翊祝髮不過一時蒼黃之事,未嘗爲僧,方持本生母喪,不得出仕.李載冕是大院君之子,則嫌隙有無,自可分別."

問:"閔泳翊是否王妃之姪,閔謙鎬係王妃之叔否?"

趙寧夏:"閔泳翊是王妃之姝,閔謙鎬以閔姓言之,是十四寸妹.以大院君言之,是外三寸叔.又王妃姓閔,則以閔族言之,謙鎬是族兄也.若以大院君言之,夫人之弟也.於王妃有舅甥之義.又王妃之父致祿無子,取族兄致文之子升鎬爲後.升鎬又無子, 取族兄之子爲後. 謙鎬是升鎬之本生弟也. 升鎬·謙鎬俱是大院君妻舅也."

問:"大院君於亂軍殺閔謙鎬, 言之稱快, 固似大義滅親, 大院之夫人不一營救, 亦是怪事.

趙寧夏: 非但閔謙鎬, 大院君胞兄亦被亂軍之殺, 而不能救. 夫人何干乎? 又上國既許, 小邦水陸通商矣. 恐不可無條款之另議者, 伏乞下詢馬道, 將小邦事宜參究, 妥定幾款, 俾爲遵行焉. 又來年各國換約後, 商務伊始, 於統共章程, 亦仿上國已行之例, 得一稿底施行, 甚幸, 甚幸."

答:"朝鮮與中國水陸通商條款, 正督同馬道等籌議, 將奏請勅下總理衙門核准行知. 至各國換約後, 似可相機商定統共章程. 惟中西通共章程, 亦有未盡善處. 貴國商務伊始, 各國約款大致已妥, 只可照約施行. 若另訂章程, 各國要求變通, 恐易失本來面目耳."

趙寧夏:"下教切當, 敢不服膺."

問:"前示六條內, 定民志·用人才二節, 全在國王主持, 輔臣襄贊. 整軍制尤要, 日本教師, 何時延請, 所教洋鎗隊三百, 係用何樣洋鎗, 在何處購辦? 亂後有無失落?"

趙寧夏:"軍制最要, 而日本教師非延請也. 花房率來隨員陸軍少尉, 再昨年出來, 自昨年春暮軍教練一百名, 洋鎗自日本購來, 其二百名今年春又募者. 亂後人與鎗, 俱失散."

問:"日本教師有月給薪銀否?"

趙寧夏:"高麗錢五百兩, 折銀近七十兩."

問:"洋鎗是前門抑後門?"

趙寧夏:"後膛."

問:"以後仍請日人教練否?"

趙寧夏:"元來本意非欲請日人教練, 而其時掘本[日教師名]適來, 故略試其如何教練者也. 現今未知本國有何議論, 然未若仰請上國延請教師, 故前日仰達中亦有之. 伏望傅相處分.

問:"此間酌派教師, 自無不可. 請問日人所教之隊, 每名月給餉米若干?"

趙寧夏:"共計假量銀三兩."

問: "理財用一節, 官吏耗盡, 必應更張整頓, 專行銅錢, 實多不便, 金銀必須試用, 應延西師, 查勘國內礦山, 如有金·銀·錫·銅等產, 作速開採, 以資接濟. 紙幣不無流弊. 日本紙幣現多跌價, 其明證也. 銀行, 銀號亟宜招募朝鮮及中國富商, 趕緊開設, 庶各國通商利便."

趙寧夏: "更張整頓, 不容少緩, 專行銅錢, 實有窒碍, 故金銀欲爲試用者也. 紙幣之爲, 日本之有害, 亦所稔知, 而未知便宜. 故敢爲仰質者也. 延請西人查礦開採一款, 已與馬道詳陳矣. 此亦在傅相如何指教, 如何酌辦招商, 亦當隨此開設."

問: "紙幣因現銀不足, 代以通用, 目前似爲國家之利, 迨行之多且久, 商民易銀不出, 勢必跌價失信, 國家亦無便宜. 又變律例一節, 凡禁防之有害於商民者, 必應斟酌開除, 俾人人樂生趨利, 國家乃因便, 權收其稅利, 是公私兩益也. 日本變服, 爲西人所訕笑, 究之本國民庶, 仍未能盡變. 貴國若參酌華製, 變通官服, 似無不可, 然驟行變革, 朝士費用更紬, 此係小節宜緩. 惟水陸弁兵, 須亟改窄袖短衣, 利於操習, 戰守, 不可緩也."

趙寧夏: "小邦之設法禁, 防害於民庶者, 指不勝摟. 趁即開除, 人民可以樂生趨利, 興旺商務. 又變通衣服一款, 非不知宜緩然, 小邦浮文甚多, 居官者所著公服十數名目, 其外燕服亦至七八名目, 此若闕一, 不得赴公, 如此而豈可爲國家乎? 朝官緣此而莫不疾瘱, 雖士庶亦多名目, 故甚苦之. 且數十人齊會, 所著皆不同, 各樣尤爲苛瑣, 不得不以一定之例, 先爲變通, 然後可以支保. 又水陸兵弁所著, 亦即改制, 不容少緩."

問: "此節應由貴國君臣自行酌定, 但不可變西服."

趙寧夏: "豈可變西服乎? 不可不從上國, 故仰白者也."

問: "擴商務一節, 前既明晰指示矣. 築埠·建關亟須籌辦, 俟國王咨請, 派員雇人, 當妥爲商派."

趙寧夏: "國王亟當咨請雇人矣. 國無一月之儲, 未知何以籌辦妥當, 莫非傅相費勞尊神, 下忱不勝憧憧."

問: "尊意似欲借國債, 要借多少, 如何利息, 如何攤還, 再與馬道等籌議."

趙寧夏: "更爲商議後, 仰白伏計."

8월 초8일, 북양대신 이홍장이 다음과 같은 서신을 보내왔습니다.

8월 초3일에 보낸 서신은 이미 도착하였을 줄 압니다. 곧바로 초2일 다음과 같은 제693호 공함(公函)을 받았습니다.

독일의 브란트 공사가 조선과 새로 체결된 조약에 변동이 있는지 물어와서, 조약에 결코 아무런 변경이 없다는 점을 조약을 체결한 각국에 조회하여 의심을 풀게 하라고 조영하(趙甯夏) 등에게 지시를 전달하였습니다.

이에 따라 도대 마건충에게 조영하 등에게 전달하여 적절하게 처리하도록 지시하였는데, 조영하는 다음과 같이 이야기하였습니다.

현재 국왕에 의해 전권대관으로 파견되어 왔는데, 원래 이미 조약을 체결하거나 아직 체결하지 않는 각국이 중국에서 따로 논의할까 염려되어, 지금 영국·미국·독일에 보내고자 하는 조회의 원고를 감정해 주시도록 올립니다. 각기 그 원고를 다듬게 해주시면 다시 검토하시도록 올린 다음 밀봉하여 각국 공사에게 보내 참고하게 하고자 합니다. 엎드려 받아서 검토해 주시길 바랍니다.

그리고 한편으로는 그가 국왕에게 알리도록 하였습니다. 조영하 등은 이번 달 초에 직접 조선이 응당 처리해야 할 사후 대책 6조를 제출하면서 지시와 교정을 부탁해 왔습니다. 어제 돌아갈 인사를 하러 왔을 때, 제 소견이 미치는 바에 따라 필담을 나누면서 그 요점을 지적하였는데, 이것이 적절한지 몰라 삼가 조영하가 올린 사후 대책 6조 및 초6일 문답절략을 그대로 초록하여 올리니 검토해 주시길 바랍니다. 조선은 대단히 빈척(貧瘠)하고, 이번 변란을 거치면서 나라에 한 달을 버틸 저축도 없어 절대적으로 염려스럽습니다. 도대 마건충의 비밀 보고에 의하면, 일본은 전에 은 50만을 빌려주는 것을 허락하였는데, 조선의 군신이 협제(脅制)를 받을까 두려워하여 결정하지 못하고 머뭇거리자, 하나부사는 뒤이어 대신 광산 개발을 해 줌으로써 상환액을 공제해 주겠다는 제안까지 하였다고 합니다. 다행히 김홍집 등이 절대 안 된다고 힘써 버텼지만, 앞으로 곧장 세관(稅關, 즉 海關)을 설치하고 인원을 고용해야 하는데 일체 창설 경비도 실로 마련할 방법이 없습니다. 조영하 등이 우리에게 도움을 간청하는 일은 당연히 만부득이한 데서 비롯되었습니다. 이홍장은 작은 나라를 아끼고 염려하는 조정의 인덕을 우러러 느끼고 있어, 이 일을 못 본 척 책임을 미루어 그들이 일본에 농락되는 것을 보기 어려웠으므로, 필담의 마지막 단계에서 그 간청에 기초하여 잠시 상의하는 것을 허용하여, 초상국(招商局)의 도원 당정추(唐廷樞)와 마건충이 비밀리에 계획하여 만약 조선에서 필요한 액수가 크지 않다면 혹은 여력이 있는 중국 상인들에게서 자금을 모아 빌려주고, 해마다 조선의 관세와 광산 이익 등으로 나누어 상환하게 하면 이 역시 큰 대가를 치르지 않고 혜택을 줄 수 있을 것 같은데, 이에 대한 총리아문의 견해는 어떤지 알고 싶습니다. 조영하 등은 오늘 수로를 통해 출발하여 북경으로 가서 국왕의 표주(表奏) 및 총리아문과 예부에 보내는 자문을 제출할 예정이니, 그다음 신속하게 천진으로 돌아오면 모든 문제를 계속 상의하고, 다시 수시로 상세하게 알려드릴 수 있게 되기를 기대합니다. 삼가 비밀리에 답장을 보냅니다. 편안하시길 빕니다.

(1) 「8월 초1일, 조영하 등이 직접 제출한 조선 사후 처리 대책 6조(八月初一日, 趙寧夏等面呈朝鮮善後六條)」

① 민지(民志)를 안정시켜야 합니다: 조선은 벽루(僻陋)한 데다가, 문을 달아 걸고 스스로 지키다 보니 방만하고 나태한 것이 풍속이 되어 버렸고, 나아가 사족(士族)이 완고하고 무식하여 상하 간의 감정과 뜻이 서로 어긋나 통하지 않았으므로, 뜻을 잃은 무리가 어리석은 백성을 선동하여 외국을 원수로 간주하고 헛소문을 퍼뜨리는 것이 모두 여기에서 비롯되지 않음이 없습니다. 깨우치고 타일러 이들을 안정시키고 복종시키는 것이 아마 오늘날의 급선무일 것입니다.

② 인재를 등용해야 합니다: 나라를 다스리는 원칙은 응당 인재 등용을 우선으로 삼아야 하는데, 조선은 평소 가문의 지위[門地]를 중시하고 오로지 과거시험만을 숭상하여, 이 길이 아니면 진용(進用)될 수 없었습니다. 초야에는 비록 뛰어난 선비가 있어도 종신토록 누렇게 마른 낙엽과 같은 신세였고, 승평의 시기가 길다 보니 과거의 것을 그대로 따르며 고치지 않아, 과거시험의 습속은 최근 날로 혼란에 빠지고 있습니다. 만약 빨리 이런 폐해를 고치지 않는다면 장차 나라 꼴이 말이 아니게 될 것입니다. 관리는 잡다하고 남아돌며, 봉록은 아주 얇습니다. 무릇 관리가 된 사람은 일단 요행히 그 길에 접어들면 안으로는 아침

에 바꿨다가 저녁에 고치고 헛되이 청현(淸顯)하다는 명성만 훔치고, 밖으로는 아랫사람을 수탈하여 권귀(權貴)에 아첨하면서 탐오(貪污) 때문에 처벌받는 것을 두려워하지 않게 되었습니다. 그래서 스스로 모든 사무를 돌보지 않게 되어 권한이 서리들에게 넘어가는데, 서리들은 세습적으로 문서 사무를 담당하면서 권력을 지닌 요직의 사람에게 아부하여, 국가의 명맥(命脈)을 좀먹으면서 백성을 기름을 뽑아냅니다. 이것은 오로지 인재 등용이 제한되어 제대로 된 방안을 찾지 못한 데서 비롯되었기 때문입니다.

③ 군제(軍制)를 정돈해야 합니다: 조선의 군제는 3개 영, 즉 훈련영(訓練營), 금위영(禁衛營), 어영(御營)이 있는데 모두 중고(中古) 시대에 건립되었습니다. 그 가운데 훈련영이 제일 나은데, 이것은 임진왜란 이후 척계광(戚繼光)의 군사 훈련 방식을 모방하여 조련한 것입니다. 10년 이전 훈련국의 병정을 골라 따로 무위영을 설치하여 국왕을 숙위하는 친병으로 삼았는데, 국가재정의 부족 때문에 3개 영의 봉록을 오랫동안 지급하지 못하였습니다. 작년 겨울 군제를 변경하고자 내외의 각 영을 합쳐서 둘로 만들어 무위영, 장어영(壯禦營)으로 이름을 지었습니다. 이에 대한 통제나 기율이 정리되지 않아, 다시 일본 교관을 초빙하고 300명을 골라 먼저 양창대(洋鎗隊)로 교육하였습니다. 이에 각 영의 병사들이 그 대우가 고르지 않음에 대해 불만을 품고 신식 교련 방법을 적대시하기에 이르렀습니다. 6월의 반란 이후 숙위병(宿衛兵)과 신식 방법의 교련을 폐지하고 다시 삼영(三營)의 옛 체제로 돌아갔습니다. 현재 중국의 군대가 난군을 징벌하였고, 잔당은 뿔뿔이 흩어졌으나 아직 후환은 여전히 남아 있습니다. 이때의 급무는 먼저 군제를 정비하는 것보다 더 중요한 일이 없으며, 해안 방어[海防]이나 육상의 관문[關卡] 역시 시의에 맞게 대비해야 합니다.

④ 재용(財用)을 정리해야 합니다. 조선은 승평의 시기를 보낸 지 오래되어, 비용이 날로 함부로 이용되어 금고의 저축은 텅 비고, 개인 축재를 하거나 횡령하는 사례가 달이 가고 해가 지날수록 증가하여 지금은 그 최고점에 이르렀습니다. 쌀을 팔거나 사들이는 정책은 헛되이 서리들의 배만 불려, 백성들은 도리어 뼈에 사무치는 원망을 품게 되고, 조운(漕運)의 경우 나라에서 하나를 거두면 백성은 그 두 배를 징수당하는 고통을 입게 됩니다. 이점이 가장 시급하게 개혁해야 할 부분입니다. 외교(外交)를 이야기하자면, 만약 신속하게 이익을 끌어내고 손해를 막는 방법을 추구하지 않는다면 장차 이익은 모두 남에게 돌아가고 앉아서 조선만 피해를 보는 상황이 초래될 것입니다. 상공업 진흥을 위한 상국(商局)은 불가불 개설해야만 하며, 다른 화폐 없이 오로지 동전(銅錢)만 통용되고 있어 항상

쪼들리고 모자람을 걱정해야 하므로, 금·은 화폐나 지폐도 아마 아울러 통행시켜 그 폐단을 줄여야 할 것 같습니다. 광무(鑛務) 역시 이재(理財)의 방법 가운데 하나이므로, 기술자를 초빙하여 채굴을 시작하는 일 역시 늦추어서는 안 됩니다.

⑤ 율례(律例)를 바꾸어야 합니다. 무릇 시정을 할 때는 반드시 먼저 백성에게 믿음을 얻어야 하므로. 금지되고 막은 것을 크게 풀어 백성에 폐해가 되는 것을 없애야 하며, 그런 연후에야 백성은 생업을 즐기면서 이익을 추구할 수 있습니다. 법이 반드시 지켜지려면 응당 귀하고 가까운 곳에서부터 시작하여, 요행(僥倖)의 길을 엄격하게 차단하되, 조금도 어지럽힘이나 굽힘이 없어야 하며, 궁전 출입 제도를 정비하여 친근함을 이용하려는 경박한 무리를 배척해야 합니다. 무릇 허명에 얽매여 실질적인 피해를 가져오는 규칙·조례에 속하는 것들은 모두 철저하게 폐지하고 힘써 간편함을 따라야 합니다. 또한 공·사의 의복은 명목이 너무 번잡하고 뒤섞여 있어 조정 관리들이 의례를 갖추어 직무를 수행할 수 없고, 제조나 양식이 부적절하여 아랫사람들은 일을 맡아 임무를 수행할 수 없으니, 헛되이 재물을 낭비하고 일을 망치는 것이 오로지 여기에서 비롯됩니다. 아마도 응당 중국 제도를 참작하여, 이를 변통하는 방법으로 삼아야 할 것입니다.

⑥ 상무(商務)를 확대해야 합니다. 조선은 이미 각국과 통상을 하게 되었는데, 온 나라의 사람들 모두 상무관계가 어떠한지에 대해 아주 어둡습니다. 생각건대 백성을 깨우쳐 이익으로 유도하는 데에는 금지와 방어 조치를 없애고 상국(商局)을 설치하는 것이 최선입니다. 조선은 과거 나라에서 상품을 전매하는 제도가 없었는데, 최근에 와서는 기강이 날로 이완되면서, 세력가나 국왕의 은총을 받는 무리가 제멋대로 이를 자행하여 상로(商路)를 막고 백성의 생업을 해치고 있으니, 먼저 이런 풍습을 제거한 다음에야 상국을 설치할 수 있고, 금지와 방어 조치를 없앨 수 있습니다. 현재 부두를 축조하고 세관(稅關)을 건설해야 하는 기한이 이미 다 되었으나, 사변 후에 아무런 조치를 할 수 없었으니, 이것이 지금 당장 급박한 근심으로, 마땅히 적당한 사람의 고용을 요청하여 그 권한을 맡긴 다음에야 자주(自主)의 권익을 잃지 않을 수 있을 것입니다.

(2) 「8월 6일, 이홍장과 조영하·김홍집 등의 필담(八月初六日, 與朝鮮大臣趙甯夏, 金宏集等筆談)」

이홍장: "전에 대원군을 만났는데, 무슨 이야기를 나누었습니까?"

조영하: "별로 다른 얘기는 없었고, 대략 이중당 대인을 만난 얘기만을 하였을 뿐입니다. 다만 신속하게 귀국시키는 처분만을 바랄 뿐입니다."

이홍장: "출발하여 북경으로 가기 전에 다시 대원군을 만날 수 있습니까?"

조영하: "내일 출발하고자 하니 다시 만날 수는 없습니다. 또 일전에 이미 다시 올 수 없다고 언급해둔 바 있습니다. 또 내일 북경으로 출발해야 하는데 감히 오늘 배견·인사를 요청한 것은 북경에서 가서 표주를 올린 다음, 이중당 대인에게 통상 분야의 각 문제에 대한 분부를 받고자 해서입니다. 먼저 천진으로 돌아와 엎드려 그 요청이 허용될지 헤아려 보았는데 잘 알 수 없어, 이렇게 간청하게 되었습니다."

이홍장: "표주를 제출한 다음 청원서[呈文]을 갖추어 올리면 될 것 같습니다. 먼저 천진으로 돌아와 통상 요무에 대해 보고하고 상의할 것이 있다면, 아마 수행하는 사람을 북경에 남겨서 삼가 답장 자문을 기다리게 한다면, 허락받을 수 있을 것입니다."

조영하: "삼가 분부하신 대로 예부에 청원서를 올리겠습니다."

이홍장: "내일 출발하는데 수로로 가는지 아니면 육로로 가는지 정해졌습니까?"

조영하: "육로는 진흙탕 길이라 몹시 힘들다고 합니다. 아직 정해지지는 않았습니다."

이홍장: "육로는 진창길이고 오래 비가 온 다음이라 물로 막힌 곳도 많아 당연히 배편으로 가는 게 편할 겁니다. 또 최근 한성으로부터 받은 소식이 있습니까?"

조영하: "없습니다."

이홍장: "오장경 제독이 7월 25일에 보낸 서신을 받았는데, 국왕은 이미 스스로를 탓하는 죄기조(罪己詔)를 내렸고, 자리를 차지한 무능한 신하들을 분별하여 해임하고, 아울러 내외 각 관에 우수한 인재를 보증하여 추천하면 파격적으로 등용하겠다고 지시하여 뭇사람이 탄복하며 기뻐하였다고 하는데, 과연 이렇게 처음부터 끝까지 해이해지지 않는다면 이로부터 떨쳐 일어나 무언가 해 볼 수 있는 기회가 될 터입니다. 또 민비가 공격을 받아 한성에서 180여 리 떨어진 민 모의 집에 피하여 숨었었는데, 이미 군대를 파견하여 귀환을 호송하였다고 합니다. 민씨는 특히 대원군과 원수가 되었고, 왕비가 귀환하

였으니 앞으로는 내변이 일어나는 일이 없겠습니까?"

조영하: "국왕께서 죄기조를 내리고 보증하여 추천하면 등용하겠다고 하신 일은 제가 한성에 있을 때 이미 알고 있었던 일입니다. 왕비의 귀환은 지금 처음 듣게 되었는데 놀랍고 기쁨을 금할 수 없습니다. 앞으로는 아마 내변이 없을 것입니다."

이홍장: "왕비가 여전히 생존하였다면, 귀하 등은 듣지 못하였을 리가 없었을 것입니다. 다만 외척을 즐겨 끌어들여 등용한다는데, 민씨는 민영익을 제외하고 또한 공정하고 밝은 인재가 있습니까? 민영익은 이미 머리를 깎고 승려가 되었다는 것이 확실합니까? 과연 다시 등용될 수 있겠습니까? 또 왕비와 이재면은 평일에 서로 혐오하는 일이 없었습니까? 사실대로 알려주길 바랍니다."

조영하: "왕비께서 여전히 살아 있다고 외간에 확실히 의심스러운 소문이 있었습니다. 민씨 집안에는 따로 뛰어난 인재는 없으며, 민영익이 머리를 깎은 것은 단지 일시적으로 변장하느라 그런 것이지, 승려가 되지는 않았으며, 바야흐로 모친상을 치르고 있었기 때문에 현직에 있을 수 없었습니다. 이재면은 대원군의 아들이니 서로 사이가 좋지 않았는지는 자연스럽게 분별될 것입니다."

이홍장: "민영익은 왕비의 조카이고, 민겸호는 왕비의 삼촌이 맞습니까?"

조영하: "민영익은 왕비의 조카이고, 민겸호는 민씨 성으로 따지면 왕비가 14촌 여동생입니다. 대원군으로 이야기하자면, 민겸호의 외삼촌 숙부입니다. 또 왕비는 민씨로 민씨 일족에서 보면 민겸호는 친척 오빠뻘입니다. 대원군으로 이야기하자면 부인의 동생이고, 왕비로 이야기하자면 외삼촌과 조카의 관계입니다. 또 왕비의 부친 민치록(閔致祿)은 아들이 없어, 족형(族兄) 민치문(閔致文)의 아들 민승호를 양자로 들였는데, 민승호 역시 아들이 없어, 족형의 아들을 양자로 들였습니다. 민겸호는 민승호의 친동생입니다. 민승호, 민겸호는 모두 대원군의 처조카입니다."

이홍장: "대원군은 난군이 민겸호를 살해하였을 때 통쾌하다고 한 것이 확실히 대의를 위해서는 친족도 돌보지 않는 것처럼 보이기는 하지만, 대원군의 부인이 한 번이라도 나서서 구하려 하지 않는 것 역시 이상한 일입니다."

조영하: "비단 민겸호뿐만 아니라 대원군의 친형 역시 난군에게 피살되었으나 구할 수 없었습니다. 부인이 어떻게 간여할 수 있었겠습니까? 또 중국에서 이미 허락하여 조선은 각국과 수륙 통상을 시작하게 되었는데, 아마도 따로 조항을 두지 않으면 안 되어서 따로

논의해야 할 것에 대해서는 마건충 도대에게 물어서 조선의 문제에 대해 참고하여 연구하여 몇 가지 조항을 적절하게 정해 줌으로써 저희가 따라서 처리할 수 있도록 해주실 것을 간청합니다. 또 내년에 각국과 조약을 비준·교환한 다음 상무가 바야흐로 시작되는데, 별도의 통합적인 장정[統共章程]에 대해서는 역시 중국에서 이미 행하고 있는 전례를 모방하고자 그 원고를 한 부 얻어서 시행할 수 있게 해주신다면 대단히 다행이겠습니다."

이홍장: "조선과 중국의 수륙무역 통상 조항은 마건충 도대 등을 독려하여 한참 마련하는 중이며, 이를 상주한 다음 총리아문에 조칙이 내려져 시행을 검토하고 통보하게 될 것입니다. 각국과의 조약 교환 이후 아마도 통합적인 장정을 상의하여 확정해야 할 것입니다. 다만 중국과 서양 사이에 마련된 통합적인 장정 역시 미진한 부분이 있습니다. 조선 역시 이제 막 통상을 시작한 참이고 각국과의 조약 교환이 대체로 이미 이루어졌으니, 단지 조약에 따라 처리하면 될 것입니다. 만약 따로 장정을 만든다면 각국이 변통을 요구하여 도리어 조약 본래의 면모를 잃게 될 우려도 있습니다."

조영하: "지당하신 말씀이니, 어찌 따르지 않을 수 있겠습니까?"

이홍장: "앞에 보여준 6조 가운데 민지(民志)를 안정시킨다, 인재를 등용해야 한다는 두 조항은 전적으로 국왕이 주지하고 보신(輔臣)이 도와야 합니다. 군제 정돈은 특히 중요한데, 일본 교관은 언제 초빙하였고, 교련한 양창대 3백은 어떤 모델의 양창을 쓰고, 어디에서 구매하였습니까? 반란 이후 분실된 부분은 없습니까?"

조영하: "군제가 가장 중요한데, 일본 교관은 초빙한 것이 아닙니다. 하나부사 공사가 데리고 온 수행원 육군 소위로, 재작년에 왔는데, 작년 봄에 군졸을 모집하여 100명을 교련하였으며, 양창은 일본에서 구입하였습니다. 나머지 200명은 올봄에 다시 모집한 것입니다. 반란 이후 인원과 양창 모두 분실되었습니다."

이홍장: "일본 교관은 월급이 있었습니까?"

조영하: "조선 동전[高麗錢]으로 5백 량, 은으로 환산하면 70량에 가깝습니다."

이홍장: "양창은 전장총[前膛槍]입니까 아니면 후장총[後膛槍]입니까?"[5]

---

5   전장총(前裝銃, 前膛槍)은 앞부분의 총구 부분으로 화약과 탄약을 장착하는 방식으로 19세기 중후반까지 줄곧 사용되었고, 후장총(後裝銃, 後膛槍)은 화약과 탄약을 뒤쪽에서 장착하는 방식으로 19세기 초에 발명되어 19세기 후반 이를 대체하게 된 소총 모델이다.

조영하: "후장총입니다."

이홍장: "이후에도 계속 일본인을 교련으로 초빙할 것입니까?"

조영하: "원래 일본인 교관을 초빙하려 뜻하던 것은 아니었고, 그때 호리모토[掘本, 일본 교관 이름]가 마침 왔기에, 대략 어떻게 교련하는지 시험해 보려고 하였던 것입니다. 지금 조선에서는 어떤 논의를 하고 있는지를 알 수 없지만, 중국에 교관 초빙을 요청하는 것이 최선일 것입니다. 그래서 전에 아뢸 때도 이런 내용이 있었습니다. 이중당 대인의 처분을 바랄 뿐입니다."

이홍장: "여기서 교사를 적당하게 파견하는 것은 물론 안될 것은 없습니다. 일본인이 교련한 부대는 1인당 월봉으로 쌀을 얼마나 지급하였습니까?"

조영하: "합쳐 계산하면 대략 은 3량 정도입니다."

이홍장: "재용 정리 조항에서, 관리의 부정·횡령은 반드시 응당 고쳐서 정돈해야 할며, 동전만 통용하는 것은 실로 불편함이 많으니 금·은을 반드시 같이 시험삼아 통용해야 하는데, 응당 서양 기술자를 초빙하고 국내의 광산을 조사하여 만약 금·은·주석·구리 등의 광물이 발견되면 신속하게 채굴하여 재료로 제공할 수 있어야 합니다. 지폐는 유폐가 없는 것은 아닙니다. 일본의 지폐가 현재 가치가 많이 떨어진 것은 그 분명한 증거입니다. 은행(銀行)과 은호(銀號)도 신속하게 조선과 중국의 부유한 상인을 끌어들여 가능한 한 빨리 개설하면, 각국과의 통상도 편하고 이익이 될 것입니다."

조영하: "개혁하고 정돈하는 일은 조금도 늦추어서는 안 되며, 오로지 동전만 사용하는 것은 문제가 많으니, 따라서 금·은 화폐도 시험 삼아 통용시켜야 할 것입니다. 지폐의 통용은 일본과 같은 폐해가 있다는 점 역시 잘 알고 있어, 편리할지 아닐지 몰랐습니다. 그래서 감히 질문을 올렸던 것입니다. 서양 기술자를 초빙하고 국내의 광산을 조사·채굴하는 문제는 이미 마건충 도대와 상세하게 이야기한 바 있습니다. 이 점 역시 이중당 대인께서 어떤 가르침을 주시는지, 어떻게 처리하고 상인을 불러야 할지 알려주신 바에 따라 개설하도록 하겠습니다."

이홍장: "지폐는 현은(現銀)의 부족 때문에 대신 통용하는 것입니다. 현재는 국가의 이익이 되는 것 같고, 또한 통용되는 것이 많고 오래되었으니, 상민이 은으로 바꾸고 그것을 내놓지 않는다면 반드시 가치가 떨어지고 신용을 잃게 되며 국가 역시 편리함이 없을 것입니다. 또한 율례를 바꾼다는 조항에서 무릇 금지하고 막아서 상민에게 해로운 것은

반드시 적절하게 참작하여 제거함으로써 사람들이 생업에 안주하면서 이익을 추구하게 해야 하며, 국가는 그 편의에 따라 세금의 이익을 징수하니 공·사 양쪽의 이익입니다. 일본의 복장 변경은 서양인에게 비웃음을 당하는 바인데, 본국의 일반 서민에게까지 따지면 모두 다 바꾸어버릴 수는 없는 것입니다. 조선이 만약 중국의 제도를 참작하여 관복을 변경한다면 안 될 것도 없지만, 갑작스럽게 변혁을 진행한다면 조정 관료들의 비용은 더욱 쪼들리게 될 것이니, 이것은 비교적 작은 문제라서 응당 늦추어야 합니다. 단 육·해군 장교나 병사는 반드시 좁은 소매의 짧은 옷으로 바꾸어야 훈련이나 전투에 도움이 될 것이니, 늦추어서는 안 됩니다."

조영하: "조선에서 법으로 금지하여 일반 백성에게 방해가 되는 것은 이루 헤아릴 수 없을 정도이니, 신속하게 제거하여 백성들이 생업에 안주하면서 이익을 추구하게 하여 상무를 진흥시켜야 할 것입니다. 또한 의복을 변통하는 조항은 응당 천천히 추진해야 함을 모르는 것은 아니지만, 조선은 분에 넘치는 꾸밈이 아주 많아, 관직에 있는 사람이 입는 공복은 명목이 십수 가지나 되며, 그 밖의 일상 복장 역시 일곱, 여덟 개 명목으로 이 가운데 하나라도 빠지면 공무에 참석할 수 없으니, 이렇게 하면서 어찌 나라 꼴을 갖출 수 있겠습니까? 조정의 관원은 이 때문에 누구나 이마를 찌푸리지 않는 사람이 없으며, 일반 사대부나 서민 역시 명목이 많아 몹시 번거로워합니다. 또한 수십 명이 함께 모이면 입고 있는 복장이 모두 제각각이고, 양식 또한 지나치게 번거롭습니다. 그래서 부득불 일정한 공례를 가지고 먼저 변통한 다음에 지탱해야 할 것 같습니다. 또 단 육·해군 장교나 병사의 옷 역시 즉시 제도를 바꾸어, 조금도 늦추어서는 안 될 것입니다."

이홍장: "이 문제는 응당 조선의 군신이 스스로 정해서 처리해야 하겠지만, 서양식 복식으로 바꿀 수는 없습니다."

조영하: "어찌 서양식 복식으로 바꿀 수 있겠습니까? 불가불 중국을 따라야 하기 때문에 아뢴 것입니다."

이홍장: "상무(商務) 확대 조항은 이미 전에 분명하게 지시한 바 있습니다. 부두 건설이나 관문 배치 등은 응당 신속하게 준비해야 하며, 국왕이 자문으로 요청해 오면, 인원을 파견하고 사람을 고용하는 문제는 당연히 적절하게 처리할 것입니다."

조영하: "국왕께선 응당 신속하게 사람을 고용하는 문제로 자문을 보낼 것입니다. 나라에 한 달을 버틸 비축이 없는데, 어떻게 적절하게 대처해야 할지 모르겠습니다. 이중당께서

이 문제로 신경을 쓰시게 해서, 정말로 마음이 뒤숭숭합니다."

이홍장: "귀하의 뜻은 국채(國債)를 빌리고자 하는 것 같은데, 얼마나 되는 액수를 빌리고, 어떻게 이자를 지불하고, 어떻게 본금을 상환할지의 문제는 다시 마건충 도대와 상의하십시오."

조영하: "더욱 상의한 다음, 다시 아뢸 작정입니다."

(6) 문서번호 : 4-4-06(561, 941b)

사안 : 조영하가 속히 천진으로 돌아와, 사후 처리 문제를 협의할 수 있도록 허용해 주십시오
(請准趙寧夏從速回津, 籌商善後事宜).

날짜 : 光緖八年八月十四日 (1882년 9월 25일)

발신 : 禮部

수신 : 總理衙門

八月十四日行禮部文稱:

本衙門前於八月初八日, 准北洋大臣函稱:
　朝鮮使官趙寧夏等, 本日由水路起行赴京, 齎呈表奏及總署, 禮部公文, 仍祈准速
　回津, 續籌壹是.
等因. 現准趙寧夏等送到本衙門公文一角. 查趙寧夏在津尙有應商該國善後事宜, 似
應准其從速回津, 事隸貴部, 相應咨請酌核辦理可也.

8월 14일, 예부에 다음과 같은 자문을 보냈습니다.

본 아문은 전에 8월 8일 북양대신의 다음과 같은 서신을 받았습니다.

　조선의 사관(使官) 조영하 등은 본일 수로를 통해 북경으로 출발하였고, 표주와 총리아문·
예부에 보내는 자문을 가지고 와 올릴 예정인데, 신속하게 천진으로 돌아와 모든 문제를 계속
협의할 수 있도록 허용해 주시길 바랍니다.

현재 조영하 등이 본 아문에 보내온 공문 1통을 받았습니다. 검토해 보니 조영하는 천진에서
조선의 사후 처리 문제를 계속 논의해야 하므로, 응당 신속하게 천진으로 돌아올 수 있도록 허
용해 주어야 할 것 같은데, 이 일은 귀 예부에 관련된 일이므로 응당 자문을 보내 검토해서 처
리해 주시길 요청해야 할 것입니다.

(7) 문서번호: 4-4-07(565, 947a)

사안: 동정지책(東征之策)을 밀정(密定)하자는 장패륜(張佩綸)[6]의 상주는 자못 절요(切要)한 것이므로, 이홍장에게 지시하여 답장 상주를 포괄적으로 준비하게 하라(張佩綸奏密定東征之策, 頗爲切要, 命李鴻章通籌覆奏).

날짜: 光緒八年八月十七日(1882년 9월 28일)

발신: 光緒帝

수신: 總理衙門

八月十七日, 軍機處交出上諭一道.[詳見密檔]

草目: 張佩綸奏密定東征之策, 頗爲切要, 著李鴻章通籌覆奏由.

8월 17일, 군기처에서 다음과 같은 상유를 내려보냈습니다.[상세한 것은 密檔을 참조]

내용 요약: 동정지책을 밀정하자는 장패륜의 상주(上奏)는 자못 절요(切要)한 것이므로, 이홍장으로 하여금 답장 상주를 포괄적으로 준비하게 하라.

---

6 장패륜(張佩綸, 1848~1903)은 직예성 풍윤현(豊潤縣) 출신이다. 동치(同治) 10(1871)년 진사학위를 얻어 한림원편수(翰林院編修)로 경관(京官) 생활을 시작하였다. 일찍부터 이홍조(李鴻藻)·장지동(張之洞) 등의 청류당(清流黨)에 동조하여 대신을 탄핵하는 것으로 유명하였다. 대외 강경론을 주창하던 그는 청·불전쟁 당시 주전론을 제창하다가 선정대신(船政大臣)으로 파견되었으나 프랑스의 기습으로 복건수사(福建水師)가 궤멸되면서 유배되었다. 그는 이홍장의 사위로도 유명하며, 20세의 유명한 소설가 장애령(張愛玲)은 그 손녀이다. 장패륜이 상주한 해당 문건은 이른바 『清季中日韓關係史料』제4권 문서번호 157, pp.28-29에 수록되어 있다.

(8) 문서번호: 4-4-08(566, 947b)

사안: 동정지책(東征之策)을 밀정(密定)하여 번복(藩服)을 안정시키자는 (張佩綸의) 상주(密定東征之策, 以靖藩服).
날짜: 光緒八年八月十七日(1882년 9월 28일)
발신: 軍機處
수신: 總理衙門

八月十七日, 軍機處交出張佩綸抄摺.[詳見密檔]

草目: 具奏密定東征之策, 以靖藩服由.

8월 17일, 군기처에서 다음과 같은 장패륜의 주접을 베껴 보내왔습니다.[상세한 것은 密檔을 참조]

내용 요약: 동정지책을 밀정하여 번복을 안정시키자는 (張佩綸의) 구주(具奏).

(9) 문서번호: 4-4-09(568, 948b-949b)

사안: 지시에 따라 조선 정·부사 조영하·김홍집에게 천진으로 돌아가도록 하였습니다(遵飭朝鮮正·副使趙寧夏金宏集回津).

첨부문서: 1.「조선국 정·부사 조영하 등의 청원(朝鮮國正·副使趙寧夏等呈)」: 사은 및 진주 예물은 수령하지 못해 다음 차례를 기다려 바치겠습니다(謝恩及陳奏禮物未及受領, 俟下次奉進).

날짜: 光緒八年八月十九日 (1882년 9월 30일)
발신: 禮部
수신: 總理衙門

八月十九日, 禮部文稱:

准總理衙門文稱:

  准北洋大臣函稱:

    趙寧夏等由水路赴京, 仍祈准速回津.

  等語. 查趙寗夏在津尙有應商該國善後事宜, 似應准其從速回津.

等因. 咨部酌辦前來. 旋據四譯館監督呈:[7]

  據朝鮮使臣趙寗夏等呈稱:

    奉表稱謝, 陳情乞恩, 不容少緩, 先將表文·奏文暨咨文賫來進呈外, 二起禮物, 當俟下次使行領納.

等因. 具呈到部. 查此次朝鮮使臣到京, 旣據總理各國事務衙門咨稱: '該使臣尚有應商該國善後事宜, 應速回津.' 自當迅卽起程, 所有貢物, 俟續解到京後, 再由本部奏明辦理. 該正·副使無庸在京守候, 仍留通事一名, 候領回文, 除由四譯館監督轉傳該

---

[7] 사역관(四譯館)은 중국에 조공을 오는 사신들과 교섭하고 문서를 주고받는 과정에서 필요한 인재를 배양하는 동시에, 중국에 온 외국 사신을 접대하고 숙식 문제를 안배하기 위해 만들어진 기구로 처음 설치되었으며, 명·청대에도 북경에 설치되었다. 청대에는 그 명칭이 사이관(四夷館)에서 사역관(四譯館)으로 변경되었다.

使臣遵照外, 相應鈔錄原呈咨復總理衙門查照可也.

照錄粘單.
(1) 「朝鮮國正·副使趙寧夏等呈」
朝鮮國著來陪臣判中樞府事趙寗夏·禮曹判書金宏集等謹呈, 爲謝恩禮物, 陳奏禮物, 未及賷領, 下次奉進事.
竊小邦特蒙天朝綏靖之眷, 派兵東援轉危復安, 奉表稱謝, 實由感激之忱, 陳情乞恩, 亦出懇迫之私, 俱係切急不容少緩, 用敢不拘成憲, 使卑職等搭附兵舶, 由津進京, 先將表文·奏文暨咨文賷來進呈外, 二起禮物當俟下次使行由陸領納. 小邦內難未戢, 外虞方滋, 蒼黃受命, 未及容措, 而咨內開列式遵舊例, 事欠誠實, 不勝惶悚. 茲以據情仰慕伏乞部堂大人, 深軫小邦之事勢, 曲垂周全之處分, 千萬幸甚.

8월 19일, 예부로부터 다음과 같은 자문을 받았습니다.

총리아문의 다음과 같은 자문을 받았습니다.

북양대신의 다음과 같은 서신을 받았습니다.

조영하 등은 본일 수로를 통해 북경으로 출발하였는데, 신속하게 천진으로 돌아올 수 있도록 허용해 주시길 바랍니다.

(총리아문에서) 조사해 보니 조영하는 천진에서 응당 조선의 사후 처리 문제를 계속 논의해야 하므로 응당 신속하게 천진으로 돌아올 수 있도록 허용해 주어야 할 것 같습니다.

이상과 같이 총리아문에서 예부에 자문을 보내 적절하게 처리하도록 요청하였는데, 곧바로 (會同)사역관(四譯館) 감독의 다음 보고를 받았습니다.

조선 사신 조영하 등이 다음과 같은 청원을 올렸습니다.

표문을 바쳐 사의(謝意)를 전달하고 사정을 아뢰어 은혜를 요청하는 일은 조금이라도 늦출 수 없으니, 먼저 표문과 주문 및 자문을 가지고 와 서 올리는 것 외에 두 차례의 예물은 응당 다음 사행을 기다려 올리도록 하겠습니다.

이상과 같은 청원을 받았는데, 조사해 보건대, 이번 조선 사신의 북경행은 이미 총리아문에서 자문을 보내 "해당 사신은 천진에서 조선의 사후 처리 문제를 계속 논의해야 하므로 응당 신속하게 천진으로 돌아올 수 있도록 허용해 주어야 할 것같습니다."라고 요청하였으므로, 당연히 신속하게 출발해야 할 것이며, 모든 공물(貢物)은 뒤이어 북경에 도착하기를 기다린 다음 다시 예부에서 상주하여 처리해야 할 것입니다. 해당 정·부사는 북경에서 기다릴 필요 없이 단지 통사(通事) 한 사람을 남겨두어 답장 문서의 수령을 기다리게 하고, 사역관 감독을 통해 해당 사신 등에게 전달하여 따르게 하는 것 외에 응당 원 청원문을 베껴 총리아문에서 참조할 수 있도록 답장 자문을 보내야 할 것입니다.

(1) 「조선국 정·부사 조영하 등의 청원(朝鮮國正·副使趙寧夏等呈)」

조선국에서 배신(陪臣) 판중추부사(判中樞府事) 조영하, 예조판서(禮曹判書) 김홍집을 보내 삼가 청원을 올리는데, 사은(謝恩) 예물과 진주(陳奏) 예물을 (이번에 배편으로 오느라) 가지고 올 수 없어서 다음 차례에 바치고자 합니다.

조선은 특별히 천조에서 안정시켜주고자 하는 관심을 받아 군대를 조선에 파견하여 전화위복의 계기로 만들어주셨으니, 표문을 바쳐 사의를 표명하는 것은 실로 지극한 감격의 정성에서 비롯된 일이고, 사정을 아뢰어 은택을 간청하는 일 역시 절박한 사사로움에서 나온 것으로, 모두 긴급하여 조금도 늦출 수 없는 바입니다. 이에 감히 기존의 법도에 구애받지 않고 저희로 하여금 군함을 빌려 타고 천진을 거쳐 북경으로 와서 먼저 표문(表文)과 주문(奏文) 및 자문(咨文)을 가지고 와 올리는 것 외에, 두 차례의 예물은 응당 다음 사행을 기다려 육로로 수령하여 바치고자 합니다. 조선은 내부의 우환이 마무리되지 않고 외환이 바야흐로 늘어나고 있는데, 갑작스레 명을 받아 제대로 모양을 갖추지 못하였고 자문 내에서 나열하는 구례를 법식을 삼아 따르는 일도 성실함이 부족하여 황송하기 이를 데 없습니다. 이에 이상의 사정에 기초하여 예부의 대인께서 엎드려 간청하건대, 조선의 상황을 깊이 안타깝게 여겨 두루 온전한 처분을 내려주신다면 정말로 다행이겠습니다.

(10) 문서번호 : 4-4-10(581, 961b)

사안: 조선 국왕이 보낸 총리아문에 전달하는 문책(文冊)을 편문(片文)으로 보냅니다(片送朝鮮國王投遞總署文冊).

날짜 : 光緒八年八月二十三日(1882년 10월 4일)

발신 : 禮部

수신 : 總理衙門

八月二十三日禮部片稱:

本年八月二十三日, 准朝鮮賫咨官金在信賫咨到京, 內有投遞總理各國事務衙門文二角·冊一本, 相應片送貴衙門查照驗收미也.
[原文·原冊, 詳見八月二十四日軍機處交出抄摺.]

8월 23일 예부에서 다음과 같은 편문(片文)을 보내왔습니다.

올해 8월 23일, 조선의 자문전달관 김재신(金在信)이 자문을 가지고 북경에 도착하였는데, 그 안에는 총리아문에 전달하는 공문 2통과 책 1권이 있었으므로, 응당 귀 아문에서 검토하고 수령하도록 편문으로 보내야 할 것입니다.

[원 공문과 원책의 상세한 내용은 8월 24일 군기처에서 베껴 보낸 주접을 참조할 것.]

(11) 문서번호 : 4-4-11(583, 967a)

사안: 자강을 위한 중요한 준비는 응당 먼저 수사(水師)를 훈련한 다음 다시 동정(東征)을 꾀해야 할 것입니다(自強要圖宜先練水師, 再圖東征).
날짜: 光緒八年八月二十四日(1882년 10월 5일)
발신: 軍機處
수신: 總理衙門

八月二十四日軍機處交出李鴻章抄摺.[詳見密檔]

草目: 奏爲自強要圖, 宜先練水師再圖東征由.

8월 24일, 군기처에서 다음과 같은 이홍장의 주접을 베껴 보내왔습니다.[상세한 것은 密檔을 참조]

내용 요약: 자강을 위한 중요한 준비는 응당 먼저 수사(水師)를 훈련한 다음 다시 동정(東征)을 꾀해야 할 것임을 상주합니다.

(12) 문서번호: 4-4-12(588, 910a-917a)

사안: 조선이 보내온 자문을 예부에서 대신 상주한 주접 원고를 총리아문에 자문으로 보냅니다(咨送轉奏朝鮮齎到咨文摺稿).

첨부문서: 1.「예부 주접(禮部奏摺)」: 오장경의 부대가 왕비를 보호하여 환궁한 것에 대해 조선 국왕이 중국의 은혜에 감격하여 자문을 보내온 것을 예부에서 대신 상주합니다(轉奏朝鮮國正因吳軍衛護王妃還宮感激天恩咨文).

날짜: 光緒八年八月二十七日(1882년 10월 8일)
발신: 禮部
수신: 總理衙門

八月二十七日禮部文稱:

主客司案呈:
所有本部具奏, 朝鮮國賫咨官金在信賫到咨文轉奏一摺, 於光緒八年八月二十六日具奏, 本日軍機處發出奉旨:

　　知道了.
欽此. 相應鈔錄該國王原文及本部原奏, 知照總理衙門可也.

照錄原文.[詳見八月二十四日軍機處鈔交]
(1)「禮部奏摺」
爲據咨轉奏事. 光緒八年八月二十三日, 准朝鮮國王[李熙]特遣賫咨官金在信賫到咨文一件. 臣等公同查閱係:

　　因朝鮮軍變, 該國王妃潛避鄕舍, 亂定後經提督吳長慶衛護還宮. 該國王感激天恩, 咨請臣部轉奏.
等情. 謹鈔錄原咨, 恭呈御覽. 至該賫咨官役業經安置會同四譯館, 其例賞銀兩及停止筵宴, 仍頒給羊酒桌張, 應由臣部照例辦理. 爲此, 謹具奏聞.

8월 27일, 예부에서 다음과 같은 자문을 보내왔습니다.

주객사에서 다음과 같은 기안문서를 올렸습니다.
예부에서 조선국 자문전달관 김재신(金在信)이 자문을 대신 상주한 주접은 광서 8년 8월 26일 구주(具奏)하였는데, 오늘 군기처에서 다음과 같은 유지를 받아 보내왔습니다.

　　알았다.

따라서 응당 조선 국왕의 원문 및 예부에서 올린 원주(原奏)를 베껴 총리아문에 알려야 할 것입니다.

원문 조록[상세한 것은 8월 24일 군기처에서 베껴 보내온 예부 주접을 참조]

(1) 「예부 주접(禮部奏摺)」

예부에서 삼가 주를 올립니다.
자문을 받아 대신 상주합니다. 광서 8년 8월 23일, 조선 국왕[李熙]이 특별하게 자문전달관 김재신(金在信)을 보내 전달한 자문 1건을 받았습니다. 신 등이 공동으로 살펴보니,

> 조선의 군사 반란으로 인하여 조선의 왕비가 잠시 시골의 집으로 숨어 피하였다가 반란이 진정된 다음 오장경 제독이 보낸 군대의 호위를 받아 환궁하였으므로, 조선 국왕이 중국의 은혜에 감격하여 예부에 자문을 보내 대신 상주해 줄 것을 요청합니다.

이상과 같은 자문을 받았으므로, 삼가 원 자문을 베껴 황상께서 살펴보실 수 있도록 공손히 올리는 바입니다. 해당 자문전달관은 이미 회동사역관(會同四譯館)에 안치하였습니다. 그가 전례대로 받는 포상 은량과 연안(筵宴) 정지에 대해서는 그대로 양주탁장(羊酒桌張)을 제공하고, 응당 예부에서 칙례에 따라 처리하도록 하겠습니다. 이 때문에 삼가 주를 갖추어 올리는 바입니다.

(13) 문서번호: 4-4-13(590, 977a)

사안: 조선의 자문전달관이 곧 귀국할 예정이므로, 만약 조선 국왕에게 보낼 답장 자문이 있다면 예부로 보내 대신 전달하여 알릴 수 있기를 바랍니다(朝鮮齎咨官卽將回國, 如有咨覆該國王文件, 希送部以便傳知).
날짜: 光緖八年八月二十八日(1882년 10월 9일)
발신: 禮部
수신: 總理衙門

八月二十八日禮部文稱:

前於本月二十二日, 朝鮮齎咨官金在信齎到貴衙門咨文二件, 當經本部片送在案. 現在該貴咨官業已事竣, 本部定於九月初三日起程回國, 貴衙門有無咨覆該國王文件, 務卽知照過部, 以便傳知該貴咨官, 遵照起程, 因用印不及, 徑行白片可也.

8월 28일, 예부에서 다음과 같은 자문을 보내왔습니다.

이전 이번 달 23일에 조선의 자문전달관 김재신이 귀 아문에 보내기 위해 가져온 자문 2건은 이미 예부에서 편문으로 전달한 바 있습니다. 지금 해당 자문전달관은 이미 업무를 마쳤으므로 예부에서는 9월 초3일에 출발하여 귀국시키기로 결정하였는데, 귀 아문에서 조선 국왕에게 보낼 답장 자문이 있는지 여부를 예부에 알려주시면 해당 자문전달관에게 전달하여 알려주고 예정대로 출발하게 하고자 합니다. 직인을 찍을 겨를이 없어 곧장 편문으로 알리는 바입니다.

(14) 문서번호 : 4-4-14(591, 977b)

사안 : 왕비를 맞아 환궁시킨 일은 이미 예부에서 대신 상주하였습니다(王妃迎還一事, 已由禮部代奏).
날짜 : 光緒八年八月三十日(1882년 10월 11일)
발신 : 總理各國事務衙門
수신 : 朝鮮國王

八月三十日行朝鮮國王文稱 :

光緒八年八月二十三日, 准禮部轉送貴國王來咨內稱 :
　本年六月軍卒之亂, 變出不意, 王妃閔氏不知所終, 幸玆命師東援, 撫良誅逆, 反側皆安, 始閔王妃遭難之時, 避於親族翊贊閔應植之鄕舍, 卽於八月初一日備儀迎還. 欽差吳提督特派弁勇一百人, 衛護還宮, 俾轉危獲安. 北望感激, 將前後事狀, 專差司譯院副司直金在信齎咨馳報, 乞轉奏天陛, 俾伸無事不達之忱.
等因前來. 准禮部知照. 前件已於光緒八年八月二十六日代奏, 奉旨 :
　知道了.
欽此. 除由禮部恭錄諭旨咨行, 欽遵查照外, 相應咨復貴國王查照可也.

8월 30일, 조선 국왕에게 다음과 같은 자문을 보냈습니다.

광서 8년 8월 23일, 예부에서 전달하여 보낸 귀 국왕의 다음과 같은 자문을 받았습니다.

　올해 6월 군졸들의 반란은 전혀 예상하지 못한 상태에서 발생하였고, 왕비 민씨가 어떤 일을 당하였는지 알 수 없었는데, 다행히 중국에서 군대에게 조선을 지원하도록 명령을 내려 양민을 무휼(撫恤)하고 역당(逆黨)을 주살하여 불안함을 느끼던 것이 모두 편안함으로 바뀌었고, 비로소 왕비가 곤란을 당하였을 때 친족 익찬(翊贊) 민응식(閔應植)의 시골집으로 피신한 것을 알게 되었습니다. 그래서 8월 초1일 의례를 갖추어 맞이하여 환궁할 수 있었는데. 흠차 오장경 제독이 특별히 변용(弁勇) 100명을 파견하여 환궁을 호위하게 함으로써 위태로움이 편안함으로 바뀔 수 있게 하였습니다. 북쪽을 바라보며 감격하여 전후에 걸친 일의 사정을 사역원 부사직(司譯院 副司直)인 김재신(金在信)을 파견하여 자문으로 신속하게 알리게 하면서, 황상께 대신 상주해 주도록 간청하여 더할 나위 없는 감사의 마음을 펴고자 합니다.

이상과 같은 자문. 이 자문은 이미 광서 8년 8월 26일 대신 상주하여 다음과 같은 유지를 받았다는 예부의 통지를 받았습니다.

알았다.

내부에서 유지를 삼가 베껴 사문으로 알려 받아보고 그에 따르도록 하였지만, 응당 귀 국왕에게도 자문으로 알려 받아보도록 해야 할 것입니다.

(15) 문서번호 : 4-4-15(592, 978a)[8]

사안: 조선 국왕에게 답장하는 자문 2건을 자문전달관에게 넘겨 가지고 돌아갈 수 있게 해주길 바랍니다(咨覆朝鮮國王公文二件, 希交賫咨官賫回).
날짜: 光緒八年八月三十日(1882년 10월 11일)
발신: 總理各國事務衙門
수신: 禮部

八月三十日, 行禮部片稱:

所有咨復朝鮮國王公文二件, 相應片送貴部, 希卽交該國賫咨官金在信賫回可也.

8월 30일, 예부에 다음과 같은 편문을 보냈습니다.

조선 국왕에게 답장하는 공문 2건을 응당 귀 예부에 편문으로 전달하니, 조선 자문전달관 김재신에게 넘겨 그가 가지고 돌아갈 수 있게 해주시길 바랍니다.

---

[8] 목차의 기록 및 요약과 실제 원문에 차이가 있어 오류가 분명하다. 문서번호는 원서에 기록된 593이 아니라 592가 되어야, 실제 목차의 기록 및 요약과 일치한다.

(16) 문서번호: 4-4-16(619, 1020a-1020b)

사안: 조선을 대신하여 묄렌도르프[穆麟德][9]를 초빙하여 조선 세관(稅關)의 업무를 돕게 하고, 아울러 마건상을 파견하여 돕게 하고자 합니다(擬代聘穆麟德襄助朝鮮關務, 並派馬建常襄辦).

날짜: 光緒八年十月初八日(1882년 11월 18일)

발신: 北洋大臣 李鴻章

수신: 總理衙門

十月初八日軍機處交出李鴻章抄片稱:

再, 朝鮮陪臣趙寧夏等八月初面呈該國王請示善後六條內, 有擴商務一條云:

舉國上下全昧商務關係之爲何如, […]現今築埠頭, 建稅關, 月期已屆, 而事變之後, 措辦沒策, 是爲目下急切之憂, 亦當雇請其人, 而司其權, 然後可以不失自主矣.

等語. 頃趙寧夏復齎該國王咨文來津, 內稱:[10]

各國換約在前, 一切交涉商辦事件, 茫然不知下手, 煩請酌量小邦應行時宜, 代聘

---

9 묄렌도르프(Paul George von Möllendorf, 穆麟德, 1848~1901)는 독일인으로 할레대학(Martin Luther University of Halle-Wittenberg)에서 동양어와 법률을 전공한 후, 주중국 독일 영사관에서 근무하였다. 1869년 청의 해관(海關) 직원이 되어 5년 동안 근무하였으나 독일 공사 브란트와의 불화로 해관을 떠나 이홍장에게 기탁하였다. 1882년 임오군란 이후 한국 최초의 서양인 고문으로 부임해 통리아문의 외무협판이 되어 외교 고문 역할을 담당하였다. 조선에서 벼슬을 한 최초의 서양인으로서 그는 조선 해관총세무사가 되어 해관 신설 등 통상무역 업무도 총괄하였다. 1884년 천진주재 러시아 공사 베베르가 내한하자 교섭에 나서 「조·러수호통상조약」이 체결되는 데 일조하였으며, 1885년 일본에 가서 주일 러시아 공사 다비도프와 러시아 훈련 교관 초빙 문제를 비밀리에 협의하였으나, 이 때문에 정부 관리들과 청·일 양국으로부터 강한 반발을 사서 외무협판과 해관총세무사에서 해임되었다. 그 후 조선을 떠나 청에 거주하다가 영파(寧波)에서 죽었다. 동양학이자 언어학자로도 유명한 그는 만주어 문법책인 『만주어문전(滿洲語文典)』의 저서가 있고, 아내가 쓴 자서전도 번역되어 있다(신복룡 등 역주, 『묄렌도르프自傳(外)』, 집문당, 1999).

10 원문은 稱稱이라 되어 있으나, 두 번째 글자는 衍字로 보인다.

> 賢明練達之士, 柬來隨事指導.
> 臣已於正摺內陳明顚末, 並鈔咨呈覽在案. 査該國與日本定約通商七年, 尙未設關征稅, 來年美·英·德各國踵來換約, 交涉機宜, 必須得人導助. 査有前駐津德國領事穆麟德和平忠實, 曾在中國海關襄事五年, 諳練稽征事宜, 熟悉漢文·漢語, 因與該國使臣巴蘭德不合, 辭官就幕, 屢求津海關道周馥等, 願爲朝鮮効用, 趙寗夏等來津日久, 頗相投契. 玆擬爲朝鮮代聘前往襄助關務, 飭由趙寗夏與之妥立合同, 自當恪遵該國節制, 不至掣肘. 惟須有華員伴往, 聯絡商辦, 査有候選中書馬建常, 係道員馬建忠之胞兄, 向曾遊學歐洲, 諳習公法·洋情, 明練耿直, 前經出使日本大臣黎庶昌調充理事, 適暫假來津. 臣因馬建忠爲朝鮮君臣所信服, 亦薦令同趙寗夏前往, 隨事襄籌妥辦, 可資得力. 除由臣咨復朝鮮國王, 並分咨總理衙門, 出使日本大臣知照外, 理合附片具陳, 伏乞聖鑒. 謹奏.
>
> 光緖八年十月初七日, 軍機大臣奉旨:
> 該衙門知道.
> 欽此.

10월 초8일, 군기처에서 이홍장의 다음과 같은 편문을 보내왔습니다.

추가합니다. 조선의 배신(陪臣) 조영하 등이 8월 초에 직접 제출한 조선 국왕이 지시를 요청하는 사후 대책 6조 가운데, 상무 확대 조항에서는 이렇게 말하였습니다.

> 온 나라의 사람들 모두 상무 관계가 어떠한지에 대해 아주 어둡습니다 … 현재 부두를 축조하고 세관을 건설해야 하는 기한이 이미 다 되었으나, 사변 후에 아무런 조치를 할 수 없었으니, 이것이 지금 당장 급박한 근심으로, 마땅히 적당한 사람의 고용을 요청하여 그 권한을 맡긴 다음에야 자주의 권익을 잃지 않을 수 있을 것입니다.

그 무렵 조영하 등은 다시 조선 국왕의 자문을 가지고 천진에 왔는데, 다음과 같은 내용이었습니다.

각국과의 조약 비준을 눈앞에 두고 있는데, 교섭으로 처리해야 할 모든 사건에 대해 어디서부터 시작해야 할지 전혀 모르고 있습니다. 번거롭더라도 조선이 응당 추진해야 할 시무(時務)임을 감안하여 현명하고 능숙한 인원을 대신 초빙하여 조선에 와서 일을 지도할 수 있게 해주시길 요청합니다.

신은 이미 정첩(正摺) 내에서 이 전말을 아뢰고 아울러 자문을 베껴 검토하시도록 올린 바 있습니다. 조선은 일본과 조약을 체결하고 통상을 한 지 7년인데, 아직 세관을 세워 세금을 징수하지 못하고 있으며, 내년에 미국·영국·독일 등 각국과 잇따라 조약을 비준하게 되면 교섭해야 할 사무 때문에 반드시 남의 지도와 도움을 받을 필요가 있습니다. 조사해 보니 이전에 천진 주재 독일 영사를 지낸 묄렌도르프는 성격이 평화롭고 충실하며 일찍이 중국 해관(海關)에서 일을 도운 지 5년이나 되어 계산과 징수 업무에 숙달된 데다가 한문(漢文)과 한어(漢語)를 잘 알고 있습니다. 다만 독일 공사 브란트와 사이가 좋지 않아 사직하고 제 막료(幕僚)로 들어와 일하면서 누차 진해관도 주복 등에게 조선을 위해 힘을 다할 수 있기를 바란다고 요청하였습니다. 조영하 등이 천진에 온 지 오래인데, 그와는 자못 의기가 잘 들어맞고 있습니다. 이에 따라 조선을 대신하여 그를 고문으로 초빙하여 보내 해관 사무를 도울 수 있도록 조영하 등과 적절한 계약을 맺게 하여, 응당 조선의 통제를 삼가 준수하고 방해가 되는 일이 없게 하고자 합니다. 다만 반드시 중국 관원이 동반해서 가서 연락하면서 협의하여 처리할 필요가 있습니다. 조사해 보니 후선중서(候選中書) 마건상은 도대 마건충(馬建忠)의 친형으로, 일찍이 유럽에 유학한 적이 있어 공법과 서양 사정을 잘 알고 있고 숙련되고 강직한 인품인데, 전에 일찍이 출사일본대신(出使日本大臣) 여서창(黎庶昌)에 의해 일본에서 이사(理事)[11]로 충원되어 일한 적이 있으며, 마침 잠시 휴가를 내어 천진에 돌아와 있습니다. 신은 (그의 동생인) 마건충이 조선의 군신(君臣)이 신복(信服)하는 바이므로, 또한 마건상을 추천하여 조영하 등과 함께 조선에 가서 모든 일에 대해 적절하게 처리하도록 돕게 한다면 충분한 힘이 될 것이라고 봅니다. 신이 자문으로 조선 국왕에게 답장하고 아울러 총리아문과 출사 일본대신에게도 자문을 보내는 것 외에, 응당 부편(附片)으로 상주하여 아뢰어야 할 것이니, 엎드려 황상께서 살펴봐 주시길 간청합니다. 삼가 주를 올립니다.

---

11 청은 일본에서 일반적으로 사용되는 '영사(領事)'라는 명칭 대신 '이사(理事)'라는 표현을 사용하였다.

광서8년 10월 초7일, 군기대신은 다음과 같은 유지를 받았습니다.
　해당 아문에 알리도록 하라.
이상.

(17) 문서번호 : 4-4-17(624, 1030b-1041b)[12]

사안: 장패륜(張佩綸)이 무력을 강구하여 번복을 안정시킬 것을 주청한 일에 대해 유지를 받아 적절히 논의한 주접과 부편 초고를 자문으로 보냅니다(咨送欽奉寄諭, 妥議張佩綸請講武以靖藩服等摺片稿).

첨부문서: 1. 「이홍장의 주접(李鴻章奏摺)」: 장패륜(張佩綸)이 조목조목 진술한 상정(商政) 관리, 병권(兵權) 간여, 일본과의 조약 보완, 군함 구매, 봉천(奉天) 방어 및 영흥만(永興灣) 쟁탈에 대한 답변을 上奏합니다(奏覆張佩綸條陳理商政·預兵權·救倭約·購師船·防奉天及爭永興).

2. 「이홍장의 주편(李鴻章奏片)」: [조선을] 대신하여 묄렌도르프를 초빙하고 아울러 마건상을 조선으로 보내 세관(稅關) 업무를 돕도록 할 계획입니다(擬代聘穆麟德竝馬建常前住朝鮮, 襄助關務).

3. 「조선 국왕의 자문(朝鮮國王咨)」: 현명하고 노련한 인사를 파견하여 조선의 외교 교섭 처리 문제에 대해 지도해 주시기를 자문으로 요청합니다(咨請派遣賢明練達之士, 指導朝鮮一切交涉商辦事宜).

4. 「이홍장과 조선 대관 조영하의 필담 절략(李鴻章與朝鮮大官趙寗夏筆談節略)」: 일본에 대한 배상금, 초상국 차관의 용도 및 묄렌도르프를 대신 초빙하여 세관 업무를 돕도록 하는 문제 등(對日償款, 商局借款用途, 及代聘穆麟德襄助關務等事).

날짜: 光緒八年十月十三日(1882년 11월 23일)

발신자: 李鴻章

수신자: 總理衙門

---

12 이 문서는 『국역 淸季中日韓關係史料』 제4권에 수록된 (47) 문서번호: 2-1-1-105(624, 1030b-1041b), pp.274-296에 수록되어 있으나, 임오군란과 관련된 그 중요성을 고려하여 다시 수록하였다.

十月十三日, 署北洋大臣李鴻章文稱:

光緒八年十月初五日, 由驛具奏欽奉寄諭, 悉心妥議覆陳一摺, 又附奏擬爲朝鮮代聘前駐天津德領事穆麟德等, 前往襄助商務一片. 相應鈔錄摺, 片咨送貴衙門, 謹請查核.

照錄
(1) 「李鴻章奏摺」
奏爲欽奉寄諭, 悉心妥議, 恭摺覆陳, 仰祈聖鑒事.
竊臣承准軍機大臣字寄, 九月十九日奉上諭:
 張佩綸奏, 星象主兵,[13] 請講武以靖藩服一摺. 據稱:
  朝鮮亂作於內, 敵伺於外. 吳長慶一軍暫留鎭撫, 殆權宜之策, 非經久之圖. 條
  陳六事, 請飭籌辦.
 等語. 朝鮮密邇陪都, 實爲東北屛蔽. 該國情形積弱, 現在變亂甫平, 鄰邦窺伺, 自
 應力爲護持, 以昭字小之義, 兼爲固圉之謀. 第其間籌辦機宜措置, 必須審慎. 張
 佩綸所陳, 理商政·預兵權·救倭約·購師船·奉天增兵·永興籌備各條, 著李鴻章
 悉心籌度, 妥議具奏.
等因. 欽此. 仰見聖慮周詳, 集思廣益至意, 欽悚莫名. 伏查朝鮮積弱不振, 強宗煽亂, 經我國家視同內服, 命將出師, 擒獲首惡李昰應, 安置保定, 群情震懾. 於是天下萬國皆知朝鮮爲我屬邦, 大義益明. 又有吳長慶一軍暫留鎭撫, 數月以來, 水·陸將領及朝鮮陪臣, 自該國來津者, 臣詳加諮訪, 僉稱: "朝野晏然, 人心大定, 日本留護使館之隊爲數無幾, 亦與民相安, 該國王力圖振作." 臣遵旨籌商善後各務, 漸有端緒, 張佩綸所陳六事, 有已經辦定者, 有欲籌而未及辦者. 謹悉心酌度, 分條覆陳如左:

---

13 성상주병(星象主兵)은 별자리(星體)의 밝고 어두움이나 위치 등의 현상을 보고 인간세계의 길흉화복을 점을 성상학(星象學)에서 나온 것이다. 북두칠성 가운데 마지막 일곱째 별(搖光 또는 貪狼, 太白, 部星이라고 한다)이 군사 문제를 주관(主兵)하는데, 이 일곱 째 별이 밝지 않은 것은 집금어(執金吾에서 금어는 양쪽에 금칠을 한 銅棒을 말하는데, 執金吾는 한 대 경기 지역의 치안을 책임진 관원이었다)가 적절한 사람이 아니라는 것(第七星不明, 執金吾非其人也), 즉 병권(兵權)에 문제가 있다는 것을 의미한다고 해석하는 것이다.

一. 理商政. 原奏當簡派大員爲朝鮮通商大臣, 理其外交之政, 而國治之得失, 國勢之安傾, 亦得隨時奏聞, 豫謀措置等語. 查光緒六年十一月駐日使臣何如璋致書總理衙門內, 有「主持朝鮮外交議」一篇, 以中國能於朝鮮設駐紮辦事大臣, 凡內地政治·外國條約, 皆由其主持爲上策. 又稱時方多事, 鞭長莫及, 此策未能遽行. 其次則請遣員前往朝鮮, 代爲主持結約. 當經總理衙門函商於臣, 謂: "此事若密爲維持保護, 尙覺進退綽如. 儻顯然代謀, 在朝鮮未必盡聽吾言, 而各國或將惟我是問. 他日勢成騎虎, 深恐彈丸未易脫手." 原係審時度勢之論, 該衙門曾於七年正月請旨派臣勸諭朝鮮與西國通商摺內聲明在案. 本年春間, 臣與美國使臣商辦朝鮮約稿, 奏派道員馬建忠·提督丁汝昌, 前往襄助, 令朝鮮另具照會聲明, 該國爲中華屬國, 顯寓主持調護之義. 嗣英·德踵往議約, 朝鮮國王卽屬馬建忠轉稟臣處, 選派熟悉商務, 公法之員, 幫同辦理交涉事件. 該國內亂平後, 復遣陪臣趙寗夏等來議善後, 亦諄諄以此相屬. 臣慮其君臣不諳外交, 或致措注失宜, 允俟國王咨到酌辦. 項趙寗夏航海復來, 接有朝鮮國王咨又一件. 謹照抄恭呈御覽. 其云代聘賢明練達之士, 蓋欲臣薦員住助, 仍隱由該國王調度, 權可自彼操也. 若如張佩綸所陳, 簡派大員爲朝鮮通商大臣, 理其外交, 竝預其內政, 職似監國, 向來敕使有一定體制, 通商大臣當與該國王平行辦事, 分際旣難妥洽, 以後各國與朝鮮交涉事件, 必惟中國是問, 竊恐朝廷與總署不勝其煩矣. 惟是泰西通例, 凡屬國政治不得自主. 故與人結約, 多由其統轄之國主政. 卽半主之國, 可自立約, 亦只能議辦通商而修好無與焉. 今朝鮮與日本立約已越七年. 當時約款竟認朝鮮爲自主之國, 在朝鮮昧於公例, 無足深責, 而咨報禮部轉奏, 竝未一加駁斥. 本年美·英·德三國訂約, 始申明中國屬邦字樣, 日本方噴有煩言, 各國尙不免疑議, 將來換約時, 恐有饒舌. 儻欽派大臣駐紮該國, 理其外交之政, 必將日本及美·英各約畫一辦理, 殊非易事. 若不畫一亦非政體. 此目前之難也. 朝鮮爲東三省屛蔽. 朝鮮危亡則中國之勢更急. 乘此無事, 派大臣往駐以主持通商爲名, 藉與該國政府會商整理一切, 保朝鮮卽以固吾圉, 亦與泰西屬國之例相符. 第其國內政治, 中朝向不過問. 一旦陰掣其權, 而風土異宜, 人才荏弱, 措施張弛, 未必盡如我意. 若其陽奉陰違, 或被他人挑唆生隙, 朝廷又將何以處之? 此日後之難也.

臣反覆籌維, 未敢遽決此策, 應請敕下軍機大臣會同總理衙門通盤籌畫, 定議覆奏. 至張佩綸請薦曾充專使, 熟悉洋情者, 以充其選, 何如璋上年曾發此議. 若派專使, 宜無如該員之熟悉情形矣.

一. 預兵權. 原奏亂黨殺大臣竝殺倭人. 嗣後當由中國選派教習, 代購洋鎗, 爲之簡練犄角等語. 查趙宵夏等八月初面呈該國王請示善後六條內, 有整軍制一條, 卽求中國爲之設法, 經臣抄送總理衙門在案. 嗣趙宵夏等商懇延請教師, 借給洋鎗·炸砲. 又經臣轉飭吳長慶, 揀派精熟洋操員弁, 就近敎練, 竝籌撥銅炸砲十尊, 英來福兵鎗一千桿, 配齊藥彈, 分批解送, 吳長慶轉交該國王驗收應用. 業於九月二十九日附片奏明在案, 與張佩綸所擬辦法正同.

一. 救倭約. 原奏倭約莫貪於索費, 尤莫狡於駐兵. 聞告貸北洋, 安知非借中幣, 以款東兵? 應無庸籌借. 倭兵屯劄王城, 尤多隱患, 應由吳長慶密謀箝制等語. 查前據趙宵夏等面稱, 國無一月之儲, 欲借債以救急. 五月間, 馬建忠往朝鮮爲英·德議約, 卽稟聞該國財用窘乏, 日本有借銀五十萬之說, 該君臣恐受挾制未允. 嗣花房義質又有代籌開礦, 扣還償款之議, 亦力持不可. 轉瞬設關雇員及一切創擧經費, 實無所措, 該國急而求我, 自係萬不得已. 臣仰體皇上字小之仁, 未便推諉致受日人籠絡, 轉生貳心. 因勸諭招商局員唐廷樞, 於華商湊股籌借銀五十萬兩, 議明取息八厘, 分年由該國關稅, 礦利攤還, 當經據稟分咨總理衙門, 禮部在案. 各國借債, 本係常事, 卽中國亦屢向洋商認利借銀. 臣旣爲朝鮮籌議善後, 勸令華商借銀, 竝非出自官帑, 似亦情理所宜. 況隱杜該國轉求日本之漸! 唐廷樞與趙宵夏等已會訂合同章程, 斷無失信中止之理. 今張佩綸疑爲借中幣以款東兵, 殊屬誤會. 臣前詢趙宵夏等日本償款, 該國另有指項. 玆復與筆談詰問, 據稱該國向有贈給釜山日本人之費, 近因通商停給, 算得一年日本館所贈給者, 可抵分年償款. 日後商局借項用於何處, 仍隨時報查, 所言尙切實可信. 謹將十月初二日『筆談節略』照抄呈覽. 至倭約索費五十萬元, 原訂五年分繳. 適朝鮮派使赴日本, 臣卽電商出使大臣黎庶昌, 勸令朝使向日本外務省商減兵費. 旋據黎庶昌九月十六電報, 日本不允減款, 只改爲十年分繳, 是每年僅繳五萬元. 朝鮮雖貧瘠, 尙不至爲難. 此卽所以救倭約之索費也. 倭兵進箚王城, 原約一年爲期. 吳長慶旣平內亂, 本可剋期撤回. 臣因倭兵未撤, 遵旨飭吳長慶督軍暫駐, 實密謀箝制之法. 現倭兵駐王城, 僅二百餘人, 決不至有他患. 擬俟明年春間, 再令吳長慶撤回三營, 仍留三營, 俾資翼衛. 俟倭兵一年期滿撤盡, 慶軍乃酌量抽撤. 此卽所以救倭約之駐兵也.

一. 購師船. 原奏陸軍護王都, 不如水軍護海口. 應飭部臣迅撥巨款, 先造快船兩三艘, 由北洋選派將領駐守仁川, 較爲活著等語. 洵至當不易之論. 臣於本年八月覆奏添練水師摺內聲明, 海防經費, 各省籌解僅及四分之一, 請飭戶部·總理衙門, 再撥的款, 務足原撥四百萬之數, 尚未知部臣如何籌議. 今擬巡護朝鮮, 卽以固我門戶, 必須先造快船二隻. 查總稅務司赫德送呈英廠新式大快船圖說, 每隻約價銀六十五萬兩. 李鳳苞在德國訪查新式, 價值不相上下. 昨函詢船政大臣黎兆棠, 據稱該廠仿造快船, 每隻連砲位約需銀四十萬兩. 雖不及英·德各式之精利迅速, 而工料價值較減. 擬請敕下黎兆棠趕籌定造快船二艘, 剋期竣工, 專備北洋派防朝鮮之用. 竝懇飭部於海防經費外, 迅撥有著之款八十萬兩, 限一年內分批解交. 如解不足數, 准臣檄飭江海關道, 由現存出使經費項下挪撥, 隨時咨明戶部, 總理衙門知照.

一. 防奉天. 原奏朝鮮日益多事, 遼防亦宜豫籌. 請飭盛京將軍, 抽練旗丁, 歸宋慶統之, 與所部常滿萬人, 以備緩急等語. 自唐迄明, 有事朝鮮, 皆由遼瀋進兵, 從無海道濟師之事. 緣中國自古舟師笨滯, 越國爭戰鮮獲利者. 今日東西洋輪船盛興, 一日千里. 而朝鮮形勢, 三面濱海, 更於水師爲宜, 輪船由煙臺至朝鮮漢江口, 一日夜可到, 由津沽亦不過三日. 若由遼瀋陸路至朝鮮王城, 須二十餘日, 往往緩不及事. 故欲防護朝鮮, 必以添練兵船爲要. 此時勢之宜變通者. 然遼防爲根本至計, 朝鮮後路, 抽練旗丁, 自屬要圖, 應請敕盛京將軍, 選將簡器, 認眞操練, 貴精而不貴多. 宋慶所部現調赴金州·旅順口設防, 與兵船相依護, 距瀋已遠, 未便兼統旗營, 應由該將軍另選明幹樸勤之員統之, 庶收實效.

一. 爭永興. 原奏朝鮮之永興灣, 嚴寒不冰, 俄人欲得其地駐船, 應會同吳大澂妥籌, 力爭要害等語. 查朝鮮東北之永興灣, 形勢險固, 可作船塢, 西人嘗艷稱之. 上年中俄議約, 俄人調集兵艦駐海參崴, 英·法各國皆疑俄欲攻奪永興. 而駐津俄國領事今升署公使之韋貝, 每向臣密言, 俄廷絕無此意. 本年英·美·德與朝鮮議約, 俄使先向總理衙門探詢朝鮮與俄定界通商, 經朝鮮辨阻, 迄今尚未再議. 似其本志非卽欲進據永興者. 永興近接元山通商口岸, 將來各國貿易互通, 俄人亦難獨圖佔奪. 至該處距吳大澂駐兵之寧古塔·三姓·琿春等處千餘里而遙, 中隔俄境, 水陸異宜, 山川間阻, 吳大澂兵力, 餉力斷難兼營. 似只可從緩籌議, 俟朝鮮整頓軍制, 力能自顧, 北洋鐵艦, 快船購練齊備, 再隨時酌撥, 分往梭巡, 以壯聲援.

以上六事, 皆臣近日籌畫所及. 但辦理自有次第. 理合據實由驛具陳, 是否有當, 伏乞皇太后, 皇上聖鑒訓示. 謹奏.

(2) 「李鴻章奏片」
再, 朝鮮陪臣趙甯夏等八月初面呈該國王請示善後六條內, 有擴商務一條云:

> 舉國上下, 全昧商務關繫之何如. 現今築埠頭, 建稅關, 月期已屆, 而事變後措辦無方, 當雇請其人, 而司其權, 然後可不失自主.

等語. 頃趙甯夏復齎該國王咨文來津內稱:

> 各國換約在前, 一切交涉商辦事件, 茫然不知下手. 煩請酌量小邦應行時宜, 代聘賢明練達之士東來, 隨事指導.

臣已於正摺內陳明巔末, 竝鈔咨呈覽在案. 查該國與日本定約通商七年, 尚未設關徵稅. 將來美·德·英各國踵來換約, 交涉機宜, 必須得人導助. 查有前駐津德國領事穆麟德, 和平忠實, 曾在中國海關裏事五年, 諳練稽徵事宜, 熟悉漢文·漢語. 因與該國使臣巴蘭德不合, 辭官就幕, 屢求津海關道周馥等, 願爲朝鮮效用. 趙甯夏等來津日久, 頗相投契. 茲擬爲朝鮮代聘前往襄助關務, 飭由趙甯夏與之妥立合同, 自當恪遵該國節制, 不至掣肘. 惟須有華員伴往聯絡商辦.

查有候選中書馬建常, 係道員馬建忠之胞兄, 向曾游學歐洲, 諳習公法·洋情, 明練耿直, 前經出使日本大臣黎庶昌調充理事, 適暫假來津. 臣因馬建忠爲朝鮮君臣所信服, 亦薦令同趙甯夏前往, 隨事襄籌妥辦, 可資得力. 除由臣咨覆朝鮮國王, 竝分咨總理衙門, 出使日本大臣知照外, 理合附片具陳, 伏乞聖鑒. 謹奏.

謹將朝鮮國王來咨, 照抄恭呈御覽.

(3) 「朝鮮國王咨」
朝鮮國王爲咨會事.
照得小邦締修外交, 救定內難, 實賴我中朝綏靖至恩, 暨貴大臣經畫遠謨, 前後襄辦, 靡用極, 欽頌銜結, 舉國同情. 竊小邦向不諳外務. 而各國換約在前, 一切交涉商辦事件, 茫然不知下手. 煩請貴大臣酌量小邦應行時宜, 代聘賢明練達之士, 迨茲東來,隨事指導, 俾得藉手牖迷, 克徹終始之惠, 千萬幸甚. 爲此合行移咨. 請煩照驗施行. 須至咨者.
光緒八年九月十七日發, 十月初二日到.

謹將光緒八年十月初二日, 與朝鮮大官趙寧夏筆談節略, 抄呈御覽.

(4)「李鴻章與朝鮮大官趙寧夏筆談節略」
李: "回國旬日所見·所聞, 貴國朝野情形, 大槪若何? 現在臣工等何人贊襄得力, 擧何政要?"
趙: "旬日之間, 別無聞見. 朝野晏然, 莫非中朝彈壓之恩. 臣工亦依前日樣子. 略改幾件政要, 姑無顯效可告."
李: "所更改者何件?"
趙: "別無可告. 敝邦每因循刓過爲習. 故姑無某事事之可告. 略于細瑣, 間欲經紀, 亦未歸正."
李: "機務衙門復設否, 抑變作何項名目?"
趙: "今以機務處爲名目. 而參其選者, 每日早進, 所達公事, 必以機務處爲式."
李: "往日本使臣, 何時可回? 聞償款五十萬元, 前約五年分繳, 今議改十年分繳, 曾得信否?"
趙: "未可的知何時回還. 償款以十年爲定之說, 項聞於海關道矣. 此是向日電報黎公使之力."
李: "日本償款, 貴國究擬確指何項?"
趙: "敝邦慶尙道前有贈給釜山日本人之費不少矣. 近年以來日人不願, 敝邦亦不給. 算得一年日本館所贈給之費, 可當分年償款. 故將以此爲償費."
李: "風聞外間傳言, 卿等前借招商局之款, 雖以善後爲辭, 其實爲按年繳償日本地也. 如此言非眞, 貴國擬將商局借項用於何處? 詳細告知本大臣, 可隨時查考."
趙: "前者借款一事, 深感曲庇小邦之恩, 何敢用於日本之償乎? 若用於日本之償, 則將來還本又將何以爲之乎? 且小邦現今財竭, 莫保朝夕. 若浪用於他費, 則非但折本, 恐歸烏有之慮. 日後若用一·二兩銀, 必告知傅相. 以用於何處, 亦由寧夏與周·馬兩觀察所共知之事外, 不爲許給, 然後可保無他慮."

李: "商局借銀以後用於何處, 務須隨時報知本大臣, 以免外人謠惑."

趙: "宵旰恐慮其浪用, 似負盛眷. 故敢此仰白衷情者也. 日後如用於何處·何事, 宵旰轉告於周·馬兩觀察轉達, 亦惟燭其可許之事狀. 然後雖一兩銀許借, 可免小邦之窘, 亦可以仰答盛眷. 伏望以此下燭."

李: "倭兵現在王城實有若干人, 與民相安否? 吳軍門所部各營在彼有無滋擾, 約計何時可以撤回?"

趙: "倭兵現在城裏爲二百餘人, 姑無與民相干. 軍門所部各營, 與他們不相往來, 有何爲擾乎? 現今若撤回, 則恐有不安靜之慮, 減數猶可, 若撤回似不可耳."

李: "永興灣至圖們江口約若干里? 又永興至會寧·慶源若干里?"

趙: "約一千餘里. 圖們江卽會寧, 慶源之地."

李: "永興距元山通商口岸咫尺. 該處有備兵否? 西人謂永興灣海口, 嚴寒不冰, 去俄境海參崴不遠, 俄人嘗欲佔奪此口, 以作爲船隝. 貴國思患預防當若何?"

趙: "敝邦兵備全不成樣, 王城之裏亦然, 況遙遠外鄕乎? 俄人之欲占文川灣已久,[14] 而敝邦未有備, 是用爲悶."

趙: "敝邦幹事人員, 何時派送乎?"

李: "前署德國領事穆麟德, 聞與卿等甚熟. 其人明白交涉·關稅各事, 性情忠實, 頗願爲貴國效用. 若令卽去, 可由周·馬兩道臺與之妥議, 訂一合同文券."

趙: "穆麟德與宵旰幾次面熟, 甚明白忠實, 亦惟在傅相處分. 謹當與周·馬兩道臺議訂."

李: "旣延請西人, 必須有中國委員同往聯絡鈐制. 馬道在此公務甚繁, 不克分身. 中書馬建常熟悉公法·洋情,[15] 曾晤談否?"

---

14 문천만(文川灣): 영흥만(永興灣) 내의 소만(小灣) 중 하나

15 중서(中書)는 여기서는 내각중서(內閣中書)의 직함(종칠품)을 말하는데, 마건상은 과거출신자가 아니고 천주교 신학박사(神學博士)의 학위만을 가졌다. 산동기기국총판, 일본 고베(神戶) 영사 등을 거치는데 그때 후선내각중서(候選內閣中書)의 직함이었다. 이홍장에 의해 조선에 파견되었을 때에도 마찬가지였는데, 『고종실록』 19권, 고종 19년 11월 17일 기해 1번째 기사에는 "중국사인(中國舍人) 마건상과 전 청나라주재 독일 영사관 묄렌도르프를 접견하다."라고 기록되어 있다. '중국사인'은 '중서사인(中書舍人)'의 오기로 보인다.

> 趙: "馬中書前在津面晤, 老實明白, 已欽服矣. 宵夏歸國, 亦告馬建常之明白熟諳外洋公法之由於國王矣. 若與他同往商辦, 不勝萬幸. 敝邦事宜, 馬道臺前後詳悉矣, 須於今行一同往回. 伏望伏望. 國王專等馬道臺之東渡."
>
> 李: "馬道臺暫難前去. 有馬中書先行亦是一樣. 馬中書人甚耿直, 會商諸事, 必無欺飾."

10월 13일, 서리북양대신 이홍장이 다음과 같은 문서를 보내왔습니다.

광서 8년 10월 5일, 군기대신의 기신상유를 받아, 최선을 다해 적절한 대책을 논의한 답변 주접 및 전(前)천진주재(天津駐在) 독일영사 묄렌도르프 등을 조선에 보내 상무(商務)를 돕게 하겠다고 부주(附奏)한 부편(附片)을 첨부하여 역참을 통해 상주하였습니다. 마땅히 주접과 주편을 초록하여 귀 아문에 자문으로 보내야 하니, 삼가 검토해 주시기를 바랍니다.

첨부 문서:
(1) 「이홍장주접(李鴻章奏摺)」 초록

삼가 보내주신 기신상유를 받아 최선을 다해 적절한 대책을 논의한 주접을 삼가 갖추어 답변을 아뢰니, 살펴봐 주시기를 엎드려 빕니다.

저는 군기대신으로부터 다음과 같은 기신상유를 전달받았습니다.

> 9월 19일, 다음과 같은 상유를 받았습니다.
>
>> 장패륜(張佩綸)이 성상(星象)에서 병권(兵權)에 문제가 있음이 나타났으니 군사력을 강화하여 번복(藩服)을 안정시키자고 주청(奏請)하였는데, 이렇게 진술하고 있다.
>>
>> 조선은 안에서 변란이 일어나고 밖에서는 적이 핍박해 들어오고 있습니다. 오장경이 통솔하는 부대를 잠시 남겨두어 안정시키는 것은 임시방편으로서 장구한 계책은 아닙니다. 여섯 가지 문제에 대해 조목조목 진술하오니, 그에 대한 대책을 마련하여 처리하도록 지시해 주십시오.

조선은 배도(陪都)인 성경(盛京)과 아주 가깝고, 실로 동북(東北) 지역의 울타리가 된다. 조선의 상황은 날로 허약해지고 있으며, 현재 변란이 막 평정되었고 이웃 나라가 엿보고 있으니 응당 힘써 지켜줌으로써 작은 나라를 돌보아 주는 자소의 의리를 밝힘과 동시에 변방을 굳게 지키는 계책으로 삼아야 한다. 다만 그것을 위해 대책과 조치를 준비할 때는 반드시 신중해야 할 것이다. 장패륜이 진술한 바, 정치·외교를 관리하고, 병권(兵權)에 간여하며, 일본과의 배상금 문제를 해결하고, 군함을 구매하며, 봉천(奉天)의 군대를 늘리고, 영흥(永興)을 쟁취할 준비를 하는 각 조 사항에 대해서는 이홍장이 최선을 다해 헤아리고 적절히 논의하여 상주하라.

황상의 주도면밀하신 생각과 지혜를 모아 효용을 넓히시려는 지극한 뜻을 삼가 우러러 놀라움을 금할 수 없습니다. 엎드려 생각건대, 조선은 쇠약하고 부진하며 힘 있는 종실이 변란을 선동하였으나, 청조가 내복(內服)처럼 여기고 장수에게 명을 내려 군대를 보내 주범자 이하응을 잡아 보정에 안치하였으니, 모두가 놀라고 두려워 떨게 되었습니다. 이에 천하만국(天下萬國)은 모두 조선이 우리의 속방임을 알게 되어, 대의(大義)가 더욱 분명해졌습니다. 또한 오장경의 부대를 잠시 남겨두어 진무하도록 하였습니다. 수개월 동안 육군·수사의 장교나 조선 관원들이 천진으로 찾아올 때마다 상세하게 물어보니, 모두들 "조야(朝野)가 평안하고 민심이 크게 안정되었으며, 일본이 공사관 보호를 위해 남겨둔 군대의 수는 얼마 되지 않고 또한 백성들과도 서로 잘 지내고 있으며, 조선 국왕은 힘써 도모하고 분발하고 있다."고 입을 모아 이야기하였습니다. 제가 유지를 받들어 준비하는 각종 뒤처리 문제는 점차 실마리가 잡히고 있는데, 장패륜이 진술한 여섯 가지 일 가운데에는 이미 처리를 한 것도 있고, 준비하고자 하였으나 아직 마무리하지 못한 것도 있습니다. 삼가 최선을 다해 헤아려 아래와 같이 조목조목 나누어 답변을 아뢰고자 합니다.

(1) 첫째는, 통상 문제[商政]를 직접 관리하는 문제입니다.[16] 원(原) 주접에서는 "마땅히 고위 관원을 가려 뽑아 조선통상대신(朝鮮通商大臣)으로 파견함으로써 그 외교 정책을 관리하고, 국가 통치의 득실이나 국세 안정에 대해서 더불어 수시로 상주하여 보고하게 하여 미리 조치를

---

16 '商政'이라고 하였지만 실제 언급되는 내용은 조선의 정치·외교를 관장하되, 직접 그러한 명문을 내세우기는 곤란하므로 통상(通商)을 주지하는 명목으로 관원을 파견하는 편이 낫다는 의견을 제시하기 때문에 이렇게 서술하고 있다.

준비할 수 있게 해야 합니다."라고 하였습니다. 살펴보건대, 광서 6년 11월 주일공사 하여장(何如璋)이 총리아문에 보낸 서신에는 「주지조선외교의(主持朝鮮外交議)」라는 글이 있었는데, 여기에서는 중국이 조선에 주찰판사대신(駐紮辦事大臣)을 파견하여 국내 정치 및 외국과의 조약 모두 주지하도록 할 수 있다면 그것이 상책이라고 하였습니다. 그렇지만 당장은 바야흐로 다사다난한 시기이고 역량이 미치지 못하기 때문에 이 방법은 갑작스레 실행할 수 없다고 하였습니다. 그다음 방안으로 그가 제시한 것은 관원을 조선에 보내 조약 체결을 대신 주도하도록 요청하는 것이었습니다. 그때 총리아문에서 제게 서신을 보내 상의하기에, 저는 "이 일은 만일 비밀리에 조선을 유지하고 보호하는 것이라면 여전히 여유 있게 진퇴를 결정할 수 있습니다. 하지만 만일 드러내 놓고 [조선] 대신 앞에 나선다면, 조선이 반드시 우리말을 모두 들을 것이라 장담할 수도 없고, 각국은 오로지 우리에게만 모든 책임을 물을 것입니다. 장차 호랑이 등에 올라탄 형세가 되어 조그마한 일에서도 손을 빼기 쉽지 않을까 깊이 우려됩니다."라고 하였습니다. 이는 본디 당시의 시세를 헤아려 논의한 것입니다만, 이에 대해서는 총리아문에서는 일찍이 광서 7년 1월, 신에게 조선과 서양 각국의 통상을 권유하게 해달라고 유지를 청한 주접에서 이미 밝힌 바 있습니다.

올봄, 저는 미국 사신이 조선과의 조약 원고를 상의하면서, 도원 마건충과 제독 정여창을 조선으로 보내 돕도록 상주하여 파견하였고, 나아가 조선으로 하여금 별도의 조회를 갖추어 조선이 중화의 속국임을 밝히게 함으로써 뚜렷하게 중국이 주도하고 보호하는 취지가 깃들게 하였습니다. 뒤이어 영국·독일이 조선에 가서 조약 체결을 하게 되었는데, 조선 국왕은 즉시 마건충으로 하여금 저에게 보고를 올리게 하여, 상무(商務)와 공법(公法)을 잘 아는 관원을 뽑아 보내 교섭 사건을 돕게 해달라고 요청하였습니다. 조선의 내란이 평정된 후 다시 배신 조영하 등을 제게 보내 사후 조치를 협의하게 하였는데, 이때에도 또한 간곡히 이점을 부탁하였습니다. 저는 조선 군신(君臣)이 외교에 어두워 혹시 적절히 처리하지 못할까 우려되었기에, 국왕의 정식 자문으로 요청하면 헤아려 처리하겠다고 답하였습니다. 얼마 전 조영하가 해로를 통해 다시 와서 조선 국왕의 자문 1건을 올렸습니다. 삼가 이 자문을 초록하여 올리오니 살펴봐 주십시오. 이 자문에서는 현명하고 노련한 인사를 대신 초빙해달라고 하였는데, 제가 관원을 천거하여 보내주기를 바라지만 그래도 조선 국왕이 은밀하게 통제하여 그 권한을 스스로 장악하겠다는 뜻입니다.

만약 장패륜이 진술한 것처럼, 고위 관원을 선발하여 조선통상대신으로 삼아 그 외교를 관리하고 아울러 그 내정에도 간여한다면, 그 직위는 감국(監國)과 비슷합니다. 지금까지 [황제가 직접 파견하는] 칙사(勅使)에는 일정한 체제가 있었고, 통상대신은 마땅히 조선 국왕과 평행하는 위치에서 일을 해야 하는데, 양자 관계를 적절하게 조절하기 어려울 뿐 아니라 이후 각국과 조선의 교섭 사건에 대해 반드시 오로지 중국에만 책임을 물을 것이니, 아마도 조정과 총리아문이 그 번거로움을 감당하지 못할까 두렵습니다. 다만 서양의 통례(通例)로 보면 무릇 속국의 정치는 자주(自主)할 수 없습니다. 그러므로 다른 나라와 조약을 체결할 때 대부분 종주국(宗主國)[통할지국(統轄之國)]이 주로 처리합니다. 그렇지만 반자주국(半自主國)은 스스로 조약을 체결할 수 있으나, 또한 단지 통상만을 논의·처리할 수 있을 뿐 수호조약(修好條約)을 체결할 수는 없습니다. 현재 조선이 일본과 조약을 체결한지 이미 7년이 넘었습니다. 당시의 조약에서 결국 조선이 자주지국(自主之國)임을 인정하였으나, 조선은 공례(公例)에 어두웠으므로 깊이 질책할만한 것이 아니었고, [조선이] 예부에 자문을 보내 [예부에서] 대신 상주하였을 때에도 결코 반박하지 않았습니다. 올해 미국·영국·독일과 조약을 체결하면서 비로소 중국의 속방이라는 것을 분명히 밝히게 하였으나, 일본 측에서는 이에 대해 불평을 털어놓았고 각국에서도 여전히 이의를 제기하는 것을 여전히 피할 수 없으니, 장래 [조선이 앞의 나라들과] 조약을 교환할 때도 궤변이 나올까 우려됩니다. [따라서] 만일 황상께서 파견한 대신이 조선에 주재하여 그 외정(外政)을 관리한다면, 반드시 일본 및 미국·영국과의 조약을 일률적으로 처리해야 하는데, 이는 특히 쉬운 일이 아닙니다. 만일 일률적으로 처리하지 않는다면 또한 제대로 된 정치의 방식[정체(政體)]이 아니니, 이것이 눈앞에 있는 어려움입니다. 조선은 동삼성(東三省)의 울타리가 되며, 조선이 위급하면 중국의 형세는 더욱 다급해집니다. 지금처럼 아무런 일이 없는 때를 이용하여 대신(大臣)을 보내 통상을 주관한다는 명목으로 주재시키고, 이를 빌어 조선 정부와 함께 모든 문제를 처리함으로써 조선을 보호하는 것이 곧 우리 울타리를 튼튼하게 하는 것 역시 서양 속국의 사례와도 들어맞습니다. 다만 조선의 국내 정치에 대해 중국은 지금껏 간여하지 않았습니다. 일단 은근히 그 권력을 통제하게 되더라도 풍토가 서로 다르고 인재가 미약하여 여러 조치들의 성패가 반드시 우리 뜻처럼 다 되지는 않을 것입니다. 만약 조선이 앞에서는 받들고 뒤에서는 거스르거나, 혹은 남의 선동을 받아 사시에 벌어지게 된다면 조정은 또한 장차 어떻게 이것을 처리하겠습니까? 이것이 앞으로 겪게 될 어려움입니다. 제가 거듭 반복하여 생각해 보았으나 감히 황급하게 이 방법으로 결정할 수는 없으니, 마땅히 군기대신이 총리아문과 함께 전반적으로 논의하여 결론을 내린 다음 답변 상주를 올리도록 지시해 주실 것을 청해야 할 것입니다. 장패륜이 일찍이 전담 사신에 충당된 경험이 있고 서양 사정을 잘 알고 있는 사람을 천거하여 그 자리에 파견하자고 주청한 것은 하여장이 이미 작년에 제안하였던 바입니다. 만일 전담 사신을 파견한다면 응당 서양 사정을 잘 아는 사람을 고르는 편이 가장 나을 터입니다.

(2) 둘째는, [조선의] 병권(兵權)에 간여하는 문제입니다. 원 주접에서는 "난당이 대신들과 일본인을 살해하였습니다. 이후 마땅히 중국에서 교습(敎習)을 뽑아 보내고 대신 서양식 총을 구입하고, 그들을 훈련시켜 대치할 수 있는 형세를 이룰 수 있게 해야 한다."고 하였습니다. 살펴보건대, 조영하 등이 8월 초에 조선 국왕이 지시를 요청하는 「선후육조(善後六條)」를 올렸는데, 그 가운데 군제(軍制) 정비 항목이 있었으니, 바로 중국이 조선을 위해 방법을 마련해달라고 요청하는 것이었고, 이를 제가 초록하여 총리아문에 보낸 적이 있습니다. 이후 조영하 등은 군사 교관의 초빙, 총과 대포의 임대·지급을 간청하였습니다. 이에 또한 이미 오장경에게 지시를 전달하여 서양식 훈련에 정통한 무관·장교를 골라 거기에서 직접 훈련하도록 하였고, 아울러 동(銅) 대포 10문, 영국제 라이플 1천 자루를 마련하여 탄약과 함께 여러 차례로 나누어 보내게 하여, 오상경이 이를 조선 국왕에게 넘겨 점점·수령하여 사용하게 하였습니다. 이에 대해서는 이미 9월 29일 부편으로 상주한 적이 있으며, 장패륜이 제안한 방법과 완전히 동일합니다.

(3) 셋째는 일본과의 [제물포(濟物浦)] 조약에 대한 보완 문제[구왜약(救倭約)]입니다.[17] 원 주접에서는 "일본과의 조약에서 배상금 요구만큼 탐욕스러운 것이 없고, 특히 군대 주둔만큼 교활한 것이 없습니다. 듣자 하니 북양대신에게 차관을 요청하였다고 하는데 중국의 재물을 빌려 일본군에게 구화(求和)하는 것이 아닌지 어찌 알겠습니까? 마땅히 돈을 마련하여 빌려줄 필요가 없습니다. 일본군이 왕성에 주둔하는 것에는 특히 드러나지 않은 위험이 많으니 마땅히 오장경이 통제할 수 있도록 비밀리에 계획하게 해야 합니다."라고 하였습니다. 살펴보건대, 이전 조영하 등이 말하기를 조선에는 1개월 치의 재정 비축분도 없어서 차관을 빌려 급한 불을 꺼야 한다고 하였습니다. 5월 중 마건충이 조선에 가서 영국·독일과 조약 체결을 논의하였을 때, 즉시 조선 재정이 궁핍하여 일본이 은(銀) 50만을 빌려준다는 소문이 있었으나 조선 군신은 제약을 당할까 두려워하여 승낙하지 않았다고 보고하기도 하였습니다. 이후 하나부사 요시모토가

---

17 임오군란 때 마건충과 오장경이 이끄는 부대에 의해 반란이 평정되자 일본과의 협상이 진전되어 8월 30일에는 「제물포조약(濟物浦條約)」이 체결되었는데, 사건 주모자를 20일 내에 체포·처벌하고 일본 및 일본인 피해자와 일본공사 호위비용으로 50만 원의 배상금을 지불하며, 일본공사관 경비를 위한 군대 파견을 인정하고 사죄사절을 파견하는 것이 그 주된 내용이었다. 일본에 대한 조약에 대한 보완이란 이 배상금 문제를 다루고 있다.

다시 광산을 대신 개발하는 대가가 있으면 배상금 삭감상환을 고려하겠다는 제안을 내기도 하였으나, 또한 안 된다는 입장을 애써 고수하였습니다. 지금 당장 필요한 세관 설치와 직원 고용 및 새로운 사업을 시작할 모든 경비를 실로 마련할 방법이 없어, 조선에서 급히 우리에게 도움을 요청한 것은 실로 만부득이한 일이었습니다. 저는 작은 나라를 아끼시는 황상의 인자함을 받들고자 그 요청을 거절하여 일본에게 농락당하고 조선이 도리어 다른 마음을 먹게 할 수는 없었습니다. 이 때문에 초상국원(招商局員) 당정추(唐廷樞)에게 권유하여 중국 상인들로부터 은(銀) 50만(萬) 냥(兩)을 마련하여 빌려주되, 8%의 이자를 받고, 조선의 관세와 광산 수익으로 매년 상환하도록 명시하게 하였으며, 이에 대해 이미 보고받고 총리아문과 예부에 각기 자문으로 알린 바 있습니다. 각국에서 차관하는 일은 본디 일상적인 것으로, 중국 또한 누차 서양 상인들로부터 이자를 주고 자금을 빌렸습니다. 조선에 대한 사후 조치를 마련하기 위해 중국 상인들에게 돈을 빌려주도록 권유한 것은 결코 나랏돈에서 나온 것이 아니니 또한 도리에도 맞을 듯합니다. 하물며 조선이 일본 측에 의지하게 될 수 있는 조짐까지 은밀히 저지하였습니다! 당정추와 조영하 등은 이미 함께 계약을 체결하였으니, 결코 약속을 어기고 중단할 이유가 없습니다. 지금 장패륜이 중국의 나랏돈을 빌려 일본군에게 구화(求和)를 한다고 의심한 것은 완전한 오해입니다. 제가 이전에 조영하 등에게 일본에 대한 배상금을 물어보았더니 조선에서는 별도의 지정된 재정 항목이 있다고 하였습니다. 그래서 다시 그와 필담을 하면서 재차 힐문하였더니, 조선이 지금껏 부산의 일본인에게 주던 비용이 있었는데, 근래 통상 때문에 지급이 중단되었으며, 계산해 보니 1년 동안 일본관(日本館)에 지급한 비용이면 매년 배상금을 메울 수 있을 것이라 하였습니다. 앞으로 초상국에서 빌린 돈을 어디에 썼는지도 수시로 보고하여 점검을 받겠다고 하였으니 말한 바가 절실하여 믿을 만합니다. 삼가 10월 2일의 『필담전략(筆談節略)』을 초록하여 올리니 살펴봐 주십시오. 일본이 [제물포]조약에서 배상금으로 요구한 50만 원은 원래 5년으로 나누어 지불하기로 하였습니다. 때마침 조선에서 사신을 일본에 파견하자, 저는 즉시 주일본 공사 여서창에게 전보를 보내 조선 사신으로 하여금 일본 외무성과 배상금의 삭감을 협상하도록 권유토록 하였습니다. 그 뒤 곧 여서창이 보낸 9월 16일 전보에 따르면, 일본은 삭감을 승인하지 않고 다만 10년으로 나누어 지불하는 것으로 바꾸었다고 하니, 매년 5만 원만 지불하면 됩니다. 조선이 비록 빈곤하지만 이 때문에 어려운 상황에 이르지는 않을 것입니다. 이것이 곧 일본과의 조약에서 규정한 배상금 요구를 보완한 연유입니다. 일본군이 왕성에 진주한 것은 원래 조약에서는 1년을 기한으로 하였습니다. 오장경은 이미 내란이 평정되었으므로, 본디 곧바로 철수해도 됩니다. 하지만 일본군이 철수하지 않았기 때문에 유지를 받들어 오장경으로 하여금 군대를 통솔하여 잠시 주둔하면서 비밀리에 그들을 통제할 수 있는 방법을 꾀하도록 하였습니다. 현재 왕성에 주둔 중인 일본군은 단지 200여 명으로 결코 별다른 걱정거리가 되지 않을 것입니다. 내년 봄이 되기를 기다려 다시 오장경에게 3개 영은 철수시키되 3개 영은 잔류시켜 왕성 보위에 도움이 되도록 지시할 생각입니다. 일본군이 주둔 기한 1년을 넘겨 모두 철수하면 오장경 군대도 사정을 보아 철수시킬 것입니다. 이것이 곧 일본과의 조약에서 규정한 군사 주둔을 수정한 연유입니다.

(4) 넷째는, 군함 구매[구사선(購師船)] 문제입니다. 원 주접에서는 "육군이 수도를 지키는 것은 해군이 해구를 지키는 것만 못하니, 마땅히 호부 관원들에게 신속히 거금을 마련하여 우선 쾌속선 2~3척을 건조하도록 하고, 북양대신이 장교를 선발하여 보내 인천에 주둔하도록 한다면 비교적 묘수가 될 것입니다."라고 하였습니다. 진실로 바뀔 수 없는 매우 타당한 주장입니다. 저는 올해 8월 해군의 추가 조련 문제에 대한 답변 상주에서 해방(海防) 경비 가운데 각 성(各 省)에서 마련해 보낸 비용은 난시 선체의 1/4에 불과하니, 호부·총리아문이 재차 재원이 확실한 자금을 뽑아내어 원래 지급을 계획하였던 400만 냥을 반드시 충족시켜야 한다고 밝혔으나, 아직 호부 관원들이 어떻게 준비하고 있는지에 대해서는 알지 못합니다. 현재 조선을 군함으로 보호하는 것은 바로 우리 문호(門戶)를 공고히 하는 것이니, 반드시 우선 2척의 쾌속선을 건조해야 합니다. 살펴보건대, 총세무사 하트가 영국 조선소의 신형 대형 쾌속선 도면과 설명서를 보내왔는데, 매 척당 약 은 65만 냥입니다. 이봉포(李鳳苞)[18]가 독일에서 신형 쾌속선을 조사해 보니 그 가격이 비슷합니다. 얼마 전 선정대신(船政大臣) 여조당(黎兆棠)[19]에게 서신을 보내 문의하였는데 그의 답변에 따르면, 해당 조선소에서는 쾌속선을 모방하여 건조하는 데 대포까지 포함하여 매척 당 은 40만 냥이 필요하다고 합니다. 비록 영국·독일 신형 쾌속선의 정밀함과 신속함에 미치지는 못하지만, 생산 비용은 비교적 줄어듭니다. 청컨대, 여조당에게 지

---

18 이봉포(李鳳苞, 1834~1887)는 자가 단애(丹崖)로 강소성(江蘇省) 숭명현(崇明縣) 출신이다. 이홍장 밑에서 양무파 관료로 일하였으며, 1876년에는 선정유학생감독(船政留學生監督)이 되었고, 1877년에는 영국·프랑스에서 학습하였으며 1878년 이홍장의 추천으로 주독일 공사가 되었다. 1884년에는 독일에서 군함을 구입하는 과정에서 銀 60만 양의 뇌물을 받아 혁직당했다.

19 여조당(黎兆棠, 1827~1894)은 자가 소민(召民)으로 광동성 순덕현(順德縣) 출신인데, 1853년 진사가 된 후 예부주사(禮部主事)에서 대만도대(臺灣道臺), 진해관도대(天津海關道臺), 직예안찰사(直隷按察使), 복건선정대신(福建船政大臣) 등 여러 관직을 거쳤다.

시하셔서 신속히 쾌속선 2척을 건조하여 기한 내에 완성하며, 북양대신이 오로지 조선 방어용으로 구비할 수 있도록 해주십시오. 아울러 호부에 지시하여 해방 경비 외에 재원이 확실한 자금 80만 냥을 신속히 1년 기한 내에 나누어 지급하도록 해주실 것을 간청하는 바입니다. 만일 자금이 부족할 경우 제가 강해관도(江海關道)에게 지시하여 현재 출사경비(出使經費)에서 전용(轉用)하여 옮겨쓰되, 이에 대해 수시로 호부·총리아문에 자문으로 알리도록 재가해 주십시오.

(5) 다섯째는, 봉천(奉天) 방어 문제입니다. 원 주접에서는, "조선에서 나날이 많은 사건이 일어나므로 요동(遼東) 방어 또한 마땅히 미리 준비해야 할 것입니다. 성경장군(盛京將軍)에게 지시하여 기인병정(旗人兵丁)을 뽑아 훈련시키고 이들을 송경(宋慶)[20]에게 귀속·관할시켜 그가 지휘하는 1만 명과 함께 긴급한 사태에 대비하게 해야 합니다."라고 하였습니다. 당(唐)에서 명(明)에 이르기까지 조선에 사변이 있으면 모두 요심(遼瀋) 지역에서 군대를 진군시켰고, 바닷길로 건너보냈던 적은 없습니다. 예로부터 배를 이용하는 것이 번잡하고 국경을 넘은 전쟁을 통해 얻는 이익이 적었기 때문입니다. 오늘날 동·서양에서는 윤선(輪船)이 성행하여 하루에 천리를 갑니다. 그리고 조선의 형세 상 삼면이 바다라서 해군에게 훨씬 적절하며, 윤선을 타면 연대에서 조선의 한강 해구까지 하룻밤이면 도착할 수 있고, 천진에서 출발하면 불과 사흘이면 도착할 수 있습니다. 만일 요심 지역에서 육로로 조선 왕성까지 가려면 필시 20여 일이 걸리므로, 제 때에 도착하지 못하고 지체되는 일이 자주 있습니다. 따라서 조선을 방어하고자 한다면 반드시 군함을 추가 조련하는 것이 요무(要務)입니다. 이것은 현재 상황에서 마땅히 변통해야 하는 부분입니다. 그런데 요동 방어는 [경사(京師)를 지키는] 근본 계획이자, 조선의 후방을 지키는 것이니 기정(旗丁)을 뽑아 조련시키는 일은 당연히 중요한 대책에 속하므로, 청컨대 성경장군에게 지시하여 장수를 가려 뽑고 무기를 간결하게 하여 충실히 조련하되, 많은 숫자에 집착하지 말고 정예병 양성에 중점을 두도록 해주십시오. 송경(宋慶)의 부대는 현재 전주(金州)·여순구(旅順口)로 이동해 방어 시설을 구축하여 군함과 함께 서로를 방어하려고 하는데, 심양(瀋陽)으로부터 거리가 멀어 기정(旗丁) 부대까지 함께 통할하기는 곤란하므로 응당 성경장군이 따로 재간 있고 근면한 무관을 골라 선발하고 통솔시켜 실효를 거두도록 해야 할 것입니다.

(6) 여섯째는 영흥만(永興灣)을 쟁취하는 일입니다. 원 주접에서는 "조선의 영흥만은 엄동에

---

20 송경(宋慶, 1820~1902)은 자가 축삼(祝三)으로 산동성(山東省) 봉래현(蓬萊縣) 출신이다. 청 말의 군인으로 태평천국의 진압에 참여한 이후 청일전쟁·의화단전쟁 시기까지 활약하였다.

도 얼지 않아 러시아인들이 그 땅을 얻어 군함을 정박시키고자 하니, 마땅히 오대징과 함께 적절히 준비하여 힘써 요충지를 쟁취해야 합니다."라고 하였습니다. 살펴보건대, 조선 동북의 영흥만은 형세가 견고하여 항만을 만들 수 있어 서양인들이 일찍이 부러워하였습니다. 지난해 중국·러시아가 조약을 논의할 때,[21] 러시아가 군함을 블라디보스톡에 집결시켰는데, 영국·프랑스 등 각국은 모두 러시아가 영흥만을 공격하여 탈취하는 것은 아닌지 의심하였습니다. 그러나 당시 천진주재 러시아 영사로서 현재 서리공사로 승진한 베베르(Karl Ivanovich Veber)[22]는 제게 매번 비밀스럽게 말하기를, 러시아는 결코 이러한 의사가 없다고 하였습니다. 올해 영국·미국·독일이 조선과 조약을 체결할 때 러시아 공사는 우선 총리아문 조·러 국경 획정 및 통상에 대해 문의하였으나, 조선에서 논박하여 지금까지 다시 논의되지 않고 있습니다. 그 본뜻은 영흥만을 점거하려는 것은 아닌 듯합니다. 영흥만은 원산이란 통상항구와 가까우므로, 앞으로 각국과 서로 무역으로 통하게 되면 러시아만 유독 영흥만 점거를 도모하기는 어렵습니다. 영흥만에서 오대징이 군대를 주둔시키고 있는 영고탑(甯古塔)·삼성(三姓)·혼춘(琿春) 지역은 1천 여 리 떨어져 있어 멀고, 그 중간에는 러시아 영토를 사이에 두고 있으며, 수로·육로가 각기 다르고, 중간에 산천으로 가로막혀 있으므로 오대징의 병력 및 보급 능력으로는 결코 함께 경영하기 어렵습니다. 단지 천천히 계획하고 준비하다가 조선이 군사 제도를 정비하여 그 힘으로 스스로를 지킬 수 있고, 북양함대가 철갑선·쾌속선 구매와 훈련이 모두 마친 다음에 다시 수시로 헤아려 배치하고 나누어 순찰함으로써 위세와 지원을 과시할 수 있을 것입니다.

이상의 여섯 가지는 모두 제가 근래 계획하던 바에 포함된 것이기도 합니다. 다만 일 처리에는 당연히 순서가 있어야 할 것이며, 응당 사실에 따라 진술하여 역참을 통해 올리니 타당한지 아닌지 엎드려 황태후·황상께서 살펴서 훈시(訓示)해 주시기를 바랍니다. 삼가 주를 올립니다.

---

21 이것은 1881년의 이리조약[伊犁條約] 체결을 가리킨다. 1864년 신강(新疆)에서 발발한 이슬람교도 반란을 이용하여 러시아가 이리 지방을 점령하고 반환하지 않자 청은 숭후(崇厚)를 파견하여 1879년 리바디아조약을 체결하였으나, 청에 매우 불리한 결과였으므로 1881년 증기택(曾紀澤)을 파견하여 페테르스부르크조약(통칭 이리조약)을 체결하여 이 문제를 해결하였다. 이 동안 청과 러시아의 군사적 긴장 관계가 지속되었다.

22 칼 베베르(Karl Ivanovich Veber, 韋貝, 1841~1910)는 러시아 외교관으로 1882~1883년 천진영사 겸 서리공사를 지냈고, 1883~1886년 사이에는 전권공사로 근무하였다. 1884년 천진[天津] 주재 영사(領事)로 있을 때 전권대사로 조선을 방문하여 조·러수호통상조약을 체결하였고 청일전쟁 이후의 삼국간섭에 중요한 역할을 하였다. 이후 아관파천과 친러 내각 조직을 주도하기도 하였다.

(2) 「부편(附片) 원고(「李鴻章奏片」)」 초록

추가합니다. 조선 배신 조영하 등이 8월 초에 찾아와 조선 국왕이 지시를 요청하는 「선후육조」를 직접 올렸는데, 다음과 같은 상무의 확대에 대한 조항이 있었습니다.

> 온 나라의 사람들 모두 상무 관계가 어떠한지에 대해 어둡습니다. 현재 부두를 축조하고 세관을 건설하는 기한이 이미 다 되었으나, 사변 후에 아무런 조치를 취할 수 없었으니, 마땅히 적당한 사람의 고용을 요청하여 그 권한을 맡긴 다음에야 자주를 잃지 않을 수 있을 것입니다.

얼마 전에 조영하가 다시 조선 국왕이 보낸 다음과 같은 자문을 가지고 천진에 왔습니다.

> 각국과 조약을 교환하기에 전에 교섭하여 처리해야 할 모든 사안에 대해 어떻게 해야 할지 아무것도 모르겠습니다. 번거롭더라도 조선이 시세에 따라 응당 행해야 할 바를 헤아려서, 현명하고 노련한 인사를 대신 초빙하여 조선에 보내 사안이 있을 때마다 지도할 수 있게 해주시기를 요청합니다.

저는 이미 원 주접에서 그 전말을 아뢰었으며, 아울러 보내온 자문을 초록하여 살펴보시도록 올린 바 있습니다. 살펴보건대, 조선과 일본이 조약을 체결하고 통상한지 7년이 되었으나 아직 세관을 세워 관세를 징수하지 못하고 있습니다. 장래 미국·독일·영국 등 각국이 잇따라 조약을 비준할 터인데, 중요한 사항의 교섭을 위해서는 반드시 적당한 사람을 찾아 이끌고 도울 수 있게 해주어야 할 것입니다. 살펴보건대, 전천진주재 독일 영사 묄렌도르프는 그 성격이 온순하고 충직하며, 일찍이 중국 해관에서 5년 동안 사무를 도와 관세를 조사·징수에 능숙하며, 한문(漢文)과 중국어에도 능통합니다. 독일 공사 브란트와의 불화로 인해 관직에서 물러나 제 막료로 있는데, 진해관도 주복 등에게 조선을 위해 고용되기를 원한다고 여러 차례 요청하였습니다. 조영하 등이 오랫동안 천진에서 머무르면서 묄렌도르프와 자못 서로 의기투합하였습니다. 이에 조선을 위하여 그를 초빙하여 조선에 보내 세관 업무를 돕도록 하고 조영하에게 적당한 계약을 체결하도록 지시할 계획이니, 그는 자연히 조선의 통제를 준수하면서 방해가 되지 않을 것입니다. 다만 반드시 중국인 관원을 함께 보내 서로 연락하며 처리하도록 해야 할 것입니다. 살펴보건대, 후선중서(候選中書) 마건상은 도원 마건충의 형으로 일찍이 유럽에 유학한 적이 있어서 공법(公法)과 서양 사정에 익숙하며, 노련하고 강직한데다가 일찍이 주일본 공사 여서창이 그를 이사(理事)로 충임한 적도 있으며, 때마침 휴가를 얻어 천진에 있습니다. 조선의 군신이 마건충을 믿고 따르기 때문에, 또한 마건상을 추천하여 조영하와 함께 가서 사안마다 도와 적절히 처리하게 하면 큰 도움이 될 것입니다. 조선 국왕에게 답장 자문을 보내고 아울러 총리아문 및 주일본 공사에게도 자문을 보내는 것 외에도, 마땅히 부편(附片)을 첨부하여 아뢰오니 엎드려 황상께서 살펴봐 주시기를 빕니다. 삼가 주를 올립니다.

삼가 조선 국왕이 보내온 자문을 초록하여 올리오니 살펴봐 주십시오.

(3) 「조선국왕의 자문(朝鮮國王咨)」

조선 국왕이 자문으로 알립니다.

조선이 외교 관계를 맺고 내란을 안정시킨 것은 실로 우리 중조(中朝)에서 안정시켜준 지극한 은혜와 귀 대신께서 마련하신 원대한 계획에 의지하였는데. 선후하여 도와서 처리면서 최선을 다해 주셨으니, 흠모하고 송축하며 은혜를 갚고자 하는 마음에 온 나라 모두 공감하고 있습니다. 조선은 지금까지 외국 관련 사무를 잘 알지 못하였습니다. 그래서 각국과 조약을 교환하기에 전에 교섭하여 처리해야 하는 모든 사안에 대해 망연하여 어떻게 처리할지 전혀 알지 못합니다. 청컨대 번거롭더라도 귀 대신께서 조선이 시세에 따라 응당 행해야 할 바를 헤아려서 현명하고 노련한 인사를 대신 초빙하여 조선에 보내 사안이 있을 때마다 지도하게 해주시고, 그 덕분으로 어리석음을 깨우치고 시종 한결같은 은혜를 얻을 수 있다면 천만다행일 것입니다. 이에 마땅히 자문을 보냅니다. 번거롭더라도 검토해 주십시오. 이상입니다.

광서 8년 9월 17일 발송, 10월 2일 도착.

광서(光緒) 8년 10월 2일, 조선 고위 관리 조영하(趙寧夏)와 나눈 필담(筆談)의 절략(節略)을 초록하여 올리오니 살펴봐 주십시오.

(4) 「이홍장과 조선 고위관리 조영하의 필담절략(李鴻章與朝鮮大官趙寧夏筆談節略)」

이홍장: "귀국 후 열흘 동안 보고 들은 바, 귀국 조야의 상황이 대략 어떻습니까? 현재 신료 중에 어떤 사람이 보좌에 도움이 되고, 어떠한 중요 정책이 시행되고 있습니까?"

조영하: "열흘 동안에 특별히 보고 들은 바는 없습니다. 조야는 평안하니, 이는 중국에서 제압해 주시는 은혜가 아님이 없습니다. 신료들 또한 이전과 마찬가지입니다. 대략 몇 건의 정책 변경이 있었지만 말씀드릴 만큼 현저한 효과는 당분간 없을 것입니다."

이홍장: "변경한 것은 어떤 것입니까?"

조영하: "별달리 말씀드릴 것은 없습니다. 조선은 매번 옛 것을 지키고 과오를 참는 데 익숙합니다. 따라서 당분간 말씀드릴 만한 어떠한 일은 없을 것입니다. 대체로 작고 번잡스러운 일을 하고, 간혹 전체적으로 경영하고자 시도하나 아직 제자리를 찾지는 못합니다."

이홍장: "기무아문(機務衙門)은 다시 세웠습니까? 아니면 다른 명칭으로 바꿨습니까?"

조영하: "현재는 기무처(機務處)를 명칭으로 삼고 있습니다. 거기에 선발되면 매일 일찍이 조정에 나아가 공무를 아뢰므로 반드시 기무처를 기준으로 삼아야 할 것입니다."

이홍장: "일본에 간 사신은 언제 돌아올 수 있습니까? 듣자 하니 배상금 50만 원은 이전 조약에서 5년으로 나누어 지급하기로 하였으나, 현재는 10년으로 나누어 지급하는 것으로 논의하여 고쳤다고 하는데, 소식을 들었습니까?"

조영하: "언제 돌아올지 아직 알 수 없습니다. 배상금을 10년으로 나누어 지급한다는 이야기는 얼마 전에 해관도(海關道)로부터 들었습니다. 이는 전에 여서창 공사에게 전보를 보내주신 덕택입니다."

이홍장: "일본의 배상금에 대해 귀국에서는 대관절 어떠한 재정 항목을 명확히 지정할 계획입니까?"

조영하: "경상도에서 전에 부산의 일본인들에게 지급하였던 비용이 적지 않았습니다. 최근에 일본인들이 수령을 원치 않아 또한 지급하지 않았습니다. 계산해 보니 1년 동안 일본관(日本館)에서 지급할 비용이면 매년 지급해야 할 배상금을 충당할 수 있습니다. 그래서 이를 배상금으로 삼고자 합니다."

이홍장: "외간에 떠도는 말을 들어보니, 귀하 등이 이전에 초상국에서 돈을 빌리면서 비록 사후 처리를 구실로 하였으나, 실제로는 이 돈으로 해마다 일본에 배상금으로 지급할

것이라 합니다. 만일 이 말이 사실이 아니라면, 귀국에서는 초상국으로부터 빌린 돈을 어디에 쓰려고 합니까? 상세히 알려주면 수시로 검토할 수 있을 것입니다."

조영하: "이전의 차관 문제에서 곡진히 비호해 주신 은혜를 깊이 느끼고 있는데, 어찌 감히 일본의 배상금으로 쓰겠습니까? 만일 일본의 배상금으로 사용한다면, 장래 원금 상환은 또 어떻게 하겠습니까? 또한 현재 조선의 재정이 고갈되어 하루도 보장하기 어렵습니다. 만일 다른 비용으로 낭비한다면 비단 적자가 생길 뿐 아니라, 모두 날아가 버릴까 우려되어 두렵습니다. 앞으로 1, 2냥을 쓰더라도 어디에 사용하였는지 반드시 이중당대인께 알릴 것이며, 또한 저와 주복, 마건충 두 관찰(觀察)이 함께 알고 있는 일 외에는 지급을 허가하지 않는다면 다른 우려가 없을 것입니다."

이홍장: "초상국의 차관이 이후 어디에 쓰이는지 반드시 수시로 본 대신에게 보고하여 외국인들의 뜬소문이나 의혹을 피해야 할 것입니다."

조영하: "저는 차관을 낭비하여 성대한 보살핌을 저버리지 않을까 걱정합니다. 그러므로 감히 이렇게 속마음을 모두 말씀드립니다. 나중에 어떤 곳, 어떤 일에 사용하는지를 세가 주복·마건충 두 관찰에게 알리고 두 관찰이 대신 전달한다면, 허가해 줄 만한 것인지 아닌지 간파하실 수 있을 터입니다. 그런 연후에 비록 1냥의 은일지라도 허가하여 빌려주신다면 조선의 곤궁함을 면할 수 있고 또한 황상의 성대한 보살핌에 화답할 수 있으니, 통촉해 주시길 빕니다."

이홍장: "현재 왕성에 있는 일본군은 실제로 얼마나 되며, 백성들과 잘 지내고 있습니까? 오장경이 통솔하는 부대가 그곳에서 소란을 일으키지 않습니까? 대략 언제쯤 철수할 수 있겠습니까?"

조영하: "현재 수도에 있는 일본군은 200여 명이며, 당분간 백성들과 서로 관계가 없습니다. 오장경이 통솔하는 부대는 백성들과 서로 왕래하지 않는데 어찌 소란이 있겠습니까? 지금 만일 철수한다면 왕성이 불안정해질 우려가 있으니 수를 줄이는 것은 가능하지만 철수하는 것은 불가능할 듯합니다."

이홍장: "영흥만에서 도문강(圖門江) 하구까지 거리가 얼마나 됩니까? 또한 영흥(永興)에서 회령(會寧)·경원(慶源)까지는 거리가 얼마나 됩니까?"

조영하: "약 1천 여리입니다. 도문강은 곧 회령·경원 지역입니다."

이홍장: "영흥은 원산의 통상항구와 지척에 있습니다. 그곳에 방어시설이 있습니까? 서양인

들은 영흥만 해구는 엄동설한에도 얼지 않고 러시아 경내의 블라디보스톡과도 멀지 않아 러시아인들이 일찍이 이 항구를 점탈하여 항만으로 삼으려 하였다고 합니다. 귀국에서는 이러한 우환을 어떻게 예방할 겁니까?"

조영하: "조선의 군사 방비는 모두 모양을 갖추지 못하고 있습니다. 왕성 안조차 그러한데, 하물며 먼 지역은 어떻겠습니까? 러시아인이 문천만(文川灣) 점거를 노린 지 오래되었으나 조선은 아직 이를 대비하지 못하고 있으니 답답할 따름입니다."

조영하: "조선에 와서 일할 사람은 언제 파견됩니까?"

이홍장: "듣자 하니, 전 독일 서리 영사 묄렌도르프는 당신과 매우 잘 아는 사이라고 합니다. 그 사람은 교섭과 관세 업무를 훤히 알고 있고, 그 성격은 충직하며, 귀국에서 일하기를 자못 원하고 있습니다. 만일 즉시 가게 한다면, 주복과 마건충 두 도대가 그와 적절히 협상하여 계약서를 작성해 줄 수 있습니다."

조영하: "묄렌도르프와 저는 몇 차례 얼굴을 보아 익숙한데, 그 사람은 아주 충실하니, 또한 오로지 이홍장 중당대인의 처분에 맡길 뿐입니다. 삼가 당연히 주복, 마건충 두 도대와 계약을 체결할 것입니다."

이홍장: "이미 서양인을 초빙하였으니 반드시 중국 위원을 함께 보내 그와 접촉하고 통제해야 할 것입니다. 마건충 도대는 이곳에서의 공무가 매우 바빠 다른 일에 관여할 수 없습니다. [마건충(馬建忠)의 형인] 마건상 중서(中書)는 공법과 서양 사정을 매우 잘 알고 있는데 그와 만나 이야기해 본 적이 있습니까?"

조영하: "마건상 중서와는 이전에 천진에서 만났던 적이 있으며, 성실하고 총명함이 이미 탄복할 정도였습니다. 제가 귀국한 후에 또한 마건상이 총명하고 서양 공법의 유래를 잘 알고 있는 것에 대해 국왕께 고하기도 하였습니다. 만일 그와 함께 가서 처리한다면 천만 다행일 것입니다. 조선 사무는 마건충 도대가 전후 사정을 상세하게 알고 있으니, 반드시 이번에는 함께 돌아야 할 것입니다. 엎드려 간절히 바랍니다. 국왕께서도 오로지 마건충 도대께서 건너오기만을 기다리고 계십니다."

이홍장: "마건충 도대는 당분간 가기 어렵습니다. 마건상 중서가 우선 가더라도 역시 같을 것입니다. 마건상 도대는 사람됨이 솔직하여 모든 사무를 논의하는 데 있어 속임이나 허식이 없을 터입니다."

(18) 문서번호: 4-4-18(659, 910a-917a)

사안: 일본은 중국이 수사(水師)를 정돈한다는 소식을 듣고 다시 해군(海軍)을 확충하고 포대(砲臺)를 첨축(添築)하는데, 분명히 중국을 방비하는데 뜻이 있습니다(日本聞中國整飭水師, 亦擴充海軍, 添築砲臺, 顯在防備中國).

날짜: 光緒八年十二月初八日(1883년 1월 16일)

발신: 駐日本 公使 黎庶昌

수신: 總理衙門

十二月初八日, 出使大臣黎庶昌函稱:

十月十一日, 肅上昌字第十九號函, 諒邀均察. 初一日接奉本字第七十號鈞函, 幷朝鮮通商條款公牘一件, 聆悉種切. 惟函內云: "八月二十八日發去本字六十八號函, 而末注本字七十號, 未知是否遺漏第六十九一號." 庶昌未經奉到. 朝鮮償款改期十年, 以慶尙道地稅作抵, 已於十月十日鈔錄朝使節略, 附呈鑒閱矣. 頃承准傅相來咨, 馬中書建常旣經派赴朝鮮, 未能回任, 神戶理事一缺, 擬卽代理之黎令汝謙充補, 日內繕摺具奏, 幷附陳箱館情形. 又學生開館日期另牘咨呈冰案, 仍祈核閱. 封固飭交供事, 代爲呈遞, 前月內無甚關要之事. 只朝使朴泳孝等在此飲食宴會, 酬應繁多而已. 朝使擬於本月十二日回國, 與辦理公使竹添進一同行. 該國近聞天津整飭水師, 其海軍省亦逐日議論, 擬將水師擴充, 欲於冲繩縣添築礮臺三座, 在大阪鑄大礮數門·置於對馬·壹岐兩島間, 顯是防備中國之意. 查核彼國船廠所造, 今年實添海門, 天龍·葛城三新艦, 近於九州地方, 卽長崎一帶, 添募水兵三百人, 入水師營學習. 又在德國克魯卜厰, 定購大礮數尊, 以備添設戰艦之用, 云値金幣二十五萬圓. 然其用度不足, 議加煙酒兩稅, 辨論紛紜, 亦尙未決. 前因朝亂驟起, 七八月間金幣賤跌, 每洋銀一元換至一片八角. 近日大爲漲價, 每洋銀一元僅換一片三角有零, 市面殊形減色. 彼之國情如此. 伏乞代回堂憲爲禱. 耑肅, 祇請勛安.

12월 초8일, 출사대신 여서창이 다음과 같은 서신을 보내왔습니다.

10월 11일 올린 창자(昌字) 제19호 서신은 이미 모두 받아보셨을 줄 압니다. 초1일 본자(本字) 제70호 서신과 더불어 조선통상조관 공문 1건을 받고, 내용을 모두 파악하였습니다. 다만 서신 내에서 말하길 "8월 28일 발송한 본자 68호 서신의 끝에서 본자 70호 서신이라고 기록"하였는데, 제69호를 빠뜨린 것인지 아닌지 모르겠습니다. 여서창은 (제69호를) 받은 적이 없습니다. 조선은 상환 기간을 10년으로 바꾸었고 경상도의 지세(地稅)를 담보로 삼았는데, 이미 10월 10일 조선 사신의 절략을 초록하여 살펴보시도록 부록으로 올린 바 있습니다. 최근 이홍장 중당이 보내주신 자문을 받았는데, 중서 마건상을 이미 조선에 파견하여 일본에 돌아와 근무할 수 없으므로, 고베(神戶)의 이사(理事) 직책은 이를 대리하던 여여겸(黎汝謙)으로 보충하려는데, 조만간 주접을 갖추어 상주하면서 아울러 하코다테(箱館)의 상황을 부차적으로 진술하고자 합니다. 또한 학생(學生)의 개관 일기(開館 日期)는 다른 공문을 총리아문에 올리고자 하니, 검토해 주시길 바랍니다. 밀봉한 다음 공사(供事)에게 넘겨 대신 올려 전달하도록 하겠습니다.

지난 달에는 별로 중요한 일이 없었습니다. 다만 조선 사신 박영효(朴泳孝) 등이 여기에 와서 음식을 접대하는 연회가 있어 응수하는 일이 번다하였을 뿐입니다. 조선 사신은 이번 달 12일에 귀국할 예정인데, 변리공사 다케조에 신이치로와 동행합니다. 일본은 최근 천진에서 수사(水師)를 정돈한다는 이야기를 듣고, 해군성(海軍省) 역시 매일 회의를 거듭하여 수사(水師)를 확충하고, 오키나와현(沖繩縣)에 포태(礮臺) 3좌를 추가로 구축하고, 오사카(大阪)에서 대포 수문을 주조하여 쓰시마(對馬島)에서, 이키(壱歧) 두 섬 사이에 배치한다고 하니, 분명하게 중국을 방비하려는 뜻입니다. 일본의 선창에서 건조한 것을 조사해 보니 올해는 실로 해문(海門)·천용(天龍)·갈성(葛城) 세 신함을 추가하고 규슈(九州) 지방에 가까운 곳 즉 나가사키(長崎) 일대에서 수병 300명을 추가로 모집하여 수사영(水師營)에 입학시켜 학습시킨다고 합니다. 또한 독일의 Krups 공장에서 대포 수 존을 구입하여 추가하는 전함에 설치할 준비를 한다고 하는데, 그 가격이 금폐(金幣, 금화)로 25만이라고 일컬어집니다. 하지만 재정 부족으로 담배와 술 두 가지 세금을 추가할 것을 논의하는데, 의견이 분분하여 또한 아직 결정되지는 않았습니다. 전에 조선의 반란이 갑작스럽게 일어나자 7·8월 사이에는 금폐(金幣)의 가치가 추락하여 매 양은(洋銀) 1원(元)을 1편(片) 8각(角)으로 바꿀 정도였습니다. 그렇지만 최근 그 가격이 크게 올라 양은 1원은 겨우 1편 3각으로 교환될 정도여서 시장 상황이 크게 위축된 모습입니다. 일본의 국정이 이렇습니다. 엎드려 대신 아문 대인들께 회람시켜주시길 간청합니다. 이상입니다. 편안하시길 빕니다.

(19) 문서번호: 4-4-19(694, 910a-917a)

사안: 이미 각 지방에 지시하여 일본인 정탐을 주의하여 조사하도록 지시하였습니다(已嚴飭 各屬, 留心稽查日本偵探).

날짜: 光緒九年二月初五日(1883년 3월 13일)

발신: 四川總督 丁寶楨

수신: 總理衙門

二月初五日四川總督丁寶楨等函稱:

十一月初十日, 接奉川字一百九十四號鈞函, 竝承抄示姚隨員節畧:[23]

　　以日本國迭次遣出探子, 由朝鮮赴吉林曁各省, 到處偵探虛實, 幷有勾申莠民之事, 諭令密飭文武員弁, 隨時盤詰.

等因. 仰見思患預防, 曷深欽佩. 伏查川省地不濱海, 幷無通商口岸, 外洋人來川者, 只有游歷·傳敎兩事. 日本國人於光緒二年夏間, 有書記生竹添進一·津田進一二人, 隨帶本處一人, 由陝西來川游歷, 均帶有護照呈驗, 曾經揀派妥員, 護送出境, 一面將護送緣由, 函達冰案. 玆該國遣出探子曾根等四人, 改裝中國服色, 赴各省作探, 又不請領護照, 其用心實屬叵測. 且此輩在山東·福建內地時, 有勾結莠民, 慫恿起亂等事, 則防範更不可稍鬆. 近年來各國洋人, 到川游歷·傳敎者, 紛至沓來, 幾有應接不暇之勢. 各州縣百姓, 遇外洋人到境, 竝不分別爲何國之人, 但是洋人, 俱一例以天主敎目之, 民與敎早成水火, 所慮者天主敎自弛禁以後, 每多不逞之徒, 藉口入敎, 以爲護符, 敎之品類旣襍, 其居心均不可問. 該國遣出探子, 旣通華語, 竊恐混迹敎中, 暗爲勾結, 殊屬可慮. 所幸各屬辦理保甲, 淸查戶口, 尙屬認眞, 此等形迹可疑之人, 斷難逃人耳目. 其洋人入境·出境者, 毋論游歷·傳敎, 亦均定有章程. 州縣每月將有無洋人, 入境·出境日期, 按月抄呈護照票報一次, 各府道又每月彙報一次, 倘有疎漏之

---

[23] 이 절략의 본문은 이 책의 4-6-2 문서(564, 945a-946b)의 첨부문서 1로 실려 있다.

處, 又分別記過, 撤任示懲在案. 各州縣尚能實心任事, 未敢貽誤. 現在重承密示, 自當遵照, 再行嚴飭各屬, 於各國游歷暨傳教人等, 隨時留心稽查, 如有改裝中國服色, 形迹可疑, 而又無護照者, 即予扣留, 窮其究竟, 以伐陰謀而紆藎悃.[24] 除飭各屬遵照外, 謹此肅覆. 虔請彌安.

2월 초5일, 사천총독(四川總督) 정보정(丁寶楨) 등이 다음과 같은 서신을 보내왔습니다.

11월 초10일, 천자(川字) 194호 서신과 수원(隨員) 요(姚)가 베껴 보낸 다음과 같은 절략을 받았습니다.

일본이 누차 밀정을 파견하여, 조선에서 길림(吉林)과 각 성(各省)으로 진출하여, 도처에서 허실을 정탐하고, 아울러 못된 무리와 결탁하는 일에 대해 문·무 관원에게 비밀리에 지시하여 수시로 조사하도록 해야 합니다.

이처럼 우환을 미리 방비하려는 조치에 대해 어찌 우러러 탄복하지 않을 수 있겠습니까? 조사해 보건대 사천성은 바다와 접하고 있지 않아 결코 통상항구가 없으며, 사천에 오는 외국인은 단지 유람이나 선교 두 가지 일을 목적으로 삼는 부류뿐입니다. 일본인은 광서 2년 여름 사이 서기생(書記生) 다케조에 신이치(竹添進一), 쓰다 신이치(津田進一) 두 사람이 본처의 한 사람을 수행하여 섬서(陝西)에서 사천으로 와서 유람하였는데 모두 증명서[호조(護照)]를 제출하여 검사받았으며, 적절한 인원을 골라 파견하여 사천 경내를 떠날 때까지 호송하였고, 한편으로는 이들을 호송한 경과를 총리아문에 서신으로 알린 바 있습니다. 지금 일본이 다시 밀정 소네(曾根) 등 4명을 파견하여 중국 복식으로 갈아입고 각 성으로 다니면서 정탐하고, 또한 증명서를 요청하여 수령하지도 않고 있다고 하니, 그 마음가짐은 실로 예측하기 어렵습니다. 또 이들은 산동(山東)·복건(福建)의 내지에 있을 때, 못된 무리와 결탁하여 반란을 일으키도록 종용한 일이 있으니, 이들에 대한 방비는 조금이라도 소홀히 할 수 없습니다. 근래 각국의 서양인

---

24 진(藎)은 진(進)과 통하는데 나아가 충성을 가리키는 뜻으로 사용된다. 근(悃)은 근(悃)으로도 쓰는데, 근(勤)의 고자(古字)로 근로나 은근함을 뜻한다. 진근은 따라서 충성스럽고 은근함을 뜻한다.

들이 사천에 와서 유람하거나 선교하는 사람들이 물밀듯이 밀려오고 있는데, 거의 응접하기에 시간이 부족할 정도의 기세입니다. 각 주현의 백성은 서양인이 경내에 도착하면 결코 어느 나라의 사람인지도 따지지 않고 단지 서양인이면 모두 한결같이 천주교도라고 지목하는데, 백성과 천주교는 거의 양립할 수 없는 대립의 상황이 되어 있습니다. 염려되는 것은 천주교는 선교 금지가 해제된 이후 많은 못된 뜻을 품은 무리가 종교를 빌미로 입교하여 호신부로 삼는 것인데, 교도의 품류가 이미 복잡하니 그 속마음은 모두 물어볼 수 없는 정도입니다. 일본이 밀정을 파견하였는데 이미 중국어에 능숙하여 교도 무리에 뒤섞여 들어가 암중에 결탁하는 것이 특히 염려스럽습니다. 다행히 각 지방에서 보갑(保甲)을 실행하여 호구(戶口)를 빈틈없이 조사하는데 그런대로 상당히 진지하니 행색이 의심스러운 이들이 남의 이목을 피하기는 쉽지 않을 것입니다. 사천 경내로 들어오거나 나가는 서양인은 유람이건 선교건 역시 모두 그에 관한 정해진 장정이 있습니다. 주현에서는 매달 서양인이 들어오고 나가는 것과 그 일시에 대해 달마다 한 차례씩 증명서를 베껴 올리며 각 부(府)·도(道) 역시 매달 한 차례씩 이것들을 모아서 보고합니다. 만약 소홀하거나 빠뜨린 곳이 있다면 또한 각기 분별하여 과오를 기록하고 파면하여 징계의 뜻을 보인 바 있습니다. 각 주현에서 만약 능히 진지하게 일 처리를 할 수 있다면 감히 잘못을 저지르지는 않을 것입니다. 지금 다시 비밀 지시를 받았으므로 응당 이에 따라 처리해야 하므로, 다시 각 지방에 엄격한 지시를 내려 각국의 유람하는 사람과 선교사에 대해서 수시로 마음을 두고 조사하며, 만약 중국 복장으로 갈아입고 행색이 의심스러운데 또한 증명서가 없다면 즉각 구류하고 그 사정을 파헤쳐 음모를 막고 총리아문의 충성스러운 근심을 풀도록 하겠습니다. 각 지방에 지시하여 따르게 하는 것 외에 삼가 이렇게 답장을 드립니다. 편안하시길 경건하게 빕니다.

(20) 문서번호: 4-4-20(695, 1126b-1127b)

사안: 하나부사 공사가 감사의 뜻을 전한 일은 이미 북양대신에게 서신으로 알려 대신 전달
　　　하여 알리도록 하였습니다(花房稱謝一節, 已函北洋大臣轉行飭知).
날짜: 光緖九年二月初七日(1883년 3월 15일)
발신: 總理各國事務衙門
수신: 日本公使 榎本武楊

二月初七日致日本國公使榎本武楊函稱:

前准來函, 以
　貴國花房公使在高麗時, 爲吳·丁兩提督約觀軍艦, 派弁照料, 深爲銘感, 希由本
　衙門轉行, 飭知伸謝.
等因前來. 查該提督派弁照料, 乃誼所宜, 然何足云謝. 除據情函達北洋大臣轉行飭
知外, 爲此函復貴大臣查照. 泐此, 順頌日祉.

2월 초7일, 일본국(日本國) 공사(公使) 에노모토 다케아키(榎本武楊)에게 다음과 같은 서신을 보냈습니다.

전에 보내주신 다음과 같은 서한은 잘 받았습니다.

　일본의 하나부사(花房) 공사(公使)가 조선에 있을 때 오장경, 정여창 두 제독이 군함(軍艦)을 시찰하기로 약속하였을 때, 무관을 보내 돌봐주신 것에 대해 깊은 감명을 받았습니다. 총리아문에서 이 뜻을 대신 전달하여 감사드린다는 것을 알려주시길 바랍니다.

　정여창 제독이 무관을 파견하여 돌본 것은 당연히 우의를 돈독히 하기 위해 해야 할 일로 어찌 감사를 표명할 필요가 있겠습니까? 이 서신의 내용을 북양대신에게 서신으로 보내 전달하여 알리게 하는 것 외에, 이 때문에 귀 대신께서 살펴보시도록 답장 서신을 보내는 바입니다. 이상입니다. 편안하시길 빕니다.

(21) 문서번호 : 4-4-21(763, 1199a-1203a)

사안 : 일본의 다나베 다이치로(田邊太一郎)가 중·일 또는 중·일·미가 공동으로 조선을 보호하자고 건의하였는데, 그 주장은 채택할 만한 것 같습니다(日田邊太一郎建義中·日或中·日·美共保朝鮮, 其說似有可採).

첨부문서 : 1.「여서창과 외무대서기관(外務大書記官) 다나베 다이치로의 문답절략(黎庶昌黎外務大書記官田邊太一問答節略)」 : 중국과 일본이 공동으로 조선을 보호할 것을 논의함(論中日共同保護朝鮮事).

날짜 : 光緖九年九月初四日(1883년 10월 4일)
발신 : 駐日本 公使 黎庶昌
수신 : 總理衙門

九月初四日, 出使大臣黎庶昌函稱 :

七月二十七日肅上昌字第三十三號函, 計邀尊察. 項奉到七月初三日, 衙門具奏核銷出使日本一年期滿各項經費大咨, 詳愼讀悉. 此間近事, 一切都無異聞. 自六月以來在避暑期內, 與井上馨見面甚稀. 球案修約槪未提起, 本月十四日外務大書記官田邊太一來署, 開談詢問安南事甚悉, 若似十分關切者. 然彼因中國毫無動靜, 多方比譬責備, 以爲因循. 庶昌告以中國幷非於安南事件不管, 現在中國官兵據守北寗·宣泰等處, 實欲乘法因敝, 然後圖功. 安南王雖再有城下之盟, 允與否總待中國一言而定, 緩則有之, 不管則未也. 彼又謂 : "此事失在十年前, 法與定約, 不立責問." 庶昌卽將前此衙門抄示, 與羅淑亞往來照會之意揭出.[25] 彼又以日本前派武官二人, 赴安南法軍觀戰, 恐中國不無見疑. 庶昌謂 : "凡兩國打仗, 他國派員前往觀戰, 此西洋通例, 無可致疑. 中國未嘗以此介意." 惟安南一役在我久無聲響, 實不足昭上國光輝,

---

25 로슈슈알(Rochechouart, Louis Jules Emilien. 로슈슈알백작 루이 줄리앙 에밀리앙, 1831~1879)은 프랑스의 외교관으로 주중국 참찬(參贊)과 서리 프랑스 공사를 지낸 바 있다.

似宜令滇桂之兵, 再進一步, 稍示爭衡, 始可望有歸宿. 竊料法人決不能擧全國之力而來, 與我甘心也. 詎田邊安南之問, 尚是帷燈匣劍,[26] 其意盖在朝鮮. 談論良久, 彼索紙筆, 忽建中·日兩國, 或中·日·美三國公同保護朝鮮之意, 窺其情似是出自井上馨諸人之意計. 不然不能言之直切了當如此. 此議庶昌蓄之已久, 因法事未定, 未敢即陳. 且彼不提而我爲是說以進之, 或反增其偃蹇.[27] 日人之於朝鮮經營已歷年所. 始則頗欲專制以奪中國之權, 近年漸知此願難遂, 自美·朝定約以後, 似又更退. 將來英·德各國次第挿手, 日人豈能惟所欲爲? 或是因時見機, 欲爲轉圜琉球地步, 亦未可定. 且我旣許朝鮮以自主, 則是中國管轄之權, 已明去其半矣. 朝人愚闇, 意見紛歧, 中日騎牆黨早立, 則是中國半轄之權, 又分爲二矣. 異日歐人到朝者多, 朝人出外者衆, 心無適莫, 眼高手生, 更難助理. 中國管轄之權, 至此而存者盖亦無幾矣. 與其代庖而治, 令中國多所爲難, 何如就計而施, 改朝鮮使成中立, 此實知已知彼本謀. 庶昌以爲宜且與彼先約, 果能退還琉球, 則保朝之說, 似亦可以許也. 抑尤有進者, 中國之於各屬邦, 僅所謂羈縻勿絶而已.[28] 平時旣未關其國是, 有事乃獨任其艱難, 宵旰勤勞, 靡有已日. 自計亦覺稍左, 竊謂方今事勢, 與古迥殊, 辦理屬邦之道, 首宜奪其王而廢置之, 如英人之於印度, 次亦宜挾全力以威制之, 如德人之於日耳曼, 否則聯合與國共保之, 如瑞士·比利時之屬, 庶幾足以自存. 强鄰環伺, 三策俱無, 誠不能以一日安矣. 使安南而遽平, 則中·法達和, 屬土已成共治之局. 倘安南竟爲法有, 則還球保朝, 以猶略勝一籌. 如此釋日嫌, 泯俄覬, 輕中責, 內之不失國體, 外之合乎公法, 計無有善於此者. 玆對田邊問答節略, 抄呈鈞鑒, 是否可採與議, 伏乞代回堂憲, 酌奪賜示爲幸.

再, 十六日接據長崎代理事郭萬俊電稱:

    昨晚八時, 有日本巡查帶刀到中國租界之屋內, 傷中國人五名. 一名傷重一點鐘時身死.

---

26 유등갑검(帷燈匣劍)은 장막으로 등불을 감추고 상자에 검을 넣는다는 뜻인데, 진상을 파악하기 어려워 의심스럽다는 것을 비유하는 말이다.

27 언건(偃蹇)은 교만하다, 오만하다는 뜻이다.

28 기미(羈縻)는 재갈과 고삐를 의미하는데, 보통 연계를 갖는다, 농락하거나 회유한다, 속방이나 오랑캐를 속박·견제한다는 뜻으로 자주 쓰인다. 기미물절(羈縻勿絶)은 여기서 나아가 온화한 수단으로 농락하여 일의 방향을 통제하면서 사태의 진전에 따라 점차 적극적인 결과를 얻는 태도를 취하는 것을 비유한다.

等語. 當即電詢, 係何緣故. 旋據電復: '因拏喫鴉片, 不服拏, 即用刀戳.' 日官現驗明查辦, 此事於條約有關, 先以陳聞.

(1) 「黎庶昌黎外務大書記官田邊太一問答節略)」

[田邊太一]問: "安南與法國, 結約在十數年前, 貴國聞焉而不遂, 馴致今日之事. 今日法國亦强, 安國再爲城下之盟, 貴國又如不聞者. 嚮聞李中堂與德理固公使說[29]: '法國如布封港之令, 即爲貴國宣戰之時.' 云云. 照之萬國公法, 實爲當然. 今到城陷王降, 而後欲口舌爭之, 恐不能及. 是僕之所爲貴國惜也. 然安南遠在南海, 與敝國風馬牛不相及, 其得失亦非敝國之所干. 然剝牀及膚,[30] 僕更有不堪祀天之憂者, 則在朝鮮. 僕請申其說, 朝鮮現與敝國結約, 又與美國結約, 既派使赴美, 都是儼然自主之國也. 則戰與和, 貴國亦聽其自主邪. 果然萬一與外國有事, 貴國毋乃一誤而再誤如安南乎! 敝國與朝鮮鄰, 其有事疆場, 不得觀如安南, 以隔岸火而視也. 僕意私謂: '使朝鮮爲自主之邦, 凡與各締盟國約, 歸之貴國與敝國之保護, 永爲中立之國, 如瑞·白於歐洲, 則可以永斷禍根, 而貴國與敝國長無可患.' 不知閣下以爲何如?"

[黎庶昌]答: "凡各國自己保護屬地, 其權皆有輕重之分. 一以地勢之遠近爲準, 朝鮮與安南同爲中國屬邦, 而保護則微有輕重. 何者? 蓋以朝鮮逼近盛京, 且與北京, 天津亦不甚遠. 其情形與安南不同. 假如朝鮮有事, 則敝國自當全力與爭, 不似辦理安南之稍緩. 尊論雖可以備一說, 然中國並非是全無力者. 但凡遇屬邦之事, 苟可和平結局, 即望和平了之, 不欲亟亟自竭其力, 實非置屬邦於度外不問也."

問: "僕非謂貴國無執爭之力也. 欲以和結局, 則正足見大國包荒之量, 而如朝鮮之事, 不及今計之, 恐莫及時也. 美國之派使結約於朝鮮也. 僕偶在北京, 與俄公使談曰: '俄與鮮相隣國, 宜及早結約, 而被美著祖鞭,[31] 似不得策.'" 渠微哂徐曰: '壞

---

29 트리쿠(Tricou, Arthur, Tricou, 德理固, 脫理固)는 1883년 주중국 프랑스 공사로 베트남 문제를 둘러싸고 이홍장과의 교섭을 담당하였으며, 1884년 귀국하였다.
30 박상급부(剝牀及膚 또는 剝牀及膚)는 손상이 피부에까지 미친다는 것으로 절박한 재난이나 심각한 고통을 비유한다.
31 조편(祖鞭)은 먼저 착수하거나 손을 쓰도록 깨우친다는 뜻으로 열심히 분투하거나 앞을 다투라고 장려하는 것을 말한다.

雖相接, 國小民貧, 無有貿易之利, 何必結約? 且我方與中國爭伊犂, 事漸有豸, 未知後來能如今日否? 不如舍朝鮮以爲後圖.' 夫俄之朵頤朝鮮,[32] 夫人所知也. 僕意, 竊以爲使朝鮮儼然爲自主之邦, 與宇內各國相結盟, 則不免顧前慮後, 暫使其爲貴國之屬土, 則俄與貴國接壤數千里, 一有違言, 彼得因而肆搏噬之慾, 彼意中蓋如有不可圖者. 今朝鮮旣與美通好, 宇內萬國將視以爲自主之邦, 故及今疏而導之, 爲兩國保護之邦[保護之國則因不妨奉朔朝貢也], 則俄雖欲垂涎而不能. 敝國得賴以障北陲, 而貴國亦無東顧之患. 僕自以爲當今之時, 只有此計可行. 古人云: '其母言之, 爲賢母. 其妻言之, 不免爲妬婦.' 僕之言, 閣下幸勿以爲單爲敝國也."

答: "俄之虎視耽耽於朝鮮也. 天下萬國夫人而知之. 然及今, 尙無動靜者, 實以朝鮮密邇敝國盛京, 諒中國無不力爭之理. 所謂臥榻之下不容他人酣睡者也. 且又無甚大利可圖, 而其國勢竟偏重西方, 故未敢輕發此難端. 閣下所言, 兩國保護一層, 在公法中雖有此義, 然如俄果有呑噬朝鮮之志, 以一國保護不見爲少, 以兩國保護亦未必卽見爲多. 且我兩國, 現因琉球之故, 尙齟齬未協, 又安能爲此說乎? 如貴國能退還琉球, 或有商議, 亦未可定. 但此只是私意測度之詞, 閣下所言固非專爲貴國, 而僕言亦從大局上說法也. 未知尊意以爲何如?"

問: "僕聞安南之報, 慮將來東洋之局, 幾乎睡不交睫,[33] 纔得此一說. 敢聞之閣下. 如以爲可行, 僕將欲與我外務卿說之. 閣下說現有球案未結, 然此自兩事, 僕以爲與此說不相關. 保護之權, 歸之兩國者, 蓋一國所護, 非其力不足, 主護國而與他國有事, 則所護國不能免其禍, 故欲歸之兩國. 問若以敝國與貴國兩護保之說爲歉, 則更加美而參之, 亦無不可."

答: "閣下之論, 雖東方大局起見, 然欲我兩國同心協力, 非先將球案解釋, 則凡有論說, 皆屬難行. 僕所言亦只是因閣下之論, 而究其歸宿耳. 好在今日兩人閒談, 是與非均無關得失, 以非公事, 故可隨意亂道耳."

---

[32] 타이(朵頤)는 턱을 움직여 음식을 씹는 모습을 가리키는데, 음식이 맛이 있어 매우 만족하게 먹는다는 것을 비유한다.

[33] 교첩(交睫)은 위아래 눈썹이 서로 맞닿는 모습을 가리키는데, 잠자는 것을 비유하기도 한다. 목불교첩(目不交睫)은 잠을 제대로 자지 못한다는 것을 형용한다.

> 問 : "今日之話, 論安南, 說朝鮮, 但是一場話頭, 固非公事. 聞閣下徵有不舒服, 問話相觑, 深知得罪, 僕請辭退."

9월 초4일, 일본 출사대신 여서창이 다음과 같은 서신을 보내왔습니다.

7월 27일, 창자(昌字) 제33호 서신을 보냈는데, 이미 받아보셨을 줄 압니다. 최근 7월 초3일 총리아문에서 출사일본 1년 기한 각항 경비의 결산에 관해 상주한 내용을 담은 자문을 받았는데, 상세하게 모두 읽어보았습니다. 이곳에서는 최근 모든 일에 별 다른 소문이 없습니다. 6월 이래 피서 기간에 해당하여 이노우에 가오루와 만나는 일도 매우 드물었습니다. 류큐[琉球] 사안과 관련된 조약은 아직 제기하지 않았지만, 이달 14일 외무대서기관(外務大書記官) 다나베 다이치로(田邊太一郞)가 저희 공서(公署)에 와서 한담하면서 베트남 문제에 대해 아주 상세하게 질문하였습니다. 마치 큰 관심을 가진 것처럼 보였지만, 그는 중국이 아무런 동정을 보이지 않은 것에 대해 다방으로 비유하면서 승국이 내기지 않아 머뭇거린다고 책망하였습니다. 여시창은 중국은 결코 베트남 문제에 관심을 갖지 않는 것이 아니며, 현재 중국 관병(官兵)이 북령(北寗)·선태(宣泰) 등지를 지키고 있으며, 실제로는 프랑스가 지치게 된 틈을 타서 성과를 거두려 도모하려 한다, 그리고 베트남 국왕은 비록 다시 성하지맹(城下之盟)을 맺었지만, 수락 여부는 결국 중국의 한마디를 기다려야 결정이 되며, 늦더라도 있을 것이고, 관심이 없다면 하지 않을 것이라고 알려주었습니다. 그는 또한 말하길 "이 일은 10년에 이미 잘못되었는데, 프랑스와 조약을 체결하면서 (중국이 이를) 즉각 책문(責問)하지 않았다."고 이야기하였습니다. 여서창은 지난번 총리아문이 베껴 보내준 지시와 로슈슈알 백작과의 왕래 조회를 들어 설명해 주었습니다. 그는 또한 일본이 전에 무관(武官) 2명을 파견하여 베트남에 가서 전쟁을 관찰하게 하였는데, 아마 중국이 의심할지도 모른다고 이야기하였습니다. 여서창은 "무릇 두 나라가 전쟁하는데, 다른 나라에서 전선에 인원을 파견하여 관전(觀戰)하는 것은 서양의 통례로서 의심할 필요가 없는 일이다. 중국은 여기에 개의치 않는다."고 답하였습니다. 다만 베트남에서의 전쟁은 우리에게 오랫동안 뚜렷한 영향을 미치지 않아, 실로 상국(上國)의 광휘를 밝히기에 충분하지 않으니, 아마도 응당 운남(雲南)·광서(廣西) 지방의 군대에 지시하여 좀 더 한 걸음 전진하게 하여 조금이라도 균형을 맞추겠다는 의지를 보여주어야만 비로소 바람직한 결과를 바랄 수 있을 것 같습니다. 제가 생각건대, 프랑스인은 결코 전국적인 힘을 들여 가지고 우리하고 싸울 속셈은 아닌 것 같습니다. 그런데 다나베의 베트남에 대한 질문은 그 의도를 파악하기 힘든데 그 뜻은 아마 조선에 있는 것 같습니다. 담론을 나눈지 꽤 오래되자 그가 종이와 붓을 요구하더니, 중국과 일본 양국 또는 중국·일본·미국이 공동으로 조선을 보호하자는 뜻을 제시하였습니다. 그 사정을 보아하니 아마도 이노우에 가오루 등 여러 사람의 뜻에서 나온 것으로 보입니다. 그렇지만 이렇게 대놓고 솔직하게 이야기할 수는 없는 것같습니다. 이런 논의는 여서창도 품은 지 오래된 생각인데, 프랑스와의 문제가 해결되지 않아 감히 즉각 아뢴 적은 없습니다. 또한 그가 제기하지 않았는데 제가 나서서 이 이야기를 꺼낸다면 혹시 도리어 그의 오만함을 늘리게 될지도 모릅니다. 일본인이 조선에 대해서 뭔가 해보겠다는 뜻을 품은 지는 이미 오래되었습니다. 처음에는 자못 제멋대로 전제(專制)하여 중국의 권한을 빼앗고자 하였으나, 최근에는 점차 이런 원망을 이루기 어렵다는 것을 알게 되었고, 미국과 조선이 조약을 체결한 다음에는 또한 더욱 후퇴하게 된 것 같습니다. 장래 영국과 독일이 차츰 손을 뻗게 되면 일본인이 어찌 자기 마음대로 할 수 있겠습니까? 혹은 시기를 타서 기회를 보아 류큐[琉球] 문제를 만회할 바탕으로 삼으려고 하는지 역시 단정할 수는 없습니다. 또한 우리가 이미 조선에 자주를 허용한 이상 중국의 관할권은 이미 분명하게 절반은 날아간 것이나 마찬가집니다. 조선인은 어리석고 어두워 의견이 잡다하게 갈라지는데, 중국과 일본이 담 위에서 기회를 엿보면서 중립을 지킨다면, 중국이 가진 절반의 관할권은 또다시 둘로 나뉘게 됩니다. 장래 조선에 오는 유럽인이 늘어나고 외국에 나가는 조선인이 늘어나면, 그 마음을 둘 곳을 제대로 두지 못하고 눈은 높은데 손을 서툴러, 중국이 더욱 도와서 처리하기 어려워질 것입니다. 중국의 관할권은 이 무렵에 이르면 또한 아마 남아 있는 것이 거의 없을 것입니다. 대신 처리해서 다스리려 하다가 중국이 하기 어려운 일이 늘어나는 것 보다는 차라리 미리 세운 계획을 시행하여 조선을 중립 국가로 바꾸는 것이 훨씬 더 나을 것입니다. 이것은 실로 자신을 알고 남을 아는 데서 나오는 제대로 된 계획으로, 여서창은 응당 일본과 먼저 약속하여 과연 일본이 능히 류큐를 되돌려준다면, 일본과 공동으로 조선을 보호한다는 주장 역시 허락해도 좋을 것으로 생각합니다.

나아가 더욱 말씀드리고 싶은 것이 있는데, 중국은 각 속방에 대해서 겨우 이른바 "고삐를 잡고 끊이지 않게 한다"는 태도를 취하고 있을 뿐입니다. 평시에는 그 국시(國是)에 전혀 관여하지 않다가, 일이 생기면은 중국이 나서서 홀로 그 어려움을 몽땅 도맡게 되는데, 밤낮으로 열심히 노력해도 그런 일이 끝나는 일이 없을 정도입니다. 스스로 생각해도 약간 편벽되지만, 제가 보기에는 오늘날 사세(事勢)는 옛적과 전혀 다르니, 속방을 다루는 방법에서 응당 최선책은 이를테면 영국이 인도를 대한 것처럼 그 왕권을 빼앗아 폐지하는 것이고, 그 차선책은 독일이 게르만 민족에게 한 것처럼 전력을 기울여 위압하여 통제하는 것이고, 그렇지 않으면 이를테면 스위스나 벨기에 같은 부류처럼 다른 나라와 연합하여 공동으로 보호하는 것이 아마 충분히 자존(自存)할 가능성을 제공해 줄 것으로 생각합니다. 열강이 빙 둘러서 엿보고 있는데, 세 가지 방책을 하나도 갖추고 있지 않다면 진실로 하루도 편안한 날이 없을 것입니다. 만약 베트남이 갑작스럽게 평화를 되찾고 중국과 프랑스가 화의에 도달해도, 이미 속토(屬土) 베트남은 공치(共治)하는 국면이 됩니다. 만약 베트남이 결국 프랑스 소유가 된다면, 류큐를 돌려받고 조선을 보전하는 것이 그대로 조금은 나은 방안이 될 것입니다. 이렇게 해서 일본의 불만을 해소하고 러시아의 엿봄을 소멸시키고 중국의 책임을 가볍게 한다면, 안으로는 국가의 체면을 잃지 않고 밖으로는 공법(公法)에도 부합되니, 이보다 더 나은 방책은 없다고 생각합니다. 여기 다나베와 나눈 문답의 절략을 베껴 살펴보실 수 있도록 올리니 과연 채택할 만한 논의인지, 엎드려 간청하오니 총리아문의 대인들께서 검토해 보고 지시를 내려주시면 다행이겠습니다.

첨부합니다. 16일에 나가사키(長崎)의 대리이사(代理理事) 곽만준(郭萬俊)의 다음과 같은 전보를 받았습니다.

어젯밤 여덟 시에 일본 순사가 칼을 차고 조계 내의 가옥에 침범하여 중국인 다섯 명을 상해하였습니다. 한 명은 중상을 입고 한 시간 만에 사망하였습니다.

곧장 전보로 무슨 연고인지를 물어보니. 이윽고 다음과 같은 답장을 받았습니다. "아편흡식자를 체포하려는데 체포에 저항하자 칼로 해쳤습니다." 일본 관리는 현장 검사를 마쳤는데, 이 일은 조약에 관련된 것이니, 먼저 알리는 바입니다.

(1) 「여서창과 외무대서기관 다나베 다이치로의 문답 절략」

다나베 다이치로: "베트남과 프랑스는 십수 년 전에 조약을 맺었는데 중국에서는 이 일을 들고도 관여하지 않아 오늘 같은 상황을 만들어 냈습니다. 오늘날 프랑스는 역시 강함을 보여 베트남은 다시 성하지맹(城下之盟)을 맺었는데, 중국은 또한 마치 듣지 못한 것

같은 태도입니다. 전에 듣기로 이홍장 중당은 트리쿠(Tricou, Arthur, 德理固) 프랑스 공사와 이야기하길 '프랑스가 만약 항구 봉쇄령을 선포한다면, 곧바로 선전을 포고하는 때가 됩니다.'라고 하였다고 합니다. 만국공법에 비추어보면 실로 당연한 일입니다. 지금 이미 성이 함락되고 왕이 항복하였는데, 그런 연후에도 말다툼으로 싸우고자 해보았자, 아무 아무런 효과도 없을 것입니다. 이점이 제가 중국을 위해서 안타깝게 여기는 바입니다. 하지만 베트남은 멀리 동남아에 있어 일본과는 전혀 아무런 상관도 없고, 그 득실 역시 일본이 간여할 바가 아닙니다. 그렇지만 절박한 재난이 앞에 있으니 제가 보기에 더욱 절박한 우려는 바로 조선에 있습니다. 제가 그 이야기를 좀 더 늘어놓자면, 조선은 현재 이미 일본과 조약을 체결하였고 다시 미국과도 조약을 체결하여 이미 사절을 미국에 파견하였으니 모두 조선이 엄연한 자주국임을 보여줍니다. 즉 전쟁과 평화 역시 중국은 조선이 자주하도록 허용합니다. 과연 만일 외국과 전쟁이 있게 될 경우 중국은 여전히 베트남의 경우처럼 한 번 잘못을 저질렀지만, 또다시 잘못을 저질러서는 안 됩니다! 일본은 조선과 이웃하고 있는데, 만약 전쟁터에서 조선과 마주치게 된다면 (중국은) 베트남을 보는 것처럼 강 건너 언덕에 불이 난 것처럼 쳐다볼 수만은 없을 것입니다. 제 뜻은 개인적으로 생각하기에 '조선을 자주국으로 삼아 특별히 각국과 조약을 체결하게 하되, 중국과 일본이 보호하여 마치 유럽의 스위스나 벨기에처럼 영원한 중립국이 되게 한다면, 영구히 화근을 제거할 수 있고, 중국과 일본도 오랫동안 근심할 일이 없게 된다.'는 것입니다. 각하께서는 어떻게 생각하십니까?"

여서창: "무릇 각국이 스스로 속지(屬地)를 보호하지만, 그 권한에는 모두 가볍고 무거움의 구분이 있습니다. 하나는 지세(地勢)의 멀고 가까움을 기준으로 하는 것이고, 조선과 베트남은 마찬가지로 중국의 속방이지만 보호를 이야기하자면 미묘한 가볍고 무거움의 차이가 있습니다. 왜 그런가? 생각건대, 조선은 성경(盛京)과 아주 가깝고, 또한 북경이나 천진과도 역시 그다지 멀지 않아, 그 상황은 베트남과 다릅니다. 따라서 만약 조선에 일이 생긴다면, 중국은 온 힘을 다해 싸워야 하는데, 이것은 베트남에 대한 일 처리가 조금 느슨한 것과는 다릅니다. 귀하께서는 다른 이야기를 준비할지도 모르지만 그렇다고 중국 역시 결코 완전히 무력한 것은 아닙니다. 다만 무릇 속방에 관련된 일을 만나면 가능하면 화평스러운 마무리를 원하니, 즉 평화적인 결말을 바라면서 조급하게 그 힘을 다쓰고자 하지 않는 것이지, 실로 속방의 문제를 치지도외하려는 것은 아닙니다."

다나베: "저는 중국이 경쟁력이 없다고 이야기하려는 것이 아닙니다. 화평스러운 마무리를 바란다는 것은 그야말로 대국다운 아주 넉넉한 도량을 보여주기에 충분하지만, 이를테면 조선 문제는 지금 계획하지 않으면 아마 나중에는 때를 맞추지 못하게 될 것입니다. 미국이 사신을 파견하여 조선에서 조약을 체결할 때 저는 마침 북경에 있었는데, 러시아 공사와 이야기할 때 제가 말하였습니다. "러시아와 조선은 이웃 나라이니 응당 일찌감치 조약을 체결하였어야 하는데, 미국에게 선수를 빼앗겼으니, 아마 만족스러운 결과는 아닐 것 같습니다." 그는 제게 미소를 띠면서 이야기하였습니다. "땅은 비록 서로 인접해 있지만, 나라는 작고 백성은 가난해 무역의 이익이 없으니, 무슨 조약을 체결할 필요가 있습니까? 또 우리는 중국과 이리(伊犁)를 놓고 다투고 있지만, 일이 점차 풀리게 된다면 나중에도 여전히 지금과도 같을지는 알 수 없습니다. 차라리 조선 문제는 나중에 도모할 것으로 제쳐두는 게 낫습니다." 무릇 러시아가 조선에 대해 침을 흘린다는 것은 모든 사람이 아는 바입니다. 제 뜻은 조선을 엄연하게 자주 국가로 만들고 세계 각국과 서로 겸맹하게 하는 것은 앞뒤로 염려하지 않을 수 없는 상황이 되지만, 잠시 조선을 중국의 속방으로 남겨놓으면 상황은 달라집니다. 러시아는 중국과 수천 리에 걸쳐 국경을 맞대고 있으니, 일단 말이 어긋나면 그것을 핑계로 멋대로 물어뜯겠다는 욕심을 채우려 할지도 모릅니다. 하지만 러시아가 감히 도모할 수 없는 부분이 있습니다. 지금 조선은 이미 미국과 통호(通好)하였으니, 세계 만국이 장차 조선을 자주국가로 보게 될 것이고, 따라서 지금 이를 슬슬 이끌어서 중국과 일본 두 나라가 보호하는 나라로 삼으면 [보호국(保護國)은 정삭(正朔)을 받들거나 조공(朝貢)을 하는 데 아무 문제가 없습니다], 러시아가 비록 침을 흘리더라도 조선을 삼킬 수는 없게 되는 것입니다. 일본은 이에 의지하여 북방 국경을 지켜낼 수 있으며, 중국 역시 동쪽을 돌아보아야 할 근심이 없어집니다. 제 스스로는 오늘날의 세상에서 오로지 이러한 방책만이 실행 가능하다고 봅니다. 옛사람은 말합니다. '어머니가 말하면 현명한 어머니가 된다. 하지만 아내가 말하면 질투하는 아내가 되지 않을 수 없다.' 제가 하는 말을 각하께서는 오로지 일본만을 위한 것이라고 생각해 주지 않으시면 다행이겠습니다."

여서창: "러시아는 조선을 호시탐탐 노리고 있습니다. 천하 만국의 사람들이 모두 알고 있습니다, 하지만 지금에 이르러 아직 아무런 동정이 없는 것은 실로 조선이 중국의 성경(盛京)과 아주 가까이 접해 있어, 정말로 중국이 힘써 다투지 않을 이유가 없습니다. 이른바 누워 자는 침대 아래서 다른 사람이 코골며 자게 할 수는 없다는 것입니다. 또한 조

선에 크게 도모할 만한 이익도 없고, 그 국세가 결국은 서방에 편중되어 있기도 해서 그런 이유로 감히 이런 발단에 나서지 않는 것입니다. 두 나라가 보호한다는 문제는 만국공법에는 비록 이런 원칙이 있지만 만약 러시아가 조선을 병탄하겠다는 의지가 있다면 한 나라가 보호하는 것도 적은 것으로 보이지 않겠지만, 두 나라가 보호하는 것 역시 반드시 많다고 할 수는 없을 것입니다. 또한 우리 두 나라는 현재 류큐[琉球] 문제를 둘러싸고 아직 마찰이 있어 사이가 좋지 않은 관계니, 또 어찌 이런 주장을 내세울 수 있겠습니까? 만약 일본이 류큐를 반환할 수 있다면 혹은 상의할 수도 있으나 이 또한 확정적인 것은 아닙니다. 그러나 이것은 단지 개인적인 억측에서 나온 것으로, 각하가 말씀한 것이 전적으로 일본만을 위한 것은 아님이 분명하지만, 제 이야기 역시 대국(大局)을 바라보는 시각에서 이야기한 것입니다. 각하께서는 어떻게 생각하시는지 모르겠습니다."

다나베: "제가 베트남의 소식을 듣고 장래 동양의 국세는 거의 잠들래야 잠들 수 없는 상황이 될 것임을 우려하여 비로소 이런 주장을 내세우게 되었습니다. 감히 각하께 물어보는데 만약 실행할만한 것이라고 생각하신다면 저는 장차 우리 외무경과 더불어 이 이야기를 하고자 합니다. 각하께서는 현재 류큐 사안이 미결 상태라고 이야기하시지만, 이 두 가지는 제생각으로는 당연히 서로 다른 문제고, 이 주장과는 아무런 상관이 없으며, 보호권이 양국에 돌아가는 것은 한 나라가 획득한 바로는 그 힘이 부족하기 때문이며, 주된 보호국이 다른 나라와 다투게 되면 피보호국은 그 재화를 피할 수 없게 되는 것이니, 그래서 두 나라에 돌리자고 하는 것입니다. 만약 일본과 중국이 조선을 공동 보호하자는 주장이 부족하다면, 미국을 더욱 추가하여 참여시키는 것도 불가하지는 않습니다."

여서창: "각하의 논의는 비록 동아시아의 대국을 위한 시각에서 나온 것이지만, 우리 두 나라가 같은 마음으로 협력하기를 바란다면 먼저 류큐 문제를 해결하지 않으면, 이러한 논의 모두가 제대로 실행하기 어렵습니다. 제가 말하는 것 역시 단지 각하의 논의에 따라서 그 결말을 따져본 것일 뿐입니다. 마침 오늘 두 사람이 간담을 나눌 수 있었는데, 옳고 그름은 모두 다 득실과 상관이 없고, 공무가 아니기 때문에 마음이 가는 대로 멋대로 이야기한 것일 뿐입니다."

다나베: "오늘 이야기는 베트남을 따지고 조선을 이야기하였지만, 나눈 주제는 결코 공무로 다룬 것은 아닙니다. 듣기에 각하께서 조금 불편한 부분이 있겠지만, 묻고 답한 것은 서로 생각이 들어맞고, 실례를 저지른 것을 통감합니다만, 저는 이만 물러가고자 합니다."

(22) 문서번호: 4-4-22(1493,2713b)

사안: 중국 지방관이 태풍을 만나 피난한 일본의 선박을 돌봐준 것에 대해 감사하는 일본 외부의 서신을 받았습니다(悉日外部函謝中國地方官照料日本遭風難船).
날짜: 光緖十六年正月十六日(1890년 2월 5일)
발신: 總理衙門
수신: 日本公使 大鳥圭介[34]

正月十六日, 致日本國公使大鳥圭介函稱:

上年十二月間, 接准來函:

准外務大隈丈開:

據香港領事鈴木充美稟稱:

長崎縣民人票原孫四郎等男女八名口, 以本年七月十五日, 在中國北海開船, 駛行魚埔口, 遭風撞破船隻. 由防城縣給予錢文, 護送北海, 籌備川費, 轉送抵館.

等因. 所有一切照料之, 實深銘感, 專函布謝.

前來. 本衙門已經閱悉, 相應函復貴大臣, 轉達大隈大臣可也.

1월 16일, 일본 공사 오토리 게이스케(大鳥圭介)에게 다음과 같은 서신을 보냈습니다.

작년 12월 중에 보내주신 다음과 같은 서신을 받았습니다.
  외무성 오쿠마(大隈, [시게노부(重信)])의 다음과 같은 공문을 받았습니다.
  홍콩 영사 스즈키 미쓰미(鈴木充美)가 다음과 같이 보고하였습니다.

---

[34] 오토리 게이스케(大鳥圭介, 1833~1911)는 에도 시대의 막신(幕臣) 출신으로 메이지 시대의 교육자, 정치가, 외교관이다. 1889년 이후 외교관으로 변신하여 1889년 6월 주중국 공사로 임명되고, 1893년에는 조선 공사를 겸임하였다가, 1894년 6월에는 조선 공사로 부임하였으며, 1894년 10월 공사직에서 해임되었다.

나가사키현(長崎縣)의 백성 히요하라 마고시로(票原孫四郞) 등 남·여 8명이 올해 7월 15일 중국의 북해(北海)에서 출범하여 어포구(魚埔口)로 항해하다가 태풍을 만나 선박이 파손되었습니다. 방성현(防城縣)에서 자금을 지급하여 북해(北海)로 호송하였고, 여비를 마련하여 영사관으로 보내주었습니다.

이상과 같은 돌봄을 받은 것에 대해 몹시 감명을 받았기에, 따로 서신을 보내 감사드립니다.

국역 『淸季中日韓關係史料』

5. 조선의 반란을 진압하고 각국에 조회함
(平定朝亂, 照會各國)

(1) 문서번호 : 4-5-01(546, 886a)

사안 : 조선과 조약을 체결한 각국에 대해 새로운 조약은 결코 아무런 변경이 없음을 밝히도록 조회를 보내라는 지시를 조선에 전달해 주십시오(轉飭朝鮮照會訂約各國, 聲明新約竝無變更).
날짜 : 光緒八年八月初二日(1882년 9월 13일)
발신 : 總理衙門
수신 : 署理北洋大臣 李鴻章

八月初二日, 致北洋大臣李鴻章函稱:

八月初一日, 德國巴使來署面詢, 朝鮮亂事旣平, 本國與朝鮮所定新約, 將來有所變動. 答以朝鮮之事, 係屬內難, 各國條約自不至另有變更. 巴使擬請本處, 將此意予以一函, 以便報知本國. 答以本處却未便憑空函致, 當請臺端轉囑朝鮮, 先將此節聲明, 以免疑慮. 巴使聲謝而去. 査各國新約尙係未經批准之件, 此時亂事雖定, 其有無變動, 各國公使均不能無疑, 不獨德國爲然, 卽祈閣下轉飭趙宵夏等, 報知該國, 將新約

> 竝無變更之處. 照會曾經訂約各國, 俾得解釋疑團, 似亦善後應辦之一端也. 希酌行爲荷. 專此泐佈. 順頌勛祉.

8월 초2일, 북양대신 이홍장에게 다음과 같은 서신을 보냈습니다.

8월 초1일, 독일 브란트 공사가 총리아문에서 와서 조선의 반란이 이미 평정되었는데 독일과 조선이 체결한 새 조약은 장래 변동이 있는지 직접 질문하였으므로, 조선의 문제는 내부적인 소란이고, 각국과의 조약은 당연히 별다른 변경이 없을 것이라고 답변하였습니다. 브란트 공사는 본 총리아문에 이런 취지의 서신 한통을 보내주면 본국에 통지하기 좋겠다고 요청하였는데, 총리아문에서 아무런 근거도 없이 서신을 보내기는 곤란하므로, 응당 이홍장 중당에게 부탁하여 조선에 먼저 이런 점을 밝혀서 의심을 피하라고 전달해달라고 요청해야 할 것이라고 답하였습니다. 브란트 공사는 감사의 뜻을 전달하고 돌아갔는데, 조사해 보건대 각국과의 조약은 아직 비준을 거친 것이 아니므로, 지금 반란이 비록 진정되기는 하였는데, 변동이 있는지는 각국 공사 모두 의심을 품지 않을 수 없어 유독 독일 공사만 그런 것은 아닐 것입니다. 그래서 이홍장 중당께서 조영하 등에게 지시를 전달하여 조선에 알리고, 새로운 조약에 아무런 변동도 없다는 점을 조약을 체결한 각국에 조회하도록 함으로써 의심을 풀 수 있게 해야 할 것 같으며, 아마 이것은 사후 처리에서 응당 처리해야 할 일 가운데 한 가지이기도 합니다. 이에 대한 적절한 조치를 취해 주셨으면 합니다. 이 때문에 서신을 보냅니다. 편안하시길 빕니다.

(2) 문서번호 : 4-5-02(563, 944b)

사안 : 중국이 번복을 안정시켜 조선의 반란을 토벌한 것을 축하합니다(祝賀中國綏靖藩服, 剿平朝鮮亂事).
날짜 : 光緒八年八月十六日(1882년 9월 27일)
발신 : 和國公使 費果蓀[1]
수신 : 總理衙門

八月十六日, 和國公使費國蓀照會稱 :

近閱抵抄, 得悉朝鮮亂軍生變一節, 經由貴國派兵前往, 援勦兼施, 旬日之間, 渠魁就獲, 禍亂悉平. 凡在聞知莫不歡欣傳頌. 從此凡與該國有通商定約之擧, 自不致有所觀望, 此皆仰賴貴國君明臣良, 籌畫有方, 用能妥速蕆事, 綏靖藩服. 本大臣曷勝欽佩! 因思本國在歐洲, 雖僅一隅, 然所屬之國, 居亞細亞之境者頗多, 人民尤衆, 其疆界有與貴國及朝鮮相接之處, 實爲鄰近之邦, 諸多關涉, 誠使各國無事, 貴國竝朝鮮·日本亦復照常相安, 本國亦甚欣慰. 蓋本國深願貴國日臻極盛之治, 共荷無疆之庥耳. 今以朝鮮之事淸結, 特爲照會, 藉申賀祝之忱, 卽希貴王大臣査照.

8월 16일, 네덜란드 공사 퍼거슨이 다음과 같은 조회를 보내왔습니다.

최근 『저초(抵抄)』를 읽어보다가 조선에서 군대가 반란을 일으켰는데, 중국에서 군대를 파견하여 보내 원조와 토벌을 동시에 실행함으로써 십여 일 만에 반란의 수괴를 붙잡아 화란이 모두 평정되었다는 점을 알게 되었습니다. 무릇 이 소식을 들은 사람은 환호하면서 칭송하지 않는 경우가 없습니다. 앞으로 무릇 조선과 통상조약을 체결하는 일은 당연히 더 이상 관망할 필

---

[1] 퍼거슨(Farguson, Jan Helenus, 費果蓀, 1826~1908)은 1873년 네덜란드가 북경에 설치한 공사관에서 근무한 최초의 북경 주재 공사로, 1895년까지 근무하였다.

요가 없어질 것인데, 이것은 모두 중국의 현명한 군주와 훌륭한 신하가 계획적으로 준비한 것에 의존하여 적절하고 신속하게 문제를 해결하여 번복을 안정시킨 것입니다. 본 대신이 어찌 탄복하지 않을 수 있겠습니까? 네덜란드는 유럽에 있어 비록 한쪽 모서리를 차지하고 있지만, 네덜란드에 속하는 나라가 아시아의 경내에 있는 경우가 자못 많고, 백성들 또한 그 수가 많으며, 그 경계는 중국이나 조선과 서로 인접한 곳도 있으니, 실로 이웃하는 나라로써 많은 문제가 관련됩니다. 따라서 각국이 무사하고 중국과 조선, 일본 역시 평상시처럼 안정되어 있다면 네덜란드 역시 대단히 기쁘고 위안이 됩니다. 네덜란드는 중국이 날로 전성기의 치세로 나아가서 함께 더할 나위 없는 좋은 시절을 누릴 수 있기를 깊이 바라고 있습니다. 지금 조선의 문제가 깨끗하게 결말이 되었다고 하니, 특별히 조회를 보내 이를 빌어 축하의 마음을 전달하고자 하니, 총리아문의 왕대신(王大臣)께서 살펴보시길 바랍니다.

(3) 문서번호: 4-5-03(570, 950b)

사안: 조선 난사를 평정한 것을 축하한 것에 대한 감사(謝賀平朝鮮亂事).
날짜: 光緒八年八月十九日(1882년 9월 30일)
발신: 總理衙門
수신: 和國公使 費果蓀

八月十九日, 給和國公使費國蓀照會稱:

光緒八年八月十六日, 准貴大臣照會內稱:
　　閱抵抄悉, 朝鮮亂軍生變一節, 旬日之間, 禍亂悉平, 凡在聞知, 莫不懽欣傳頌. 本
　　國亦甚忻慰, 特爲照會, 藉申賀忱.
等因前來. 查朝鮮爲中國屬邦, 此次該國內亂辦理淸結, 承貴大臣關懷, 一切本王大
臣不勝感謝, 相應照會査照可也.

8월 19일, 네덜란드 공사 퍼거슨에게 다음과 같은 답장 조회를 보냈습니다.

광서 8년 8월 16일, 귀 대신의 다음과 같은 조회를 받았습니다.

　　최근 『저초(抵抄)』를 읽어보다가 조선에서 군대가 반란을 일으켰는데, 십여일 만에 화란이 모두 평정되었다는 점을 알게 되었습니다. 무릇 이를 들은 사람은 환호하면서 칭송하지 않는 경우가 없습니다. 네덜란드 역시 대단히 기쁘고 위안이 됩니다. 특별히 조회를 보내 이를 빌어 축하의 마음을 전달하고자 합니다.

조선은 중국의 속방으로서 이번 조선의 내란을 깨끗하게 마무리할 수 있었던 것은 귀 대신의 관심덕분으로, 이 모든 것에 대해 본 왕대신은 감사하지 않을 수 없으니, 응당 조회를 보내 참고하시도록 해야 할 것 같습니다.

(4) 문서번호 : 4-5-04(571, 951a-951b)

사안 : 조선 난사를 평정한 것에 대한 유지를 베껴 조회를 보냅니다(平定朝鮮亂事, 錄旨照會).
날짜 : 光緖八年八月十九日(1882년 9월30일)
발신 : 總理衙門
수신 : 英·德·法·俄·日·和 公使

八月十九日, 給英國署公使格維納照會稱:

光緖八年八月十二日奉上諭:[2]
　　[省略]
欽此. 相應恭錄諭旨, 照會貴署大臣査照可也.
　同日給美國公使楊約翰, 德國公使巴蘭德, 法國公使寶海,[3] 俄國公使布策,[4] 日本國公使田邊太一, 和國公使費果蓀.

8월 19일, 영국(英國) 총리공사 그로버너[格維訥]에게 다음과 같은 조회를 보냈습니다.

광서 8년 8월 12일, 다음과 같은 상유를 받았습니다.
　　[생략]
응당 상유를 삼가 베껴 귀 대신이 살펴볼 수 있도록 조회를 보내야 할 것입니다.

같은 날, 미국 공사 영, 독일 공사 브란트, 프랑스 공사 부레, 러시아 공사 부체, 일본 공사 다나베 다이치로(田邊太一), 네덜란드 공사 퍼거슨에게 같은 조회를 보냈습니다.

2　이 책의 (26) 문서번호 : 4-3-26(572, 952a-952b)과 같은 내용이라 여기서는 생략한다.
3　부레(Frédéric-Albert Bourée, 寶海)는 1880~1883년 동안 주중국 프랑스공사를 지냈다.
4　부체(Евгéний Кáрлович Бюцов, 布策)는 1874~1882년 동안 주중국 러시아 공사를 지냈다.

(5) 문서번호 : 4-5-05(574, 957a)

사안 : 번복을 안정시킨 문제를 다룬 상유는 이미 베껴 일본으로 보냈습니다.
날짜 : 光緖八年八月二十日(1882년 10월 1일)
발신 : 日本公使 田邊太乙
수신 : 總理衙門

八月二十日, 日本國署公使田邊太乙照會稱:

明治十五年九月三十日, 接准貴王大臣恭錄光緖八年八月十二日上諭一道, 備文前來. 本署大臣准此. 欽悉. 覺有關于敵國, 除當照錄咨行本國外務大臣外, 先此照復.

8월 21일, 일본국 서리 공사 다나베 다이치(田邊太乙)로부터 다음과 같은 조회를 받았습니다.

메이지(明治) 15년 9월 30일, 귀 왕대신이 광서 8년 8월 12일의 상유를 베껴 보내신 것을 잘 받았습니다. 이 문제는 중국과도[5] 관계되는 것이라 생각하여, 본국의 외무대신에게 그대로 베껴 보고한 것 외에 먼저 이렇게 답장 조회를 드립니다.

---

5 원문은 적국(敵國)인데, 적국은 오늘날 적대하는 나라를 가리키지만, 지위나 세력이 서로 대등한 나라를 가리키는 뜻도 있었다. 여기서는 후자의 의미로, 아마 중국을 가리키는 것으로 생각된다.

(6) 문서번호 : 4-5-06(575, 957b)

사안 : 번봉 조선 문제를 처리하고 받든 상유를 잘 받아 읽었습니다(敬悉辦理藩封朝鮮事宜所奉上諭).
날짜 : 光緖八年八月二十一日(1882년 10월 2일)
발신 : 法國公使 寶海
수신 : 總理衙門

八月二十一日, 法國公使寶海照會稱 :

兹准貴親王照會內稱 :

光緖八年八月十二日奉上諭, 朝鮮爲我大淸屬國, 世守藩封.
等因. 欽此. 相應恭錄諭旨, 照會前來. 本大臣敬悉, 理合照復. 須至照會者.

8월 21일, 프랑스 공사 부레가 다음과 같은 조회를 보내왔습니다.

지금 귀 친왕의 다음과 같은 조회를 받았습니다.

광서 8년 7월 12일 상유를 받들었는데, 조선은 우리 대청의 속국으로 대대로 번봉의 지위를 지켜왔습니다.

응당 유지를 삼가 베껴 보낸다는 조회가 왔습니다. 본 대신은 이 조회를 삼가 받아 읽었고, 응당 답장 조회를 보내야 할 것입니다. 이상.

(7) 문서번호 : 4-5-07(577, 910a-917a)

사안 : 번복을 안정시킨 문제를 다룬 상유는 이미 본국으로 보냈습니다(綏靖藩服上諭, 已錄送 本國).
날짜 : 光緒八年八月二十二日(1882년 10월 3일)
발신 : 英國署理公使 格維訥[6]
수신 : 總理衙門

> 八月二十二日英國署公使格維訥照會稱:
>
> 光緒八年八月十九日, 接准貴親王來文, 恭錄本年八月十二日所奉綏靖藩服諭旨一道, 照會查照前來. 本署大臣准此. 均已敬悉. 除業經譯錄咨會本國外, 理合備文照復 貴親王查照可也. 爲此照復.

8월 22일, 영국 서리 공사 그로버너가 다음과 같은 조회를 보내왔습니다.

광서 8년 8월 19일, 귀 친왕이 보낸 문서를 받았는데, 올해 8월 12일에 받은 번복을 안정시킨 문제를 다룬 상유를 조회로 보낸 것이었습니다. 본 서리 공사는 이를 받아 모두 잘 읽어보았습니다. 이미 번역하여 본국에 보고한 것 외에, 응당 문서를 갖추어 귀 친왕이 참조할 수 있도록 답장 조회를 보내야 할 것입니다. 이에 답장 조회를 보냅니다.

---

6 그로버너(Thomas George Grosvenor, 格維訥, 1842~1886)는 영국 외교관으로 1871년부터 주중국 영국공사관에서 참찬으로 근무하였으며, 마가리 사건 당시 영국 조사단의 대표로서 현지 조사를 지휘하였다. 1882년 8월부터 1883년 9월까지 영국 서리공사로 재임하였다.

(8) 문서번호 : 4-5-08(605, 1006b)

사안 : 조선의 반란을 평정한 것에 대해 각국이 탄복합니다(平定朝鮮亂事, 各國欽服).
날짜 : 光緒八年九月十七日(1882년 12월 18일)
발신 : 出使大臣 李鳳苞
수신 : 總理衙門

> 九月十七日, 摘錄出使大臣李鳳苞函稱 :
>
> 此次朝鮮與各國立約, 首明屬藩正名定分, 不但爲各國所敬服, 尤可絶倭人之覬覦. 月前朝鮮内訌, 殃乃倭館, 雖倭人欲藉端尋釁, 而各國方冀商務肇興, 必不聽倭夷逞志, 繼承撥派兵艦, 彈壓調處, 旣盡我睦鄰字小之心, 又適符各國弭兵通商之意, 碩畫藎猷, 益深欽佩.

9월 17일, 출사대신 이봉포가 보내온 서신을 다음과 같이 적록(摘錄)하였습니다.

이번에 조선이 각국과 조약을 체결하였는데, 가장 앞부분에서 속번(屬藩)의 명분에 대해 정확하게 설정한 것은 각국이 경복(敬服)하였을 뿐만 아니라 특히 일본인의 엿보는 마음을 차단할 수 있는 것이었습니다. 지난달 조선에서 내란이 일어나 그 재앙이 일본 공사관에 미쳤는데, 비록 일본이 이를 구실로 삼아 분쟁을 일으키고자 하여도 이미 각국이 바야흐로 상무가 크게 일어날 것을 기대하고 있으니, 반드시 일본 오랑캐가 그 뜻을 제대로 드러내지 못하게 할 것입니다. 뒤이어 군대와 군함을 파견하여 반란을 진압하는 조치를 한 것 역시 이웃 나라를 아끼는 우리 자소(字小)의 마음을 다한 것이고, 또한 마침 전쟁을 멈추고 통상을 계속 하고자 하는 각국의 뜻과도 제대로 부합되었으니, 원대하고도 충성스러운 계략에 깊이 탄복하지 않을 수 없습니다.

(9) 문서번호 : 4-5-09(637, 1058b-1061b)

사안: 1) 중국의 수사(水師)는 겨우 규모를 갖추게 되었으니, 갑작스럽게 일본과의 전쟁에 동원되기는 곤란합니다(中國水師甫有規模, 未可遽與日本動兵). 2) 일본의 주조선 공사는 다케조에 신이치(竹添進一)[7]가 대리하게 되었습니다(日本駐朝使臣, 由竹添進一代理). 3) 미국 공사 빙엄[8]이 이번 조선 내란 평정은 응당 해야 할 일을 맡은 것이라고 하면서,「조·미조약」을 미국은 반드시 비준할 것이라고 이야기하였습니다(美使平衡稱道, 此次平定朝亂極具擔當, 竝言美·韓條約必可批准).

첨부문서: 1.「조선 공사가 보내온 절략(朝鮮公使送閱節署)」[9]
2.「조선 공사가 베껴 보내온 속약(續約) 2개조(朝使抄送續約二款)」

날짜 : 光緒八年十月二十五日(1882년 12월 5일)

발신 : 駐日本 公使 黎庶昌

수신 : 總理衙門

十月二十五日, 出使日本國大臣黎庶昌函稱:

九月二十日肅上昌字第十八號函, 諒迎均察. 旋於二十四·二十九日, 接奉本字六十八號及傅相九月十二鈞函, 讀悉種種. 朝事甫定, 建言者頗有乘時取威之請, 計非不善, 然以庶昌審量彼己情形, 中國水師甫有規模, 戰艦尚未齊全, 魄力未能雄厚, 此時遽與日人動兵, 實未必能操必勝之柄, 一有差失, 全局俱壞. 且牽涉朝約, 尤未得事理之宜. 傅相以爲力籌整頓, 待時而動, 不如專論球案, 以爲歸曲地步. 最是破約之

---

[7] 다케조에 신이치로(竹添進一郎)가 올바른 표기이지만, 중국문서에서는 이렇게 표기되기도 한다.

[8] 여기서 나오는 미사(美使) 평형(平衡)은 1873년부터 1885년까지 주일본 미국 공사를 지낸 빙엄(John. Armor. Bingham, 平衡, 1815~1900)을 가리키는 것으로 보인다. 빙엄은 당시에는 다른 한자 표기로 통용되었고(다른 두 명은 譬閣衡 또는 賓板橋 등으로 표기되었다), 오늘날에는 중국어로 '約翰 賓厄姆'으로 표기된다.

[9] 원서에는 이 부분의 목차에 첨부문서가 없으나, 실제 원문에는 첨부문서가 수록되어 있다. 이것은 「6. 조선과 일본의 조약 체결(韓日訂約)」에 해당하는 내용이고, 실제 목록에는 이 문서가 수록되어 있으나 여기 문서와 중복되어 생략하고, 대신 첨부문서는 여기에 그대로 남기기로 하였다.

論,此趙營平屯田制姜上策也.[10] 日本究竟地小力薄,近聞中國謀整水師,彼族頗有震動之意.若俟規模大備,持滿而發,彼時重提舊案,與之議商,或倩各國公評,無論如何歸結,似可不戰而勝.庶昌以爲實有把握也.朝鮮使臣朴泳孝到此月餘,賠款一節,業經改期限爲十年.現又議定此項償款,以慶尙道金沙稅作抵.茲將所送節略,錄呈鈞鑒.

日使花房義質改授外務省三等出仕,其朝使一缺,以前天津領事竹添進一代之,尙無啟行日期.項據美使平衡來署,告以橫濱新聞紙言,中國現將處分大院君之事行知各國駐京公使,有何意見.庶昌答以,此聞未得明文,即有亦不過因各國將次通商,告以屬邦之亂業已平定而已.美使因發議論謂:

> 朝鮮之屬中國已數百年,衆所共知,此次中國發兵往定內亂,具有擔當所爲,實合公法,且大國保護小國,小國依屬大國,莫不皆然.朝鮮之朝貢中國與否,此兩國內政,與各國均屬無干,美國絶不過問.

又言:

> 美國與朝鮮所定之約,係亞細亞最公允之約.英人因鴉片煙一節,不能流行於朝鮮,多方播弄.頗聞橫濱商人呈遞條陳於英使,言其不便,冀幸翻悔此約,從新定議,以遂其私.然美國勢必批准.

等語.所言甚爲公正,亦頗切至.其意若慮中國之尙有游移者.庶昌答以:

> 朝約係傅相竭半之力,贊畫而成,豈有移易之理? 貴國與朝通商在先,但盼早日批准議行,則各國均無異說.美使允再致書美廷,促成其事,如此則美約不至變更,美約一定,餘皆迎刃而解矣.

余理事條陳多有可取,容遵衙門鈞示,抄送北洋大臣採行.[중략][11] 伏乞代回堂憲爲禱.崇肅.祇請勛安.

---

10 조영평(趙營平)은 서한(西漢)의 명장(名將)이었던 영평후(營平侯) 조충국(趙充國, B.C.136~B.C.51)을 말한다. 흉노나 강족(羌族)과의 싸움에 누차 참여하였는데, 특히 강족과의 싸움에서 비교적 효과가 느린 둔전(屯田)을 실시하여 많은 논란을 빚었지만 결국 반란을 일으킨 강족을 제압하였다.

11 이하 다음 문단의 내용은 일본 공사관의 비용이나 인원에 관한 논술로 본서의 주제와 관련이 없어 생략하였다.

(1)「朝鮮公使送閱節畧」

塡補金五十萬圓, 定以十箇年爲償完之期, 朝鮮將慶尙道歲收諸稅中, 換爲純金銀, 照日本銀貨幣或金貨幣量目, 每年支辦五萬圓, 分兩次[朝鮮曆五月, 日本曆十一月], 送于在留朝鮮元山港日本領事館, 眼同分析[或輸送于日本大坂府造幣局, 眼同分析亦任時宜], 以驗其質, 俾毋純駁輕重之差謬. 日本銀貨幣一圓, 重七錢一分七厘六毫.[內銀六錢四分五厘八毫四絲, 銅六分一厘七毫六絲. 合計二萬五千圓, 重一萬七千九百四十兩, 內銀一萬六千一百四十六兩, 銅一千七百九十四兩. 合計五萬圓, 重爲三萬五千八百八十兩, 內銀三萬二千二百九十二兩, 銅三千五百八十八兩]. 日本金貨幣一圓, 重四分四厘三毫六絲七忽[內金三分九厘九毫三絲三微, 銅四厘四絲六忽七微, 合計二萬五千圓. 重爲一千一百九兩一錢七分五厘, 內金九百九十八兩二錢五分七厘五毫, 銅一百一十兩九錢一分七厘五毫. 合計五萬圓, 重爲二千二百一十八兩三錢五分, 內金一千九百九十六兩五錢一分五厘, 銅二百二十一兩八錢三分五厘], 右證定日本東京.

大朝鮮開國四百九十一年九月十六日 特命全權大臣 朴泳孝, 特命全權副官 金晩植
大日本明治十五年十一月二十七日 外務卿井上馨

(2)「朝使抄送續約二款」[12]

壬午八月初七日, 據全權大臣李裕元, 全權副官金宏集奏:

　　本年七月十七日, 臣裕元, 臣宏集與大日本國辨理公使花房義質, 會同仁川府濟物浦, 互換續約二款.

已予批准, 行諸久遠, 益敦親好. 其二款內應行事件, 凡爾官民悉奉此意, 一體按照辦理.
　　大朝鮮國大王寶.

朝鮮國與日本, 嗣後爲益表親好, 便貿易, 玆訂定續約二款如左:
第一. 元山・釜山・仁川各港間行里程, 今後擴爲四方各五十里[朝鮮里法], 期二年後自條約批准之日起算, 周歲爲一年, 更爲各百里事. 自今期一年後, 以楊花鎭爲開

---

12 이 문서의 일부는 이 책의 (11) 문서번호: 4-3-11(538, 867a-879b)의 첨부문서 8.「조선과 일본이 의정한 속약 2개 조(日朝議定續約二款)」에 이미 소개되어 있다. 다만 여기에는 앞부분의 상주와 뒷부분의 서명 부분이 추가된 것만 다를 뿐이다.

> 市場事.
> 第二. 任聽日本國公使·領事及其隨員, 眷從遊歷朝鮮內地各處事. 指定遊歷地方, 由禮曹給照地方官勘照護送, 右兩國全權大臣, 各據諭旨立約蓋印, 更請批准, 二個月內, 朝鮮開國四百九十一年, 日本明治十五年月九月, 於日本東京交換.
> 　大朝鮮國 開國四百九十一年七月十七日, 大日本國 明治十五年八月三十日
> 　朝鮮國全權大臣 李裕元 印, 朝鮮國副全權大臣 金宏集 印
> 　日本國辨理公使 花房義質 印

10월 25일, 출사(出使) 일본국대신(日本國大臣) 여서창이 다음과 같은 서신을 보내왔습니다.

9월 20일 창자(昌字) 제18호 서신을 올렸는데, 이미 받아보셨을 줄 압니다. 이윽고 24일·29일에는 본자(本字) 68호 서신 및 이홍장 중당의 9월 12일 서신을 받아 보았습니다. 조선 사무가 간신히 안정되었는데, 건의를 하는 사람들은 자못 시기를 틈타 위세를 취하자고 요청하는 경우가 많은데, 이런 계책이 훌륭하지 않은 것은 아닙니다. 그렇지만 여서창이 피차간의 상황을 헤아려 볼 때, 중국의 수사(水師)는 이제야 겨우 규모를 갖추게 되었고, 전함(戰艦)도 아직 제대로 다 확보된 것이 아니라서 전투력이 아주 웅후하다고 할 수 없습니다. 지금 갑작스레 일본과 충돌한다면 실로 반드시 승리의 자루를 잡을 수 있다고 장담하기 어려우며, 하나라도 차질이 생기게 되면 전체 국면이 모두 망가집니다. 또한 조선의 조약과도 관련되니, 특히 적절한 사리를 갖춘 주장이라고 보기는 어렵습니다. 이홍장 중당께서는 힘써 수사의 정돈에 노력하면서 시기를 기다려 움직여야 한다고 생각하며, 오로지 류큐 문제만을 다루면서 일본에게 죄를 돌리는 바탕으로 삼는 게 낫다고 보시는 것 같습니다. 가장 심한 것은 조약 취소의 논의인데, 이것은 서한의 조충국(趙充國)이 강족(羌族)을 제압하는 상책(上策)으로 둔전(屯田)을 선택하였던 경우와 같습니다. 일본은 결국 땅은 작고 힘은 엷은데, 최근 듣기에 중국이 힘써 수사(水師) 정돈에 나선다고 하니, 이쪽도 자못 진동(震動)되는 뜻을 가지고 있는 모양입니다. 만약 규모가 크게 갖추어지기를 기다려, 가득 당긴 다음 발사하는 것처럼 그때가서 다시 옛 제안을 내놓고 이들과 협상하거나 아니면 각국에 요청하여 공평(公評)을 해달라고 한다면 어떠한 결말로 끝나든지, 아마도 싸우지 않고 이길 수 있을 것입니다. 여서창은 이런 방법이 실로 제대로 된 파악을 한 것으로 생각합니다.

조선 사신 박영효(朴泳孝)는 여기에 도착한 지 한 달 남짓인데, 배관(賠款) 문제에 대해서는 이미 기한을 10년으로 바꾸었습니다, 현재 또한 이 상관(償款)을 다시 논의 중인데, 경상도(慶尙道)의 금사세(金沙稅)를 담보로 삼는다고 합니다. 여기 보내온 절략을 살펴보실 수 있도록 올리는 바입니다.

일본 사신 하나부사 요시모토는 외무성 삼등(三等)으로 개수(改授)받아 출사하는데, 그 조선 공사 자리는 이전에 천진에서 영사를 지냈던 다케조에 신이치로(竹添進一郞)가 대신하지만, 아직 출발 일자는 정해지지 않았습니다. 최근에는 미국 공사 빙엄이 저희 공서에 와서 『요코하마신문(橫濱新聞)』의 보도 내용을 이야기하였는데, 중국이 현재 대원군을 처리하는 문제를 각국 주북경 공사에게 알린다고 하는데, 어떤 의견이 있느냐고 묻는 것이었습니다. 여서창은 이 소식은 분명한 공문을 보지는 못하였고, 설사 있더라도 각국이 장차 조선과 통상을 하려고 하기 때문에 속방의 반란이 이미 평정되었다는 것을 알려주는 것일 뿐이라 답하였습니다. 그러자 미국 공사는 이 말을 듣고 다음과 같이 이야기하였습니다.

조선이 중국에 속한지 이미 수백 년임은 모두가 다 아는 바인데, 이번에 중국이 군대를 보내 내란을 진압한 것은 해야 할 일을 떠맡는 것으로 실로 만국공법에도 부합합니다. 또한 큰 나라가 작은 나라를 보호하고, 작은 나라가 큰 나라에 의존하는 것은 어느 경우든 마찬가지입니다. 조선이 중국에 조공을 하느냐 여부는 양국의 내정에 관한 것이고, 다른 나라와는 아무런 관련이 없으며, 미국은 절대 이에 대해 따지지 않습니다.

또 이렇게 말하였습니다.

미국과 조선이 체결한 조약은 아시아에서 가장 공정한 조약이었습니다. 영국인들은 아편연(鴉片煙) 조항 때문에 조선에서 아편을 판매할 수 없게 되자, 갖가지 술수를 부리게 되었습니다. 요코하마의 상인들이 영국 공사에서 청원서를 제출하여, 그 불편함을 지적하면서 이 조약을 뒤집어엎고 새롭게 조약을 체결하자고 주장하여 그 욕심을 채우려 한다는 소문도 들립니다. 하지만 미국은 반드시 조선과의 조약을 체결할 것입니다.

그가 한 이야기는 모두 몹시 공정한 것이고 또한 자못 절박한 것이기도 합니다. 그뜻은 아마 중국에서 여전히 방침을 정하지 못하고 있는 사람들을 염려하는 것처럼 보입니다. 여서창은 이렇게 답하였습니다.

> 조선과 미국의 조약은 이홍장 중당이 최선을 힘을 다해 도와서 이루어진 것이니, 어찌 바뀔 리가 있겠습니까? 미국과 조선이 통상 관계를 앞두고 있으니 가능하면 빨리 조약이 비준되어 실행될 수 있기를 바라며, 각국도 모두 아무런 이의가 없습니다. 미국 공사께서 정말로 다시 미국 정부에 서신을 보내 그 일을 재촉해 보시길 바랍니다. 이렇게 하면 미국과의 조약은 변경되지 않을 것이고, 미국과의 조약이 비준되면 나머지 문제는 모두 자연스럽게 풀려나갈 것입니다.

서(余) 이사(理事)가 조진한 방안은 채택할 만한 것이 많은데, 총리아문의 지시를 기다려 북양대신에게 베껴 보내 채택을 기다릴까 합니다. [이하 생략] 엎드려 아문의 대인들께 전달해 주시길 간청합니다. 이상입니다. 다만 건강하시길 빕니다.

(1) 「조선 공사가 보내온 절략(朝鮮公使送閱節畧)」

전보금(塡補金) 50만 원(圓), 10개년을 상환 완료의 시기로 정하며, 조선은 경상도에서 해마다 거두는 세수(歲收) 가운데 순금은(純金銀)으로 바꾸어, 일본은화폐(日本銀貨幣)나 금화폐(金貨幣)의 수량에 따라 매년 5만 원을 지급하는데, 두 차례로 나누어[조선력(朝鮮曆) 5월(月), 일본력(日本曆) 11월(月)], 조선의 원산항 일본 영사관에 보낸다. 공동으로 그 성분을 분석(分析)[하거나 아니면 일본(日本) 오사카부(大坂府) 조폐국(造幣局)에 보며, 공동으로 분석하는 것 역시 시의(時宜)에 맡긴다]하여 그 질(質)을 점검함으로써, (순은의) 무게·성분에서의 차이가 없게 한다. 일본 은화폐 1원(圓)은 무게가 7전(錢) 1분(分) 7리(厘) 6호(毫)[이 가운데 은(銀)은 6전(錢) 4분(分) 5리(厘) 8호(毫) 4사(絲), 동(銅)은 6분(分) 1리(厘) 7호(毫) 6사(絲)로, 합계 2만 5천 원(圓)은 무게가 17,940량(兩)으로 이 가운데 은(銀)은 1,6146량(兩), 동(銅)은 1,794량(兩)이다. 합계 5만 원(圓)은 무게가 35,880량(兩)으로 이 가운데 은은 32,292량(兩), 동(銅)은 3,588량(兩)이다]이고, 일본 금화폐 1원(圓)은 무게가 4분(分) 4리(厘) 3호(毫) 6사(絲) 7홀(忽)[이 가운데 금(金)은 3분(分) 9리(厘) 9호(毫) 3사(絲) 3미(微)이고, 동(銅)은 4리(厘) 4사(絲) 6홀(忽) 7미(微)로 합계하면 2만 5천 원(圓)은 무게가 1,109량(兩) 1전(錢) 7분(分) 5리(厘)

이고, 이 가운데 금(金)은 998량(兩) 2전(錢) 5분(分) 7리(厘) 5호(毫)이고 동(銅)은 110량(兩) 9전(錢) 1분(分) 7리(厘)5리(厘) 5호(毫)로, 합계 5만 원(圓)은 무게가 2,218 량(兩) 3전(錢) 5분(分), 이 가운데 금(金)은 1,996량(兩) 5전(錢) 1분(分) 5리(厘), 동(銅)은 221량(兩) 8전(錢) 3분(分) 5리(厘)]으로 이상은 일본(日本) 동경(東京)에서 증정(證定)한다.

대조선(大朝鮮) 개국(開國) 419년 9월 16일 특명전권대신(特命全權大臣) 박영효(朴泳孝), 특명전권부관(特命全權副官) 김만식(金晩植)
대일본(大日本) 명치(明治)15년(年) 11월 27일 외무경(外務卿) 이노우에 가오루(井上馨)

(2) 「조선 공사가 보내온 속약 2개 조(朝使抄送續約二款)」

임오년 8월 초7일, 전권대신 이유원(李裕元)과 전권부관 김홍집이 다음과 같이 상주하였다.

올해 7월 17일, 신 이유원과 신 김홍집은 대일본국(大日本國) 변리공사(辨理公使) 하나부사 요시모토(花房義質)를 인천 제물포에서 만나 속약(續約) 2개 조를 교환하였습니다.

이미 비준하였으니, 이를 영원히 실행하여 친호(親好)가 더욱 돈독해지길 바란다. 이 2개 조 내의 응당 실행해야 할 일은 너의 모든 관민(官民)이 이 뜻을 받들어 모두 그대로 처리해야 할 것이다.
대조선대왕 보(大朝鮮國大王 寶)

조선국과 일본국은 앞으로 더욱 우호를 표현하고 무역이 편하게 만들기 위해 여기 다음과 같은 2개 조의 [조일수호조규] 속약(續約)을 정정(訂定)한다.

제1조. 원산, 부산, 인천, 각 항의 간행리정(間行里程)은 앞으로 사방 50리[조선리법(朝鮮里法)]로 확장한다. 2년 후[송약(條約)이 비준된 날로부터 계산을 시작하여 한해가 지나면 1년으로 한다], 다시 각 100리로 확장한다.[지금부터 1년 이후 양화진(楊花鎭)을 개항할 것]
제2조. 일본국 공사, 영사 및 그 수행원과 권속은 조선 내지의 각처를 유력할 수 있게 한다.

유력할 지방을 지정하여 예조(禮曹)에서 증명서를 발급하며, 지방관은 이 증명서를 확인한 다음 호송한다. 위의 양국 전권대신은 각기 유지에 따라 조약을 체결하고 직인을 찍고, 이후 비준을 요청하는데, 2개월 이내에 일본 명치(明治) 15년 9월 일본 동경(東京)에서 교환한다.

대조선국(大朝鮮國) 개국 491년 7월 17일, 대일본국(大日本國) 메이지 15년 8월 30일.
조선국 전권대신 이유원 인, 조선국 부전권대신 김홍집 인,
일본국 변리공사 하나부사 요시모토(花房義質) 인.

(10) 문서번호 : 4-5-10(693, 910a-917a)

사안 : 일본 공사가 오장경·정여창 두 제독이 하나부사 요시모토를 돌봐준 것에 대해 감사의
 뜻을 전달하였습니다(日本公使轉謝吳·丁兩提督照料花房義質)
날짜 : 光緖九年二月初三日(1883년 3월 11일)
발신 : 日本公使
수신 : 北洋大臣

二月初三日, 致北洋大臣李鴻章夾單 : [詳見密啓].

浮籤 : 日本公使函稱, 花房在高麗時承吳, 丁兩提督約觀軍艦, 派弁照料, 請轉行伸謝由.

2월 초3일, 북양대신 이홍장에게 보낸 협단(夾單) : [상세한 것은 密啓를 참조].

초목 : 일본 공사가 서신을 보내 하나부사가 조선에 있을 때 오장경, 정여창 제독이 군함 시찰을 하였을 때 하급 무관을 보내 돌봐준 것에 대해 감사의 뜻을 대신 전해 달라고 알려옴.

국역 『淸季中日韓關係史料』

6. 조선과 일본의 조약 체결 (韓日訂約)

(1) 문서번호 : 4-6-01(551, 898a-908b)

사안 : 1) 류큐가 복국(復國)을 위해 원조를 요청하지만, 쉽사리 착수해서는 안 됩니다(琉球乞援復國, 不宜輕易發端). 2) 조선 난사에 대해 일본은 대체로 지나친 요구에 이르지는 않을 것입니다(朝鮮亂事, 日本大槪不至要求過甚). 3) 일본이 부산으로 전선을 연결하고자 하니 중국도 역시 응당 전선을 설치하여 조선과 통하게 해야 합니다(日本擬設釜山電線, 中國亦宜設電線通朝鮮).

첨부문서 : 1. 「조선국도 한성기략(朝鮮國都漢城紀略)」: 한성 지세 상황.
        2. 「목록(淸摺)」: 봉수제도(烽燧之制).
        3. 「통상항구 상황 부산포기략(通商口岸情形 釜山浦紀略)」: 부산포의 형세 상황.
        4. 「통상항구 상황 원산진기략(通商口岸情形 元山津紀略)」: 원산진의 위치 상업 산물 기후 등의 상황.[1]

날짜 : 光緖八年八月初五日(1882년 9월 16일)
발신 : 駐日本 公使 黎庶昌
수신 : 總理衙門

---

[1] 여기의 첨부문서는 본문의 주제와 직접 연관이 없는 내용이라, 모두 생략하였다.

八月初五日, 出使日本國大臣黎庶昌函稱:

七月初二日, 肅上昌字第十四號函, 諒邀均察. 十一日接奉本字六十七號鈞函, 并咨文一件, 謹已誦悉. 頃接北洋張制軍電報, 敬悉傅相於十二日由籍起程, 企慰之甚. 琉球一案, 本月初八夜球官馬兼才等復來求見, 呈遞節署, 總不外乎: "乞爲援救復國立君, 南島枯瘠不能立國, 勢不可行. 聞韓日有事, 中朝出兵, 望乘此機會與球事并辦." 等語. 庶昌只以好言慰之而去. 又據稱: "法司官毛鳳來在京哀訴, 蒙爲奏聞, 有飭總理衙門及出使大臣妥速辦理之諭." 未准明文, 不知其言果有因否. 此間情況, 球案直無可與談, 若非於臺灣增練水軍一支, 以圖進取, 則彼初無畏懾之意. 美使楊君之論, 亦可以備參酌. 第此事未宜自我輕易發端, 若從楊君之意, 出而調停, 自旁建議, 則行不行固屬無傷. 然竊料日人猶未必肯從也. 朝鮮之役, 其初議論紛紜, 舉國洶洶, 大有借題發揮之勢, 嗣因我派兵往援, 入手甚早, 彼皆驚詫, 中國此舉, 不似從前之持重一切, 狡謀不覺自戢, 彼雖不認高麗爲中國屬邦, 倔強致辨, 然於擾攘時, 遞派公使榎本武揚前往北京, 實以安慰中國之意. 井上馨語庶昌, 榎本係挈眷而行, 其情實可知矣. 榎本係海軍中將, 在東京創立興亞會, 意在聯絡東方之國, 以興起亞細洲爲名. 子我星使與庶昌俱入會中, 其人曾到歐洲, 又駐過俄國都城, 通達外務, 當不以宍戶璣之固執.[2] 目下赴任之期, 尚未定準, 大約總在八月內也. 到時尚乞衙門善遇之. 庶昌在大半年, 遇事曲示周旋, 未敢稍貶身分, 即該國接待亦未嘗失禮, 不過其人詞氣, 小節之間, 總有一種傲視中國, 矜侉西法之意, 是以私衷不快耳. 頃因朝鮮之事, 國中金幣驟然跌落, 物價騰貴, 各商賈借此居奇, 經太政官與外務省力禁謠言, 始漸安貼. 馬道建忠到漢城後, 朝政作何措置, 大院君是否肯退處無權, 以私見揣之, 辦理似難著手. 聞日使花房意主和平, 想於此案不至要求過甚也. [中略].[3] 除有要聞, 隨時電知外, 伏乞代回堂憲爲禱. 專肅, 祗請勛安.

再, 竹添進一前月隨花房公使赴朝鮮都城一行, 現派充外務省大書記官. 附呈朝鮮

2　시시도 다마키(宍戶璣, 1829~1901)는 일본 조슈번(長州藩) 번사(藩士) 출신의 정치가로 존왕양이론(尊王攘夷論)의 주창자 가운데 한 사람이며, 메이신 유신 이후에는 정부에 참여하였고 1879년 3월에는 중국 주재 전권공사로 임명되어, 총리아문과 류큐에 대한 교섭을 진행하면서 일본의 영유권을 주장하였고, 1881년 귀국하였다.

3　본문의 주제와 상관없는 하코다테 난민(표류민)의 문제를 간단히 다룬 부분이라 생략하였다.

地志畧.

再, 朝鮮有此變亂, 中國旣派兵往援, 整飭內政, 此後彼之國事, 自應隨時與聞, 卽與日人交涉, 亦必日繁一日, 全恃信息通, 斯可制勝, 此次中國於朝事入手較早, 實係電信之功, 然則朝鮮電報之設, 誠爲當務之急矣. 日人屢欲從下關地方設一電綫, 徑一歧·對馬兩島而達釜山, 久未有成, 今則決意擧辦. 聞已將電纜購到, 不日卽可安設. 彼於朝鮮僅只通商, 尚猶經營若此. 况在我爲屬邦門戶所係, 而可度外視之乎? 似應設立電綫一道, 由天津徑達旅順, 仁川至王京. 若託公司承辦, 不過三數月卽可告成, 足勝千兵之用. 至天津之電綫, 似亦宜直接至衙門, 通信較爲靈捷, 是否有當, 伏候鈞裁, 再請鈞安.

照錄 朝鮮國都城及通商口岸情形 : [생략]

8월 초5일, 주일본 공사 여서창이 다음과 같은 서신을 보내왔습니다.

7월 초2일, 창자(昌字) 제14호 서신을 보냈는데, 이미 받아보셨을 줄 압니다. 11일에는 본자(本字) 67호 서신과 자문 1건을 받았는데, 이미 모두 읽어보았습니다. 최근 북양대신 장수성이 보낸 전보를 받고, 이홍장 중당이 12일 본적에서 출발하였음을 알게 되었는데, 몹시 위안이 됩니다. 류큐 문제는 이달 초8일 밤 그곳 관리 마겸재(馬兼才) 등이 다시 찾아와 만나주기를 요청하면서 절략(節畧)을 제출하였는데, 결국은 "나라를 되살리고 군주를 세워달라고 구원을 간청하는 것으로, 즉 류큐의 남도(南島)는 메마르고 척박하여 나라를 세울 수 없으니, 이 방안은 도저히 실행될 수 없으며, 듣기에 조선과 일본 사이에 문제가 있고, 중국에서 군대를 파견하였다는데, 이 기회를 틈타 류큐 문제를 가지고 함께 다투어달라는 것"이었습니다. 여서창은 단지 좋은 말로 위안해서 보낼 뿐이었습니다. 또한 그들에 의하면 "법사관(法司官) 모봉래(毛鳳來)가 북경에서 애소(哀訴)하여 그것이 황상에게 알려져 총리아문 및 주일본 공사에게 적절하고 신속하게 처리하라는 유지가 내려졌다."고 하는데, 그런 분명한 공문을 본 적이 없어 그 말이 맞는지는 확인할 수 없습니다. 이곳의 상황은 류큐 문제는 전혀 같이 이야기할 수 있는 것이 아니며, 만약 대만(臺灣)에 수군(水軍)의 한 부대를 증연(增練)하여 진취를 도모하는 것이 아니라면 저들은 전혀 두려워하거나 무서워할 리 없습니다. 북경에 주재하는 미국 공사 영(John Russell

Young)의 논의도 또한 참작해 볼만 합니다. 다만 이 일은 우리가 먼저 쉽사리 나서서 착수해선 곤란하며, 만약 영의 의견을 따라나서서 조정하면서 옆에서 건의하게 된다면 이루어지든 않든 분명 손해 볼 것은 없습니다. 그렇지만 제가 생각건대 일본인들은 반드시 여기에 따르고자 하지는 않을 것입니다. 조선에서 문제가 발생하였을 때, 그들은 논의가 분분하고 전국의 인심이 흉흉하여 이것을 구실로 삼아 일을 벌일 태세였는데, 뒤이어 우리가 군대를 파견하여 응원하면서 일찌감치 손을 써버리자, 일본인들은 중국의 이번 행동은 종전처럼 모든 일에 신중한 것이 아니라는 데 깜짝 놀라 자신도 모르는 사이에 저절로 교활한 계모(計謀)를 거두게 되었습니다. 그들은 비록 조선이 중국의 속방임을 인정하지는 않고 억지로 버티며 강변하였지만, 시끄러운 소동이 벌어졌을 때 공사(公使)를 바꿔 에노모토 다케아키를 북경에 파견한 것은 실로 중국을 무마하려는 뜻이었습니다. 이노우에 가오루가 여서창에게 말하길 에노모토가 가족을 동반하고 간다고 이야기한 데서 그 사정을 알 수 있습니다. 에노모토는 해군 중장 출신으로 도쿄에서 흥아회(興亞會)를 창립하였는데, 그 취지는 동아시아 각국을 연락하여 아시아주(洲)를 흥기(興起)한다는 것을 명분으로 삼았으며, 전임 하여장 공사와 여서창 모두 이 모임에 가입하였습니다. 에노모토는 일찍이 유럽을 여행하였고 또한 러시아의 수도에 주재한 적도 있어 외무에 통달하였으니, 당연히 시시도 다마키(宍戶璣)와 같은 고집을 부리지는 않을 것입니다. 현재 언제 부임하는가는 아직 분명하게 정해지지는 않았지만 대략 8월 내에 이루어질 것입니다. 도착하면 총리아문에서 잘 대주시길 요청합니다. 여서창이 여기 오랫동안 머물면서 일을 만날 때마다 완곡하게 도와주는 표시를 하였고 조금도 신분을 깎아내리려 하지 않았으니, 일본의 접대 역시 실례를 저지른 적이 없는데, 다만 그 사람의 말투는 지나가는 이야기이지만 대략 중국을 깔보고 서법(西法)을 자랑스럽게 여기는 뜻을 내비쳐서 이 때문에 개인적으로는 불쾌하게 여깁니다. 최근 조선의 일 때문에 일본 국내에서는 금폐(金幣)가 갑작스레 가치가 하락하고 물가가 등귀하여 여러 상인이 이틈을 타서 매점 매석을 시도하였고, 태정관(太政官)과 외무성(外務省)에서 힘써 유언비어를 금지하자 비로소 점차 안정을 되찾았습니다. 마건충 도대는 한성(漢城)에 도착한 다음, 조선 정치에 대해 어떤 조치를 하였는지, 대원군은 물러나 권력을 놓으려 하는지, 제 사견으로 추측하건대 처리에 착수하기 쉽지 않을 것입니다. 듣기에 일본 공사 하나부사는 화평(和平)에 뜻을 두고 있다고 하니, 생각건대 이 사안에 대한 요구가 지나친 것에 이르지는 않을 것입니다. [중략]. 중요한 소식이 있으면 수시로 전보로 알리는 것 외에, 대신 총리아문의 여러 대신께 알려주시길 바랍니다. 이상입니다. 편안하시길 빕니다.

추가합니다. 다케조에 신이치로는 지난달 하나부사 공사를 따라 조선에 가는 일행에 합류하였으며, 현재 외무성(外務省) 대서기관(大書記官)으로 임명되었습니다. 부록으로 『조선지지략(朝鮮地志略)』을 올립니다.

추가합니다. 조선에 이번 변고가 발생하자 중국이 군대를 파견하여 원조하고 내정을 정돈하였으니, 앞으로 조선의 국사에 당연히 수시로 개입하게 될 것이고, 그에 따라 일본과의 교섭 역시 반드시 날로 늘어날 것인데, 이것은 전적으로 소식을 제대로 전달해야만 비로소 승기를 잡을 수 있습니다. 이번에 중국이 조선 문제에 개입한 것이 비교적 빨랐던 것은 실로 전신(電信)의 공로입니다. 그러므로 조선에 전보를 설치하는 일은 진실로 당장 추진해야 할 급무입니다. 일본은 누차 시모노세키(下關) 지방에서 전선을 설치하여 곧장 이키(一歧)·쓰시마(對罵) 두 섬을 거쳐 부산(釜山)에 도달하는 전선을 설치하려고 하였으나 오랫동안 이루어지지 않았는데, 지금은 그 설치를 결정하였다고 합니다. 듣기에 이미 밧줄 전선[電纜]을 구입하였고, 머지않아 곧 설치할 것이라고 합니다. 일본은 조선과 단지 통상 관계에 있을 뿐인데도 지금 이렇게 경영하고 있습니다. 하물며 조선은 우리의 속방으로 문호(門戶)에 관련되는 곳인데, 여전히 이를 치지도외할 수 있겠습니까? 응당 전선을 설치하여 천진(天津)에서 곧장 여순(旅順), 인천(仁川)을 거쳐 한성으로 연결해야 할 것 같습니다. 만약 (외국) 공사에 설치를 떠맡긴다면 3~4개월이면 곧 완공할 수 있을 것이고, 이것은 천 명의 부대보다 훨씬 더 쓰임이 있을 것입니다. 천진에 이르는 전선은 또한 응당 직접 총리아문에 이르게 해야 통신이 비교적 신속할 수 있을 것인데, 이런 의견이 타당한지는 결정을 기다리겠습니다. 다시 편안하시길 빕니다.

「조선국 도성 및 통상항구 상황」: [생략]

(2) 문서번호 : 4-6-02(564, 945a-946b)

사안 : 일본 외무성에서 일본이 이미 조선과 8개 조 조약을 체결하였다고 알려 왔습니다(日外務省告知, 日本已與朝鮮訂約八款).

첨부문서 : 1.「수행원 요문동(姚文棟)의 절략(姚隨員文棟節略)」: 일본은 정탐을 몰래 길림에 보내 오장경 부대의 허실을 탐색하였으며, 비단 조선뿐만 아니라 또한 만주를 엿볼 뜻을 가지고 있습니다(日本遣探潛往吉林, 窺探吳營虛失, 日本不特覦視朝鮮, 且有窺滿洲之意).

날짜 : 光緖八年八月十七日(1882년 9월 28일)
발신 : 駐日本公使 黎庶昌
수신 : 總理衙門

八月十七日, 出使大臣黎庶昌函稱:

七月十六日, 肅上昌字第十五號函, 諒邀均察. 嗣於二十五日, 接奉議復招選生徒, 學習日語‧日文咨文一件, 謹已誦悉. 容俟辦理有成, 再當備牘咨呈衙門存案. 朝鮮之事, 此間近無多聞, 祗悉馬道建忠將大院君誘執送致京師而已. 此次我兵往援, 名爲戡定內亂, 實則防範日人要求, 詎西曆九月初三日即之二十一日, 外務省遣人至署, 告知花房義質發來電報, 朝鮮事業已妥結, 共有八事. 一爲朝鮮政府限於二十日內將凶黨捕懲, 准日本官吏會同審訊. 二, 日人之死者卹賞五萬圓. 三, 賠償兵費五十萬圓, 分五年償完. 四, 日兵留戌一年駐房由朝鮮建造. 五, 朝王遣員齎國書來謝. 六, 元山‧東萊‧仁川口拓寬五十朝里, 二年後拓至百里. 七, 十一年後將楊華津作爲通商口岸. 八, 日人准其游歷內地, 凡帶有護照者, 朝官一體保護. 計其成議, 當在大院君既執之後, 不知此約是否朝王主政, 其中如賠兵費, 拓碼頭, 留戌兵等款, 未免需索過多, 而朝政府定局如此之易, 實所未喻. 日人初聞中國出兵往援, 頗慮其以琉球舊案, 積疑在前, 必有從中阻礙爲難之處, 及見我兵到後, 彼此以禮往還, 又於彼所向高廷需索者, 不甚關涉, 似覺中朝意主和平, 國人疑團漸釋. 榎本武揚已定八月初九日啓程來華矣. 隨帶書記官吉田二郎·書記生渡邊與一郎二人, 乞卽代回堂憲爲禱. 朝政如何辦理情形, 幷求隨時示悉, 耑肅. 祗請勛安.

照錄淸摺
(1)「姚隨員節畧」
敬密稟者:
聞日本所遣探子曾根俊虎·町田實一·淸水元一郎·東次郎四名, 係由朝鮮潛往吉林, 窺探吳京卿營中虛實.[4] 此係一日人所述, 自云知之甚確. 日本自明治已來遣人潛游中國内地, 已非一次. 前四人亦已屢充此役, 就中曾根略有文名, 曾著『淸國探視誌畧』·『北淸紀行誌畧』·『淸國近世亂誌』, 各書皆其爲探子時筆墨. 聞此輩到華後, 卽改裝中國服色, 恃其備通華語, 易于弊混, 竝不携帶護照, 只僱用一二中國人同行. 竝聞其在山東·福建內地時, 有勾結莠民, 慫恿起亂等事. 彼國人傳聞藉藉, 恐無因. 又跽聞探視之人所給俸薪, 優於尋常數等, 歸後又有升擢. 故此風漸開漸盛, 國中公然有探子名目, 爲執中者所艶. 稱此次自著名四人外, 更有未知名之數人, 不知遣往中國何方云云. 隨員竊思, 改裝潛行非兩國和約所許, 況聞有勾煽等情, 尤可惡. 擬請大人函告總理衙門, 密令近海省分及吉林等處, 暗地察訪, 如於通商不及之地, 遇有假裝潛游, 不帶護照之外國人, 卽予就地正法, 則將來可以絶此弊風. 否則禁綱濶疎, 亦外國輕視中國之一端也. 是否有當, 伏祈核奪. 隨員 文棟謹稟.
又日人庸妄, 非特覬覦朝鮮, 且有疎窺滿洲之意, 曾根『北淸紀行誌畧』所載, 卽盛·吉兩省之事, 此外有島宏毅『滿洲紀行』·古川宣譽『遼東日誌』, 皆遣住探地人也.

---

4 여기서 오경경(吳京卿)은 오대징(吳大澂, 1835~1902)을 가리킨다. 오대징은 청 말의 관료이자 금석학자, 서화가로 유명한데, 강소성 오현(吳縣: 蘇州) 출신으로 자는 청경(淸卿), 호는 항헌(恒軒) 또는 각재(愙齋)이다. 1868년 진사에 급제하여 한림원편수(翰林院編修)가 되었으며, 섬감학정(陝甘學政), 하북도(河北道)를 거쳤으며 1880년 삼품경(三品卿)의 직함을 받고, 길림장군(吉林將軍) 명안(銘安)을 도와 길림 군무를 정돈하고, 뒤이어 길림 동부의 변무(邊務)를 전담하였으며, 그 공을 인정받아 다음해에는 태복시경(太僕寺卿)이 되었다. 오대징은 길림에 있는 동안 변방 군대를 건설하는데 큰 공을 세워 원래의 팔기병(八旗兵)을 바꾸어 초모제(招募制)를 통해 방군(防軍) 13개의 마·보영(馬·步營), 5천 명을 편성하였고, 다음해에는 이를 9천 명으로 늘렸는데 이것이 정변군(靖邊軍)이 되어 길림의 군사적 방어태세를 크게 강화시켰다. 그는 1884년 갑신정변 이후 사후 처리를 위해 조선에 파견되기도 하였다.

8월 17일, 주일본 공사 여서창이 다음과 같은 서신을 보내왔습니다.

7월 16일, 삼가 창자(昌字) 제15호 서신을 올렸는데, 이미 받아보셨을 줄 압니다. 뒤이어 25일 학생을 선발하고 일본어와 일본문을 학습시키는 문제에 관한 답장 자문은 삼가 이미 모두 읽어보았습니다. 이 일 처리가 성과가 나오기를 기다려 다시 자문을 갖추어 총리아문에 보고를 올리도록 하겠습니다. 조선 문제에 대해 여기서는 최근 소식이 많지 않은데, 단지 마건충 도대가 대원군을 유인하고 사로잡아 경사로 보낸 일만을 알 뿐입니다. 이번 중국이 군대를 파견하여 원조하러 간 것은 명분은 반란의 진압이지만 실질은 일본의 요구를 미리 막는 것인데, 어찌 알았겠습니까? 서력 9월 3일, 즉 (8월) 21일에 외무성이 공사관에 사람을 보내 하나부사 요시모토가 보낸 전보를 알려주었는데, 조선 문제는 이미 타결이 되었고, 모두 8개 조항이 합의되었다는 것입니다. 첫째는 조선 정부가 20일 이내에 흉당을 체포·처벌하며, 일본 관리가 함께 심문한다는 것을 허용하는 것이고, 둘째는 죽은 일본인에게 위로금 5만 원을 지급한다는 것, 셋째는 군사비용 50만 원을 배상하되, 5년에 나누어 완료한다는 것, 넷째는 일본군이 1년 동안 유수(留戍)하며, 그 주둔 숙소는 조선이 건설해 준다는 것, 다섯째는 조선 국왕이 관원을 파견하여 국서(國書)를 지참하고 가서 사과한다는 것, 여섯째는 원산(元山)·동래(東萊)·인천(仁川) 항구의 [항간리정(巷間里程)을] 50리로 늘리고, 2년 후에는 100리로 확장한다는 것, 일곱째는 11년 후 양화진(楊華津)을 통상항구로 만든다는 것, 여덟째는 일본인의 내지 유람을 허용하며, 증명서를 가진 모든 사람은 조선 관리는 전부 보호해야 한다는 것입니다. 그 합의를 살펴보면 응당 대원군이 사로잡힌 이후인데, 이 조약을 조선 국왕이 주지한 것인지는 알 수 없지만, 그 가운데 군사비용 배상이나 통상항구 확장, 군대 주둔 등의 조항은 너무 요구가 지나친 감이 없지 않은데, 조선 정부가 이렇게 쉽사리 사태를 마무리한 것은 실로 이해하기 어렵습니다. 일본은 처음에는 중국의 군대를 보내 원조하였다는 소식을 듣고 류큐 문제라는 옛 선례가 있어 의심이 쌓인 덕분에 자못 중국이 가운데 끼어들어 방해하고 난처하게 만들 것을 우려하였으나, 중국 군대가 도착한 이후 피차간에 서로 예의를 지키며 왕래하고 또한 일본이 조선 정부에 요구한 것에 대해서도 그다지 깊이 간여하지 않음을 보게 되자, 아마 중국의 의도는 화평을 유지하는 데 있음을 깨닫게 되자 일본 국민의 의심도 점차로 풀리게 된 것 같습니다. 에노모토 다케아키는 이미 8월 9일에 출발하여 중국에 가기로 결정하였고, 같이 따라가는 서기관(書記官) 요시다 지로(吉田二郞), 서기생(書記生) 와타나베 요이치(渡邊與一)와 두 사람이니, 총리아문의 대인들께 알려주시길 빕니다. 조선 정치가 어떻게 처리되는 지에 관해서도 아울러 수시로 알려주시길 바랍니다. 이상입니다. 편안하시길 빕니다.

(1) 「수행원 요문동(姚文棟)의 절략(姚隨員節畧)」

삼가 비밀 보고를 올립니다.

듣기에 일본이 파견한 정탐 소네 도시토라(曾根俊虎), 마치다 지쓰이치(町田實一), 시미즈 겐이치로(淸水元一郎), 아즈마 지로(東次郎) 4명이 조선에서 몰래 길림(吉林)으로 들어간 다음 오대징(吳大澂)이 편련한 부대의 허실(虛實)을 탐색한다고 하는데, 이것은 한 일본인이 이야기한 바로 스스로 아주 확실한 것이라고 말하였습니다. 일본이 메이지 시대에 사람을 보내 중국 내지를 몰래 유람하게 한 일은 이미 한 두차례가 아닙니다. 앞의 네 사람 역시 이미 누차 이 일을 맡은 바 있으며, 그 가운데 소네(曾根)는 대략 작가로서의 명성이 있어『청국탐시지략(淸國探視誌略)』,『북청기행지략(北淸紀行誌略)』,『청국근세란지(淸國近世亂誌)』등을 펴내기도 하였는데, 이 책들은 모두 정탐 활동을 하였을 때의 기록입니다. 이들은 중국에 도착한 다음 중국 복색으로 갈아입고, 중국어에 두루 능통하여 가리거나 혼동시키기 쉬움을 믿고 결코 증명서를 휴대하지 않고 단지 한 두 명의 중국인을 고용하여 동행시킨다고 합니다. 또한 그들은 산동이나 복건 등의 내지에 있을 때 못된 무리들과 결탁하여 반란을 일으키는 것을 종용한 일도 있었다고 들었는데, 일본인 사이에서 소문이 자자한 것이 결코 이유가 없는 것은 아닌 듯합니다. 그리고 소문에 의하면 정탐하는 사람들에게 주어지는 봉급은 보통보다 몇 배나 우대하는 액수로, 귀국한 다음에는 또한 승진이나 발탁도 있다고 합니다. 그래서 이런 풍조가 점차 활발해져서 일본 국내에서는 공공연하게 정탐이라는 명목이 있어, 멀쩡한 사람들도 탐내는 바가 되었다고 합니다. 또 이번에 파견된 저명한 네 명 외에도 이름을 알지 못하는 몇몇 사람이 있는데, 중국의 어디로 파견될지는 모른다고 합니다. 제가 생각하기에 복장을 바꾸고 잠행하는 것은 양국 사이의 조약에서 허용한 바가 아니며, 하물며 반란을 선동한다든가 하는 일은 더욱 가증스러운 일입니다. 대인께서 총리아문에 서신으로 알려 청하고자 하는데, 비밀리에 연해 각 성과 길림 등지에 지시하여 몰래 현지 조사를 실행하여 이를테면 통상항구가 아닌 곳에 몰래 가장하고 유람하거나 증명서를 휴대하지 않은 외국인을 발견하게 되면 즉시 현장에서 처형하여 장래 이런 못된 풍조가 계속되지 못하게 해야 합니다. 그렇지 않으면, 금지의 그물이 느슨해지고, 이 또한 외국인이 중국을 경시하는 빌미의 하나가 됩니다. 이런 의견이 타당한지 아닌지 엎드려 결정을 내려주시길 간청합니다. 수행원 요문동(姚文棟)이 삼가 보고를 올립니다.

또한, 일본인들은 망령되이 비단 조선을 넘겨다볼 뿐만 아니라 만주까지 엿보는 뜻을 보이고 있으니, 소네(曾根)의 『북청기행지략』에 실린 바에 의하면, 봉천(奉天)·길림(吉林) 두 성에 관한 책으로 시마 히로타카(島宏毅)의 『만주기행(滿洲紀行)』, 후루카와 노리타카(古川宣譽)의 『요동일지(遼東日誌)』도 있는데, 역시 모두 이곳을 정탐한 사람들이 쓴 것입니다.

(3) 문서번호 : 4-6-03(582, 962a-966b)

사안: 조선과 일본(日本)이 속약(續約)을 체결하였고, 환궁하는 왕비를 맞아들였습니다(朝鮮與日本續訂約款, 竝迎還王妃).

첨부문서: 1. 「조선 국왕의 자문(朝鮮國王咨文)」: 조선은 일본(日本)과 이미 제물포조약(濟物浦條約) 8개 조를 체결하였습니다.

        2. 「조선 국왕의 자문(朝鮮國王咨文)」: 표문을 바쳐 오장경이 군대를 보내 왕비의 환궁을 호송한 일에 대해 감사의 뜻을 전달합니다(奉表謝吳長慶派兵護送王妃還宮).

        3. 조선과 일본(日本)의 속약 2개조(日韓續約二款) : [생략].[5]

        4. 조선과 일본(日本)의 조약 6개조(日韓條約六款) : [생략].[6]

날짜: 光緖八年八月二十四日(1882년 10월 5일)

발신: 署理北洋大臣 李鴻章

수신: 總理衙門

八月二十四日, 軍機處交出李鴻章鈔摺稱:

爲據咨轉奏事.

竊照朝鮮近與日本續訂約款八條曁迎還王妃閔氏各情, 經臣先後奏蒙聖鑒在案. 玆朝鮮國王遣派司譯院副司直金在信賫到咨文內稱:

    該國派奉朝賀李裕元等, 於本年七月十七日, 前赴仁川府濟物浦, 同日本公使花

---

[5] 이 속약 2개조는 이 책의 문서번호 : 4-3-11(538, 867a-879b)에 첨부문서 8. 「조선과 일본이 의정한 속약 2개 조(日朝議定續約二款)」에 수록되어 있어 여기서는 생략한다. 다만 여기서 다른 점은 뒷 뿐에 "大日本國 明治十五年八月三十日 大朝鮮國 開國 四百九十一年七月十七日 日本國辨理公使 花房義質 朝鮮國全權大臣 李裕元 朝鮮國全權副官 金宏集 辨理條約."이라는 구절이 추가되어 있다는 점만 차이가 있다.

[6] 이 조약 6개 조는 이 책의 문서번호 : 4-3-11(538, 867a-879b)에 첨부문서 7. 「조선과 일본이 의정한 조약 6개 조(日朝議定條約六款)」에 수록되어 있어, 여기서는 생략한다.

房義質辦理約款,業將焚燒日館,戕害人命之亂魁孫順吉等梟首,以完懲辦.該公使現已歸國,本邦亦派修信使錦陵尉朴泳孝等,賫國書前往日本,鈔錄約款咨送.

又准咨稱:

王妃閔氏遭難之時,潛避親族閔應植鄕舍,八月初一日遣領議政洪諄穆備儀迎還,吳長慶派隊護衛,皇靈攸曁,克戡禍亂,俾當職室家轉危獲安,北望感激,專差賫咨馳報,煩乞轉奏.

各等情前來.除分咨軍機處,禮部查照外,理合據咨轉奏,並將賫到咨文約款分繕淸單,恭呈御覽,伏乞皇太后‧皇上聖鑒.謹奏.

光緒八年八月二十四日,軍機大臣奉旨:

該衙門知道.單二件幷發.

欽此.

謹將朝鮮國王咨文二件照錄恭呈御覽

(1)「朝鮮國王咨文」

朝鮮國王爲咨報事.

本邦向經六月軍變,日本重派辦理公使花房義質到境,事由已蒙天朝諒察.而嗣因該公使所懇,特派全權大臣奉朝賀李裕元,全權副官行護軍金宏集,於本年七月十七日,前赴仁川府濟物浦,同該公使辦理款約凡八款,內二款當續丙子原約,仍將伊時焚燒公館,戕害人命之亂魁孫順吉等三人,並行梟首,以完懲辦.該公使已於本月初八日乘船歸國.本邦亦派全權大臣兼修信使錦陵尉朴泳孝‧全權副官兼修信使副護軍金晩植‧從事官副正學徐光範,齎國書前往日本,一切交際便宜,如塡補節項批准事件,皆由朴泳孝等詳酌安竣.玆遣司譯院副司植金在信,齎咨申報,除將條約各稿鈔錄,庸備轉奏外,合行備文咨會.爲此具報,煩乞貴衙門照驗施行.須至咨者.

(2)「朝鮮國王咨文」

朝鮮國王爲咨報事.

本年六月初十日,本邦軍卒之變,前已具咨轉奏,而蓋伊日事狀,變出不意,亂軍一時驥突, 直犯宮掖之內, 猝無堂陛之分, 裡外莫救, 上下相失, 方其震蕩擾攘之際, 王妃閔氏不知所終, 求索之方, 靡所不至, 歷日經時, 形踪莫究, 以致改證變禮, 不得已權擬衣履之葬, 派使告訃. 將不日登塗, 幸茲天朝命師來援, 撫良誅逆, 反側皆安, 危疑稍定, 始聞王妃當其遭難之時, 深量處變之宜, 只率數三宮女, 潛避於親族翊贊閔應植之鄕舍, 以俟兵亂之息. 實爲敝邦不幸之幸. 即於本年八月初一日, 遣領議政洪諄穆備儀迎還, 欽差吳提督慮其疎虞, 仰體天朝視同家人之至意, 特派弁勇一百人, 衛護一路, 紀律嚴明, 務從省弊, 穩還宮闈. 此莫非皇靈攸曁, 克戡禍亂, 俾當職室家轉危獲安, 北望感激, 隕越于下.[7] 擬待前頭使行奉表稱謝, 而第念當職叨守藩服, 遭此變亂, 無非不職之致, 反躬自求, 深增惶悚, 顧惟偏蒙大皇帝隆恩, 凡係情實, 理合無隱, 庸敢不避荐瀆, 將前後事狀, 茲憑吳軍門回船, 專差司譯院副司直金在信, 齎咨馳報, 煩乞中堂大人曲察微懇, 轉奏天陛, 俾伸敝邦無事不達之忱, 區區祈祝之至. 爲此, 合行移咨, 請照驗轉奏施行. 須至咨者.

光緒八年八月十二日咨二十日收到. 光緒八年八月二十四日, 軍機大臣奉旨:
　覽.
欽此.

謹將朝鮮與日本讀訂約款照錄, 恭呈御覽.
計開:
(3)「日韓續約二款」[省略]
(4)「日韓條約六款」[省略]

光緒八年八月二十四日, 軍機大臣奉旨:
　覽.
欽此.

7　운월(隕越)은 상실, 실패, 실직을 나타내는 뜻인데, 특히 황제에게 올리는 상서에서 상투적으로 큰 죄를 지었다고 알리는 데 사용되는 표현이다.

8월 24일, 군기처에서 이홍장의 다음과 같은 주접을 베껴 보내왔습니다.

자문에 의거해서 대신 상주합니다.

조선이 최근 일본과 속정조약(續訂條約) 팔조(八條)를 체결하였고, 환궁하는 왕비 민씨를 맞아들였다는 사정은 신이 앞뒤로 상주하여 알린 바 있습니다. 지금 조선 국왕이 사역원(司譯院) 부사직(副司直) 김재신(金在信)을 파견하여 다음과 같은 자문을 보내왔습니다.

조선은 봉조하(奉朝賀) 이유원(李裕元) 등을 파견하여 올해 7월 17일에 인천부 제물포로 가게 해서, 일본 공사 하나부사 요시모토와 조약을 체결하였는데, 이미 일본 공사관을 불태우고 인명을 해친 반란 수괴 손순길(孫順吉) 등을 효수(梟首)하여 징벌을 완료하였고, 일본 공사는 현재 이미 귀국하였으며, 조선 또한 수신사(修信使) 금릉위(錦陵尉) 박영효(朴泳孝) 등을 파견하여 국서를 가지고 일본에 가게 되었으므로, 조약 내용을 베껴서 보냅니다.

또한 다른 자문에서는 이렇게 알려 왔습니다.

왕비 민씨가 조난(遭難)을 당하였을 때 잠시 친족 민응식(閔應植)의 시골집으로 피신하였는데, 8월 초1일 영의정 홍순목(洪諄穆)을 보내 의장을 갖추어 환궁을 맞이하고, 오장경이 군대를 보내 호위하였는데, 황상의 위엄이 미쳐 화란을 극복할 수 있게 해주심으로써 국왕 가문이 위기를 벗어나서 안전을 얻게 되었으니, 북쪽을 바라보면서 감격하여 자문전달관을 이를 위해 파견하여 자문으로 알리니 대신 상주해 주시길 간청합니다.

이상과 같은 자문을 받았으므로 군기처와 예부에 자문을 보내 알려 참고하게 하는 것 외에 응당 자문에 의거하여 대신 상주해야 하므로, 보내온 자문과 조약 약관 목록을 아울러 삼가 살펴보실 수 있도록 올리니, 황태후와 황상께서 살펴보시길 엎드려 빕니다. 삼가 주를 올립니다.

광서 8년 8월 24일, 군기대신은 다음과 같은 유지를 받았습니다.
해당 아문에 알리도록 하라. 첨부문서 2건도 아울러 보내도록 하라.

이상.

삼가 조선 국왕의 자문 2건을 베껴 살펴보실 수 있도록 올립니다.

(1) 「조선 국왕의 자문(朝鮮國王咨文)」

조선 국왕이 자문으로 알립니다.
　조선이 지난 6월 군사 반란을 거쳤고 일본이 다시 변리공사 하나부사 요시모토를 조선에 보냈다는 사실은 이미 중국에서 알고 계실 것입니다. 그리고 뒤이어 해당 공사의 요청에 따라 전권대신 봉조하 이유원, 전권부관 김홍집을 특별하게 파견하여 올해 7월 17일 인천부 제물포로 보내 해당 공사와 더불어 8개 조항의 조약을 체결하였는데, 그 가운데 2개 조약은 병자년의 원 조약을 뒤잇는 것이었습니다. 그리고 이미 일본 공사관을 불태우고 인명을 해친 반란 수괴 손순길 등 3명을 모두 효수하여 징벌을 완료하였습니다. 일본 공사는 이번 달 초8일 이미 귀국하였습니다. 조선 또한 전권대신 겸 수신사 금릉위 박영효, 전권부관 겸 수신사 부호군(副護軍) 김만식(金晩植), 종사관(從事官) 부정학(副正學) 서광범(徐光範) 등을 파견하여 국서를 가지고 일본에 가게 하고 모든 교섭을 자유롭게 결정하게 하여, 이를테면 배상금 문제 등의 비준 사안은 모두 박영효 등이 상세하고 적절하게 참작하여 완결하였습니다. 이제 사역원 부사직 김재신을 파견하여 자문을 가지고 가서 알리도록 하는데, 조약 각 조항의 초략을 베껴 올려 대신 상주하도록 요청하는 것 외에 응당 자문을 갖추어 알려야 할 것입니다. 이에 알리니, 총리아문에서 이에 따라 처리해 주시길 바랍니다. 이상입니다.

(2) 「조선 국왕의 자문(朝鮮國王咨文)」

조선 국왕이 자문으로 알립니다.
　올해 6월 초10일 조선의 군졸들이 변란을 일으킨 것은 전에 이미 자문을 갖추어 대신 상주한 바 있습니다. 그런데 그날 사건은 전혀 뜻밖의 상황에서 출현한 것이고, 난군이 일시에 충동적으로 치고 나와 직접 왕궁 안으로 쳐들어갔기에 졸지에 궁 내외의 구분이 없어져 안에서나 밖에서 구할 방법이 없었고 상하의 질서가 모두 무너졌습니다. 바야흐로 시끄러운 소란으로 난장판이 되었을 때 왕비 민씨의 행방을 알 수 없게 되자, 찾아 헤매지 않은 곳이 없었습니다만, 상당한 시간이 흘렀어도 그 행적을 찾아낼 수 없었기 때문에, 종래의 예법을 바꾸어 부득이하게 의복과 신발로 지내는 장례를 치를 예정으로 사신을 파견하여 부음을 알리고자 하였습니다. 머지않아 사신이 출발할 참이었는데, 다행스럽게도 중국에서 군대를 보내 지원해 주신 덕분에 양민을 위무하고 역적을 주살하여 불안함이 편안함으로 바뀌었고 위기와 의심이 조금 진정되자, 비로소 왕비가 조난당하였을 때 임기응변의 조치를 깊이 헤아려 단지 두세 명의 궁녀만을 데리고 잠시 친족 민응식의 시골집으로 피신하여 병란의 종식을 기다렸다는 소식을 듣게 되었으니 실로 조선의 불행 가운데 행운이 되었습니다. 그래서 올해 8월 초1일에 영의정 홍순목(洪諄穆)을 보내 의장을 갖추어 환궁을 맞이하였는데, 황상께서 파견하신 오장경 제독이 그 소홀함을 우려하고 조선을 집안사람처럼 간주하는 지극한 황상의 뜻을 체현하여 특별하게 장교와 병사 1백 명을 파견하여 귀로를 호위하였는데, 그 기율이 아주 엄명하고 힘써 폐단을 줄이는 데 힘써 차분하게 왕비가 궁전으로 돌아올 수 있었습니다. 이것은 황상의 위엄이 미쳐 화란을 극복할 수 있게 해주심이 아님이 없으며, 국왕의 가분이 위기를 벗어나서 안선을 얻게 되었으니, 북쪽을 바라보면서 감격하고 실직(失職)의 죄를 저지른 탓에, 이에 맨 앞에 보내는 사절단을 통해 표문을 올려 감사의 뜻을 전달하고자 합니다. 다만 제가 외람되이 번복을 지키면서 이러한 변란을 만난 것은 직책을 제대로 수행하지 못한 점을 반성하면서 스스로에게서 허물을 찾으니 두려움과 부끄러움이 더욱 깊어집니다. 그렇지만 대황제의 크나큰 은덕을 돌아보면 이 모든 것이 사실이므로, 응당 조금도 감추어서는 안 되며, 이에 감히 불편함을 끼치는 것을 무릅쓰고 전후의 사정에 대해 오장경 제독이 돌려보내는 배를 이용하여 사역원 부사직 김재신을 자문전달관으로 파견하여 자문으로 알리니, 번거롭더라도 이홍장 중당 대인께서 이러한 자질구레한 정성을 굽어살펴 대신 황상께 상주해 주심으로써 조선의 더할 나위 없는 참마음과 구구절절한 축원의 뜻을 펼쳐주시길 바랍니다. 이에 응당 자문을 보내니, 이에 따라 대신 상주해 주시길 청합니다. 이상입니다.

광서 8년 8월 12일 자문을 보내고, 20일 수령하였는데, 광서 8년 8월 24일, 군기대신은 다음과 같은 유지를 받았습니다.

알았다.

이상.

(3) 「조선과 일본의 속약 2개조(日韓續約二款)」 [생략]
(4) 「조선과 일본의 조약 6개조(日韓條約六款)」 [생략]

광서 8년 8월 12일 자문을 보내고, 20일 수령하였는데, 광서 8년 8월 24일, 군기대신은 다음과 같은 유지를 받았습니다.

알았다.

이상.

(4) 문서번호 : 4-6-04(585, 971a)

사안: 조선 국왕의 자문을 대신 상주한 주접 원고와 조약문을 자문으로 보냅니다(咨送轉奏朝鮮國王咨文約款摺稿).
날짜: 光緒八年八月二十五日(1882년 10월 6일)
발신: 署理北洋大臣 李鴻章
수신: 總理衙門

八月二十五日, 署北洋大臣李鴻章文稱:

光緖八年八月二十二日, 在天津行館由驛具奏, 接准朝鮮國王咨文·約款據情轉奏一摺, 相應鈔摺咨送, 爲此合咨貴衙門, 謹請查照.

鈔稿[詳見八月二十四日軍機處鈔交]

8월 25일, 서리북양대신 이홍장이 다음과 같은 자문을 보내왔습니다:

광서 8년 8월 22일, 천진행관(天津行館)에서 역참을 통해 조선 국왕의 자문(咨文)과 조약 약관을 전달받아 대신 상주하는 주접을 올렸으므로, 응당 이 주접을 베껴 총리아문에 자문으로 알려야 할 것입니다. 이 때문에 응당 귀 아문에 자문을 보내야 하니, 삼가 살펴보시길 요청합니다.

(5) 문서번호 : 4-6-05(586, 971b)

사안: 조선 국왕의 자문을 대신 상주한 주접 원고와 조약문을 자문으로 보냅니다(咨送轉奏朝鮮國王咨文·約款摺稿).

날짜: 光緒八年八月二十七日(1882년 10월 8일)

발신: 禮部

수신: 總理衙門

八月二十七日, 禮部文稱:

主客司案呈:

所有本部抄錄朝鮮國王咨文竝該國與日本條約等件轉奏一摺, 於光緒八年八月二十六日具奏. 本日軍機處發出奉旨知道了. 相應抄錄該國王原文及本部原奏, 知照總理各國事務衙門可也.

[朝鮮國王咨文詳見八月二十四日軍機處抄摺.]

광서 8년 8월 27일, 예부에서 다음과 같은 자문을 보내왔습니다.

주객사에서 다음과 같은 기안문서를 올렸습니다.

본 예부에서 초록한 조선 국왕의 자문 및 조선과 일본의 조약 등 건에 대해 대신 상주하는 주접은 광서 8년 8월 26일 구주(具奏)하였는데, 오늘 군기처에서 다음과 같은 유지를 받아 보내 왔습니다.

알았다.

응당 조선 국왕의 원 자문 및 본 예부의 주접을 베껴 총리아문에 알려야 할 것입니다.

[조선 국왕의 자문의 상세한 내용은 8월 24일 군기처에서 베껴 보낸 주접을 참조.]

(6) 문서번호 : 4-6-06(592, 978a)

사안 : 조선과 일본이 새로 조약을 체결한 일은 이미 예부에서 대신 상주하였습니다(朝鮮與日本新訂約款事, 已由禮部代奏).
날짜 : 光緖八年八月三十日(1882년 10월 11일)
발신 : 總理衙門
수신 : 禮部

八月三十日, 行禮部片稱 :

所有咨復朝鮮國王公文二件, 相應片送貴部, 希卽交該國賷咨官金在信賷回可也.

8월 30일 예부에 다음과 같은 편문을 보냈습니다.

조선 국왕에게 답장하는 자문 2건은 응당 귀 예부에 편문으로 보내야 하니, 조선국의 자문전달관 김재신에게 전달하여 그가 가지고 귀국할 수 있기를 바랍니다.

(7) 문서번호 : 4-6-07(610, 1013b-1014a)

사안: 영국 외무성 차관이 일본과 조선이 이미 화해하고 조약을 체결하였다고 알려온 문서
원고(英外部侍郎知照日韓已定和局, 議定條約文稿).
첨부문서: 1.「영국 외무성에서 증기택에게 보낸 공문(英外部發曾紀澤文)」: 영국은 이미 조선
과 일본이 화해하고 조약을 체결한 것을 알고 있습니다(英國已悉日韓已定和局,
議定條約).
날짜: 光緖八年九月三十日(1882년 11월 10일)
발신: 出使大臣 曾紀澤[8]
수신: 總理衙門

九月三十日, 出使大臣曾紀澤文稱:

七月二十五日, 接准英國外部侍郎龐斯蒂德西曆九月初五日文稱:[9]
　接據駐劄中國公使, 駐劄日本公使先後來電, 均稱日本・朝鮮兩國已定和局, 議定
　條約, 并稱朝鮮國王之父已抵天津.
等因. 合將來文譯漢鈔稿, 咨呈貴衙門謹請查核.

照錄粘單:
(1)「英國外部來文」
侍郎龐爲代咨事. 前於上月十二日, 本部以朝鮮之事知照貴爵大臣在案. 玆於本月

8　증기택(曾紀澤. 1839~1890)은 자가 길강(劼剛)으로, 유명한 증국번(曾國藩)의 둘째 아들이며, 그의 작위(一等毅勇侯爵)를 이어받기도 하였다.(본문에서 영국 측이 그를 貴爵大臣이라 부른 것은 이 때문이다) 중국근대사에서 곽숭도(郭崇燾)에 이은 두 번째 주외 공사로, 1878년 이후 주영국・프랑스 공사(出仕英國・法國大臣)로 근무하였으며, 1880년에는 러시아 주재 공사(出仕俄國大臣)를 겸하여 러시아에 외교사절로 파견되어 숭후(崇厚)가 맺은 리바디아 조약을 파기하고 새로 이리(伊利)조약을 맺음으로써 상당한 외교적 성공을 확보한 것으로 유명하다.
9　파운스포트 경(Sir Julian Pauncefote, later Lord Pauncefote. 龐斯蒂德, 1823~1902)는 영국의 변호사, 판사, 외교관으로 1882년부터 1889년사이 영국 외무성의 외무차관(Permanent Under-Secretary of State for Foreign Affairs)을 지냈다.

> 初五日, 本部准駐劄中國英國公使來電, 竝於本月初三日, 准駐劄日本英國公使來電, 均報稱:
>
> > 日本·朝鮮已定和局, 竝於上月三十日議定條約. 朝鮮國王之父, 已於本月初一日, 行抵天津.
>
> 等因. 相應照依來電知照貴爵大臣.
> 再, 現因葛爵相未在外部, 是以本侍郞代爲出咨, 合併聲明. 須至照會者.
> 一千八百八十二年九月初五日.

9월 30일, 주영국·프랑스 공사 증기택(曾紀澤)이 다음과 같은 자문을 보내왔습니다.

7월 25일, 영국 외무부 차관 파운스포트 경이 서기 9월 5일 다음과 같은 자문을 보내 왔습니다.

> 주중국 공사, 주일본 공사의 앞뒤로 보낸 전보를 받았는데, 모두 일본과 조선이 이미 화해하고 조약을 체결하였으며 아울러 조선 국왕의 부친이 이미 천진에 도착하였다고 알려 왔습니다.

응당 이 문서를 한문으로 번역한 원고를 총리아문에 올려보내니 살펴보시길 바랍니다.

첨부문서:
(1) 「영국 외무성에서 증기택에게 보낸 공문(英國外部來文)」

외무차관 파운스포트가 대신 자문을 보냅니다.
　지난달 12일 본 외무성에서는 조선 문제에 대해 귀 대신에게 알려드린 바 있습니다. 지금 이번 달 5일에는 주중국 영국 공사가 보낸 전보를 받았으며, 아울러 이달 3일에는 주일본 영국 공사의 전보를 받았는데, 모두 이렇게 전하고 있습니다.

> 일본과 조선이 이미 화해하고 지난달 30일에 조약을 체결하였으며 아울러 조선 국왕의 부친이 이미 이번 달 1일에 천진에 도착하였습니다.

이상의 내용을 전보에 따라 귀 작대신(爵大臣)에게 알려드립니다.

첨부합니다. 현재 외무성 장관인 그랜빌 레벤슨 고워 경이 외무성에 있지 않아,[10] 본 외무성 차관이 대신 자문을 보내게 되었다는 점도 함께 알려드립니다. 이상입니다.
1882년 9월 5일

---

10 이 시기 영국 글래드스톤(Prime Minister William Ewart Gladstone)내각의 외무성 장관은 그랜빌 레벤슨 고워(Granville Leveson-Gower, 2nd Earl Granville, 1815~1891)였다.

(8) 문서번호: 4-6-08(611, 1014b-1015a)

사안: 영국 외무성에 감사의 답장으로 보낸 증기택의 공문 초고를 자문으로 올립니다(咨呈答謝英外部文稿).
첨부문서: 1.「영국 외무성에 보낸 조회(給英外部照會)」: 감사의 뜻을 전달하며, 아울러 영국과 조선의 조약이 이미 타결된 것을 축하합니다(申謝竝賀高·英條約業經定妥).
날짜: 光緒八年九月三十日(1882년 11월 10일)
발신: 出使大臣 曾紀澤
수신: 總理衙門

九月三十日, 出使大臣曾紀澤文稱:

七月初四二十五日等日, 先後接准英國外部尚書葛·外部侍郎麗來文, 論及朝鮮國猝遭大亂, 及日本·朝鮮兩國已訂和約, 朝鮮國王之父已抵天津等情. 均經鈔鎬咨呈貴衙門查核在案. 茲具牘答謝英外部訖, 理合譯漢鈔稿咨呈貴衙門, 謹請查照.

照錄粘單
(1)「給英外部照會」
爲照會事.
照得本爵大臣接准貴爵部堂前月十二日及本月初五日兩次來文. 其一係告知高麗朝中不測之變, 及同時所出可憫諸事. 其二係告知高麗與日本交涉之事, 已經定得極妥. 又英·高和約, 押已畫定, 及高王之父已到天津. 等因. 本爵大臣接得本國數次來電, 大致相同, 於貴爵部堂前次文內所示各事, 均曾道及. 至後文所述三件, 則電中僅言及最後一條也. 本爵大臣恭賀貴爵部堂大喜, 緣英·高之約業經定妥也. 所望高麗各党之人漸能明白, 不以近來所行, 新引入境之事, 咎其國家耳. 爲此照會, 并達謝悃. 須至照會者.

9월 30일, 주영국·프랑스 공사 증기택이 다음과 같은 자문을 보내왔습니다.

7월 초4일과 25일 등에 앞뒤로 영국 외무성 장관 그랜빌과 외무성 차관 파운스포트가 보내온 자문을 받았습니다. 조선이 졸지에 큰 대란을 겪었고, 일본과 조선이 이미 화해하여 조약을 체결하였으며, 조선 국왕의 부친이 이미 천진에 도착하였다는 내용이었는데, 이에 대해서는 모두 원문을 베껴 총리아문에 자문으로 올려보낸 바 있습니다. 지금 영국 외무성의 정성에 답장하여 감사드리는 공문을 응당 한문으로 번역하여 총리아문에 올려보내니, 참고하시길 바랍니다.

(1) 「영국 외무성에 보낸 조회(給英外部照會)」

조회를 보냅니다.

본 대신은 귀 외무성 장관·차관이 지난달 12일과 이달 5일 두 차례 보낸 공문을 받아보았습니다. 그 하나는 조선 왕조에 예측하지 못한 변고 있었음을 알리면서 동시에 일어난 근심스러운 여러 사정을 알리는 것이었고, 다른 하나는 조선과 일본의 외교 교섭에 관한 것으로 이미 아주 타당한 마무리가 이루어졌다는 것입니다. 또한 조선과 영국의 조약 역시 이미 체결되었으며, 조선 국왕의 부친이 이미 천진에 도착하였다는 내용이었습니다. 본 대신은 본국으로부터 몇 차례 전보를 받았는데, 대체로 같은 내용이었고, 귀 대신께서 전에 보내준 자문에 나타난 각 사항을 모두 언급하고 있었습니다. 뒤의 자문에서 서술한 세 가지 내용에 대해서는 전보에서는 단지 마지막 조항만을 언급하였을 뿐입니다. 본 대신은 귀 외무성 장관의 큰 기쁨을 삼가 축하드리니, 영국과 조선의 조약이 이미 적절하게 체결되었기 때문입니다. 조선 각 당파의 사람들이 점차 외부 사정에 밝아지면서 최근 행한 것처럼 (외국인을) 새로 끌어들여 입경(入境)시킨 일에 대해서 그 조정을 탓하지 않게 되기를 바랍니다. 이에 조회를 드리면서, 아울러 감사의 뜻을 전달합니다. 이상입니다.

(9) 문서번호 : 4-6-09(621, 1021b-1028a)

사안: 1) 조선 박영효 등이 일본에 가서 배상금 삭감을 요청하였지만 승인받지 못하였고, 10년 상환으로 바꾸었습니다(朝鮮朴泳孝等赴日, 求減賠款未允, 改爲十年償還). 2) 중국이 만약 대만(臺灣)에 수사(水師)를 추가로 배치하여 반드시 쟁취하겠다는 뜻을 보일 수 있다면, 류큐 문제는 응당 좋은 마무리를 얻을 수 있을 것입니다(中國若能於臺灣添練水師, 以示必爭, 球案當可善結).[11]

첨부문서: 1.「조선 공사 박영효가 일본 외무경에게 보낸 조회(朝鮮公使朴泳孝發日本外務卿照會)」: 배상금 기한을 5년 늘려 10년 기준으로 상환하도록 허용해 주시길 요청합니다(賠款期限請更寬五年, 准以十年償完).

2.「일본 외무경이 조선 공사 박영효에게 보낸 조회(日本外務卿與朝鮮公使照復)」: 조선이 요청한 배상금 지불 기한 5년을 연장하여 10년 상환 완료로 바꾸도록 승인합니다(允朝鮮所請賠款期限更寬五年, 以十年償完).[12]

날짜: 光緖八年十月初九日(1882년 11월 19일)

발신: 出使大臣 黎庶昌

수신: 總理衙門

十月初九日, 出使大臣黎庶昌函稱:

八月二十二日, 肅上昌字第十七號函, 諒邀均察. 旋接傅相八月初五來函, 指示一切, 至爲詳盡. 朝鮮公使朴泳孝·金晩植二員, 實於本月初二日, 與井上馨, 自神戶同船

---

11 원문에는 "3) 고베(神戶) 이사는 여여겸(黎汝謙)이 대리하도록 지시하였고, 이미 관서(館署)를 구입하고 서중장정(署中章程)을 작정하였습니다(神戶理事已令黎汝謙代理, 已購置館署並酌定署中章程)"라는 문서가 추가로 첨부되어 있으나 이 부분의 주제와 전혀 무관한 내용이라 생략하였다.

12 원문에는 첨부문서로 "3.「대리 神戶 理事 黎汝謙이 올린 보고(代理神戶理事黎汝謙來稟)」: 公所 설립 문제(籌設公所事)"와 "4.「여서창이 결정한 神戶 理事署 규모에 대한 지시문(黎庶昌酌定神戶理事署規模札稿)」: 神戶 理事署 사무 처리에서 응당 따라야 할 일(神戶理事署辦事應遵行事宜)"이 있으나 이 부분의 주제와 전혀 무관한 내용이라 생략하였다.

到東京. 初八謁見日皇前函謂, 與花房義質偕至者係訛傳也. 減款一節, 庶昌前接傅相來電, 屬以從旁爲力, 適花房來拜, 曾向彼切實言之. 花房頗有難色, 日前會晤朝使, 亦自謂償款業已畵押, 恐難翻易. 故與井上兩次議論, 未能核減, 只允改五年爲十年耳. 玆將朝使與外務往來文件, 鈔呈衙門鈞閱. 球案久未提起, 月初又有參議兼大藏卿松方正義前來逗引,[13] 邀至一處小飮, 談次因及亞細亞宜振興和睦, 以次及琉球. 庶昌答以: "球案不結, 中·日兩國交情終不可恃." 十四日, 松方來署晤會, 又問中國究欲如何辦法. 庶昌將傅相今春與竹添領事在天津議論告之, 除將中·南兩島歸還球人, 聽准兩屬, 由中·日立約保護, 別無良法. 如以歷年來, 日本國國家經理琉球, 賠墊不少, 則復國之後, 由球人逐年償還亦無不可. 松方又固問其次, 庶昌乃下一轉語, 謂: "南島割與中國之物, 而中國不受, 以之封立球王, 球王不足自存, 今萬不得已, 只有將中·南兩島互易, 以中島歸還琉球, 南島歸於日本, 或是一策, 此外則眞無說矣." 松方謂: "當與井上馨商之," 而又託爲今日之議論, 原是閒談, 微窺彼之情形, 未必卽是井上所囑. 然因朝鮮一役, 中國命將出師, 風馳電掣, 不似從前持重, 日人實有戒心. 若能於臺灣添練水師, 顯示不忘征伐之意, 竊據琉球一案, 將來總可善結. 兵之一字, 大用則大效, 小用則小效. 伊犂·朝鮮已可覆睹處今時世, 固不當以啓釁論也. 庶昌到此九月, 輿論球案, 毫無成效, 惴惴答心, 審度事機, 非此不可, 屢次瀆陳, 惟祈察納. 榎本武楊到京後, 是否提及球案與修約事宜, 此時應懇衙門, 抱定球案不結, 他事一無可商一語辦理, 庶可關其口而奪之氣. 緣日人好勝於一體, 均霑四字, 念念不忘, 以爲顔面攸關, 亟欲得之而後已. [中略][14] 神戶理事馬建常, 未能回任, 傅相擬派赴朝鮮辦理善後事宜, 該埠情形又多一番部署, 伏乞代回堂憲爲禱. 崇肅, 祇請勛安.
[下略][15]

---

13 마쓰카타 마사요시(松方正義, 1853~1924)는 에도(江戶) 막부 사쓰마(薩摩) 번(지금의 鹿兒島縣) 출신으로 메이지 시대 대장대신(大藏大臣), 내무대신(內務大臣)으로 지세 개혁, 식산흥업, 지폐 정리 등 재정개혁의 주창자이자 실행자로 유명하다. 일본은행을 창설하고 이른바 '마쓰카타 재정(松方財政)'을 실행하여 통화팽창을 통제하고 정부의 재정수지를 크게 호전시킨 것으로 잘 알려져 있다. 이후 제4대, 6대 내각총리대신을 지내기도 하였다.

14 이후에는 일본 공사관·이사서 인원의 임용 문제를 다룬 것이라 본서의 주제와 관련이 멀어 일부 생략하였다.

15 이후에는 첨부하여 일본 요코하마·고베·아가사키의 상인과 중국 이사(理事)의 관계 문제를 다루고 있으나, 마찬가지로 본서의 주제와 상관이 없어 생략하였다.

照錄鈔單

(1) 「朝鮮公使朴泳孝發日本外務卿照會」
大朝鮮國特命全權大臣朴, 爲照會事.
照得本大臣幹當塡補事宜, 固當不日商定, 而第念本國事情, 五年排定不無迫急之慮, 原定期限更寬五年, 准以十箇年償完, 則在我有紓力之方, 貴國不失妥議之好. 爲此照會, 望貴省卿諒悉此意覆照可也. 須至照會者.
右照會 大日本外務卿 井上
開國四百九十一年九月十三日

(2) 「外務卿與朝鮮公使照復譯漢文」
大日本外務卿井上, 爲照復事.
准貴大臣開國四百九十一年九月十二日照會內開:
　　照得本大臣幹當塡補事宜, 固當不日商定, 而第念本國事情五年排限不無迫急之慮, 原定期限更寬五年, 准以十箇年償完, 則在我有紓力之方, 貴國不失妥議之好. 等因前來. 本大臣准此. 業已閱悉. 查償完期限旣經兩國辦理大臣議訂, 理當遵照辦理. 惟我政府深念貴國事情, 允聽貴大臣所請寬期一節, 以表關切體諒之誠. 至於所有償完之辦法如何, 嗣當與貴大臣商議妥定外, 相應照復貴大臣查照可也. 須至照復者.
右照會 大朝鮮特命全權大臣 朴
明治十五年 十月 二十五日

10월 초9일, 주일본 공사 여서창이 다음과 같은 서신을 보내왔습니다.

8월 22일, 삼가 창자(昌字) 제17호 서신을 올렸는데, 이미 받아보셨을 줄 압니다. 뒤이어 이홍장 중당이 보낸 8월 초5일의 서신을 받았는데, 모든 것에 대한 지시가 지극히 상세한 것이었습니다. 조선 공사 박영효(朴泳孝)와 김만식(金晩植) 두 사람은 이달 초2일 이노우에 가오루(井上馨)와 함께 고베(神戶)에서 같은 배를 타고 도쿄(東京)에 도착하였다고 합니다. 초8일 일본 천황을 알현하기 전에 서신을 보내 말하길, 하나부사 요시모토와 함께 왔다는 것은 와전이라고 이야기하였으며, 배상금 삭감 문제는 여서창이 전에 이홍장 중당이 보낸 전보에서 옆에서 힘써 도와달라고 부탁하셨는데, 마침 하나부사가 배방하러 왔기에 그에게 절실하게 이야기하였습니다. 하나부사는 자못 난색을 보이면서, 얼마 전 조선 공사와 만났을 때 역시 배상금은 이미 서명하였기 때문에 아마도 뒤엎기는 어려울 것이라고 자신이 이야기하였다고 말하였습니다. 따라서 이노우에와 더불어 두 차례 논의하였으나, 삭감하지 못하고 단지 5년을 10년으로 바꾸는 것만을 허용하였습니다. 지금 여기에 조선 공사와 일본 외무성이 주고받은 문건을 베껴서 총리아문에 올리니 살펴보시길 바랍니다.

 류큐 문제는 오랫동안 제기되지 않았는데 이번 달 초에 다시 참의(參議) 겸 대장경(大藏卿)인 마쓰카타 마사요시(松方正義)가 방문하자 웃는 얼굴로 맞아들이고 한 곳으로 초대하여 작은 술자리를 가졌습니다. 대화는 아시아가 응당 화목을 진흥해야 한다는 것을 주제로 삼다가 다음에는 류큐 문제로 넘어갔는데, 여서창은 "이 문제가 마무리되지 않으면 중국과 일본의 교정(交情)은 결코 믿을 수 없는 것"이라고 이야기하였습니다. 14일 마쓰카타가 공사관을 방문하여 만났는데, 다시 중국이 어떤 방법을 원하느냐고 묻기에, 여서창은 "이홍장 중당이 올 봄 천진에서 다케조에(竹添) 영사와 논의하였던 것을 알려주었는데, 중(中)·남(南) 두 섬을 류큐 사람에게 돌려주고, [중국과 일본 모두에게 신속(臣屬)하는] 양속(兩屬)을 허용하며, 중국과 일본이 조약을 체결하여 보호하는 것 외에 별다른 좋은 방법이 없다."는 내용이었으며, "최근 이래 일본이 국가적으로 류큐를 경영하면서 배상하거나 빚지게 한 것이 적지 않은데, 류큐가 복국(復國)된 다음 류큐 사람들이 해마다 나누어 상환해도 괜찮을 것"이라고 덧붙였습니다. 마쓰카타가 다시 그 다음은 어떻게 되느냐고 묻자, 여서창은 이에 말을 돌려서, "남도(南島)를 중국에 할여(割與)한다면 중국이 받지 않고 이것으로 류큐왕[琉球王]을 봉립(封立)하면 류큐왕은 자존(自存)하기에 부족할 터이므로, 지금 만부득이하게 중도(中島)와 남도(南島) 두 섬을 서로 바꾸어 중도는 류큐에 귀환시키고, 남도는 일본에 돌리는 것이 혹은 하나의 방법일 수도 있으며, 이 밖에는 정말로 말할 것이 없다."고 답하였습니다. 마쓰카타가 말하길, "응당 이노우에 가오루와 상의해 보겠다."고 하면서, 아울러 오늘의 논의는 원래 한담에 지나지 않는다고 언급하였는데, 그의 상황을 자세히 엿보건대, 반드시 이노우에가 부탁한 것처럼 보이지는 않았습니다. 그런데 조선 문제 때문에 중국이 명령을 내려 군대를 파견한 것은 마치 바람과 번개처럼 신속한 움직임을 보여 종전의 신중한 자세와 전혀 달라진 모습을 보였으므로 일본인은 실로 경계심을 품게 되었습니다. 만약 능히 대만에 수사(水師)를 추가해서 설치하여 정벌(征伐)을 잊지 않고 있다는 의지를 분명하게 보여준다면, 제가 추측하건대 류큐 문제에 대해서는 장차 좋은 마무리를 얻을 수 있을 것으로 생각합니다. '병(兵)'이라고 하는 글자는 크게 쓰면 큰 효과를 거두고, 작게 쓰면 작은 효과를 거둡니다. 이리(伊犁)나 조선의 경험에서 대략 오늘날의 시세를 엿볼 수 있으니, 단지 분쟁을 낳는다는 것만으로 여겨서는 안 될 것입니다. 여서창이 여기에 도착한 지 9개월인데, 류큐 문제에 대한 여론에서는 조금도 아무런 성과를 거두지 못해 마음속으로 몹시 두려워하고 있는데, 시세를 둘러보면 이렇게 (강경한 대처로) 나가야만 한다고 누차 아뢰었으니, 오로지 살펴서 받아주시기만을 빕니다. 에노모토 다케아키가 북경에 도착한 다음 류큐 문제와 조약 수정 문제를 언급하였는지 모르지만, 지금 응당 총리아문에 간청하기를 "류큐 문제를 끌어안고 매듭짓지 않으면 다른 어떤 일도 논의할 수 없다."는 한마디로 처리해 주신다면, 아마도 그의 입을 막고 그의 기세를 빼앗을 수 있을 것입니다. 왜냐하면 일본인은 호승심을 품고 모든 문제에 대해 '균점(均霑)'이라는 네 글자를 항상 잊지 않으면서 이것이 체면에 관련된다고 생각하여 반드시 신속하게 이를 얻지 않으면 안 된다고 보기 때문입니다. [하략] 이상입니다. 다만 편안하시길 빕니다.

(1) 「조선 공사 박영효가 일본 외무경에게 보낸 조회(朝鮮公使朴泳孝發日本外務卿照會)」

대조선국 특명전권대신 박영효가 조회를 보냅니다.
본 대신은 배상금 문제를 담당하고 있으며, 이 문제에 대해 조만간 상의하여 결정하고자 하는데, 다만 본국 사정을 감안하여, 5년 동안 나누어 상환하는 것은 너무 급박하다는 우려가 있으니, 원래 정한 기한을 다시 5년 늘려서, 10년 안에 상환하는 것으로 바꾸어 준다면, 조선에게는 압박을 조금 느슨하게 해주는 방안이 되고 일본에게도 적절한 논의를 잃지 않는 좋은 방안이 될 것이라 생각합니다. 이 때문에 조회를 보내니, 귀 외무경께서 이런 뜻을 알아주시고 답장을 주시길 바랍니다. 이상입니다.
위 내용을 대일본(大日本) 외무경(外務卿) 이노우에에게 조회로 보냅니다.
개국(開國) 491년 9월 13일.

(2) 「일본 외무경이 조선 공사 박영효에게 보낸 조회(外務卿與朝鮮公使照復譯漢文)」

대일본 외무경 이노우에 가오루가 답장 조회를 보냅니다.

귀 대신이 개국 491년 9월 13일에 보낸 다음과 같은 조회를 받았습니다.
    본 대신은 배상금 문제를 담당하고 있으며, 이 문제에 대해 조만간 상의하여 결정하고자 하는데, 다만 본국 사정을 감안하여, 5년 동안 나누어 상환하는 것은 너무 급박하다는 우려가 있으니, 원래 정한 기한을 다시 5년 늘려서, 10년 안에 상환하는 것으로 바꾸어 준다면, 조선에게는 압박을 조금 느슨하게 해주는 방안이 되고 일본에게도 적절한 논의를 잃지 않는 좋은 방안이 될 것이라 생각합니다.

이상과 같은 조회를 받아 이미 읽어보았습니다. 생각건대, 상환 기한은 이미 양국의 담당 대신이 논의하여 정한 것으로, 응당 그대로 따라서 처리해야 합니다. 다만 일본 정부는 귀국 사정을 염두에 두고 귀 대신이 요청한 기한을 늘리는 문제를 수락하여 절실하게 체량(體諒)하는 성의를 보이고자 합니다. 모든 상환의 방법을 어떻게 하는가에 대해서는 뒤이어 응당 귀 대신과 상의하여 정하는 것 외에, 응당 귀 대신에 답장을 보내니 살펴보시길 바랍니다. 이상입니다.
    위 내용을 대조선 특명전권대신 박영효에게 조회로 보냅니다.
    명치(明治) 15년 10월 25일.

(10) 문서번호 : 4-6-10(622, 1028b-1029a)

사안 : 영국 외무성과 주고받은 문고(文稿)를 자문으로 올립니다(咨呈與英外部來往文稿).
첨부문서 : 1.「영국 외무성이 주영국 공사 증기택에게 보낸 조회(英外部發出仕英大臣曾紀澤照會)」: 일본은 조선이 배상금을 완납하기 전에 군대를 파견해서 조선 경내에 주둔시키면서 완결을 지켜보게 한다고 합니다(日本在朝鮮未完賠款前, 派兵駐紮朝鮮境內, 守候完結).
2.「증기택이 영국 외무성에 보낸 조회(曾紀澤發英外部照會)」: 조선과 일본의 조약은 주조선 공사와 조선 정부가 정한 것이고, 일본이 군대를 남긴 것은 공사관을 호위하기 위한 것으로 1년 후에는 곧장 철수한다고 합니다(日韓條約係日駐韓使與高麗所定, 日本留兵係衛護使署, 一年後卽撤).
날짜 : 光緖八年十月初十日(1882년 11월 20일)
발신 : 出使大臣 曾紀澤
수신 : 總理衙門

十月初十日, 出使大臣曾紀澤文稱:

竊照朝鮮遭亂一案, 前接英國外部兩次來文及本爵大臣答謝一牘, 均經先後譯漢咨呈貴衙門查核在案. 嗣接英外部西曆九月初九日來文一件, 比經本爵大臣備文照覆, 所有來往照會各一件, 相應譯漢鈔稿咨呈貴衙門, 謹請查核.

照錄粘單
(1)「英外部發出仕英大臣曾紀澤照會」
爲照會事.
照得朝鮮之事, 本爵部堂前於本月初五日照會貴爵大臣在案. 玆准署理駐華英使來電報稱:

朝鮮之難, 現已平息, 查中國水師提督與駐朝鮮之日本公使所定條約內稱, 朝鮮

> 應付日本賠款, 朝鮮未完賠款以前, 日本兵駐紮朝鮮境內, 守候完結.
> 本部合行照會貴爵大臣查照. 須至照會者.
> 一千八百八十二年 九月 初九日
>
>
> (2)「曾紀澤發英外部照會」
> 爲照會事.
> 照得本爵大臣續接貴伯爵西曆九月初九日來文, 接據署理駐京公使電稱,
>   朝鮮之難現已平息.
> 等情. 本爵大臣亦接得本國電報, 核與貴國駐京公使電報情形, 大致相同, 但本國電報所云, 此次條約係日本駐高公使與高麗國家所定, 至日本留兵係爲保衛使署, 一年後即撤. 本爵大臣疊承貴伯爵來文知照, 實深感荷, 相應照會貴伯爵查照. 須至照會者.
> 光緖八年八月初四日

10월 초10일, 주영국 공사 증기택이 다음과 같은 자문을 보내왔습니다.

조선이 반란을 당한 문제는 전에 영국 외무성에서 두 차례 공문을 보내 받은 적이 있고, 본 대신이 감사의 뜻을 전한 답장 공문도 함께 모두 앞뒤로 한문으로 번역하여 총리아문에서 살펴보도록 올린 바 있습니다. 그뒤에 영국 외무성에서 9월 9일 보내온 조회 문건에 대해서 이미 본 대신이 공문을 갖추어 답장 조회를 보냈는데, 이렇게 주고받은 조회 각 1건을 응당 한문으로 번역하여 베껴서 총리아문에 올려보내니, 살펴보시길 바랍니다.

(1)「영국 외무성이 주영국 공사 증기택에게 보낸 조회(英外部發出仕英大臣曾紀澤照會)」

조회를 보냅니다.
조선 문제에 대해 본 대신은 전에 이달 5일에 귀 대신에게 조회를 보낸 바 있습니다. 지금 서리 주중국 영국 공사가 보낸 전보에서 이르기를 조선의 난국은 현재 이미 가라앉았으며, 중국의 수사제독(水師提督)과 주조선 일본 공사가 정한 조약 내용을 보니 조선은 일본에 대해 배상금을 지불하고, 조선이 이것을 완납하기 이전에 일본은 군대를 조선 경내에 주둔시켜 완결을 지켜본다고 합니다. 본 외무성에서는 응당 귀 대신에게 조회를 보내 살펴보게 해야 할 것입니다. 이상입니다.

1882년 9월 9일

(2) 「증기택이 영국 외무성에 보낸 조회(曾紀澤發英外部照會)」

조회를 보냅니다.

본 대신은 귀 백작이 9월 9일에 보내온 조회를 다시 받았는데, 서리 주중국 공사의 전보에 의하면 조선의 난국은 현재 이미 가라앉았다고 합니다. 본 대신은 또한 본국의 전보도 받았는데 귀국의 주북경 공사가 보내온 전보의 상황과 대체로 일치합니다. 다만 본국의 선보에서는 이번 조약은 일본의 주조선 공사와 조선 사이에 체결된 것이며, 일본이 군대를 남겨둔 것은 공사관을 지키기 위함이고, 1년 후에는 철수한다고 전하였습니다. 본 대신은 누차 귀 백작께서 조회를 보내주신 것에 대해 실로 깊은 감사의 뜻을 품고 있으며, 응당 답장 조회를 보내 귀 백작께서 살펴보시도록 해야 할 것입니다. 이상입니다.

광서 8년 8월 초4일

(11) 문서번호: 4-6-11(624, 1030b-1041b)[16]

사안: 장패륜(張佩綸)이 무력을 강구하여 번복(藩服)을 안정시킬 것을 주청한 일에 대해 유지(諭旨)를 받아 적절히 논의한 주접(奏摺)과 부편(附片) 초고를 자문으로 보냅니다(咨送欽奉寄諭, 妥議張佩綸請講武以靖藩服等摺片稿).

첨부문서: 1. 「이홍장의 주접(李鴻章奏摺)」: 장패륜이 조목조목 진술한 상정(商政) 관리, 병권(兵權) 간여, 일본과의 조약 보완, 군함 구매, 봉천(奉天) 방어 및 영흥만(永興灣) 쟁탈에 대한 답변을 상주합니다(奏覆張佩綸條陳理商政, 預兵權, 救倭約, 購師船, 防奉天及爭永興).

2. 「이홍장의 주편(李鴻章奏片)」: [조선을] 대신하여 묄렌도르프를 초빙하고 아울러 마건상(馬建常)을 조선(朝鮮)으로 보내 세관(稅關) 업무를 돕도록 할 계획입니다(擬代聘穆麟德竝馬建常前往朝鮮, 襄助關務).

3. 「조선(朝鮮) 국왕의 자문(朝鮮國王咨)」: 현명하고 노련한 인사를 파견하여 朝鮮의 외교 교섭 처리 문제에 대해 지도해 주시길 자문으로 요청합니다(咨請派遣賢明練達之士, 指導朝鮮一切交涉商辦事宜).

4. 「이홍장(李鴻章)과 조선(朝鮮) 대관 조영하(趙寧夏)의 필담 절략(李鴻章與朝鮮大官趙寧夏筆談節略)」: 일본에 대한 배상금, 초상국(招商局) 차관의 용도 및 묄렌도르프를 대신 초빙하여 세관 업무를 돕도록 하는 문제 등(對日償款, 商局借款用途, 及代聘穆麟德襄助關務等事).

날짜: 光緒八年十月十三日(1882년 11월 23일)
발신자: 李鴻章
수신자: 總理衙門

[생략]

---

16 이 문서는 이 책의 (17) 문서번호: 4-4-17(624, 1030b-1041b)에도 나온 바 있다. 또 이 문서는 이미 출간된 『국역 淸季中日韓關係史料』 제4권의 (47) 문서번호: 2-1-1-105(624, 1030b-1041b), pp.274-296에 수록·번역되어 있으므로 여기서는 생략한다. 또한 원문에는 이것 외에도 첨부문서가 3건이 더 수록되어 있으나, 이 부분의 주제와 무관하거나 이미 앞서 나온 것이라 모두 생략한다.

(12) 문서번호 : 4-6-12(637, 1058b-1061b)[17]

사안: 1) 중국의 수사(水師)는 겨우 규모를 갖추게 되었으니, 갑작스럽게 일본과의 전쟁에 동원되기는 곤란합니다(中國水師甫有規模, 未可遽與日本動兵). 2) 일본의 주조선 공사는 다케조에 신이치(竹添進一)가 대리하게 되었습니다(日本駐朝使臣, 由竹添進一代理). 3) 미국 공사 빙엄이 이번 조선 내란 평정은 응당 해야 할 일을 맡은 것이라고 하면서, 「조·미조약」을 미국은 반드시 비준할 것이라고 이야기하였습니다(美使平衡稱道此次平定朝亂極具擔當, 竝言美·韓條約必可批准).

첨부문서: 1. 「조선 공사가 보내온 절략(朝鮮公使送閱節署)」
2. 「조선 공사가 베껴 보내온 속약 2개조(朝使抄送續約二款)」

날짜 : 光緒八年十月二十五日(1882년 12월 5일)
발신 : 駐日本 公使 黎庶昌
수신 : 總理衙門

[생략]

---

[17] 이 책의 문서번호 : 4-5-9(637, 1058b-1061b)와 완전히 중복되는 것이라 생략한다.

(13) 문서번호: 4-6-13(657, 1082b-1083a)

사안: 중국 영관(營官)이 일본의 주한 공사관 인원을 돌봐준 것에 대해 감사드립니다(致謝中國營官照日本駐韓公使館等員).

날짜: 光緒八年十二月初五日(1883년 1월 13일)

발신: 日本公使 榎本武揚

수신: 總理衙門

十二月初五日, 日本國公使榎本武揚函稱:

頃接本國外務大臣咨開:

茲據駐高代理公使近藤文稱:

欽差辦理公使花房, 前於駐劄高京之日, 曾蒙貴國欽派提督吳·丁軍門枉顧面議:"日後回國之斯道, 經南陽灣, 往觀貴國軍艦暨兵營."等語. 並云:"兩國武弁由陸路偕往, 以便查明地理." 嗣經辦理公使花房, 率同委員中田與陸軍大尉瀨戶口·中尉磯林等數員, 以去年九月十九日, 出高麗都門. 其時貴國兵營, 亦派令守備屠千總陳, 偕同就道. 茲據委員中田回署稟稱:

沿途休息處所, 均蒙貴國營官照料. 飲食各物亦皆承其供給. 且該武弁兩員前後相從周旋, 良殷實深銘感.

等語. 當經該代理公使卽赴貴國兵營, 會晤署理營務袁大人, 面爲申謝, 並懇請轉行致謝.

等情. 爲此咨本大臣函致貴衙門, 代達申謝之意.

等因. 本大臣聞之亦欣佩無已. 所有一切款待之渥, 足徵敦隣好意. 惟希由貴王大臣, 將此情節轉行飭知該提督及該兵營武弁等, 以伸謝悃, 是所切盼. 耑此布達. 順頌時祉.

12월 초5일, 주중국 일본 공사 에노모토 다케아키가 다음과 같은 서신을 보내왔습니다.

최근 일본 외무경의 다음과 같은 자문을 받았습니다.

지금 주조선 대리 공사 곤도(近藤)의 다음과 같은 보고를 받았습니다.

일본 변리공사 하나부사는 전에 조선의 한성에 주재하고 있을 때 일찍이 중국의 흠차 제독 오장경과 정여창과 만났을 때 다음과 같은 제안을 받은 바 있습니다. "나중에 귀국하는 길에 남양만(南陽灣)을 거치게 되거든 중국의 군함과 병영을 가서 시찰해 주십시오." 또한 말하길 "양국의 무관이 육로로 함께 이동하면서 지리를 조사할 수 있습니다."라고 하였습니다. 뒤이어 변리공사 하나부사가 위원 나카다(中田)과 육군대위 세토구치(瀨戶口), 중위 이소바야시(磯林) 등 몇 명의 수행원과 함께 지난해 9월 19일 조선의 한성을 나섰는데, 그때 중국의 병영에서 역시 수비(守備)인 도(屠), 천총(千總)인 진(陳)이 함께 길에 나섰습니다. 지금 위원(委員) 나카다(中田)이 서(署)에 돌아와서 다음과 같이 보고하였습니다.

도중에 휴식하는 장소는 모두 중국 영관(營官)의 돌봄을 받았습니다. 음식 등 물품 역시 모두 그들이 제공해 주었습니다. 또한 두 사람의 무관은 앞뒤로 서로 따르면서 두루 돌봐준 것에 대해 진실로 깊은 감명을 느꼈습니다.

이미 해당 대리 공사 곤도는 즉각 중국 병영을 방문하여 영무(營務)를 서리하고 있는 원세개 대인과 만나 직접 감사의 뜻을 전달하고, 아울러 이것을 대신 전달해 달라고 간청하였습니다.

이상과 같은 보고를 받았으므로, 이 때문에 본 대신은 귀 아문에 서신을 보내 대신 감사의 뜻을 전달해 주시길 요청합니다.

이상과 같은 요청을 받았는데, 본 대신 역시 이를 듣고 몹시 탄복하여 마지 않았습니다. 정성스럽게 돌봐준 모든 정성은 그야말로 양국의 우의를 입증하기에 충분합니다. 다만 귀 왕대신께서 이러한 사정을 해당 제독 및 해당 병영의 무관 등에게 대신 전달하여 감사의 뜻을 알려주시기를 간절히 바랍니다. 이를 위해 서신을 드립니다. 편안하시길 빕니다.

국역 『淸季中日韓關係史料』

7. 대원군 석방·귀국 요청
(請釋回大院君)

(1) 문서번호: 4-7-01(560, 940b-941a)

사안: 생부인 흥선대원군을 석방하여 귀국시켜 주시기를 주청합니다(奏請釋令本生父興宣大院君回國).

날짜: 光緖八年八月十三日(1882년 9월 24일)

발신: 朝鮮國王

수신: 總理衙門

八月十二日, 朝鮮國王李熙文稱:

竊照小邦久仗皇靈, 護保藩維. 邇來國勢綿弱, 事變層生. 內難外釁, 一時竝湊, 幸賴皇慈廣覆, 視用內服, 亦惟王公諸大人曲費籌畫, 水陸調軍, 赳日東援, 使小邦轉危復安, 群凶畏威嚮化. 小邦君臣, 北望攢頌, 感結衷腸. 第今七月十三日, 當職本生父興宣大院君爲展修謝, 出赴吳提督駐紮營中, 仍與丁提督航海入朝. 當職一聞此報, 五內失守, 椎心飮泣, 如窮無歸. 大院君年今六十三歲, 素抱疾病, 近益沉綿. 今者觸風濤之險, 冒霧露之憂, 單身遠赴, 誰救誰卹. 伏惟大皇帝至仁至慈, 孝治天下. 伏乞王公諸大人曲垂憐憫, 轉達天陛, 亟許大院君不日歸國, 俾當職得伸人子至情, 感誦皇恩, 承世無窮, 不勝痛泣, 祈恩之至. 爲此合行移咨, 請照驗轉奏施行.

8월 12일 조선 국왕 이형(李㷩)이 다음과 같은 문서를 보내왔습니다.

　　조선은 오랫동안 황상의 은총에 의지하며 울타리를 지켜왔습니다. 근래 국세가 미약하여 사변이 누차 발생하였습니다. 내우외환이 한꺼번에 닥쳤으나 다행히도 황상께서 넓은 은혜로써 내복(內服)으로 여겨주심에 힘입고, 또한 왕공대인께서 깊이 염려하시어 계획을 세우시고 수륙으로 군대를 마련하여 서둘러 조선을 지원해 주셨기에 위기에서 벗어나 안정을 되찾고 흉도들이 그 위엄을 두려워하며 굴복하게 되었습니다. 조선의 군신들이 북쪽을 바라보며 칭송하고 마음속으로 깊이 감격하고 있습니다. 다만 올해 7월 13일, 제 생부인 흥선대원군이 사의(謝意)를 전하기 위해 오장경 제독(提督)이 주둔하는 군영에 갔다가 그대로 정여창(丁汝昌) 제독과 함께 항해하여 천조(天朝)로 들어가 버렸습니다. 저는 이 소식을 듣자마자 오장(五臟)이 떨리고 가슴을 치고 눈물을 삼키며 마치 막다른 길에 몰린 듯하였습니다. 대원군은 올해 63세로 평소에 질병을 앓고 있었는데 근래에 더욱 심해지고 있습니다. 지금 풍파와 안개와 이슬의 위험을 무릅쓰고 단신으로 멀리 가 버리셨으니 누가 구제해 주고 가엾이 여기겠습니까? 엎드려 생각건대 대황제께서는 지극히 인자하시고 효로써 천하를 다스리십니다. 엎드려 바라옵건대 왕공대인께서 불쌍히 여기시는 마음을 드리우시어 천자께서 대원군이 조만간 귀국하게끔 허가하시도록 대신 말씀드려 주셔서, 제가 자식으로서 지극한 정을 펼칠 수 있도록 해 주신다면 대대로 무궁히 황은에 감격하며 칭송할 것입니다. 통곡을 그치지 못하고 은혜를 베풀어 주시기를 지극히 기원합니다. 이를 위해 응당 마땅히 자문을 보내야 하니 청컨대 살펴보시고 대신 상주해 주십시오. 이상입니다.

(2) 문서번호 : 4-7-02(572, 952)

사안: 조선 변란의 수괴 이하응의 귀국을 불허하고 오장경이 통솔하는 관군은 잠시 조선에 주둔하라는 내용의 상유를 초록하여 보냅니다(錄送不准朝鮮亂首李昰應回國及吳長慶所部官軍暫留朝鮮上諭).

날짜: 光緖八年八月十九日(1882년 9월 30일)

발신: 禮部

수신: 總理衙門

八月十九日, 禮部文稱:

光緖八年八月十二日, 內閣奉上諭:

朝鮮爲我國大淸屬國, 世守藩封, 素稱恭謹. 朝廷視同內服, 休戚相關. 前據張樹聲奏, 朝鮮國亂軍生變, 突於六月間, 圍偪王宮, 王妃與難, 大臣被戕, 日本使館亦受其害. 當諭令張樹聲調派水陸各軍前往援勦. 又以李鴻章假期屆滿, 召赴天津, 會同查辦. 旋經提督吳長慶·丁汝昌·道員馬建忠等率師東渡, 進抵該國都城, 捦獲亂黨一百數十人, 殲厥渠魁, 赦其脅從. 旬日之間禍亂悉平, 人心大定. 採訪該國輿論, 咸稱鉏起兵丁索餉, 而激之使變者, 皆出自李昰應主謀. 經吳長慶等將其解送天津, 降旨交李鴻章·張樹聲究明情由具奏. 李昰應當國王冲年, 專權虐民, 惡跡昭著. 迨致政後,[1] 日深怨望, 上年即有伊子李載先謀逆情事. 此次亂軍初起, 先赴伊家申訴, 旣不能正言禁止, 乃於事後擅攬庶務, 威福自由, 獨置亂黨於不問. 及李鴻章等遵旨詰訊, 猶復多方掩飾, 不肯吐實. 其爲黨惡首禍, 實屬百喙難逬. 論其積威震, 主謀危宗社之罪, 本應執法嚴懲. 惟念朝鮮國王, 于李昰應誼屬尊親, 若竟置之重典, 轉令該國王無以自處. 是用特沛恩施, 姑從寬減, 李昰應著免其治罪, 安置直隸保定府地方, 永遠不准回國. 仍著直隸總督優給廩餼, 嚴其防

---

1 치정(致政)은 정권을 군주에게 되돌려 준다는 의미이다.

> 閑, 以弭該國禍亂之端, 即以維國王倫紀之變. 吳長慶所部官軍, 仍著暫留朝鮮,
> 藉資彈壓. 該國善後事宜, 並著李鴻章等悉心商辦, 用示朝廷, 酌法準情, 綏靖藩
> 服至意.
> 欽此. 欽遵到部. 相應恭錄諭旨, 知照總理各國事務衙門可也.

8월 19일, 예부(禮部)에서 다음과 같은 문서를 보내왔습니다.

광서 8년 8월 12일, 내각(內閣)에서 다음과 같은 상유(上諭)를 받았습니다.

  조선은 우리 대청(大淸)의 속국(屬國)으로 대대로 번봉(藩封)의 위치를 지켜왔고 평소 공순하다고 일컬어져 왔다. 조정에서는 조선을 내복(內服)과 동등하게 보고 기쁨과 슬픔을 함께하였다. 일전에 장수성이 상주하기를, 조선에서 군대가 반란을 일으켜, 갑작스레 6월에 왕궁을 포위 공격하여 왕비가 피해를 입고, 대신이 피살되고, 일본 공사관 역시 그 공격 대상이 되었다. 마땅히 유지를 내려 장수성으로 하여금 수륙의 각 군대를 마련하여 조선에 보내 소탕을 지원하도록 하였다. 또한 이홍장의 정우(丁憂) 휴가 기한이 만료되면 불러서 천진으로 보내 함께 조사하고 처리하도록 하였다. 곧이어 제독 오장경, 정여창과 도원 마건충 등이 군대를 이끌고 조선으로 건너가 도성으로 진군하여 난당 백 수십 명을 잡아들이고 그 수괴를 죽여서 그들을 위협에서 풀어주었다. 열흘 만에 변란이 모두 평정되고 인심은 크게 안정되었다. 조선의 여론을 탐문해 보니 모두가 병졸들이 봉록을 요구한 데서 발단이 되었지만, 이를 자극하여 큰 변란으로 만든 것은 모두 이하응의 주모(主謀)에서 나왔다고 한다. 오장경 등을 통해 그를 천진으로 압송하고, 유지를 내려 이홍장, 장수성에게 넘겨 그 사정을 규명한 다음 상주하게 하였다. 이하응은 국왕이 어렸을 적에 권력을 전횡하고 백성들을 학대하여 그 악행의 행적이 분명하다. 국왕에게 권력을 돌려준 후에 나날이 원망이 깊어졌고, 작년에 그 아들인 이재선이 반역을 계획한 사건도 있었다. 이번에 난군이 처음 봉기하였을 때 먼저 그의 집에 찾아가 하소연하였으나 올바른 말로써 저지하지 못하였을 뿐 아니라 사후에는 멋대로 정사를 농단하고 위세와 복을 자기 마음대로 하면서도 유독 난당의 죄행에 대해서는 불문에 부쳤다. 이홍장 등이 유지에 따라 꾸짖으며 심문하였으나 여전히 계속해서 다방면으로 숨기고 꾸미며 실토하려 하지 않았다. 그가 무리를 지어 악행을 저지르고 앞장서서 재앙을 일으킨 책임은 실로 백 마디 말로도 회피하기 어렵다. 그가 위세를 쌓아두고 종사가 위태로워지도록 주모한 죄는 본디 마땅히 법에 따라 엄히 처벌해야 한다. 다만 이하응이 조선 국왕의 존친(尊親)이라는 점을 고려하였을 때 만일 끝내 그를 중벌로 다스린다면 도리어 조선 국왕으로 하여금 스스로 몸 둘 바를 없게 할 수 있다. 이에 특별히 성대한 은혜를 베풀어 잠시 너그러이 감면해 주고자 하니, 이에 따라 이하응에 대해서는 그 치죄를 면제하지만, 직예성 보정부 지방에 안치하여 영원히 귀국을 허락하지 않으며, 직예총독이 생활물자를 우대하여 지급하되 다른 사람과의 접촉을 엄격히 제한하도록 하여, 조선에서 재앙의 발단을 없애고 조선 국왕을 윤기(倫紀)의 변고로부터 지켜주도록 하라. 오장경이 통솔하는 관군은 그대로 잠시 조선에 주둔하여 군사적 통제에 도움이 되도록 하라. 조선의 사후처리에 대해서는 이홍장 등이 마음을 다해 협의하고 처리하여 조정이 법을 참작하고 사정에 의거하여 번복을 안정시키고자 하는 지극한 뜻을 보여주도록 하라.

이와 같은 유지를 받았습니다. 응당 공손히 유지를 초록하여 총리아문에 알려야 할 것입니다.

(3) 문서번호 : 4-7-03(573, 953a-956b)

사안: 조선 국왕이 보낸 자문을 대신 상주하고 받은 이하응의 귀국을 불허한 상유를 초록하여 보냅니다(錄送轉奏朝鮮國王咨文, 所奉不准釋回李昰應上諭).

첨부문서: 1.「조선 국왕의 자문(朝鮮國王咨文)」: 변란을 안정시켜 주신 데 감사의 상주를 올립니다(奏謝靖亂事).
2.「조선 국왕의 자문(朝鮮國王咨文)」: 대원군을 석방하여 귀국시켜 주시기를 간청합니다(懇乞釋大院君歸國).
3.「예부 주접(禮部奏摺)」: 변란을 안정시켜 주신 데 대해 조선 국왕이 공손히 감사의 뜻을 올리는 표문을 대신 상주합니다(轉奏朝鮮國王恭謝靖亂事表文).
4.「예부 주접(禮部奏摺)」: 대원군을 석방하여 귀국시켜 주시기를 간절히 청하는 조선 국왕의 표문을 대신 상주합니다(轉奏朝鮮國王懇釋大院君回國表文).

날짜: 光緖八年八月十九日(1882년 9월 30일)
발신: 禮部
수신: 總理衙門

八月十九日, 禮部文稱:

所有本部具奏朝鮮國使臣趙寗夏等賫到咨文轉奏二摺, 於光緖八年八月十六日具奏, 內閣奉上諭:

禮部奏, 接據朝鮮國王來咨轉奏各一摺, 竝鈔錄原咨呈覽. 該國此次亂軍之變, 經朝廷發兵戡定, 深知感激, 殊甚嘉尙. 至所稱衷情震迫, 瀝懇天恩, 准令李昰應歸國一節, 李昰應以宗屬至親, 積威震主, 謀危宗社, 罪無可逭. 朝廷酌法準情, 姑從寬減, 前已明降諭旨, 擇地安置, 優給廩餼, 原屬格外恩施. 該國王顧念天倫, 繫懷定省,[2] 以李昰應年老多疾, 咨由禮部代奏乞恩, 辭意迫切, 自屬人子至情. 惟李昰

---

2 정성(定省)은 자녀들이 아침저녁으로 부모에게 문안 인사를 드리는 것을 의미한다. 이로부터 부모 또는 친척 어

應獲罪於該國宗社者甚大. 該國王旣承先緒,[3] 應以宗社爲重, 不能復顧一己之私. 所請將李昰應釋回之處, 著毋庸議. 仍准其歲時派員省問, 以慰該國主思慕之情. 嗣後不得再行瀆請. 該部知道.

欽此. 欽遵到部. 相應恭錄諭旨, 鈔錄該國王原文及本部原奏, 知照總理衙門可也.

照錄鈔單
(1)「朝鮮國王咨文」
朝鮮國王爲恭伸謝悃事.
光緖八年七月十五日, 承准欽差北洋大臣衙門咨, 節該:

> 現准出使日本國大臣黎電信內開:
>> 本月初九日, 朝鮮國亂黨, 突圍日本使館滋事, 王宮亦同日被擊. 請派兵船, 前往鎭壓.
>
> 等因. 堂經本署大臣函商總理各國事務衙門, 復准派委二品銜候選道馬建忠・統領北洋水師提督丁汝昌, 酌帶兵船, 駛赴朝鮮査探. 該亂黨胆敢聚衆圍打使館, 並擊王宮, 實屬奸亂犯上, 亟應由朝鮮嚴拿爲首滋事各犯, 究明懲辦. 如再拒捕玩抗, 肆其猖獗, 卽行飛速馳報, 本署大臣當奏明調撥大兵, 乘輪東渡, 討除群醜以綏藩服. 除飭馬道建忠・丁提督汝昌駛赴朝鮮, 查明辦理, 隨時馳報, 並咨行外, 相應咨會貴國王, 煩請查照.

等因. 竊照小邦仰被天朝字小之德, 獲保藩維三百年于玆矣. 邇來疆場多事, 國勢綿弱. 內難靡靖, 外虞方滋, 支架牽補,[4] 茫無涯畔. 幸賴皇慈仁覆, 視同內服, 命將出師. 赶日東援, 使小邦轉危復安, 群凶畏威嚮化. 小君臣北望攢頌, 感結衷膓. 現今欽派諸大人駐軍王城, 究明懲辦, 庶徹終始之惠. 方今專价奉表謝. 謹將此由, 爲此合行移咨, 煩乞禮部照詳轉奏施行.

르신의 안부를 살핀다는 의미로 확장되었다.
3 선서(先緖)는 선조의 공업(功業)을 의미한다.
4 견보(牽補)는 견라보옥(牽蘿補屋)의 줄임말로서 담쟁이 덩쿨을 가져다가 방의 구멍을 막는다는 뜻으로 곤란한 상황에 가까스로 대응하는 모습을 형용하는 표현이다.

(2) 「朝鮮國王咨文」

朝鮮國王爲當職本生父航海入朝, 衷情震迫, 瀝血祈籲, 冀蒙矜諒事.

當職伏念, 君臣之義, 天地莫逃, 父子之情, 血氣攸同, 方寸既亂, 疾痛必呼. 伏惟聖明少垂察焉. 今七月十三日當職本生父興宣大院君, 爲展修謝, 出赴欽差提督吳長慶駐扎營中, 仍隨提督丁汝昌航海入朝. 當職一聞此報, 五內失守. 火迅駛, 風濤渺茫, 瞻望不及, 涕淚被面. 當職於當職本生父, 義雖有壓, 情實所恬. 當職心之焦煎震剝, 何異於嬰兒之離懷膝?[5] 推心飮泣, 如窮無歸. 惟以天朝至仁盛德, 如天地之覆燾, 尚恃無恐, 黽勉職守. 望斗瞻雲, 一心千祝, 庶幾早賜回還, 相聚如舊. 第伏念當職本生父年今六十三矣, 素抱疾病, 近益沈綿. 今者觸風濤之險冒, 霧露之憂, 單身遠赴, 誰救誰恤? 伏惟皇帝陛下孝治天下, 聖極人倫, 俾萬邦各遂其生, 無一物不得其所. 至於小邦, 視同內服, 凡有控訴, 罔不曲循, 小邦感激, 銘鏤三百年如一日.[6] 至於當職, 身獨值此爲人子晷刻難抑之情境,[7] 當職獨何人宵不關迫? 茲敢不避猥越, 悉暴衷懇, 伏乞聖慈, 俯垂矜憫, 特降欽旨, 許當職本生父大院君不日歸國, 俾小邦父子君臣, 感誦皇恩, 永永靡極. 當職不勝瞻天望聖, 涕泣祈祝之至. 專差陪臣判中樞府事趙寧夏·禮曹判書金宏集等前赴京師進呈. 爲此合行移咨, 煩乞禮部照詳轉奏施行.

(3) 「禮部奏摺」

禮部謹奏. 爲據咨轉奏事.

光緒八年八月十三日, 准朝鮮國王李熙特遣到中樞府事趙寧夏·禮曹判書金宏集等恭賚表文, 咨文等件到京. 臣等公同閱看, 係因該國亂黨滋事, 經道員馬建忠等帶兵東後, 該國王感激天恩, 具表恭伸謝悃, 竝呈進皇太后, 皇上前貢物各一分, 先行開單咨部轉奏等情. 業經臣部將該使臣等暫令在四譯館居住, 旋准總理各國事務衙門文稱, 趙寧夏在津尙有應商該國善後事, 宜應從速回津等語. 當即令其先行赴津, 仍

---

5 이회(離懷)는 어머니의 품을 떠난다는 의미이다.
6 명루(銘鏤)는 기물(器物)에 글자나 그림을 새겨 넣는 것을 뜻하며 이로부터 은혜를 깊이 새기고 잊지 않는다는 뜻으로 연결된다.
7 구각(晷刻)은 고대 시간을 측정하는 기구인 일구(日晷)와 각누(刻漏)의 줄임말로서 시간 또는 매우 짧은 시간을 의미한다.

留通事一名在京, 候領回文. 除將表文移咨內閣繙譯具題, 所進貢物應否收受, 俟到京後再由臣部查照成案, 另行具奏外, 謹鈔錄原咨淸單, 恭呈御覽. 爲此謹奏.

(4) 「禮部奏摺」
禮部謹奏. 爲據咨轉奏請旨事.
八月十三日, 據朝鮮國王李㷩特遣判中樞府事趙寧夏·禮曹判書金宏集等, 恭齎表文咨文等件到京. 臣等公同閱看, 係因該國王本生父興宣大院君李昰應, 隨同提督丁汝昌航海來津, 該國王衷情震迫, 瀝血祈籲, 懇乞天恩, 准令李昰應歸國, 竝呈進皇太后, 皇上前貢物各一分, 先行開單咨部轉奏. 等情. 除將表文移咨內閣繙譯具題, 所進貢物應否收受, 俟到京後由臣部查照成案, 另行具奏外, 謹鈔錄原咨淸單, 恭呈御覽. 爲此謹奏請旨.

8월 19일, 예부에서 다음과 같은 문서를 보내왔습니다.

예부에서 조선 사신 조영하 등이 가지고 온 자문을 대신 상주하는 두 편의 주접은 광서 8년 8월 16일 상주하였습니다. 내각에서 다음과 같은 상유를 받았습니다.

예부에서 조선 국왕이 보내온 자문을 대신 상주하는 주접 한 통과 자문 원문을 초록해 올려 살펴보도록 하였다. 조선에서는 이번에 발생한 난군의 변란에 대해 조정에서 군대를 보내 평정시켜 준 것에 대해 깊이 이해하고 감격스러워하고 있으니 특별히 심히 가상하다. 다만 두렵고 절박한 마음으로 천자의 은혜를 간구하여 이하응의 귀국을 허가해달라는 내용에 대해서, 이하응은 종실의 지친(至親)으로 위세를 쌓아 군주를 위협하고, 종사를 위태롭게 하는 모의를 하였으니, 도저히 죄를 벗어날 수 없다. 조정에서 법을 참작하고 인정에 의거하여 잠시 너그러이 감면해 주고자 이전에 분명하게 유지를 내려 지역을 선정하여 안치시키고 넉넉하게 생활물자를 제공하도록 하였으니, 이는 본디 각별한 은혜를 베푼 것이었다. 조선 국왕이 천륜을 생각하고 안부를 염려하면서 이하응이 늙고 질병이 많다는 이유로 자문을 보내 예부에서 대신 상주하여 은혜를 간청하였는데, 그 문의(文意)가 절박하니 실로 아들로서 지극한 정일 것이다. 다만 이하응은 조선 종사에 지은 죄가 심히 크다.

조선 국왕은 선조들의 공업(功業)을 이어받았으므로 응당 종사를 중시해야지 개인적인 사사로움을 다시 돌아볼 수는 없다. 이하응을 석방해달라고 청한 바는 더 이상 논의할 필요가 없다. 그러나 이전처럼 세시(歲時) 때마다 관원을 보내 문안하는 것은 허가하여, 조선 국왕의 사모의 정을 위로하도록 하라. 이후 다시 번거롭게 청하지 못하게 하라. 예부에 알리도록 하라.

이상의 유지가 예부에 전달되어 왔습니다. 응당 공손히 유지를 초록하고 조선 국왕의 자문 원본과 예부에서 올린 주접을 초록하여, 총리아문에 알려야 할 것입니다.

첨부문서:
(1) 「조선 국왕의 자문(朝鮮國王咨文)」

조선 국왕이 삼가 공손히 감사의 마음을 아룁니다.
광서 8년 7월 15일, 흠차북양대신 아문으로부터 다음과 같은 자문을 받았습니다.

> 현재 출사 일본대신 여서창이 보낸 다음과 같은 전보를 받았습니다.
>
>> 이번 달 9일, 조선국의 난당이 돌연 일본 공사관을 포위하고 사단을 일으켰습니다. 왕궁 또한 피격당하였으니 청컨대 군함을 보내 진압해 주십시오.[8]
>
> 이미 본 서리 북양대신은 총리아문과 서신으로 상의하여 재차 이품함 후선도 마건충과 통령북양수사제독 정여창에게 군함을 대동하여 조선에 가서 조사하도록 하였습니다. 그 난당은 대담하게도 무리를 지어 공사관을 포위공격하고 아울러 왕궁까지 습격하였으니 이는 실로 변란을 옹호하고 윗사람을 범한 행위로서 시급히 응당 조선 정부에서 주모자들을 체포하고 반란을 일으킨 범인들을 추궁하여 처벌해야 할 것입니다. 만일 재차 체포에 저

---

8 1882년 7월 30일 일본 외무차관 요시다 기요나리(吉田淸成)가 여서창에게 임오군란의 개요를 전달하고, 여서창이 장수성에게 7월 31일, 8월 1일 두 차례 전보를 발송하면서 청 정부는 임오군란의 발발을 인지하게 되었다. 여서창이 장수성에게 보낸 전보의 원문은 이 책의 문서번호 4-1-01의 첨부문서로 수록되어 있다.

항하거나 업신여기면서 대항하고 멋대로 날뛴다면 즉시 신속하게 알리고, 본 서리 대신이 응당 상주하여 대병(大兵)을 가려 뽑아 윤선(輪船)에 태워 조선으로 보내 흉악한 무리들을 토벌하여 번복을 편안케 하겠습니다. 도대 마건충, 제독 정여창에게 배를 몰아 조선으로 가서 상황을 조사해 처리하고 수시로 즉각 보고하도록 하며 아울러 자문을 보내는 외에 응당 귀 국왕에게 자문을 보내니 번거롭더라도 살펴봐 주십시오.

조선은 천조(天朝)에서 작은 나라를 어여삐 여겨주시는 은혜를 우러러 입고 지금까지 300년 동안 울타리를 지켜왔습니다. 근래 강역 내에서 많은 일이 발생하고 국세는 미약합니다. 안으로는 변란이 그치지 않고 밖으로는 우환이 바야흐로 늘어가고 있어서 막아내고 대응하기에 끝없이 망연하기만 합니다. 다행히도 황상의 인자하심과 은혜로서 조선을 내복(內服)과 같이 보아주심에 힘입었으니, 장수에게 명을 내려 군대를 내어 서둘러 조선으로 가서 지원하여 조선이 위급함에서 벗어나 안정을 되찾고 흉도들이 위세를 두려워하며 굴복하게 하셨습니다. 저희 군신들은 북쪽을 바라보며 칭송하고 진심으로 감격하고 있습니다. 현재 파견하신 제 대인들은 왕성에 주둔하면서 흉도들을 추궁하여 처벌하고 있는데, 한결같은 은혜를 기대하고 있습니다. 바야흐로 지금 전담 인원을 보내 표문을 받들어 올려 감사를 표하고자 합니다. 삼가 이러한 연유로 응당 자문을 보내니 번거롭더라도 예부에서 검토하시어 대신 상주해 주십시오.

(2) 「조선 국왕의 자문(朝鮮國王咨文)」

조선 국왕이 생부가 뱃길로 천조(天朝)에 들어간 일로 인해 진심으로 놀라고 절박하여 피를 흘리며 간구하오니 긍휼히 양해해 주시기를 바랍니다.

엎드려 생각하건대 군신(君臣)의 의리(義理)는 천지 간에 피할 수 없고 부자(父子)의 정은 혈기(血氣)가 같아서 조금이라도 어지러워지면 그 고통을 반드시 부르짖게 됩니다. 황상께서 조금이나마 헤아려 주실 것으로 생각합니다. 올해 7월 13일, 저의 생부인 흥선대원군이 사의(謝意)를 전하기 위하여 흠차제독 오장경이 주둔하는 군영에 갔다가, 그대로 제독 정여창과 함께 뱃길을 통해 천조에 들어갔습니다. 저는 이 소식을 듣자마자 오장(五臟)이 떨렸습니다. 급하게 배를 몰고, 바람과 파도가 아득하여, 멀리서도 바라볼 수 없으니 눈물이 얼굴을 덮습니다. 저는 생부에 대해서 군신의 의리로 따지면 비록 상하의 구분이 있으나 인정으로 따지면 부친으로 의지하는 바입니다. 제 마음의 초조함과 두려움이 젖먹이가 어미의 슬하에서 떠나는 것과 어찌 다르겠습니까? 마치 영영 돌아올 수 없는 것처럼 가슴을 치고 눈물을 삼켰습니다. 다만 천조(天朝)의 지극하고 성대한 인덕(仁德)이 마치 천지의 덮어주는 은혜와 같아서 여전히 두려움 없이 의지하면서 직분을 지키는 데 힘쓰고 있습니다. 북두성과 구름을 바라보듯이 한 마음으로 축복하오니, 조속히 이하응을 돌려보내 주셔서 예전처럼 모여 살 수 있도록 해주시길 바라고 있습니다. 다만 엎드려 생각해 보면 제 생부는 올해 63세로 평소에 질병을 앓고 있으며 근래 들어 더욱 허약해지셨습니다. 지금 풍랑과 안개와 이슬의 위험을 무릅쓰고 단신으로 멀리 나섰으니, 누가 구제해 주고 누가 가엾이 여기겠습니까? 엎드려 생각건대 황상께서는 효로써 천하를 다스리시고, 인륜에 정말로 극진하시어, 만방으로 하여금 그 삶을 다하도록 하시고, 어느 하나라도 머무를 바를 얻지 못하는 일이 없게 해주셨습니다. 조선에 대해서 내복(內服)과 같이 여기셔서, 무릇 호소하는 일이 있으면 언제나 굽어 살펴주셨기에 조선에서는 감격하여 300년을 하루와 같이 깊은 은혜를 잊지 않고 있습니다. 저에 이르러서는 자식 된 자로서 짧은 시간조차 억누르기 어려운 상황에 홀로 처해 있으니, 유날리 어띤 사림이라고 답답해하지 않을 수 있겠습니까? 이에 감히 외람됨을 무릅쓰고 진심을 모두 드러내어 간청합니다. 엎드려 바라옵기는 황제께서 긍휼함을 베풀어 주셔서 특별히 유지를 내리시어 제 생부인 대원군을 조속히 귀국시키도록 허가해 주셔서 조선의 부자와 군신들이 끝없이 영원토록 황은에 감격하며 칭송할 수 있도록 해 주십시오. 저는 하늘과 성인을 바라보며 눈물로써 기원하는 지극한 마음을 가눌 수 없습니다. 전담 사신으로서 배신(陪臣) 판중추부사 조영하와 예조판서 김홍집 등을 경사로 파견하여 올리고자 합니다. 이를 위해 응당 자문을 보내오니 번거롭더라도 예부에서 이에 따라 대신 상주해 주시길 바랍니다.

(3) 「예부 주접(禮部奏摺)」

예부에서 삼가 조선의 자문에 따라 대신 상주합니다.

광서 8년 8월 13일, 조선 국왕 이형(李㷩)이 특별히 보낸 중추부사 조영하, 예조판서 김홍집 등이 공손히 표문과 자문 등을 가지고 경사에 도착하였습니다. 저희들이 함께 살펴보니 조선에서 난당이 사변을 일으켰으나 도원 마건충 등이 군대를 데리고 조선으로 건너간 후 조선 국왕이 황상의 은혜에 감격하여 표문을 갖추어 공손히 감사함을 표명하고 아울러 황태후, 황상께 바치는 각각의 공물에 대해서 먼저 목록을 예부에 자문으로 보내 대신 상주해 줄 것을 요청하는 내용이었습니다.

예부에서는 이미 해당 사신 등을 회동사역관에 잠시 머물도록 하였는데, 직후 총리아문에서 보낸 문서에서 조영하는 천진에서 아직 조선의 사후 처리에 관해 응당 논의해야 하므로 마땅히 신속히 천진으로 돌려보내라고 하였습니다. 저희들은 즉시 그들을 우선 천진으로 가게 하고 통역 1명을 그대로 경사에 남겨두어 답장 문서를 수령할 때까지 대기하도록 하였습니다. 표문과 자문을 내각에서 번역하여 상주하고, 바친 공물을 접수해야 하는 지 여부는 공물(貢物)이 경사에 도착한 다음 재차 예부에서 기존 사례에 비추어 별도로 상주하는 것 외에 삼가 원 자문과 공물 목록을 초록하여 공손히 올리오니 살펴봐 주십시오. 이를 위해 삼가 주를 올립니다.

(4) 「예부 주접(禮部奏摺)」

예부에서 삼가 자문에 따라 대신 상주하며 유지를 청합니다.

8월 13일, 조선 국왕 이형이 특별히 보낸 판중추부사 조영하, 예조판서 김홍집이 삼가 표문과 자문 등을 가지고 경사에 도착하였습니다. 저희들이 함께 살펴보니 조선 국왕의 생부 흥선대원군 이하응이 제독 정여창과 함께 뱃길을 통해 천진으로 왔는데, 조선 국왕이 마음 속부터 놀라고 절박하여 정성을 다해 천은(天恩)을 내리시어 이하응을 귀국시켜 줄 것을 간청하고, 아울러 황태후, 황상께 올리는 각 공물에 대해 우선 목록을 작성하여 자문으로 보내니 예부에서 대신 상주해달라는 내용이었습니다. 표문과 자문을 내각에서 번역하여 상주하고, 바친 공물을 접수해야 하는 지는 (공물이) 경사에 도착한 다음 다시 예부에서 기존 사례에 비추어 별도로 상주하는 것 외에 삼가 자문 원문과 공물 목록을 초록하여 공손히 올리니 살펴봐 주십시오. 이를 위해 삼가 주를 올립니다.

(4) 문서번호 : 4-7-04(576, 958a)

사안 : 대원군을 석방해 돌려보내 달라고 청한 바는 이미 예부에서 대신 상주하였습니다(所請釋回大院君事, 已由禮部代奏).
날짜 : 光緒八年八月二十一日(1882년 10월 2일)
발신 : 總理衙門
수신 : 朝鮮國王

> 八月二十一日行朝鮮國王文稱:
>
> 光緒八年八月十三日, 准貴國王咨稱:
>
> 邇因國勢綿弱, 事變層生, 幸賴調軍束援, 轉危復安. 七月十二日大院君爲展修謝, 出赴吳提督營中, 仍與丁提督航海入朝. 當職聞報五内失守, 椎心飮泣, 如窮無歸. 伏乞轉達天陛, 亟許大院君不日歸國, 俾伸人子至情, 感誦皇恩, 永世無窮. 咨請轉奏施行.
>
> 等因前來. 除由禮部代奏, 欽奉諭旨, 咨行欽遵查照外, 相應咨復貴國王查照可也.

8월 21일, 조선 국왕에게 다음과 같은 문서를 보냈습니다.

광서 8년 8월 13일, 귀 국왕의 다음과 같은 자문을 받았습니다.

근래 국세가 미약하여 사변이 누차 일어났으나 다행히도 군대를 마련하여 조선으로 보내 지원해 주심에 의지하여 위기에서 벗어나 다시 안정을 찾았습니다. 7월 13일, 저의 생부인 홍선대원군이 사의(謝意)를 전하기 위하여 흠차제독 오장경이 주둔하는 군영에 갔다가, 그대로 제독 정여창과 함께 뱃길을 통해 천조(天朝)에 들어갔습니다. 저는 이 소식을 듣자마자 오장이 떨리고 마치 영영 돌아올 수 없는 것처럼 가슴을 치고 눈물을 삼켰습니다. 엎드려 바라옵기는 황상께 대신 아뢰어 주셔서, 대원군이 조속히 귀국하도록 허가하시어 자식된 자의 지극한 정을 펼치고 영원토록 무궁히 황은에 감격하고 칭송하도록 해 주십시오. 자문을 보내 청하니 대신 상주해 주십시오.

예부에서는 대신 상주하여 유지를 삼가 받들고 자문으로 보내 참조하도록 하는 것 외에, 응당 귀 국왕에게 답장 자문을 보내 살펴보도록 해야 할 것입니다.

(5) 문서번호 : 4-7-05(578, 959)

사안 : 조선 국왕이 군대를 파견하여 보호해 준 것에 감사의 뜻을 전달하고 생부 대원군의 석방을 요청한 자문에 대한 답장 자문을 초록하여 보냅니다(錄送覆朝鮮國王申謝調兵援護, 及乞釋本生父大院君咨文).

날짜 : 光緒八年八月二十三日(1882년 10월 4일)
발신 : 署理北洋大臣 李鴻章
수신 : 總理衙門

八月二十三日, 署北洋大臣李鴻章文稱:

光緒八年七月二十六日, 准貴國王遣派陪臣趙寧夏·金宏集等來津貴到咨文二件. 一謝調兵援護, 一爲貴國王本身父興宣大院君, 乞恩釋回各等情. 當經本署大臣據情轉奏, 竝照鈔咨文, 恭呈御覽. 嗣准兵部火票遞到,

　　光緒八年八月十二日內閣奉上諭:
　　　　朝鮮爲我大淸屬國, 世守藩封, 素稱恭謹. 朝廷視同內服, 休戚相關. 前據張樹
　　　　聲奏朝鮮國亂軍生變.
　　等因. 欽此.
又於八月二十一日, 准禮部咨主客司案呈:
　　所有本部具奏, 朝鮮國使臣趙寧夏等貴到咨文轉奏二摺, 於光緒八年八月十六
　　日, 內閣奉上諭:
　　　　禮部奏, 接據朝鮮國王來咨轉奏各一摺, 竝鈔錄原咨呈覽.
　　等因. 欽此. 相應恭錄兩次上諭, 咨會貴國王, 請煩查照欽遵施行.
等因. 除咨朝鮮國王外, 相應咨會貴衙門請煩查照.

8월 23일, 서리 북양대신 이홍장이 다음과 같은 문서를 보내왔습니다..

광서 8년 7월 26일, 귀 국왕[9]이 보낸 배신 조영하, 김홍집 등이 천진에 와서 전달한 자문 2건을 받았습니다. 한 건은 군대를 파견하여 도와준 것에 관한 내용이고 다른 한 건은 귀 국왕의 생부인 흥선대원군을 석방하여 돌려보내는 은혜를 청구하는 내용이었습니다. 이미 본 서리 북양대신은 사정에 따라 대신 상주하고 아울러 삼가 자문을 베껴 올려 황제께서 살펴보시도록 하였습니다.

이후 병부에서 화표(火票)를 이용하여 보낸 다음과 같은 상유를 받았습니다.

광서 8년 8월 12일, 내각에서 다음과 같은 상유를 받았습니다.

조선은 우리 대청의 속국으로 대대로 번봉의 위치를 지켜왔고, 평소부터 공순하다고 일컬어져 왔다. 조정에서는 내복과 같이 대우하고 고락을 함께 하였다. 전에 장수성이 조선의 난군이 변란을 일으켰다고 상주하였다.

또한 8월 21일, 예부에서 다음과 같은 주객사의 기안 문서를 보내왔습니다.

예부에서 조선국 사신 조영하 등이 가져온 자문을 대신 전달하는 주접 두 건을 상주하였고, 광서 8년 8월 16일 내각에서 다음과 같은 상유를 받았습니다.

예부에서 조선 국왕이 보내온 자문을 대신 전달하는 주접 각 한 건씩을 상주하였고, 아울러 자문 원문을 초록해 올려 살펴보도록 하였다.

응당 두 차례의 상유를 공손히 초록하여 자문으로 귀 국왕에게 알리니 청컨대 번거롭더라도 살펴보시길 바랍니다.

조선 국왕에게 자문을 보내는 것 외에, 응당 귀 아문에 자문으로 알려야 하니 번거롭더라도 살펴봐 주십시오.

---

9 본 문건의 발신자는 이홍장, 수신자는 총리아문이지만 이홍장이 별도의 설명 없이 처음부터 곧바로 조선 국왕에게 보낸 자문을 그대로 인용하였으므로 조선 국왕을 "귀 국왕"으로 칭하였다.

(6) 문서번호 : 4-7-06(612, 949b-950a)

사안 : 조선의 영시헌서관(領時憲書官)이 가져온 문건을 부편으로 보냅니다(片送朝鮮領時憲書官賫到文件).
날짜 : 光緒八年九月三十日(1882년 11월 10일)
발신 : 禮部
수신 : 總理衙門

九月三十日, 禮部片稱:

本年九月二十九日, 准朝鮮領時憲書賫咨官李應浚賫咨到京, 內有投遞總理各國事務衙門文一角. 相應片送貴衙門, 查照驗收可也.

9월 30일, 예부에서 다음과 같은 부편을 보내왔습니다.

올해 9월 29일, 조선의 영시헌서재자관(領時憲書賫咨官) 이응준이 자문을 가져와 경사에 도착하였는데, 그 가운데 총리아문에 보내는 공문 1건이 있었습니다. 응당 부편으로 귀 아문에 보내니 살펴보고 받으시길 바랍니다.

(7) 문서번호: 4-7-07(613, 1016a)

사안: 국태공 이하응을 석방하여 귀국시키도록 대신 상주해 주시길 간청합니다(籲懇轉奏釋回國太公李昰應).

날짜: 光緒八年九月三十日(1882년 11월 10일)

발신: 朝鮮國王

수신: 總理衙門

> 九月三十日, 朝鮮國王咨文稱:
>
> 頃於陳奏使行, 顒奉咨函, 備控懇廹之私, 計已收照, 庶蒙諒卯. 第念國太公倉遑駕海, 孤寄津舘, 今已三旬有餘矣. 時候漸寒, 風土異宜, 衰老疾病之中, 何以堪遣? 盡宵憂念, 寸心千折. 竊拟冒陳鳴暴, 以紓欝轖之情, 而奏使未准還之前, 瀆撓是懼, 且疾聲之呼, 覬縷不敢. 玆憑時憲書咨官, 更申前懇, 萬乞王公大人諒此至情, 轉達天陛, 獲蒙國太公回還, 俾保相依, 永誦皇慈, 千萬血祝之至. 爲此合行移咨, 請照驗轉奏施行.

9월 30일, 조선 국왕이 다음과 같은 자문을 보내왔습니다.

얼마 전 진주사행(陳奏使行)을 보낼 때, 아울러 뻔뻔스럽게 자문과 서신을 바치도록 하면서 개인적인 간절함을 두루 호소하였습니다. 이미 받아보셨을 것으로 생각하며, 양해하여 주시길 기대합니다. 다만 생각해 보면 국태공이 창졸간에 바다를 건너 홀로 객사에 기거한 지 지금까지 이미 30일 남짓이 되었습니다. 날씨가 점점 추워지고 풍토가 서로 다르니 노쇠하고 병든 몸으로 어찌 타지에 보내진 것을 감당할 수 있겠습니까? 밤새도록 걱정하면서 작은 마음이 천 가지로 꺾이고 있습니다. 저는 주제넘게 큰 소리로 아뢰어 답답한 마음을 풀어보고자 하는데, 진주사(陳奏使)가 돌아오기 전이라 또다시 폐를 끼치게 될까 두렵습니다만, 또한 너무 다급한 호소라 감히 자세하게 늘어놓지 않을 수 없습니다. 지금 시헌서재자관에 의지하여 앞의 간청을 재차 아뢰오니, 왕공대인께서 이러한 지극한 정을 살펴 황상께 대신 아뢰어 국태공이 돌아오게 해 주셔서, 서로 돕고 의지하며 영원토록 황제의 자애로움을 칭송하고 지극히 감축할 수 있도록 해주십시오. 이를 위해 마땅히 자문을 보내오니 청컨대 살펴보시고 대신 상주해 주십시오.

(8) 문서번호: 4-7-08(615, 1017b-1018a)

사안: 조선 국왕이 생부 이하응을 석방하여 귀국시켜 주시는 은혜를 간청합니다(朝鮮國王懇恩准釋本生父李昰應回國).

첨부문서: 1. 「예부에서 조선 국왕의 자문을 받았습니다(禮部收朝鮮國王咨文)」: 생부 이하응을 석방하여 귀국시켜 주시기를 대신 상주해 주십시오(請轉奏釋回本生父李昰應歸國)[10] [생략]

날짜: 光緒八年十月三日(1882년 11월 13일)

발신: 軍機處

수신: 總理衙門

十月初三日, 軍機處交出禮部抄摺稱:

爲據咨轉奏事.
本年孟冬頒朔, 准朝鮮國王差齎咨官李應浚來京, 請領時憲書, 竝齎到咨文一件. 臣等公同閱看, 係因該國王本生父李昰應安置保定府, 該國王籲懇天恩, 准其回國, 咨請臣部轉奏等語. 臣等不敢壅於上聞. 謹抄錄原咨, 恭呈御覽. 爲此謹奏.

照錄抄單
(1) 「朝鮮國王咨文」: [생략]

10월 13일, 군기처(軍機處)에서 예부(禮部)가 올린 다음과 같은 주접(奏摺)의 초록(抄錄)을 보내왔습니다.

자문에 따라 대신 상주합니다.

---

10 바로 앞의 (7) 문서번호: 4-7-7(613, 1016a)에 실린 자문과 같은 내용이라, 생략하였다.

올해 10월, 정삭(正朔)을 반포할 때 조선 국왕이 보낸 재자관(齎咨官) 이응준이 경사(京師)에 와서 시헌서(時憲書) 수령을 청하면서 함께 가져온 자문 1건을 받았습니다. 저희가 함께 살펴보니 조선 국왕의 생부 이하응이 보정부에 안치되어 있는데, 조선 국왕이 천자께서 은혜를 베풀어 그의 귀국을 허가해 주시도록 예부에서 대신 상주해 달라고 자문을 보내 요청하는 내용이었습니다. 저희가 감히 황상께 보고드리지 않을 수 없었습니다. 삼가 자문 원문을 초록하여 공손히 올리오니 살펴봐 주십시오. 이를 위해 삼가 주를 올립니다.

첨부문서 초록
(1) 「조선 국왕의 자문(朝鮮國王咨文)」: [생략]

(9) 문서번호: 4-7-09(616, 1018b)

사안: 예부에서 조선 국왕에게 이전의 유지를 그대로 준행하고, 이후 대원군을 석방하여 귀국시켜 달라고 다시 요청하지 않도록 알리라(命禮部諭知朝鮮國王仍遵前旨, 嗣後不得再請釋大院君歸國).

날짜: 光緖八年十月三日(1882년 11월 13일)

발신: 光緖帝

수신: 總理衙門

光緖八年十月初三日, 奉上諭:
　禮部奏, 接據朝鮮國王來咨, 懇准令李昰應歸國, 並抄錄來咨呈覽一摺. 李昰應業已格外施恩, 擇地安置. 前因該國王瀝情陳請, 並准其歲時派員省問, 以示體恤. 玆復據該部代奏各情, 自係該國王尙未接奉前旨, 卽著禮部傳知該國王, 仍遵前奉諭旨, 恪守藩封, 務以宗社爲重. 至李昰應安置保定, 已諭令直隸總督優給廩餼, 妥爲保護. 該國王並可歲時派員省問, 亦足慰思慕之情. 嗣後毋得再行陳請. 將此諭令知之.
　欽此.

광서 8년 10월 3일, 다음과 같은 상유를 받았습니다.

예부에서 조선 국왕이 보낸 이하응의 귀국 허가를 간청하는 자문을 대신 올리고 아울러 보내온 자문을 초록하여 살펴보도록 올린 주접을 상주하였다. 이하응에 대해서는 이미 특별한 은혜를 베풀어 지역을 택해 안치하도록 하였다. 전에 조선 국왕이 사정을 낱낱이 진술하고 요청하였기에 그들이 세시마다 관원을 보내 문안하도록 허가하여 체휼의 뜻을 보여주었다. 현재 재차 예부에서 대신 상주한 각 사정은 실로 조선 국왕이 아직 이전의 유지를 받들지 못하였기 때문일 것이다. 즉시 예부로 하여금 조선 국왕에게 알려서 전에 받은 유지를 그대로 준수하도록 하여 번봉의 본분을 삼가 지키고 종사를 중히 여기는 데 힘쓰게 하라. 이하응을 보정에 안치하는 것에 대해서는 이미 유지를 내려 직예총독에게 생활물자를 넉넉히 지급하고 적절히 보호하도록 하였다. 조선 국왕은 아울러 세시마다 관원을 보내 문안할 수 있으니 또한 사모의 정을 위로하기에 족하다. 이후 다시 요청해서는 안 된다. 이 상유를 알 수 있게 전하도록 하라.

이상.

(10) 문서번호: 4-7-10(618, 1019b)

사안: 조선 국왕이 이하응의 귀국을 간청하는 자문을 대신 상주하는 주접을 올렸는데, 유지 와 주접 원문을 초록하여 알립니다(轉奏朝鮮國王懇李昰應歸國一摺, 鈔錄諭旨並原奏知照).
날짜: 光緖八年十月五日(1882년 11월 15일)
발신: 禮部
수신: 總理衙門

十月初五日, 禮部文稱:

主客司案呈:
所有本部具奏朝鮮國賚咨官李應浚賚到咨文轉奏一摺, 於光緖八年十月初三日具奏, 本日准軍機大臣字寄, 奉上諭:
　　禮部奏, 接據朝鮮國王來咨, 懇准令李昰應歸國, 並抄錄原咨呈覽一摺.
等因. 欽此. 遵旨寄信前來. 相應恭錄諭旨, 抄錄本部原奏及朝鮮原文, 知照總理各國事務衙門遵照辦理可也.

10월 5일, 예부(禮部)에서 다음과 같은 문서를 보내왔습니다.

주객사에서 다음과 같은 기안 문서를 올렸습니다.
본부에서 조선국 자문전달관 이응준이 가져온 자문을 대신 상주하는 주접을 광서(光緖) 8년 10월 3일 올렸습니다. 오늘 군기대신이 다음과 같은 기신상유를 보내왔습니다.

　　예부에서 조선 국왕이 보내온 이하응의 귀국 허용을 간청하는 자문에 따라 작성하고 아울러 자문 원문을 초록하여 올려 살펴보도록 한 주접을 상주하였다.

　　응당 공손히 유지를 초록하고 예부의 주접 원문과 조선 국왕의 자문 원문을 초록하여 총리아문에 알려 그에 따라 처리하도록 해야 할 것입니다.

(11) 문서번호 : 4-7-11(625, 1042a)

사안 : 조선 국왕의 자문에 답변한 내용을 상주한 주접 원고를 자문으로 보냅니다(咨送具奏答覆朝鮮國王咨文摺稿).
날짜 : 光緖八年十月十三日 (1882년 11월 23일)
발신 : 署理北洋大臣 李鴻章
수신 : 總理衙門

十月十三日, 署北洋大臣李鴻章文稱 :

本署大臣於光緒八年十月十二日, 由驛具奏, 接准朝鮮國王咨文三道, 酌量答覆一摺, 相應鈔稿咨送. 爲此合咨貴衙門, 謹請查照.
[摺稿詳見十月十四日軍機處交出李鴻章抄摺]

10월 13일, 서리 북양대신 이홍장이 다음과 같은 문서를 보내왔습니다.

본 서리 대신은 광서 8년 10월 12일, 조선 국왕이 보낸 자문 3통과 그에 대해 사정을 헤아려 작성한 답장 자문에 관한 주접을 역참을 통해 상주하였습니다. 응당 주접 초고를 초록하여 자문으로 송부해야 할 것입니다. 이에 귀 아문에 자문을 보내니 삼가 살펴봐 주시기를 청합니다.
  [주접 초고는 10월 14일 군기처에서 보내온 이홍장의 주접 초록을 볼 것]

(12) 문서번호: 4-7-12(628, 1047a-1052a)

사안: 조선 국왕이 보낸 3통의 자문을 받고 이미 사정을 헤아려 답장하였습니다(接准朝鮮國王咨文三道, 已酌量答覆).

첨부문서: 1.「조선 국왕이 보낸 자문(朝鮮國王來咨)」: 생부 이하응을 석방하여 귀국시켜 줄 것을 대신 상주해 주시길 청합니다(請轉奏釋本生父李昰應回國).

2.「조선 국왕의 자문에 대한 답장(覆朝鮮國王來咨)」: 이하응을 석방하여 귀국시키는 일에 대해서는 이미 다시 번거롭게 청하지 말라는 준엄한 유지를 받들었으므로 감히 외람되이 대신 상주할 수 없습니다(釋李昰應回國事, 業奉嚴旨, 毋得再行瀆請, 未敢冒昧代奏).

3.「조선 국왕이 보낸 자문(朝鮮國王來咨)」: 천진(天津) 기기(機器)·제조(製造) 양국(兩局)의 학도를 철수시키는 것을 대신 상주해 주시길 청합니다(請轉奏撤還在天津機器·製造兩局學徒).[11] [생략]

4.「조선 국왕의 자문에 대한 답장(覆朝鮮國王咨文)」: 김윤식이 조선의 학도 전원을 데리고 가는 것을 허용하고자 합니다(擬准金允植, 將朝鮮學徒全數帶回). [생략]

5.「조선 국왕의 자문(朝鮮國王來咨)」: 조선은 이미 병정을 선발하였으니 오장경에게 관원을 파견하여 교습해 주도록 자문으로 청합니다(朝鮮已選集兵丁, 咨請吳長慶派員敎習). [생략]

6.「조선 국왕의 자문에 대한 답장(覆朝鮮國王咨文)」: 오장경이 관원을 파견하여 조선 병사를 교습하도록 하였음을 이미 알고 있습니다(已悉吳長慶派員敎習韓兵事). [생략]

날짜: 光緖八年十月十四日(1882년 11월 24일)

발신: 署理北洋大臣 李鴻章

---

[11] 여기서 첨부문서 3-6은 다음의 9. 軍事援助 부분에 다시 나타나는 내용이고, 또한 『국역 淸季中日韓關係史料』 제5권 2. 조선의 무비강화 협조 (15)번 문건의 첨부문서와 중복되므로 생략하였다.

수신 : 總理衙門

十月十四日, 軍機處交出李鴻章抄摺稱:

爲接准朝鮮國王咨文三道, 酌量答覆, 恭摺仰祈聖鑒事.
竊十月初八日, 朝鮮派來陪臣副護軍李載德·金奭準等賫呈該國王來咨, 派往保定省問李昰應, 竝懇轉奏乞恩釋還等情. 臣飭李載德等馳赴保定, 竝咨署督臣張樹聲飭屬妥爲照料, 准其省問. 至所懇轉奏天陛, 亟降許還之澤, 顯與迭奉諭旨不符. 臣面囑李載德等, 嗣後該國王務懍遵前旨, 毋庸再行瀆請, 竝於咨覆文內聲明, 未敢冒昧代奏, 以絶覬覦. 臣又密詢另起陪臣趙寗夏·金允植等, 僉謂該國王私情, 不能不代李昰應乞恩, 而其國中臣民, 則頗懼李昰應釋還, 轉生內患也. 又同日領選使吏曹參判金允植, 賫呈該國王咨文二件. 一因前派生徒在天津機器製造各局學習, 先後遘病東還, 所餘無幾, 請准撤回, 另購小器, 設局國中, 自行製造. 臣查該學徒遠役思歸, 若強令久留, 不能專心, 更少進益, 應聽其便. 將來代購小機器, 酌派工匠往該國敎導, 業飭金允植隨時與局員妥商稟辦. 一係報明吳長慶派員敎習該國兵隊, 已兩起挑選一千人. 臣分別酌量咨覆, 竝勸令該國王及時簡器練軍, 以圖自強, 仰副朝廷綏靖藩服至意. 謹抄錄朝鮮國王咨文, 竝臣咨覆文各三道, 恭呈御覽. 除分咨總理衙門·禮部知照外, 理合繕摺具陳, 伏乞皇太后·皇上聖鑒. 謹奏.

光緖八年十月十四日, 軍機大臣奉旨:
　　該衙門知道. 單倂發.
欽此.

照錄淸單: 謹照抄朝鮮國王來咨竝臣咨覆文各三道, 恭呈御覽.
(1)「朝鮮國王來咨」
爲咨請事.
頃馳專价, 瀝情陳暴, 冀蒙本生父賜還之音, 瞻望皇慈, 日夕泣祝. 卽於使回, 伏奉旨諭, 日月遺照, 霜雪蒸嚴, 隕越於下, 益自震灼. 顧念本生父七耋衰邁, 素抱癥疾, 天時漸寒, 風土殊異, 萬里孤寄, 有誰救恤? 焦迫鬱軫, 靡遑寢食. 擬申具情實, 鳴暴冀幸, 而怵迫嚴威, 不敢徑情. 茲遣陪臣副護軍李載德, 前往保定府, 省問起居. 先此咨懇伏乞中堂大人, 曲諒至情, 轉奏天陛, 特推孝治之政, 亟降許還之澤, 俾此骨肉聚保, 永戴恩造. 不勝血懇之至. 爲此合行移咨, 請照驗轉奏施行. 須至咨者.
光緒八年九月二十七日發, 十月初八日到.

(2)「覆朝鮮國王咨文」

爲咨覆事.

陪臣副護軍李載德等賫到貴國王咨稱:

使回伏奉旨諭, 益自震灼. 顧念本生父七耋衰邁, 素抱癯疾, 天時漸寒, 風土殊宜, 萬里孤寄, 有誰救恤. 擬申具情實, 鳴暴冀幸, 而怵迫嚴威, 不敢經情. 茲遣李載德, 前赴保定府, 省問起居. 先此咨懇轉奏天陛, 亟降許還之澤, 俾骨肉聚保.

等因. 准此. 查光緒八年八月十二, 十六等日迭奉上諭:

特沛恩施, 姑從寬減, 李昰應著免其治罪, 安置直隸保定府, 永遠不許回國, 仍著直隸總督優給廩餼, 准其歲時派員省問, 以慰該國王思慕之情. 嗣後不得再行瀆請.

等因. 欽此. 仰見大皇帝酌法準情, 仁至義盡, 薄海臣民, 莫不同聲欽頌. 本署大臣會同署直隸總督部堂張, 遵即派員, 將李昰應送往保定省城舊清河道署中, 妥爲安置. 按日優給廩餼·煤米·薪菜等項. 兩月已來, 據報李昰應在皮起居順適, 供給無缺. 雖年已六十有三, 精神強健, 無甚疾病, 尚屬調護得宜, 亦可稍慰貴國王之孝思, 而曲示體恤矣. 昨准禮部咨:

李應浚賫到咨文轉奏一摺, 十月初三日奉上諭:

著傳知該國王, 仍遵前奉諭旨, 恪守藩封, 務以宗社爲重. 嗣後毋得再行陳請.

等因. 欽此. 業由禮部轉行貴國王欽遵在案.

茲准前因, 當飭令李載德·金奭準等, 馳往保定府省問. 此原係遵旨辦理之事. 至所懇轉奏天陛, 亟降許還之澤, 顯與迭奉毋得再行瀆請之諭旨不符. 本署大臣實未敢冒昧代奏. 貴國王當念保守宗社, 振興國事爲重, 不得復顧一己之私情, 致礙大局也. 爲此合行咨覆, 貴國王查照. 須至咨者.

(3) 「朝鮮國王來咨」: [생략]
(4) 「覆朝鮮國王咨文」: [생략]
(5) 「朝鮮國王來咨」: [생략]
(6) 「覆朝鮮國王咨文」: [생략]

光緒八年十月十四日, 軍機大臣奉旨,
　覽.
欽此.

10월 14일, 군기처에서 이홍장이 올린 다음과 같은 주접 초록을 보내왔습니다.

조선 국왕의 자문 3통을 받고 사정을 헤아려 답장을 한 것에 대해 삼가 주접을 갖추어 올리니 살펴봐 주십시오.

10월 8일, 조선에서 파견한 배신(陪臣) 부호군(副護軍) 이재덕(李載德), 김석춘(金奭準) 등이 조선 국왕이 보낸 자문을 가져와 올렸는데, 보정에 가서 이하응에게 문안을 드리고 아울러 그를 석방하여 돌려보내는 은혜를 베풀어 주시기를 대신 주청해 달라고 간청하는 내용이었습니다. 신은 이재덕 등에게 신속히 보정으로 가도록 하고, 아울러 서리 직예총독 장수성에게 자문을 보내 하속 관원들에게 그들을 적절히 돌보게 하고 문안을 허락해 달라고 하였습니다. 이하응의 귀국을 허가하는 은혜를 시급히 내려주시기를 황상께 대신 상주해 줄 것을 간청하는 내용은 여러 차례 받들었던 유지와 명백하게 어긋납니다. 신은 이재덕 등을 직접 만나 이후 조선 국왕은 앞의 유지를 삼가 준수하는 데 힘쓰고, 다시 번거롭게 청해서는 안 된다고 당부하고, 아울러 답장 자문에서 감히 외람되이 대신 상주할 수 없다고 분명하게 밝혀 기회를 엿보려는 마음을 차단하였습니다.

신은 또한 따로 출발한 배신 조영하, 김윤식 등에게 비밀리에 문의하였는데, 그들은 조선 국왕의 개인적인 감정으로는 이하응을 대신하여 은혜를 간청하지 않을 수 없지만, 그 나라의 신민(臣民)은 이하응이 석방되어 돌아오면 도리어 내환이 생길 것이라 자못 두려워하고 있다고 하였습니다. 또한 같은 날 영선사 이조판서 김윤식이 조선 국왕의 자문 2건을 가져와 올렸습니다. 하나는 일전에 천진(天津) 기기(機器)·제조국(製造局)에 파견되어 학습하던 생도들이 차례로 병에 걸려 귀국하여 남은 생도가 거의 없으므로 그들을 철수시켜 달라는 요청이었습니다. 별도로 작은 기계를 구득하여 조선에 공장을 세워 스스로 제조한다고 합니다. 신이 살펴보건대 해당 학도들은 먼 땅에서 일하면서 돌아가기를 바라고 있습니다. 만일 억지로 오랫동안 머무르도록 한다면 전심을 다할 수 없어서 진보와 이익이 더욱 적어질 것이므로 응당 그 편의를 들어주어야 할 것입니다. 장래 작은 기계를 대신 구매해 주고 기술자를 뽑아 조선에 보내 가르치도록 하는 것에 대해서는 이미 김윤식에게 수시로 국원(局員)들과 적절하게 상의하고 보고하여 처리하도록 하였습니다. 다른 하나는 오장경이 관원을 보내 조선 군대를 훈련하였고 이미 두 차례에 걸쳐 1천 명을 선발하였다는 사실을 보고하는 내용입니다. 저희는 각각에 대하여 사정을 헤아려 답장을 보냈고, 아울러 조선 국왕에게 권고하여 제때에 맞춰 무기를 고르고 군대를 훈련하여 자강을 도모하고 조정에서 번복을 안정시켜 주려는 지극한 뜻에 부응하도록 하였습니다.

　삼가 조선 국왕의 자문과 신의 답장 자문 각 3건을 초록하여 공손히 올리니 살펴봐 주십시오. 총리아문 및 예부에 각각 자문을 보내 알리는 것 외에, 마땅히 주접을 갖추어 아뢰오니 황태후, 황상께서 살펴봐 주십시오. 삼가 주를 올립니다.

　광서 8년 10월 14일, 군기대신은 다음과 같은 유지를 받들었다.

　　해당 아문에 알려라. 첨부문서도 함께 발송하라.

　이상.

　첨부문서 초록: 삼가 조선 국왕이 보내온 자문(咨文)과 신이 보낸 답장 자문(咨文) 각 3건을 초록하여 공손히 올리니 살펴봐 주십시오.

(1) 「조선 국왕이 보낸 자문(朝鮮國王來咨)」

　자문으로 청합니다.
　얼마 전에 전담 인원을 재빨리 보내 사정을 낱낱이 아뢰고, 생부(生父)가 돌아온다는 소식 들기를 기대하면서 황상의 인자하심을 우러러보며, 아침저녁으로 통곡하면서 빌었습니다. 사신이 돌아와 엎드려 유지를 받들었지만, 해와 달이 두루 비치지 못하고 서릿발과 눈처럼 매우 엄혹하여 아래에서 직책을 다하지 못하는 저로서는 더욱 놀라고 두려웠습니다. 생각해 보면 생부가 일흔의 나이로 늙고 쇠약하며 평소에 질병을 앓고 있으며, 날씨도 점점 추워지고 풍토가 다르며 만리나 떨어진 땅에서 홀로 기거하고 있는데, 누가 구제하고 불쌍히 여기겠습니까? 초조하고 답답하여 먹고 잘 겨를이 없습니다. 이에 실정을 갖추어 큰 소리로 아뢰어 요행을 얻어 보려고 하였으나 위엄이 두려워 감히 마음대로 할 수 없었습니다. 현재 배신 부호군 이재덕을 보내 보정부에 가서 문안을 드리고 일상을 살피도록 하였습니다. 이에 먼저 자문을 보내 간청하오니 이홍장 중당 대인께서 지극한 정을 살펴 황상께 대신 상주하시어, 황상께서 효로써 다스리는 정치를 특별히 넓히셔서 시급히 이하응을 돌려보내 주시는 은택을 내리시고 저희 골육이 함께 모여 의지하고 살며 영원토록 은혜를 입을 수 있게 해주십시오. 지극한 마음으로 간구하지 않을 수 없습니다. 이에 응당 자문을 보내니 청컨대 살펴보시고 대신 상주해 주십시오. 이상입니다.

광서 8년 9월 27일 발송, 10월 8일 도착

(2) 「조선 국왕의 자문에 대한 답장(覆朝鮮國王咨文)」

배신 부호군 이재덕 등이 귀 국왕이 보낸 다음과 같은 자문(咨文)을 가져왔습니다.

사신이 돌아와 엎드려 유지를 받들면서 더욱 놀라고 초조해졌습니다. 생각해 보면, 생부가 일흔의 나이로 늙고 쇠약하며 평소에 질병을 앓고 있으며 날씨가 점점 추워지고 풍토가 다르며 만 리나 떨어진 땅에서 홀로 기거하고 있는데 누가 구제하고 불쌍히 여기겠습니까? 이에 실정을 갖추어 큰 소리로 아뢰어 요행을 얻어보려고 하였지만, 위엄이 두려워 감히 마음대로 할 수 없었습니다. 현재 이재덕을 보내 보정부에 가서 문안을 드리고 일상을 살피도록 하였습니다. 이에 앞서 자문을 보내니 황상께 대신 상주하시어 시급히 (이하응을) 돌려보내 주시는 은택을 내려주셔서 저희 골육이 함께 모여 의지하며 살 수 있도록 해주시기를 간청합니다.

살피건대 광서 8년 8월 12일, 16일 등 여러 번 다음과 같은 상유를 받았습니다.

특별히 성대한 은혜를 베풀어 잠시 너그러이 감면해 주고자 하니 이하응은 처벌을 면제해 주고 직례 보정부에 안치하며 영원토록 귀국을 불허한다. 직예총독은 이전처럼 넉넉히 생활물자를 지급하고, 조선 국왕은 아울러 세시마다 관원을 보내 문안할 수 있으니 또한 사모의 정을 위로하기에 족하다. 이후 다시 요청해서는 안 된다.

우러러 바라보건대 대황제께서 법을 참작하고 인정에 의거하시며 인의에 지극하심에 모든 신민이 한목소리로 칭송하지 않는 경우가 없습니다. 본 서리대신은 서리 직예총독 장수성과 함께 유지에 따라 관원을 보내 이하응을 보정 성성으로 호송하여 옛 청하도(淸河道) 아문에 적절히 안치하였습니다. 매일 양식, 생필품, 땔감 등을 넉넉히 지급하였습니다. 보고에 따르면 지난 두 달 동안 이하응은 그곳에서의 생활에 순조롭게 적응하였고 물품 지급에도 빠진 바가 없었습니다. 비록 63세이지만 정신이 강건하고 심한 질병이 없으며 여전히 적절히 간호하고 있으니 귀 국왕의 효심을 조금이나마 위로할 만하고 또한 특별히 불쌍히 여기는 뜻을 드러내었습니다. 어제 예부의 다음과 같은 자문을 받았습니다.

이응준이 가져온 자문을 대신 상주한 주접에 대해서 10월 3일 다음과 같은 상유를 받았습니다.

조선 국왕에게 이전에 받든 유지를 그대로 준수하고 번봉의 직분을 삼가 지키며 종사를 중히 여기는 데 힘쓰고, 이후 요청해서는 안 된다고 전하라.

이미 예부에서 귀 국왕에게 알려 그에 따르도록 하였습니다. 현재 귀 국왕의 자문을 받아 응당 이재덕, 김석준 등에게 재빨리 보정부에 가서 문안을 드리도록 하였습니다. 이는 본디 유지에 따라 처리한 일입니다. 황상께 대신 상주하여 이하응의 귀국을 허락하는 은혜를 시급히 내려주기를 간청한 것은 다시 번거로이 청하지 말라고 하였던 여러 차례의 유지에 명백히 위배됩니다. 본 서리 대신은 실로 감히 외람되이 대신 상주할 수 없습니다. 귀 국왕께서는 마땅히 종사를 지키고 국사를 진흥시키는 것을 중시하시되 재차 자신의 사사로운 정에 구애되어 대국(大局)에 장애를 초래해서는 안 됩니다. 이에 응당 답장 자문을 보내니 귀 국왕께서 살펴보십시오. 이상.

(3) 「조선 국왕이 보낸 자문(朝鮮國王來咨)」: [생략]

(4) 「조선 국왕의 자문에 대한 답장(覆朝鮮國王咨文)」: [생략]

(5) 「조선 국왕이 보낸 자문(朝鮮國王來咨)」: [생략]

(6) 「조선 국왕의 자문에 대한 답장(覆朝鮮國王咨文)」: [생략]

광서 8년 10월 14일, 군기대신이 다음과 같은 유지를 받았습니다.

 알았다.

이상.

(13) 문서번호 : 4-7-13(631, 1054b)

사안: 생부를 석방하여 귀국시켜 달라는 계속된 요청에 대해 예부에서 이미 대신 상주하였 습니다(續請釋回本生父一事, 已由禮部代奏).
날짜: 光緖八年十月二十日(1882년 11월 30일)
발신: 總理衙門
수신: 朝鮮國王

十月二十日, 行朝鮮國王文稱:

光緖八年九月三十日, 准禮部轉送貴國王來咨內稱:
　　頃於陳奏使行, 頒奉咨函, 備控懇廹之私, 計已收照.
等因前來. 本衙門現准禮部知照:
　　前件已於光緖八年十月初三日代奏, 奉有諭旨.
欽此. 等因. 除由禮部恭錄咨行, 欽遵査照外, 相應咨復貴國王査照可也.

10월 20일, 조선 국왕에게 다음과 같은 문서를 보냈습니다.

광서 8년 9월 30일, 예부에서 귀 국왕이 보내온 다음과 같은 자문을 전달해 왔습니다.

　얼마 전 진주사행(陳奏使行)을 보내면서 뻔뻔스럽게 자문과 서신을 받들어 가도록 하였는데, 그 안에 개인적으로 간절하고 절박한 일을 갖추어 호소하였으니 이미 받아 살펴보셨을 으로 생각합니다.

이상의 자문에 대하여 현재 본 아문에서 예부로부터 통보를 받았습니다.
　이 건은 광서 8년 10월 3일 이미 대신 상주하여 유지를 받았습니다.
예부에서 공손히 상유를 초록하여 자문으로 보내니 이에 따라 살펴보는 것 외에, 응당 귀 국왕에게 답장을 보내 살펴보도록 해야 할 것입니다.

(14) 문서번호 : 4-7-14(633, 1055b)

사안 : 조선 국왕에게 보내는 답장 자문 1건을 전달합니다(轉寄咨覆朝鮮國王文一件).
날짜 : 光緒八年十月二十日(1882년 11월 30일)
발신 : 總理衙門
수신 : 禮部

十月二十日, 行禮部片稱:

本衙門現有咨復朝鮮國王公文一件, 相應片送貴部, 查收轉給可也.

10월 20일, 예부(禮部)에 다음과 같은 부편(附片)을 보냈습니다.

본 아문에서 현재 조선 국왕에게 보내는 답장 자문 1건이 있으니, 응당 예부에 부편(附片)으로 보내 받아보시고 전달해 주셔야 할 것입니다.

(15) 문서번호 : 4-7-15(687, 1120)

사안 : 조선 국왕이 대원군을 석방하여 귀국시켜 줄 것을 간청하였으나 재차 번거롭게 청하지 말라고 이미 전하였습니다(朝鮮國王乞恩釋還大院君, 已轉知毋再瀆請).
날짜 : 光緒九年一月二十五日(1883년 3월 4일)
발신 : 禮部
수신 : 總理衙門

正月二十五日, 禮部文稱:

主客司案呈:
准朝鮮國年貢陪臣沈履澤等呈稱:
　小邦前有陳奏, 以國王本生父大院君乞恩請還事, 已經明降諭旨, 不准瀆請. 第伏念國王至情攸係, 有懷必陳, 又此冒威仰籲. 現有賫來奏文, 因遞次貴部知照明旨, 不敢呈納, 往稟北洋大臣衙門, 奉諭亦未蒙允許. 滿心悚慄, 無地自容. 伏祈念國王懇迫之私, 察使臣憫陟之情, 指示施行, 俾完使事.
等情到部. 查李昰應安置保定府, 朝鮮國王迭次籲釋回, 經本部據情代奏. 於光緒八年八月十六日, 奉上諭:
　所請釋回之處, 著毋庸議. 嗣後不得再行瀆請. 該部知道.
等因. 欽此. 又十月初三日, 奉上諭:
　卽著禮部傳知該國王, 仍遵前奉諭旨, 嗣後毋得再行陳請.
等因. 欽此. 均經本部知照朝鮮國王在案. 玆據該使臣等仍以該國王至情攸係, 冒威仰籲等情, 呈請部示. 在該國王篤念天倫, 原不能不瀝情籲懇. 惟朝廷將李昰應擇地安置, 飭令地方官優給廩餼, 妥爲保護, 並准該國王派員, 歲時省問. 我皇上體恤藩封, 恩周澤渥, 亦足慰該國王孝養私情, 自應懍遵迭次諭旨, 勿得再行瀆請. 該使臣亦當仰體天朝字小之仁, 勿得嘵瀆, 致干咎戾. 除付四譯館傳知該使臣遵照外, 相應知照總理各國事務衙門查照可也.

정월 25일, 예부에서 다음과 같은 문서를 보내왔습니다.

주객사에서 다음과 같은 기안문서를 올렸습니다.
조선국 연공사신(年貢使臣) 배신(陪臣) 심이택(沈履澤)이 올린 다음과 같은 청원서를 받았습니다.

조선에서 이전에 진주사(陳奏使)를 보내 국왕의 생부 대원군을 돌려보내 주시는 은혜를 간구하였으나 이미 분명하게 유지를 내리셔서 번거롭게 다시 청하지 말라고 하셨습니다. 그러나 엎드려 생각해 보면 이 일은 국왕의 지극한 정과 관계된 바로써 품은 생각이 있으면 반드시 아뢰어야 하기에, 다시 이번에 두려움을 무릅쓰고 간구하고자 합니다. 현재 상주문을 가져왔지만, 귀 부에서 차례대로 알려주신 유지로 인해서 감히 올리지 못하고, 북양대신아문으로 갔지만 받은 전에 받은 유지때문에 윤허를 얻지 못하였습니다. 마음에 두려움이 가득하여 몸 둘 바를 모르겠습니다. 엎느려 바라옵기는 국왕의 긴절하고 절박한 마음을 생각하시고 사신의 곤란한 사정을 살피시어, 조치하도록 지시하셔서 사신의 일을 완수할 수 있도록 해주십시오.

이러한 내용의 청원서를 받았습니다. 살피건대 이하응이 보정부에 안치된 후 조선 국왕은 여러 차례 석방해 돌려보내줄 것을 호소하였기에 예부에서는 사정에 따라 대신 상주하였었습니다. 광서 8년 8월 16일, 다음과 같은 상유를 받았습니다.

석방해 돌려보내 달라고 청한 바에 대해서 더 이상 논의하지 말라. 이후 재차 번거롭게 요청하지 말라. 예부에 알리라.

또한 10월 3일, 다음과 같은 상유를 받았습니다.

즉시 예부에서 조선 국왕에게 전하여 이전에 받든 유지를 그대로 준수하고 이후 다시 요청해서는 안 되게 하라.

이상의 상유는 모두 예부에서 조선 국왕에게 알렸습니다. 현재 조선 사신 등은 이전처럼 이 일이 조선 국왕의 지극한 정과 관계된 바로써 두려움을 무릅쓰고 간구한다고 하면서 예부의 지시를 청하였습니다. 조선 국왕이 천륜(天倫)을 돈독히 생각한다는 점에서 본디 사정을 하나하나 아뢰어 간구할 수 없는 것은 아닐 것입니다. 다만 조정에서 지역을 골라 이하응을 안치하고 지방관이 넉넉히 식량을 지급하고 적절히 보호하도록 하였으며, 아울러 조선 국왕이 관원을 보내 세시마다 문안을 묻도록 하였습니다. 우리 황상께서 번봉을 가엾게 여기시어 주밀하고 두터운 은혜를 내리셨으니 또한 조선 국왕의 개인적인 효심을 위로하기에 족하므로 응당 여러 차례 유지를 삼가 준행하고 재차 번거롭게 청하지 말도록 해야 할 것입니다. 해당 사신도 또한 마땅히 천조에서 작은 나라를 불쌍히 여기는 인자함을 우러러 받들어 망령되이 시끄럽게 굴어서 죄에 이르지 않도록 해야 할 것입니다. 사역관에 전달하여 해당 사신에게 알려 준수하도록 하는 외에 응당 총리아문에 알려 살펴보도록 해야 할 것입니다.

(16) 문서번호 : 4-7-16(902, 1509a-1513b)

사안 : 조선의 사변은 조신(朝臣) 가운데 일본과 무리 지은 자들이 난을 일으킨 것이므로, 이하응을 석방하여 돌려보내 인심을 수습시키라는 상유를 청하려고 합니다(朝鮮事變由朝臣黨倭者構亂, 擬請旨釋回李昰應以繫人心).

첨부문서 : 1.「이홍장이 받은 후보도 심능호의 품문(李鴻章收候補道沈能虎稟)」: 이하응은 자못 시무를 알고 시국에 밝으며, 스스로 이홍장 중당의 뜻을 모두 준수하여 조선을 보호하기로 맹세하였습니다(李昰應頗識時務, 明時局, 自誓悉遵中堂旨意, 以保護朝鮮).

2.「후보도 심능호와 조선 대원군의 필담(候補道沈能虎與朝鮮大院君筆談)」: 이하응이 나라를 다스리는 길에 대해 서술하였습니다(李昰應筆陳治國之道).

날짜 : 光緒十年十月二十八日(1884년 12월 15일)
발신 : 北洋大臣 李鴻章
수신 : 總理衙門

十月二十八日, 北洋大臣李鴻章函稱:

前奉十月二十四日密諭, 垂詢此次朝鮮致亂之由, 是否仍係李昰應餘黨. 當經電請代奏: "此次致亂皆由朝臣黨倭者起事, 而黨倭者皆非大院君之黨. 國人甚盼大院回, 似應請旨釋回, 交吳·丁等帶往, 以繫屬朝人之心, 而示羈縻." 等因. 蓋自朝鮮內亂派兵戡定以後, 此間文武將吏往駐韓京者多, 漸悉該國內政興廢之由. 從前昰應柄國十年, 雖舉措間有貪暴, 而操縱尚能自如, 其才氣實非朝列所及.[12] 迨甲戌歲王妃引用其母家閔姓以傾之. 昰應歸政退居, 時懷怨望, 譬視王妃及閔族, 禍變相尋, 遂有八年六月之事. 當時官軍前往, 定亂俄頃, 不得不將昰應解回, 奏請安置, 以免再有煽

---

12 조열(朝列)은 조회(朝會)에 참여하는 관원들이 늘어서는 차례를 뜻하며 이로부터 조정관원(朝廷官員)이라는 의미가 파생되었다.

動. 鴻章當寫書該國王, 勤修政治, 聯絡外交, 以圖自强. 不料其闇弱長厚, 閔氏擅政, 偏聽朝臣黨倭者愚弄, 而日人從旁挑唆, 以該國自主, 不應落屬他邦. 故外尚循服事上國之禮, 內漸有攜二藐視之心. 本年法越事急, 該國君臣謠惑更多, 欲結倭以自固. 凡自韓來者謂: "朝鮮無貳心之士民, 僉盼昰應歸國." 況值此變亂之時, 尤當爲收拾人心之計. 慶軍營務處袁世凱在朝年久, 熟習輿情. 昨家書內亦有李昰應可飭同兵至, 暗置營中."等語. 道員袁保齡極力慫恿, 謂: "以父臨子, 於義較順, 不爲無見." 查昰應羈禁已及三年. 鴻章初擬十月晉京, 面爲陳奏, 懇恩釋回昰應, 冀有挽救之術. 今事變突起, 反覆籌維, 非令昰應回國, 說法護持, 不能得力. 先密屬保垣, 照料李昰應之道員沈能虎以私意探詢. 項據來稟及與昰應問答節畧, 頗以保國扶危, 誠事中朝自任. 昰應年六十五歲, 精力尚强, 方足有爲. 經此磨挫, 意氣頗平, 倘蒙赦回, 必思感激圖報. 至欽奉廿六日電旨, 昰應歸, 則朝王危, 此係八年時事. 今閔妃已戕, 閔黨全去. 昰應於該國別無仇怨, 究與國王父子天性, 似不致有意外危機. 謹將沈道稟及昰應筆談照錄奉上, 可否恭代進呈, 御覽核辦, 恩出自上之處, 伏候卓裁. 專肅馳布. 祇頌鈞祺.

照錄:
(1) 「候補道沈能虎來稟」
敬稟者:
廿五午刻接奉廿三晚鈞諭密函, 捧讀數過, 祇聆一是. 遵即往晤大院, 作爲風聞, 摒左右, 與之筆談. 伊急問:

國王現在何地, 倭之包藏,[13] 早以爲憂. 朝日往來書契, 向俱彼此達於政府轉奏. 丙寅年日本來文用勅, 稱皇, 稱朕, 謂: "自今以後, 除關白, 朕以親總萬幾."云云. 自丙寅至癸酉八年之間, 伊柄政時, 均郤其書. 其時並有住森山茂[該處爲朝日交互之地, 萬曆年所定. 由日本派兵二百名戌守, 由朝鮮給予錢米布. 同治丙子年通商往京, 不受朝之供給矣]之東萊伯. 東萊伯[如中國知府職]鄭顯德·訓導安東俊嚴詞責之曰: "我國奉事中國. 今來書違式, 萬不能受. 若如前書契, 抵於我政府, 則仍修好." 倭

---

13 포장(包藏)이란 은밀하게 숨기고 있는 악의, 앙심을 가리킨다.

人拔劍成脅, 我仍一直堅拒. 伊於癸酉歸政, 始有奸黨結納於倭. 所以甲戌年, 斬安東俊. 丙子年, 倭官黑田青隆以兵輪來, 妃受其書. 去年又殺鄭顯德. 至奸黨無非謀爲恃倭拒中. 伊如不卸政務, 濫書可鄙, 交鄰如舊. 豈料國運愆否, 今成骨髓之病, 國王又仁慈欠振興, 好謀無斷, 兼以妃之干政, 奸黨左右說諛, 以至此境. 現無王妃, 我雖老力, 可以大言匡輔. 伏中朝之皇威, 中堂之曲庇, 如狐假虎, 撥開雲霧, 以保國家.

窺其意議, 似尚有力承擔. 兹將問答十紙密呈鈞覽. 伊所答第三條必另交, 以制倭, 其意在美國. 又言非上國拯救, 將如琉球, 頗識時務, 明時局. 伊一再自誓悉遵中堂鈞旨, 如具軍令狀. 復詢其國尚有可用人材否, 伊索想十三人寫出姓名四頁. 謹併呈覽. 手肅. 恭敬勛福, 伏維鈞察.

(2)「候補道沈能虎與朝鮮李昰應筆談」

沈: "近聞朝鮮變故, 閔泳翊被刺未死. 本月十八日本兵遷王於他處, 殺大臣尹泰駿等六人, 相臣失柄, 外署悉換日黨. 我軍欲入宮, 朝人傳王命阻之, 日人旋擁王回宮. 又傳聞王妃已死, 未知王匪何處. 朝兵入宮殺日兵, 我軍統將等入宮保護, 日兵先放鎗, 遂與交鋒. 大約王似無恙. 公聞此信, 於家國事試爲細細測度, 將何以處之? 値此變故之際, 治國之道, 如醫者對症發藥, 乃克有濟. 何以平國難, 扶朝政? 何以慎用人, 別賢奸? 何以事上國, 睦鄰交? 何以圖自強, 禦外侮? 公其深思熟計, 妥籌不激不隨之策. 公非他人可比, 國事即家事也. 析分條據陳."

李: "治國之道, 濟人安民爲主. 謹當招醫用藥, 俾圖妥當. 至若通商, 信義居先, 亦當盡心設法, 以明我前日斥和寃說. 此皆奉上國, 恃中堂, 然後可. 況其爲保, 靑天在上, 弟何敢多言. 弟之處地, 與他有異, 則國事即家事, 何敢再敎. 第一款, 奠安宗社, 整頓百姓, 然後事也. 此爲仗威行之, 自可有就緒也. 第二款, 此係今日朝綱者. 隐士避人, 如聞我用事, 似皆一一脫穎也.[14] 更當深思, 取捨用人, 而是亦仗天威而行之耳. 第三款, 奉事上國, 何須更言. 於二百餘年, 字小之下. 睦鄰一款, 必另交, 然後可以制倭人也. 此亦自己行之, 不待他言. 然是亦靠背中堂, 乃可爲

---

[14] 탈영(脫穎)은 재능이 있는 사람이 그 재능을 남김없이 드러내는 것을 의미한다.

> 之也. 第四款, 此亦自圖之計, 何待再教. 惟當極力盡心, 遵守中堂鈞旨矣. 所以上國辦理, 爲弟則誓不論舊惡, 已於春間仰質, 何須多言. 我則一遵宋朝范忠宣誡子之事也. 勿疑. 勿疑, 兄尙未信弟耶. 弟當奉上國, 睦鄰國, 期於安撫舊邦, 保護國王, 以明庶政. 兄其百口保之, 我爲軍令狀耳."

沈: "經此變故, 國王尙能振耶? 國事尙可爲耶? 如欲整頓, 又碍於倭之干預, 其若之何?"

李: "國王之能振不能振, 雖未敢臆料, 弟若還東, 奉皇威, 恃中堂, 可有道理. 弟之所恃而質對, 惟人心不散. 我於十年之間, 果無爲害於民, 而見孚者多. 而現商務富民爲主者, 以閔姓之力, 萬無聚合和結矣. 朝鮮事, 如不上國萬分拯之, 必如琉球事也. 大小事雖家國事, 一遵中堂提論, 弟則奉以拱手矣."

沈: "現計大員中尙有可用之人否? 此數人中可能守大經大法, 持正不阿, 立志不奪否? 竝能識時務, 達政體否?"

李: 申應朝中堂[年八十一, 退外不出之人], 經學文章. 姜㳣中堂[年七十六, 現竄], 頗有意見. 金炳德中堂[年六十, 現在相職], 與世不合, 欲去不去, 忠孝雙全之人. 申與宋朝李綱對儔之人. 但年邁多病, 未知其間如何生死也. 宰相金炳柱[與炳德四, 年五十八], 稱病退鄕, 牢確可尙. 金炳始[與炳德炳柱四寸, 年五十三], 端雅可用. 趙寗夏, 年四十, 詳明可尙惠人.[15] 趙康夏[兄寗夏, 年四十四], 可用. 金有淵, 年六十六, 强直可用. 韓章錫, 年五十餘, 端雅文藻. 李建昌, 年三十三, 文章. 成彛鎬, 年六十餘, 可用. [金鶴鎭, 金明鎭], 可用. 其餘巖穴之士, 未能詳知. 此則盡心博尋矣.

10월 28일, 북양대신(北洋大臣) 이홍장이 다음과 같은 서신을 보내왔습니다.

10월 24일, 이번 조선에서 발생한 변란의 이유가 여전히 이하응의 잔여 세력 때문인지 아닌지를 물으시는 비밀 유지를 받았습니다. 이미 전보를 보내 대신 상주해 줄 것을 청하였으니, 그

---

15 원문에 '혜인(惠人)'이라고 되어 있는데, 사실 조영하의 호가 혜인(惠人)이라, 이 구절이 남에게 은혜를 베푼다는 것인지, 그의 호를 쓴 것인지 모호하지만, 다른 사람의 경우 자나 호를 쓴 것이 없으니, 앞의 뜻으로 해석하였다.

내용은 다음과 같습니다. "이번에 발생한 변란은 모두 신하 가운데 일본과 무리 지은 자들이 일으킨 것으로서 이들은 모두 대원군의 무리가 아닙니다. 조선인들은 대원군이 돌아오기를 심히 바라고 있으니, 응당 석방하여 돌려보낸다는 상유를 청하고 오장경, 정여창 등에게 넘겨주어 데리고 가게 하여 조선인들의 마음을 다스리고 회유하고 있음을 보여주어야 할 듯합니다."[16] 대개 조선에서 내란이 발생하여 군대를 보내 평정하던 당시부터 중국 문무 관원으로 조선 경성에 주재하는 자가 많아, 조선 내정이 홍쇠하게 된 연유를 점차 모두 알게 되었습니다. 종전 이하응이 10년 동안 국정을 장악하던 동안에 비록 그가 행한 조치 가운데는 탐욕스럽고 포악한 부분들이 있었지만, 권력을 부리는 데 있어서 여전히 자유자재로 하였으니, 그 재능과 기세는 실로 조정의 관원들이 미칠 수 있는 바가 아니었습니다. 갑술년(1874년)에 이르러 왕비가 그 친정인 민씨를 끌어들여 그를 무너뜨렸습니다. 이하응은 정권을 돌려주고 퇴거하였는데, 때때로 원망하는 마음을 품고 왕비 및 민씨 일족을 원수 보듯이 하면서 재앙과 변고가 계속되어, 마침내 광서 8년 6월의 사변(임오군란)이 있게 되었습니다. 당시 관군이 가서 변란을 평정하자마자 부득불 이하응을 데리고 돌아왔는데, 안치시켜 재차 그가 선동하지 못하도록 하자고 주청하였습니다. 저는 응당 조선 국왕에게 서신을 보내 삼가 정치를 강구하고 다른 나라와의 외교를 연결하여 자강을 도모하도록 권유하였습니다. 생각지도 못하게 조선 국왕이 어리석고 관대하여 민씨들은 정권을 좌우하고, 신하 가운데 일본과 무리 짓는 자들을 편들면서 우롱되었고, 일본인들은 곁에서 부추기기를 조선은 자주이며 다른 나라의 속방이 되어서는 안 된다고 여기도록 하였습니다. 그래서 겉으로는 여전히 상국을 섬기는 예에 따르는 듯하였지만, 속으로는 점차 두 마음을 품고 경멸하는 마음을 갖게 되었습니다. 올해 프랑스-베트남의 사건이 급박해지자 조선의 군신들 가운데 소문에 미혹된 자들이 더욱 늘어나 일본과 결탁하여 스스로 공고히 하고자 하였습니다. 무릇 조선에서 돌아온 자들이 말하기를, 조선에서 두 마음을 품지 않은 사민(士民)은 모두 이하응의 귀국을 바라고 있다고 하였습니다. 하물며 현재와 같은 변란의 때에는 특히 마땅히 인심을 수습하는 방법을 실행해야 할 것입니다. 경군(慶軍) 영무처(營務處)의 원세개는 오랫동안 조선에 있어서 여론과 사정에 익숙합니다. 어제 그가 보낸 가서(家書)에서

---

[16] 이홍장이 총리아문에 발송한 전보의 원문은 『李鴻章全集』 21 電報1, 문서번호 G10-10-60, p.364에 수록되어 있다.

도 또한 이하응을 군대와 함께 돌려보낸다면 몰래 군영 중에 안치시킬 수 있다고 하였습니다.[17] 도원(道員) 원보령(袁保齡)[18]도 극력으로 종용하면서 말하기를, 아비를 자식 곁으로 보내는 것이 도의에 비교적 순응된다고 하였으니, 견식이 없다고 할 수 없습니다.

살펴보건대 이하응을 구금한 지 이미 3년이 되었습니다. 저는 처음에는 10월에 경사에 가서 황상을 직접 뵙고 이하응을 석방하여 돌려보내는 은혜를 간구하여 조선을 구제하는 방법을 마련하고자 하였습니다. 지금 사변이 갑자기 발생하였기에 거듭 헤아려보니, 이하응을 조선으로 돌려보내 그가 방법을 마련하여 보호하도록 하지 않는다면 효과를 거둘 수 없습니다. 우선 보정에서 이하응을 돌보고 있는 도원(道員) 심능호(沈能虎)[19]에게 비밀리에 당부하여 그의 개인적인 의사를 알아보도록 하였습니다. 얼마 전에 보내온 보고서와 이하응과의 문답 기록에 따르면, 그는 자못 나라를 지키고 위기에서 지탱하려고 하며, 삼가 중조(中朝)를 섬기겠다고 자임하고 있었습니다. 이하응은 65세이지만 정력이 여전히 강건하여 바야흐로 일을 하기에 충분합니다. 또한 좌절을 겪으면서 그의 의지와 기개가 평정을 이루게 되었습니다. 만일 그를 풀어주어 돌려보내면 반드시 감격하여 보답하려고 할 것입니다. 26일 전보로 보내신 상유에서는 이하응이 돌아가면 조선 국왕이 위태로워질 것이라고 하셨지만, 이는 광서 8년 당시의 사정입니다.[20] 현재 민비가 이미 피살되었고 민씨 일당이 모두 사라졌습니다. 이하응은 조선에 대해서 별다른 원한이 없으며, 국왕과의 부자 관계를 고려하였을 때 의외의 위기에 이르지 않을 듯합니다. 삼가 도원 심능호가 올린 보고서와 이하응과 필담한 기록을 올리니 총리아문에서 대신 황상께

---

17 원세개가 원보령(袁保齡)에게 보낸 가서(家書)는 광서 8년 10월 18일 발송된 것으로 원문은 『袁世凱全集』1, 문서번호 1-37. pp.34-35에 수록되어 있다. 이 서신에서 원세개는 갑신정변에서 일본의 의도가 조선의 병탄에 있다는 점을 강조하며 일본의 병력 증강에 대응하기 위해 청군 출병의 필요성을 주장하는 한편, 인심의 수습책으로서 이하응의 귀국과 군영 안치를 제시하였다.

18 원보령(袁保齡, 1841~1889)은 하남(河南) 항성(項城) 출신으로 조운총독(漕運總督) 원갑삼(袁甲三)의 삼자(三子)이자 원세개의 당숙이다. 동치(同治) 연간 거인(擧人) 출신으로 내각중서(內閣中書), 시독(侍讀) 등을 역임하고 『초평월비방략(剿平粵匪方略)』, 『초평염군방략(剿平捻軍方略)』, 『목종실록(穆宗實錄)』 등의 편찬에 참가하였다. 북양대신 이홍장에게 발탁되어 1881년부터 천진(天津)과 여순구(旅順口)의 해방(海防) 업무를 담당하였다.

19 심능호(沈能虎, ?~?)는 절강성(浙江省) 해염현(海鹽縣) 출신으로 이홍장이 염군(捻軍)을 진압할 때 종군하였으며, 직예통영도(直隸通永道)를 역임하였다. 이후 초상국(招商局)의 회판(會辦), 총판(總辦)으로 활동하였다.

20 이홍장이 말하는 26일의 전보 상유는 『李鴻章全集』21 電報1, 문서번호 G10-10-067, p.366에 수록되어 있다. 해당 상유에서는 이하응이 귀국하면 도리어 곤란한 일이 발생할 수 있다고 우려하며, 이홍장에게 오대징(吳大澂)과 함께 면밀히 검토할 것을 지시하였다.

올려 처리하도록 은혜를 베푸실지 엎드려 결정을 기다리겠습니다. 삼가 신속히 보냅니다. 편안하시기를 바랍니다.

조록.
(1) 「이홍장이 받은 후보도 심능호의 보고서(候補道沈能虎來禀)」

삼가 보고합니다.
25일 오각(午刻)에 23일 저녁에 지시를 내리신 비밀 서신을 받아 공손히 몇 차례 읽어보고 그 내용을 모두 확인하였습니다. 지시에 따라 즉시 대원군을 찾아가서 좌우를 막고 풍문과 관련하여 필담을 나누었습니다. 그는 급하게 묻기를,

"국왕이 현재 어디에 있습니까? 일본이 품고 있는 악한 의도를 일찍부터 우려하였습니다. 조선과 일본 사이에 서계(書契)를 왕래할 때는 지금껏 피차간 모두 정부에 전달하여 상주하게 하였는데, 병인년(丙寅年, 1866년) 일본에서 보내온 공문에 '칙(勅)'을 사용하고 '황(皇)'과 '짐(朕)'을 칭하면서 이르기를 "지금부터 관백(關白)을 없애고 짐(朕)이 만기(萬機)를 친히 총람(總攬)할 것이다."라고 하였습니다.[21] 병인년에서부터 계유(癸酉, 1873년)년까지 8년간 제가 정권을 잡고 있을 때는 그 서계를 모두 물리쳤습니다. 그 당시 또한 모리야마 시게루(森山茂)[22]가 머물고 있던[그 지역은 조선과 일본이 서로 교역하는 곳으로 만력(萬曆) 연간에 정해졌습니다. 일본에서 200명의 병사를 보내 지켰고, 조선에서는 식량과 옷감을 지급하였습니다. 동치 병자년(丙子年, 1876년)부터 통상하면서 경성에 주재하게 되었으므로 조선이 지급한 것을 수령하지 않았습니다] 동래백(東萊伯)[동래백(東萊伯)은 중국의 지부(知府) 직책과 같습니다.] 정현덕(鄭顯德)과 훈도(訓導) 안동준(安東晙)이 준엄한 말로써 질책하기를 "우리나라는 중국을 받

---

21 병인년 일본이 보내온 공문이란 그 내용을 미루어 보아 대마도주 소 요시아키라(宗義達)가 조선 예조참판에게 일본의 왕정복고 소식을 전하는 대수사서계(大修使書契)를 지칭하는 것으로 보인다. 그런데 주지하듯이 해당 서계는 메이지 원년, 즉 1868년인 무진년에 발송되었다.

22 모리야마 시게루(森山茂, 1842~1919)는 일본의 외교관으로 메이지 초기 외무성에서 대조선 업무를 주로 담당하였다. 메이지 정부에서 추진한 對조선 외교의 전환을 실행하기 위해 1870년부터 1874년까지 총 4차례에 걸쳐 부산에 파견되었으나, 조선 측의 완강한 거부로 번번이 실패하였다. 1876년 강화도 사건의 담판을 위해 파견된 특명전권변리대신 구로다 기요타카(黑田淸隆)을 수행하기도 하였다.

들어 섬겨왔다. 지금 보내온 서계는 격식에 위배되니 결코 접수할 수 없다. 만일 전과 같은 서계라면 우리 정부에 올려보내고 이전처럼 좋은 관계를 유지할 수 있을 것이다." 일본인이 검을 뽑아 위협하였지만, 우리는 계속 거부하였습니다. 제가 계유년에 정권을 돌려주자 비로소 일본과 결탁하기를 좋아하는 무리가 생기게 되었습니다. 그래서 갑술(甲戌, 1874)년에는 안동준을 참(斬)하였고, 병자(丙子, 1876)년에 일본 관원 구로다 기요타카(黑田淸隆)가[23] 군함을 이끌고 오자, 왕비가 그 서계(書契)를 접수하였으며, 작년에는 또한 정현덕(鄭顯德)을 참(斬)하였습니다. 간당(奸黨)은 일본을 의지하고 중국(中國)에 저항하기를 도모하고 있습니다. 제가 만일 정무(政務)를 떠나지 않았다면 범람하는 서계를 물리칠 수 있었을 것이고, 조선과 일본의 교린은 옛날과 같았을 것입니다. 어찌 국운이 쇠퇴할지 예측할 수 있었겠습니까? 지금 골수에 병이 들었는데, 조선 국왕이 또한 인자하기만 하고 떨쳐 일어서려는 생각이 부족하며, 계획하기만 좋아하고 결단력이 없으며, 또한 왕비가 정사에 간여하고 간당이 주위에서 아첨하기만 하여 이 지경에 이른 것입니다. 현재 왕비가 없고, 저는 비록 연로하여 힘이 없지만, 큰 소리로 국왕을 보필할 수 있습니다. 여우가 호랑이의 위세를 빌리듯 엎드려 중국 황제의 위엄과 이홍장 중당의 비호에 힘입어 구름과 안개를 열어젖히고 국가를 보호하고자 합니다.

그의 말뜻을 엿보면 여전히 일을 담당할 만한 힘이 있는 듯합니다. 여기에 그와 나눈 문답 10장을 비밀리에 올리니 살펴봐 주십시오. 그가 답한 제3조는 반드시 다른 나라와 교제하여 일본을 제어한다는 내용인데, 그 뜻이 미국에 있습니다. 또한 말하기를 상국이 구제해 주지 않는다면 앞으로 류큐[琉球]와 같아질 것이라고 하였습니다. 자못 시무(時務)에 대해 견식이 있고 시국(時局)에 밝습니다. 그는 줄곧 중당 대인의 지시를 마치 군령장(軍令狀)처럼 모두 준수하겠다고 스스로 맹세하였습니다. 또한 제가 조선에 아직 쓸 만한 인재가 있는지 물었는데, 그가 평소에 생각하고 있던 13명의 이름을 4쪽에 적었습니다. 삼가 합쳐서 올리니 살펴봐 주십시오. 삼가 편안하시기를 빕니다. 엎드려 살펴봐 주시기를 바랍니다.

---

[23] 구로다 기요타카(黑田淸隆, 1840~1900)는 사쓰마 출신으로 일본의 군인이자 정치가이다. 메이지 유신 후 개척장관(開拓長官)으로 홋카이도(北海道) 경영에 종사하였다. 1876년 특명전권대사(特命全權大使)에 임명되어 강화도 조약(조일수호조규)를 체결하였다. 1888~1889년 내각총리대신을 역임하였다.

(2) 「후보도 심능호와 조선 이하응의 필담(候補道沈能虎與朝鮮李昰應筆談)」

심능호: "근래 들리기로는 조선에 변고가 발생하여 민영익이 피격을 당하였으나 죽지 않았다고 합니다. 이번 달 18일, 일본 병사들이 국왕을 다른 곳으로 옮기고 대신(大臣) 윤태준 등 6명을 살해하였다고 합니다. 재상들은 권력을 상실하고 외서(外署)는 모두 일본당으로 바뀌었습니다. 우리 군대가 입궁하고자 하였지만, 조선인들이 왕명을 전하며 저지하였고, 일본인들이 곧이어 왕을 옹위하여 궁으로 돌아갔다고 합니다. 또 다른 풍문에 따르면 왕비는 이미 사망하였으며, 왕은 어디에 숨었는지 알지 못한다고 하였습니다. 조선 병사들이 입궁하여 일본 병사들을 죽이고, 우리 군의 통령(統領), 장령(將令) 등이 입궁하여 보호하려고 하자 일본 병사들이 먼저 총을 쏴서 결국 교전하였다고 합니다. 대략 왕은 무사한 듯합니다. 공께서 이 소식을 들으시고 가국(家國)의 문제에 대해 세세하게 헤아려 보신다면, 장차 어떻게 처리해야 할까요? 이 같은 변고의 때에 나라를 다스리는 길이란, 마치 의사가 증상에 따라 약을 저방하여 나을 수 있도록 하는 것과 같습니다. 어떻게 국난을 평정하고 조정을 도우시겠습니까? 어떻게 신중하게 인재를 쓰고 현명한 자와 간악한 자를 구별하시겠습니까? 어떻게 상국을 섬기고 이웃 나라와의 교제를 돈독히 하시겠습니까? 어떻게 자강을 도모하고 외적을 막으시겠습니까? 공께서는 깊이 생각하고 계획을 세우시는 분이니, 너무 과격하지도 또한 너무 타협적이지도 않은 방법을 적절히 마련하고 계실 것입니다. 공은 다른 사람과 비교할 수 없으니, 나랏일이 곧 집안일이기 때문입니다. 조목별로 나누어 말씀해 주십시오."

대원군: "나라를 다스리는 길은 백성들을 구제하고 편안하게 하는 것을 위주로 해야 합니다. 삼가 마땅히 의사를 부르고 약을 써서 적절함을 도모토록 해야 합니다. 통상에 있어서는 신의(信義)가 우선이니 또한 마땅히 진심으로 방법을 마련하여 제가 이전에 말한 척화(斥和)가 잘못된 말이었음을 분명히 해야 합니다. 이는 모두 상국을 받들고 중당 대인에게 의지한 연후에서야 가능한 일입니다. 형이 이것을 보증해 주고, 위에는 푸른 하늘이 있으니, 아우가 어찌 감히 많은 말을 하겠습니까? 제 처지는 다른 사람과 다르니 나랏일이 곧 집안일로서 어찌 감히 재차 가르침을 청하겠습니까?

첫 번째는 종사를 안정시키는 것은 백성을 정돈한 후의 일입니다. 이는 위세에 의지하여 행하게 되면 자연스레 실마리가 마련될 것입니다.

두 번째는 현재 조정의 기강과 관계된 일입니다. 선비들이 숨고 사람을 피하고 있는데, 만일 제가 정무를 처리한다는 이야기를 들으면 모두 하나하나 그 재능을 드러낼 것입니다. 또한 마땅히 깊이 생각하고 가려서 사람을 쓰되, 이 또한 천조(天朝)의 위세에 의지하여 행할 뿐입니다.

세 번째, 상국을 받들어 섬기는 것에 어찌 다른 말이 필요하겠습니까? 200여년 동안 소국을 어여삐 여겨주시는 은혜 아래에 있었습니다. 이웃 나라와 화목하게 지내는 것에 대해서는 필시 다른 나라와의 교제가 있은 연후에야 일본인을 제어할 수 있을 것입니다. 이 또한 스스로 행할 뿐 다른 말이 필요치 않습니다. 그렇지만 또한 중당 대인을 의지해야만 할 수 있습니다.

네 번째, 이 또한 스스로 도모해야 하는 계획이니, 어찌 재차 가르침을 기다리겠습니까? 오로지 마땅히 마음과 힘을 다하여 중당 대인의 지시를 준수할 것입니다. 상국에서 처리하시는 까닭에 아우된 자로써 과거의 원한을 논하지 않기로 마음먹고, 이를 봄에 이미 맹세하였으니 어찌 많은 말이 필요하겠습니까? 저는 송나라 범충선(范忠宣)이 아들을 경계시킨 일을 줄곧 지키고 있습니다.[24] 의심하지 마십시오. 의심하지 마십시오. 형이 아직도 아우를 믿지 못합니까? 저는 마땅히 상국을 받들고 이웃 나라들과 화목하게 지내며, 조선을 안무하고 국왕을 보호하여 정무(政務)를 분명하게 할 것입니다. 형이 백 마디 말로써 그것을 보증한다면, 저는 군령장(軍令狀)을 갖출 뿐입니다."

심능호: "이번의 변고를 겪었는데도 국왕이 여전히 떨쳐 일어날 수 있겠습니까? 국사를 제대로 처리할 수 있겠습니까? 만일 정돈하려고 하면 또한 일본의 간여로 장애가 생길텐데 그것은 어찌 하실 것입니까?"

대원군: "국왕이 떨쳐 일어날지 아닐지 감히 억측할 수 없지만, 제가 만일 조선으로 돌아가, 황상의 위엄을 받들고 중당 대인에게 의지한다면 도리가 생길 수 있습니다. 제가 특별

---

24 범충선(范忠宣)은 북송의 유명한 재상 범순인(范純仁, 1027~1101)을 말하는데, 충선(忠宣)은 그의 시호이다. 범충선(范忠宣)이 아들을 경계시킨 일이란, 『명심보감(明心寶鑑)』「존심편(存心篇)」 등에 나온다. "범충선공이 자제들을 훈계하며 말하였다. '사람이 지극히 우매하더라도 다른 사람을 질책하는 데는 밝고 비록 지극히 총명하더라도 자기를 용서하는 데는 어둡다. 너희는 다만 언제나 다른 사람을 질책하는 마음으로 자기를 질책하고, 자기를 용서하는 마음으로 다른 사람을 용서하면 성현의 경지에 이르지 못함을 근심하지 않을 것이다(范忠宣公戒子弟曰, 人雖至愚, 責人則明, 雖有聰明, 恕己則昏, 爾曹但常以責人之心責己, 恕己之心恕人, 則不患不到聖賢地位也)'."

히 대답할 수 있는 바는 오로지 인심이 흩어지지 않도록 하는 것이 중요하다는 점입니다. 제가 10년 동안 과연 백성에게 해를 입힌 바가 없었는데, 이를 보고 믿게 된 자가 많습니다. 그리고 현재 상무를 통해 백성을 부유케 할 것을 주장하는 자들이 있는데, 이들을 민씨의 힘으로 조화롭게 규합할 리 만무합니다. 조선의 일에 대해 만일 상국에서 시급히 구제하지 않는다면 필시 류큐[琉球]처럼 될 것입니다. 조선과 관련된 크고 작은 일들이 비록 집안일과 나랏일이기는 하지만 중당 대인께서 제시하는 지시를 일관되게 준수할 것이며, 저는 두 손을 모아 받들겠습니다."

심능호: "현재 헤아려 보면 고관 가운데 아직 가용할 수 있는 사람이 있습니까? 이 사람들 가운데 능히 대경대법(大經大法)을 지키고, 정도를 지키며 아부하지 않고, 뜻을 세우고 굳게 지키는 자가 있습니까? 아울러 능히 시무(時務)를 알고 정체(政體)에 통달한 자가 있습니까?"

대원군:

신응조 중당[81세, 조정에서 물러나 나오지 않는 사람], 경학과 문장에 뛰어남.

강로 중당[76세. 현재 유배 중], 자못 견해가 있음.

김병덕 중당[60세, 현재 재상], 세상과 타협하지 않음. 조정을 떠나고자 하지만 떠나지 않으며 충효(忠孝)가 모두 온전한 인물. 송나라 이강(李綱)[25]에 비할 수 있을 만한 인물로 일컬어짐. 단 나이가 많고 병이 많으며, 그간 생사 여하를 알지 못함.

재상 김병주[김병덕과 사촌, 58세], 병을 칭하여 고향으로 물러남. 아주 견고하고 확실함이 장점.

김병시[병덕, 병주와 사촌, 53세], 단아하여 쓸만함.

조영하, 40세, 신중하고 명민함이 장점. 남에게 은혜를 베품.

조강하[조영하의 형 44세], 쓸 만함.

김유연, 66세 강직하고 쓸 만함.

한장석, 50여 세, 단아하고 문재가 있음.

---

25 이강(李綱, 1083~1140)은 자(字)가 백기(伯紀)이며 복건 소무(福建 邵武) 출신이다. 송 흠종(欽宗) 정강(靖康) 원년(1126) 금군(金軍)이 남하하자 병부시랑(兵部侍郎)으로서 개봉(開封) 방어를 지휘하고 금군을 격퇴하였다. 이후 하동(河東), 하북선무사(河北宣撫使), 중서우복야(中書右僕射) 겸 중서시랑(中書侍郎) 등을 역임하였으며, 지속적으로 금군에 대한 결사 항전을 주장하였다.

이건창, 33세 문장이 뛰어남.
성이호, 60여 세, 쓸 만함.
[김학진, 김명진] 쓸 만함.

그 나머지 산속에 숨어 사는 선비들에 대해서는 상세히 알 수 없음. 이들은 마음을 다하여 널리 찾아야 할 것임.

(17) 문서번호 : 4-7-17(1016, 1864b)

사안 : 진수당(陳樹棠)이 보고하기를 조선에서 관원을 보내 표문(表文)을 가져오면서 대원군을 맞이하여 회국하려고 하였으나 떠나는 기일이 계속 바뀌었으니 아마도 어떤 이유가 있는 듯합니다(陳樹棠稟, 韓廷派員齎表, 欲迎大院君回國, 然行期屢改, 殆非無故).

날짜 : 光緒十一年六月八日(1885년 7월 19일)

발신 : 北洋大臣 李鴻章

수신 : 總理衙門

六月初八日, 北洋大臣李鴻章文稱:

本年六月初五日, 據駐紮朝鮮辦理商務陳道樹棠五月十二日稟稱:
  韓廷派定正使閔種默·副使趙秉式·三使金世基, 齎表入京, 迎接大院君回國. 本擬五月初九日起身, 現改十八日由陸路啟程. 昨十一日已來職道處辭行矣. 肅稟憲臺鑒核.

又據五月二十二日來稟稱:
  韓廷派使閔種默等三人由陸路齎摺入京, 迎接大院君, 已定起程, 日期前稟附呈鑒覽, 計已達到. 茲悉閔種默於十六日忽請病假, 故十八日竝未起身. 舣延濡滯, 屢改行期, 此中殆非無故, 諒憲臺自能鑒及也. 容俟探得其真確就道, 再行肅稟奉達.

等情. 到本大臣. 據此相應咨明貴衙門, 煩請查照.

6월 8일, 북양대신(北洋大臣) 이홍장이 다음과 같은 문서를 보내왔습니다.

올해 6월 5일, 주참조선관리상무(駐紮朝鮮辦理商務) 도원(道員) 진수당(陳樹棠)[26]이 5월 12일

---

26 진수당(陳樹棠, 1828~1888)은 광동 향산(香山)출신으로 상해(上海)에서 매판(買辦)으로 활동하다 이홍장에게 발

에 올린 다음과 같은 보고서를 받았습니다.

> 조선 조정에서 정사(正使) 민종묵(閔種默), 부사(副使) 조병식(趙秉式), 삼사(三使) 김세기(金世基)를 보내 표문(表文)을 가지고 경사(京師)에 가서 대원군을 영접하여 귀국한다고 합니다. 본래는 5월 9일 출발하려고 하였으나, 현재 18일로 바뀌었고 육로로 길을 떠난다고 합니다. 어제 11일 제가 있는 곳으로 와서 인사를 하였습니다. 삼가 보고하오니 이중당 대인께서 검토해 주십시오.

또한 5월 22일 다음과 같은 보고서를 보내왔습니다.

> 조선 조정에서 파견하려는 사신 민종묵 등 3명이 육로로 주접(奏摺)을 가지고 경사(京師)에 가서 대원군을 영접하려고 하여 이미 출발 날짜가 정해졌다는 내용을 일전에 보고서를 올려 살펴보시도록 하였으니, 이미 도착하였을 것으로 생각되었습니다. 지금 민종묵이 16일 홀연히 병가(病假)를 청하여 18일에 길을 떠나지 않았다는 사실을 알게 되었습니다. 사신의 출발이 계속 지체되고 여러 차례 출발 날짜가 바뀌고 있는데, 여기에는 아무 이유가 없지는 않을 터, 짐작건대 이홍장 중당 대인께서 능히 살피실 수 있을 것입니다. 그들이 확실히 길을 떠나는 날짜를 알게 되면 재차 삼가 보고하겠습니다.

이와 같은 보고서가 본 대신에게 왔습니다. 이에 응당 자문으로 귀 아문에 알려야 하니, 청컨대 번거롭더라도 살펴보십시오.

탁되어 윤선초상국(輪船招商局)에서 근무하였다. 그의 양무(洋務) 경력을 바탕으로 1880~1882년까지 주 샌프란시스코 총영사를 지냈으며, 귀국 후 이홍장의 막료로 활동하였다. 1882년 체결된 「중국·조선상민수륙무역장정(中國·朝鮮商民水陸貿易章程)」 제1조에서 북양대신이 상무위원(商務委員)을 조선 개항장에 파견하여 청 상인을 관할하도록 한 것에 따라, 이홍장은 1883년 10월 진수당을 총판조선각구교섭상무위원(總辦朝鮮各口交涉商務委員)으로 보내 윤선(輪船)의 왕래, 조계 확보 등 경제적 진출 기반을 확대시키는 역할을 맡겼다. 진수당은 그 후 2년 동안 청국 상인의 활동 및 화교 사회의 형성에 기여하고 조선에서 일본과의 경쟁에서 청이 우세를 확보할 수 있는 기반을 마련하였다.

(18) 문서번호: 4-7-18(1061, 1940a-1942b)

사안: 이하응을 석방하여 귀국시키고, 아울러 이홍장에게 지시하여 관원을 보내 호송하라는 상유를 내각(內閣)이 받았습니다(內閣奉上諭, 釋李昰應回國, 竝命李鴻章派員護送).
첨부문서: 1. 「조선 국왕의 자문(朝鮮國王咨文)」: 생부 대원군을 석방하여 귀국시켜 주시길 주청합니다(奏請釋放本生父大院君回國).
2. 「예부의 주접(禮部奏摺)」: 조선 국왕이 대원군의 석방과 귀환을 간곡히 요청하고, 아울러 공물을 바쳤습니다(朝鮮國王籲懇釋還大院君, 竝呈進貢物).
날짜: 光緖十一年八月十四日(1885년 9월 22일)
발신: 禮部
수신: 總理衙門

八月十四日, 禮部文稱:

所有本部據咨轉奏朝鮮國王咨請李昰應回國竝呈進貢物一摺, 光緖十一年八月十二日具奏. 本日軍機大臣奉旨:

知道了. 所有進方物, 著留抵下次正貢.

欽此. 又內閣抄出奉上諭:

前因朝鮮兵變幾危宗社, 李昰應於亂軍索餉不能禁止, 事後復置不問, 以致輿論紛紛, 咎爲禍首, 朝廷軫念藩服, 命將出師, 殲厥渠魁, 驅除叛党. 當時審察該處情勢, 若李昰應不離本國, 則亂萌尙有未艾. 特命安置近畿, 優其廩餼, 竝准該國王歲時派員省問, 以慰其思慕之情, 所以防隱患而全私恩者無微至. 李昰應到保定後, 該國王曾兩次咨請, 禮部代奏懇恩放還. 彼時因該國大難甫平, 人心未靖. 且李昰應甫經獲罪, 降旨宣示, 勿許瀆陳. 迄今時閱三年, 李昰應又以年老多疾, 瀝陳怨艾私衷, 具呈申懇, 特命李鴻章傳至天津, 驗視屬實. 玆復據禮部奏, 該國王遣使臣閔種默等, 恭賫表文, 籲求恩釋, 情詞迫切, 至於再三. 朝廷孝治爲先, 於藩屬彌深矜恤, 念省愆之日久, 憫逮養之情殷,²⁷ 宜沛殊施, 俾伸孺慕. 李昰應加恩准其開釋, 即著李鴻章派委妥員護送回國, 並著禮部傳知該國王. 此係朕法外施仁, 李昰應固應永戴鴻慈, 愼持晚節. 該國王尤當痛懲前車之失, 去讒遠佞, 親仁善隣, 刻刻以勵精圖治爲心, 庶幾內釁悉除, 外侮不作, 以無負朝廷覆庇矜全有加無已之至意, 實於該國王有厚望焉.

欽此. 欽遵到部. 相應恭錄諭旨抄錄本部原奏及該國王原文, 知照總理各國事務衙門可也.

照錄粘單
(1)「朝鮮國王咨文」
朝鮮國王, 爲當職本生父久未蒙還, 衷私憂臨, 籲懇恩准, 仰祈聖鑒事.

竊以當職本生父大院君, 於光緖八年七月駕海入朝, 仍留羈館. 當職于是時, 震剝焦慮, 五內失守, 即差專使陳奏乞恩, 忱誠未孚, 竟靳允俞. 是年冬因貢使之行, 冒悚再奏, 又格而未徹. 當職之衷私轉益抑塞, 誠不敢屢瀆, 以違聖旨, 而靳幸恩霈, 庶有骨肉相見之日. 晝夜泣祝, 未遑宵處者, 三閱歲于玆, 天道亦旣少變矣. 當職又徒懷嚴畏, 不思所以畢瀝肝血, 鳴號祈懇, 則是自阻於閔覆之下也.²⁸ 念當職本生父年今六十有六, 不伏水土, 癃病日篤, 雖荷異渥, 優支廩餼, 凄楚憂惕, 難保爲命, 萬里戀慕, 心焉如割. 且當職本生母年迫七耋, 病淹牀第, 日望當職本生父之還. 此又當職情理之尤不可堪者也. 當職尙顧惟艱大, 黽勉視事, 方寸旣亂, 豈能爲理義. 雖壓於王制, 情實切于天屬. 伏惟皇帝陛下孝著治本, 慈推倫至, 無一人不得其養, 無一物不被其澤. 而當職遭値非常, 賫鬱未伸, 跼高蹐厚,²⁹ 如窮無歸. 情急勢迫, 言不知裁. 伏乞天地父母曲垂矜憫, 亟許當職本生父還歸本國, 俾小邦父子君臣感戴鴻恩, 永永靡

---

27 체친(逮親)이란 양친이 생존해 있을 때 효도하는 것을 뜻한다.
28 민복(閔覆)은 호천(昊天), 즉 하늘 또는 가을 하늘을 뜻한다.
29 국고척후(跼高蹐厚)는 국고천척후지(跼高天蹐厚地)의 줄임말로 『시경(詩經)』「소아(小雅) 정월(正月)」의 "하늘이 높다고 해도 감히 구부리지 않을 수 없고, 땅이 두텁다고 해도 감히 조심히 걷지 않을 수 없다(謂天蓋高, 不敢不局. 謂地蓋厚, 不敢不蹐)."는 구절에서 비롯되었다. 이로부터 조심히 근신하고 두려워하며 불안해한다는 의미를 갖게 되었다.

極, 無任瞻天望聖泣血祈祝之至. 緣係當職本生父久未蒙還, 籲懇恩准事理, 專差陪臣判中樞府事閔種默·禮曹判書趙秉式等, 前赴京師進呈. 爲此合行移咨, 煩乞禮部照詳轉奏施行.

(2) 「禮部謹奏」
爲據咨轉奏事.
光緒十一年八月十一日, 准朝鮮國王李㷩特遣正使判中書府事閔種默·副使禮曹判書趙秉式等, 恭賫奏本, 咨文等件到部. 臣等公同閱看, 係因該國王本生父李昰應, 於光緒八年入朝, 三閱歲於茲, 該國王情切天屬, 籲懇恩准賜還, 竝呈進皇太后前貢物一分, 皇上前貢物一分, 開單咨請, 臣部代爲轉奏等情. 臣等查例開: "陳奏貢物應否收受, 或留抵下次正貢, 請旨遵行."等語. 今朝鮮國王因陳奏乞恩, 恭進貢物應否賞收, 抑或留抵下次正貢之處, 伏候命下臣部遵照辦理. 除將奏本移咨內閣, 照例繙譯具題, 竝將該使臣等暫令在四譯館居住, 其例賞廷宴, 由臣部另行具奏外, 謹抄錄原咨及貢物清單, 恭呈御覽. 爲此謹奏請旨.

8월 14일, 예부에서 다음과 같은 문서를 보내왔습니다.

예부에서는 조선 국왕이 보낸 이하응의 귀국을 요청하고 아울러 공물을 진상한다는 내용의 자문을 대신 상주하는 주접을 광서 11년 8월 12일 올렸는데, 오늘 군기대신이 다음과 같은 상유를 받았습니다.

알았다. 진상한 모든 공물은 남겨두고 다음번의 정식 공물로 갈음하도록 하라.

또한 내각에서 다음과 같은 상유를 받아 초록해 보내왔습니다.

이전 조선에서 병변이 발생하여 종사가 매우 위기에 처하였었는데 이하응은 난군들의 군량 요구를 금지하지 못하였고 사후에는 다시 그들의 죄를 묻지 않아서 여론에서 분분히 그를 변란의 원흉이라 책망하였으므로, 조정에서는 번복을 걱정하여 장수에게 명하여 군대를 보내 우두머리를 섬멸하고 반당들을 없애버리도록 하였다. 당시 조선의 정세를 살폈을 때, 만일 이하응을 본국에 그대로 두면 반란의 씨앗이 여전히 제거되지 않았을 것이다. 이에 특별히 지시를 내려 그를 근기(近畿) 지방에 안치시키고 넉넉히 식량을 제공하며 아울러 조선 국왕이 세시마다 관원을 보내 문안하도록 허가하여 그 사모의 정을 위로함으로써 보이지 않는 우환을 방지하고 개인적인 은혜를 온전히 함에 있어서 세밀한 부분까지 이르도록 하였다. 이하응이 보정에 도착한 후 조선 국왕은 일찍이 두 차례에 걸쳐 자문을 보내 청하기를 황제께서 이하응을 석방해 돌려보내는 은혜를 내려주시길 예부에서 대신 상주해 달라고 하였다. 그때는 조선의 큰 변란이 막 평정되었고 인심이 안정되지 않았으며 또한 이하응도 갓 죄를 지은 상황이었기 때문에 상유를 내려 번거롭게 청하지 말라고 지시하였다. 그때부터 지금까지 3년이 지났고, 이하응은 또한 연로하고 질병이 많으며, 회한과 진심을 숨김없이 진술하면서 청원서를 갖추어 간구하였기에 특별히 지시를 내려 이홍장에게 그를 천진으로 불러서 그것이 사실인지를 확인하도록 하였다. 현재 또한 예부에서 상주하기를, 조선 국왕이 보낸 사신 민종묵 등이 공손히 표문을 가지고 와서 은혜로이 이하응의 석방을 간구하였는데, 여러 번이나 그 감정과 언사가 절박하다고 하였다. 조정에서는 효치를 우선시하고 번속에 대해서는 긍휼히 여기는 마음이 넓고 깊으며, 이하응이 잘못을 뉘우친 지가 오래되었다는 점을 유념하고 조선 국왕이 효도하려는 마음이 돈독하다는 점을 가엽게 여겨 마땅히 특별히 은혜를 베풀어 그 효성을 펼치게끔 하려고 한다. 이하응에게 은혜를 더하여 석방을 허가하니, 이홍장은 적절한 관원을 보내 귀국길을 호송하도록 하고, 아울러 예부에서는 조선 국왕에게 알리도록 하라. 이번 지시는 짐이 특별히 은혜를 베푸는 것이니, 이하응은 응당 큰 은혜를 영원히 떠받들고 삼가 노년의 절조를 지키도록 하라. 조선 국왕은 특히 마땅히 이전의 과실을 통절히 반성하고, 중상모략과 아첨을 멀리하며, 인덕이 있는 사람을 가까이하고, 이웃 나라와 잘 지내고 항상 정력을 다하여 치리(治理)를 도모함에 마음을 두어, 내부의 갈등을 모두 제거하고 외부로부터 모욕이 발생하지 않도록 하여, 조정에서 끝없이 덮어주고 보전해 주려는 지극한 뜻을 저버리지 않도록 하라. 이렇게 한다면 실로 조선 국왕에게 두터운 신망이 있게 될 것이다.

이러한 내용의 상유가 예부에 도달하였습니다. 응당 공손히 유지를 기록하고 예부의 주접 원문 및 조선 국왕의 자문 원문을 초록하여 총리아문에 알려야 할 것입니다.

첨부문서:
(1) 「조선 국왕의 자문(朝鮮國王咨文)」

　　조선 국왕이 생부가 오랫동안 돌아오지 않아서 마음속 깊이 걱정되고 답답하여 은혜로이 허락해 주시기를 간청하오니 황상께서 살펴봐 주시기를 바랍니다.

　　저의 생부 대원군은 광서 8년 7월 배를 타고 바다를 건너 천조(天朝)에 들어가서 아직까지 객사(客舍)에 머무르고 있습니다. 저는 이 당시 떨리고 마음을 졸이며 오장이 동요하여 즉시 전담 사신을 보내 은혜를 간구하였는데, 그 정성이 지극하지 못하여 결국 윤허를 받지 못하였습니다. 이해 겨울에 조공 사절이 가는 길에 두려움을 무릅쓰고 재차 상주하였지만, 다시 가로막혀 이룰 수 없었습니다. 저의 사사로운 진심은 도리어 더욱 억눌렸지만 진실로 감히 누차 번거로이 상주하여 성지를 위반할 수 없었기에, 안타깝게도 요행으로 은혜를 내리시어 골육이 서로 마주할 날이 있기를 바랄 뿐이었습니다. 밤낮으로 통곡하며 기원하여 편안히 거할 겨를이 없었던지 3년이 되었고, 전도(大道)도 또한 조금 변하였습니다. 제가 또한 다만 경외하는 마음을 품고 진심을 모두 드러내어 큰 소리로 간청해 보고자 생각하지 않았던 것은, 곧 황상의 은혜 아래 스스로 억제하였기 때문입니다. 생각건대 저의 생부는 올해 66세이고, 풍토가 맞지 않고 질병이 나날이 위독해지니 비록 특별한 은혜를 입어 생활물자를 넉넉히 지급한다고 해도 처량하고 우울하여 목숨을 이어가기도 어렵습니다. 만 리 밖에서 그리워하고 있으니, 마음이 찢어집니다. 또한 제 생모의 나이도 70세에 달하고 병환으로 침상에 있으면서도 매일 같이 생부가 돌아오기만을 바라고 있습니다. 이 또한 제 도리에 있어서 특히 감당할 수 없는 것입니다.

　　저는 아직 큰 어려움을 생각하고 정사를 돌봄에 부지런히 힘쓰고 있으니, 조금이라도 어지럽다면 어찌 도리와 정의를 이야기할 수 있겠습니까? 비록 왕제(王制)로 인해 상하의 구분이 있지만 그 감정은 모두 천성에 관계된 것입니다. 엎드려 생각하기로는 황제 폐하께서는 효를 통치의 근본으로 삼으시고 자애롭게 윤리를 지극히 추구하시니 한 사람이라도 그 돌봄을 얻지 않은 사람이 없고 어떤 사물이라도 그 은택을 입지 않은 것이 없습니다. 그러나 저는 비상한 사태를 맞이하여 맺힌 마음을 품고도 펼치지 못해 두렵고 불안하니, 마치 결국 돌아갈 곳이 없는 것과 같습니다. 감정이 급박하여 말을 가려 하지 못하였습니다. 엎드려 바라기로는 천지의 부모께서 불쌍히 여기셔서 저의 생부가 조선으로 귀국하도록 시급히 허가해 주신다면 조선의 부자(父子)·군신(君臣)이 큰 은혜를 영원토록 감격하며 떠받들고, 하늘을 바라보며 울면서 축원하는 지극한 마음을 가눌 수 없을 것입니다. 제 생부가 오랫동안 돌아오지 못하여 은혜를 베풀어 주시기를 간구하는 일로 인하여 배신(陪臣) 판중추부사 민종묵, 예조판서 조병식 등을 경사로 보내 아뢰도록 하였습니다. 이에 마땅히 자문을 보내야 할 것이니 번거롭더라도 예부에서 대신 상주해 주십시오.

(2) 「예부 주접(禮部謹奏)」

자문(咨文)에 의거하여 대신 상주합니다.

광서 11년 8월 11일, 조선 국왕 이형(李㷩)이 정사(正使) 판중서부사(判中書府事) 민종묵, 부사 예조판서(副使 禮曹判書) 조병식 등을 특별히 보내 공손히 가져온 주본과 자문 등을 받았습니다. 저희가 함께 살펴보니, 조선 국왕의 생부인 이하응이 광서 8년 천조에 들어온 이래 지금까지 3년이 지났는데, 조선 국왕의 마음이 천성에 절실하여 은혜를 베풀어 돌아오게 해 줄 것을 간절히 호소하고, 아울러 황태후께 올리는 공물과 황상께 올리는 공물의 목록을 자문으로 보내 예부에서 대신 상주해 줄 것을 청하는 내용이었습니다. 저희들이 전례를 찾아보니, "상주하면서 올린 공물을 접수할지 아니면 다음번 정식 공물로 갈음할지는 유지를 청하여 따른다."는 규정이 있었습니다. 지금 조선 국왕이 상주하여 은혜를 청하면서 공손히 올린 공물을 접수해야 할지 아니면 남겨두어 다음번 정식 공물로 갈음할지 엎드려 지시를 기다리오니, 예부에 지시를 내리시면 그에 따라 처리하겠습니다. 주본을 자문을 통해 내각에 보내 전례에 비추어 번역하여 제본(題本)을 갖추며 아울러 조선 사신들은 잠시 사역관에 머무르게 하고, 전례에 따라 그들에게 베푸는 연회에 대해서는 예부에서 별도로 상주하는 외에 삼가 자문 원문 및 공물 목록을 초록하여 공손히 올리니 살펴봐 주십시오. 삼가 상주하여 유지를 청합니다.

(19) 문서번호: 4-7-19(1064, 1945b)

사안: 조선 국왕이 자문을 보내 청하기를 원세개를 조선으로 보내 시무(時務)를 논의하도록 해달라고 하였는데, 원세개는 이미 유지에 따라 대원군의 귀국길을 호송해 보내기로 결정하였습니다(朝鮮國王咨請派袁世凱東來, 籌議時務, 該員業經遵旨派定伴送大院君回國).[30]

날짜: 光緖十一年八月二十日(1885년 9월 28일)
발신: 北洋大臣 李鴻章
수신: 總理衙門

八月二十日, 北洋大臣李鴻章文稱:

八月十八日, 准朝鮮國王咨開:

敝邦自撤防, 以復民無所恃, 物情危懼, 既有天津鈐約,[31] 未便遽改. 惟袁舍人世凱駐東三年, 熟諳國俗, 練達時事, 爲上下所信. 去年冬, 身試危險, 廓掃亂氣, 扶植藩邦, 誕敷皇靈, 擧國人民方切感佩之心. 不圖該員成功不居,[32] 飄然辭去. 聞有母病不輕, 未能強留. 然悵缺於中, 未嘗暫弛. 今聞該員假滿還津. 現敝邦事務殷繁, 無與咨商, 應請再派該員東來, 藉以鎭定民心, 籌議時務, 必大有裨益於艱難之際. 爲此備文咨會, 請煩查照派送該員, 以副國人之望, 至爲幸甚. 等因. 准此. 查分發補用同知袁世凱, 業經本閣爵大臣遵旨飭派, 會同前江西南贛鎭總兵王鎭永勝, 乘坐兵輪, 伴送朝鮮大院君回國在案. 如有與袁丞籌議事, 宜自可就

---

30 이 문서는 『李鴻章全集』(安徽敎育出版社, 2008)에 수록되어 있지 않는 것으로 보인다.
31 이 천진조약(天津條約)은 1884년 갑신정변의 사후 처리를 위해 1885년 청과 일본과 청이 맺은 조약을 가리킨다. 그 내용은 조선에서 청·일 양국 군대는 동시 철수하고, 동시에 앞으로 파병을 하게 되면 사전에 상대방에게 통보한다는 내용이었다. 일본군의 조선 진출을 합법화한 이 조약은 1894년 청·일 전쟁때 일본이 파병할 수 있는 구실의 하나가 되기도 하였다.
32 성공불거(成功不居)는 공성불거(功成不居)로도 표현되며, 공을 세우고도 그 공로를 자기에게 돌리지 않음을 뜻한다.

> 近商箸. 除咨覆朝鮮國王外, 相應咨明貴衙門, 煩請查核.

8월 20일, 북양대신(北洋大臣) 이홍장이 다음과 같은 문서를 보내왔습니다.

8월 18일, 조선 국왕의 다음과 같은 자문을 받았습니다.

조선에서 청군이 철수하면서 백성들이 다시 의지할 바가 없게 되자 민심이 두려워하게 되었는데, (1885년의) 천진조약(天津條約)이 체결되었음에도 이는 빠르게 바뀌지 않았습니다. 다만 [중서(中書)] 사인(舍人) 원세개는 조선에 머무른 지 3년이 되어 나라의 풍속을 잘 알고 시사(時事)에 숙련되어 상하 모두 신뢰하였습니다. 작년 겨울, 그가 위험을 겪으면서도 혼란의 기운을 소탕하고 번방(藩邦)을 도와 황령(皇靈)을 두루 베풀어서 나라의 모든 사람들이 바야흐로 감사하고 흠모하는 마음이 절실해졌습니다. 뜻밖에도 원세개는 그 공로를 자기에게 돌리지 않고 홀연히 떠났습니다. 모친의 병세가 가볍지 않다고 전해 들어 억지로 만류할 수 없었지만, 마음속의 서운함은 잠시나마 풀어진 적이 없었습니다. 지금 들리기로는 원세개의 휴가가 만료되어 천진으로 돌아왔다고 합니다. 현재 조선의 사무가 번다하지만, 상의할 사람이 없으므로 마땅히 원세개를 다시 조선으로 보내 민심을 진정시키고 시무를 논의하도록 청하고자 하니, 필시 어려운 때에 큰 도움이 될 수 있을 것입니다. 이에 자문을 갖추어 보내오니 청컨대 번거롭더라도 검토하여 원세개를 보내 국인들의 기대에 부합하게 해 주신다면 지극히 다행일 것입니다.

이러한 내용의 자문을 받았습니다. 생각건대, 분발보용동지(分發補用同知) 원세개는 이미 본 각작대신(閣爵大臣)이 유지에 따라 전(前) 강서남공진총병(江西南贛鎭總兵) 왕영승(王永勝)과 함께 군함을 타고 조선 대원군의 귀국길을 호송해 가도록 하였습니다. 만일 원세개와 논의해야 할 일이 있다면 마땅히 가까이에서 상의할 수 있을 것입니다. 조선 국왕에게 답장 자문을 보내는 외, 마땅히 귀 아문에 자문으로 알려야 할 것이니 번거롭더라도 검토해 주십시오.

(20) 문서번호 : 4-7-20(1067, 1948a)

사안 : 조선의 대원군이 천진에서 귀국하는 날짜를 자문으로 보고합니다(咨報朝鮮大院君由津回國日期).[33]

날짜 : 光緒十一年八月二十五日(1885년 10월 3일)

발신 : 北洋大臣 李鴻章

수신 : 總理衙門

> 八月二十五日, 北洋大臣李鴻章文稱:
>
> 據委辦天津營務處試用道張紹華·津海關道周馥會呈稱:
>
> 竊查朝鮮大院君李昰應, 欽奉恩旨釋回, 業蒙憲臺奏明派委分發補用同知袁世凱·前江西南贛鎭總兵王永勝伴送回國, 飭知在案. 玆李昰應暨伊子李載冕竝隨從人等二十餘名, 均經護送委員袁丞世凱等, 於八月十九日自天津乘坐小輪船, 前往大沽, 換坐兵輪, 伴送回國. 職道等督同天津縣陳令以培照料起程. 李昰應等感激皇恩, 稱頌不置. 所有李昰應等由津起程日期, 理合呈報查核.
>
> 等情. 到本閣爵大臣. 據此相應咨明貴衙門, 請煩查照.

8월 25일, 북양대신 이홍장이 다음과 같은 문서를 보내왔습니다.

위판천진영무처시용도(委辦天津營務處試用道) 장소화(張紹華),[34] 진해관도(津海關道) 주복(周馥)이 함께 다음과 같은 보고서를 올렸습니다.

---

33 이 문서도 『李鴻章全集』(安徽教育出版社, 2008)에 수록되어 있지 않는 것으로 보인다.

34 장소화(張紹華, 1836~1909)는 안휘(安徽) 동성현(桐城縣) 출신으로 동치(同治)13년(1874) 진사에 합격한 뒤 서리직예통영도(署理直隷通永道), 강서안찰사(江西按察使), 강녕포정사(江寧布政使) 등을 역임하였다.

살피건대 조선의 대원군 이하응은 석방하여 돌려보내라는 은혜로운 유지를 받들었으니, 이미 이중당 대인께서 상주하여 분발보용동지 원세개, 전 강서남감진총병 왕영승을 보내 귀국길을 호송해 가도록 하라는 지시를 받았습니다. 현재 이하응과 그 아들 이재면, 아울러 종자 등 20여 명 등은 모두 호송위원 원세개 등이 8월 19일 천진에서 작은 윤선을 타고 대고(大沽)로 갔다가 군함으로 환승하여 호송해 돌아갔습니다. 저희는 천진지현(天津知縣) 진이배(陳以培)를 감독하여 출발 관련 업무를 돌보도록 하였습니다. 이하응 등은 황은에 감격하여 칭송하기를 그치지 않았습니다. 이하응 등이 천진에서 출발한 날짜에 대해서 응당 보고하오니 살펴봐 주십시오.

이러한 내용이 본 각작대신에게 도착하였습니다. 이에 따라 마땅히 총리아문에 자문으로 알리니 청컨대 번거롭더라도 살펴봐 주십시오.

국역 『清季中日韓關係史料』

8. 조선을 지원하는 데 힘쓴 인원의 포상
(奏奬援護朝鮮出力人員)

(1) 문서번호: 4-8-01(579, 960)

사안: 조선의 김윤식 등은 변란을 평정하는 계획을 보좌한 공적이 있어서 이미 조선 국왕에게 자문을 보내 사정을 살펴 포상하도록 하였습니다(朝鮮金允植等贊劃平亂有功, 已咨朝鮮國王核給獎敍).

날짜: 光緒八年八月二十三日(1882년 10월 4일)
발신: 北洋大臣 李鴻章
수신: 禮部

八月二十三日, 署北洋大臣李鴻章文稱:

准欽命幫辦山東海防事宜, 廣東水師提督軍門吳咨:
　竊照本軍門於七月間奉調率隊, 援護朝鮮, 經署直隷督部堂張奏派朝鮮禮部參判選使金允植, 充敝軍鄉導官. 該參判復會同朝鮮宏文館侍講魚允中, 先後隨水·陸各軍, 次第前進. 該參判等以國家多難, 時切殷憂, 敝軍登岸進紮時, 隨隊奔馳, 備嘗勞苦. 及拏辦亂首, 迎還王妃各事, 復深賴該參判等. 公忠練達, 不避嫌怨, 遇事密速贊畫機宜, 得以布置從容, 收功於旬日之內. 查英·德各國使臣凡有功於我

> 朝者, 皆邀保獎. 況朝鮮爲藩服之邦, 該參判等實屬有功可紀. 本軍門未便壅沒,
> 應如何給獎之處, 除咨署直隸督部堂外, 相應備文咨呈, 請煩核奪施行.
> 等因. 到本署大臣. 准此. 查吳軍門此次率師東渡, 援護朝鮮, 該參判金允植·侍讀魚
> 允中派充隨營嚮導, 尙能勞苦奔馳, 不避嫌怨, 自應由朝鮮國王核給獎叙, 以勵有功.
> 除咨朝鮮國王查照辦理外, 相應咨會貴衙門, 請煩查照.

8월 23일, 서리 북양대신 이홍장이 다음과 같은 문서를 보내왔습니다.

흠명방판산동해방사의(欽命幫辦山東海防事宜) 광동수사제독(廣東水師提督) 오장경으로부터 다음과 같은 자문을 받았습니다.

저는 7월에 군대를 이끌고 조선을 지원하라는 지시를 받았는데, 서리 직예총독 장수성이 상주하여 조선의 예부참판 영선사 김윤식을 저희 군대의 향도관(嚮導官)으로 충임하였습니다. 해당 참판은 또한 조선 홍문관(弘文館) 시강(侍講) 어윤중과 함께 앞뒤로 수·륙군을 따라서 차례대로 전진하였습니다. 해당 참판 등은 국가가 많은 어려움에 처해 있고 시세가 절박하다는 점을 매우 우려하면서 저희 군대가 상륙하여 주둔할 때 부대를 따라 분주히 뛰어다니며 온갖 노고를 다하였습니다. 그리고 변란의 수괴를 잡아 처리하고 왕비를 영접하여 귀환한 일에서도 또한 해당 참판 등을 깊이 의지하였습니다. 이들은 공정하고 충성스럽고 능숙하며 원망을 피하지 않았습니다. 일이 있으면 비밀스럽고 신속하게 적절한 대책을 계획하는 데 도움을 주어 일 처리에 여유가 있었으므로, 열흘도 안 되어 성과를 거둘 수 있었습니다. 살피건대 영국, 독일 등 각국 사신들 가운데 우리 조정에 공적이 있는 사람은 모두 포상을 추천하였습니다. 하물며 조선은 번복의 나라로서 해당 참판 등은 실로 기록할 만한 공적이 있습니다. 본 군문이 이러한 사실을 모른 척할 수 없으나, 응당 어떻게 포상할지에 대해서는 서리 직예총독에게 자문을 보내는 것 외에, 응당 공문을 갖추어 자문으로 보내니 청컨대 번거롭더라도 검토해 주십시오.

이러한 자문이 본 서리 대신에게 도착하였습니다. 생각건대 오장경 군문이 이번에 군대를 이끌고 동쪽으로 건너가 조선을 지원할 때 참판 김윤식과 시독 어윤중을 보내 군대의 향도로 삼았는데, 이들은 능히 분주히 뛰어다니며 노고를 다하였고 원망을 피하지 않았으니, 실로 마땅히 조선 국왕이 사정을 살펴 포상을 내려 공적이 있는 자를 격려해야 할 것입니다. 조선 국왕에게 자문을 보내 검토하여 처리하도록 하는 것 외에, 응당 자문으로 귀 아문에 알려야 할 것이니 청컨대 번거롭더라도 검토해 주십시오.

(2) 문서번호: 4-8-02(608, 1010b)

사안: 북양대신이 조선을 지원하는 데 힘쓴 인원의 포상에 대해 상주하였습니다(北洋大臣奏
奬援護朝鮮出力人員).
날짜: 光緖八年九月二十三日(1882년 11월 3일)
발신: 兵部
수신: 總理衙門

> 九月二十三日, 兵部文稱:
>
> 職方司案呈:
> 軍機處交出, 前大學士署北洋通商大臣李等奏, 查明援護朝鮮尤爲出力水·陸文武員
> 弁, 酌擬獎敍等因一摺. 光緖八年九月初一日, 奉上諭:
> 　李鴻章·張樹聲奏, 查明援護朝鮮出力員弁, 遵旨擬獎, 開單呈覽, 竝陳明吳長慶
> 　等功績各摺片.
> 等因. 欽此. 欽遵到部. 除洋員請獎, 應由總理各國事務衙門辦理, 相應知照總理各國
> 事務衙門可也.

9월 23일, 병부(兵部)에서 다음과 같은 문서를 보내왔습니다.

직방사(職方司)[1]에서 다음과 같은 기안 문서를 올렸습니다.
　군기처에서 전대학사(前大學士) 서리 북양통상대신 이홍장 등이 조선을 지원하는 데 특히 힘쓴 육군, 수군의 문무 관원을 조사하여 포상하자는 내용의 주접을 상주하여 광서 8년 9월 1일, 다음과 같은 상유를 받아 보내왔습니다.

---

[1] 직방사(職方司)는 병부(兵部) 소속 4사(司) 중 하나로서 직방청리사(職方淸吏司)의 간칭(簡稱)이다. 직방사는 지도(地圖), 무관의 공과(功過) 기록 및 상벌, 부대의 훈련과 검열, 해금(海禁)과 관금(關禁) 등의 관리 업무를 담당하였다.

이홍장, 장수성이 조선을 지원하는 데 힘쓴 문·무 관원을 조사하고 유지에 따라 포상하려는 자들의 명단을 작성하여 올려 살펴보도록 하고, 아울러 오장경 등의 공적을 서술한 주접과 부편을 상주하였다.

외국인 관원들의 포상 요청은 응당 총리아문에서 처리해야 하니, 마땅히 총리아문에 알려야 할 것입니다.

(3) 문서번호: 4-8-03(634, 949b-950a)

사안: 북양대신이 조선을 지원하는 데 힘을 쓴 외국인 관원 영국 교습 클레이슨에게 총병함(總兵銜)을 상여(賞與)하자고 상주하였습니다(北洋大臣奏, 獎援護朝鮮出力洋員英教習葛雷森賞, 加總兵銜).
날짜: 光緒八 年十月二十一日(1882년 12월 1일)
발신: 總理衙門
수신: 英國署公使 格維訥

> 十月二十一日, 給英國署公使格維訥照會稱:
>
> 前由北洋大臣奏, 獎援護朝鮮出力人員內, 有英國人教習二品銜葛雷森, 賞加總兵銜. 除由北洋大臣轉行該員遵照外, 相應照會貴署大臣查照可也.

10월 21일, 영국 서리공사 그로버너(Thomas George Grosvenor)에게 다음과 같은 조회를 보냈습니다.

일전에 북양대신이 조선을 지원하는 데 힘을 쓴 인원 가운데 영국인 교습 이품함 클레이슨(W. H. Clayson)[2]에게 총병함(總兵銜)을 상여하자고 주청하였습니다. 북양대신이 해당 인원에게 알리고 그에 따라 처리하도록 하는 것 외에, 응당 귀 서리 대신에게 조회를 보내 살펴보도록 해야 할 것입니다.

---

2 클레이슨(William Hughes Clayson, 葛雷森, 1841~1890)은 이홍장이 북양해군을 건설할 당시 총세무사 로버트 하트의 추천으로 1880년 초대 북양함대 총교습에 임명되었다.

(4) 문서번호 : 4-8-04(638, 949b-950a)

사안 : 조선을 지원하는 데 힘쓴 영국인 교습 클레이슨에게 총병함을 상여한다는 내용의 조회를 이미 모두 받아보았습니다(援護朝鮮出力英敎習葛雷森, 賞加總兵銜已閱悉).
날짜 : 光緒八年十月二十六日(1882년 12월 6일)
발신 : 英國署公使 格維訥
수신 : 總理衙門

十月二十六日, 英國署公使格維訥照會稱 :

光緒八年十月二十一日, 接准貴親王來文內開 :
　前由北洋大臣奏, 獎援護朝鮮出力人員內有英國人敎習一品銜葛雷森, 賞加總兵銜. 除由北洋大臣轉行該員遵照外, 相應照會查照.
前來本署大臣. 准此. 業經閱悉, 合卽備文照復貴親王查照可也.

10월 26일, 영국 서리 공사 그로버너가 다음과 같은 조회를 보내왔습니다.

광서 8년 10월 21일, 귀 친왕께서 보낸 다음과 같은 공문을 받았습니다.

　일전에 북양대신이 조선을 지원하는 데 힘을 쓴 인원 가운데 영국인 교습 이품함 클레이슨에게 총병함을 상여하자고 주청하였습니다. 북양대신이 해당 인원에게 알리고 그에 따라 처리하도록 하는 것 외에, 응당 귀 서리 대신에게 조회를 보내 살펴보도록 해야 할 것입니다.

이와 같은 조회가 본 서리 대신에게 도착하였습니다. 이미 모두 읽어보았으니 마땅히 공문을 갖추어 귀 친왕에게 답장 조회를 보내 살펴보시도록 해야 할 것입니다.

(5) 문서번호: 4-8-05(885, 1480b-1482a)

사안: 1) 황상께서 조선이 오장경의 사당을 건립하는것을 허가하셨습니다(上准朝鮮建吳長慶祠). 2) 조선 국왕이 오장경의 사당 건립을 청하는 주접을 자문으로 보냈습니다(咨送朝鮮國王請建立吳長慶祠奏摺).
첨부문서: 1.「조선 국왕의 주접(朝鮮國王奏摺)」: 오장경을 위한 사당 건립 계획을 상주합니다(奏擬爲吳長慶建祠).
2.「예부 주접(禮部奏摺)」: 조선 국왕이 오장경을 위한 사당 건립을 요청하는 주접을 대신 상주합니다(轉奏朝鮮國王請爲吳長慶建祠奏摺).
날짜: 光緖十年八月六日(1884년 9월 24일)
발신: 禮部
수신: 總理衙門

八月初六日, 禮部文稱:

所有朝鮮國王遣官賫到奏章抄錄轉奏一摺, 於光緖十年七月二十九日奏. 本日准軍機處片交, 軍機大臣奉旨:

著准其建祠, 卽由該部傳知該國王知悉.

欽此. 相應抄錄該國王奏章及本部原奏, 知照總理各國事務衙門可也.

照錄原奏
(1)「朝鮮國王奏摺」
朝鮮國王臣李㷩謹奏, 爲提臣遺愛在東, 理合上聞乞降恩施以慰輿情事.

竊小邦壬午之變, 幸賴我皇帝陛下, 天地再造之恩, 揀派大員, 勘亂靖邦. 故廣東水師提督吳長慶統兵東渡, 未兩旬而亂氛悉平, 人心大定, 仍註保護經營善後, 該提督實力奉行, 宣布皇恩. 轅門肅淸, 軍無私焉. 其持身公正廉明, 又多謙牧. 大小臣民翕然推服, 雖大易之師中丈人,³ 詩雅之萬邦爲憲,⁴ 不是過也. 緣去冬祁寒, 積瘁染疾, 移防金州, 竟至不起. 勞苦艱忍, 有國無身. 訃聞之日, 士民掩涕, 至於無知婦孺, 莫不咨咨歎息. 別遣廷紳, 設位遙奠, 仍擬建祠, 春秋報祀. 專派陪臣禮曹參判沈相薰前赴金州弔唁, 以抒小邦傷盡之情. 仍伏念皇上思切鼓鼙,⁵ 念及簪履,⁶ 褒卹藎臣, 應亦周至. 惟該提督代布聖恩, 綏靖東域, 實惠在民, 民不能忘. 凡民有情, 不敢不陳于黈纊之下,⁷ 伏乞皇上俯循微諒, 逾格施恩, 使東土臣民咸仰我聖朝紀績報功之澤, 永世無斁, 不勝大願. 臣無任兢惶, 待命之至. 緣係提臣遺愛在東理, 合上聞乞降恩施, 以慰輿情事, 理爲此謹具奏聞.

(2) 「禮部奏摺」
禮部謹奏. 爲據咨轉奏事.
光緖十年七月二十二日, 據朝鮮國王李熙專差刑曹正郎李鶴圭等, 恭賫奏本一道, 咨送臣部, 乞爲轉奏. 臣等公同閱看, 係因該國壬午之變, 故廣東水師提督吳長慶統兵東渡, 未兩旬而亂氛悉平去, 冬移防金州, 竟至不起, 訃聞之日, 士民淹涕, 設位遙奠, 仍擬建祠, 春秋報奏, 懇爲轉奏. 等情. 謹抄錄原奏恭呈御覽. 伏候命下臣部, 行知該國王遵照. 至該賫奏官等業經安置會同四譯館居住, 其例賞筵宴事宜, 應由臣部照例辦理. 再, 此次該賫奏官等係航海由天津來京, 合併聲明. 爲此, 謹奏請旨.

8월 6일, 예부에서 다음과 같은 공문을 보내왔습니다.

---

3 『주역(周易)』의 제7괘인 사괘(師卦)의 사(師)는 군대를 의미하고, 그 괘사(卦辭)는 "올바르고 장인이라야 길하고 허물이 없다(貞丈人吉, 無咎)"이다. 여기서 말하는 장인이란 장부(丈夫) 또는 경험이 많고 성숙한 사람을 의미한다.
4 『시경(詩經)』 「소아(小雅) 유월(六月)」에 "문무에 뛰어난 길보는 만방의 모범이 되었다(文武吉甫, 萬邦爲憲)"는 표현이 나온다. 주 선왕(周 宣王) 당시의 유명한 현신(賢臣)이었던 길보(吉甫)에 빗대어 오장경이 문무를 겸비하였음을 칭송하는 표현이다.
5 고비(鼓鼙)는 고대 군중(軍中)에서 진공(進攻)의 신호로서 치던 큰북(鼓)과 작은북(鼙)을 가리키며, 전쟁 또는 군사 의미한다. 『예기(禮記)』 「악기(樂記)」에 "군자는 고비의 소리를 들으면 장수인 신하를 생각하게 된다(君子聽鼓鼙之聲, 則思將帥之臣)"라는 구절이 있다.
6 잠리(簪履)는 비녀(簪笄)와 신발(鞋子)을 합친 말로서, 미천한 옛 신하를 비유할 때 사용된다.
7 주광(黈纊)은 황색 실로 만든 작은 방울로서 면류관에 달아서 귀 양쪽으로 늘어뜨렸다. 여기에서는 황제를 뜻한다.

조선 국왕이 관원을 보내 가져온 주장(奏章)을 초록하여 대신 상주하는 주접은 광서 10년 7월 29일 상주하였습니다. 오늘 군기처에서 군기대신이 받든 다음과 같은 상유를 부편(附片)으로 보내와 받았습니다.

조선의 사당 건립 요청을 허가한다. 즉시 예부에서 조선 국왕에게 전하여 알리도록 하라.

응당 조선 국왕의 주장 및 예부의 주접 원문을 초록하여 총리아문에 알려야 할 것입니다.[8]

원 주접 초록
(1)「조선 국왕의 주접(朝鮮國王奏摺)」

조선 국왕 이형(李㷩)이 제독 오장경이 조선에서 인애(仁愛)의 마음을 남겼으니, 응당 황상께 아뢰어 은혜를 베푸셔서 사람들의 마음을 위로해 주시기를 간청하면서 삼가 주를 올립니다.

조선은 임오년 변란에서 다행히도 우리 황상 폐하의 천지를 다시 살려주시는 은혜에 의지하였으니, 고위 관원을 가려 뽑아 보내셔서 변란을 진압하고 나라를 안정시켜 주셨습니다. 고(故) 광동수사제독 오장경이 병사들을 통솔하여 조선으로 건너오자 20일이 되기도 전에 변란의 분위기가 모두 평정되고 인심이 크게 안정되었으며, 이전처럼 보호하고 뒷수습을 하는 데 힘을 기울였습니다. 오장경 제독은 실력으로 이를 봉행하며 황은을 널리 펼쳤습니다. 군영의 문은 엄숙하고 군인들에게는 사사로움이 없었으며, 그의 몸가짐은 공정하고 청렴하며, 다방면에서 겸손함을 보였습니다. 대소 신민들이 하나같이 칭찬하고 탄복하였으니, 비록 『주역(周易)』의 사괘(師卦)에서 말하는 장인(丈人)이나 『시경(詩經)』「소아(小雅)」에서 말하는 "만방의 모범이 되었다."고 칭하더라도 지나치지 않습니다. 작년 한겨울에 피로가 쌓이고 병에 걸려 금주(金州)로 옮겨 갔는데 결국 일어나지 못하였습니다. 그의 노고와 인내에는 나라만 있었을 뿐 자기 자신은 없었습니다. 부고가 전해진 날 사민(士民)들은 얼굴을 가리고 눈물을 흘렸고, 무지한 부녀자와 아이들조차도 탄식하지 않는 사람이 없었습니다. 따로 관리들을 보내 신위(神位)를 세워

---

8 조선 정부는 고종 22년(1885) 4월 오장경의 사당을 준공하고 정무사(靖武祠)로 명명하고 관원을 보내 치제(致祭)하였다.

멀리서나마 제사를 지내기 위해 사당을 건립하여 봄과 가을에 보답하는 제사를 지내려고 합니다. 배신(陪臣) 예조참판(禮曹參判) 심상훈(沈相薰)을 금주(金州)로 보내 조문하게 하여 조선인들이 지극히 상처받은 마음을 풀어주었습니다. 엎드려 생각해 보면 황상께서는 군대를 이끄는 장수를 절실히 생각하시고 그 생각이 미천한 자에게까지 미치시므로, 충신을 기리는 데 또한 응당 지극히 주밀하실 것입니다. 다만 오장경 제독은 성은을 대신 베풀고 조선을 안정시켜서 실로 그 은혜를 백성들이 입었으니, 백성들은 이를 잊을 수 없습니다. 무릇 백성들의 이러한 감정을 감히 황제께 아뢰지 않을 수 없으니, 엎드려 바라옵기는 황상께서 머리를 굽혀 조금만 양해해 주시고 특별한 은혜를 베풀어 주셔서 조선 신민이 모두 우리 성조(聖朝)의 공적을 기록하고 보답할 수 있는 은택을 우러러 받들고 영영 끝없이 대대로 이어가도록 해 주십시오. 간절히 바라고 있습니다. 저는 황송한 마음으로 명을 기다리는 지극한 마음을 금치 못하겠습니다. 제독 오장경이 조선에서 인애의 마음을 남겨 마땅히 황상께 은혜를 베풀어 주시기를 간구하여 사람들의 마음을 위로하는 일로 삼가 주접을 갖추어 아룁니다.

(2) 「예부 주접(禮部奏摺)」

광서 10년 7월 22일, 조선 국왕 이형(李㷩)이 전담 사신으로 보낸 형조정랑(刑曹正郎) 이학규(李鶴圭) 등이 공손히 주본 한 통을 가져와 예부에 자문으로 보내 대신 상주해 줄 것을 간청하였습니다. 저희들이 함께 살펴보니, 조선의 임오년 변란 당시 고 광동수사제독 오장경이 군대를 통솔하여 조선으로 건너와 20일이 되기도 전에 반란의 분위기가 모두 사라졌고, 겨울에 금주로 옮겨갔으나 결국 일어나지 못하였는데 부고가 전해진 날 사민들이 얼굴을 가리며 눈물을 흘렸고 신위를 세워 멀리서 제사를 지내고자 사당을 건립하여 봄, 가을마다 보답하는 제사를 지내려고 하니 대신 상주해 줄 것을 간청한다는 내용이었습니다. 삼가 주본 원문을 초록하여 공손히 올리니 살펴봐 주십시오. 엎드려 하명을 기다렸다가 예부에서 조선 국왕에게 알려 준 행하도록 하겠습니다. 주본을 가져온 관원 등은 이미 회동사역관에 안치하여 머물도록 하였고, 전례에 따른 연회 업무는 예부에서 전례에 비추어 처리하겠습니다.

추가합니다. 이번에 주본을 가져온 관원 등은 배를 타고 와서 천진에서 경사로 왔음을 함께 밝히는 바입니다. 이에 삼가 상주하여 유지를 청합니다.

국역 『淸季中日韓關係史料』

9. 군사원조
(軍事援助)

(1) 문서번호 : 4-9-01(589, 976a-976b)[1]

사안 : 조선의 연병(練兵)에 필요한 총포 등을 기증하여 보냅니다(贈送朝鮮練兵所需槍砲等件).

첨부문서 : 1.「조선에 총포·화약·탄환을 기증하여 보내는 목록(撥贈朝鮮槍砲·子藥·銅帽各件 淸摺)」: 炸彈·木信·門火 등의 수량(炸彈,木信,門火等之數量).

날짜 : 光緖八年八月二十七日(1882년 10월 8일)

발신 : 北洋大臣

수신 : 總理衙門

[생략]

---

1 이 문서는 이미 출간된 『국역 淸季中日韓關係史料』 제5권에 수록된 (14) 문서번호: 2-1-2-14(589, 976a-976b), pp.92-94에 수록·번역되어 있으므로 여기서는 생략한다.

(2) 문서번호: 4-9-02(614, 1016b-1017a)

사안: 조선에 지급하는 군수품은 이미 각 차례대로 윤선에 나누어 실어 가게 하였습니다(撥給朝鮮軍火, 已分批撥交各輪船運往).

날짜: 光緖八年十月二日(1882년 11월 12일)

발신: 軍機處

수신: 總理衙門

十月初二日, 軍機處交出李鴻章抄片稱:

再, 朝鮮六月初九日之變, 軍伍渙散, 器械遺失, 經中國水·陸官軍, 馳往援護, 勦捕亂黨, 局勢大定. 該國王力圖振作, 遴選將士, 講求洋操陣法, 業由吳長慶揀派營中熟習西洋槍礮之員, 帮同敎演. 前遣陪臣趙寧夏等來津, 謀商自强之策. 臣告以禦侮乃可保邦, 練兵必先簡器. 往時朝鮮軍械樸陋, 僅用土槍, 斷難制勝. 現欲覓購洋鎗·炸礮, 貧瘠旣苦無資, 倉猝亦難濟用. 臣仰體朝廷字小之仁, 不能不爲設法籌畫, 開其風氣, 卽所以固我藩籬. 因飭撥機器局舊製十二磅開花銅礮十尊, 配以開花子三千顆, 木信三千六百枝·門火六千枝·礮藥四千五百磅·炸藥一千五百磅, 又英來福兵槍一千桿, 配以細洋藥一萬磅·大銅帽一百萬顆·皮帶·子袋各千副, 運送朝鮮, 備發練軍之用. 現據軍械所委員劉含芳等報稱, 已分批撥交赴朝鮮, 各輪船陸續運往. 由吳長慶轉交朝鮮國王驗收, 以助急需. 除咨照該國王竝分咨總理衙門·禮·兵各部知照外, 理合附片具陳, 伏乞聖鑒. 謹奏.

光緖八年十月初二日, 軍機大臣奉旨:

該衙門知道.

欽此.

10월 2일, 군기처에서 이홍장이 올린 다음과 같은 부편(附片)을 초록하여 보내왔습니다.

추가합니다. 조선에서 6월 9일에 발생한 변란 때문에 군대가 흩어지고 무기는 유실되었지만, 중국의 수륙 관군이 배를 몰고가서 지원하고 난당을 토벌하여 국세가 크게 안정되었습니다. 조선 국왕은 힘써 진작을 도모하면서 장교와 병사들을 가려 뽑고 서양식 훈련과 진법을 강구하고 있으니, 이미 오장경이 군영에서 서양 총포에 숙련된 인원을 뽑아 보내 함께 도와 가르치고 훈련하도록 하였습니다. 전에 배신 조영하 등이 천진으로 와서 자강(自强)의 책략을 묻고 상의하였습니다. 저는 외적을 막아야만 나라를 지킬 수 있고, 군대 조련에는 반드시 무기를 고르는 것이 우선되어야 한다고 하였습니다. 과거 조선의 무기가 허름하여 단지 재래식 엽총[토창(土槍)]만을 사용하였었는데, 이것만으로는 결코 승리를 거두기 어렵습니다. 현재 서양식 총·대포를 구매하고자 하지만, 가난하여 돈이 없을 뿐 아니라 또한 창졸 간에 유용하게 쓰기도 어렵습니다. 저는 조정에서 작은 나라를 안타깝게 여기는 인자함을 우러러 받들어 조선을 위해 방법을 마련하고 계획하지 않을 수 없었으니, 그들의 풍기를 열어서 우리의 울타리를 공고히 하고자 하였기 때문입니다. 이에 [천진(天津)] 기기국(機器局)에 지시를 내려 예전에 제작한 12파운드 개화동포(開花銅礮) 10문과 그와 짝지어 개화(開花)포탄 3,000알, 목신(木信) 3,600자루, 문화(門火) 6,000자루, 포약(礮藥) 45,000파운드, 작약(炸藥) 1,500파운드를, 또한 영국제 라이플총 1,000자루와 그와 짝지어 세양약(細洋藥) 10,000파운드, 대동모(大銅帽) 100만 알, 피대(皮帶), 자대(子袋) 각 1,000건씩을 마련하여 조선으로 운송해 군대 조련의 용도에 대비하도록 하였습니다. 현재 군계소(軍械所) 위원 유함방(劉含芳)[2]의 보고에 따르면 이미 차례를 나누어 조선으로 가도록 보내게 하였으며, 각 윤선이 잇따라 운반하고 있다고 합니다. 오장경이 이를 조선 국왕에게 전달하여 조선 국왕이 확인하고 수령하여 비상시에 도움이 되도록 하였습니다. 조선 국왕에게 자문을 보내 알리고 총리아문, 예부, 병부에 각각 자문을 보내 알리는 것 외에 응당 부편으로 아뢰오니, 황상께서 살펴봐 주십시오. 삼가 주를 올립니다.

광서 8년 10월 2일, 군기대신이 다음과 같은 상유를 받았습니다.

해당 아문에 알리라.

이상.

---

2 유함방(劉含芳, 1841~1898)은 안휘(安徽) 귀지(貴池) 출신으로 자(字)는 향림(薌林)이다. 젊었을 때 증국번과 이홍장의 막료로 있다가 후에 회군에 들어가 태평천국과 염군 진압에 참여하였다. 1870년대에는 이홍장을 도와 천진에서 해군 건설에 투신하였다. 청일전쟁 당시 항전을 주장하며 연대를 방어하기도 하였다.

(3) 문서번호 : 4-9-03(617, 1019a)

사안: 총포와 탄환을 마련하여 계속해서 조선으로 운반하게 하였다는 내용의 부편 초고를 자문으로 보냅니다(咨送附奏飭撥槍砲·子藥, 陸續運往朝鮮片稿).

날짜: 光緒八年十月四日(1882년 11월 14일)

발신: 署理北洋大臣 李鴻章

수신: 總理衙門

十月初四日, 署北洋大臣李鴻章文稱:

本署大臣於光緒八年九月二十九日, 在天津行館專差附奏, 飭撥槍礮, 子藥陸續運往交朝鮮國王驗收一片, 相應抄片咨送. 爲此合咨貴衙門, 請煩查照.[片稿詳見十月初二日軍機處交出李鴻章抄片]

10월 4일, 서리 북양대신 이홍장이 다음과 같은 문서를 보내왔습니다.

본 서리 대신은 광서 8년 9월 29일, 천진행관(天津行館)에서 전담 차사를 보내 총포와 탄약을 마련하여 계속 조선으로 보내 조선 국왕이 수령하게 하였다는 내용의 부편을 상주하였습니다. 마땅히 이 부편을 초록하여 자문으로 보내야 할 것입니다. 이에 귀 아문에 자문을 보내니 청컨대 번거롭더라도 살펴봐 주십시오.[부편 초고의 상세한 내용은 10월 2일, 군기처에서 초록하여 보낸 이홍장의 부편을 참조]

(4) 문서번호: 4-9-04(628, 1047a-1052a)[3]

사안: 조선 국왕의 자문 3건을 받고 이미 적당하게 답장을 하였습니다(接准朝鮮國王咨文三道, 已酌量答覆).

첨부문서: 1과 2.[4] [생략]

    3.「조선 국왕이 보낸 자문(朝鮮國王來咨)」: 대신 상주하여 천진 기기·제조 양국의 학도를 귀환시켜 주길 요청합니다(請轉奏撤還在天津機器,製造兩局學徒).

    4.「조선 국왕의 자문에 대한 답장(覆朝鮮國王咨文)」: 김윤식이 조선의 학도 전원을 데리고 가는 것을 승인하고자 합니다(擬准金允植,將朝鮮學徒全數帶回).

    5.「조선 국왕의 자문(朝鮮國王來咨)」: 조선은 이미 병정을 선발하였으니 오장경에게 관원을 파견하여 교습해 주도록 자문으로 요청합니다(朝鮮已選集兵丁, 咨請吳長慶派員敎習).

    6.「조선 국왕의 자문에 대한 답장(覆朝鮮國王咨文)」: 오장경이 관원을 파견하여 조선 병사를 교습하도록 하였음을 이미 알고 있습니다(已悉吳長慶派員敎習韓兵事).

날짜: 光緒八年十月十四日(1882년 11월 24일)
발신: 軍機處
수신: 總理衙門

[생략]

---

[3] 이 문서는 이미 출간된 『국역 淸季中日韓關係史料』 제5권에 수록된 (15) 문서번호: 2-1-2-15(628, 1047a-1052a), pp.95-103에 수록·번역되어 있으므로 여기서는 생략한다.

[4] 첨부문서 1, 2의 제목은 1.「조선 국왕이 보낸 자문(朝鮮國王來咨)」과 2.「조선 국왕에 대한 답장 자문(覆朝鮮國王咨文)」이나 이 부분의 '군사 원조' 문제와 상관이 없는 대원군 송환 관련 문서이다. 『淸季中日韓關係史料』의 주제별 목차에서도 이 부분은 사안과 관련이 없다고 해서 제외되어 있다.

(5) 문서번호 : 4-9-05(662, 1088b-1090b)[5]

사안: 조선 국왕이 「중국·조선상민수륙무역장정((中國朝鮮商民水陸貿易章程)」의 의정(議定)에 대해 감사의 뜻을 펴고, 아울러 군수품을 확인하여 수령하였다고 보낸 원 자문을 편문으로 올립니다(片呈朝鮮國王申謝所訂水陸貿易章程及驗收軍火原咨).

첨부문서: 1. 「조선 국왕의 자문(朝鮮國王咨文)」: 의정(議定)한 양국 「상민수륙무역(商民水陸貿易) [章程]」 8조가 모두 공정함에 대해 감사의 뜻을 전달합니다(申謝所訂兩國 「商民水陸貿易」八條悉屬公允).

2. 「조선 국왕의 자문(朝鮮國王咨文)」: 중국에서 조선으로 발송한 총포 각 건은 이미 확인해서 수령하였으며, 아울러 오장경 제독의 지휘로 [조선 군대가] 훈련을 받을 수 있도록 요청합니다(中國發送朝鮮槍炮各件已驗收, 竝請吳軍門指授練習).

날짜: 光緒八年十二月初十日 (1883년 1월 18일)

발신: 軍機處

수신: 總理衙門

[생략]

---

[5] 이 문서는 이미 출간된 『국역 淸季中日韓關係史料』 제5권 (15) 문서번호: 2-1-2-17(662, 1088b-1090b), pp.106-110에 수록·번역되어 있으므로 여기서는 생략한다.

(6) 문서번호: 4-9-06(833, 1348)[6]

사안: 천진행영제조국(天津行營製造局)에서는 이미 조선을 대신하여 동모(銅帽)를 제조하고 총포 수리 등에 필요한 포달새수은(布達塞水銀)을 구매하였으며, 모집한 기술자 2명은 이미 기기국에서 수예(手藝)를 시험해 보았습니다(天津行營製造局, 已代朝鮮購造銅帽. 修槍機等所需布達塞水銀, 其所募工匠二人, 已在機器局試看手藝).

날짜: 光緒十年二月二十二日(1884년 3월 19일)

발신: 北洋大臣

수신: 總理衙門

[생략]

---

6 이 문서는 이미 출간된 『국역 淸季中日韓關係史料』 제5권에 수록된 (15) 문서번호: 2-1-2-120(833, 1348), pp.115-117에 수록·번역되어 있으므로 여기서는 생략한다.

국역 『清季中日韓關係史料』

10. 중국군의 잔류
(華軍留守)

(1) 문서번호: 4-10-01(711, 1140b~1143b)[1]

사안: 조선에 주둔하고 있는 관군(官軍)의 철수를 잠시 연기하자는 내용 등의 주접·부편을 상주하고 이를 자문으로 알립니다(咨送具奏留駐朝鮮官軍暫緩撤回等摺片).

첨부문서: 1.「조선 국왕의 자문(朝鮮國王咨文)」: 관군(官軍)의 철수를 잠시 연기하고 오장경 제독에게 조선에 여전히 주둔하도록 대신 상주해 줄 것을 자문으로 요청합니다(咨請轉奏官軍暫緩撤回, 仍命吳提督還駐朝鮮).

2.「장수성의 주편(張樹聲奏片)」: 조선 국왕이 마건상(馬建常)을 의정부참의겸회판교섭통상사(議政府參議兼會辦交涉通商事)로 임명하였는데, 이는 체제에 들어맞지 않습니다(朝鮮國王任馬建常爲議政府參議兼會辦交涉通商事[務], 於體制不合).

4.「장수성의 주편(張樹聲奏片)」: 변원규(卞元圭)가 가져온 조선 국왕이 오장경을 그대로 조선에 주둔시켜 줄 것을 간청한 주접을 올립니다(進呈卞元圭齎到朝鮮國王懇留吳長慶還駐東土奏摺).[2]

---

1 이 문서는 이미 출간된 『국역 淸季中日韓關係史料』 제4권에 수록된 (53) 문서번호: 2-1-1-111(711, 1140b-1143b), pp.313-319에 수록·번역되어 있으므로 여기서는 생략한다.
2 3의 문서는 예부에서 보내온 조선 국왕의 자문인데, 마건충과 묄렌도르프의 임용에 관한 것이라, 원래의 목차에도 생략되어 있다.

날짜: 光緖九年二月二十六日(1883년 4월 3일)
발신자: 署理北洋大臣 李鴻章
수신자: 總理衙門

[생략]

(2) 문서번호 : 4-10-02(712, 1143b)

사안: 오장경이 통솔하는 6개 영은 잠시 조선에 주둔하며 보호에 도움이 되도록 하고, 이전처럼 수시로 상황을 보고 다시 헤아려 철수시키도록 하라(命吳長慶所部六營, 暫留朝鮮, 俾資保護, 仍隨時察看情形, 再行酌撤).
날짜: 光緒九年二月二十八日(1883년 4월 5일)
발신: 軍機處
수신: 總理衙門

二月二十八日, 軍機處交出光緒九年二月二十七日奉上諭:

張樹聲奏, 留駐朝鮮官軍暫緩撤回一摺. 提督吳長慶一軍駐紮朝鮮, 前經李鴻章奏明, 擬於今春先行撤回三營. 茲據張樹聲奏稱: "接朝鮮國王咨文, 以吳長慶一軍不可暫離, 現擬從緩撤回." 等語. 朝鮮大難雖平, 人心未定, 尚須大兵震懾. 吳長慶所部六營, 即著暫留朝鮮, 俾資保護, 仍隨時察看情形, 再行酌撤. 並著該署督知照朝鮮國王知悉.
欽此.

2월 28일, 군기처에서 광서 9년 2월 27일 받은 다음과 같은 상유를 보내왔습니다.

장수성이 조선에 주둔하고 있는 관군의 철수를 잠시 연기하자는 주접을 상주하였다. 제독 오장경이 이끄는 군대가 조선에 주둔하고 있는데, 전에 이홍장이 올봄에 우선 3개 영을 철수하고자 한다고 상주하였다. 그런데 지금 장수성이 상주하기를, "조선 국왕이 자문을 보내 오장경의 군대가 잠시라도 떠나서는 안 된다고 하므로 현재 철수를 연기할 계획입니다."라고 하였다. 조선의 큰 변란이 비록 평정되었다고는 하나 인심이 아직 안정되지 않았으니, 여전히 반드시 대군으로 위엄을 보여주어야 할 것이다. 오장경이 통솔하는 6개 영은 잠시 조선에 계속 주둔하면서 보호에 도움이 되도록 하되, 이전처럼 수시로 상황을 보고 다시 헤아려 철수시키도록 하라. 아울러 서리 직예총독에게도 이 사실을 조선 국왕에게 알리게 하라.

이상.

(3) 문서번호 : 4-10-03(713, 1144)

사안 : 조선에 주둔하는 관군의 철수를 잠시 연기하여 조선의 요청에 따르겠습니다(暫緩撤回 駐韓官軍, 以順藩情).
날짜 : 光緒九年二月二十八日(1883년 4월 5일)
발신 : 軍機處
수신 : 總理衙門

二月二十八日, 軍機處交出署直隸總督李鴻章摺稱:

奏爲留駐朝鮮官軍, 暫緩撤回, 以順藩情, 而資鎭撫, 恭摺仰祈聖鑒事. 竊上年朝鮮內亂, 朝廷命將出師, 廣東水師提督吳長慶率所部淮勇六營東渡, 事定之後, 遵旨飭吳長慶仍督軍暫駐. 嗣於十月間經李鴻章奏明, 俟今年春間令吳長慶撤回三營, 仍留三營, 俾資翼衛, 俟倭兵一年期滿撤盡, 慶軍乃酌量抽撤在案. 臣昨由省抵津, 適吳長慶亦自朝鮮來會, 正與李鴻章籌商, 該軍撤留事宜, 卽准朝鮮國王專差參議交涉通商事務下元圭齋咨文踵至, 以吳長慶在該國信義彰著, 軍民歡欣, 恃而不恐, 不可暫離, 咨請臣處轉奏, 情詞極爲迫切. 竊念朝鮮積弱已久, 軍紀蕩然, 變亂驟興, 宿衛爲禍. 故該國王當耆定之後, 猶常懷危懼之思. 吳長慶當其艱難之會, 馳往援護, 轉危爲安. 近復爲挑選兵士, 敎練洋操, 開誠布公, 導之更始, 該國王依倚旣深. 一旦分兵內渡, 激切乞留, 自亦出於誠悃. 且日本窺伺挾制, 方百計以愚弄朝人, 而朝鮮大難雖平, 反側之心, 亦尙未能遽靖, 均不可無威重大員坐鎭其間. 李鴻章起程之先, 與臣熟商, 應將撤回三營之擧, 姑從緩議, 仍令吳長慶統率全部六營暫行留駐, 以俯順藩服依賴之忱, 卽以昭國家鎭撫之德. 謹照錄朝鮮國王咨文, 恭呈御覽. 所有留駐朝鮮官軍暫緩撤回緣由, 謹繕摺由驛馳陳, 伏乞皇太后, 皇上聖鑒訓示. 謹奏.

光緒九年二月二十七日, 軍機大臣奉旨:
　　[내용 없음]
欽此.

2월 28일, 군기처에서 서리 직예총독 이홍장이 올린 다음과 같은 주접을 보내왔습니다.

조선에 주둔하고 있는 관군의 철수를 잠시 연기하여 조선의 요청에 따르고 그 안정에 도움이 되도록 할 것을 공손히 주접을 갖춰 아뢰오니 황상께서 살펴봐 주십시오.

작년 조선에서 내란이 발생하자 조정에서는 장수들에게 명하셔서 군대를 보내셨으니, 광동수사제독 오장경이 통솔하는 회용(淮勇) 6개 영의 군대가 조선으로 건너갔습니다. 사건이 진정된 후에는 유지에 따라 오장경으로 하여금 그대로 군대를 감독하며 잠시 주둔하도록 하였습니다. 이후 (작년) 10월 무렵 이홍장이 상주하여 이르기를, 올해 봄에 오장경에게 3개 영은 철수시키고 3개 영은 잔류시켜 보위에 도움이 되도록 하였다가, 일본군의 주둔 기한 1년이 되어 모두 철수하면 오장경 군대도 사정을 보아 철수시킨다고 하였습니다.³ 제가 어제 보정에서 천진으로 갔을 때 마침 오장경도 조선에서 돌아와 있었는데, 이홍장과 군대의 철수 문제를 상의하였습니다. 그때 조선 국왕이 전담 사신으로 보낸 참의교섭통상사무(參議交涉通商事務) 변원규가 자문을 가지고 뒤따라 왔으니, 그 내용은 오장경이 조선에 있으면서 신의가 뚜렷하여 군민들이 기뻐하며 두려움 없이 의지하고 있어서 잠시라도 떠나면 안 된다는 내용을 저희가 대신 상주해 주기를 요청하는 것으로서 그 감정과 언사가 매우 절박하였습니다.

생각건대, 조선의 쇠약함이 오래되어 군기가 사라지고 변란이 계속 발생하며 숙위(宿衛)하던 자들이 오히려 변란을 일으켰습니다. 그러므로 조선 국왕은 변란이 평정된 후에도 여전히 두려워하는 마음을 품고 있습니다. 오장경은 조선이 고난을 당할 때 신속히 가서 지원하고 보호하여 위기를 안정으로 바꾸어 놓았습니다. 근래에는 또한 병사들을 선발하여 서양식 훈련법을 가르치면서 성실하고 공정하게 대하여 그들이 다시 시작할 수 있도록 이끌고 있으니, 조선 국왕이 깊이 의지하는 바입니다. 하루아침에 군대를 나누어 내지로 건너오게 한다면 절박하게 잔류를 요청할 터인데, 이 또한 실로 진심에서 나온 것입니다. 또한 일본이 기회를 엿보고 협박하며 다양한 방법으로 조선인들을 우롱하고 있습니다. 조선의 큰 변란이 비록 평정되었다고는

---

3 조선 주둔군의 단계적 철수 계획은 이홍장이 광서 8년 10월 5일(1882년 11월 15일) 상주한 주접에서 확인된다. 원래 이홍장은 즉각적인 철수를 원하였지만, 일본군이 철수하지 않은 상황을 고려하여 광서 9(1883)년 봄에 3개 영을 먼저 철수시키고 일본군이 모두 철수하면 나머지 군대를 모두 철수한다는 계획이었다. 해당 주접의 원문과 번역문은 『국역『清季中日韓關係史料』』 제4권 1. 조선과 각국 사이의 통상에 대한 중국의 지도, (47) 문서번호 2-1-1-105(624, 1030b-1041b)의 첨부문서 1번, pp.275-279, 283-291에 수록되어 있다.

하나 반항하는 마음이 갑작스레 진정될 수는 없으므로 위엄있는 고위 관원을 조선에 주재시키지 않을 수 없습니다. 이홍장이 길을 떠나기 전 저와 충분히 상의하여 응당 3개 영을 철수시키는 계획을 잠시 연기하고 오장경이 통솔하는 6개 영을 그대로 주둔시켜, 번복의 의지하려는 진심에 따라주면서 조정이 안정시켜 주는 덕을 드러내야 할 것입니다. 삼가 조선 국왕의 자문을 초록하여 공손히 올리니 살펴봐 주십시오. 조선에 주둔하는 관군의 철수 연기 연유에 대하여 삼가 주접을 갖추어 역참을 통해 신속하게 아뢰오니, 황태후, 황상께서 살펴보시고 훈시해 주시기를 엎드려 바라옵니다. 삼가 주를 올립니다.

광서 9년 2월 27일, 군기대신이 다음과 같은 상유를 받았습니다.[4]

[내용 없음]

이상.

---

4 본문에서 군기대신이 받은 상유의 내용이 누락되어 있는데, 다음 문서 ⑷-10-4를 보면 "별도의 유지가 있을 것이다(另有旨)."는 내용이다.

(4) 문서번호: 4-10-04(715, 1145b-1146a)

사안: 조선에 주둔하는 관군의 철수를 잠시 연기하자는 주접, 부편 및 받은 유지를 자문으로
　　　보냅니다(咨送留駐朝鮮官軍暫緩撤回摺片, 所奉諭旨).
날짜: 光緖九年三月一日(1883년 4월 7일)
발신: 署理北洋大臣 張樹聲
수신: 總理衙門

三月初一日, 署北洋大臣李鴻章文稱:

竊照本署大臣於光緖九年二月二十五日, 由驛具奏留駐朝鮮官軍暫緩撤回, 以順藩情, 而資鎭撫一摺, 當經抄稿咨呈在案. 玆於二月二十八日, 准兵部火票遞回原摺後開, 軍機大臣奉旨:
　　另有旨.
欽此. 同日承准軍機大臣字寄:
　　署直隸總督·兩廣總督·暫署辦理北洋通商事務大臣張, 光緖九年二月二十七日奉上諭:
　　　張樹聲奏留駐朝鮮官軍暫緩撤回一摺. 提督吳長慶一軍駐紮朝鮮, 前經李鴻章奏明, 擬於今春先行撤回三營. 玆據張樹聲奏稱, 接朝鮮國王咨文, 以吳長慶一軍不可暫離, 現擬從緩撤回等語. 朝鮮大難雖平, 人心未定, 尙須大兵震懾. 吳長慶所部六營卽著暫留朝鮮, 俾資保護, 仍隨時察看情形, 再行酌撤. 竝著該署督知照朝鮮國王知悉. 將此諭令知之.
　　欽此. 遵旨寄信前來.
等因. 承准此. 又附奏卞元圭患病呈請代遞奏摺咨文一片後開, 軍機大臣奉旨:
　　知道了.
欽此. 又附奏朝鮮國王咨復馬建常等因機裏助一片後開, 軍機大臣奉旨:
　　知道了.

> 欽此. 除將欽奉諭旨, 恭錄咨會朝鮮國王查照欽遵外, 相應恭錄咨呈. 爲此咨呈貴衙門, 謹請查照欽遵. 須至咨呈者.

3월 1일, 서리북양대신 이홍장이 다음과 같은 자문을 보내왔습니다.

본 서리대신은 광서(光緖) 9년 2월 25일, 역참을 통해 조선에 주둔하고 있는 관군의 철수를 잠시 연기하여 조선의 요청에 따르고 그 안정에 도움이 되도록 하자는 주접을 상주하였고, 이미 주접 초고를 자문으로 올려 보낸 바 있습니다. 지금 2월 28일, 병부화표(兵部火票)를 통해 반납된 원 주접 뒤에 군기대신이 다음과 같은 유지를 받았다고 첨부되어 있었습니다.

> 별도의 유지가 있을 것이다.

같은 날 군기대신이 다음과 같은 기신상유를 보내왔습니다.

> 서리 직예총독인 양광총독으로 북양통상대신을 서리하고 있는 장수성은 광서 9년 2월 27일 다음과 같은 상유를 받았습니다.
>
>> 장수성이 조선에 주둔하고 있는 관군의 철수를 잠시 연기하자는 주접을 상주하였다. 제독 오장경이 이끄는 군대가 조선에 주둔하고 있는데, 전에 이홍장이 상주하여 올봄에 우선 3개 영을 철수하자고 하였다. 그런데 지금 장수성이 상주하기를 조선 국왕이 자문을 보내 오장경의 군대가 잠시라도 떠나서는 안 된다고 하므로 현재 철수를 연기할 계획이라고 하였다. 조선의 큰 변란이 비록 평정되었다고는 하나 인심이 아직 안정되지 않았으니 여전히 반드시 대군으로 위엄을 보여주어야 할 것이다. 오장경이 통솔하는 6개 영은 잠시 조선에 주둔하면서 보호에 도움이 되도록 하되, 이전처럼 수시로 상황을 보고 다시 헤아려 철수시키도록 하라. 아울러 서리 직예총독에게도 이 사실을 조선 국왕에게 알리게 하라. 이 유지를 알리도록 하라.
>
> 이러한 상유를 받아 상유에 따라 기신상유를 보냅니다.

또한 추가로 변원규가 병환으로 대신 올려달라고 요청한 주접과 자문을 상주한 부편 뒤에, 군기대신이 다음과 같은 유지를 받았다고 첨부되어 있었습니다.

　　알았다.

또한 추가로 조선 국왕이 마건상 등이 기회를 살피며 도움을 주고 있다고 답장한 자문을 상주한 부편 뒤에 군기대신이 다음과 같은 유지를 받았다고 첨부되어 있었습니다.

　　알았다.

이상과 같이 받은 유지를 삼가 초록하여 조선 국왕에게 자문으로 알려 살펴보고 따르도록 하는 것 외에, 마땅히 삼가 초록하여 [귀 아문에] 자문으로 보내야 할 것입니다. 이에 귀 아문에 자문을 보내니 삼가 살펴보시고 따르시길 요청합니다. 이상입니다.

(5) 문서번호: 4-10-05(716, 1146b-1147b)

사안: 대신 상주한 조선 국왕의 자문 및 예부에서 상주한 주접의 초고를 자문으로 보냅니다
　　　(咨送轉奏朝鮮國王咨文及禮部轉奏摺稿).

첨부문서: 1.「조선 국왕의 자문(朝鮮國王咨文)」: 조선에 주둔하는 관군의 철수를 잠시 연기하고 또한 오장경에게 그대로 주둔하도록 지시하게 해달라고 대신 상주해 주기를 자문으로 요청합니다(咨請轉奏駐朝鮮官軍暫緩撤回, 仍命吳長慶還駐).

　　　　　2.「예부의 주접(禮部奏摺)」: 조선 국왕이 오장경 부대의 철수를 잠시 연기해 줄 것을 간청한 주접을 상주합니다(具奏朝鮮國王懇請暫緩撤回吳長慶軍).

날짜: 光緖九年三月二日(1883년 4월 8일)
발신: 禮部
수신: 總理衙門

三月初二日, 禮部文稱:

主客司案呈.
所有本部抄錄朝鮮國王咨文轉奏一摺, 於光緖九年三月初二日具奏, 本日軍機處發出奉旨:
　　禮部奏據咨轉奏並抄錄朝鮮國王咨文呈覽一摺. 吳長慶一軍, 前經張樹聲奏明暫緩撤回, 已諭令該署督知照朝鮮國王知悉. 著禮部一併咨行該國王知之.
欽此. 相應抄錄該國王原文及本部原奏, 知照總理各國事務衙門可也.

照錄原文原奏
(1)「朝鮮國王咨文」[5]

5　이 문서는 이미 출간된『국역 淸季中日韓關係史料』제4권에 수록된 (53) 문서번호: 2-1-1-111(711, 1140b-1143b), pp.314-317에 수록·번역되어 있으므로 여기서는 생략한다.

(2) 「禮部奏摺」

爲據咨轉奏事. 准署直隸總督兼辦通商事務大臣張樹聲咨送到朝鮮國王咨文一件. 臣等公同閱看, 係因提督吳長慶駐軍, 該國軍民歡欣, 恃而不恐, 不可暫離, 咨請臣部轉奏等情. 同日又接據該督咨到, 據咨代奏摺稿一件, 又陪臣卞元圭在津患病奏片一件. 除該國王所請將官軍暫緩撤回之處, 已由該督據咨代奏, 應於奉旨後欽遵辦理外, 理合抄錄原咨恭呈御覽. 爲此, 謹具奏聞.

3월 2일, 예부에서 다음과 같은 공문을 보내왔습니다.

주객사에서 다음과 같은 기안문서를 올렸습니다.
　본 예부에서 조선 국왕의 자문을 초록하여 대신 상주한 주접 한 통은 광서 9년 3월 2일 올렸는데, 오늘 군기처에서 다음과 같은 유지를 받아 보내왔습니다.

　예부에서 자문에 따라 대신 상주하고 조선 국왕의 자문을 초록해 올려 살펴보도록 하는 주접을 상주하였다. 오장경군은 일전에 이미 장수성이 잠시 철수를 연기하자고 상주하였기에 이미 유지를 내려 해당 서리 총독에게 조선 국왕에게 모두 알리도록 하였다. 예부에서도 함께 조선 국왕에게 자문을 보내 이를 알리도록 하라.

이에 따라 응당 조선 국왕이 보낸 자문 원문 및 본 예부에서 올린 원 주접을 초록하여 총리아문에 알려야 할 것입니다.

(1) 「조선 국왕의 자문(朝鮮國王咨文)」

[생략]

(2) 「예부 주접(禮部奏摺)」

자문에 의거하여 대신 상주합니다.

서리 직예총독으로 통상사무를 겸판(兼辦)하는 대신 장수성이 조선 국왕이 보낸 자문 한 통을 자문으로 보내왔습니다. 저희가 함께 살펴보니, 제독 오장경의 군대가 주둔하는 것에 대해 조선의 군민들이 기뻐하고 두려워하지 않고 있어서 잠시라도 떠나서는 안 된다는 점을 예부에서 대신 상주해달라고 자문으로 요청하는 내용이었습니다. 같은 날 또한 해당 총독이 [조선 국왕의] 자문을 대신 상주하는 주접 한 통과 배신 변원규가 천진에서 병을 앓고 있다는 내용의 부편 한 통을 자문으로 보내왔습니다. 조선 국왕이 관군의 철수를 잠시 연기해달라고 요청한 부분은 이미 해당 총독이 자문에 따라 대신 상주하였으니 유지를 받든 후 그에 따라 처리하는 것 외에, 마땅히 원 자문을 초록하여 공손히 올려 살펴보시도록 해야 할 것입니다. 이에 삼가 주를 올립니다.

(6) 문서번호 : 4-10-06(738, 1168a-1169b)

사안: 조선 국왕이 관군의 철수를 잠시 연기해달라고 한 내용과 관련된 자문을 초록하여 보냅니다(錄送朝鮮國王爲暫緩撤回官軍咨文).
첨부문서: 1.「조선 국왕의 자문(朝鮮國王咨文)」: 오장경군을 잠시 남겨두어 조선에 주둔케 하여 보호에 도움이 되도록 해 주신 것에 대해 감사드립니다(申謝暫留吳長慶軍駐紮朝鮮, 俾資保護).
날짜: 光緒九年六月九日(1883년 7월 12일)
발신: 署理北洋大臣 張樹聲
수신: 總理衙門

六月初九日, 署北洋大臣張樹聲文稱:

光緒九年六月初六日, 准禮部咨:

　　主客司案呈. 准盛京禮部遞到朝鮮國王咨覆直隸總督, 提督吳長慶一軍暫留保護等因咨文一件. 相應將該國王來咨, 由驛咨送直隸總督查照可也.

等因. 幷准將朝鮮國王原文咨送到本署大臣. 准此. 相應照錄咨呈貴衙門, 謹請査核.

(1)「朝鮮國王咨文」
朝鮮國王爲咨覆事.
光緒九年三月十九日, 承准貴衙門咨, 節該:

　　准貴國王本年二月初十日來咨, 以吳軍門所部各營, 現駐貴國, 信義彰著, 軍民歡欣, 恃而不恐, 不可暫離, 懇請轉奏. 等因. 當經本署大臣與李爵閣大臣熟商, 以貴國大難雖平, 反側之心, 尙未遽靖, 擬令吳軍門仍率全部六營, 暫行留駐, 以資鎮撫, 於二月二十五日恭摺具奏在案. 茲准軍機大臣字寄:

　　光緒九年二月二十七日, 奉上諭:

　　　張樹聲奏, 留駐朝鮮官軍暫緩撤回一摺. 提督吳長慶一軍卽著暫留朝鮮, 俾

> 資保護, 仍隨時察看情形, 再行酌撤, 並著該署督知照朝鮮國王知悉. 將此諭
> 令知之.
> 欽此. 遵旨寄信前來.
> 等因. 承准此. 相應恭錄咨會. 爲此, 合咨貴國王, 請煩查照欽遵.
> 等因. 奉此. 窃惟小邦世沐洪化, 前後蒙被, 與天無極. 今兹吳軍門一軍, 即著暫留, 俾
> 資保護, 隨時察看情形, 以安藩服. 十行聖諭, 恩顧隆摯, 北望宸陛, 采切感惶之至. 爲
> 此, 合行咨覆, 請照驗施行. 須至咨者.

6월 9일, 서리북양대신 장수성이 다음과 같은 자문을 보내왔습니다.

광서 9년 6월 6일, 예부에서 다음과 같은 자문으로 보내왔습니다.
　주객사에서 다음과 같은 기안 문서를 올렸습니다. 성경 예부에서 조선 국왕이 제독 오장경의 군대들 잠시 머무르게 하여 보호해 달라고 요청에 관련하여 직예총독에게 보내는 답장 자문을 전달해 왔습니다. 마땅히 조선 국왕이 보내온 자문을 역참을 통해 직예총독에게 자문으로 보내 살펴보도록 해야 할 것입니다.
　아울러 조선 국왕의 원 자문을 본 서리 대신에게 자문으로 보내왔습니다. 마땅히 자문을 초록하여 귀 총리아문에 자문으로 보내오니 삼가 검토해 주시길 바랍니다.

(1) 「조선 국왕의 자문(朝鮮國王咨文)」

조선 국왕이 답장 자문을 보냅니다.
광서 9년 3월 19일, 귀 아문으로부터 다음과 같은 내용의 자문을 받았습니다.

귀 국왕이 올해 2월 10일 자문을 보내 오장경이 통솔하는 각 부대가 현재 조선에 주둔하고 있는데 신망과 의리가 현저하여 군민들이 기뻐하며 두려움 없이 의지하고 있으므로 잠시라도 떠나서는 안 된다는 점을 대신 상주해 줄 것을 요청하였습니다. 이미 본 서리 대신과 이홍장 각작대신(閣爵大臣)이 충분히 상의하여, 귀국의 큰 변란이 비록 평정되었다고는 하나 반항하는 마음이 갑작스레 진정될 수는 없으므로 오장경에게 그대로 총 6개 영을 통솔해 잠시 주둔하여 안정시키는 데 도움이 되도록 하자고 2월 25일 공손히 주접을 갖추어 상주한 바 있습니다. 지금 군기대신이 다음과 같은 기신상유를 보내왔습니다.

광서 9년 2월 27일 다음과 같은 상유를 받았습니다.

장수성이 조선에 주둔하고 있는 관군의 철수를 잠시 연기하자는 주접을 상주하였다. 제독 오장경 부대는 조선에 잠시 머무르면서 보호에 도움이 되도록 하고, 이전처럼 수시로 상황을 보고 재차 헤아려 철수하도록 하라. 아울러 해당 서리 총독은 조선 국왕에게 모두 알리도록 하라. 이 유지를 알리도록 하라.

이상의 유지를 받들어 기신상유를 보냅니다.

이에 따라 마땅히 [상유를] 공손히 초록하여 자문으로 알려야 할 것입니다. 이에 마땅히 귀 국왕에게 자문을 보내니, 청컨대 번거롭더라도 살펴보시고 따르도록 하십시오.

[이상과 같은 내용의 자문을 받았습니다.] 삼가 생각건대 조선은 대대로 큰 교화의 혜택을 받아 그동안 입은 [은혜가] 하늘과 같이 끝이 없습니다. 지금 오장경의 부대를 잠시 계속 주둔하도록 하여 보호에 도움이 되도록 하시고, 수시로 상황을 살피도록 하시어 번복을 편안케 해주셨습니다. 열 줄의 성유에서 나타난 은혜로운 돌봄심이 정말로 도탑고 진실하니 북쪽으로 대궐을 바라보며 지극히 간절하게 감사하고 깊이 황송하게 느낄 따름입니다. 이에 마땅히 답장 자문을 보내니 살펴봐 주시길 바랍니다. 이상입니다.

(7) 문서번호: 4-10-07(856, 1398b-1399a)

사안: 조선 국왕이 군대를 남겨 뒤처리를 맡고 방어 업무를 돕도록 해 주신 데 대해 감사의 뜻을 대신 상주해 달라고 요청하였습니다(朝鮮國王請轉奏, 申謝留營善後, 會辦防務)
날짜: 光緖十年五月二十四日(1884년 6월 17일)
발신: 署理北洋大臣 李鴻章
수신: 總理衙門

五月二十四日, 署北洋大臣李鴻章文稱:

光緖十年五月十九日, 准朝鮮國王咨:

敝邦自經前年變亂, 國步艱難, 民心渙散, 其能轉危復安, 保有今日, 莫非我皇帝陛下眷顧綏靖之恩, 曁貴大臣體恤援護之惠. 亦惟欽差廣東提臺吳軍門宣颺皇威, 恤難扶危, 三載之間, 民國賴安. 折奸萌於未然, 杜外侮於方來, 咸愛互濟, 功莫與京. 至若營務處袁世凱, 分統朱先民·黃仕林·吳兆有,[6] 總兵方正祥·張光前, 咸克奮威効力, 協幹防事, 一國上下, 恃以無恐. 現因中原防務緊要, 撤吳軍門移兵一半, 駐防金州. 竊以軍門西歸, 今已閱序, 方期帥節之遄旋, 以資保後, 驟聞營壘之半撤, 實深危懼. 然而尚有三營仍留善後, 會辦防務. 袁中書世凱公廉明達, 軍民孚悅. 吳統領·張總兵, 與之悉心共濟, 庶可漸次安諡, 感幸之極, 不知攸云. 移回三營, 已於本年四月二十九日起程內渡, 西望旋斾, 不勝悵依. 凡係大小事情, 理合據實具咨, 伏乞崇慈另垂鑒諒, 轉奏天陛, 代達小邦感激, 鳴謝之忱, 不勝幸甚. 專差機器局幫辦李用俊賫咨前去. 爲此合行移咨, 請照驗轉奏施行.

等因. 到本署大臣. 准此. 查上年援護朝鮮親慶六營, 現撤三營由吳提督統率回駐金州, 本係欽奉諭旨, 奏明辦理. 茲該國王以留營善後, 請轉奏代達, 感謝之忱. 據李用

---

6 분통(分統)은 상군(湘軍)에 설치되었던 무관직의 하나로서, 증국번(曾國藩)에 직속한 통령(統領)이 통솔하는 부대의 숫자가 많거나 작전상 필요시 그 아래에 임시로 설치되었다. 이홍장의 회군(淮軍)이 상군을 모델로 하였으므로, 회군에도 분통이 설치되어 있던 것으로 보인다.

> 俊面禀, 已分咨貴衙門在案. 應請貴衙門核奪, 據情代奏. 除咨行外, 相應咨會貴衙門, 請煩查照施行.

5월 24일, 서리 북양대신 이홍장이 다음과 같은 자문을 보내왔습니다.

광서 10년 5월 19일, 조선 국왕이 다음과 같은 자문을 보내왔습니다.

> 조선은 작년의 변란 이래 국운이 어려움에 빠지고 민심이 흩어졌으나 위기에서 벗어나 안정을 회복하여 오늘날까지 지킬 수 있었던 것은 우리 황제 폐하께서 돌봐주시고 편안케 해 주시는 은혜와 귀 대신이 안타깝게 여기고 지원하여 보호해 주시는 은혜 덕이 아님이 없습니다. 또한 광동제독 오장경이 황상의 위엄을 선양하여 어려움에서 구해 주고 위기에서 도와주었으니 3년 동안 백성과 나라가 그에 의지하여 편안하였습니다. 간사한 백성들은 미연에 잘라버리고 바야흐로 다가오는 외국의 모욕을 미리 방지하였고, 위엄과 사랑으로 서로 도와 그 공로가 비할 수 없을 정도로 큽니다. 영무처(營務處)의 원세개, 분통(分統) 주선민(朱先民), 황사림(黃仕林), 오조유(吳兆有), 총병(總兵) 방정상(方正祥), 장광전(張光前)은 모두 능히 위엄을 떨치고 힘을 펼쳐 방어 업무를 도와 처리하였으니, 일국의 상하가 두려움 없이 의지하고 있습니다. 현재 중원의 방어 업무가 긴급하여[7] 오장경 제독에게 지시를 내려 그 절반의 병력을 이동하여 금주에 주둔하도록 지시하셨습니다. 저는 오장경 제독이 잠깐 중국에 돌아간 다음 이미 계절이 바뀌었으니 바야흐로 다시 장수(將帥)의 부절(符節)을 가지고 재빨리 돌아오셔서 보호에 도움이 되어주시기를 기대하였지만, 돌연 군영의 절반을 철수한다는 이야기를 듣고 실로 두려움이 깊어졌습니다.[8] 그러나 여전

---

7   이는 당시 청불전쟁이 진행 중인 가운데 이홍장이 프랑스 함대가 북쪽으로 향할 것이라는 보고를 받은 것을 일컫는다.
8   광서 10년 4월 4일자 이홍장의 주접에 따르면, 광서 10년 3월 26일 오장경 부대의 금주 이동을 검토하라는 상유가 전달되었다. 이홍장은 이미 오장경과 조선 주둔군 철수 업무를 논의한 상황으로, 오장경은 조선과 영국, 미국 등이 조약을 체결하였고 민심이 안정되고 있어서 3개 영만 주둔시키더라도 무방하다고 답변하였다. 이에 이홍장은 6개 영 중에 친영, 부영, 정영의 3개 영을 철수하고 나머지 3개 영을 잔류시킬 것을 제안하였고 황제의 승인을 얻어 부분 철수 계획이 확정되었다(「議分慶軍駐朝片」,『李鴻章全集』 10, p.421;「擬撤回吳長慶軍三營增防北洋」, 中央研究院近代史研究所檔案館 館藏號 01-24-011-02-009).

히 3개 영은 그대로 잔류하여 뒤처리를 맡고 조선의 방어 사무를 도와서 처리하도록 하였습니다. 중서(中書) 원세개는 공정하고 청렴하며 노련하여 군민들이 믿고 따릅니다. 오조유 통령과 장광전 총병은 그와 함께 마음을 다해 함께 도와서 점차 평안해질 수 있도록 하고 있으니 뭐라고 해야 할지 모를 정도로 지극히 다행입니다. 돌아가는 3개 영은 이미 올해 4월 29일 길을 떠나 출발하였으니 서쪽으로 군대의 깃발을 바라보며 아쉬움을 이길 수 없었습니다. 대저 [이 일과] 관계된 크고 작은 사정을 마땅히 사실대로 자문을 갖추어 보내니, 높은 자애로움으로 특별히 양해해 주셔서 황상께 대신 상주하여 조선이 감격하며 진심으로 감사해하고 있음을 말씀해 주시면 매우 다행이겠습니다. 이를 위해 전담 사신으로 기기국 방판 이용준(李容俊)에게 자문을 휴대하여 가도록 하였습니다. 이에 마땅히 자문을 보내니 청컨대 살펴보시고 대신 상주해 주시길 요청합니다.

이러한 자문이 본 서리 대신에게 도착하였습니다. 살피건대 작년 조선을 지원하고 보호하던 경군 6개 영 가운데 현재 3개 영을 철수하여 오장경 제녹이 통솔하여 금주(金州)에 주둔하도록 하였는데, 이는 본디 유지를 받들어 상주하여 처리한 것입니다. 현재 조선 국왕이 군영을 남겨서 뒤처리를 맡게 해 준 데 대해 진심으로 감사하는 마음을 대신 상주하여 아뢰어 달라고 요청하였습니다. 이용준이 직접 아뢴 바에 따라 이미 귀 아문에 자문을 보냈습니다. 마땅히 귀 아문에서 결정하여 사정에 따라 대신 상주해 주십시오. 자문을 보내는 것 외에 마땅히 귀 아문에 자문으로 알려야 하니, 청컨대 번거롭더라도 검토해 주시길 바랍니다.

(8) 문서번호 : 4-10-08(859, 1405a)

사안 : 조선 국왕이 군대를 남겨 뒤처리를 맡고 함께 방어 업무를 도와주도록 해 주신 데 대해 표시한 감사의 뜻을 대신 상주하였음을 답장 자문으로 알립니다(咨覆自行代奏, 朝鮮國王申謝留營善後, 會辦防務).
날짜 : 光緒十年閏五月四日(1884년 6월 26일)
발신 : 總理衙門
수신 : 署理北洋大臣 李鴻章

> 閏五月初四日, 行北洋大臣李鴻章文稱 :
>
> 光緒十年五月二十四日, 接准咨開 :
> 　據朝鮮國王咨, 現吳軍門移兵一半駐防金州, 尙有三營仍留善後, 伏乞轉奏代達感激鳴謝之忱. 等因. 應請核奏, 據情代奏.
> 等因前來. 本衙門查吳提督一軍駐防該國, 係歸貴大臣節制調派. 本年復由貴大臣遵奉密諭, 飭該提督分撥三營, 迴駐金州, 留防三營, 仍繫朝鮮. 前後皆係貴大臣仰票睿謨, 指麾方略, 始終一手辦理. 此次該國王瀝情鳴謝, 咨請代奏之處, 仍應由貴大臣酌核辦理. 據情入告, 以達忱悃而順藩情可也.

윤5월 4일, 북양대신 이홍장에게 다음과 같은 자문을 보냈습니다.

광서(光緒) 10년 5월 24일, 다음과 같은 자문을 받았습니다.

　조선 국왕이 자문을 보내, 현재 오장경 군문이 부대 절반을 금주로 옮겨 주둔하게 되었지만, 여전히 3개 영이 남아서 그대로 뒤처리를 맡고 있으니 진심으로 감사해하는 마음을 대신 상주하여 아뢰달라고 요청하였습니다. 마땅히 귀 아문에서 결정하여 사정에 따라 대신 상주해 주시길 요청합니다.

총리아문에서 살펴보니 오장경 제독의 군대가 조선에 주둔한 것은 귀 대신께서 통제하면서 뽑아 보내신 것입니다. 올해 다시 귀 대신께서 비밀 상유를 받아 해당 제독에게 3개 영을 나누어 금주로 돌아와 주둔하게 하고, 3개 영은 남겨 그대로 조선에 주둔하도록 하였습니다. 전후의 일은 모두 귀 대신께서 황상께 계획을 올려 아뢴 것이고 지휘와 방책은 시종일관 혼자서 처리한 것입니다. 이번에 조선 국왕이 사정을 낱낱이 아뢰고 감사하다는 뜻을 전달하면서 자문을 보내 대신 상주해달라고 요청한 바는 이전처럼 응당 귀 대신이 상황을 헤아려 처리해야 할 것입니다. 사정에 따라 아뢰어 그 진심을 전하고 조선의 요청에 부응해 주어야 할 것입니다.

(9) 문서번호 : 4-10-09(860, 1405b-1407a)

사안 : 조선 국왕이 보내온 주장(奏章)을 대신 상주하고, 자문으로 보냅니다(咨送轉奏朝鮮國王 賫到奏章).

첨부문서 : 1.「조선 국왕의 주접(朝鮮國王李熙奏摺)」: 군대를 남겨 뒤처리를 맡기고 방어 사무를 도와서 처리하도록 한 것에 대해 감사의 뜻을 표시합니다(申謝留兵善後, 會辦防務).

2.「예부 주접(禮部奏摺)」: 조선 국왕이 반란을 평정해 준 은혜 및 군대를 남겨 뒤처리를 맡도록 해 준 것에 대한 감사의 뜻을 표시한 주접을 대신 상주합니다(轉奏朝鮮國王申謝綏靖之恩及留兵先後).

날짜 : 光緖十年閏五月六日(1884년 6월 28일)
발신 : 禮部
수신 : 總理衙門

閏五月初六日, 禮部文稱:

所有朝鮮國王遣官賫到奏章抄錄轉奏一摺, 光緒十年閏五月初五日奏, 本日奉旨:
　知道了.
欽此. 相應抄錄該國王奏章及本部原奏, 知照總理各國事務衙門可也.

(1)「朝鮮國王李熙奏摺」
[朝鮮國王臣李謹奏.] 爲督帥移防, 留兵善後, 悉暴感激之忱, 祗謝綏靖之恩事.
竊惟小邦自經前年變亂, 國勢抗撞, 民志波蕩, 伏蒙我皇帝陛下聖恩天大, 眷顧藩服, 派兵援護, 轉危爲安. 三載之間, 民國稍定. 廣東提督吳長慶, 仰體洪庇, 扶顚持危, 絶奸萌於未然, 杜外侮於方來, 始終鎭撫, 功莫與京. 至若營務處中書袁世凱·提督朱先民·黃仕林·吳兆有·總兵方正祥·張光前亦皆奮威効力, 協幹防事, 一國上下, 恃以無恐. 現因中原防務要緊, 撤兵一半移駐金州. 竊以督帥西歸, 今已閱序, 方冀遄旋以資

保護, 驟聞三營之繼發, 旋憂偏邦之疎虞. 然而尚有三營仍善後. 中書袁世凱會辦防務, 公廉明達, 軍民孚悅. 吳兆有·張光前與之細心勤勞, 庶期漸次安謐. 此皆聖恩高厚, 曲費造化, 感戴之極, 不知攸云. 移回三營, 已於本年四月二十九日起程內渡, 西望旋斾, 不勝悵依. 凡係大小事情, 擬合上聞, 仍將前後事狀, 敢此陳奏, 臣無任惶隕屏營之至. 緣係督帥移防, 留兵善後, 悉暴感激之忱, 祇謝綏靖之恩, 事理爲此, 謹具奏聞.

(2) 「禮部奏摺」
爲據咨轉奏事.
光緒十年五月二十二日, 朝鮮國王李專差機器局幫辦李用俊等恭齎奏本一道, 咨送臣部, 乞爲轉奏. 臣等公同閱看, 係因該國前年變亂, 伏蒙聖恩, 派兵援護, 現撤兵一半移駐金州, 尚有三營仍留善後, 該國王感激綏靖之恩, 恭伸謝悃. 等因. 除將該齎奏官李用俊等安置會同四譯館居住, 所有例賞筵宴事宜, 應由臣部照例辦理外, 謹抄錄該國王原奏, 恭呈御覽.
再, 此次該齎奏官等係由津赴京, 合併聲明. 爲此, 謹具奏.

윤5월 초6일, 예부에서 다음과 같은 자문을 보내왔습니다.

조선 국왕이 관원을 파견하여 보내온 주장(奏章)을 초록하여 대신 상주하는 주접은 광서 10년 윤5월 5일 상주하였는데, 오늘 다음과 같은 유지를 받았습니다.

　알았다.

[이에 따라] 마땅히 조선 국왕의 주장(奏章) 및 본부의 원 주접을 초록하여 총리아문에 알려야 할 것입니다.

(1) 「조선 국왕의 주접(朝鮮國王李熙奏摺)」

　　지휘하던 장수가 옮겨 갔지만 군대를 남겨 뒤처리를 맡도록 해주셨으니 감격스러운 진심을 모두 드러내면서, 오로지 평안하게 해 주신 은혜에 감사드리고자 합니다.
　　생각건대 조선은 작년의 변란 이래 국세가 동요하고 백성의 뜻이 불안하였지만, 하늘과 같이 큰 성은으로 번복을 돌봐주시는 우리 황제 폐하의 은혜를 받아, 군대를 보내 지원하고 보호해 주셨기에 위기를 안정으로 바꿀 수 있었습니다. 3년 동안 백성과 나라가 조금 안정되었습니다. 광동 제독 오장경은 황상의 큰 복과 보살핌을 우러러 떠받들어, 위기에서 돕고 지탱하여 간사한 백성들을 미연에 잘라버리고 장차 다가오는 외국의 모욕을 방지하며 시종 난리를 진정시키고 백성을 어루만졌으니 그 공로가 비할 수 없을 정도로 큽니다. 영무처의 중서 원세개, 제독 주선민, 황사림, 오조유, 총병 방정상, 장광전 역시 모두 위엄을 떨치고 힘을 펼쳐 방어 업무를 도와 처리하였으니 일국의 상하가 두려움 없이 의지하였습니다. 현재 중원의 방어 업무가 긴급하여 부대 절반을 철수해 금주로 이동시켰습니다. 저는 [오장경] 제독이 중국으로 잠시 돌아간 다음 이미 계절이 바뀌었으니 바야흐로 재빨리 돌아와 보호에 도움이 되어주기를 기대하였지만, 돌연 3개 영이 잇따라 출발하기로 하였다는 소식을 듣고 곧 멀리 떨어진 작은 나라라서 소홀히 여겨질까 우려하였습니다. 그렇지만 여전히 3개 영이 있어서 예전처럼 뒤처리를 하였습니다. 중서 원세개는 방어 업무를 도와 처리하면서 공정하고 청렴하며 노련하여 군민들이 믿고 따릅니다. 오조유, 장광전은 그와 함께 세심하게 힘써서 점차 평안해질 수 있도록 하고 있습니다. 이러한 일은 모두 높고 두터운 성은(聖恩)으로 애써 만들어 주신 것이니 지극히 감격스러워 뭐라고 말해야 할지 모를 정도입니다. 돌아가는 3개 영은 이미 올해 4월 29일 출발하여 중국으로 건너갔으니, 서쪽으로 [군대의] 깃발을 바라보며 아쉬움을 이길 수 없습니다. 대저 이러한 크고 작은 사정은 마땅히 황상께 아뢰어야 하므로 전후의 사정을 갖춰 감히 이렇게 상주합니다. 저는 지극히 두렵고 불안하며 황공한 마음을 이길 수 없습니다. 지휘하는 장수가 옮겨갔지만 군대를 남겨 뒤처리를 맡겨주신 데 대해 감격스러운 진심을 모두 드러내고 평안하게 해주신 은혜에 감사를 드리기 위해, 이에 삼가 주접을 갖추어 아룁니다.

(2) 「예부 주접(禮部奏摺)」

자문에 따라 대신 상주합니다.

광서 10년 5월 22일, 조선 국왕이 이번 일을 전담하도록 파견한 사신 기기국 방판 이용준 등이 주본(奏本) 한 통을 공손히 가져와, 예부에 자문으로 보내서 예부에서 대신 상주해달라고 요청하였습니다. 저희가 함께 살펴보니, 조선의 작년 변란에서 군대를 보내 지원하고 보호해 주신 성은을 입었는데 현재 그 절반을 철수하여 금주에 주둔하게 하였지만, 여전히 3개 영이 남아 있으면서 그대로 뒤처리를 맡게 해주신 데 대해 조선 국왕이 반란을 진정시켜주신 은혜에 감격하여 감사하는 진심을 공손히 아뢰는 내용이었습니다. 자문전달관 이용준 등을 회동사역관에 머무르게 하고, 상을 내리고 연회를 베푸는 일은 응당 저희가 전례에 비추어 처리하는 것 외에 삼가 조선 국왕의 원 주장을 초록하여 살펴보시도록 공손히 올리는 바입니다.

추가합니다. 이번에 해당 자문전달관 등은 천진에서 출발하여 경사로 왔다는 점을 함께 아룁니다. 이에 삼가 주를 올립니다.

(10) 문서번호 : 4-10-10(861, 1407b-1408b)

사안: 조선 국왕이 군대를 남겨 뒤처리를 맡게 주신 데 대해 표시하는 감사를 대신 상주한 주접 원고를 자문으로 보냅니다(咨送代奏朝鮮國王申謝留營先後摺稿).
첨부문서: 1.「이홍장의 주접(李鴻章奏摺)」: 조선 국왕이 군대를 남겨 뒤처리를 맡겨준 것에 대해 감사의 뜻을 표시하였습니다(朝鮮國王申謝留營先後).
날짜: 光緒十年閏五月十日(1884년 7월 2일)
발신: 署理北洋大臣 李鴻章
수신: 總理衙門

閏五月初十日, 北洋大臣李鴻章文稱:

爲照本署大臣, 於光緒十年閏五月初七日, 在天津府專差具奏, 據情代奏一摺. 除俟奉到諭旨, 另行恭錄咨會外, 相應抄錄摺稿咨會. 爲此合咨貴衙門, 請煩查照.

(1)「李鴻章奏摺」
奏爲據咨代奏, 仰祈聖鑒事.
竊吳長慶一軍撤回三營移紮金州, 仍留三營暫駐朝鮮王城, 以資鎭撫, 節經陳奏在案. 玆朝鮮國王遣派陪臣李用俊, 賚到咨文內稱:

該國前年變亂, 仰仗皇威綏靖, 始能轉危爲安, 保有今日. 一國恃以無恐. 現因中原防務緊要, 吳提督六營撤半西歸, 不勝悵依, 尙有三營仍留善後, 感幸之極. 咨請轉奏, 代達謝忱.

等因前來. 臣查朝鮮前此變出非常, 外侮內憂一時交集, 仰蒙聖謨廣運, 命將出師, 用能扶危定傾, 保有宗祏. 該國王懲毖前艱, 痛定思痛. 其感戴朝廷字小之德, 固宜沒齒不忘. 吳長慶治軍, 素有紀律, 自駐師海外, 軍士艱苦愈甚, 約束愈嚴, 於民間無秋毫之犯. 該國王親軍各營, 皆請代爲訓練, 客主尤爲輯睦, 一旦分軍內渡, 自有依依不捨之意. 朝鮮海禁初開, 其守舊・黨倭之徒, 交相煽惑君臣上下, 驚疑未定. 今留營善後,

> 賴有袁世凱·吳兆有等, 彈壓照料, 得臻安謐. 所陳均係實情, 除俟奉到批旨, 再行恭錄咨復外, 所有該國王感激鳴謝緣由, 理合據情代奏, 伏乞皇太后·皇上聖鑒. 謹奏.

윤5월 10일, 북양대신 이홍장이 다음과 같은 자문을 보내왔습니다.

본 서리 대신은 광서 10년 윤5월 7일 천진부에서 전담 인원을 보내 [조선의] 사정에 따라 대신 상주하는 주접 한 통을 올렸습니다. 유지를 받은 후 별도로 초록하여 자문으로 알리는 것 외에, 응당 주접 원고를 초록하여 자문으로 알려야 할 것입니다. 이에 귀 아문에 자문을 보내니 청컨대 번거롭더라도 살펴봐 주십시오.

(1) 「이홍장의 주접(李鴻章奏摺)」

자문에 따라 대신 상주하오니 황상께서 살펴봐 주십시오.
저는 오장경 부대 가운데 3개 영을 철수하여 금주로 보내 주둔하게 하고, 3개 영은 그대로 조선 왕성에 주둔하여 안정시키는 데 도움이 되게 하겠다는 내용을 누차 상주한 바 있습니다. 그런데 지금 조선 국왕이 배신 이용준을 보내 다음과 같은 자문을 보냈습니다.

> 조선의 작년 변란이 있었지만, 황상의 위엄과 안정시켜 주시려는 마음에 기대어 비로소 위기에서 벗어나 안정을 찾아서 오늘날까지 지킬 수 있었습니다. 나라의 모든 사람이 두려움 없이 믿고 있습니다. 현재 중원의 방어 업무가 긴요하여 오장경의 6개 영 중 절반이 철수하여 서쪽으로 돌아갔기에 아쉬움을 이길 수 없지만, 여전히 3개 영을 남겨 뒤처리를 맡겨주신 데 지극히 감격해하고 있습니다. 자문을 통해 대신 상주하셔서 감사한 마음을 아뢰어 주시길 요청합니다.

살펴보건대, 조선에서 이전에 예상치 못한 변란이 발생하였던 것은 외부의 모욕과 국내의 우환이 한 번에 나타난 결과이지만 황상의 광대한 계획을 우러러 받들어 장수에게 명해 군대를 출동시켜 능히 위기에서 도와 안정을 되찾고 종사를 지킬 수 있었습니다. 조선 국왕은 이전의 어려움을 교훈으로 삼아 잊지 않고 있으며, 조정에서 작은 나라를 불쌍히 여기는 덕에 감격하고 있으니, 본디 마땅히 평생토록 잊지 않을 것입니다. 오장경이 군대를 다루는 데 평소보다 기율이 갖추어져 있어서 해외에 주둔한 이래 병사들의 고난이 심해질수록 통제를 더욱 엄격히 하여 민간에 대해서 조금이라도 범하는 일이 없었습니다. 조선 국왕의 친군 각 군영에서는[9] 모두 대신 훈련 시켜 줄 것을 요청하였는데 손님과 주인이 특히 화목하였으니, 잠시 군대를 나누어 건너오게 하더라도 실로 그리워하며 차마 떠나지 못하는 뜻은 그대로입니다. 조선이 해금(海禁)을 처음 열면서 수구당과 일본과 결탁한 무리가 서로 군신·상하를 미혹하고 선동하면서, 두려움과 의심이 아직 가라앉지 않았습니다. 지금 군대 일부를 남겨두어, 뒤처리는 원세개와 오조유 등에게 의지하고 있으며, 그들이 진압하면서 돌보고 있어서 안정을 되찾을 수 있을 것입니다. 이상과 같이 진술한 바는 모두 실제 사정에 따른 것입니다. 유지를 받든 후 재차 공손히 초록하여 답장 자문을 보내는 것 외에, 조선 국왕이 감사의 뜻을 표명한 사정을 마땅히 사실대로 대신 상주하오니 황태후, 황상께서 살펴봐 주십시오. 삼가 주를 올립니다.

---

[9] 친군영은 조선 말기에 청의 군제를 모방해 설치한 군영으로, 1882년 원세개가 조련한 친군좌영, 주선민이 조련한 친군우영, 1883년 친군전영, 1884년 친군후영과 금위영 등 총 5영 체제가 구축되었다.

(11) 문서번호 : 4-10-11(863, 1410a)

사안: 조선 국왕이 군대의 철수와 잔류를 분별해 주신 것에 대한 감사를 대신 상주한 주접에 대해 받은 유지를 자문으로 보냅니다(咨送代奏朝鮮國王感謝防軍分別撤留一摺所奉諭旨).
날짜: 光緒十年閏五月十六日 (1884년 7월 8일)
발신: 署理北洋大臣 李鴻章
수신: 總理衙門

閏五月十六日, 北洋大臣李鴻章文稱:

竊照本署大臣, 於光緒十年閏五月初七日在天津府專差具奏, 朝鮮感謝防軍分別撤留, 據情代奏一摺, 當經抄稿咨送在案. 茲於閏五月十二日, 差弁賫回原片後開, 軍機大臣奉旨:

  知道了.

欽此. 相應恭錄咨會貴衙門, 請煩查照.

윤5월 16일, 북양대신 이홍장이 다음과 같은 문서를 보내왔습니다.

 본 서리 대신은 광서 10년 윤5월 7일 천진부에서 전담 인원을 보내, 조선에서 군대의 철수와 잔류를 분별해 준 것에 대한 감사를 대신 상주한 주접 한 통을 올렸으며, 이미 주접 원고는 자문으로 보냈습니다. 그런데 지금 윤5월 12일, 피견한 인원이 휴대하여 돌아온 원 부편 뒤에 군기대신이 다음과 같은 유지를 받았다고 첨부되어 있었습니다.

  알았다.

 마땅히 [이 유지를] 공손히 초록하여 귀 아문에 자문으로 보내오니, 청컨대 번거롭더라도 살펴봐 주십시오.

찾아보기

ㄱ

강로 584
강목대비(康穆大妃)/강목왕비(康穆王妃)/강목왕태비(康穆王太妃) 61, 62, 313, 352
강천(姜淺) 240
게양(揭陽) 273
곤도 마스키(近藤真鋤)/곤도(近藤) 137, 165, 166, 170, 186, 187, 237, 251, 252, 254, 274, 534
곽만준(郭萬俊) 472
구로다 기요타카(黑田淸隆) 581
그랜빌 레벤슨 고워(Granville Leveson-Gower) 519
그로버너(Thomas George Grosvenor, 格維訥) 483, 486, 603, 604
김굉신(金宏臣) 170, 185, 186
김만식(金晩植) 494, 511, 524
김명진 585
김병덕 584
김병시(金炳始) 262, 275, 285, 352, 384, 584
김병주 584
김보현(金輔鉉) 143, 182, 200, 340, 342~346, 351, 352, 364, 384
김석춘(金奭準) 564

김선필(金善弼) 386
김세기(金世基) 587
김옥균(金玉均) 199, 340
김유연 584
김윤식 39, 42, 44, 45, 48, 54, 58~62, 71, 76, 80, 86, 87, 94, 97~100, 108, 166, 193, 197, 199, 200, 208, 239, 240, 259, 260, 282, 305, 313, 315, 316, 326, 338, 339, 363, 366, 368, 561, 564, 565, 598, 599, 613
김재신(金在信) 426, 429, 430, 432, 433, 510~512, 516
김학진 585
김홍집 42, 98, 99, 166, 183, 197, 199, 200, 202, 208, 212, 229, 235, 236, 239~241, 244, 245, 251, 262, 263, 273, 274, 276~281, 285~287, 298, 300, 305, 313, 314, 316, 317, 319~323, 367, 404, 410, 414, 423, 425, 494, 495, 511, 546, 547, 551

ㄴ

남연군(南延君) 386

ㄷ

다나베 다이치(田邊太一) 68, 82, 113, 115, 396
다나베 다이치로(田邊太一郎) 466, 470, 472, 483, 484
다케조에 신이치로(竹添進一郎) 213, 246, 275, 277, 286, 461, 492, 501
당정추(唐廷樞) 404, 411, 451
도종영(涂宗瀛) 192
등승수(鄧承修) 402, 403

ㅁ

마가리(A. R. Margary, 馬嘉理) 248
마건상(馬建常) 134, 434, 436, 438, 456, 459, 461, 531, 616, 625
마건충(馬建忠) 31, 35, 43, 48, 58, 69, 70, 73, 74, 78, 87, 89, 108, 109, 119, 122, 125, 126, 129, 134, 138, 143, 147, 159, 163, 164, 170, 171, 180~187, 189, 190, 196, 197, 201, 208, 211~213, 229~232, 234~254, 259, 260, 262, 263, 272~279, 281~285, 287, 298~300, 305, 313, 314, 316, 319, 321, 323, 324, 326, 327, 342, 346~363, 368, 371, 375, 382, 401, 404, 410, 411, 416, 417, 419, 436, 448, 450, 456, 458, 459, 500, 504, 538, 544~546
마겸재(馬兼才) 499
마산포(馬山浦) 201, 281, 346
마쓰카타 마사요시(松方正義) 525
마치다 지쓰이치(町田實一) 396, 505
모리야마 시게루(森山茂) 580
모봉래(毛鳳來) 499
묄렌도르프(P. G. von. Mollendorf, 穆麟德) 434, 436, 438, 446, 455, 459, 531
미즈노(水野) 137
민겸호(閔謙鎬) 99, 143, 182, 200, 244, 340~350, 356, 357, 362, 364, 383, 384, 390, 415
민비 244, 339, 349, 363, 414, 579
민승호(閔升鎬) 350, 388, 390, 415
민영익(閔泳翊) 99, 200, 350, 385, 415, 582
민응식(閔應植) 384, 390, 431, 510, 512
민종묵(閔種默) 587, 591, 593
민창식(閔昌植) 200
민치록(閔致祿) 415
민치문(閔致文) 415
민태호(閔臺鎬) 99

ㅂ

박영기(朴永祁) 203, 205
반청조(潘青照) 211, 230, 231
방우민(方佑民) 93, 152, 201
방정상(方正祥) 633, 639
베베르(Karl Ivanovich Veber, 韋貝) 454
변원규(卞元圭) 99, 616, 621, 625, 628
부레(Frédéric-Albert Bourée, 寶海) 483, 485
부체(Евгéний Кáрлович Бюцов, 布策) 483
브란트(Max August Scipio von Brandt, 巴蘭德) 33, 37, 49, 51, 65, 66, 71, 410, 436, 455, 479, 483
빙엄(John. Armor.Bingham, 平衡) 488, 492, 532

ㅅ

서광범(徐光範) 199, 340, 511
성기연(成箕連) 170, 185
성이호 585
소네 도시토라(曾根俊虎) 396, 505
소우렴(邵友濂) 59, 127, 150, 152
손순길(孫順吉) 510, 511
송경(宋慶) 110, 111, 157, 158, 192, 453
숭기(崇綺) 118, 119
스즈키 미쓰미(鈴木充美) 476
시미즈 겐이치로(淸水元一郎) 505
시시도 다마키(宍戶璣) 500
신응조 584
신정희(申正熙) 345
신헌(申櫶) 98
심능호(沈能虎) 371, 574, 579, 580, 582~584
심상훈(沈相薰) 608
심이택(沈履澤) 572
쓰다 신이치(津田進一) 463

ㅇ

아즈마 지로(東次郎) 505
안기영(安驥泳) 45
안동준(安東畯) 580, 581
어윤중(魚允中) 39, 42, 45, 46, 58, 86, 87, 98~100, 164~166, 170, 171, 181~184, 187, 189, 193, 197, 199~202, 209, 212, 239, 240, 243~245, 259, 326, 327, 339, 340, 348~350, 363, 368, 377, 382, 383
에노모토 다케아키(榎本武楊) 117, 170, 181, 465, 500, 504, 526, 533
여서창(黎庶昌) 27, 30~32, 39, 42~45, 47, 48, 60, 68, 70, 73, 78, 80~82, 97, 102, 103, 108, 114, 116, 129, 133~138, 170, 180, 181, 250, 323, 392, 393, 395~399, 436, 451, 456, 457, 461, 466, 470~475, 491~493, 499, 500, 504, 524~526, 544
여여겸(黎汝謙) 461
여조당(黎兆棠) 452
엽백윤(葉伯鋆) 260
영(John Russell Young, 楊約翰) 396, 499
오대징(吳大澂) 454, 505
오장경(吳長慶) 58, 59, 80, 84, 87, 90~93, 102, 103, 105, 108, 109, 112, 118, 119, 121, 122, 124~126, 128, 143, 144, 147, 148, 152~154, 157, 158, 164, 179, 180, 191~193, 197, 200, 202, 203, 205, 207, 208, 212, 229, 230, 232, 2334, 255, 256, 259, 260, 273, 282~284, 286, 287, 294, 298~300, 305, 313~317, 325, 347, 354, 355, 364, 371, 374~376, 401, 414, 428, 429, 432, 446, 447, 450~452, 458, 465, 496, 502, 507, 510, 512, 534, 536~539, 545, 548, 561, 565, 578, 599, 602, 605~608, 611, 613, 614, 616, 618, 621, 622, 624, 626~631, 633~636, 639, 642, 643
오조유(吳兆有) 282, 298, 633, 634, 639, 643
오토리 게이스케(大鳥圭介) 476
와타나베 요이치(渡邊與一) 504
완병복(阮炳福) 154
왕영승(王永勝) 595, 597
요문동(姚文棟) 502, 505, 506

요시다 기요나리(吉田淸成) 129, 134, 137, 138, 392, 393, 396~399
요시다 지로(吉田二郞) 504
우마지(馬路) 169
원보령(袁保齡) 313, 326, 341~346, 362
원세개(袁世凱) 81, 282, 534, 578, 594, 595, 597, 633, 634, 639, 643
웨이드(Thomas Francis Wade, 威妥瑪) 272
위륜광(魏綸光) 259, 260
유독경(劉篤慶) 93
유록(裕祿) 146
유함방(劉含芳) 611
윤성진(尹成鎭) 237
이건창(李建昌) 240, 305, 315, 585
이경하(李景夏) 345, 383
이계소(李繼昭) 372
이구(李球) 386
이노우에 가오루(井上馨) 43, 44, 60, 129, 134~137, 164, 167, 183, 200, 245, 340, 470, 471, 494, 500, 524, 525, 527
이돈상(李敦相) 389
이봉포(李鳳苞) 452, 487
이세응(李昰應) 126
이와쿠라 도모미(岩倉具視) 200, 245, 340
이용준(李容俊) 634, 640, 642
이우석(李友石) 315
이유원(李裕元) 212, 240, 263, 273, 278, 280, 281, 285, 298, 299, 321, 322, 494, 495, 510, 511
이응준(李應浚) 98, 99, 552, 556, 559
이재긍(李載兢) 61

이재덕(李載德) 564, 566, 567
이재면(李載冕) 98, 240, 282~284, 298, 299, 305, 313~316, 352, 386, 415, 597
이재선(李載先) 45, 63, 282, 339, 363, 364, 375, 383, 389, 390, 538
이재완(李載完) 240
이조연(李祖淵) 99, 262, 274, 287, 300, 305, 319
이최응(李最應) 61, 143, 182, 340, 342, 345, 350, 362, 383, 390
이하응(李昰應)/홍선대원군/국태공 554, 59, 62, 76, 80, 89, 97, 118, 125, 143, 144, 157, 163~166, 168, 170, 179, 187, 191~193, 197, 199, 201~203, 205, 207~209, 211, 213, 229, 230, 234, 255`263, 272, 273, 281~285, 294, 295, 298, 300, 305, 313, 314, 316, 325~327, 338, 339, 341~348, 354~356, 359, 362~369, 371~377, 382, 386, 447, 535~540, 543~548, 551, 553, 554~559, 561, 564, 566, 567, 572~574, 577~579, 582, 588, 590, 591, 593, 597
이학규(李鶴圭)
이홍장(李鴻章) 31, 59, 63, 88, 89, 105, 110~112, 119, 122, 124, 126~128, 135, 139, 146, 147, 158, 180, 236, 249, 250, 255, 256, 260, 261, 272, 279, 284, 287~290, 293~295, 297, 298, 302, 304, 313, 314, 319~323, 327, 338, 342, 345, 354~356, 358, 362, 366, 367, 371, 375, 376, 381, 401, 404, 410, 411, 414~419, 421, 427, 435, 438, 446, 447, 457~459, 461, 473, 479, 491, 493, 496, 499, 510, 512, 514, 524, 525, 531, 538, 539, 550, 560, 564, 566, 574, 577, 580, 581, 586~588, 591, 595, 596, 599, 601, 602, 610, 612, 618, 621, 622, 624, 630,

633, 635, 641, 642, 644
이희(李熙) 166
임영호(任榮鎬) 168, 171, 75, 176, 189, 190

ㅈ

장광전(張光前) 259, 260, 282, 283, 298, 633, 634, 639
장기영(蔣起英) 152
장소화(張紹華) 596
장수성(張樹聲) 27, 30, 32, 35, 38, 39, 42, 43, 48, 50, 58, 59, 69, 70, 73, 75, 78, 80, 84~86, 88~90, 92, 93, 96, 97, 102, 104, 105, 107, 110, 112, 118~122, 124, 127, 128, 140, 142, 147, 148, 151, 153, 155, 157, 163, 179, 191~193, 196, 197, 200, 203, 204, 206, 207, 209, 229, 255, 256, 258, 272, 273, 283, 284, 291~294, 298~300, 302, 313, 319`323, 327, 338, 342, 354~356, 362, 371, 375, 401, 499, 538, 551, 564, 576, 599, 602, 616, 618, 624, 627, 628, 630, 631
장숙왕(莊肅王[憲宗]) 62
장패륜(張佩綸) 421, 422, 438, 446~451, 531
정명보(鄭明保) 154
정보정(丁寶楨) 463
정여창(丁汝昌) 31, 43, 45, 48, 58, 60, 69, 70, 73, 74, 78, 87, 89, 101, 105, 108, 109, 118, 119, 123~125, 142, 143, 147, 152, 159, 163, 164, 167~169, 179, 193, 196, 198, 208, 229, 230, 236, 241, 242, 244, 259, 260, 263, 273, 281, 283~285, 298, 300, 314, 319, 323~325, 375, 401, 448, 465, 496, 534, 536,
538, 544, 545, 547, 548, 578
정지용(鄭志鎔) 184
정현덕(鄭顯德) 240, 581, 581
제물포조약(濟物浦條約) 507
조강하 584
조경호(趙慶鎬) 386
조병식(趙秉式) 587, 593
조병창(趙秉昌) 240
조순(趙循) 346, 364
조영하(趙寗夏) 98, 166, 193, 196~198, 202, 208, 212, 229, 235~245, 273, 287, 300, 305, 313, 314, 316, 319, 320, 327, 350~354, 363, 365, 367, 368, 404, 410, 411, 414~420, 423~425, 435, 436, 438, 448, 450, 451, 455~459, 479, 531, 543, 546, 547, 551, 564, 584, 611
조우희(趙宇熙) 305, 315
조일수호조규 281, 494
조희의(趙喜義) 154
좌종당(左宗棠) 77, 147, 149
주가미(周家楣) 117
주복(周馥) 39, 42, 44~46, 48, 54, 58~62, 76, 94, 97~100, 108, 152, 166, 197, 205, 313, 326, 338~340, 342, 343, 345, 346, 362, 363, 368, 371, 377, 382, 436, 455, 458, 459, 596
주선민(朱先民) 633, 639
중·조통상장정(中·朝通商章程) 31
중국·조선상민수륙무역장정((中國朝鮮商民水陸貿易章程) 8, 614
증기택(曾紀澤) 517, 518, 520, 521, 528~530
진수당(陳樹棠) 586

진양원(陣養源) 117

진이배(陳以培) 597

ㅊ

천연정(天然亭) 182

초용함(超勇艦) 170, 184, 239, 244

최성학(崔性學) 197, 326, 341

충선왕(忠宣王) 273, 365, 366

충숙왕(忠肅王) 264

충혜왕(忠惠王) 264, 273, 365, 366

ㅋ

쿠빌라이 3656

클레이슨(William Hughes Clayson, 葛雷森) 603, 604

ㅌ

트리쿠(Tricou, Arthur, 德理固) 473

ㅍ

파운스포트(Sir Julian Pauncefote, later Lord Pauncefote, 龐斯蒱德) 517, 518, 521

파크스(Sir Harry Smith Parkes, 巴夏禮) 272

팽조현(彭祖賢) 192

퍼거슨(Farguson, Jan Helenus, 費果蓀) 480, 482, 483

ㅎ

하나부사 요시모토(花房義質) 32, 134, 135, 137, 167, 168, 197, 208, 212, 213, 230, 232, 234, 235, 251, 259, 262, 280, 285, 298, 314, 385, 450, 492, 496, 504, 510, 511, 525

하승오(何乘鰲) 282, 283, 298

하여장(何如璋) 31, 43, 448, 450, 500

하증주(何增珠) 259, 260

하트(Sir Robert Hart, 赫德) 36, 452

한장석(韓章錫) 240, 584

호리모토레이조(堀本禮造)/호리모토(堀本) 135, 137, 385, 417

홀콤브(Chester Holcombe, 何天爵) 122

홍순목(洪純穆) 251, 274, 510, 512

홍영식(洪英植) 99, 200, 385

홍우창(洪祐昌) 386

황금지(黃金志) 153, 154, 156, 158, 209, 256, 298, 299

황사림(黃仕林) 633, 639

훈련군(訓練軍) 383

흑해 전쟁(크름 전쟁) 248

흥인군(興寅君) 62, 98, 186, 200, 390

동북아역사 자료총서 41
국역 『淸季中日韓關係史料』 6

초판 1쇄 인쇄 2024년 12월 10일
초판 1쇄 발행 2024년 12월 26일

편역 | 김형종·조병식·주형준
펴낸이 | 박지향
펴낸곳 | 동북아역사재단

등록 | 제312-2004-050호(2004년 10월 18일)
주소 | 서울시 서대문구 통일로 81 NH농협생명빌딩
전화 | 02-2012-6065
홈페이지 | www.nahf.or.kr
제작·인쇄 | 청아출판사

ISBN 979-11-7161-157-7 94910
      978-89-6187-291-1 (세트)

- 이 책은 저작권법으로 보호를 받는 저작물이므로 어떤 형태나 어떤 방법으로도 무단전재와 무단복제를 금합니다.
- 책값은 뒤표지에 있습니다. 잘못된 책은 바꾸어 드립니다.